SOLDADOS

SÖNKE NEITZEL E HARALD WELZER

Soldados

Sobre lutar, matar e morrer

Tradução
Frederico Figueiredo

1ª reimpressão

Copyright © 2011 by S. Fischer Verlag GmbH, Frankfurt am Main

Grafia atualizada segundo o Acordo Ortográfico da Língua Portuguesa de 1990, que entrou em vigor no Brasil em 2009.

Título original
Soldaten: Protokolle vom Kämpfen, Töten und Sterben

Capa
Marcos Kotlhar

Preparação
Cacilda Guerra

Revisão
Angela das Neves
Luciane Helena Gomide

Dados Internacionais de Catalogação na Publicação (CIP)
(Câmara Brasileira do Livro, SP, Brasil)

Neitzel, Sönke
   Soldados / Sönke Neitzel e Harald Welzer ; tradução Frederico Figueiredo. — 1ª ed. — São Paulo : Companhia das Letras, 2014.

   Título original : Soldaten : Protokolle vom Kämpfen, Töten und Sterben.
   ISBN 978-85-359-2383-4

   1. Alemanha — História 2. Crimes de guerra 3. Guerra Mundial, 1939-1945 4. Prisioneiros de guerra I. Welzer, Harald II. Título.

13-13447   CDD-940.541343

Índice para catálogo sistemático:
1. Soldados alemães : Guerra Mundial, 1939-1945   940.541343

[2016]
Todos os direitos desta edição reservados à
EDITORA SCHWARCZ S.A.
Rua Bandeira Paulista, 702, cj. 32
04532-002 — São Paulo — SP
Telefone: (11) 3707-3500
Fax: (11) 3707-3501
www.companhiadasletras.com.br
www.blogdacompanhia.com.br
facebook.com/companhiadasletras
instagram.com/companhiadasletras
twitter.com/cialetras

Sumário

Lista de abreviaturas 7
Nota dos autores 9
Dois prólogos 11

ENXERGANDO A GUERRA COM OLHOS DE SOLDADO:
UMA ANÁLISE DOS MARCOS REFERENCIAIS

O MUNDO DOS SOLDADOS
O marco referencial do Terceiro Reich 49
O marco referencial da guerra 67

LUTAR, MATAR E MORRER
Atirando 83
Violência autotélica 89
Histórias de aventuras 94
Estética da destruição 101
Prazer, diversão 104
Caça 106
Afundamentos 110

Crimes de guerra — Matando para se ocupar 115
Crimes contra prisioneiros de guerra 133
Extermínio 144
Marco referencial do extermínio 165
Atirando em grupo 182
Indignação 190
Compostura 198
Rumores 201
Sentimentos 206
Sexo 214
Técnica 227
Confiança na vitória 246
Confiança no Führer 264
Ideologia 283
Valores militares 294
Italianos e japoneses 347
Waffen-ss 352
Resumo: o marco referencial da guerra 381

EM QUE MEDIDA A WEHRMACHT EMPREENDEU UMA GUERRA NAZISTA?

Anexo — Os protocolos das escutas 413
Agradecimentos 421
Notas 423
Referências bibliográficas 469
Índice de lugares 484
Índice remissivo 489

Lista de abreviaturas

AFHQ	Allied Forces Headquarters [Quartel-General dos Aliados]
BA/MA	Bundesarchiv/Militärarchiv, Freiburg i.Br. [Arquivo Federal/Arquivo Militar]
CSDIC (UK)	Combined Services Detailed Interrogation Centre (UK) [Centro de Interrogatório dos Serviços Combinados (Reino Unido)]
GRGG	General Report German Generals [Informe Geral: Generais Alemães]
HDV	Heeresdienstvorschrift [Regulamento de Serviço do Exército]
ISRM	Italy Special Report Army [Informe Especial do Exército Italiano]
I/SRN	Italy/Special Report Navy [Informe Especial da Marinha Italiana]
KTB	Kriegstagebuch [Diário de Guerra]
NARA	National Archives and Records Administration [Arquivos Nacionais e Administração de Documentos], Washington D. C.
OKW	Oberkommando der Wehrmacht [Comando-Maior da Wehrmacht]
PAAA	Politisches Archiv des Auswärtigen Amts [Arquivo Político do Ministério do Exterior]
SKL	Seekriegsleitung [Comando da Marinha de Guerra]
SRCMF	Special Report Central Mediterranean Forces [Informe Especial das Forças do Centro do Mediterrâneo]
SRIG	Special Report Italian Generals [Informe Especial dos Generais Italianos]
SRGG	Special Report German Generals [Informe Especial dos Generais Alemães]
SRM	Special Report Army [Informe Especial do Exército]
SRX	Special Report Mixed [Informe Especial Misto]
SRN	Special Report Navy [Informe Especial da Marinha]
SRA	Special Report Air Force [Informe Especial da Aeronáutica]

TNA   The National Archives [Arquivos Nacionais], Kew, Londres
USHMM   United States Holocaust Memorial Museum [Museu Memorial do Holocausto dos Estados Unidos]
WFSt   Wehrmachtführungsstab [Estado-Maior Geral da Wehrmacht]

Nota dos autores

    Os erros mais evidentes de ortografia e sintaxe foram corrigidos na reprodução dos protocolos das escutas sem acréscimo de quaisquer comentários. Os parênteses indicam trechos omitidos pelos redatores dos protocolos. Nomes de pessoas e lugares incompreensíveis foram assinalados com pontos de interrogação. Os trechos que nós omitimos estão indicados com colchetes.

Dois prólogos

1.

Era um típico dia do novembro inglês: nuvens pesadas, neblina e oito graus. Fazia tempo que parte da minha rotina consistia em tomar o metrô da *district line* em direção a Kew Gardens até a estação no sudoeste de Londres e correr para os National Archives do governo britânico, onde mergulhava em documentos antigos. Dessa vez, a chuva estava ainda mais desagradável do que de costume e me impunha pressa. Como sempre, na entrada havia um número impressionante de seguranças, que revistaram apenas superficialmente minha bolsa. Segui meu caminho para a chapelaria, passando pela pequena livraria, até chegar à escada que levava ao salão de leitura. Lá, pelo menos o tapete verde-vivo ainda me assegurava de que nada mudara desde minha última visita.

Naquele outono de 2001, eu trabalhava na Universidade de Glasgow como professor convidado e me permitira o luxo de uma curta viagem a Londres. Poucas semanas antes havia chegado a minhas mãos o livro de Michael Gannon sobre a reviravolta na Batalha do Atlântico, em maio de 1943. Dele constavam também algumas páginas de protocolos de diálogos monitorados entre pilotos de submarino alemães, o que despertou minha curiosidade. Eu tinha conhecimento da existência de relatórios com o depoimento de prisioneiros alemães, mas jamais ouvira falar de relatórios de escutas clandestinas. Agora eu queria seguir essa pista de qualquer maneira. Não que esperasse algo especialmente interessante. Pois do que se poderia tratar? De algumas poucas páginas de conversas desconexas, gravadas por alguém, em algum lugar. Inúmeras vezes, indicações entusiasmantes de fontes pretensamente novas já haviam se comprovado verdadeiros becos sem saída.

Mas dessa vez foi diferente. Sobre minha pequena mesa de trabalho jazia um aglomerado de documentos, talvez umas oitocentas páginas amarradas por um barbante. As folhas, bem finas, ainda estavam perfeitamente ordenadas, uma após a outra. Eu era, de fato, um dos primeiros a manuseá-las. Minha vista deslizava sobre os infinitos protocolos de conversas de marinheiros alemães, na maioria pilotos de submarino, transcritas palavra por palavra. Oitocentas páginas só no mês de setembro de 1943. Se havia relatórios de setembro, também deveria haver outros de outubro e novembro do mesmo ano. E quanto aos demais anos da guerra? De fato, existiam grossos volumes de outros meses. Pouco a pouco eu compreendia que havia tocado apenas a ponta de um iceberg. Solicitava mais e mais documentos; pelo visto, não tinham sido monitoradas apenas comunicações de pilotos de submarino, mas também de soldados da Aeronáutica e do Exército. A leitura das conversas me arrebatou, fui lançado de pronto no mundo da guerra que se descortinava à minha frente. Ouviam-se os soldados falarem abertamente, via-se como gesticulavam e discutiam. O que mais me surpreendeu foi a naturalidade com que eles conversavam sobre como lutavam, matavam e morriam. Tomei um avião com destino a Glasgow, levando na bagagem cópias de alguns trechos interessantes. No Instituto de História, no dia seguinte, encontrei por acaso o professor Bernard Wasserstei e lhe contei meu achado. Disse-lhe que era provável que se tratasse de uma fonte completamente nova, e que alguém poderia escrever uma tese de doutorado sobre o assunto. *"Você quer abrir mão disso?"*, ele me perguntou, surpreso. Essa frase persistiu na minha cabeça por um bom tempo. Não, ele tinha razão. Quem devia escavar esse tesouro era eu.

A partir de então viajei para Londres com frequência cada vez maior, e comecei a entender de fato o que eu havia encontrado: os ingleses, durante toda a guerra, vigiaram sistematicamente as conversas de milhares de prisioneiros alemães e de algumas centenas de prisioneiros italianos. Os trechos de conversas que chamavam mais atenção eram gravados em discos de cera para que fossem, daí, preparadas as transcrições. Nenhum protocolo foi perdido na guerra, todos foram abertos ao público em 1996. Nos anos seguintes, porém, ninguém se deu conta da importância dessas fontes — não descobertas, permaneciam adormecidas na solidão das prateleiras.

Em 2003, publiquei os primeiros excertos, e dois anos depois foi lançada uma edição com quase duzentos protocolos de escutas de generais alemães. Com isso, o exame dessas fontes havia avançado apenas um pouco. Logo depois, nos National Archives em Washington, deparei-me com um acervo bem parecido, duas vezes maior do que o inglês, portanto, mais umas cem mil páginas. Era impossível analisar sozinho essa imensa quantidade de documentos.

Sönke Neitzel

2.

Assim que Sönke Neitzel me telefonou, contando sobre as fontes que tinha encontrado, perdi a fala. Até então tínhamos que embasar nossas pesquisas sobre percepção da violência e disposição homicida em fontes bastante problemáticas — interrogatórios, cartas de guerra, testemunhos e memórias. Todas essas fontes compartilham um problema gigantesco: as declarações, os informes e as descrições que contêm são elaborados com plena consciência, todos têm um destinatário preciso — o promotor de justiça, a esposa que ficou em casa ou um público a quem se deseja, pelos mais diferentes motivos, comunicar a própria visão das coisas. Mas, quando os soldados conversavam nos acampamentos, tudo acontecia espontaneamente — nem de longe alguém poderia cogitar que seus relatos e histórias pudessem, de alguma maneira, se tornar "fonte", muito menos, então, que chegariam a ser publicados. Além disso, interrogatórios, autobiografias e entrevistas com as testemunhas de época consistem em relatos de narradores que já conhecem o desenrolar da história; esse conhecimento posterior encobriu há muito tempo suas vivências e opiniões. Aqui, no material encontrado por Neitzel, homens conversavam francamente sobre a guerra e o que pensavam sobre ela — uma fonte que inaugurou uma perspectiva absolutamente singular e nova para a história das mentalidades da Wehrmacht, talvez até das Forças Armadas em geral. Fiquei eletrizado e combinamos um encontro imediato. Como psicólogo social, era claro que eu jamais poderia avaliar o material sem conhecimentos profundos da Wehrmacht [Forças Armadas alemãs]; por outro lado, as conversas não seriam decifradas em todos os seus aspectos comunicativos e psicológicos somente a partir de uma perspectiva histórica. Nós dois já havíamos trabalhado intensivamente com o período do Terceiro Reich, mas víamos os diálogos dos prisioneiros sob óticas bastante distintas. Só a combinação de nossas áreas de especialização — psicologia social e história — permitiria um acesso adequado a essa fonte peculiar da história das mentalidades e um reajuste da visão sobre a ação dos soldados. Conseguimos o apoio da Fundação Gerda Henkel e da Fundação Fritz Thyssen para nosso plano de iniciar imediatamente um projeto de pesquisa mais amplo; com isso, logo depois da primeira reunião, já contávamos com os recursos para financiar um grupo de pesquisa[1] que se debruçaria sobre a enorme quantidade de textos. O acervo britânico e grande parte do material americano foram digitalizados e avaliados com a ajuda de um software de análise de conteúdo. Após mais de três anos de trabalho coletivo, intensivo e estimulante, em que aprendemos nós mesmos muitas coisas novas e tivemos também que abrir mão de convicções insustentáveis diante de nossa fonte, chegou o momento de apresentar os primeiros resultados.

SOBRE O QUE OS SOLDADOS CONVERSAM

SCHMID: Ouvi falar de um caso de dois garotos de quinze anos. Estavam de uniforme, participando de um tiroteio desenfreado. Mas foram capturados. [...] Eu mesmo já tinha visto os russos levando garotos jovens consigo, até mesmo meninos de doze anos uniformizados integrando a banda. Já tivemos uma banda russa — você tinha que ver como ela tocava! De fazer cair o queixo. Paira um silêncio sobre a música, algo carregado de nostalgia — eu diria que a gente passa a entender toda a imensidão russa. É de arrepiar. Me dava um prazer avassalador. Era uma banda militar como poucas. [...] Bem, seja como for, os dois rapazes tinham que seguir para o oeste, caminhando pela estrada. Em dado momento, numa curva, eles tentam escapar para a floresta e tomam logo uma bordoada na cara. Mas, assim que saem do alcance da vista, deixam a estrada — depressa, depressa, e já fugiram. Um contingente mais numeroso foi prontamente destacado para a busca. [...] E pegaram os fujões. Ali estavam os dois, imagine só. Agora, eles foram tão corretos que não espancaram os moleques de uma vez, apresentaram-nos novamente ao comandante do regimento. Eles tiveram que cavar a própria cova, dois buracos, até que alguém deu o tiro no primeiro. Ele não caiu na cova, foi arremessado para a frente, passando por cima dela. Alguém mandou que o segundo jogasse o companheiro no buraco, antes de ser ele próprio fuzilado. E ele fez isso, com um sorriso no rosto! Um garoto de quinze anos! Isso é fanatismo ou idealismo — alguma coisa tem![2]

Essa história, narrada pelo primeiro-sargento Schmid em 20 de junho de 1942, caracteriza bem a maneira como os soldados se comunicam nos protocolos das escutas. Como em toda conversa corriqueira, o narrador troca reiteradamente de temas, por associações — de repente ocorre a Schmid, por causa da palavra "música", o quanto ele aprecia a música russa, fala dela por um instante, retomando só então a história propriamente dita, que começara inofensiva, mas cujo final é cruel: trata-se do fuzilamento de dois jovens soldados russos. O narrador conta que os rapazes não foram simplesmente fuzilados, mas que tiveram eles mesmos que cavar a própria cova antes da execução. Acontece um imprevisto no fuzilamento, do qual se tira a verdadeira moral da história: o jovem que seria executado se revela um "fanático" ou "idealista" — e o primeiro-sargento expressa toda a sua perplexidade.

À primeira vista nos defrontamos com uma combinação espetacular de temas diversos — guerra, soldados inimigos, juventude, música, a vastidão russa, crimes de guerra, perplexidade —, que, embora pareçam não se encaixar bem, são tratados num único fôlego. O que se constata em primeiro lugar é que essas histórias são bastante diferentes do que comumente se espera. Elas não se atêm a critérios de coerência, consistência e lógica, mas provocam tensão e interesse, abrindo espaço e possibilidades para comentários e para as histórias pessoais dos interlocutores. Vistas assim, são fragmentárias como todas as conversas cotidianas, mas também interessantes, repletas de interrupções, de novos pontos de interseção de linhas narrativas. Elas contam sobretudo com a complacência e com o consenso. As pessoas não se comunicam somente para trocar informações, mas para construir uma relação, produzir vínculos e se assegurar de que um único e mesmo mundo é compartilhado. Esse mundo é a guerra, e é isso que destaca essas conversas do cotidiano. Mas só para os leitores de hoje, não para os soldados.

A brutalidade, a dureza e a frieza da guerra constituem um momento trivial nessas conversas — o que assusta quando os diálogos são lidos nos dias atuais, transcorridos, portanto, mais de sessenta anos desde os acontecimentos. A cabeça balança instintivamente, ficamos abatidos e, não raro, desconcertados — mas temos que nos livrar de impulsos morais dessa natureza, pois, senão, compreendemos somente nosso próprio mundo, jamais o dos soldados. O caráter normal da brutalidade revela apenas que as execuções e a violência extrema fazem parte do dia a dia dos narradores e de seus interlocutores; não são, de fato, nada extraordinário. Eles passam horas a fio conversando sobre o assunto, mas também, por exemplo, sobre aviões, bombas, instrumentos de radar, cidades, paisagens e mulheres.

> MÜLLER: Quando estive na Carcóvia, tudo, até o centro da cidade, estava destruído. Uma cidade esplendorosa, uma recordação magnífica. Todo mundo sabia um pouco de alemão — ensinado nas escolas. O mesmo acontecera com Taganrog — com cinemas esplêndidos e magníficos cafés à beira do rio. [...] Sobrevoamos muito aquela área, onde o rio Don conflui com o Donets; estive em todos os cantos. É uma linda paisagem — eu percorri toda essa área de caminhão. Por ali só se viam as mulheres que realizavam trabalhos forçados.
>
> FAUSST: Mas que merda!
>
> MÜLLER: Elas faziam ruas, essas moças lindas de morrer — dirigíamos até lá, simplesmente as metíamos dentro do carro, dávamos um bom trato nelas e depois as jogávamos de novo para fora. Você não imagina o quanto elas xingavam![3]

É assim que são as conversas entre homens. Os dois militares, um cabo e um sargento, falam dos aspectos turísticos da campanha na Rússia — de "cidades esplendorosas" e "recordações magníficas". De repente o tema já mudou para as propagadas violações de mulheres que trabalham em regime forçado; o cabo conta tudo como se fosse uma pequena anedota de percurso, dando continuidade ao seu relato de viagem. É dessa maneira que se delimita o espaço daquilo que se podia dizer e esperar nas conversações vigiadas: nada do que é relatado sobre violência contra terceiros agride as expectativas dos ouvintes. Histórias de fuzilamentos, estupros e roubos constituem lugares-comuns nos relatos de guerra; quase nunca esses temas desencadeiam discussões, reprovações morais ou meras divergências. As conversas, apesar de toda a violência que frequentemente contêm, sempre se desenrolam em um ambiente harmônico; os soldados se entendem, participam de um mundo comum, discorrem sobre os acontecimentos que lhes interessam e sobre as coisas que observaram ou fizeram. E tudo isso é contado e interpretado de acordo com marcos históricos, culturais e conjunturais específicos: o marco referencial.

São eles que queremos reconstruir e descrever neste livro — para entender o que era o mundo dos soldados, como eles viam a si mesmos e aos oponentes, o que pensavam sobre Adolf Hitler e o nazismo, por que persistiram lutando mesmo quando a guerra já parecia perdida.

E queremos investigar o que esse marco referencial tinha de "nazista" — em que medida esses homens nos campos de prisioneiros, na sua maioria amistosos e bem-humorados, eram guerreiros ideológicos, que se alistaram com o intuito de cometer indistintamente, em meio a uma "guerra de extermínio", crimes racistas e massacres. Até que ponto eles correspondem à imagem de "executores voluntários", traçada nos anos 1990 por Daniel Goldhagen, ou a uma imagem mais diferenciada, proveniente, por exemplo, das duas "Exposições sobre a Wehrmacht", do Instituto de Pesquisa Social de Hamburgo, e de um sem-número de monografias de história sobre os crimes da Wehrmacht? Atualmente prevalece a impressão de que os soldados da Wehrmacht faziam parte de uma imensa engrenagem de extermínio e foram, portanto, atores, se não os próprios executores, de um crime em massa sem igual. Não resta nenhuma dúvida de que a Wehrmacht participou de todos os crimes — do fuzilamento de civis até o assassinato sistemático de homens, mulheres e crianças judeus. Mas isso ainda não explica o modo e a intensidade do envolvimento pessoal de cada soldado nos crimes, sua relação com eles — se os soldados cometeram esses crimes voluntariamente, ou com repulsa, ou sequer se os cometeram. Nosso material dá essas informações, e de uma maneira que põe em movimento as imagens já consolidadas sobre a Wehrmacht.

Sabe-se que o ser humano jamais apreende o que quer que seja senão através de filtros específicos de seu conhecimento prévio. Cada cultura, cada época histórica, cada sistema econômico, em suma, todo *ser* estabelece padrões que instruem a apreensão e interpretação das experiências e dos acontecimentos. Os protocolos das escutas são reproduções em tempo real da visão e compreensão dos soldados sobre a guerra. Mostraremos que suas análises e conversas diferem do que se imagina comumente — entre outras coisas porque eles, ao contrário de nós hoje, *não* sabem o desfecho da guerra nem o que virá a acontecer com o Terceiro Reich e seu Führer. Enquanto, para nós, seu futuro sonhado e real já é, há um bom tempo, passado, para essas pessoas ele ainda é um espaço aberto. A maioria pouco se interessa por ideologia, política, ordem mundial nem por nada parecido; ninguém entra em guerra por convicção, mas porque são soldados e combater é seu trabalho.

Muitos são antissemitas, o que não é o mesmo que dizer que são "nazistas". Nem tem algo a ver com a disposição deles para matar: não são poucos os que, embora odiando "os judeus", ficam indignados diante de execuções. Alguns são ferrenhos "antinazistas", mas concordam de forma expressa com a política do regime nacional-socialista contra judeus. Outros se comovem com as centenas de milhares de prisioneiros de guerra russos abandonados à míngua, mas não hesitam em executar prisioneiros de guerra quando lhes parece cansativo ou perigoso demais ter que vigiá-los ou transportá-los. Uns consideram um problema o fato de os alemães serem excessivamente "humanos", e contam entusiasmados como fizeram para massacrar os moradores de vilarejos inteiros. E em muitos relatos o que fazem de forma explícita é contar vantagem e se gabar, mas não como nas atuais conversas de homem, em que falam sobre o próprio desempenho ou o do automóvel. Nas conversas de soldados, também as vantagens são contadas com violência extrema, com estupros, disparos e afundamentos de navios mercantes. Podemos comprovar por vezes que os relatos não batem — é exatamente aí que se vê o ardil para impressionar, por exemplo, o afundamento de um comboio de crianças. O espaço do que se pode dizer e do que é dito de fato é aqui diferente do atual, assim como são distintas as razões que conferem, ou ao menos das quais se espera, algum reconhecimento — ser violento certamente faz parte desse catálogo. A maioria dos relatos parece, ainda, bastante contraditória à primeira vista. Mas só se partimos da ideia de que os seres humanos agem de acordo com as suas "concepções" e de que essas concepções são indissociáveis de ideologias, teorias e grandes convicções.

Na verdade, é o que o livro mostrará, as pessoas agem em conformidade com o que acreditam que é esperado delas. E isso tem muito menos a ver com "visões de mundo" abstratas do que com os locais, os objetivos e as funções de ações bem concretas e, em especial, com os grupos a que pertencem.

Para compreender e explicar por que soldados alemães conduziram por cinco anos uma guerra com dureza até então desconhecida, provocando uma erupção de violência que fez 50 milhões de vítimas e arrasou um continente inteiro, é preciso saber com que olhos eles a enxergavam: a sua guerra. Inicialmente, no próximo capítulo serão analisados os fatores que orientam e determinam o modo de ver dos soldados: o marco referencial. Os leitores que não se interessem pelo marco de referências do Terceiro Reich ou das forças militares, mas curiosos quanto aos relatos e diálogos dos soldados sobre violência, técnica, extermínio, mulheres ou a respeito do Führer, podem pular diretamente para a página 83 e prosseguir a leitura. Depois de uma descrição detalhada da visão dos soldados sobre lutar, matar e morrer, nós comparamos a guerra da Wehrmacht com outras guerras, para entender, finalmente, o que foi "nacional-socialista" nessa guerra e o que não foi. O que já podemos antecipar é que, em muitos aspectos, nossos resultados são surpreendentes.

Harald Welzer

Enxergando a guerra com olhos de soldado: uma análise dos marcos referenciais

> *O horror, o senhor sabe?, aquele horror que nós sentimos no início ao saber que uma pessoa pode lidar com outra daquela maneira passou de repente. É assim mesmo, não é? Eu mesma senti na pele como nós nos tornamos relativamente frios — como, aliás, hoje se diz muito bem.*
>
> Antiga moradora dos arredores do campo de concentração de Gusen

    Os seres humanos não são como os cães de Pavlov. Eles não reagem a determinados estímulos com reflexos condicionados. Nos seres humanos, entre estímulo e reação acontece algo bastante específico, que representa a sua consciência e difere a espécie humana dos demais seres vivos: os seres humanos interpretam o que os seus sentidos percebem e, só a partir dessa interpretação, tiram conclusões, decidem e agem. Por isso, ao contrário do que supunha a teoria marxista, os seres humanos jamais atuam com base em condições objetivas — nem se orientam exclusivamente pelos cálculos de custos e benefícios, como os teóricos da *rational choice* nas ciências sociais e econômicas fizeram acreditar por muito tempo. Uma guerra não se explica inteiramente com ponderações de custo e benefício; ela tampouco surge *necessariamente* das circunstâncias objetivas. Um corpo sempre cai de acordo com as leis da gravidade, e nunca de outra maneira, mas o que as pessoas fazem pode ser sempre feito de outro jeito. Nem mesmo temas tão mágicos como as "mentalidades" conseguem estabelecer o que os seres humanos fazem. Não que se duvide da importância das configurações psicológicas. As mentalidades antecedem as decisões, mas não as determinam. Embora a percepção e a ação dos seres humanos estejam ligadas a condições sociais, culturais, hierárquicas, biológicas e antropológicas, eles gozam de uma margem de interpretação e de ação. Poder interpretar e tomar decisões pressupõe alguma orientação — e saber em que se está envolvido e quais consequências cada decisão traz. Essa orientação fornece uma matriz ordenada de modelos interpretativos: o marco referencial.

Histórica e culturalmente, os marcos referenciais variam bastante: muçulmanos ortodoxos enquadram o comportamento sexual como moral ou reprovável em marcos distintos aos dos ocidentais secularizados. Nenhum membro de nenhum dos dois grupos compreende o que vê livremente de referências que, não tendo procurado nem escolhido, ainda assim marcam, induzem e direcionam de maneira significativa seus sentidos e interpretações. Não quer dizer que não haja também, em situações especiais, extrapolações do marco referencial estabelecido e algo verdadeiramente novo seja visto ou pensado. Mas isso só acontece raramente. Marcos referenciais garantem economia de ação: o que ocorre com mais frequência pode ser enquadrado em alguma matriz conhecida. Funciona como um alívio. Nenhum agente precisa começar sempre do zero, respondendo continuamente à mesma pergunta: o que está realmente acontecendo agora? As respostas a essa pergunta já estão, em sua grande maioria, pré-programadas e são reproduzíveis — armazenadas em um acervo cultural de orientação e conhecimento que dissolve em rotinas, costumes e certezas boa parte dos encargos da vida e poupa os indivíduos de forma colossal.

Por outro lado, isso significa que, para explicar a ação das pessoas, é necessário reconstruir o marco referencial em que elas agiram: o que ordenou suas percepções e indicou suas conclusões. Nessa reconstrução, as análises de condições objetivas deixam muito a desejar. Mentalidades também não explicam *por que* alguém fez determinada coisa, especialmente quando membros de uma mesma formação mental chegam às mais diferentes conclusões, decidem de maneira tão diversa. Aqui se situa o limite das teorias sobre guerras ideológicas ou sobre os regimes totalitários. Como "visões de mundo" e "ideologias" se impõem nas percepções e interpretações individuais é a questão que permanece aberta — como elas funcionam na ação do indivíduo. Para compreender isso, empregamos o método de análise dos marcos referenciais, um instrumento de reconstrução das percepções e interpretações de pessoas em determinadas situações históricas, nesse caso, de soldados alemães na Segunda Guerra Mundial.

O método de análise de marcos referenciais se baseia na ideia de que as interpretações e ações das pessoas não podem ser compreendidas caso não seja reconstruído o que elas "viram" — conhecendo os modelos interpretativos, representações e associações dentro dos quais elas perceberam as situações e como elas interpretaram essas situações. Ao desconsiderar os marcos referenciais, as análises científicas de ações passadas sempre apresentam um caráter normativo acentuado, pois se utilizam de critérios normativos do respectivo presente como fundamento do processo de compreensão. É por isso que acontecimentos históricos num contexto de guerra e violência nos parecem em geral "cruéis", ainda que crueldade não seja nenhuma categoria de análise, mas uma categoria moral. Esse é também o motivo por que o comportamento das pessoas que praticam a violência é considerado, já de antemão, anormal e patológico, embora — caso se reconstrua o mundo da perspectiva delas — esse exercício de violência seja compreensível e até esperado. É importante para nós, portanto, com a ajuda da análise dos marcos referenciais, lançar um olhar *amoral* sobre a violência que foi praticada na Segunda Guerra, uma visão não normativa para compreender quais são os pressupostos necessários para que pessoas absolutamente normais no aspecto psicológico, em condições específicas, venham a fazer coisas que jamais fariam sob outras condições.

Classificamos os marcos referenciais em ordens diversas:

Aqueles de *primeira ordem* abrangem a estrutura histórico-social de fundo diante da qual as pessoas, no tempo respectivo, atuam. Assim como nenhum cidadão da República Federal da Alemanha, ao ler o jornal, se dá conta de fazer parte do círculo cultural do Ocidente cristão e de que suas avaliações sobre, por exemplo, um político africano estão vinculadas às normas desse círculo cultural, da mesma maneira, em regra, ninguém tem consciência da função orientadora desses marcos de primeira ordem. Estes são o que Alfred Schütz chamou de *assumptive world*, aquilo que é aceito como modo de ser inquestionado de um mundo determinado, o que nele é tido como "bom" e "mau", como "verdadeiro" ou "falso", o que nós consideramos comível, que distância corporal devemos manter nas conversações, o código de etiqueta etc. Esse "mundo sentido" trabalha muito mais num plano inconsciente e emocional do que num plano reflexivo.[1]

Os marcos referenciais de *segunda ordem* são mais concretos histórica e culturalmente, e, na maioria das vezes, também no quesito geográfico. Eles abrangem um espaço histórico-social que pode ser delimitado das mais diversas perspectivas — pela duração de um regime de dominação, por exemplo, pelo período de vigência de uma constituição ou pela época de uma formação histórica, como o Terceiro Reich.

Os marcos referenciais de *terceira ordem* são ainda mais específicos. Eles tratam de uma cadeia concreta de acontecimentos histórico-sociais, na qual pessoas determinadas atuam, como uma guerra, em que elas combatem como soldados.

Os marcos referenciais de *quarta ordem* são cada uma das características especiais, modos de percepção, modelos interpretativos, deveres de consciência etc. que toda pessoa traz para uma situação. Nesse nível, trata-se de psicologia, de disposições pessoais e da questão do processo individual de tomada de decisões.

Neste livro iremos analisar os marcos referenciais de *segunda* e *terceira ordens*, uma vez que o material disponível permite um acesso privilegiado justamente aí.

O objeto do livro é, portanto, o mundo do Terceiro Reich, de onde vêm os soldados da Wehrmacht, e a análise de situações concretas em que eles atuam, na guerra e dentro das tropas do Exército. Em geral não sabemos absolutamente nada, nos melhores casos muito pouco, a respeito das personalidades de cada um dos soldados — o marco de quarta ordem — para poder esclarecer, por exemplo, quais traços biográficos e disposições psicológicas seriam responsáveis por alguns matarem com tanto prazer enquanto outros sentiam aversão ao fazê-lo.

Antes de darmos início à análise propriamente dita, serão apresentados os diversos componentes dos marcos referenciais.

ORIENTAÇÕES DE BASE: O QUE REALMENTE ESTÁ ACONTECENDO?

No dia 30 de outubro de 1938 a emissora de rádio americana CBS interrompe sua programação com um comunicado especial: uma explosão de gás ocorrera em Marte e, como consequência, uma nuvem de hidrogênio se deslocava em direção à Terra em grande velocidade. No meio da entrevista que o repórter fazia com um professor de astronomia, tentando esclarecer o perigo ameaçador, estoura a seguinte notícia: sismógrafos teriam registrado um abalo com a potência de um forte terremoto, fazendo supor o impacto de um meteorito. Informes extraordinários não cessam mais. Curiosos procuram o lugar da colisão; de lá emergem em pouco tempo extraterrestres que atacam os espectadores. Mais objetos caem em outros lugares, hordas de alienígenas atacam os seres humanos. As Forças Armadas são acionadas, mas conseguem pouco resultado: os extraterrestres estão a caminho de Nova York. Os militares utilizam caças, as pessoas começam a evacuar a zona de perigo. O momento é de pânico.

Há aí uma troca de marco referencial. Até a parte dos caças, a descrição reproduzia apenas o desenrolar da peça radiofônica que Orson Welles concebera a partir do romance *A guerra dos mundos*, de H. G. Wells; no entanto, a parte das pessoas fugindo em pânico era real. Dos 6 milhões de americanos que ouviram a transmissão de rádio nesse dia memorável, 2 milhões acreditaram na história do ataque de extraterrestres como se fosse pura realidade. Alguns, nervosos, chegaram a empacotar suas coisas e saíram às ruas para escapar aos terríveis ataques de gás dos alienígenas. Por horas a fio, as redes de telefonia ficaram bloqueadas. Também se passaram horas até que circulasse a informação de que o ataque de extraterrestres era somente uma ficção.[2] Esse acontecimento lendário, que deu início à fama de Orson Welles, deixa evidente que o psicólogo social William I. Thomas tinha razão em 1917 quando formulou o seguinte teorema: "Se as pessoas interpretam situações como reais, então essas situações são reais nas suas consequências". Por mais equivocada e irracional que seja, uma avaliação da realidade, e as conclusões que dela são tiradas, sempre criam novas realidades correspondentes.

É o que ocorreu com todos os ouvintes que não escutaram o anúncio de que *A guerra dos mundos* era uma peça radiofônica, e acabaram acreditando na invasão. Deve-se lembrar, aliás, que as possibilidades de comunicação daquele tempo não permitiam uma rápida aferição de realidade — e, nas ruas, os que deixavam suas casas se viam no meio de uma massa de gente que fazia exatamente o mesmo que eles. Como poderia surgir a suspeita de que havia um engano? As pessoas procuram confirmar suas percepções e interpretações da realidade observando o que os outros estão fazendo — principalmente em situações que, por causa de seu caráter inesperado e ameaçador, já trazem consigo um grande problema de orientação: O que está acontecendo agora? O que devo fazer?

Isso explica, por exemplo, o conhecido fenômeno *bystander*: se muitas pessoas assistem a um acidente ou a uma pancadaria, raramente alguém presta socorro. Nenhum espectador sabe com certeza qual seria a reação correta nesse momento, então todos procuram se orientar pelos outros — e, como ninguém parece reagir, todos permanecem parados, observando. Ninguém ajuda, mas não é — como é comentado frequentemente nos meios de comunicação — por "falta de compaixão", mas por causa de um déficit de orientação e um processo fatal de confirmação recíproca na inatividade. Os participantes criam para si um marco referencial comum e suas decisões ocorrem dentro dessas margens. Quando as pessoas estão sozinhas e são confrontadas com o dever de ajudar, em geral elas intervêm sem maiores questionamentos.

O exemplo de *A guerra dos mundos* é espetacular. Mas ele só mostra o caso típico das pessoas que tentam se orientar. Na sua vasta gama de funções com os respectivos papéis estabelecidos, criando situações complexas, as sociedades modernas exigem de seus membros um trabalho de interpretação contínuo. O que está acontecendo aqui? Que expectativas devo preencher? Na maioria das vezes, essas indagações não são feitas por ninguém conscientemente, porque grande parte desse trabalho contínuo de interpretação fica a cargo de rotinas, costumes, scripts e regras, quer dizer, funciona de forma automática. Nos casos de distúrbios de funções, pequenos acidentes, enganos e equívocos, porém, as pessoas se dão conta de que então é explicitamente necessário aquilo que se faz em geral de maneira implícita: interpretar o que está acontecendo no momento.

É claro que esse trabalho de interpretação não se dá no vácuo nem começa toda vez a partir do zero. Ele também está, por sua vez, ligado a "marcos", ou seja, a óticas compostas de muitas peças, que emprestam à experiência por ser feita uma estrutura reguladora. Seguindo Gregory Bateson[3] e Alfred Schütz,[4] Erving Goffman descreveu uma série desses marcos com suas respectivas características. Com isso ele pôde mostrar que esses marcos não só organizam nossas percepções e orientações cotidianas de maneira bastante abrangente, mas também antecipam — de acordo com o conhecimento contextual e a perspectiva do observador — as mais diversas interpretações. Para um impostor, por exemplo, o marco de sua ação é uma "manobra de engano"; para quem é iludido, o que está acontecendo é o que é encenado.[5] Ou, como escreveu Kazimierz Sakowicz: "Para os alemães, trezentos judeus são o mesmo que trezentos inimigos da humanidade; para os lituanos, eles são trezentos pares de sapatos e trezentas calças".[6]

Em nossa exposição, um aspecto que não interessou Goffman especialmente é muito importante: como são formados os marcos de referência que instruem, direcionam e organizam a interpretação. Sem dúvida, a "guerra" leva a um marco referencial bem distinto da "paz", ela faz com que outras decisões e justificativas pareçam razoáveis, alterando os critérios do que é certo ou errado. Nas percepções e interpretações das situações em que se encontram, os soldados também não seguem instruções aleatórias, mas operam muito especificamente vinculados a padrões que lhes permitem apenas um espectro limitado de interpretações individuais. Todo ser humano está preso a um jogo de modos de percepção e interpretação culturalmente impregnados — isso não vale só para os soldados.

Em sociedades plurais, o déficit de orientação é ainda mais marcante. E também a diferenciação dos marcos. Pessoas modernas têm que trocar continuamente de marcos — como cirurgião, pai, jogador de cartas, esportista, sócio de um condomínio, frequentador de bordel, paciente na sala de espera etc. —, submetendo-se às mais diversas exigências desses papéis sociais, para dar conta das expectativas. É por isso também que, tendo como ponto de referência um dado papel, se pode observar e julgar com alguma distância o que está sendo feito dentro do marco de um papel social distinto — consegue-se diferenciar quando são exigidas impassibilidade e frieza profissional (em operações), e quando não (na hora de brincar com as crianças). Essa capacidade de "distanciar papéis"[7] assegura que ninguém se dedique exclusivamente a um determinado papel social, deixando de cumprir as demais exigências — em outras palavras: as pessoas são flexíveis para se submeter a diferentes marcos referenciais, interpretar corretamente as expectativas correspondentes e agir de acordo com essas interpretações.

LAÇOS CULTURAIS

Stanley Milgram disse uma vez que gostaria de saber por que as pessoas preferiam se queimar em uma casa pegando fogo a correr pelas ruas sem calças. Objetivamente considerando, trata-se, claro, de uma forma de atuação irracional. No entanto, subjetivamente, ela só mostra que, em determinadas culturas, padrões de pudor constroem barreiras contra estratégias de salvamento de vidas, que só muito dificilmente podem ser superadas. Na Segunda Guerra, os soldados japoneses matavam a si mesmos para não se tornarem prisioneiros. Em Saipan, milhares de civis chegaram a se atirar de penhascos para não cair nas mãos dos americanos.[8] Com frequência, vínculos e obrigações culturais, portanto, desempenham um papel mais importante do que o próprio instinto de sobrevivência. É por isso que pessoas morrem, por exemplo, tentando salvar um cachorro de um afogamento. Ou que veem algum significado em se explodir pelos ares num atentado suicida (cf. p. 321).

Os casos de grandes sociedades que fracassaram mostram como os laços culturais funcionam simultaneamente em muitos setores. Os vikings normandos que povoaram a Groenlândia por volta do ano 1000 sucumbiram por insistir nos costumes de cultivo e alimentação que traziam da Noruega, mesmo que lá vigorassem condições climáticas completamente diferentes. Então não comiam peixe, por exemplo, disponível aos montes, enquanto tentavam implementar a criação de gado. Mas o período próprio para pastagem na Groenlândia era muito curto.[9] De qualquer maneira, os inuítes, que já viviam na Groenlândia nos tempos dos vikings e estão lá ainda hoje, provam que a sobrevivência era possível, sim, mesmo naquelas condições climáticas. O exemplo mais conhecido de civilizações que fracassaram em razão de seus compromissos culturais é dado pelos habitantes da Ilha de Páscoa: eles investiram tantos recursos na produção das gigantescas esculturas de seus rituais que enfraqueceram os fundamentos da própria sobrevivência e acabaram desmoronando.[10]

As obrigações culturais (entre as quais estão evidentemente as religiosas) também aparecem nos sentimentos e conceitos tanto de pudor quanto de honra. E, geralmente, na incapacidade de encontrar soluções "racionais" para os problemas, embora, da perspectiva de um observador, elas pareçam tão simples como no caso dos vikings, a quem bastaria trocar a dieta de carne para peixe.

Ocasionalmente, sob pontos de vista de sobrevivência, a herança cultural pode se tornar pesada e, mesmo, mortal. Para dizer de outra forma: o que se percebe nesses casos como problema decididamente não é a ameaça da própria vida, mas o perigo de infringir normas de comportamento simbólicas, tradicionais, de acordo com a posição ou ordem social — pelo visto, esse perigo pode chegar a ser tão grave que, da perspectiva dos atores, não se enxerga *nenhuma outra possibilidade*. Desse modo as pessoas se tornam prisioneiras das suas próprias técnicas de sobrevivência.

Vínculos culturais de hábito e obrigações culturais inquestionáveis compõem uma parte considerável dos marcos referenciais. Se eles são tão efetivos e, em geral, até coercitivos, é porque sequer atingem o nível da reflexão. Ao que parece, a própria forma de vida cultural impede que determinadas coisas sejam vistas ou que costumes nocivos e estratégias estapafúrdias sejam mudados. O que é considerado, desde uma perspectiva exterior, completamente irracional tem, muitas vezes, quando visto de dentro, a característica da mais pura racionalidade: a autoevidência. Além disso, o exemplo dos vikings também mostra que os laços culturais não se esgotam naquilo que é do conhecimento dos membros de uma cultura: eles são, em primeiro lugar, o que essas pessoas desconhecem.

DESCONHECIMENTO

O caso de Paul Steinberg, um menino judeu que foi denunciado por uma vizinha na França quando tinha dezesseis anos e deportado para Auschwitz dá uma ideia das possíveis consequências do desconhecimento. Em Auschwitz, Steinberg se deu conta do déficit fatal no seu marco referencial bem na hora do banho:

> "Como é que você veio parar aqui?", perguntou um peleteiro do Faubourg-Poissonière. Ele estava desconcertado. Apontou para o meu pau e chamou os colegas, gritando: "Nem circuncidado é!". E eu sabia pouco, tanto sobre circuncisão quanto sobre a religião judaica em geral. Meu pai se abstraiu — com toda certeza por uma tola vergonha — de me introduzir nesse tema cativante. Fui e continuo sendo o único judeu deportado da França e de Navarra a chegar a Auschwitz não circuncidado, sem ter lançado no jogo sua carta de trunfo. A aglo-

meração ao meu redor foi aumentando cada vez mais, os caras quase morriam de rir. Por fim um deles me taxou de ser o pior dos trouxas![11]

Paul Steinberg não pôde fazer valer sua chance de escapar porque estava preso a um desconhecimento cultural — no tempo do nazismo, para a maioria dos outros homens judeus, ser circuncidado era um sinal mortal; faziam de tudo para esconder essa marca. Especialmente nas zonas ocupadas, os judeus eram identificados com uma olhada no membro circuncidado — visto assim, Steinberg não dera a cartada decisiva com sua vantagem.

Esse é um exemplo da fatalidade do desconhecimento individual que faz, sim, parte do marco referencial relevante nesse caso, como também das interpretações e ações ligadas a ele. Por isso, o que alguém faz depende daquilo que se pode e do que não se pode saber. Mas não é só isso que dificulta a pesquisa acerca do que as pessoas, em algum ponto do passado, sabiam. A História não é percebida, ela *acontece*. E só mais tarde o historiador irá estabelecer o que, de um inventário de acontecimentos, é "histórico", o que, de alguma maneira, teve significado no curso das coisas. No dia a dia, as alterações sorrateiras do meio social e físico em geral não são registradas porque a percepção se ajusta permanentemente às modificações de seu meio. Psicólogos ambientais chamam esse fenômeno de *shifting baselines*. Exemplos da alteração dos hábitos de comunicação, que, como no nazismo, chegam até o deslocamento radical dos padrões normativos, mostram que esses *shifting baselines* trazem muitas consequências. Tem-se a impressão de que tudo permanece como antes, embora tenha se modificado o que é fundamental.

Só então, conceitos como "*ruptura* da civilização" se condensam num processo — *lento* para a percepção — sobre um acontecimento abrupto. É exatamente quando se toma conhecimento de que um desdobramento teve consequências radicais. Interpretar o que as pessoas perceberam como surgimento de um processo que só levaria à catástrofe posteriormente é um empreendimento complexo — complexo também porque nós já levantamos essa questão sabendo o desfecho da história, coisa que as pessoas da época logicamente não podiam saber. Olha-se, portanto, para o começo da história a partir do seu final. De certa maneira, seria necessário suspender o próprio conhecimento histórico para poder informar do que as pessoas tinham então conhecimento em cada situação. É por isso que Norbert Elias disse que uma das tarefas mais difíceis das ciências sociais é reconstruir a estrutura do desconhecimento que vigorou em outras épocas.[12] Também pode-se falar, seguindo Jürgen Kocka, de um exercício de "liquefação" da história, ou seja, "uma transformação regressiva de faticidade em possibilidades".[13]

EXPECTATIVAS

No dia 2 de agosto de 1914, um dia depois da declaração de guerra dos alemães contra a Rússia, em Praga, Franz Kafka escreveu em seu diário: "A Alemanha declarou guerra à Rússia. — Natação à tarde". Esse é só um exemplo especialmente claro de que os acontecimentos que o mundo posterior aprendeu a considerar *históricos*, no tempo real de seu surgimento e aparição, raramente são notados como tais. Quando eles chegam ao conhecimento de alguém — se é que chegam —, já fazem parte de um cotidiano no qual inúmeras outras coisas também são percebidas, disputando igualmente a atenção. Assim, acontece, às vezes, de mesmo pessoas de inteligência extraordinária considerarem o início de uma guerra tão digno de nota quanto o fato de terem ido à aula de natação.

No momento em que a história acontece, as pessoas vivem o presente. Os eventos históricos só revelam seu significado posteriormente, quer dizer, apenas quando já apresentaram efeitos duradouros ou, segundo um conceito de Arnold Gehlen, quando já demonstraram suas "prioridades de consequências": acontecimentos sem precedentes, de profunda implicação para tudo o que se seguiu. Surge um problema metodológico quando nos perguntamos o que as pessoas de fato notaram e souberam de um acontecimento em formação — o que elas *podiam* perceber e conhecer. Em regra, os eventos inaugurais não são notados porque são novos. As pessoas procuram compreender o que está acontecendo com os marcos referenciais disponíveis, mesmo que se trate de um acontecimento sem precedentes, com potencial de fornecer ele mesmo uma referência para eventos posteriores análogos.

De uma perspectiva histórica, pode-se afirmar então que o caminho para a guerra de extermínio já estaria traçado havia muito tempo, quando a Wehrmacht atacou a União Soviética em 22 de junho de 1941. No entanto, é passível de dúvida se os soldados que receberam as ordens nas primeiras horas daquele dia realmente compreendiam que tipo de guerra eles teriam pela frente. Os soldados esperavam avançar rapidamente, assim como ocorrera na Polônia, na França e nos Bálcãs, mas não tinham em mente uma guerra de extermínio que teria de ser conduzida, mesmo na principal linha de batalha, com uma dureza jamais vista. Eles não esperavam, de jeito nenhum, que grupos de pessoas que não tinham nada a ver com os acontecimentos da guerra em sentido estrito seriam exterminados. Não era o que o marco de referência "guerra" previa até aquele momento.

Por esse mesmo motivo, muitos judeus alemães não reconheceram a dimensão do processo de exclusão do qual se tornaram vítimas. O regime nazista era encarado como um fenômeno de vida curta, "que as pessoas deveriam suportar, ou como uma adversidade, exigindo alguma adaptação, ou, no pior dos casos, uma ameaça que, se restringia a todos pessoalmente, ainda era melhor do que os perigos de um exílio".[14] No caso dos judeus, por conta das sofridas experiências históricas, o fato de seu marco referencial abarcar tão naturalmente o antissemitismo, a perseguição e a expropriação contém a triste ironia de tê-los impedido de enxergar que aquilo que estava acontecendo dessa vez era diferente, algo absolutamente mortal.

CONTEXTOS DE PERCEPÇÃO ESPECÍFICOS DO PERÍODO

No dia 2 de junho de 2010, três homens do serviço de desativação de explosivos perderam a vida em Göttingen na tentativa de neutralizar uma bomba aérea da Segunda Guerra Mundial — o evento foi noticiado minuciosamente por todos os meios de comunicação, provocando grande comoção. Se três pessoas tivessem morrido quando as bombas foram lançadas, em 1944 ou 1945, o fato não despertaria nenhuma atenção fora do círculo de familiares. O contexto daquele tempo se chamava guerra; ainda em janeiro e fevereiro de 1945, cerca de cem pessoas foram mortas em Göttingen nos ataques com bombas.[15]

Algo semelhante ocorre em outra série de acontecimentos, as violações em massa, tal como fizeram no final da guerra sobretudo os soldados do Exército Vermelho, enquanto ganhavam território. Publicadas há poucos anos, as impressionantes descrições de uma mulher anônima[16] mostram que faz uma grande diferença na percepção e elaboração inclusive da violência corporal saber-se a única vítima ou membro de um grupo que sofreu o mesmo. Naquele tempo, as mulheres conversavam sobre os estupros e desenvolveram estratégias para proteger a si e especialmente as meninas mais jovens dos abusos. Essa mulher, por exemplo, começou um relacionamento com um oficial russo para evitar abusos sexuais de outros soldados soviéticos. Mas a circunstância de existir um espaço comunicativo em que se pode falar do sofrimento e das estratégias de evasão já significa uma grande diferença para a percepção e interpretação desses acontecimentos.

Em relação à violência também deve ser considerado que, historicamente, ela pode ser exercida e vivenciada de maneiras muito distintas. Fora do comum, a grande abstinência de violência da sociedade moderna e a considerável ausência de violência no espaço público — mais restrita no âmbito privado — remontam à conquista civilizatória da separação dos poderes e monopolização da violência por parte do Estado. Isso permitiu a enorme segurança que caracteriza a vida nas sociedades modernas, enquanto nos tempos pré-modernos era muito mais provável tornar-se vítima de uma violência corporal direta.[17] Também a violência no espaço público, por exemplo no tocante a penas e execuções, era consideravelmente maior do que hoje em dia.[18] Pode-se concluir que os marcos referenciais e, por conseguinte, a experiência com a violência, tanto com a exercida quanto com a sofrida, variam bastante historicamente.

Em que "tempos" vivemos? Com que parâmetros de normalidade se enquadram os acontecimentos, quer dizer, o que é considerado habitual e o que é extremo? — isso configura um importante elemento de fundo nos marcos referenciais. Em "tempos de guerra", por exemplo, algumas medidas são politicamente justificáveis, embora não o sejam em "tempos normais". Há outras medidas especiais para situações de catástrofes. Na guerra, segundo um dito conhecido, "tudo é permitido". O certo é que se permite muita coisa que, em condições de paz, seria repudiada com toda veemência.

MODELOS E REQUISITOS DOS PAPÉIS SOCIAIS

Nas sociedades modernas em particular, a especialização funcional faz com que um espaço muito vasto seja representado pelos já mencionados papéis. Eles ditam um conjunto de exigências para todos os que pretendem preenchê-los ou são forçados a isso. Os papéis sociais ocupam uma posição intermediária entre os vínculos ou obrigações culturais e as interpretações ou ações específicas de grupos ou indivíduos. Ainda que não tenhamos consciência de atuar de acordo com as suas regras, há uma série de papéis que cumprimos com a maior espontaneidade. Aqui se incluem, por exemplo, todos os papéis por meio dos quais os sociólogos diferenciam as sociedades: gênero, idade, origem ou formação. O respectivo conjunto de requisitos e normas pode, sim, ser notado e também questionado, mas isso não é imprescindível nem é o que ocorre na maioria das vezes. No entanto, esses papéis naturais da vida comum marcam as percepções, interpretações e possibilidades de atuação — eles se submetem a regras normativas, o que fica especialmente claro nas questões de gênero e idade: espera-se de uma senhora de idade avançada um comportamento social distinto do de um adolescente, embora não exista um catálogo de regras que o determine, muito menos um código de leis. Como membros de uma sociedade, as pessoas "sabem" disso de forma mais ou menos implícita.

Diferente é o caso dos papéis sociais explicitamente assumidos, nas carreiras profissionais, por exemplo, que exigem novos conjuntos de requisitos a serem aprendidos: quem há pouco era um estudante de matemática e agora começa a trabalhar como atuário altera seu conjunto de requisitos significativamente — das normas de vestimenta, passando pela jornada de trabalho, até a comunicação e as coisas a que se atribui maior ou menor importância. Outras transformações profundas ocorrem quando alguém se torna mãe ou pai, ou se despede da vida profissional com a aposentadoria. Há também aquelas mudanças radicais de papéis, resultado do ingresso em "instituições totais":[19] num mosteiro, por exemplo, numa prisão ou, como no nosso contexto, no exército. Aqui a instituição — seja a Wehrmacht ou a Schutzstaffel (ss) [Tropa de Proteção] — goza de completa disposição sobre a pessoa: esta recebe roupas e penteado uniformes, perdendo com isso o controle sobre sua configuração de identidade, não dispõe mais de seu próprio tempo e se submete de todas as maneiras a coações externas, humilhação, chicanas e punições draconianas no caso de infrações. As instituições totais funcionam como mundos herméticos a sua própria maneira precisamente porque perseguem finalidades pedagógicas: os soldados não devem aprender somente a manejar uma arma ou a se mover no campo de combate, têm de saber também obedecer, se integrar incondicionalmente numa hierarquia e estar sempre prontos a agir sob ordens. Essas instituições estabelecem uma forma especial de socialização em que as normas e coações coletivas desempenham uma influência sobre o indivíduo maior do que em circunstâncias sociais de normalidade — mesmo porque o grupo de camaradagem de que alguém faz parte, ainda que não escolhido livremente, constitui o único grupo de referência e não deixa alternativa. As pessoas pertencem a ele pois foram alocadas ali.[20]

É uma característica das instituições totais a tentativa de retirar o autocontrole de seus membros de todas as maneiras, especialmente durante o período de formação, abrindo, só mais tarde, graus de liberdade e margens de atuação de acordo com o posto ocupado. Uma vasta bibliografia mostra que a tradição de experiências opressivas humilhantes, dos mais velhos para os mais jovens, integra a forma de socialização dessas instituições.[21] Se em tempos de paz tudo isso já aparece numa intensidade escandalosa, que dirá na guerra, quando as ações de enfrentamento deixam o estado de simulação para compor a realidade cotidiana e a questão da sobrevivência se resolve também e sobretudo pelo bom funcionamento do próprio batalhão. Nesse momento, a instituição total dá origem ao grupo total e à situação total[22] — ambos restringem as margens de atuação dos atores estritamente de acordo com sua patente e poder de comando. Se comparado com os papéis ordinários da vida civil, o marco referencial dos soldados na guerra é caracterizado pela falta de alternativa. Foi o que disse um dos soldados monitorados numa conversa com seu camarada: "Somos como uma metralhadora. Uma arma que serve para fazer guerra".[23]

O que, com quem e quando alguém faz alguma coisa na condição de soldado não depende da própria percepção, interpretação ou decisão: a margem para a avaliação de uma ordem segundo o próprio juízo e competência é, na maioria das vezes, extremamente pequena. Nesse sentido, a contribuição dos marcos referenciais na conformação dos papéis sociais pode variar bastante: seu significado pode ser quase nenhum nas condições plurais da vida social, mas, nas condições de guerra ou em outras situações extremas, ele pode ser total.

Além disso, as peças que compõem os distintos papéis no contexto militar também podem se sobrepor. E de duas maneiras: a habilidade de um topógrafo pode ser muito útil para a orientação em terrenos abertos, enquanto atividades civis, num contexto de guerra e extermínio em massa, podem subitamente se tornar mortais. Lembre-se aqui, por exemplo, do engenheiro Kurt Prüfer, da companhia Topf & Söhne, de Erfurt, que trabalhou com todo afinco no desenvolvimento de fornos crematórios mais eficientes para Auschwitz, permitindo por sua vez o incremento do número de vítimas a serem eliminadas diariamente.[24] Outro caso de sobreposição de papéis é relatado por uma senhora que trabalhou como estenotipista para o comandante da polícia de segurança de Varsóvia:

> Quando um ou dois alemães eram mortos em Varsóvia, o comandante da polícia de segurança Hahn ordenava ao conselheiro criminal Stamm a execução de certo número de poloneses. Depois Stamm solicitava às senhoras de sua antessala que lhe trouxessem os devidos processos das diferentes seções. Na antessala havia então uma montanha de documentos. Quando, por exemplo, havia ali uns cem processos e só cinquenta deveriam ser executados, cabia então às senhoras escolher os documentos segundo o seu bom arbítrio. Em alguns casos, certamente ocorria de o responsável pelo processamento dos relatórios ainda acrescentar: "Fulano e beltrano, fora. Fora com esse lixo". Eram comuns declarações desse tipo. Muitas vezes fiquei dias sem poder dormir só de pensar que dependia das senhoras secretárias a escolha de quem era executado. Pois uma senhora dizia à outra: "Ah, Erika, quem a gente leva desta vez, este ou aquele?".[25]

Uma atividade em si inocente pode se tornar de repente assassina quando seu marco referencial é alterado. Raul Hilberg já alertava para esse potencial das execuções com divisão de trabalho: qualquer membro da polícia de ordem podia

> ser vigia de um gueto ou de um transporte ferroviário. Qualquer jurista do departamento central de segurança do Reich estava sujeito a ter que liderar um grupo de combate; qualquer especialista em finanças do departamento central de economia e administração era encarado como escolha natural para o serviço em algum campo de extermínio. Em outras palavras, todas as operações necessárias eram realizadas pelos funcionários disponíveis para tanto. Onde se pretendesse traçar uma linha divisória de participação ativa, a maquinaria do extermínio expunha sempre um corte transversal significativo da população alemã.[26]

Traduzido para a guerra, isso quer dizer: qualquer mecânico podia consertar os bombardeiros que, com sua carga mortal, matavam milhares de seres humanos; qualquer açougueiro, como integrante da indústria de suprimentos, podia participar do saque das áreas ocupadas. Com os seus aviões de transporte modelo

FW 200, pilotos da Lufthansa também foram utilizados na guerra em voos de longa duração, dessa vez não para levar passageiros, mas para afundar navios mercantes britânicos no Atlântico. Como a atividade em si não se alterava, os portadores desses papéis não tinham em regra oportunidade de fazer ponderações morais, muito menos de recusar o trabalho.

Em instituições totais, como afirmado, o marco referencial estabelecido quase não oferece alternativa. Se isso já vale para os soldados em serviço militar, vale ainda mais durante a guerra e outro tanto em pleno combate. Deve-se ter em mente que uma guerra tão longa, abrangente e, sob muitos aspectos, sem precedentes como a Segunda Guerra Mundial já tem por si só "o caráter de um acontecimento extremamente complexo, muito difícil de ser compreendido".[27] Para os indivíduos que se encontram em algum lugar desse acontecimento é enorme a dificuldade de se orientar adequadamente — por isso a ordem e o grupo também ganham importância subjetiva: eles asseguram uma orientação onde não haveria nenhuma. A importância do grupo de camaradagem para as necessidades individuais de orientação aumenta de acordo com o perigo da situação em que as pessoas se encontram. O grupo torna-se total.

Por que alguém matou outras pessoas ou se envolveu em crimes de guerra são perguntas, no contexto da teoria dos papéis sociais, mais bem compreendidas não como questões morais, mas empíricas. Do ponto de vista moral, elas só guardam algum sentido se a margem de atuação dos indivíduos contivesse alternativas palpáveis que *não* foram escolhidas. Esse é, como se sabe, o caso das recusas de participação nas chamadas "ações judaicas", por exemplo, que não acarretavam nenhuma consequência jurídica,[28] e de inúmeros incidentes de exercício lascivo de violência, como ainda encontraremos neste livro. Em outras constelações de acontecimentos, no entanto, constata-se claramente que as possibilidades de escolha e alternativas de ação, proporcionadas na vida civil pela pluralidade de papéis sociais, na guerra simplesmente não existem.

O PADRÃO INTERPRETATIVO: GUERRA É GUERRA

Os conjuntos de requisitos previstos para cada um dos papéis sociais determinam os padrões específicos de interpretação: na qualidade de médico, uma pessoa observa uma doença de um modo distinto do que faria como paciente; os autores de um fato criminoso e a sua vítima interpretam o mesmo fato segundo critérios diferentes. Os padrões interpretativos orientam a análise de situações concretas, constituindo, por assim dizer, micromarcos referenciais. Já nos referimos antes ao desconhecimento: qualquer padrão interpretativo exclui naturalmente todo um universo de interpretações alternativas; sempre implica, portanto, também desconhecimento. Isso se torna um estorvo naquelas situações novas, tão originais que, para lidar com elas, experiências acumuladas se tornam contraprodutivas em vez de ajudarem,[29] mas é muito funcional no contexto dos costumes, porque dispensa elucubrações complicadas toda vez que se está fazendo alguma coisa ou quando se procura a receita certa para resolver um problema. Como marcos de ordenação do que está acontecendo, tipificados e ajustados à rotina, os padrões interpretativos estruturam a vida em larga escala. Eles se espraiam desde os estereótipos ("O judeu é...") até verdadeiras cosmologias ("Deus não permitirá que a Alemanha venha a sucumbir"), mas são muito específicos histórica e culturalmente. Os soldados alemães na Segunda Guerra Mundial tipificavam seus adversários segundo critérios e características diferentes dos utilizados por soldados na Guerra do Vietnã, mas o procedimento de enquadrar em tipos bem como a função desse enquadramento são, em ambos os casos, idênticos.

Tampouco as coisas vivenciadas por um soldado se dissolvem inteiramente na sua própria experiência. Essas vivências, pelo contrário, são pré-formadas e filtradas pelos padrões interpretativos disponíveis, resultado de formação educacional, diferentes mídias e narrativas. Ocorre uma surpresa, por exemplo, quando aquilo que é vivenciado discrepa do esperado — Joanna Bourke cita um soldado surpreso pelo fato de os inimigos atingidos por ele não soltarem um grito, tombando como nos filmes de cinema: eles morriam com um grunhido.[30] Seja como for, na maioria dos casos o padrão interpretativo ajuda a ordenar e processar aquilo que é vivenciado, e a construir uma segurança de orientação.

Para saber como os soldados vivenciaram a Segunda Guerra Mundial é fundamental dar a devida atenção aos padrões interpretativos — sobre os "outros", sobre a missão de cada um, sobre o combate, sobre a "raça", sobre Hitler, os judeus etc. É como se eles equipassem os marcos referenciais com interpretações prévias que permitem a seleção do que é vivenciado. Incluem-se também aqui os padrões oriundos de outros contextos sociais, mas que são importados para a experiência da guerra — o que é bastante nítido no lugar-comum "a guerra é um trabalho", tão importante para a compreensão dos soldados sobre o que eles faziam. Isso pode ser lido não somente nos conceitos que sempre reaparecem — como quando se fala de "trabalho sujo" ou que a Luftwaffe realizou "um trabalho completo". Em 17 de outubro de 1941, Harald Turner, chefe da administração militar na Sérvia, escrevia a Richard Hildebrandt, alto diretor de polícia e da SS:

> Nos últimos oito dias mandei que fuzilassem 2 mil judeus e duzentos ciganos, de acordo com a proporção de 1 para 100 para cada soldado alemão bestialmente executado. E ainda mais 2200, novamente quase só judeus, serão fuzilados nos próximos oito dias. Não é lá dos trabalhos mais bonitos![31]

A influência dos padrões interpretativos da sociedade industrial na vivência e no processamento da experiência de guerra aparece até na famosa descrição de Ernst Jünger, do soldado como um "operário da guerra" — a guerra desponta como um "processo de trabalho racional, igualmente distante dos sentimentos de horror e romantismo, assim como o manejo das armas se assemelha ao prolongamento da atividade ordinária nos bancos das fábricas da cidade natal".[32]

E, de fato, a atividade de uma indústria e a de guerra apresentam uma série de afinidades: as duas organizam-se por divisão de trabalho, compõem-se de qualificações técnicas parciais e específicas, e são estruturadas hierarquicamente. Em ambos os casos, não há um responsável pelo produto final que é fabricado; cumprem-se afinal ordens, cujo sentido não precisa ser objeto da preocupação de ninguém. A responsabilidade é estabelecida de maneira particular, na área de atuação imediata, ou é fundamentalmente delegada. A rotina cumpre um papel importante; as pessoas fazem sempre o mesmo movimento manual, seguindo as mesmas instruções. Num bombardeiro, pilotos, lançadores de bombas e atiradores traseiros com distintas qualificações também trabalham, com suas igualmente distintas contribuições, num produto integral, no caso a destruição de um objetivo predeterminado, pouco importa se uma cidade, uma ponte ou uma reunião de tropas em um campo aberto. Fuzilamentos em massa, a exemplo das chamadas ações judaicas, não são realizados somente pelos fuzileiros, mas também pelos motoristas de caminhão, pelos cozinheiros, pelos vigias de armas e pelos "transportadores" e "empacotadores", ou seja, por aqueles que levam as vítimas até a fossa e aqueles que as dispõem em camadas sucessivas, tudo numa plena divisão de trabalho.

Alf Lüdtke desvendou muitos aspectos do parentesco entre os trabalhos industrial e bélico, mostrando que especialmente nas classes proletárias as pessoas viam como "trabalho" tudo o que faziam em outras funções, seja como soldado ou policial de reserva. Nos testemunhos autobiográficos desses homens, cartas do correio militar e diários da Segunda Guerra Mundial principalmente, encontram-se as mais diversas analogias entre guerra e trabalho, o que se exprime na disciplina, na monotonia do cumprimento das obrigações, mas também em observações "em que uma ação militar, isto é, fazer o adversário recuar ou exterminá-lo — a morte de pessoas e destruição de material — é considerado *um bom trabalho*". Assim resume Lüdtke: "O emprego da violência, sua ameaça, matar ou mesmo impor a dor podia ser considerado um trabalho e, com isso, tinha algum sentido, era aceito no mínimo como necessário e inevitável".[33]

Nesse cenário fica claro que os padrões interpretativos também têm a função de construir sentidos: se interpreto como "trabalho" matar uma pessoa, não classifico essa atividade na categoria "crime", normalizando portanto o acontecimento. Esses exemplos evidenciam a importância dos padrões interpretativos para os marcos referenciais da guerra. Aquilo que sob condições normais da vida civil é considerado um desvio e, por isso, carente de explicação e justificativa torna-se aqui um comportamento normal e conforme às expectativas. Em certa medida, o padrão interpretativo automatiza o questionamento moral e protege o soldado de se sentir culpado.

COMPROMISSOS FORMAIS

Mas o marco referencial orientador também tem algo muito simples: o universo da predeterminação e a posição em uma hierarquia que estabelece aquilo que é prescrito a cada um receber e executar, e o que cada um pode ordenar aos demais. Na vida civil, há aqui de novo um espectro que vai desde a total dependência até a completa liberdade, variando de acordo com o papel social em que cada pessoa aparece. Alguém, na condição de empresário, que tenha uma grande liberdade de ação, não se lhe impondo quase nada que esteja além da lei, pode muito bem ter outra imagem dentro de sua família, por exemplo, onde só com grande dificuldade consegue escapar das ordens seja de um pai dominador, seja de uma esposa geniosa.

No Exército, por sua vez, as coisas são inequívocas, está bem estipulado de acordo com a patente e a função de cada um se a margem de atuação é maior ou menor. Quanto mais baixa sua posição hierárquica, mais ele é dependente das ordens e decisões dos demais. Mas nem nas instituições totais como os campos de formação militar, a cadeia ou a instituição psiquiátrica, a margem de atuação do indivíduo é por princípio nula. Em *Manicômios, prisões e conventos*, Erving Goffman faz uma descrição impressionante de como as regras podem ser usurpadas em instituições totais e utilizadas para finalidades particulares. Quando as atividades na cozinha ou na biblioteca giram em torno de "cuidar da organização" ou de fazer contrabando, trata-se de uma "adaptação secundária" à instituição. As pessoas aparentam cumprir as regras enquanto atendem a objetivos particulares. Os ocupantes têm múltiplas possibilidades de adaptação secundária. É o que conta o tenente Pölert em junho de 1944: "Da França eu mandei quantidades enormes de manteiga para casa, e três ou quatro porcos. Foram por volta de três ou quatro sacas de manteiga".[34] Esse é o lado belo, explorador da guerra. Mas os graus de liberdade de adaptação secundária decrescem radicalmente em situação de combate — mesmo essas circunstâncias ainda podem ser exploradas, por exemplo, quando as pessoas têm prazer na própria violência. De qualquer maneira, o estreitamento e o agravamento da situação provocam uma convergência do marco referencial.

COMPROMISSOS SOCIAIS

Embora, no caso de limitações do marco referencial, a exemplo de instituições totais, a liberdade de escolha seja pequena e a segurança de orientação, grande, os compromissos sociais podem intervir nas claras estruturas decisórias existentes, tornando os vínculos de grupo ou mesmo as condições de comando mais permeáveis. Como Erwin Dold, o comandante de campo de concentração, que, em total desacordo com as regras e contra qualquer expectativa, organizava mantimentos para "seus" prisioneiros e fazia de tudo para melhorar suas chances de sobrevivência — ele podia jurar que sua mulher apoiava esse comportamento, se é que não era justamente o que esperava dele.[35] De natureza distinta são os compromissos sociais dos fuzileiros que tinham dificuldades durante as execuções em massa, tão logo estabeleciam semelhanças entre as crianças a serem assassinadas e os próprios filhos.[36] Devem ser evitadas, contudo, conjecturas exageradamente românticas sobre a eficácia dos compromissos sociais — também sabemos de muitos casos em que a presença psicológica ou física da esposa facilitou a execução porque o autor se sentiu em harmonia com os desejos e escolhas do cônjuge.

Em 5 de outubro de 1941, o secretário de polícia Walter Mattner, funcionário administrativo do posto policial e da ss em Mogilev, escrevia para sua esposa:

> Tenho mais uma coisa para te contar. Eu também estive presente no grande massacre de anteontem e participei dele. Nos primeiros caminhões, as minhas mãos ainda tremeram um pouco enquanto eu atirava. Mas a gente se acostuma. No décimo caminhão, eu já mirava com calma e atirava com precisão nas muitas mulheres, crianças e bebês. E olha que eu também tenho dois nenês em casa, essas hordas fariam com eles exatamente a mesma coisa, se não dez vezes pior. A morte que demos a eles foi bonita e curta se comparada aos martírios infernais de milhares e milhares nos porões da GPU.[37]

Ao escrever essas linhas, Mattner partia do princípio de que sua esposa assentiria na sua ação e na maneira com que a justificava.

Um caso ainda mais radical é o de Vera Wohlauf, esposa do capitão Julius Wohlauf. Seu marido foi chefe de companhia no Batalhão 101 de polícia de reserva, responsável por inúmeras "ações judaicas".[38] A sra. Wohlauf, então grávida, sentia tanto prazer nas razias e agrupamentos de judeus para deportação e fuzilamento que não abria mão de estar presente durante o dia inteiro para observar tudo com os próprios olhos — o que gerava indignação até entre os membros do batalhão.[39]

Nas conversas do general de blindados Heinrich Eberbach, os compromissos sociais também vêm à tona. Em outubro de 1944, no campo prisional de Trent Park, ele questiona se deveria fazer propaganda para os britânicos:

> No meio dos blindados eu sou relativamente conhecido [...]. Tenho certeza de que se eu fizesse esse apelo, se ele fosse escutado pelo povo ou lido em algum lugar — panfletos lançados sobre o front ou coisa parecida —, ele teria alguma influência

sobre as pessoas. Mas eu sentiria isso, aliás sempre senti, em primeiro lugar, uma baixeza sem tamanho; ofende-me tanto o sentimento que eu jamais conseguiria fazer isso. Depois, abstraindo completamente esse aspecto — aí vêm minha esposa, meus filhos —, isso está fora de cogitação. Se eu o fizesse, teria vergonha diante de minha mulher. Ela é tão patriota, eu jamais faria uma coisa dessas.[40]

O efeito psicológico profundo dos compromissos sociais resulta do fato de os seres humanos não agirem, a despeito da crença geral, de acordo com motivos causais ou cálculos racionais, mas dentro de relações sociais. São elas que compõem as variáveis decisivas daquilo que motiva a escolha das pessoas, ainda mais quando as decisões são tomadas sob estresse, a exemplo das que foram simuladas no famoso experimento sobre obediência de Stanley Milgram. Nesse caso, é notório que a constelação social desempenhava um papel muito importante na determinação do comportamento de obediência das cobaias diante de uma autoridade.[41]

A proximidade social fática ou psicológica e os compromissos daí decorrentes constituem um elemento central dos marcos referenciais. De uma perspectiva histórica, no entanto, esse elemento raramente aparece, porque as fontes disponíveis só em casos excepcionais informam quem se sentia obrigado com quem ao fazer ou deixar de fazer determinada coisa. Dificulta ainda mais o fato de os compromissos sociais não serem necessariamente deveres conscientes, mas sobretudo aqueles interiorizados tão naturalmente que orientam sem que o sujeito se dê conta. É o que os psicanalistas chamam delegação.

Se considerarmos o marco referencial monodimensional no contexto das situações militares bem como a limitação do espaço social do soldado ao seu grupo de camaradagem, fica claro que importância o compromisso social assume aqui: enquanto na vida civil a família, a namorada, os amigos, colegas de escola, companheiros de faculdade compõem um quadro plural de várias figuras de referência para a ponderação das próprias decisões; no front, essa pluralidade se reduz essencialmente ao grupo de camaradas. E estes trabalham no mesmo marco referencial para atingir um único objetivo, o de cumprir sua tarefa militar e também de sobreviver. Por isso a integridade e a cooperação em situação de batalha são de fato decisivas; em combate, o grupo representa o elemento mais forte do marco referencial. Se a sobrevivência depende dele, suas regras não são menos imperiosas. Mas, mesmo quando não se está em batalha, cada um dos soldados permanece em grande medida dependente do grupo: pois ele não sabe nem quanto tempo a guerra ainda vai durar nem quando haverá as próximas férias em casa ou uma remoção — quando ele poderá então se afastar do grupo total e fazer novamente parte de grupos plurais. O efeito coercivo da camaradagem já foi descrito diversas vezes. Além de suas funções sociais, ele também apresenta elementos antissociais, que dirige àqueles fora do grupo. As normas internas do grupo constituem o padrão de comportamento; o padrão do mundo da vida civil, não militar, torna-se inferior e desimportante.

Mas o camarada não é apenas absorvido pelo grupo, por sua vontade ou contra ela, abrindo mão de sua autonomia, ele também recebe algo em troca: a sensação de pertencer a uma comunidade, confiança, firmeza, reconhecimento. Além disso o grupo de camaradagem proporciona uma liberação dos compromissos ordinários da vida civil. Justamente nesse aspecto Sebastian Haffner, que emigraria mais tarde, tornando-se um decidido opositor ao regime, enxerga o que, do ponto de vista psicológico, era tão sedutor:

> A camaradagem [...] elimina completamente o sentimento de responsabilidade própria. A pessoa que vive em camaradagem não precisa mais se preocupar com a existência, com a dureza da luta da vida. [...] Não precisa ter nenhuma preocupação. Ele não está mais sob a égide da lei implacável do "cada um por si", mas sob um generoso e confortável "todos por um". [...] É o *páthos* de morte que permite e suporta essa enorme dispensa de toda responsabilidade da vida.[42]

Essa relação entre comprometimento e liberação a partir da forma de agrupamento social "camaradagem" foi bem trabalhada num estudo extenso por Thomas Kühne. Sobretudo a importância que se deu no período do nazismo a categorias como comunidade e camaradagem levou a uma contínua superestimação do coletivo e subestimação do indivíduo:

> A camaradagem introduziu uma cultura da vergonha: pensar, sentir e agir em categorias de condução de vida individual e de responsabilidade pessoal estava dissociado do ditame de uma moral que somente permitia o que estava a serviço da integridade física, da vida social e do prestígio do próprio grupo.[43]

A camaradagem, vista assim, significa não só a máxima concentração de um compromisso social como também o *descompromisso* com tudo o mais que tenha algum valor no mundo. Essa é uma característica marcante não só do marco referencial soldadesco, mas sobretudo da prática dos soldados em guerra. Nessa circunstância, mais do que uma forma de socialização vinculante e libertadora, a camaradagem se torna literalmente uma unidade de sobrevivência, concentrando tamanha força atrativa como jamais ocorreria em condições normais de socialização. Mas essa não é uma particularidade do nazismo — numa longa investigação sobre o *American Soldier* [Soldado americano], Edward A. Shils e Morris Janowitz destacam o papel central desempenhado na guerra pelo grupo de camaradagem, constituindo as unidades primárias de organização e interpretação para todos os indivíduos.[44] Ele oferece muito mais orientação do que qualquer cosmovisão ou ideologia, para muitos também mais sentimento patriótico do que em sua cidade, junto à família, que, por não participar do mundo de experiências do soldado, sequer consegue compreendê-lo. A camaradagem não é, de forma alguma, apenas um mito soldadesco enganoso, ela é um espaço social que se torna mais importante do que todos os demais. O motivo de os soldados retornarem na Segunda Guerra Mundial voluntariamente para a linha de combate era simples: ali eles se sentem, num sentido psicológico profundo, em casa. "Eu estava feliz", conta Willy Peter Reese, um jovem soldado da Wehrmacht que, no começo de 1944, durante as férias do front, escreveu uma "confissão sobre a grande guerra" de 140 páginas: "Na Rússia, finalmente, eu me sentia de novo em casa. A pátria era aqui, só neste mundo, com seus horrores e suas raras alegrias, valia a pena viver".[45]

SITUAÇÕES

No ano de 1973 foi realizado um interessante experimento na Universidade Princeton. Foram selecionados estudantes de teologia, que receberam a tarefa de elaborar uma apresentação sobre a parábola do bom samaritano. Cada um, obedecendo a uma convocação posterior, deveria comparecer em determinado prédio do campus para apresentar sua palestra, que seria então gravada para um programa de rádio. Enquanto eles aguardavam isolados pelo chamado, surgia alguém de repente, afoito, dizendo: "Mas o senhor ainda está aí? O senhor já deveria estar lá há muito tempo! Talvez o assistente ainda esteja esperando — é melhor o senhor se apressar!". E o estudante, assustado, saía correndo. Nesse momento uma pessoa aparentemente desamparada se colocava diante da entrada do prédio da universidade, contorcida no chão, tossindo e gemendo. Era impossível entrar no edifício sem notar essa pessoa, visivelmente precisando de ajuda. Como os aspirantes a teólogos reagiram a essa situação? O resultado foi surpreendente: apenas dezesseis dos quarenta sujeitos do experimento tentaram fazer algo pelo indivíduo supostamente desamparado, o restante seguiu para o compromisso sem se deter. Mais impressionante ainda foi o que revelou a conversa subsequente com cada um dos seminaristas sobre o ocorrido: muitos dos que não prestaram socorro "sequer haviam notado que uma pessoa não estava bem, mesmo praticamente tropeçando em cima dela".[46]

Esse experimento mostra antes de mais nada que os seres humanos precisam primeiro notar algo antes de fazer qualquer coisa. Se estamos inteiramente concentrados numa atividade específica, abstraímos logo uma série de coisas de nossa percepção — tudo o que não tenha a ver com a execução do trabalho. Essa seleção de foco não é uma questão moral, ela decorre de um imperativo econômico da ação, necessário e quase sempre ativo, de evitar o que é supérfluo. Outros experimentos revelam que a decisão de ajudar varia bastante, sobretudo de acordo com *quem* necessita de auxílio. Pessoas atraentes são mais ajudadas do que as menos atraentes; pessoas que por suas características físicas parecem corresponder ao grupo são mais ajudadas por seus integrantes do que as demais, assimiladas a grupos estranhos. Pessoas que, a exemplo dos embriagados, causaram a própria situação de necessidade são menos ajudadas do que outras, que não contribuíram para a desgraça.[47]

Tudo isso deixa claro que a relação entre concepções e ações é muito mais frouxa do que normalmente acreditamos. E ainda: entre aquilo que as pessoas creem sobre si — sobre sua moral, suas convicções, a integridade de sua postura — e o que elas realmente fazem, há uma distância astronômica. Em situações concretas, portanto, em que se exigem decisões e ações, os fatores preponderantes nada têm a ver, em princípio, com ponderações éticas e convicções morais. Trata-se antes de alcançar um objetivo ou cumprir uma tarefa — também e consequentemente de como cumprir essa tarefa com maior eficiência ou como atingir mais facilmente esse objetivo. No caso dos teólogos iniciantes, quando ignoraram a pessoa desamparada, não se cogitava uma ética da assistência, mas a velocidade média necessária para cumprir aquela obrigação. Nas palavras dos psicólogos americanos John Darley e C. Daniel Batson, que idealizaram o experimento: "Quem não tem pressa pode parar e tentar ajudar outra pessoa. Quem tem pressa provavelmente seguirá em frente, mesmo que a razão de sua pressa seja falar sobre a parábola do bom samaritano".[48]

A situação, portanto, parece ser muito mais importante na determinação do que as pessoas fazem do que as idiossincrasias que elas trazem para essa situação. Essa descoberta só corrobora o que hoje quase não se discute: ninguém precisava ser um antissemita para matar judeus, nem uma pessoa altruísta para protegê-los. Em ambos os casos, bastava achar-se numa situação social que parecesse exigir um dos dois comportamentos. Uma vez tomada a decisão correspondente e concretizada em ato, tudo então passa a acontecer de acordo com as dependências de caminho: com a primeira participação em um fuzilamento em massa aumenta a probabilidade da segunda, da terceira, das inúmeras participações; ao decidir-se a ajudar pela primeira vez, aumentam as chances de se prestar auxílio também em situações futuras.

INCLINAÇÕES PESSOAIS

Nem tudo que as pessoas percebem e fazem pode, evidentemente, ser reduzido a referências externas, classificadas em diversas categorias. É claro que os indivíduos trazem para as situações que devem decifrar e em que devem agir seus variados modos de percepção, padrões interpretativos, experiências específicas de geração e habilidades especiais, debilidades e predileções. Nesse sentido, as situações sociais sempre representam estruturas de oportunidades que podem ser utilizadas e expandidas em diferentes graus de liberdade. É claro que a pessoa exerce alguma influência, tanto é que as relações unilaterais de poder dos campos de concentração ou fuzilamentos em massa serviam de oportunidade para os homens mais violentos da ss, policiais de reserva ou soldados da Wehrmacht, satisfazerem seus próprios desejos sádicos ou apenas matarem a curiosidade; ao mesmo tempo elas provocavam a repulsa de pessoas mais sensíveis e menos propensas à violência. Faz diferença portanto saber quem, com que traços de personalidade, confronta-se com que tipo de situação. Mas não se deve superestimar o peso dessas diferenças: como mostram o Holocausto e a guerra nazista de extermínio, a grande maioria dos civis e soldados, sem contar os homens da ss e os policiais, se comporta de modo violento e desumano quando a respectiva situação assim parece exigir; apenas uma ínfima minoria se rebela em favor da sociabilidade. E precisamente porque esse segundo comportamento, pelos critérios da época, é considerado um desvio — o comportamento desumano é considerado normal —, todo o complexo de acontecimentos do Terceiro Reich e a violência que ele produziu se nos apresentam como um gigantesco experimento real, capaz de mobilizar pessoas psicologicamente normais e, segundo seu próprio entendimento, boas, desde que elas julguem que algo dentro desse marco referencial é necessário, razoável ou correto. Nesse caso, tanto quanto em outras condições sociais, o percentual de sujeitos que por alguma característica psicológica estariam propensos a violência, segregação e abusos girava entre 5% e 10%.

Do ponto de vista psicológico, a população da Alemanha nazista era tão normal quanto qualquer outra sociedade daquela época. Entre os autores das ações do regime, todos os espectros sociais estão bem representados; nenhum grupo de pessoas estava livre das tentações dessa "desumanidade impune", nas palavras de Günter Anders. Esse experimento real não anula a importância das variáveis pessoais, ela só é considerada relativamente pequena, muitas vezes insignificante.

O mundo dos soldados

O MARCO REFERENCIAL DO TERCEIRO REICH

> *Temos um conceito de liberdade diferente do dos ingleses e dos americanos. Tenho muito orgulho de ser alemão, não invejo a liberdade deles. A liberdade alemã é a liberdade interior, a independência de todas as coisas materiais; poder servir à pátria. Quando você, soldado, chega em casa, está acima das coisas pequenas dos demais, da sra. Kreschke, que não encontra seus produtos na quitanda, de senhor fulano de tal, sem combustível para o seu carro. O soldado está acima disso. A liberdade de poder carregar uma responsabilidade não é para todos. É liberdade você poder falar ou escrever como qualquer judeuzinho? A liberdade americana, democrática, não passa de um despotismo.*
>
> Heinrich Russ, primeiro-tenente da Marinha, 28/03/1942[1]

No capítulo anterior definimos que os marcos referenciais de *primeira ordem* constituem a estrutura do cenário histórico-social, em boa parte inconsciente, diante do qual as pessoas em um determinado momento atuam; são, de certa maneira, a base de todos os esforços de orientação consciente. É impossível investigar e apresentar essa totalidade. Marcos referenciais de *segunda or-*

dem, no entanto, são mais concretos do ponto de vista histórico, cultural e quase sempre também geográfico. Podem, portanto, ser esboçados ao menos em contornos gerais: eles abrangem um espaço histórico-social passível de limitação — à duração de um regime, por exemplo, ao período de vigência de uma constituição ou de determinada formação histórica, como no caso do Terceiro Reich. Na maioria das vezes, como na citação anterior sobre a peculiar maneira alemã de conceber a liberdade, esses elementos podem ser facilmente percebidos e isolados. Em 1935, por exemplo, grande parte dos alemães não teria problema em identificar o diferencial da sociedade do Terceiro Reich destacando sobretudo os contrastes em relação à República de Weimar: os primeiros sinais de crescimento econômico, a maior sensação de segurança e ordem, a recuperação do orgulho nacional, uma identificação com o Führer e tantas outras coisas. Em razão dessa radicalidade na diferenciação diante do momento anterior — depreciativamente chamado de "período do sistema" —, o marco referencial do Terceiro Reich atinge um nível de consciência fora do comum; nas entrevistas de quem viveu o período destaca-se com muita frequência o sentimento de ver surgir uma época "nova" e "bela", em que finalmente se caminhava "de novo para a frente", fazia-se "alguma coisa", a "juventude saía às ruas" e a "comunidade" marcava presença. A experiência histórica dos anos compreendidos entre 1933 e 1945 apresenta fortes distinções em relação à República de Weimar, por um lado, e, por outro, ao pós-guerra na Alemanha Ocidental e Oriental; por isso o seu marco referencial pode ser muito mais facilmente esboçado do que o de outros anos comparativamente mais pacatos, de menores acontecimentos, como o período entre 1975 e 1987. De fato, no que diz respeito à experiência histórica, o Terceiro Reich é um momento de enorme densidade, extremamente rico em mudanças, marcado por um período de oito anos de euforia radical e pelo consequente medo, pela violência, perda e insegurança nos quatro anos seguintes. Se esse período se inscreve com tamanho peso e permanência na história alemã, não é só pelos crimes e pela extrema violência em massa que ele produziu, mas também por causa da complexa experiência de participar do surgimento de algo completamente novo, poderoso, de contribuir num projeto coletivo, nazista, em suma: vivenciar um "grande momento".

A história social e cultural do Terceiro Reich é muito bem documentada e nós poderíamos remeter aqui à literatura consagrada.[2] Tendo em vista o marco referencial do Terceiro Reich que queremos trabalhar, abordaremos apenas dois aspectos específicos, que têm grande importância para a percepção dos soldados. O primeiro deles é representado pela ideia que se firmou progressivamente a partir da "questão judaica" — de que os seres humanos seriam categoricamente diferentes. Categoricamente porque nenhum membro de um grupo, de alemães "arianos" por exemplo, poderia, por esforço ou fracasso individual, passar ao grupo dos outros, como seria, no caso, o de alemães "judeus". O cerne dessas representações de desigualdade era a teoria das raças, que não se referia exclusivamente aos judeus, mas à distinção entre raças mais ou menos evoluídas, que também separava germanos de eslavos. A teoria das raças não foi, de maneira alguma, uma invenção da Alemanha, não era nenhum fruto especial da ciência alemã, mas uma teoria defendida internacionalmente.[3] Mas só na Alemanha ela serviu de fundamento para um programa político e uma ideia de sociedade que, através de uma prática imediatamente aplicada contra os judeus, se transformou num fato palpável, em que todos se viam forçados a acreditar. Uma sociedade radicalmente dividida entre membros e não membros conferia à concepção da distinção categorial entre os seres humanos uma evidência prática. O segundo aspecto corresponde ao próprio dia a dia nazista. As pesquisas tendem a analisar as formas simbólicas da prática social — como "ideologias", "visões de mundo", "ideários" —, descuidando a eficácia constitutiva muito maior das práticas sociais cotidianas. Uma das possíveis explicações é a dificuldade de um trabalho reflexivo sobre essas práticas. A força constitutiva do elemento fático é um aspecto decisivo do marco referencial do Terceiro Reich.

A história social e das mentalidades do Terceiro Reich é abordada em geral sob o prisma do Holocausto — como se a partir do final de um processo social extremamente dinâmico, descontínuo, cheio de contradições e desvios, pudesse recair uma luz analítica sobre o seu próprio princípio. E isso é compreensível, uma vez que o nazismo e a guerra de extermínio só têm o seu significado histórico em razão do mal que eles produziram. Metodologicamente, no entanto, isso não faz nenhum sentido. Ninguém imagina escrever a biografia de uma pessoa a partir do fim, nem reconstruir a história de uma instituição de trás para a frente, simplesmente porque os cursos causais se desdobram para a frente, nunca para trás. Só numa retrospectiva eles parecem compulsórios, sem oferecer alternativa, mas os processos sociais, no seu próprio desenrolar, permitem uma série de possibilidades, ainda que apenas algumas sejam de fato retomadas, constituindo suas dependências de caminho e sua dinâmica particular.

Se queremos reconstruir a ação das pessoas no marco referencial do Terceiro Reich, devemos então acompanhar o processo de conversão ao nazismo, quer dizer, a mistura do que se introduziu pela primeira vez na prática social da Alemanha após a "tomada do poder" com aquilo que, mesmo depois de 30 de janeiro de 1933, permaneceu como sempre fora. Muito já se advertiu contra a confusão da realidade social Terceiro Reich com a imagem propagandística, cada vez mais próxima da perfeição, projetada pelos diretores e redatores do ministério de Goebbels. O Terceiro Reich não foi feito de olimpíadas ininterruptas e dias do partido, nem de paradas e discursos assistidos por alemãs loiras, de trancinhas e olhinhos brilhantes. Foi feito, em primeiro lugar, da mesma porção de cotidiano que estrutura a vida das pessoas em qualquer sociedade imaginável: as crianças vão à escola, as pessoas ao trabalho e a seus escritórios, pagam o aluguel, fazem compras, tomam o café da manhã e almoçam, encontram-se com amigos e parentes, leem jornais ou livros e discutem sobre esporte e política. Ao longo dos doze anos de duração do Terceiro Reich, todas essas dimensões do dia a dia podem ter sido cada vez mais impregnadas com novas peças ideológicas e racistas, mas não deixaram por isso de ser costumes e rotinas, um dia a dia marcado pelo "como sempre foi".

As sociedades não são constituídas somente sobre aquilo que, em algum momento, se torna fonte legível para os historiadores; elas têm em sua base infraestruturas materiais, institucionais e mentais, coisas como fábricas, ruas e sistemas de saneamento, assim como escolas, repartições públicas e tribunais, e — o que muitas vezes foge à atenção — tradições, costumes e padrões interpretativos. Todos os três tipos de infraestruturas compõem o mundo aceito como evidente. São o fundamento da vida cotidiana, demonstrando uma impassibilidade especial. Elas não se alteram muito, mesmo quando ocorrem grandes transformações na política ou na economia, pois essas infraestruturas são também apenas sistemas parciais numa construção social mais complexa — extremamente importantes, sem dúvida, mas não dão conta da totalidade social. De modo que, também no nazismo, ninguém, nenhum cidadão, acordou naquela manhã de 31 de janeiro de 1933 num mundo novo. O mundo continuava o mesmo do dia anterior, apenas algumas notícias eram novas. Sebastian Haffner não descreve o dia 30 de janeiro como uma revolução, mas como uma mudança de governo — e, como tal, um acontecimento nada extraordinário na República de Weimar. Para Haffner, "o real acontecimento de 30 de janeiro foram as maneiras como cada um leu o jornal — e os sentimentos que essas leituras despertaram".[4] As pessoas discutiam e ponderavam as possíveis consequências e seus efeitos, o que ocorre com qualquer outra novidade política. Haffner reproduz os diálogos com o pai: discute-se o percentual da população de "autênticos nazistas", como os estrangeiros reagiriam a Hitler como chanceler do Reich, o que isso representava para a classe trabalhadora — em suma, tudo aquilo que cidadãos com consciência política imaginam quando são tomadas decisões cujo alcance é difícil de ser previsto e que nem sempre vêm para o bem. Haffner e seu pai chegam a uma conclusão plausível: o governo teria uma base de sustentação bastante fraca e, por isso, poucas chances de permanecer por muito tempo; não havia, no fim das contas, nenhum motivo para se preocuparem.

Ler ou discutir sobre algo não altera em nada o curso das coisas: "Eram notícias de jornal", escreve Haffner.

> Não se via nem se escutava nada muito diferente de tudo aquilo com que os olhos e os ouvidos já se haviam acostumado nos últimos anos. Os uniformes marrons pelas ruas, as paradas, os salves de *heil* — no mais, *business as usual*. No tribunal de câmara, a mais alta instância prussiana, onde eu então trabalhava como estagiário, o fato de o ministro do Interior da Prússia ter passado a editar normas absurdas não mudou em nada o funcionamento da Justiça. De acordo com as notícias do jornal, a Constituição bem que poderia ir para o inferno, mas cada um dos parágrafos do Código Civil continuava em vigência e era distorcido com o mesmo cuidado com que já havia sido nos períodos anteriores. Onde estava então a realidade? O chanceler do Reich podia despejar suas ofensas públicas diárias contra os judeus, mas na nossa turma ainda ocupava seu velho assento um desembargador judeu, prolatando suas decisões especialmente perspicazes e consistentes, decisões com eficácia, que movimentavam todo o aparato estatal para seu cumprimento — ainda que os funcionários do mais alto escalão desse aparato se referissem diariamente ao seu autor como "parasita", "sub-humano" ou "peste". Quem, na realidade, era ridicularizado? Contra quem se volta a ironia dessa situação?[5]

É possível que se queira interpretar essa continuidade do funcionamento de amplos setores do marco referencial já existente, esse "prosseguimento da vida", como uma vitória sobre os nazistas: como se podia ver, eles não podiam tanto quanto pensavam. Mas quem iria imaginar que seria necessária uma interpretação da realidade completamente original, se estava claro que o que acontecia ali podia ser interpretado com os critérios de costume? E mesmo se alguém tivesse a sensação de experimentar algo novo, de onde ele haveria de sacar os instrumentos para decifrar essa nova realidade?

Na psicologia social, o fenômeno do "erro sistêmico da retrospectiva" já foi muito bem estudado. Quando o resultado de um determinado processo social já é conhecido, afirma-se sempre, como se houvesse alguma certeza desde o início, a previsibilidade de todo o acontecimento. Num momento posterior, descobrem-se os mais remotos indícios que apontavam para a eclosão ou para o desastre. É por isso, por exemplo, que todas as testemunhas de época reportam em entrevistas que seus pais ou avós teriam dito imediatamente naquele 30 de janeiro: "Isso significa guerra!".[6] O erro da retrospectiva ajuda a se posicionar ao lado dos sábios e visionários, mas, enquanto parte de um processo histórico de transformação, ninguém sabe de verdade qual o seu rumo. É claro que o louco não reconhece a loucura, como consta em Sigmund Freud, no máximo o que se consegue é tomar, de uma grande distância, a perspectiva de um observador e daí reconhecer os erros e as falsas imagens que os atores diretamente envolvidos projetavam de si. E embora haja uma alteração em um, dois ou três níveis do complexo funcionalmente diferenciado de uma sociedade, inúmeros outros permanecem exatamente os mesmos que sempre foram. Ainda se compra pão na padaria, os bondes estão funcionando, as pessoas estudam para os exames da faculdade e alguém tem de cuidar da avó doente.

Os novos augúrios políticos não escondem as contradições inerentes aos processos de socialização; no caso da formação da comunidade nazista, elas são tanto mais evidentes: junto ao apelo ostensivo ao patriotismo e à prática política da segregação, a sociedade nazista seguiu as mesmas práticas das outras sociedades industriais modernas — com seus imperativos e fascínios técnicos, com programas de emprego e conjuntura, com uma indústria cultural, com esporte, lazer e vida pública. Foi o que Hans Dieter Schäfer chamou de "consciência dividida" numa pesquisa de 1981, inexplicavelmente pouco comentada. Ali ele chega a descrever em detalhes quanta coisa permanecia não nazista no campo de trabalho do Terceiro Reich: aí se incluem o crescimento vertiginoso dos lucros da Coca-Cola, a oferta de jornais estrangeiros nas bancas das grandes cidades, os filmes de Hollywood que passavam nos cinemas — e a melhora econômica, financiada por meio de dívidas, que permitia a uma boa parcela da população alemã o acesso aos confortos de uma sociedade moderna de consumo.[7]

O desenvolvimento heterogêneo, parcialmente contraditório, de alguns setores sociais do Terceiro Reich não apresenta nada inusual, uma vez que provavelmente todas as sociedades modernas desenvolvem formas comunitárias contraditórias. Além disso, os diversos sistemas funcionais (a exemplo do que foi descrito anteriormente sobre os papéis sociais) têm condições diferentes de trabalho: nas suas condições de funcionamento, uma escola permanece uma escola, ainda que o programa de ensino determine a introdução da eugenia na biologia, uma fábrica funciona como fábrica, ainda que produza insígnias para os uniformes da Sturmabteilung (SA) [Divisões de Assalto]. É por isso que a vida cotidiana representa uma barreira para a percepção de algo, completamente inesperado, que está acontecendo:

> Assim como antes, eu ainda ia ao tribunal, que continuava a exercer sua função jurisdicional (...), até o desembargador judeu da minha turma mantinha sua toga, impassível atrás de seu gabinete [...]. Ainda telefonava para a minha namorada Charlie, íamos ao cinema ou jantávamos em um bar e tomávamos Chianti, ou saíamos para dançar em algum lugar. Ainda via meus amigos, discutia com conhecidos e comemorava os aniversários de família como de costume (...). No entanto, foi justamente esse prosseguimento mecânico e automático da vida diária, um fato por si só bizarro, que ajudou a minar a possibilidade de uma reação firme e ativa contra a barbaridade.[8]

A impassibilidade das infraestruturas de uma sociedade, o seu cotidiano vivenciado, corresponde a uma das partes, muito significativa, da consciência dividida. A outra resulta daquilo que se transforma, particularmente tudo o que altera o marco referencial. É, por um lado, a ação do regime, que opera com a propaganda, ordens, leis, prisões, violência e terror, mas também quando oferece atrativos e identificação; é, por outro lado e em reação a essa ação, a percepção e a postura de uma população nem sempre engajada mas partícipe, que ao menos tem de se adequar aos acontecimentos. Como se sabe, as medidas contra os judeus tais como os boicotes às lojas judaicas no final de março e início de abril de 1933 tiveram uma recepção bastante contraditória de parte da população, o mesmo tendo acontecido com muitas outras medidas antissemitas posteriores. Esse — ainda que à primeira vista possa parecer paradoxal — é precisamente o seu momento de integração: até a sociedade nazista tem ambientes sociais e espaços públicos parciais suficientes, onde as pessoas podem se expressar diante de seus pares, a favor ou contra as medidas e as ações.[9]

Engana-se sobre o modo do funcionamento social de uma ditadura moderna como o nazismo quem acredita que uma população possa ser integrada através da homogeneização. Ocorre o oposto: ela se integra a partir da manutenção da diferença, ao garantir mesmo àqueles que estejam *contra* o regime — críticos da política antissemita, social-democratas por convicção ou o que quer que sejam — seu lugar social, onde podem se relacionar e encontrar pessoas de mesmo pensamento. Esse modo de integração é encontrado mesmo nos grupos de combate e nos batalhões de policiais de reserva: seus membros não são necessariamente pessoas manipuláveis e brutos executores, mas seres pensantes, que discutem a respeito do que fazem e se questionam de que lado estão de verdade, se dos bons ou dos maus.[10] O modo de integração social de toda repartição pública, empresa ou universidade consiste na diferença, não na homogeneização — sempre se encontram subgrupos que se diferenciam dos demais. Isso não destrói a ligação do agregado social, dá-lhe o fundamento.

Embora o regime nazista tenha abolido a liberdade de imprensa, praticado censura e criado uma esfera pública fiel ao sistema por meio de sua propaganda de comunicação de massas altamente desenvolvida, que evidentemente não passava sem deixar vestígios nas concepções de cada indivíduo, seria um equívoco supor que a pluralidade de opiniões cessou completamente, o que teria dado fim a quaisquer discussões. "Após mais de duas décadas de pesquisas sobre a história social e das mentalidades da ditadura nazista, sobre a 'opinião do povo' daquele período, nós sabemos", escreve Peter Longerich,

> que entre 1933 e 1945 a população do Terceiro Reich não viveu num estado de uniformidade totalitária; havia — e em proporções consideráveis — insatisfações, opiniões divergentes e modalidades de distúrbios de comportamento. Uma característica específica da sociedade alemã sob regime nazista é o fato de essas manifestações de discordância acontecerem sobretudo no âmbito privado, no máximo com publicidade bem restrita (limitadas ao círculo de amigos e colegas de trabalho, à mesa de bar, à vizinhança mais próxima), e dentro de estruturas ainda existentes de ambientes sociais tradicionais, que podiam se fazer representar diante da

comunidade popular nazista — assim, por exemplo, no interior das paróquias, nas cercanias dos povoados, em círculos das elites conservadoras, no meio das relações burguesas, nos restos de estrutura não destruídos do meio socialista.[11]

Embora muitos aspectos da vida cotidiana permanecessem inalterados durante a ditadura e ainda compusessem a interface do funcionamento social, a transformação política e cultural era ao mesmo tempo notável. A profunda separação na sociedade nazista nos doze anos que vão de 1933 a 1945 numa maioria de partícipes e uma minoria de excluídos não perseguia apenas objetivos de teorias racistas e estratégias políticas, ela é ao mesmo tempo o instrumento de uma forma particular de integração social. Em alguns trabalhos mais recentes, a história do Terceiro Reich foi tratada de perspectivas da diferenciação social: Saul Friedländer deu maior atenção à prática antissemita, à perseguição e ao extermínio;[12] Michael Wildt, à violência como meio de socialização empregado sobretudo na fase de formação do regime.[13] Peter Longerich demonstrou que a segregação e o extermínio dos judeus não constituíram uma peça ocasional, nem propriamente arbitrária, da política nazista, mas seu núcleo: "varrer o elemento judeu" da sociedade alemã (e de outras partes da Europa) foi "o instrumento para penetrar cada vez mais nas esferas da vida privada das pessoas".[14] É justamente daí que ocorre uma remodelação dos padrões morais, uma mudança significativa naquilo que as pessoas no trato com as outras julgam como "normal" ou "anormal", como "bom" ou "ruim", como adequado ou repulsivo. A sociedade nazista não se torna imoral; nem mesmo os assassinatos em massa decorrem de um defeito moral. Pelo contrário, eles são resultado do estabelecimento surpreendentemente rápido e profundo de uma "moral nazista", que define o povo e suas comunidades como grandezas de referência para ações morais, fixando valores e normas diferentes dos que vigorariam, por exemplo, no período democrático do pós-guerra.[15] Não fazem parte desse cânone moral os valores de igualdade, mas os de desigualdade, nem o valor do indivíduo, mas o de um "povo" biologicamente definido, uma solidariedade particular no lugar da universal. Para dar um exemplo da moral nazista, criminalizou-se pela primeira vez a omissão de socorro; o tipo penal correspondente, porém, tinha seu âmbito de aplicação restrito à comunidade nazista e não se aplicava em relação ao auxílio negado aos judeus perseguidos.[16] Essa moral particular caracteriza o projeto nazista como um todo — mesmo a sonhada ordem europeia, ou até o império mundial sob a suástica, tudo foi pensado como um mundo radicalmente desigual, onde os membros das diferentes raças receberiam um tratamento jurídico igualmente diferenciado.

Embora o Terceiro Reich tenha sido sob muitos aspectos uma típica sociedade moderna do século XX — o cultivo das tradições populares foi muito mais uma manifestação atávica, folclórica, do que propriamente um elemento central de integração —, todo o poder de penetração política e psicossocial do projeto nazista está vinculado diretamente à transformação da sociedade defendida a partir da postulação de desigualdade radical e irremediável entre os seres humanos. Não se trata de uma invenção nazista, mas de uma ideia que migrou da biologia para a teoria política no século XIX, e que produziu efeitos em diversas áreas no século XX, como é o caso da legislação sobre esterilização ou da política de eugenia e eutanásia.[17] Mas só na Alemanha a teoria das raças chegou a se converter num programa político, aliás o único, com exceção do comunismo, com fundamentação científica: "O nazismo não é nada mais do que biologia aplicada", dizia Rudolf Hess.[18]

Desde o princípio, a prática social do Terceiro Reich consistiu em tratar da "questão judaica" com diversas ações isoladas, de modo a depreciá-la, e em destacar a "comunidade pátria" como o principal tema do debate político. O tema, por sua vez, tornava-se objeto de uma atuação permanente, com uma série de medidas contra os judeus: determinações, leis, expropriações, deportações etc. Saul Friedländer chamou esse modo funcional de formação da sociedade nazista apropriadamente de "repressão e inovação". Mas como muitas coisas permaneceram exatamente como sempre haviam sido até então, deve-se levar em conta que, para os alemães não judeus, inovação e repressão constituíam apenas uma parte, sequer a mais importante, do mundo em que viviam. A mistura se compunha portanto de *continuidade*, repressão e inovação.

De modo geral, o projeto nazista deve ser analisado como um processo social altamente integrativo, que começou no final de janeiro de 1933 e terminou com a derrota definitiva em maio de 1945. Nesse projeto, a prática de restrição, exclusão e expropriação de não partícipes cumpriu um papel importante, na medida em que estava relacionada diretamente com a revalorização do grupo dos partícipes. Aí reside todo o poder de sedução psicossocial do projeto nazista, bem como sua capacidade de penetração.

Logo após 30 de janeiro de 1933 deu-se início a uma prática frenética de restrições contra comunistas, sociais-democratas, sindicalistas e sobretudo contra judeus, uma prática que não encontrou qualquer resistência relevante na grande maioria da população, ainda que alguns pudessem torcer o nariz para a "gentalha nazista e da SA" ou considerassem aquela enxurrada de medidas antissemitas uma coisa exagerada, grosseira, inconcebível ou simplesmente desumana. Constam do conjunto dessas medidas, por exemplo, a proibição de judeus utilizarem os complexos esportivos públicos de Colônia (março de 1933), a exclusão de todos os atletas judeus da federação de boxe, assim como de todos os prenomes judeus do catálogo de assinantes do serviço telefônico (abril de 1933) e a proibição do aluguel de barracas em feiras populares (maio de 1933).[19]

O que chama a atenção nesses exemplos escolhidos aleatoriamente é, em primeiro lugar, a criatividade na hora de encontrar os mais variados aspectos do "elemento judeu", como no caso da lista telefônica, depois, a adoção voluntária, muitas vezes antecipada, de medidas restritivas antissemitas por parte de indivíduos no exercício de suas funções dentro de clubes e associações ou de funcionários de prefeituras, que, embora não obrigados a tal, se valiam dessas medidas por conta própria. Os exemplos não revelam apenas instintos antissociais que podiam ser finalmente satisfeitos diante das novas circunstâncias, eles também mostram que essas medidas contavam com o respaldo daqueles que não se sentiam atingidos; pelo menos não havia protesto, muito menos resistência, dentro dos respectivos clubes, associações e prefeituras.

No cotidiano nazista, essas medidas que afetam os *outros*, mas não escapam ao conhecimento dos não atingidos, estão por toda parte. Quase não se passava um dia sem que se editasse uma nova medida. Entre as leis antissemitas, sempre as mais representativas no meio dessa montanha de práticas segregacionistas, podemos destacar a "lei de reestruturação do funcionalismo público", de 7 de abril de 1933, que determinava, entre outras coisas, a aposentadoria compulsória dos funcionários "não arianos". Ainda no mesmo ano, 1200 professores e docentes judeus perderam o emprego — e nenhuma faculdade protestou. No dia 22 de abril, os médicos não arianos foram expulsos das associações de médicos do serviço público.[20] Em 14 de julho de 1933 promulgava-se a "lei de prevenção da reprodução de doentes hereditários".

E tudo ocorria sem que se articulasse nenhuma resistência, pouco importa se se tratava da repressão de indivíduos ou da discriminação dos judeus alemães em geral.

> Quando os colegas de trabalho judeus foram demitidos, nenhum professor alemão protestou publicamente; quando o número de estudantes judeus diminuiu drasticamente, nenhuma comissão universitária ou funcionário das faculdades se manifestou contrariamente; quando queimaram os livros em todo o Reich, nenhum intelectual na Alemanha ou qualquer outra pessoa no país expressou publicamente o menor sentimento de indignação.[21]

Pois pouco importa como cada alemão interpretava individualmente, em seu círculo privado, essas medidas e leis — nessa fase inicial da repressão, que representou uma mudança de valores considerável também para os não atingidos, ao menos no que diz respeito às formas de relações intersubjetivas e à própria concepção de justiça, não houve, pelo que consta, nenhuma manifestação de insatisfação pública. Mas o que significa aqui, na verdade, não atingidos? Se analisamos o fenômeno de discriminação, expropriação e extermínio como uma cadeia de ações, torna-se impossível, ao menos logicamente, falar em não atingidos: quando um grupo de pessoas é excluído do universo de compromisso moral de maneira tão rápida, intensiva, na esfera pública como na privada, isso implica, por outro lado, *elevar* a importância da consciência e do sentimento de pertencer à comunidade popular.

"Destino é a interação entre autores e vítimas", escreveu certa vez Raul Hilberg de forma lapidar. Que a aplicação prática da teoria da raça superior tenha contado com tanta aceitação não é, de uma perspectiva psicológica, nenhum milagre. No cenário criado por essa teoria, que permeava todas as medidas e as leis, qualquer trabalhador desqualificado das classes mais baixas da população podia se sentir idealmente superior a todos os escritores, atores ou empresários judeus — por outro lado, o processo social em curso tratava de impor pela força dos fatos o rebaixamento social e material desses judeus. A valorização que cada alemão experimentava dessa forma tem a ver também com o sentimento de uma relativa segurança social — um sentimento de vida inteiramente novo, de fazer parte de uma comunidade exclusiva, uma participação assegurada pelos sólidos critérios científicos da seleção racial, com a definitiva exclusão dos estrangeiros.

Enquanto as coisas iam de mal a pior para uns, outros se sentiam cada vez melhor. O projeto nazista não ofereceu somente um futuro pintado com cores brilhantes, ele representava vantagens concretas no presente, como uma carreira profissional de sucesso. O nazismo contava com uma elite de comando extremamente jovem, muitos, sobretudo os alemães mais novos, vinculavam grandes esperanças pessoais à marcha triunfal da "raça ariana".[22] É nesse contexto que se deve entender a enorme liberação de energia tanto individual quanto coletiva que caracterizou essa sociedade.

> O Nationalsozialistische Deutsche Arbeiterpartei (NSDAP) [Partido Nacional-Socialista Alemão dos Trabalhadores] se apoiava na teoria da desigualdade das raças e prometia aos alemães, ao mesmo tempo, uma maior igualdade de oportunidades (...). Para quem estava inserido no processo, a luta de raças parecia significar o fim da luta de classes. Com essa perspectiva, o NSDAP propagou uma das utopias revolucionárias do século passado: a utopia nacional-socialista, da qual emanava toda a sua energia criminosa. Hitler queria a "construção do Estado social do povo", um "Estado social" exemplar, no qual "as barreiras (sociais) seriam progressivamente derrubadas".[23]

Fosse simples propaganda, a transformação social que atravessou o Terceiro Reich com extrema velocidade não teria trazido tantas consequências. A característica central do projeto nazista consiste na aplicação imediata de seus postulados ideológicos, convertendo-os em realidade palpável e sensível. Com isso, o mundo se transforma de fato; a sensação de revolução, de viver um "grande momento" ou, como disse Götz Aly, num "estado de exceção permanente" estabelece um novo marco referencial, para além das meras notícias de jornal. Entrevistas com os alemães da época, mesmo hoje em dia, evidenciam a força de atração psicológica e todo o potencial emotivo desse processo de inclusão e exclusão. Não é por acaso que, entre essas pessoas, muitas delas até hoje defendem abertamente que o Terceiro Reich, pelo menos até Stalingrado, deveria ser descrito como um "período maravilhoso".[24] A discriminação, a perseguição e a expropriação dos demais não foram vivenciadas de forma categórica como tais, precisamente porque esses outros, por definição, já não faziam mais parte de nada; tratá-los de maneira antissocial não atingia o âmago da moral e da sociabilidade da comunidade alemã.

Se consideramos, portanto, que essa sociedade se caracteriza pela progressiva normalização da discriminação radical, a mudança de valores na Alemanha nazista pode então ser reconstruída a partir daquelas fontes de época que apontam, desde o micronível do cotidiano social, a incrível rapidez com que grupos inteiros de pessoas foram excluídos do universo de vínculos sociais[25] — daquele universo onde ainda vigoravam normas como justiça, compaixão, solidariedade etc., um universo sem nenhuma validade, por definição, para aqueles que estavam excluídos da comunidade.

A profunda divisão na sociedade alemã pode ver comprovada também por dados levantados por algumas pesquisas. Uma delas, realizada nos anos 1990 com 3 mil pessoas nascidas antes de 1928, mostrou que quase três quartos dos entrevistados não conheciam ninguém que tivesse entrado em conflito com o aparelho estatal por causa de questões políticas, que tivesse sido preso por isso ou mesmo interrogado.[26] Ainda mais entrevistados disseram que jamais se sentiram ameaçados. A mesma pesquisa também mostrou que um percentual elevado da população ouvia emissoras ilegais de rádio, fazia piadas sobre Hitler e criticava os nazistas.[27]

Esse estudo também informa que, analisando retrospectivamente, entre um terço e mais da metade das pessoas consultadas reconhece ter acreditado no nazismo, admirado Hitler ou compartilhado os ideais nazistas.[28] Uma pesquisa do instituto de Allensbach, realizada em 1985, mostra um quadro semelhante. Todos os consultados haviam nascido até 1930, devendo contar, em 1945, com pelo menos quinze anos de idade já completados; o resultado: 58% admitiram ter acreditado no nazismo, 50% enxergavam o nazismo como a representação de seus próprios ideais e 41% admiravam o Führer.[29]

A pesquisa também revela um aumento no apoio ao sistema nazista de acordo com o nível de instrução dos entrevistados — o que refuta o senso comum segundo o qual uma boa educação nas escolas seria capaz de prevenir uma personalidade desumana.[30] Quanto maior o nível de instrução, maior o apoio ao mundo de Hitler. Ainda segundo o estudo, os principais fatores que motivaram essa avaliação positiva da política nazista foram o combate ao desemprego e à criminalidade e a construção de grandes estradas. Um quarto dos entrevistados ainda destacava, meio século após a queda do Terceiro Reich, o sentimento de comunidade que reinava na época.[31]

Tudo isso está relacionado exclusivamente aos membros da comunidade alemã, mas esta também se amparou na impossibilidade fática da integração de todos os demais. O sentimento generalizado de não estar sob ameaça ou sujeito a nenhum tipo de repressão remonta a um forte sentimento de comunhão, cujo reverso era a demonstração diária da segregação de outros grupos, sobretudo de judeus.

Uma forma de aferir retrospectivamente fenômenos tão inconstantes quanto a confiança da população em dado sistema, seu ânimo ou apreensões consiste em investigar os comportamentos — reconstruir, por exemplo, até que instante os alemães confiaram suas economias aos bancos estatais e a partir de quando lhes pareceu mais seguro investi-las nas instituições financeiras privadas, ou tentar descobrir em que momento os familiares deixaram de publicar os anúncios de óbito, como até então havia sido praxe, dizendo que o filho teria morrido "pelo Führer, pelo povo e pela pátria", e passaram a se referir tão somente à pátria, quando não abdicavam integralmente a tentativa de atribuir algum sentido à perda do ente querido. Foi mais ou menos assim que Götz Aly, usando a chamada "curva de Adolf", revelou a variação da preferência na escolha dos nomes para recém-nascidos entre 1932 e 1945, a oscilação do número de abandonos de religião, a mudança nos hábitos de poupança e até as sutis diferenças que podiam ser percebidas através do obituário. Os resultados dessas investigações parecem mostrar que o entusiasmo dos alemães atingiu seu ponto mais alto entre 1937 e 1939, e só começou a cair de verdade, e aí já vertiginosamente, a partir de 1941.[32] Como demonstração da confiança geral no sistema, basta dizer que, até novembro de 1940, 300 mil alemães aderiram aos planos de financiamento das caixas econômicas para aquisição de automóveis da Kraft durch Freude (KdF) [Força pela Alegria], mais tarde Volkswagen.[33]

Os motivos dessa confiança depositada no sistema e todo o apoio daí decorrente são fáceis de entender, ao menos da perspectiva da psicologia social. É verdade que o crescimento da economia a partir de 1934 — o primeiro (e já na época assim chamado) "milagre econômico" alemão — não tinha fundamentos sólidos na economia interna do país e foi financiado em grande parte por meio de dívidas e expropriações;[34] mas, ainda assim, ele conseguiu uma atmosfera de triunfo e prenúncio de um novo tempo, de fato sentida pela população, que até hoje transparece nas entrevistas com as pessoas que viveram nessa época. Também devemos considerar as inovações sociais que modificaram profundamente a vida de cada um — em 1938, um terço dos trabalhadores participou do programa de viagens de férias da Kraft durch Freude, numa época, portanto, em que viajar, principalmente para o exterior, condizia com um status de privilégio dos ricos. "Levou muito tempo", escreve Hans Dieter Schäfer,

> para que se reconhecesse que a ascensão social no Terceiro Reich não aconteceu apenas de maneira simbólica. Como Gundberger já demonstrou, a possibilidade de ascensão social nos seis anos de paz do regime nazista era duas vezes maior do que durante os últimos seis anos da República de Weimar; as organizações da burocracia estatal e associações de economia privada haviam absorvido 1 milhão de pessoas egressas da classe operária.[35]

O desemprego em massa foi eliminado em 1938; em 1939 foram contratados 200 mil trabalhadores estrangeiros para combater o problema crônico de falta de mão de obra.[36] Em outras palavras, em comparação com o período anterior, tudo parecia funcionar sensivelmente melhor para os alemães agora com o nazismo; a aplicação das promessas sociais na prática, como no caso do combate ao desemprego em massa, fomentou o profundo sentimento de confiança no sistema, sobretudo depois da experiência bastante negativa, ao menos do ponto de vista econômico, da República de Weimar.

Essa forma de integração material e psicossocial a preço de uma simultânea desintegração dos excluídos foi responsável por uma mudança fundamental de valores. Em 1933, a grande maioria da população alemã julgaria completamente inconcebível que, apenas poucos anos depois e com a sua participação ativa, os judeus não seriam mais apenas expropriados em seus direitos e bens, mas deportados para morrer nos campos de extermínio. Para se ter uma ideia dessa transformação de valores que atingiria o extremo, basta imaginar, como mero exercício de raciocínio, uma antecipação das deportações já para aquele mês de fevereiro de 1933, imediatamente após a chamada "tomada do poder". A discrepância dessas ações em relação às expectativas normais da maioria da população, se não chegasse a impedir as deportações, certamente acarretaria sérios transtornos. Nem precisamos levar em conta que justamente essa sequência de discriminação — perda de direitos — expropriação — deportação (— extermínio) sequer havia sido cogitada naquele momento, talvez não fosse nem mesmo imaginável. Oito anos mais tarde, essa forma de lidar com outros grupos de pessoas já havia se tornado parte do universo de expectativas dos alemães e não restava quase mais ninguém que a considerasse fora do normal. Como se pode ver, nem mesmo o deslocamento das linhas de referência mais fundamentais de uma sociedade precisa esperar uma troca de gerações para acontecer, muito menos um longo processo de décadas; alguns anos são suficientes. Os alemães que reagem à "tomada do poder" com tanta descrença quanto Sebastian Haffner em 1933 são os mesmos que, a partir de 1941, veem os trens de deportação partirem da estação de Grunewald, em Berlim. Muitos deles compraram ao longo desses anos aparelhos de cozinha "arianizados", bem como o mobiliário da sala de visitas e obras de arte; outros conduzem os negócios ou moram nas casas confiscadas de proprietários judeus. E acham tudo isso absolutamente normal.

É necessário, portanto, desfazer-se da ilusão segundo a qual, nos crimes que envolvem toda uma sociedade, haveria, de um lado, autores que planejam esses crimes, preparam-nos e executam-nos, e, de outro, inocentes espectadores, que, em maior ou menor dimensão, apenas "sabem" do que está acontecendo. A partir dessas categorias de grupos de pessoas é impossível descrever adequadamente a cadeia de ações que levou à guerra, às mortes em massa e ao extermínio, pois num contexto como esse não há lugar para espectadores, nem para inocentes. Há apenas pessoas que, cada uma à sua maneira, uma mais engajada e intensamente, outra cética e indiferente, constroem em conjunto uma única realidade social. Essa realidade, por sua vez, constitui o marco referencial do Terceiro Reich, ou seja, o sistema de orientação mental segundo o qual os alemães não judeus daquela época interpretavam o que estava acontecendo.

É sob esse aspecto que devemos considerar a importância de uma nova prática social. Como já mencionado, não houve em nenhum momento quaisquer manifestações públicas contrárias à política antissemita, nem revoltas contra tudo o que os judeus tiveram de enfrentar. Não se pode deduzir daí, é claro, um apoio irrestrito e constante às repressões antissemitas; mas é justamente a passividade, a tolerância repressiva, o confinamento da crítica ao círculo das conversas privadas, enfim, é esse tipo de comportamento que converte a repressão de iniciativa política em prática social cotidiana. Nessa atividade de inclusão e segregação, a sociedade se torna nazista — há uma supervalorização da ideologia e uma correspondente subestimação da participação prática dos membros da comunidade, quando se reduz a transformação estrutural das mentalidades na sociedade nazista às ações de propaganda, legislativas e executivas do regime. Na verdade, a garantia de apoio ao projeto nazista num espaço de tempo surpreendentemente curto é fruto de um complexo de ações que engloba não só a iniciativa política, mas também a sua recepção e conversão em hábitos privados. É o que se poderia chamar de ditadura participativa, de forma que os membros da comunidade alemã, mesmo não sendo nenhum "nazi", podem muito bem dar sua contribuição.

Podemos ver, assim, uma cadeia de ações em que as normas não são impostas verticalmente, de cima para baixo; por outro lado, de maneira prática e cada vez mais radical, as relações interpessoais baseadas na solidariedade são dissolvidas, dando lugar a uma nova "normalidade" social. Dentro dessa normalidade, talvez um alemão médio ainda pudesse considerar inimaginável que, em 1941, judeus fossem executados sem mais nem menos, mas é difícil conceber que ele ainda se indignasse com as placas locais, indicando que o correspondente recinto estava "livre de judeus", ou com o fato de os bancos de praça não poderem ser usados por judeus, aliás, nem mesmo com toda a perda de direitos e confisco de bens sofridos pelos cidadãos judeus.

Esse esboço sobre a formação de uma sociedade excludente e participativa explica um pouco o crescente apoio e a aprovação maciça do sistema até 1941. Outras razões para esse entusiasmo se devem aos "sucessos" na política externa e ao "milagre econômico" de Hitler, que — mesmo realizado de um modo sob todos os aspectos suicida — conferiu aos alemães a sensação de viver em uma sociedade que lhes tinha muito a oferecer. Pois é dentro desses marcos referenciais do Terceiro Reich que os soldados que vão à guerra ordenam suas percepções, interpretações e conclusões; diante desse pano de fundo eles discutem a finalidade da guerra, classificam seus inimigos e tiram lições das derrotas e vitórias. O fato de esse marco referencial se modificar com a experiência concreta da guerra parece confirmar a tese segundo a qual a certeza em relação à "realização da utopia" (Hans Mommsen) teria arrefecido ao longo da guerra, uma vez que a vitória prometida se afastava a cada dia; seja como for, as ideias fundamentais sobre a desigualdade dos seres humanos, o direito sanguíneo, a superioridade da raça ariana etc. não perdem a sua validade automaticamente. Nesse sentido, o marco referencial de terceira ordem, no caso o militar, é ainda menos afetado pelo transcorrer da guerra. Falaremos sobre isso no próximo capítulo.

O MARCO REFERENCIAL DA GUERRA

A sociedade

A transformação do Exército do Reich, com seu contingente de 100 mil homens, no período de apenas seis anos, na Wehrmacht, que no início da guerra contra a Polônia, em 1939, contava com 2,6 milhões de soldados, não foi só uma ação de armamento material. Ela foi acompanhada do estabelecimento de um marco referencial em que o elemento militar recebia uma conotação positiva, ajustando-se muito bem aos ideais da época, sobretudo nacionalistas. A cúpula do governo e os militares julgavam muito importante introduzir os autênticos valores militares nas bases do marco referencial dos alemães como estratégia de preparar o povo também espiritualmente para a guerra, formando uma "comunidade predestinadamente beligerante". Foi um trabalho que logrou militarizar significativamente a sociedade alemã.[37] O alistamento de alemães nas inúmeras organizações do partido, sobretudo na Hitlerjugend (HJ) [Juventude Hitlerista], SA e SS, e no Reichsarbeitsdienst [Serviço Laboral do Reich] abrangia grandes setores da população e, com a reintrodução do serviço militar obrigatório em 1935, atingiram-se números jamais vistos. É certo que os alemães não saudaram a guerra em 1939 como fizeram em 1914 — pelo contrário. Mais importante, no entanto, é constatar que 17 milhões de pessoas no decurso da guerra não tiveram problemas para se integrar à Wehrmacht, sem o quê os combates jamais teriam durado até 1945. O sucesso dessa penetração de uma mentalidade militarista na sociedade alemã não quer dizer, portanto, que todas as pessoas tenham aderido à guerra, mas que se desenvolveu um marco no qual elas compartilhavam o sistema de valores militar ou, pelo menos, não o questionavam. Evidentemente isso não pode ser explicado apenas com base nos esforços maciços de propaganda das lideranças do Partido Nazista e da Wehrmacht. Na verdade, já havia ocorrido uma radicalização desse elemento militarista décadas antes; os nazistas tinham por onde começar.

As bem-sucedidas guerras de unificação entre 1864 e 1871 haviam por fim incutido na sociedade alemã os valores tipicamente militares. Estes eram compartilhados mesmo por aqueles que se opunham ao Estado.[38] Segundo Norbert Elias, a tradição da maneira de sentir ou de se comportar eminentemente militar remonta às vitórias de 1866 e 1871, conquistadas sob a liderança das elites aristocráticas tradicionais, o que acabou levando a um afastamento do código moral burguês e a uma orientação pelo código de honra das altas classes tradicionais — com o consequente rebaixamento normativo dos ideais humanistas e de igualdade. "As questões de honra tinham alta cotação, as morais estavam em baixa. Problemas de humanidade e identificação mútua entre pessoas desapareceram de vista, e esses antigos ideais eram geralmente desprezados como fraquezas de classes socialmente inferiores."[39] Elias fala de uma "metamorfose" na burguesia alemã, que teria ocorrido na segunda metade do século XIX, dando cada vez mais importância às questões da honra, da desigualdade entre os seres humanos, da capacidade de satisfação, da nação e do povo, em detrimento dos ideais do iluminismo e do humanismo. Esse código de honra que se estabelecia previa uma rígida "hierarquização das relações humanas", assim como uma "hierarquia de comando e obediência", enquanto o código moral das classes médias da burguesia "parece formular de maneira explícita a pretensão de ser universalmente válido e, assim, de maneira implícita, expressar o postulado da igualdade de todos os seres humanos".[40]

Nesse novo marco de uma sociedade rigidamente hierarquizada, a burguesia ascendente logo daria origem a um militarismo mais radical — diferentemente daquelas ambições de supremacia regional da nobreza —, concentrando um enorme potencial de violência, voltado para fora de suas fronteiras, para fazer valer as pretensões alemãs de se constituir um império mundial. A exemplo do que ocorreu em outros países, a direita burguesa, com base no darwinismo social, no racismo e no nacionalismo, criou a ideia decididamente anticonservadora de uma guerra étnica radical entre ser ou não ser.[41]

Nos últimos anos de paz antes de 1914, essas vozes conseguiram se impor no discurso social apenas parcialmente, só tendo vindo à tona ao longo da Primeira Guerra Mundial. A promoção de Erich Ludendorff[42] a personagem central da nova máquina industrializada de guerra, mobilizando massas de soldados, marca essa mudança. Estimulou-se a expansão de modelos sociais com base na violência e na desigualdade; audácia, coragem, obediência e disciplina eram cada vez mais valorizadas. O ideal da morte heroica, o soldado que defende sua posição até acabar a munição, ao menos no círculo dos oficiais, revivia seus tempos de glória.[43]

Não foi um fenômeno exclusivamente alemão, mas próprio do processo de desenvolvimento europeu em si. Recorrer ao mito da batalha de Leônidas nas

Termópilas ou ao dito que surgiu nas guerras napoleônicas, de lutar até o fim da munição, foi bastante eficiente também na Grã-Bretanha e na França.[44]

Nos anos pacíficos da República de Weimar, grandes setores da sociedade propagaram o pensamento militarista e a ideia de um Estado militar em resposta ao Tratado de Versalhes e à debilidade do Estado alemão.[45] A lição tirada da derrota de 1918 parecia evidente: o povo e o Estado deveriam se preparar, já no período de paz, para uma guerra agora sem qualquer tipo de reserva, uma guerra total.[46] E, nas circunstâncias da República de Weimar, isso significava sobretudo uma preparação psicológica. A juventude de sexo masculino deveria ingressar na "Wehrmacht" alemã — o conceito apareceria logo em 1919, na Constituição do Reich, e na lei de defesa nacional, de 1921 —, onde receberia uma educação segundo os ditames de "virilidade e virtude". Tudo isso se alinhava à tradição de Von Ludendorff, que, no ano de 1917, sugerira os "cursos de patriotismo". Deveria haver uma preparação mental para a guerra: coragem, entusiasmo, espírito de sacrifício haviam de ser fomentados.[47] Os grandes nomes da literatura do "nacionalismo soldadesco", como Ernst Jünger, Edwin Dwinge ou Ernst von Salomon, transmitiam ao povo esse culto à guerra, metafísico e abstrato, potencializado em centenas de vezes através de seus livros. Para isso, dispunham do apoio de uma variedade de organizações nacionalistas de direita, a exemplo da Stahlhelm [Capacetes de Aço]. Fundada em dezembro de 1918, a organização contava em meados dos anos 1920 com 400 mil a 500 mil associados, todos antigos combatentes do front. A guerra e o mito transfigurador dos combatentes do front, bem como a luta permanente contra todo o tipo de "brandura" ou "covardia", eram os temas centrais de discussão nessas associações.[48]

Mas o pensamento militarista não tinha apoio exclusivamente nos partidos de direita, entre os quais se destacava o Deutschnationale Volkspartei (DNVP) [Partido Popular Nacional Alemão]. Ele era especialmente agressivo e defendido com maior ênfase por esse partido, porém, a conotação positiva do elemento militar e do combate podia ser notada em quase todos os grupos sociais, ainda que sempre com algum acento peculiar. Enquanto os grêmios estudantis e a comunidade protestante se aproximaram muito do militarismo dos partidos de direita, os católicos foram mais reticentes nesse aspecto, embora pudessem se opor cada vez menos à crescente militarização da sociedade. O liberalismo de esquerda apoiou um pensamento militar defensivo, visando proteger o país contra ataques externos, enquanto dentro do Sozialdemokratische

Partei Deutschlands (SPD) [Partido Social-Democrata da Alemanha] havia fortes correntes a favor de um pacifismo radical. Mas mesmo no caso desse partido, ao final da República de Weimar, os ideais militares-nacionalistas já haviam conquistado território. A Reichsbanner Schwarz-Rot-Gold [Bandeira do Reich Preto-Vermelho-Ouro] é um bom exemplo: uma liga para combater a direita, que, se por um lado recusava as guerras de agressão, por outro, com sua militância e seus planos de organizar uma milícia popular como um exército de reserva, não ficava nada distante da ideologia militarista.[49] Da mesma forma, o Kommunistische Partei Deutschlands (KPD) [Partido Comunista da Alemanha] propugnava crescentemente a ideia de uma militarização proletária;[50] a Rotfrontkämpferbund [Liga dos Soldados Vermelhos do Front], que dispunha inclusive de armas, era a sua organização paramilitar.

O pensamento militarista vivenciou sua marcha triunfal a partir do fim dos anos 1920, quando as vendas de livros sobre nacionalismo soldadesco dispararam,[51] um fenômeno de enormes tiragens para as grandes massas. O extraordinário sucesso do romance antibelicista *Nada de novo no front*, de Erich Maria Remarque, foi um caso à parte, único, nenhum outro livro crítico ao militarismo tendo obtido êxito sequer parecido. O efeito foi justamente contrário: o livro de Remarque e sua adaptação para o cinema acabaram provocando fortes reações, revelando ainda mais a ampla adesão da sociedade alemã àquela visão mítico-militarista da Primeira Guerra Mundial. No mais, isso se podia notar também através do culto, a cada dia maior, da morte heroica. Na própria composição dos monumentos históricos, a visualização do luto pelos mortos da Primeira Guerra Mundial deu lugar, no fim dos anos 1920, a uma mistificação dos bravos soldados do front.[52] De repente, as batalhas bem-sucedidas da Primeira Guerra, assim como os triunfos das guerras de independência e unificação, estavam presentes em todas as partes do espaço público. As vozes que se levantavam contra a mistificação do passado militar ou que se opunham aos soldados e ao Exército por razões pacifistas não tinham como se impor contra a maioria da população.

Quem se favoreceu dessa tendência foi o Exército do Reich, pois as demandas das suas próprias fileiras encontravam agora uma forte ressonância na sociedade. Logo em 1924, o chefe do Exército no Estado-Maior, o primeiro-tenente Joachim von Stülpnagel, já dava diretrizes, conclamando "o povo e o Exército a se prepararem moralmente para a guerra". Já que as "nossas massas populares" não estariam imbuídas do "imperativo categórico de lutar e morrer pela pátria", ele recomendava entre outras coisas "a educação nacionalista e militar da nossa juventude nas escolas e universidades", "o fomento do ódio contra os inimigos estrangeiros", assim como a luta empreendida pelo Estado "contra as internacionais e o pacifismo, contra tudo que não for alemão".[53] Depois que o ministro da Guerra Wilhelm Groener assumiu também o Ministério do Interior, em 1931, o Exército do Reich também passou a ter influência na militarização da juventude.[54]

Pelo que se percebe, em 1933 o terreno já estava havia muito tempo preparado, a sociedade alemã era um solo propício para receber a ideologia militarista até nas suas mais profundas camadas. Não surpreende, portanto, que o armamento vertiginoso da Alemanha não tenha encontrado resistência. Foi o que ocorreu nas "guerras floridas" a partir de 1936 — na invasão da Renânia, na "anexação" da Áustria e na ocupação dos Sudetos —, onde sequer um tiro foi dado, com a Wehrmacht se apresentando para o público como a garantia da libertação geral das nefastas consequências do Tratado de Versalhes.

A Wehrmacht

No dia 25 de maio de 1934, o presidente do Reich, Paul von Hindenburg, e o ministro da Guerra, Werner von Blomberg, firmaram um novo código de condutas para os soldados alemães. O documento afirmava que as raízes da Wehrmacht repousavam num passado glorioso, a honra dos soldados, na sua entrega pessoal e incondicional em nome do povo e da pátria, mesmo que isso representasse o sacrifício da própria vida. A maior das virtudes do soldado seria a coragem para combater. O código exigia firmeza, decisão e obediência. A covardia era execrada, hesitar não condiziria com a postura de um soldado. A liderança soldadesca se fundamentava na noção de responsabilidade, de capacidade acima da média e de atenção permanente; o líder e sua tropa precisavam formar uma unidade inabalável de camaradas prontos para o combate. Feliz em cumprir com o seu dever, o soldado deveria representar um exemplo de virilidade.[55]

Esse catálogo de exigências mostra como a Wehrmacht se inseria na tradição militar da Alemanha, mas procurava ao mesmo tempo enfatizar novos aspectos. A "entrega incondicional", o "sacrifício da própria vida" e a tônica na "firmeza" deixam claro que a luta passava a ser o elemento central da vida dos soldados. Corroborando o mito dos combatentes do front da Primeira Guerra

Mundial, resistir no campo de batalha era considerado o valor mais importante para um soldado, acima de qualquer outra coisa.[56] Essas determinações não eram um mero palavrório, elas dominavam as comunicações militares, a própria linguagem dos textos estava impregnada. Em dezembro de 1938, o comandante-chefe do Exército, o coronel-general Walter von Brauchitsch, reafirmava a necessidade de preparar os oficiais para se tornarem "homens de ação, decididos, com grandes ideais, homens de personalidade renovada, firmes feito aço, resistentes e cheios de força de vontade".[57] Em 1936, Göring pedira às novas turmas de oficiais da Luftwaffe "obediência, heroísmo, sacrifício e camaradagem".[58]

Não houve alteração substantiva nesse código de conduta durante a Segunda Guerra Mundial. O grande-almirante Erich Raeder, comandante-chefe da Kriegsmarine, em novembro de 1941, assim caracterizava o ideal do soldado alemão: "Um combatente de espírito e armado, firme, muito bem preparado, que sabe se virar com pouco, mas que, por pura convicção e enorme vontade, trabalha pela Alemanha e luta até o último suspiro de suas forças".[59]

De todo modo, esses textos redigidos pelas mais altas lideranças militares não são fortes o bastante para comprovar a recepção do sistema de valores militar nos marcos de referência dos soldados. Essa comprovação pode ser feita, no entanto, a partir dos arquivos de registros pessoais desses soldados. Cada oficial era submetido a uma avaliação regular e minuciosa de seus superiores; suas personalidades eram analisadas, assim como a postura diante dos inimigos, os serviços prestados e a compleição física e psicológica. Uma breve consideração dessas fontes, que constituem um universo quase sem fim e bem pouco estudado, mostra o quanto a formação almejada pelas altas lideranças se impôs ao menos no marco referencial do corpo de oficiais. É assim que se definia uma personalidade de "alta qualidade beligerante":[60] a pessoa tinha de ser enérgica e "decidida",[61] "corajosa e não podia fraquejar";[62] "hábil fisicamente, rígida e resistente".[63] Para conseguir um comprovante de bom rendimento e poder se candidatar a alguma promoção, havia de se demonstrar coragem, ímpeto, firmeza, atitude e decisão. "Personalidades vibrantes"[64] e uma "rígida postura de soldado"[65] eram frisados em tons elogiosos. Um item também importante era "suportar situações de crise".[66] "Desconhece quaisquer dificuldades" é o que consta acerca de Erwin Menny, que depois se tornaria tenente-general. O general Heinrich Eberbach também sempre foi muito bem avaliado ao longo de sua carreira: bem acima da média. De acordo com esses informes, ele seria um "condutor de blindados ousado, confiante e capaz de enfrentar as mais difíceis situações". "Um dos melhores que temos" é o que consta. Outras características especialmente positivas que merecem destaque: "corajoso, leal e honrado".[67] Quem também recebeu muitos elogios na avaliação de seus superiores foi o major-general Johannes Bruhn: "Uma personalidade de liderança magnífica, de caráter forte e soldadesco, que jamais perde a confiança, mesmo nas circunstâncias mais adversas. No aspecto pessoal, notável valentia, foi ferido em seis ocasiões".[68] Reencontraremos esses personagens nos próximos capítulos. As avaliações da Luftwaffe são exatamente como as do Exército. Rüdiger von Heyking foi considerado de "personalidade forte, motivado, com jeito para comandar. Mantém as rédeas de sua divisão com pulso firme desde o primeiro dia".[69]

As características negativas para a imagem do soldado eram a brandura, "falta de ímpeto"[70] e "motivação",[71] "pouca firmeza e não resistência a situações de crise".[72] Em 1944, escrevia-se a respeito do major-general Albin Nake, comandante da 158ª Divisão de Reserva: "Um comandante com o jeito da Ostmark, sem firmeza nem capacidade de decisão para conduzir a div. em situações mais difíceis".[73] Otto Elfeldt fora criticado por esperar "demasiada autonomia de juízo de seus comandantes".[74] O superior do major-general Alexander von Pfuhlstein escreveu sobre seu comandante: "Von Pfuhlstein é um pessimista. Provavelmente isso é condicionado por sua compleição física. Não consegue ser firme o bastante para aguentar as últimas consequências. Falta-lhe convicção no ideal nazista. Por isso ele tende a arranjar desculpas para o evidente fracasso dos seus grupos".[75] Essa crítica levou à remoção imediata de Von Pfuhlstein do comando da divisão.

Algo semelhante ocorreu com o coronel Helmuth Rohrbach, que perdeu o posto de comandante de regimento em novembro de 1941, porque "um pessimismo congênito faz com que as dificuldades lhe pareçam tão grandes a ponto de lhe tirar a motivação necessária para enfrentá-las ativamente".[76] Contra o coronel Walther Korfes, comandante do Regimento de Granadeiros 726, chegou-se a proceder a uma investigação para saber se ele não haveria cometido nenhuma traição ao ser capturado pelos britânicos no dia 9 de junho de 1944, já que sempre fora considerado "cético e crítico por uma questão de princípios".[77]

As avaliações que constam nos arquivos pessoais dos oficiais da Wehrmacht nos levam a concluir que as alterações de conotação ideológica no sistema de valores militar operadas pelo nazismo tiveram um alcance limitado.

Chama a atenção especialmente o fato de conceitos como "sacrifício" ou o ainda mais infame "fanatismo", ao menos nos registros pessoais do Exército — os da Marinha foram em sua maior parte destruídos —, sequer aparecerem. Até hoje seu emprego só pôde ser comprovado nos arquivos sobre oficiais da ss. Num registro de 29 de abril de 1943, sobre o Obersturmbannführer da ss, Kurt Meyer, consta que seus "enormes sucessos se devem pura e exclusivamente ao seu *fanático* espírito de combate e à sua liderança providente".[78] Sacrifício e fanatismo sem dúvida representam bons indicadores de um sistema de valores que era implantado com uma carga cada vez mais ideológica. O "soldado político" tão propalado pela propaganda nazista não era apenas um combatente valente e corajoso, mas sobretudo um *fanático, disposto a todo tipo de sacrifício*. Essas palavras-chave também estavam na boca de oficiais que se autodeclaravam nazistas. Entre eles, um dos mais proeminentes é o grande-almirante Karl Dönitz. Em 30 de janeiro de 1943, ao assumir o comando-maior da Kriegsmarine, ele deixou claro que pretendia liderar com "determinação impiedosa, fanática dedicação e o mais firme desejo de vencer".[79] Essa era a mesma dedicação que ele exigia de seus soldados por meio de uma infinidade de ordens. Mas nisso ele não estava sozinho, o "fanatismo" se tornou um lugar-comum na segunda metade da guerra, presente em quase toda comunicação oficial impressa das lideranças do regime.

O critério de avaliação "orientação nacional-socialista", introduzido nos registros pessoais dos oficiais no outono de 1942, não desempenhava de fato nenhum papel especial — uma constatação que não deixa de ser bastante reveladora. Em alguns setores do Exército, na verdade, parecia fazer parte da prática habitual desconsiderar essa categoria política sobretudo como critério decisivo da avaliação. É por isso mesmo que a qualidade "nazista" ou "pertence à tradição nazista" aparece de forma inflacionada nesses documentos. Em junho de 1943, o chefe do departamento pessoal, tenente-general Rudolf Schmundt, chegou a reclamar expressamente que os conceitos seriam tão facilmente manipuláveis a ponto de "não se poder extrair daí uma boa avaliação".[80] Analisando os arquivos, chama a atenção o fato de a postura nacional-socialista ter sido atestada mesmo em caso de oficiais que reconhecidamente se opuseram ao sistema nazista.[81] Podemos tirar conclusões mais seguras a partir de formulações mais incisivas, tais como "nazista com sólidas convicções, forjou seu caráter de soldado com essa única finalidade" (Ludwig Heilmann) ou "soldado e nazista por completo, transmite de forma admirável, por suas palavras e por seu exemplo, todo o pensamento nazista" (Gotthardt Frantz).[82]

Na prática, a posição política nunca teve a importância imaginada por Hitler para a criação do "novo" soldado nazista. Mais próximo do fim da guerra, o alinhamento das tropas ao nazismo tomou progressivamente a forma de uma ladainha que misturava cada vez mais valores políticos e militares. Aquele pensamento, no entanto, não se restringia às lideranças políticas. Bem nesse espírito, o coronel Rudolf Hübner, comandante do Regimento de Granadeiros 529, escrevia em maio de 1943:

> Nosso ideal é o soldado de combate orgulhoso, ciente das responsabilidades que lhe impõem o sangue e a honra, firme, decidido, formado sob todo o rigor da disciplina militar, que presta a autêntica lealdade germânica ao seu Führer [guia] e autoridade máxima, um soldado que só existe no mundo de Adolf Hitler e só tem razão de ser por força de uma disposição profunda e germânica de se sacrificar pelo povo, pois é do povo germânico-alemão que ele recebe o último alento.[83]

Na propaganda oficial do nazismo, a imagem do heroico combatente nazista é, evidentemente, representada por uma figura forte. "Agora em combate, o soldado alemão consegue se superar quando luta como o Führer ordenou: com fanatismo até o nosso último homem",[84] era o que dizia, por exemplo, o jornal *Deutsche Allgemeine Zeitung* na edição de 16 de janeiro de 1942. Dez meses depois podia-se ler: "O homem do front não é apenas um soldado que sempre se destaca por suas virtudes masculinas; com seu coração e sua razão, ele é o combatente político de uma nova Europa".[85] A prolongação da guerra fez com que o elemento político fosse cada vez mais explorado: "Como em nenhuma geração anterior de militares alemães, o elemento soldadesco e político se encontram unificados no soldado alemão de nossos dias".[86]

De todo modo, os relatórios oficiais da Wehrmacht revelam uma prática bastante diferente. Em 1944, os rendimentos dos soldados ainda eram aferidos de acordo com atributos como os descritos nas diretrizes de 1934. Encontram-se ali "especial valentia", "honradez", "firmeza exemplar", "audácia bem mesurada", "coragem inabalável para o combate", "ataques precisos", "as mais intensas lutas corpo a corpo", "firme resistência, mesmo em condições que parecem não oferecer perspectivas".[87] Embora Hitler jamais deixasse de mencionar em suas instruções para o comando de guerra expressões como "o desejo fanático de vencer", "o ódio sagrado" contra o inimigo e "a luta impiedosa",[88] nada ou muito pouco disso aparece nos relatórios da Wehrmacht. Parece que há aqui um limite para a transfiguração mais escancaradamente nazista do marco referencial militar.

O alinhamento às virtudes clássicas do código militarista também podia ser notado na cultura de concessão de condecorações e medalhas de mérito. Por um lado, ela se alinhava a uma antiga tradição, mas ao mesmo tempo, pela ênfase dada a uma bravura diferenciada, ela acabava avançando por novos caminhos.

Diferentemente do que ocorreu no Império Alemão, durante o Terceiro Reich os soldados e os oficiais deveriam formar uma única comunidade de combate. Todos os soldados estavam portanto em condições de receber as mesmas comendas e insígnias honoríficas, não havendo qualquer distinção em função de sua patente. Na Primeira Guerra Mundial, por exemplo, a maior condecoração, a Pour le Mérite, era prevista exclusivamente para os oficiais, concedida na prática sobretudo a comandantes das tropas mais importantes. Dos 533 oficiais do Exército condecorados, apenas onze eram comandantes de companhia e dois, comandantes das tropas de transporte e de choque, entre eles o jovem tenente Ernst Jünger.[89] Com a reinstituição da Cruz de Ferro no dia 1º de setembro de 1939, Hitler se alinhava conscientemente à tradição da medalha de bravura prussiana mais importante, instituída pela primeira vez em 1813, depois novamente em 1870 e 1914. Aliás, nunca se proibiu ninguém de portar as Cruzes de Ferro da Primeira Guerra Mundial — o exemplo mais proeminente é o próprio Hitler, que exibia com orgulho sua Cruz de Ferro de primeira classe (EK I). A fivela dobrada sobre a EK servia justamente para mostrar que seus portadores haviam recebido essa condecoração nas duas guerras mundiais. Essa foi a primeira vez que a Cruz de Ferro era considerada uma comenda do Reich, e não mais apenas da Prússia. Ela era concedida em diferentes graus (segunda e primeira classes, Cruz de Cavaleiro e Grã-Cruz),[90] a Cruz de Cavaleiro em uma inovação em relação à Primeira Guerra Mundial, mas não passava na verdade de um equivalente para a Pour le Mérite do Império Alemão, cuja tradição jamais seria retomada. Em si, uma Cruz de Cavaleiro não representava nada de original no meio da cultura de condecorações, mas simplesmente não havia existido até aquele momento uma Cruz de Cavaleiro da Cruz de Ferro.

Previa-se a concessão de Cruzes de Cavaleiro e dos três graus superiores introduzidos ao longo da guerra (Folhas de Carvalho, Espadas e Diamantes) em reconhecimento de grandes ações no comando das tropas, mas também e sobretudo pelos extraordinários atos de bravura que podiam decidir os combates. Levava-se em conta "a determinação própria e autônoma, a valentia individual acima da média e os sucessos determinantes para a condução da guerra no geral".[91] Uma olhada na prática de concessões mostra que a ênfase na valentia não era uma mera conversa vazia. De todas as 4505 Cruzes de Cavaleiro concedidas a membros do Exército, 210 foram para soldados e recrutas, 880 para suboficiais, 1862 para oficiais subalternos e 1553 para oficiais superiores, incluindo aí os generais.[92] Num claro contraste em relação à Pour le Mérite da Primeira Guerra Mundial, comandantes de transporte, companhias e batalhões formavam agora a grande maioria de condecorados; ainda assim, soldados e recrutas só representam 5% do número total. Foram exatas 2124 condecorações só para a infantaria, distribuídas entre diversas patentes, enquanto apenas 82 oficiais com altas funções de comando receberam a comenda. Nesse sistema se inserem também as regras que instituíram o quarto e mais elevado grau da Cruz de Cavaleiro o Carvalho Dourado. Previa-se a concessão de apenas doze Carvalhos Dourados a doze combatentes. Na realidade só um piloto de bombardeiros de mergulho Stuka, Hans-Ulrich Rudel, chegou a receber a condecoração.

Embora o regime nazista e alguns setores do comando da Wehrmacht enfatizassem nos comunicados oficiais impressos tanto o fanatismo como o espírito de sacrifício, a prática de concessão de medalhas militares não correspondeu nem de longe a esse ideal. A Cruz de Cavaleiro, em contraste com a Victoria Cross,[93] a comenda de bravura mais importante dos britânicos, só foi concedida de maneira póstuma em aproximadamente 7% dos casos.[94] Os condecorados não eram os que sacrificavam a vida por fanatismo ou que se atiravam diante de blindados inimigos como verdadeiros suicidas. Pelo contrário, recebiam a medalha os combatentes e comandantes de tropas que tinham como comprovar seu serviço por meio de resultados bem definidos. Sacrificar-se a todo custo valia mais como um atributo de uma ação do que propriamente uma exigência do nazismo. Também é importante observar que Hitler só se envolvia diretamente na concessão das comendas de maior destaque; na prática, a instância que decidia sobre as condecorações era o comandante de divisão, no Exército, e o comandante de esquadra, na Luftwaffe.

Eram, portanto, raras as homenagens que realmente levavam em conta a orientação política dos soldados.

Ao lado da Cruz de Ferro com suas diferentes gradações, Hitler e os comandantes das Forças Armadas criaram outras distinções de bravura — como a Cruz Alemã de ouro, instituída em setembro de 1941, como uma comenda intermediária entre a Cruz de Cavaleiro e a Cruz de Ferro de primeira classe. Havia ainda a possibilidade de homenagear os soldados por seus grandes atos mencionando-os nos relatórios oficiais da Wehrmacht. Foi daí que surgiu a ideia da criação de um rol de homenageados próprio do Exército, um da Luftwaffe e um quadro de homenageados na Kriegsmarine, em que deveriam constar o nome dos soldados ao lado dos respectivos atos de bravura.

Esse complicado sistema de distinções por bravura ainda era complementado por um sem-número de insígnias de combate, que só poderia ter existido na Alemanha. A Marinha, por exemplo, dispunha de um distintivo específico, com sua respectiva gradação, para todos os seus *U-Boots*, *S-Boots*, destróieres, encouraçados, cruzadores, para os navios que conseguissem furar os bloqueios, os caçadores de minas, para suas *Kleinkampfverbände* [pequenos grupos de combate] e sua artilharia. O mesmo ocorria na Luftwaffe, que chegou a criar distintivos para os voos no front, para que todos soubessem o número de participações de cada tripulante em voos em zona inimiga. O Exército instituiu um distintivo da infantaria de assalto, um distintivo geral para as tropas de assalto, outro para os blindados, outro para a defesa antiaérea e um pela destruição de blindados — todos concedidos a "combatentes". Dessas insígnias, a mais cobiçada, sem dúvida, era a de luta corpo a corpo, instituída em novembro de 1942, "num visível sinal de reconhecimento do soldado que se envolve em combate corporal com o inimigo, dispondo exclusivamente de armas brancas". Após bem comprovados cinquenta dias de combates corpo a corpo, em que se tinha de enxergar até "a parte branca do olho do inimigo", recebia-se então o distintivo dourado de luta corpo a corpo, considerada a mais alta condecoração de infantaria. As chances de resistir com vida para chegar a receber a distinção eram, na verdade, mínimas. Há ao todo apenas 619 concessões comprovadas.[95] As primeiras aconteceram no fim do verão de 1944 e foram anunciadas com alarde pela propaganda.

Havia também, além das comendas e distintivos, braçadeiras ("África", "Creta", "Metz, 1944", "Curlândia") e broches afixados na parte superior do braço do uniforme (escudo de Narvik, Cholm, Demjansk, Crimeia, Kuban), todos indicando a participação do portador em alguma batalha especialmente conhecida. Estava prevista a instituição de um "escudo de Stalingrado", plano que foi abortado por razões evidentes.

A política de condecorações privilegiava sobretudo soldados do front. A partir dos dados disponíveis, Christoph Rass calculou que 96,3% das Cruzes de Ferro outorgadas dentro da 253ª Divisão de Infantaria foram concedidas a unidades de combate.[96] Aos soldados incumbidos dos serviços de retaguarda restava a perspectiva da muito menos prestigiosa Cruz de Mérito de Guerra. O resultado era uma diferença significativa de status: se os homens com pouco contato direto com o inimigo quase não tinham a chance de receber uma distinção, seus camaradas na primeira linha de combate — enquanto permaneciam vivos — tinham à sua frente uma série de medalhas e honrarias.

Mesmo que a Cruz de Ferro de segunda classe tenha sido distribuída aos montes — calculam-se aproximadamente 2,3 milhões de condecorações —, esse número revela ao mesmo tempo que a grande maioria de integrantes da Wehrmacht, mais de 85%, *não* recebeu essa condecoração, isto é, sequer a de nível mais baixo. Seus uniformes permaneceram limpos de quaisquer adornos, ao passo que a biografia militar de soldados do front bem-sucedidos, em virtude desse complexo sistema de condecorações, podia ser reconhecida num piscar de olhos. Os condecorados gozavam de altíssimo prestígio —, havia certa pressão social, por sinal bastante incentivada, uma crença generalizada segundo a qual somente *no front* alguém podia comprovar o verdadeiro valor de seu comportamento. Por isso, muitas vezes, especialmente nos períodos de férias na própria cidade, os soldados ostentavam suas medalhas, a despeito dos regulamentos, para causar boa impressão junto à família e aos amigos ou ao menos não parecer fracassados.[97] Essas honrarias tinham um efeito prático importante, não era à toa que as maiores recompensas estavam previstas justamente para as ações mais perigosas.

A Wehrmacht se empenhava em manter o prestígio de suas medalhas por meio do rigor de sua prática de concessões. Foram introduzidas algumas regras para garantir que as homenagens correspondessem exatamente aos serviços prestados. Mas era quase impossível evitar abusos, sobretudo em relação às Cruzes de Ferro de primeira e segunda classes, que foram outorgadas em larga escala. De todo modo, devido à sua transparência, o novo sistema de condeco-

O primeiro-tenente Alfons Bialetzki, no final de 1944. No lado esquerdo do uniforme ele porta as Cruzes de Ferro de segunda e primeira classes, a insígnia de paraquedistas, o distintivo de ferido, de ouro, o distintivo de infantaria de assalto, de prata, e o distintivo dourado de luta corpo a corpo; no lado direito, a Cruz Alemã de ouro; no pescoço, a Cruz de Cavaleiro. Na parte superior do braço direito ele traz duas insígnias para combatentes por destruição de blindados; também não se pode ver na foto a braçadeira Creta. (Florian Berger: Ritterkreuzträger mit Nahkampfspange in Gold, *Viena, 2004)*

rações gozava de credibilidade muito maior do que o anterior, por exemplo, o da Primeira Guerra Mundial. Além disso, uma particularidade da Wehrmacht era tentar condecorar os soldados logo após o fato, o mais rápido possível. Dönitz chegava a conceder Cruzes de Cavaleiro por rádio quando um comandante de U-Boot fazia algum comunicado de evento importante. No Exército, desde a notícia de um fato extraordinário até o ato de concessão podia demorar um pouco mais. Em 6 de setembro de 1942, o Regimento de Infantaria 186, após intenso combate na cidade de Novorossiysk, conseguira avançar até o mar Negro. Poucas semanas depois, os dois responsáveis pelas tropas de oficiais, o primeiro-tenente Eugen Selhorst e o primeiro-tenente Werner Ziegler, já recebiam suas altas comendas. Ziegler até tomou um avião para Vinnytsia, na Ucrânia, e foi ao quartel-general do Führer para receber as Folhas de Carvalho direto das mãos de Hitler.[98] A propaganda sempre deu grande destaque aos portadores de altas honrarias de bravura. No marco do culto nazista da figura do herói, Goebbels chegou a transformar alguns deles em verdadeiras celebridades midiáticas — foram os casos de Günther Prien e Adolf Galland.[99]

É interessante notar que, em geral, no que diz respeito à composição e ao desenho das medalhas, não se ia muito além de uma suástica, trabalhada num estilo quase sóbrio. Apenas a Cruz Alemã de ouro fugia desse padrão; os espíritos mais conservadores sentiam-se "menos atraídos" pelo "emblema escancaradamente nazista" da condecoração.[100]

O que se pode dizer, em resumo, é que a política simbólica de concessões de honrarias cumpriu uma função de reconhecimento social e, com isso, serviu para firmar os valores militares nas mais profundas camadas do marco referencial dos soldados. Os modelos normativos criados a partir daí, tipos e imagens ideais, tinham grande importância na vida da maioria dos soldados: quase sempre na hora de interpretar as situações e com frequência também no momento de agir. A conversão ideológica, por sua vez, parece ter esbarrado em alguma resistência. É uma constatação parecida com a de Ralph Winkle em relação à Primeira Guerra Mundial. O sentimento de orgulho eventualmente despertado por alguma dessas condecorações só estava relacionado à adesão às expectativas de conduta em torno dela — ao menos aos olhos das lideranças políticas — numa ínfima minoria dos casos.[101]

Diante desse pano de fundo de uma cultura social de desigualdade categórica e uma cultura militarista orientada pelo código de firmeza e bravura como a da Wehrmacht, podemos traçar melhor, ao menos em linhas gerais, como era o marco referencial de um soldado dessas forças armadas no momento em que partiu para a guerra. Chama a atenção que os valores orientadores centrais tenham permanecido relativamente estáveis durante a guerra, enquanto as avaliações sobre o comando ou sobre o sistema nazista podiam variar sensivelmente com o desenvolvimento dos fatos. Sobretudo o marco referencial militar resiste a quaisquer diferenças pessoais, sejam elas de natureza política, "filosófica" ou mesmo de caráter: em termos de reconhecimento dos valores e ideais militares aqui esboçados, nazistas declarados e antinazistas convictos não diferem, e é por isso também que, na guerra, uns e outros se comportaram de maneira tão parecida. As diferenças entre os soldados — esse é um assunto para mais adiante — aparecem principalmente quando comparamos os homens da Wehrmacht com os da Waffen-SS.

Lutar, matar e morrer

ATIRANDO

> *Lançar bombas se tornou uma necessidade para mim. Dá até pra sentir uma coceira. É tão bom como dar um tiro em alguém.*[1]
> Primeiro-tenente da Luftwaffe, 17/07/1940

A guerra embrutece — diz-se —, os soldados se bestializam através da experiência com a violência e da confrontação com corpos destruídos, companheiros mortos ou, como na guerra de extermínio, com homens, mulheres e crianças assassinados em massa. Bem nesse sentido, a Wehrmacht e a SS cuidavam para que a confrontação contínua com a violência extrema, fosse ela só observada ou mesmo praticada, levasse a quebras da "disciplina militar", no caso, ao uso da violência para além de qualquer regulamento ou limitação, um emprego de violência não preocupado com a eficiência que o combate ou a execução em massa demandariam.[2] Várias pesquisas sobre violência, tanto no campo da história quanto da psicologia social, destacam esse aspecto da brutalização[3] — elas também partem do pressuposto de que a experiência direta com a violência afeta significativamente a avaliação e a medida do próprio exercício individual dela. A literatura autobiográfica e o gênero do romance de guerra dizem o mesmo a esse respeito, o que pode ser assim resumido: os soldados se tornam brutais quando submetidos a uma situação de enorme brutalidade por um determinado espaço de tempo.

A própria citação anterior, de um primeiro-tenente da Luftwaffe, já indica que essa ideia pode ser equivocada. Em primeiro lugar, ela não leva em nenhum momento em consideração que o uso da violência pode ser uma experiência sedutora, que provoca até "coceira"; depois, pressupor que as pessoas precisam ser inicialmente condicionadas para realizar atos de extrema violência provavelmente não passa de uma hipótese carente de demonstração. Talvez bastem para essas ações uma arma ou um avião, uma boa dose de adrenalina e uma sensação de poder sobre as coisas, um cenário possível somente naquelas circunstâncias. E um marco social que autorize — ou mesmo incentive a matar.

De certa maneira parece que a hipótese de uma habituação sucessiva à violência tem mais a ver com as técnicas narrativas das testemunhas de época e com a ideia de cotidiano peculiar a autores acadêmicos do que propriamente com a realidade da guerra. No nosso material há uma porção de exemplos mostrando que os soldados sempre foram extremamente violentos — a própria citação inicial é de uma época em que a guerra ainda engatinhava. Nesse momento, a guerra não era total, nem de extermínio; o primeiro-tenente só a conhecia de cima, olhando-a exclusivamente do céu. Quando falam de acontecimentos violentos, os próprios soldados utilizam com alguma frequência o argumento da brutalização, mas, mesmo nesses relatos, o período de socialização à violência, em geral, não passa de uns poucos dias.

Vejamos o seguinte exemplo, de 30 de abril de 1940, extraído de uma conversa entre o tenente Meyer,* piloto da Luftwaffe, e Pohl,* batedor de igual patente.

> POHL: No segundo dia da guerra na Polônia, eu tive que bombardear uma estação ferroviária em Poznań. Das dezesseis bombas que lancei, oito caíram no meio da cidade, direto nas casas. Não foi nada agradável ter que fazer isso. No terceiro dia essa sensação já tinha passado e, no quarto, senti de novo aquela vontade. Antes do café da manhã, a nossa brincadeira era caçar com metralhadoras alguns solda-

---

* Asteriscos indicam nomes cujas identidades não puderam ser reveladas. Optamos então por pseudônimos.

dos perdidos pelos campos. Com algumas balas eles caíam no chão estirados feito cruz.

MEYER: Mas só atrás de soldados...?

POHL: Das pessoas também. Uma vez atacamos as caravanas que seguiam pelas ruas. Eu vinha na formação. O avião da frente bombardeava a rua, enquanto os dois coleiras acertavam as valetas, porque lá sempre constroem essas valetas. Os aviões deram uma balançada, um atrás do outro, depois uma curva para a esquerda, começou o tiroteio com metralhadoras e tudo que você pode imaginar. Vimos até cavalos voando pelos ares.

MEYER: Nossa, essa coisa dos cavalos... não!

POHL: Deu pena dos cavalos; das pessoas, nenhuma. Mas pelos cavalos eu sofri até o último dia.[4]

Sobre os primeiros momentos da campanha na Polônia, o tenente Pohl conta que não precisou de mais do que três dias para se acostumar com a violência que agora caracterizava as suas próprias ações. Logo no quarto dia, o prazer já prevalecia; Pohl dá claros sinais de satisfação ao falar das "brincadeiras de antes do café da manhã". Seu interlocutor, aparentemente um tanto consternado, espera ao menos que Pohl tenha atacado apenas soldados inimigos — uma esperança que logo se frustra. Pohl também atirou nas "pessoas", ou seja, civis; a única coisa a que ele ainda não teria se acostumado, segundo o relato, era quando os tiros acertavam os cavalos. E isso Meyer consegue compreender muito bem. Pohl continua falando, não mais da caça de gente, mas do bombardeio de uma cidade:

POHL: Fiquei tão irritado quando fomos atingidos — mas mesmo antes de o segundo motor aquecer, de repente apareceu uma cidade polonesa bem debaixo de mim. Lancei as bombas. Tentei jogar as 32 bombas, só que elas não funcionaram. De qualquer maneira, quatro delas caíram no centro da cidade. Metralhamos tudo lá embaixo. A minha fúria era grande demais, imagine só o que significa jogar 32 bombas em plena cidade. Na hora eu não estava nem aí para essas coisas. Mas com 32 bombas eu podia ter matado umas cem pessoas.

MEYER: Era grande o movimento lá embaixo?

POHL: Bastante. Tentei fazer até uns lançamentos de emergência num círculo que estava repleto de gente. Eu estava me lixando. Queria lançar com vinte metros de

"É assim que o aviador de combate vê uma cidade polonesa do compartimento de tiro dianteiro", fotografia de propaganda a bordo de um Heinkel He 111, de setembro de 1939. (Foto: Roman Stempka; BA 183-S52911)

distância, cobrindo uma área de seiscentos metros. Se tivesse dado certo, seria uma alegria só.[5]

Como se nota, a principal preocupação de Pohl é conseguir causar o maior dano possível antes seu próprio avião cair. Ele salienta diversas vezes seu desejo de matar o maior número possível de pessoas. Sobrevoa o círculo "que estava repleto de gente". E fica nitidamente contrariado por não alcançar o resultado pretendido. Na intervenção seguinte, Meyer faz uma pergunta objetiva:

MEYER: Como as pessoas reagem ao serem atingidas dessa maneira por um avião?
POHL: Elas enlouquecem. A maioria ficava parada com as mãos sempre assim, fazendo a saudação alemã. *Rá-tá-tá-tá! bum!*, e ficavam todas ali mesmo. Uma coisa bestial. [Corte] Assim, bem no meio da fuça, na verdade, todos os tiros pegavam nas costas, eles saíam correndo, feito doidos, em zigue-zague, sem qualquer dire-

ção. Depois, três disparos de munição incendiária, quando ela atinge a espinha, eles levantavam as mãos, *bum!*, ficavam estendidos de cara no chão. E eu continuava atirando.

MEYER: E quando as pessoas se deitam no chão, o que é que acontece?

POHL: Elas também levam tiros. Atacávamos a uma distância de dez metros, se eles, idiotas, ainda corriam, aí então eu tinha sempre um belo alvo na minha frente. Bastava segurar a minha metralhadora. Houve uma ocasião em que estou certo que um deles recebeu 22 tiros. Depois, de uma só vez, botei uns cinquenta soldados para correr, dizendo: "Fogo, crianças, fogo!". E aí, sempre assim, de lá para cá, com a metralhadora. Mesmo assim, antes de sermos abatidos, o que eu queria era fuzilar alguém com as minhas próprias mãos.[6]

A conversa é marcada pela necessidade de comunicação de um deles, enquanto o outro tenta primeiramente ordenar as coisas, saber com quem e sobre o que está falando. Sem sabermos com que frequência ele já conversou com Pohl, nem nada sobre a proximidade entre eles, parece que Meyer fica um tanto perplexo, talvez por causa do desejo exprimido por seu companheiro de cela de também fuzilar diretamente uma pessoa. Ele comenta:

MEYER: As pessoas se brutalizam terrivelmente nessas operações.

POHL: Foi o que eu falei, no primeiro dia, me pareceu terrível. Ali, eu disse: merda, ordem é ordem. No segundo e no terceiro dia, eu disse: estou me lixando. E no quarto dia eu já tinha prazer naquilo. Mas como eu falei, os cavalos, esses urravam. Eu chegava a não ouvir mais o avião de tanto que eles gritavam. Havia um cavalo com as patas traseiras decepadas.[7]

Há um corte depois disso; as anotações continuam no ponto em que Pohl explica as vantagens de um avião equipado com metralhadoras. Sua mobilidade evitaria a espera até que a potencial vítima entrasse na área de alcance, era possível ir diretamente atrás dela:

POHL: É por isso que um avião com metralhadoras é bom de verdade. Pois se uma metralhadora está preparada, eles só tinham de esperar que as pessoas aparecessem.

MEYER: E eles lá embaixo? Não se defendiam, não tinham metralhadoras?

POHL: Derrubaram um. Com espingardas. Uma companhia inteira recebeu ordem e atirou. Era um "Dornier Do 17". Ele aterrissou. Os alemães encurralaram os soldados com metralhadoras e atearam fogo no avião. Às vezes, para uma coisinha de nada, eu levava 128 bombas. Nós as lançávamos direto no meio do povo. E nos soldados. Bombas incendiárias também.[8]

As perguntas e os comentários de Meyer são sobretudo de natureza técnica, mas mesmo assim, por duas vezes, ele se mostra verdadeiramente espantado: na passagem sobre os cavalos e quando Pohl lhe conta que gostaria também de ter fuzilado alguém "com as próprias mãos". De qualquer maneira, se podemos acreditar nas suas descrições, Pohl não precisou se acostumar à violência, ela lhe vinha, pelo que parece, espontaneamente: ele estava apto a exercê-la sem praticamente nenhum tempo de preparação. É interessante que ele não se contente com a descrição de uma prática de violência a que já estaria habituado; Pohl ainda faz questão de ressaltar a todo instante que só pôde realizar *muito pouco* e que gostaria de ter feito *mais vítimas*.

A conversa ocorreu no verão de 1940, os acontecimentos narrados, em setembro de 1939, logo após o início da guerra. Mesmo levando em consideração que Pohl naquele momento já tivesse acumulado a experiência de uns poucos meses de combate, o que teria de certo modo brutalizado posteriormente o seu relato sobre esses primeiros dias, as pessoas ainda se encontravam num limite bem aquém daqueles surtos de extrema violência, pelos quais, por exemplo, operações como a Barbarossa ficaram conhecidas. Não há dúvida, no entanto, de que no assalto à Polônia também foram cometidos crimes em massa[9] — assassinato sistemático de civis e fuzilamentos de judeus. Pohl, contudo, é aviador; é lá de cima que ele caça e mata as pessoas. Ao contar como bombardeava cidades e atirava em quem quer que fosse, ele não dá nenhuma impressão de agir por um motivo ideológico. Suas vítimas não têm quaisquer atributos nem são escolhidas por nenhum critério. Para ele é indiferente quem apanha, pois o que lhe importa é *apanhar* alguém. É isso que lhe dá alegria, ele não precisa de nenhum motivo. Sua postura não parece voltada para uma finalidade nem um sentido maior, ele procura simplesmente aprimorar os resultados dentro de suas possibilidades. Recorda-se justamente dessa prática de matar despida de qualquer sentido: uma caça, uma atividade esportiva, cujo único objetivo é aperfeiçoar-se, ou seja, apanhar mais gente. É por isso também que Pohl fica tão irritado ao ser abatido. O acidente atrapalha seu desempenho.

VIOLÊNCIA AUTOTÉLICA

Nessa fase inicial da guerra, mesmo sem estar brutalizado por eventos anteriores, Pohl já praticava uma forma de violência que, em termos de brutalidade, é difícil de ser superada. Quaisquer que sejam as particularidades da motivação, o despropósito de suas caçadas de seres humanos representa aquele tipo de violência que Jan Philipp Reemtsma chamou de "autotélica": uma violência praticada em razão de si mesma, que não quer atingir nenhuma finalidade específica. Reemtsma diferencia três tipos de violência contra o corpo humano: a "hospedeira", a "sequestradora" e a "autotélica".[10] As duas primeiras — eliminar as pessoas porque elas representam obstáculos ou porque se gostaria de obter o que elas possuem — podem ser facilmente compreendidas. Justificativas instrumentais são sempre esclarecedoras, embora as pessoas possam discordar acerca de sua aceitação moral. A violência autotélica está mais distante da nossa compreensão: ela mata por matar. É a contradição radical daquela imagem que as sociedades modernas e seus membros construíram para si, ou seja, de confiança na estabilidade das instituições e dos códigos normativos, mas sobretudo de confiança na monopolização da violência. "Não é possível acreditar na modernidade", como escreve Reemtsma, "sem o monopólio estatal da violência" — para comprovar, basta imaginar um único dia em que fossem suspensas as garantias de integridade física individual que o estado de direito moderno assegura de forma ininterrupta.

A ideia de ser humano moderno, aparentemente alheio à violência, se fundamenta justamente neste aspecto: as pessoas não contam com a violência e precisam de explicações caso ela aconteça — mesmo que não se encontre nenhuma justificativa em sentido teleológico. Quem, pelo contrário, não pressupõe a garantia de sua integridade física, conta sempre com a violência e não se espanta se ela acontece. O equilíbrio entre confiança e violência é, portanto, precário — e toda violência que parece "sem sentido", "ilegítima" ou "bruta" tem de ser qualificada de imediato como "perturbação", "violação" ou "barbárie", quer dizer, o oposto da modernidade. Boa parte dos problemas das investigações sociológicas e históricas sobre a violência se deve ao seu moralismo nada científico.

Do ponto de vista histórico, só na modernidade a violência ganhou esse traço anticivilizatório a ser contido e, em último caso, combatido. Mas se a violência em si deve ser prevenida, a violência instrumental é inevitável. Por isso ela precisa da respectiva legitimação ou, ao menos, quando ocorre em outro lugar, de uma explicação. O emprego da violência para a resolução de problemas é normal; o emprego dela por si mesmo é patológico. Nesse sentido, o conceito de violência é construído como um desvio de caminho da modernidade, o seu próprio contrário. Mas é claro que a violência não desaparece simplesmente, as guerras recentes estão aí para confirmá-la.[11] Paradoxalmente, a confiança no nível civilizatório da modernidade só pode ser mantida se a violência não fizer parte de seu estado normal, ou seja, de sua rotina de funcionamento.[12] É por isso que nos julgamos tão distantes da violência e demonstramos tanta perplexidade quando ela é praticada. E aí buscamos as explicações.

Mas a violência autotélica, como o tenente Pohl a pratica, por exemplo, não carece de nenhuma justificação, ela é autossuficiente. Num universo de racionalidade teleológica e de dever incessante de justificação dos atos sociais, a violência autotélica se encontra estranhamente deslocada, algo completamente sui generis no âmbito social. Entretanto: o fato de pessoas terem necessidades sexuais, por exemplo, precisa de alguma justificativa? As pessoas procuram explicações para saberem por que querem comer, beber ou respirar? Em todas essas áreas nucleares da existência antropológica, questionam-se as maneiras pelas quais as pessoas procuram satisfazer suas necessidades, também as formas que essas necessidades tomam, mas nunca *o fato* de elas quererem comer, beber, respirar e fazer sexo. A busca por explicações se volta ao modo e não ao motivo fundamental. Talvez seja aconselhável proceder da mesma maneira em relação à violência. Como dizia Heinrich Popitz, ela é sempre uma opção de atuação social; aliás, do ponto de vista filogenético, a violência sequer pode ser concebida de outra forma, afinal a espécie humana não sobreviveu em virtude de sua propensão à paz, mas por força da violência que empregou na caça e contra todos os seus concorrentes na cadeia alimentar.

Com a monopolização da violência pelo Estado, as sociedades ocidentais introduziram provavelmente a maior inovação civilizatória do desenvolvimento da humanidade até então; ela proporcionou segurança e liberdade individuais numa medida ainda desconhecida. Isso não quer dizer, no entanto, que a violência foi excluída como possibilidade social: ao ser transferida para o Estado, ela adquiriu outra forma; ela não desapareceu, pelo contrário, podia ser reconvertida em violência direta a todo instante. Além do mais, o monopólio da violência, regulamentando uma área tão central da sociedade, a saber, todos os afazeres públicos, não implica de modo algum seu desaparecimento dos demais setores sociais.

No âmbito privado, persistem as violências contra parceiras e parceiros, contra crianças e animais domésticos; em espaços sociais fechados como igrejas e internatos, o quadro não é diferente. Em lugares públicos como estádios, discotecas, bares, vagões de metrô ou na rua, acontecem pancadarias e assaltos, e também estupros. Paralelamente, há formas regulares de exercer a violência em público, que escapam ao monopólio do Estado, por exemplo, em esportes de lutas marciais, no boxe, e nas encenações de sadomasoquismo em clubes privados. Toda viagem numa autoestrada alemã é uma lição sobre a disposição crônica de pessoas normais para a violência, ocasionalmente até para matar. Sem violência, não é possível imaginar a televisão, o cinema ou os jogos de computador. Talvez a distância que a realidade cotidiana guarda da violência fomente essa necessidade de um uso simbólico ou representativo dela. Por fim, nas relações entre Estados, ninguém pode falar em monopólio da violência, pois os Estados continuam fazendo guerras — sociedades particularmente refratárias à violência, como a alemã, têm enorme dificuldade para ajustar essa realidade com suas próprias convicções.

Em outras palavras, a violência também não desapareceu mesmo nas sociedades que se consideram longe dela. A todo momento ela está presente, seja como fato ou possibilidade, e, como tal, desempenha um papel importante nas fantasias de muitas pessoas. Nesse sentido, ela "existe" mesmo quando não aparece fisicamente. Se voltarmos agora sete décadas no tempo, para a época da conversa entre Pohl e Meyer, e levarmos em conta o quão mais próximas as pessoas estavam da violência, somos então forçados a reconhecer que a violência, seja na sua forma passiva, seja na ativa, estava plenamente integrada na experiência diária de muita gente. Violência e firmeza gozavam de uma posição privilegiada dentro do sistema de regras pedagógicas da época do imperador Guilherme; castigos corporais não pareciam estar apenas autorizados, eles constituíam uma precondição para a boa educação de qualquer pessoa.[13] O movimento de reforma escolar do início do século XX não passou de um reflexo dessa situação; nas escolas, ginásios, internatos e instituições de cadetes, batia-se tanto quanto no trabalho rural ou nos centros de formação profissional.

Também de forma geral, a violência estava mais presente naquela época do que nos dias de hoje. A República de Weimar foi marcada por uma maior incidência de violência com motivação política, na forma de rixas, brigas de rua e assassinatos políticos. Mas não só; mesmo as formas habituais de relação social — entre policiais e delinquentes, homens e mulheres, alunos e professores etc. — estavam impregnadas de violência física. Quando o regime nazista tomou o poder, o monopólio estatal da violência foi, no plano fático, ainda mais solapado; ao lado das forças estatais do Executivo, surgiram organizações paraestatais como a SA, que — legitimada por algum tempo como polícia auxiliar prussiana — fez uso intenso de força física até o verão de 1934, sem envolver em nenhum momento os órgãos do Estado. Já se falou anteriormente sobre a violência como meio de socialização e diferenciação categorial da sociedade (cf. p. 56); não resta dúvida de que a agressão contra judeus e outros grupos de perseguidos contribuiu ainda mais para o incremento do nível de violência na sociedade nazista e na consciência de seus integrantes no dia a dia. É mais ou menos nesse sentido que conta o piloto suboficial Hagen:

> HAGEN: Eu também fiz parte de toda aquela porcaria com os judeus em 36 — esses pobres judeus! (*risos*). Quebrando as janelas, expulsando as pessoas, só com as roupas e tchau. Fazíamos um processo sumário. Eu dava [?] cacetadas na cabeça deles. Eu gostava disso. Era quando eu estava na SA. Saíamos pelas ruas à noite e os sacávamos das tocas. Coisa rápida. *Vapt-vupt*, e todos já estavam sentados no vagão para partir. Mas eles se encontravam longe do vilarejo, acho que trabalhando numa pedreira, só que preferiam ser fuzilados a trabalhar. Cara, o estouro foi grande! Já antes de 1932 a gente se punha diante das janelas, gritando: "Desperta Alemanha!".[14]

Não há dúvida de que, em 1940, o emprego de violência era considerado muito mais normal, esperado, legítimo e corriqueiro do que atualmente. O simples fato de também pertencerem a uma organização cujo objetivo é o exercício da violência já explica em grande parte por que tantos soldados, não todos, não precisaram de *nenhum treinamento* para vir a empregá-la. A violência pertencia ao marco referencial deles, matar era a sua obrigação — por que eles deveriam ter enxergado aí alguma coisa que fosse estranha à sua consciência, essência, capacidade de representação? Ainda mais quando o uso da violência, como no caso da Luftwaffe, se dava com o recurso de ferramentas fascinantes como aviões de caça, bombardeiros de mergulho, enfim, *high-tech*, e podia integrar nessa experiência uma mistura especialmente atrativa de destreza, superioridade técnica e adrenalina.

Seja como for, essa constatação à primeira vista surpreendente, de que nem todo soldado necessitou de uma fase de "brutalização" para se tornar brutal, é reforçada por uma série de dados indicando que muitos soldados alemães, imediatamente após a investida na Polônia, praticaram atos de violência contra a população civil, estupraram mulheres, humilharam judeus e saquearam lojas e residências — tudo isso levou o comando do Exército, preocupado, a se socorrer de diversas medidas preventivas, que, no entanto, tiveram pouco resultado.[15] Em 25 de outubro de 1939, nem dois meses depois do início da guerra, o coronel-general Walther von Brauchitsch ameaçou demitir todos os oficiais que continuassem a descumprir as leis para enriquecimento pessoal:

> Feitos e resultados da campanha polonesa não devem impedir de enxergar que uma parte de nossos oficiais não apresenta firmeza de postura moral. Um número preocupante de casos de diligências irregulares, confiscos ilegais, enriquecimento pessoal, furtos e roubos, abusos ou ameaças contra subordinados — em parte por excitação, em parte também por uma embriaguez irracional —, indisciplina de graves consequências para as tropas subordinadas, crimes de estupro contra mulheres casadas etc. — eis um quadro do comportamento desses lansquenetes, que deve ser condenado com todo rigor. Pouco importa se por negligência ou conscientemente, esses oficiais são pragas que não têm espaço em nossas fileiras.

De todo modo, até o fim daquele ano de 1939, Von Brauchitsch ainda se veria obrigado a editar outras normas para a manutenção da "disciplina".[16] O que vale para a realidade social como um todo vale também para o Exército: os seres humanos são diferentes, e o que um, Pohl, faz com alegria e prazer cada vez maiores pode ser, para outro, Meyer, esquisito, ou até repugnante. Mas como eles advêm do mesmo contexto institucional, a Luftwaffe, e se encontram na mesma situação, a prisão, essas coincidências sociais se sobrepõem completamente às diferenças particulares. Ainda que Meyer tenha considerado seu camarada Pohl um monstro, o que lhe foi contado se tornará, provavelmente, material idôneo para conversas posteriores, em outras ocasiões: "Certa vez um homem que esteve comigo na prisão me contou que ele achava fantástico caçar outras pessoas...".

HISTÓRIAS DE AVENTURAS

Nas conversas dos soldados, as palavras "morte" e "matar" aparecem pouco. De início isso pode surpreender, sobretudo se pensamos que matar é o principal trabalho de um soldado na guerra e produzir mortos é um de seus objetivos. Mas justamente porque é assim, morte e matar não chegam a constituir tema para uma conversa. Da mesma maneira que pedreiros não falam de tijolos e argamassa na sua hora de intervalo, soldados não falam de morte.

Matar em batalha é um acontecimento tão corriqueiro para os interlocutores, que não oferece nenhum ensejo para uma história. Menos ainda, quando não se trata de uma ação isolada e individual, como no caso dos pilotos de caça,[17] e o combate é um acontecimento heterônomo — o mais importante não é a contribuição de cada soldado, mas a força do grupo, o equipamento, a situação, o inimigo etc. Um soldado sozinho exerce pouca influência em questões sobre se vai matar alguém, e quem será, ou se ele próprio vai morrer. Contar histórias sobre essas coisas quase não tem valor de entretenimento e exigiria sobretudo que os homens falassem abertamente de seus sentimentos como medo ou desespero, e também de como urinavam nas calças, vomitavam e faziam coisas parecidas, isto é, tabus na comunicação — ao menos dentro desse clube de homens. E, como se sabe, relatos sobre o que todos já conhecem e vivenciaram (ou dizem conhecer e ter vivenciado) não preenchem os critérios mínimos para uma boa história, digna de ser contada. Na vida civil normal, tampouco se fala dos afazeres de rotina de mais um dia de trabalho, nem do ovo cozido que alguém comeu no café da manhã, por exemplo. Um critério fundamental para uma "boa história", uma história que mereça ser contada e ouvida, é a excepcionalidade do fato narrado, o extraordinário, seja ele particularmente irritante ou gratificante, engraçado, terrível ou heroico.[18] Não se fala muito daquilo que é normal ou corriqueiro na vida; e por que se falaria? As coisas que fazem parte da normalidade do mundo na vida dos soldados na guerra — o fato de as pessoas morrerem, matarem e se ferirem — representam aquelas precondições do contexto de comunicação tão evidentes que sequer precisam ser mencionadas.

Esses eventos aos quais as pessoas já estão acostumadas são apenas uma parte daquilo que não é contado. A outra é composta pelos sentimentos dos soldados, sobretudo quando se trata de medo ou ameaça, de insegurança, desespero, ou mesmo de preocupação com a própria vida. Essas coisas quase não aparecem nos protocolos das escutas e nós sabemos, por meio da literatura especializada, que esses temas eram evitados em quaisquer comunicações.[19] Eles não gostam de falar da morte. Estão próximos demais dela, aguardando a própria vez. E, da mesma forma que só muito raramente se conversa sobre a possibilidade constante de ser ferido ou morto, a morte, como acontecimento, também não aparece nas conversas: aqui as pessoas são "postas no chão", "abatidas", "limpadas", elas "naufragam" ou "se foram todas". Pois é claro: se imaginassem a própria morte, inevitavelmente também pensariam na causa desta — a morte estava muito próxima dessas pessoas; muitos soldados já a tinham visto bem diante de seus olhos, até com frequência, outros, pelo menos, uma ou outra vez. Só aparentemente representa um paradoxo, portanto, o fato de conversas sobre o tema "morte" e "matar" girarem em torno de todos os tipos de violência, sem jamais mencionarem expressamente tais palavras. Os soldados comunicam o resultado de suas ações através dos números de mortos e tonelagens de navios afundados; quem são essas pessoas que eles arrastam para a morte é uma pergunta que aparece tão pouco quanto a morte em si.

Na verdade, as descrições mais comuns no meio do material são como as do tenente Pohl, na maioria das vezes não tão detalhadas, mas com a mesma abertura e espontaneidade. Pelo que se percebe, ao contarem suas histórias sobre os disparos, os soldados não esperavam encontrar irritação, desagrado nem protesto. Devemos levar em consideração que as pessoas que conversam nesses ambientes de escuta, vindas de um mundo de experiência comum, se comunicam dentro do mesmo marco referencial: todas pertencem ao Exército alemão e participam da mesma guerra, lutam pelo mesmo motivo — e isso um soldado não precisa explicar para outro, mesmo que possa parecer estranho para os leitores desses protocolos, setenta anos mais tarde. Na realidade, as conversas são bem parecidas com as que acontecem em festas ou encontros casuais de pessoas com experiências similares: um tenta contar histórias ao outro, perguntam, contribuem com alguma coisa, exageram e demonstram através dessas ações que pertencem ao mesmo grupo e compartilham as mesmas experiências. Nessas conversas entre soldados, só os conteúdos apresentam alguma variação, a estrutura da conversa propriamente dita não. As histórias dos soldados da Luftwaffe são principalmente histórias de caçadas — o que não causa grande surpresa. Pois muitos são de fato pilotos de caça ou bombardeiro, cuja tarefa consiste em causar danos e destruição intencionalmente: abater aeronaves inimigas, destruir alvos no solo e também, a partir de 1942, espalhar o terror indiscriminadamente. Esses homens contam histórias de aventuras nas quais o que mais importa é a exposição da própria técnica de voo e dos resultados da destruição. Mais ou menos assim:

> FISCHER: Recentemente derrubei um Boston, e então dei conta do atirador traseiro, ele também tinha três metralhadoras lá dentro, cara, ela era uma maravilha, como atirava!, você podia ver o raio de fogo saindo de sua metralhadora.
> Eu estava com um [Focke-Wulf FW] 190, dentro, eles ainda tinham duas metralhadoras. Era só apertar um pouco delas.
> Ele se remexeu — pronto, acabou, nenhum tiro sairia mais dali, os esguichos pairavam no ar. Então fiz um pequeno rombo no motor direito, que começou a pegar fogo, depois passei a mirar o motor da esquerda com os meus canhões. É muito provável que, com isso tudo, o piloto do avião também tenha sido atingido — fiz questão de deixar o botão apertado —, então o avião ficou lá embaixo, queimando. Já havia 25 Spitfires atrás de mim, me perseguindo. Segui em frente, voando até Arras.
> KOCHON: Onde você aterrissou?
> FISCHER: Voltei para a minha posição. Esses aviões sempre têm que abastecer logo, não podem voar longas distâncias por causa do combustível. Depois fui de novo para Saint-Omer. Também despachei um Bristol Blenheim do mesmo modo. Primeiro, acertei um tiro na parte de trás do estabilizador lateral. O atirador traseiro ficava atirando da direita para a esquerda, sem acertar nada. De repente, cortei para a direita e comecei a disparar, e ele atirando em mim feito um louco. Saí de novo para a esquerda e, quando cortava para a esquerda, apertei o botão, aí a cabine dele explodiu pelos ares, pois eu tinha apertado o botão do canhão. Ela explodiu, e ele lá deitado, já morto. Bastava eu cravar na traseira do estabilizador lateral que a cauda se desfazia pelos ares, uns nacos da barbatana desse tamanho, até o avião cair.[20]

Histórias com estruturas semelhantes poderiam ser ouvidas de motociclistas e praticantes de esportes radicais — de fato, as alusões à morte nessas histórias têm somente o caráter de elementos descritivos. As vítimas nunca têm atributos, elas aparecem nos relatos dos aviadores exatamente como começariam a ser reproduzidas só quase meio século mais tarde, na estética dos jogos de computador, sobretudo nos de tiro em primeira pessoa. A comparação não é nenhum anacronismo, uma vez que, tanto nas práticas de tiro reais quanto nas fictícias, o próprio procedimento é mais importante do que o resultado determinado. A atividade testa respectivamente aviadores e jogadores em sua destreza e capacidade de reação; os resultados são pontuações, ou seja, disparos das formas mais variadas que acabam sendo levados em conta. Esse aspecto competitivo e esportivo, associado ao fascínio tipicamente masculino pela técnica, deve ser compreendido como parte do marco referencial; as vítimas como indivíduos ou parte de um coletivo não têm nenhuma importância. De todo modo, a completa falta de características e considerações acerca das vítimas permite concluir que, para os narradores dessas histórias, é inteiramente indiferente quem eles acertam, pois o que importa mesmo é *que* eles acertem — e é daí que podem sair as boas histórias.

BIEBER:* O que vocês atacavam então durante o dia? Que alvos vocês tinham?

KÜSTER:* Isso depende. Há dois tipos de voos. Em primeiro lugar, há esses voos de destruição, em que são atingidas as instalações de indústria de guerra.

BIEBER: Mas sempre só com um avião?

KÜSTER: É. Depois há também os voos de desarticulação, em que você concentra todos os disparos numa aldeia de pescadores ou numa pequena cidade ou em qualquer coisa parecida. De algum jeito, você recebe uma ordem estabelecendo um alvo: "Esta e aquela cidade serão atacadas". E se você não as encontra, então você sai atirando em qualquer lugar.

BIEBER: E você acha mesmo que esses voos de destruição e desarticulação servem para alguma coisa realmente importante?

KÜSTER: Os voos de destruição, sim. Lembro-me de um que fizemos até Norwich, que foi bem divertido.

BIEBER: Disparando diretamente contra a cidade para destruir tudo?

KÜSTER: Isso. Era para atacarmos exclusivamente uma instalação determinada, mas…

BIEBER: Indicavam direitinho que tipo de instalação...?
KÜSTER: Sim, sim, tudo muito bem indicado.
BIEBER: Mas então o que há em Norwich?
KÜSTER: Norwich é uma fábrica de peças de avião.
BIEBER: Ah, então era ela que vocês tinham que atacar...
KÜSTER: Isso, isso. Então nós voamos para lá, quando começou a chover. Mal dava para enxergar duzentos metros à frente. De repente já estávamos em Norwich, sobrevoando a estação ferroviária, mas era tarde demais. Devíamos ter manobrado um pouco antes, mudando rapidamente a nossa rota. Era para fazermos uma curva bem acentuada, mais ou menos entre oitenta e 95 graus à esquerda. Agora já não tinha mais sentido, eles já sabiam do ataque. Continuamos voando em linha reta e a primeira coisa que avistamos foi um galpão de fábrica, assim, meio estranho; lancei as bombas. A primeira bomba entrou zunindo no galpão, e as outras acertaram a fábrica em cheio. Isso tudo às oito ou oito e meia da manhã.
BIEBER: Por que vocês não atingiram a estação ferroviária?
KÜSTER: Já era tarde demais quando a avistamos. Vínhamos de leste e a estação de trens fica bem no início da cidade. [...] Depois fizemos lançamentos direto no centro da cidade, você não imagina, acertando tudo o que se mexia lá embaixo, vacas e cavalos, merda!, também acertamos alguns bondes, aliás, tudo. É divertido. E nada de artilharia antiaérea por perto.
BIEBER: Como funciona isso? Eles informam um alvo específico para vocês no dia anterior?
KÜSTER: Na verdade, nada precisa ser informado previamente. Cada um cuida do que acha mais conveniente, os alvos dos ataques de desarticulação e essas coisas, tudo de acordo com o interesse de cada um. Isso fica a cargo da tripulação. Por isso que, quando se elogia o clima de alguma região, logo perguntam à tripulação: "Os senhores têm por acaso algum alvo particular?".[21]

É importante saber aqui que o suboficial Bieber, o ouvinte da história, na verdade é um espião alemão trabalhando para o serviço de informação britânico, que se interessa pelos detalhes dos ataques que o sargento Küster, um artilheiro de bordo de bombardeiros, narra naquele janeiro de 1943, exclusivamente da perspectiva de um especialista. Muita coisa que despertaria a curiosidade de qualquer cidadão comum sequer é abordada aqui. Por que *não* se ataca a estação ferroviária? *Quando* o alvo é informado? São essas as perguntas que conduzem o diálogo dos aviadores. É dessa maneira que surgem histórias interessantes, contadas por quem entende do assunto, e que giram na sua maioria em torno de três aspectos: uma operação, sua execução e o prazer que as pessoas acabam sentindo ao realizá-la. Os motivos dos ataques aéreos, as justificativas legais ou morais dessas ações — tudo isso não tem nenhuma importância nessas conversas. Nem as drásticas alterações nos parâmetros estratégicos e operacionais da Luftwaffe constituem assunto de discussão para os pilotos. Do ponto de vista dos soldados da Luftwaffe, não havia, pelo que se percebe, nenhuma diferença entre um ataque a um alvo em sentido estritamente militar e um ataque terrorista contra a população civil ou um lançamento de bombas sobre guerrilheiros.

> WINKLER: Tínhamos os guerrilheiros bem embaixo de nós, você não pode nem imaginar... os torpedeiros rapidamente ajustados para o bombardeio, o [Junkers Ju] 88 mergulhando, uma maravilha. Mas não chegou a ser reconhecido como voo em zona inimiga.
> WUNSCH: Nem como voo no front?
> WINKER: Nada, foi só uma brincadeira. Com bombas de fragmentação de dez quilos, quanto mais, melhor. A ação durava quinze minutos, mas se repetia o dia inteiro, de manhã até a noite, decolagem, mergulho — *vuum!* — e limpávamos a área; voltávamos, pouso, decolagem, mergulho, faxina total. Foi divertido...
> WUNSCH: Eles não ofereciam nenhuma resistência?
> WINKLER: Não diga isso, a garotada tem artilharia antiaérea. [...] O comandante levava bombas de cinquenta quilos. Então o comandante decolava primeiro para conferir rapidamente a situação: "Oba, ali tem uma casa e alguns automóveis". Ele era o próprio piloto do avião, *vuum!*, um mergulho de oitenta graus do velho 88, um botãozinho apertado, uma curva acentuada e já podia voltar para casa. No dia seguinte a SS trouxe alguns prisioneiros, a unidade de cossacos também, é, nós tínhamos uma unidade de cossacos, os paraquedistas também desceram lá para aquelas bandas... infestadas de guerrilheiros... toda noite se escutavam os disparos das pistolas automáticas. Mais prisioneiros capturados. E o que você acha que o comandante acabou encontrando? Um destacamento inteiro, cheio de oficiais de alta patente, gente importante, inclusive um general inglês, que desembarcara poucos dias antes.[22]

Podemos notar aqui claramente que os acontecimentos violentos são interpretados como uma atividade esportiva. Winkler fala de uma "brincadeira" — ele se diverte com o lançamento de bombas de fragmentação sobre "guerrilheiros" em Vercors, em julho de 1944. Para ele, após as duras campanhas contra embarcações aliadas no mar Mediterrâneo, que resultaram perdas enormes, voos como esses certamente deveriam representar uma distração muito bem-vinda. Pois finalmente ele podia conversar de novo sobre os acontecimentos, falar de uma caça e do que não pôde ser realizado. E é só por isso que a história do destacamento britânico, no qual o comandante mata quase por casualidade, acaba ganhando todo esse destaque. Conversas assim ocorrem numa atmosfera de grande cumplicidade — é o caso desta conversa de abril de 1941:

> PETRI:* Você realizou ataques aéreos diurnos na Inglaterra?
> ANGERMÜLLER:* Sim, sobre Londres, a trinta metros de altura, num domingo. O tempo estava bastante turbulento e já haviam recolhido os balões.[23] Eu estava sozinho. Joguei as minhas bombas sobre uma estação ferroviária — passei três vezes pela estação. Depois, cruzando toda a Inglaterra para retornar, abati um avião em Feld, deixando-o em chamas. Também disparei tiros de metralhadora contra os acampamentos em Aldershot. Mais tarde saiu assim no jornal: "Raide alemão arrasa nossas ruas". Minha tropa adorou, é claro, e eles saíram atirando por aí.
> PETRI: Na população civil?
> ANGERMÜLLER: Alvos sempre militares!!! (*risos*).[24]

Angermüller conta a história de seu ataque a Londres com orgulho indisfarçável — seu mérito especial se deveria ao fato de ele não ter simplesmente bombardeado a cidade sem apoio de nenhuma esquadrilha, mas de ter, além disso, aberto fogo com sua metralhadora num voo rasante. Isso era tão inusitado que um jornal inglês chegou a noticiar o ocorrido mais tarde em suas páginas. De qualquer maneira, Angermüller narra o episódio para chamar a atenção para a sua história já impressionante. Quando seu camarada lhe pergunta se ele também teria disparado contra civis durante essas operações, Angermüller responde com ironia — a ocasião para os risos de cumplicidade.

ESTÉTICA DA DESTRUIÇÃO

No geral, a questão da visibilidade e da possibilidade de comprovação dos próprios lançamentos e disparos era um motivo da preocupação constante dos soldados nessas conversas. Eles contam com precisão absoluta sobre os seus lançamentos, os do esquadrão ou os dos competidores. E não é de surpreender, pois mesmo as distinções e promoções, por exemplo, eram conferidas de acordo com o número de lançamentos. Exigia-se, na verdade, um pouco mais — a Cruz de Ferro de primeira classe ou a Cruz de Cavaleiro, por exemplo, só eram conferidas aos aviadores depois de muitas aterrissagens na própria base aérea, mais a devida documentação de todos os seus lançamentos. Ao contrário do que acontecia sobretudo com os soldados do Exército, os aviadores podiam experimentar a sensação de êxito instantâneo: diante dos aviões de seus inimigos caindo em parafuso, pegando fogo, explodindo, ou de casas, trens e pontes "decolando" e queimando lá no chão; eles podiam ver imediatamente que tipo de resultado haviam produzido. Matar pessoas de dentro de um avião é, por dois aspectos, uma experiência bastante propensa a ser percebida e interpretada como um fenômeno estético: em primeiro lugar, por conta precisamente dessa visibilidade, depois, em virtude da contemplação do resultado produzido a partir de uma distância relativamente segura.

> SIEBERT:* É, sim, um sentimento assassino — assim, na posição de aviador —, a Alemanha, a sua base, está bem distante, é aqui que ele está atacando.
> MERTINS:* Um Stuka fez uma coisa grandiosa, ele afundou um navio de guerra inglês. Passou assim por cima e lançou uma bomba de 250 quilos dentro da chaminé, acertando também o compartimento de munição. Acabou com o navio. É como se viu na Polônia. Eles atiram as bombas deles, já sabendo o que acertaram.[25]

Na estética da destruição, toda a preparação da pontaria na hora de lançar as bombas é tão importante quanto a visibilidade imediata dos resultados. É como conta um tenente-coronel, em setembro de 1940:[26]

> Isso é como quando alguém acerta uma bomba de 250 quilos na fuselagem de um navio. Faz um rombo enorme. Uma vez, ao entardecer, tivemos a chance de ver isso acontecer com um vapor. Entrou no meio do barco, afundando com uma

enorme coluna de fumaça atrás. Soprava um vento fresco, só por isso conseguimos enxergar.

Outro exemplo — quem relata agora é um major:[27]

Ateei fogo nos tanques de Thames Haven; entre três e quatro horas da tarde. Eu mesmo cheguei a contar doze. [...] Assim que tive a ideia, pensei em mudar o alvo, porque eu havia visto em Port Victoria dois navios-tanques que tinham acabado de descarregar no cais, e também muitos navios petroleiros. Sobre essa ação minha, chegaram a dizer que teria sido o mais lindo dos trabalhos. De todas as operações na Inglaterra, diga-se de passagem. Dá prazer quando a gente vê logo o resultado; não tem nada a ver com um desfile de aviões pelos céus de Londres.[28]

Essa visibilidade, uma estética do próprio potencial de destruição, é talvez — ao lado das fartas discussões sobre questões técnicas (cf. p. 228-9) — o tema mais importante para os soldados da Luftwaffe. Os ataques e lançamentos são apresentados com o maior número de detalhes e a maior vivacidade possíveis:

FISCHER: Estávamos com um [FW] 190 na foz do Tâmisa, atirando em todas as barcas que passavam diante das escopetas. Uma tinha o mastro tão grande, *bum*!, um tiro no mastro, uma explosão, e ele já não estava mais lá. Assim se foi um barquinho. Quando voávamos levando bombas, atacávamos as fábricas. Uma vez eu voava na frente, a segunda aeronave do elemento vinha atrás —, lá embaixo estava Hastings, havia uma fábrica enorme, direto na linha de trem, quase na praia. O ala se dirigiu para o centro da cidade e lançou suas bombas lá no meio. Digo para você: as fábricas, você sabe, bem, é o que eu acho, elas soltam uma fumaça tão bonita! *Click-click*!, e lá se vão as bombas cortando os ares.

Uma vez, em Folkestone, nós atacamos uma estação ferroviária, mais precisamente um grande trem de passageiros que estava de saída, *zuuum*, e as bombas caíram direto no trem. Rapazes, rapazes! (*risos*). Estação de Deal, você precisava ver, do lado havia um galpão gigante, foi atingido, eu jamais tinha visto labaredas como aquelas, tal foi a explosão. Muito provavelmente havia material inflamável lá dentro. Voaram pedregulhos enormes pelos ares, na nossa frente, quer dizer, mais alto até do que nossa altitude no avião.[29]

Essa é a guerra observada do ponto de vista das tripulações dos bombardeiros e, sobretudo, dos caças. É outra perspectiva sobre a guerra, diferente da que se tem do chão, onde a destruição é produzida, onde as pessoas correm, fogem e morrem. Mas as perdas entre aviadores também foram elevadas — só de 1º de agosto de 1940 até 31 de março de 1941 morreram mais de 1700[30] —, e também isso contribui para o caráter esportivo das operações e para a experimentação estética da destruição, pois o risco é essencial à atividade; se por acaso há alguma chance de sobrevivência, que seja pela destreza pessoal e pelo domínio do equipamento.

> Ao sul de Hythe há um campo de aviação, também perto da costa, que não é mais usado por aviões. Num domingo pela manhã, às dez horas, o primeiro-tenente me disse: "Vem cá, vamos fazer uma operação especial desta vez". Partimos para lá, cada um voando com duas [bombas] de 250 [quilos] embaixo. Havia um pouco de neblina, ah, merda!, passamos direto, fizemos o retorno, ali estava o campo de aviação, de repente o sol já brilhava que era uma maravilha, nas instalações do quartel, todos os soldados sentados do lado de fora, nas varandas, e aí vamos nós, *zuuum*! bem em cima, *plaft*!, as barracas voaram pelos ares e se formaram redemoinhos de soldados pelo céu de toda a região (*risos*). Logo depois havia outra grande barraca — não, eu pensei: vamos lá!, mais um prédio grande, tudo arrebentado pelo chão, galinhas agitadas ao redor, a barraca em chamas, meu amigo, acho que não contive o riso.[31]

Em outra conversa aparece mais um elemento da estética da visibilidade e da destruição: o registro automático das ações de combate por meio de filmes. Desde a segunda Guerra do Iraque, quando um ataque a um bunker foi mostrado ao vivo nos noticiários de televisão, quase pela ótica dos mísseis certeiros, a documentação da destruição de um alvo da perspectiva de um atirador não é mais nenhuma novidade. Mas já na Segunda Guerra Mundial era comum a ideia de "fundir a câmera com a arma" (Gerhard Paul) — primeiro as câmeras foram embutidas nas asas dos aviões de caça, depois acoplaram câmeras de filmes de oito milímetros nas armas de bordo, de modo que o piloto tinha seus disparos registrados imediatamente e a imprensa recebia fotos espetaculares para a reprodução. Imagens dos disparos, da perspectiva de pilotos e artilheiros, eram mostradas nos noticiários oficiais semanais; as fotos de ataques, sobretudo do ponto de vista dos bombardeiros de assalto, tinham forte apelo junto ao grande público.[32]

> KOCHON: Agora os aviões de combate têm sob os canhões uma câmera automática, e toda vez que um tiro é disparado, a máquina fotográfica saca uma imagem.
> FISCHER: Eu tive que instalar uma câmera fotográfica normal.
> KOCHON: Quando você aperta, o aparelho já filma, aí você sabe se acertou ou não.
> FISCHER: A gente também tem agora, onde antes ficavam os canhões, agora a gente tem três câmeras ali dentro. Uma vez eu mantive o botão pressionado por uns dois segundos, o Spitfire jorrava combustível por todos os lados. Fiquei com o lado direito cheio de óleo do Spitfire![33]

PRAZER, DIVERSÃO

> *Estou dizendo a você, eu devo ter matado muita gente na Inglaterra. Na nossa divisão me chamavam "o sádico por vocação". Eu derrubava tudo — ônibus nas ruas, trem de passageiros em Folkestone. Tínhamos ordem de disparar contra a cidade inteira. Acertei todos os ciclistas.*[34]
> Suboficial Fischer, piloto de Me 109 [Messerschmitt Bf 109], 20/07/1942

Como já foi mostrado, o prazer propiciado por ataques bem-sucedidos ocupa um papel de destaque nas conversas dos soldados da Luftwaffe. E não somente porque eles têm a chance de assegurar, uns perante os outros, o quanto são virtuosos no manejo do avião, do "moinho" (que é como preferem chamá--lo), ou o quanto são superiores aos inimigos ou àqueles que abatem — o "prazer" e a "diversão" também têm uma grande importância comunicativa. É, afinal, o que faz de uma história uma boa história: ela tem que ser interessante, coerente com a sua estrutura interna, compreensível e precisa, assim o riso comum confirma uma vez mais o sentimento de pertencer ao mesmo mundo — um mundo onde disparar tiros e lançar bombas também pode ser divertido. Vítimas em sentido estrito não entram nos relatos dessas "brincadeiras": elas só aparecem como alvos, e pouco importa se são navios, aviões, casas, ciclistas, participantes de um festival, passageiros de trem ou de navio, ou mulheres com carrinhos de bebê. As seguintes histórias sobre a guerra aérea contra a Inglaterra, de 1940 até 1944, dispensam maiores comentários:

ESCHNER:* Muitas vezes, nosso comodoro, como forma de treino complementar, organiza ataques diurnos — contra navios ou coisa parecida. Era um agrado especial que ele nos fazia, dizia. [...] Então decolamos — eu ia de líder e logo encontrei um navio — mais adiante havia um pequeno porto, perto de Lowestoft, ali por essa região. Lá havia dois navios e só um sentinela, assim, sozinho. Foi quando eu cheguei, íamos a uma altitude entre quinhentos e seiscentos metros. A uns dez quilômetros de distância eu já avistei os navios. Quase apaguei os motores, já estava até em ângulo de planeio quando ataquei; o barco também foi atingido; eles começaram então a atitar. Pé na tábua, e nos mandamos. Senti um grande prazer de matar.[35]

BUDDE: Realizei dois voos de ataques de desarticulação, quer dizer, nós atiramos nas casas. [...] [Acertávamos] tudo o que passava pela nossa frente; os alvos mais bonitos eram uns casarões em cima de uma montanha. Quando vínhamos voando assim, baixinho, e de repente, *zuuum*, descarregávamos com tudo, as janelas explodiam e o telhado ia parar lá em cima. Só pude fazer isso com o [FW] 190, duas vezes, dentro de alguns vilarejos. Uma vez foi em Ashford. Na praça do mercado, havia alguma reunião, um monte de gente, discursos, deve ter respingado para todo mundo! Essa foi divertida![36]

BAEUMER: Foi uma beleza o que fizemos no voo de volta com o [Heinkel] 111, algo realmente grandioso. Havíamos instalado lá na frente dois canhões de dois centímetros. Nós fizemos um voo rasante pelas ruas, e, quando os carros vinham na nossa direção, ligávamos os faróis para eles pensarem que iam colidir com outro carro. Era aí que descarregávamos o canhão em cima deles. Tínhamos ótimos resultados com isso. Era bom, dava um prazer enorme. Era o que fazíamos também com os trens e com essas coisas.[37]

HARRER:* Tenho que fazer um elogio às nossas minas, quando elas são lançadas, arrasam tudo, arrasam tranquilamente umas oitenta casas. Num lançamento de emergência, em vez de atirarem suas minas na água, alguns camaradas meus acabaram jogando de qualquer maneira numa pequena cidade. Eles contam que viram as casas voando pelos ares e se espatifando lá em cima. As minas têm uma cápsula extremamente fina de metal leve. Além disso elas contam com um explosivo muito melhor do que o de todas as nossas outras bombas. [...] Se uma coisa dessas acertava um bloco grande assim, ele simplesmente desaparecia, ficava destruído. Era uma coisa que me dava um prazer assassino.[38]

VON GREIM: Uma vez fizemos um ataque rasante perto de Eastbourne. Logo que chegamos, avistamos um castelo grande, onde parecia estar acontecendo um baile ou coisa assim, havia muitas senhoras de vestido e uma capela. Estávamos em dupla, fizemos um reconhecimento à distância. [...] Demos a volta adiante e agora estávamos prontos. Passamos direto na primeira vez, depois fizemos mais um ataque, e a limpeza — meu amigo, isso era uma diversão![39]

CAÇA

Uma caça consiste na procura, perseguição, abate e preparação de animais selvagens. Há, no entanto, diversas formas de caça — as mais comuns são a caça solitária, na qual um caçador, junto com seu cão, perseguem a presa, e a coletiva, as caçadas, em que ajudantes empurram a presa até ela dar de frente com as espingardas dos caçadores. A caça tem características de esporte: é preciso ser ágil e atento, mais esperto que a presa, esconder-se, atacar num momento inesperado e ter boa pontaria. Existe também uma série de regras. As pessoas só caçam em períodos determinados, só atiram em animais isolados etc. Todos esses elementos estão de alguma forma reunidos nos requisitos exigidos para o papel de piloto de caça — exatamente por isso eles levam esse nome, e interpretam seu trabalho no contexto da caça. Não se admitia, portanto, disparar contra pilotos já de paraquedas no meio do salto de emergência, ainda que eles não deixassem de ser, nem por um instante que fosse, inimigos.[40] Adolf Galland, general dos pilotos de caça, chegou a dizer certa vez que considerava "indecoroso para um caçador" lançar bombas contra grupos de bombardeiros norte-americanos. É caçando que eles têm o "prazer" e a "diversão" a que tanto se referem. Esse olhar de esportista dos aviadores sobre os acontecimentos da guerra só tem paralelo junto aos pilotos de submarino. O tenente da Marinha

Wolf-Dietrich Danckworth, o único sobrevivente do U 224, conta sua história — e utiliza a seguinte alegoria, que já fala por si:

> DANCKWORTH: Até hoje eu me divirto lembrando essas coisas. Me vem a imagem de quando nos aproximávamos dos comboios: como um lobo no meio de um rebanho de ovelhas, vigiadas de perto por alguns cachorros. Os cachorros são as corvetas e as ovelhas são os navios, e nós feito lobos, sempre ao redor, até encontrar um buraco para entrar, meter-se ali, disparar e sair outra vez. A caça solitária é o que há de mais belo.[41]

Não faz a menor diferença numa caça se o alvo contra o qual se dispara é militar ou civil. Ernst Jünger descreve entusiasmado no seu diário de notas como conseguiu, depois de dois anos e meio de guerra, "abater" seu primeiro inglês com um "tiro certeiro".[42] Como já foi dito, aqui pouco importa quem cai como presa nem por quê, o que conta é obter resultados — na medida do possível, é claro, espetaculares. Podemos registrar novamente a assimilação das ações de disparo com atividades esportivas. É exatamente por isso que a importância do resultado é aferida de acordo com a hierarquia e a função dos alvos atingidos. As respectivas histórias se tornam ainda mais interessantes:

> DOCK: Na maioria das vezes eu tirava duas fotos do mesmo objeto; tirava sempre uma para mandar para o Alto-Comando. A melhor foto que eu fiz foi de um Whitley, o primeiro abate dentro da nossa esquadrilha. Como nós comemoramos, meu amigo, o primeiro abate! Até as cinco e meia do outro dia, imagina!, pois às sete tínhamos uma operação! Todos subindo nos aviões, mais chumbados que os canhões! Os Whitley foram os primeiros que nós abatemos em nossa esquadrilha, depois vieram os grandes, de quatro motores, Liberator, Halifax, Stirling, Sunderland... Depois vieram os Lockheed Hudson e todos os outros. Também derrubamos quatro aviões de passageiros.
> HEIL: Eles estavam armados?
> DOCK: Que nada.
> HEIL: E por que vocês atiraram?
> DOCK: A gente atirava em tudo o que passava na frente. Numa dessas vezes — ele levava uma penca de peixes grandes: dezessete homens lá dentro, quatro tripulan-

Leslie Howard (1893-1943), foto de 1933. Ator de cinema (interpretou Ashley Wilkes em ... E o vento levou, 1939). No dia 1º de junho de 1943, ele estava a bordo do voo KLM 777, que saía de Lisboa para Bristol, quando o avião foi derrubado no golfo da Biscaia por caças Ju 88 da 5ª Divisão do Esquadrão de Combate 40. (Fotógrafo desconhecido; Ullstein Bilderdienst)

tes e catorze passageiros vindos de Lisboa. Havia até um ator de cinema inglês bastante conhecido lá dentro, Leslie Howard. A rádio inglesa ficou transmitindo a notícia a noite inteira por causa disso. Mas como eram ariscos esses pilotos civis, você não imagina! Esse virou o avião de cabeça para baixo com os catorze passageiros. Rapaz, todos devem ter ficado pendurados no teto! (*risos*). Ele voava a uma altitude de mais ou menos 3200 metros. Que cachorro! Em vez de continuar voando em linha reta ao nos ver, ele começou a fazer piruetas. Mas aí nós o pegamos, nossa! Mandamos bala com tudo em cima dele, rapaz! Deus do céu! Ele tentou nos pressionar para escapar, fazia muitas curvas, você tinha que ver. Mas sempre tinha um de nós na sua cola, sem desgrudar um segundo. Então foi só apertar o botão com toda frieza e tranquilidade (*risos*).
HEIL: Ele caiu?
DOCK: É claro.
HEIL: E os outros? Alguém escapou?
DOCK: Não. Morreram todos.[43]

Nessa história do derrubamento do avião de passageiros modelo Douglas DC 3, em que o ator Leslie Howard e outras pessoas perderam a vida, o elemento esportivo dentro do marco referencial da guerra aparece explicitamente. O sargento Heinz Dock, de 21 anos, chega a falar de uma "espingarda", como se estivesse de fato preparando uma emboscada; suas vítimas são "peixes grandes". Dock demonstra profundo respeito pelo piloto do avião de passageiros que tenta fugir dos disparos fazendo manobras espetaculares. É claro que ele não tem a menor chance contra os caças de Dock. Pois Dock e seus camaradas, "com toda frieza e tranquilidade" — como ele mesmo diz, do alto de sua arrogância —, acionam o botão de disparo e o avião cai.[44]

Os relatos deixam mais uma vez claro que para muitos soldados as diferenças entre alvos militares e civis não têm nenhuma importância. Tratava-se de afundar, derrubar e destruir — pouco importava quem era atingido. Em casos mais raros, fazia-se até questão de ressaltar que os alvos não eram militares. O primeiro-tenente Hans Hartings, do Esquadrão de Caças 26, conta em janeiro de 1945:

> HARTINGS: Eu mesmo voei para o sul da Inglaterra. De hora em hora saía uma esquadrilha para lá, isso em 1943; tínhamos ordem de atirar em *tudo*, só não podíamos atirar em *nada* militar. Aí disparávamos contra mulheres e crianças em carrinhos de bebê.[45]

A conversa entre o piloto de bombardeiro Wille* e o cabo de submarino Solm* fornece um exemplo especialmente drástico do significado dos ataques a alvos não militares:

> SOLM: Estouramos um comboio de crianças.
> WILLE: Não foi o Prien?
> SOLM: Fomos nós.
> WILLE: Todos morreram?
> SOLM: Sim, todos.
> WILLE: Qual era o tamanho?
> SOLM: Seis mil toneladas.
> WILLE: E como vocês souberam dele?
> SOLM: Pelo rádio. O BdU[46] anunciou: "Vem um comboio em tal direção, tantos navios de apoio, tantos navios com isso e aquilo, um comboio de crianças mais isso e aquilo outro; o comboio de crianças é de tal tamanho, o outro é assim e as-

sado". Ora, de onde mais poderíamos ter tirado esse ataque? Aí veio uma pergunta: "Vocês já atacaram o comboio?". Dissemos que sim.

WILLE: Mas como é que vocês sabiam que justo esse navio, no meio de cinquenta, levava crianças a bordo?

SOLM: Porque a gente tinha um catálogo enorme. Nesse livro estavam todos os navios das linhas de navegação inglesas e canadenses. É só olhar.

WILLE: Mas ele não tem o nome da embarcação.

SOLM: Tem, sim.

WILLE: Tem os nomes dos navios?

SOLM: Todos com os respectivos nomes.

[Corte]

SOLM: Comboio de crianças... para a gente, foi divertido à beça![47]

Solm provavelmente se refere aqui ao afundamento do navio de passageiros britânico *City of Benares*, que ocorreu no dia 18 de setembro de 1940, provocando a morte de 77 crianças inglesas. O relato de Solm só condiz parcialmente com os acontecimentos históricos e sua estilização da realidade é evidente — o comandante dos submarinos, por exemplo, *não* sabia que havia crianças no *Benares*. Mas não é isso que realmente importa no nosso contexto: muito mais significativo é o fato de Solm saber que com sua história do comboio de crianças "estourado" ele iria impressionar seus ouvintes.

AFUNDAMENTOS

No geral, as histórias contadas pelos soldados da Marinha e do Exército são muito diferentes das que os aviadores contam. Nelas o momento da caça não aparece tanto; do ponto de vista exclusivamente técnico, os soldados quase não têm oportunidade de realizar operações individuais, nem podem se gabar como os pilotos de caça de seu perfeito domínio do equipamento. Eles estão, portanto, mais entregues às relações heterônomas das companhias. Se alguém quiser encontrar conceitos como "prazer" ou "diversão" nos relatos de soldados da Marinha e do Exército, certamente terá grandes dificuldades.

Os soldados do Exército também falam surpreendentemente pouco sobre situações de morte em combate. O Untersturmführer da SS, da divisão "Juventude Hitlerista", Franz Kneipp é um dos poucos a contar sobre as batalhas na Normandia, que aconteceram pouco antes de sua prisão, em 9 de julho de 1944:

> KNEIPP: Um dos radiotelegrafistas da minha divisão pulou comigo para dentro das trincheiras, quando, de repente, levou um tiro. Depois veio um motociclista, que também pulou para a trincheira, e também levou um tiro. Nessa hora saiu do mato um americano, com duas caixas de munição na mão, eu mirei bem, e, *rá-tá--tá-tá!*, ele sumiu. Então comecei a atirar nas janelas. Não sabia ao certo de qual janela estavam disparando. Peguei meu binóculo e avistei um. Peguei a metralhadora, mirei na janela, *rá-tá-tá-tá!*, pronto.[48]

Fala-se com mais frequência sobre matar quando se trata de guerrilheiros ou "terroristas" — trataremos disso em detalhes na seção sobre crimes de guerra (cf. p. 115). Nas conversas dos marinheiros também quase não aparece o assunto "matar". Por outro lado, eles são bastante detalhistas, há quase um preciosismo na hora de falar das tonelagens dos navios afundados — mas nessa conta toda não faz a menor diferença que classe de navio eles afundam, se vapores de passageiros, navios mercantes ou barcos de pescadores. Todos são "derrubados", "abatidos", "estourados" e "afundados". As vítimas só são mencionadas em casos muito raros. Um piloto de lanchas rápidas narra um acontecimento que vivenciou no mar Báltico:

> Uma vez afundamos um *S-Boot* russo, um pequeno barco antiaéreo, com tripulação de dez homens, coisa bem pequena, dessas que funcionam a gasolina. Nós pusemos fogo em um deles. Os homens desembarcaram. Nosso capitão disse: "Prestem atenção, são poucos, podemos levá-los conosco, a bordo". Fomos até lá, na direção dos colegas, só que eram garotas, todas russas! Aí, da água mesmo, as primeiras começaram a atirar com pistolas. Elas simplesmente não queriam, que idiotas! O mais velho do nosso grupo disse: "Queríamos dar a elas um tratamento digno. Já que elas não querem, meus camaradas, então vamos arrebentá-las". Fizemos a faxina... e elas desapareceram.[49]

Se a ação de resgate tivesse ocorrido sem nenhum imprevisto, o episódio seguramente não teria sido sequer mencionado. A história só se torna relevante por causa de uma particularidade, só porque as "garotas" russas não aceitam ser resgatadas e acabam, então, mortas. Outro acontecimento que deve ter sido pelo visto impressionante foi a batalha contra os comboios HX 229 e SC 143: em março de 1943, eles foram atacados por 43 submarinos alemães no caminho do Canadá para a Grã-Bretanha, perdendo em poucos dias 21 navios.

> As pessoas que participaram desse pandemônio dizem que nenhum sobrevivente desse tiroteio voltaria a entrar num navio, nenhum dos ingleses voltaria a navegar. Por causa do inferno de fogo que foi, de chamas, estouros e detonações, de mortos e gritos, por tudo isso nenhum tripulante desses navios quer voltar a navegar. Para a gente, isso é um bônus importante, um bônus moral. Como se os outros já estivessem com o moral tão lá embaixo que não têm sequer mais vontade de navegar.[50]

Também é muito raro encontrar nesses protocolos das escutas clandestinas relatos sobre comiseração com os náufragos ou sobre ações de resgate bem-sucedidas. Embora os submarinos tenham de fato resgatado e cuidado de alguns náufragos em casos excepcionais, pelo que se percebe eles não gostam muito de falar sobre o assunto. Uma exceção é Hermann Fox, um marinheiro do submarino U 110:

> FOX: A trezentos quilômetros da costa inglesa, à noite, torpedeamos um navio que vinha da América do Sul, mas não conseguimos resgatar as pessoas. Encontramos três num bote e demos comida e cigarros àqueles coitados que estavam se afogando![51]

Mas a grande maioria das histórias se ocupa mesmo, exclusivamente, com o registro bruto das tonelagens afundadas. Quando muito, as vítimas só aparecem aqui na forma de números elevados e abstratos de mortos ou pessoas agonizando. O tenente-comandante Heinz Scheringer conta a dois camaradas sobre sua última incursão com o submarino U 26 em zona inimiga:

> SCHERINGER: Esse valia a pena; cada um com 20 mil [toneladas], só aí já são 40 mil; sobraria até alguma coisa pra nós. Nossa, a gente atacou divinamente! Todo o comboio, cada um querendo ir atrás do seu: "Vamos pegar este, não, melhor pegarmos um maior". Então primeiro chegamos a um acordo sobre o navio-tanque. Logo depois fomos atrás do que estava à direita. [...] oficiais a bordo, uma tripu-

lação de timoneiros, então chegamos para o Paul e perguntamos: "Com qual deles você gostaria de ficar?" (*risos*).⁵²

Na Marinha, as histórias de afundamentos de embarcações inimigas são muito comuns; não são apenas as tripulações dos submarinos que gostam de contá-las. O comando-maior da Kriegsmarine havia declarado uma guerra de tonelagens contra os britânicos. Em termos gerais, essa guerra visava sobretudo afundar uma quantidade de navios superior à capacidade total de produção dos estaleiros aliados. Com isso, após a declaração, a destruição de embarcações se tornara o principal critério para todas as coisas.⁵³ Até para as tripulações de cruzadores mercantes armados, a tonelagem representava a medida direta do resultado produzido, como mostra o diálogo entre dois tripulantes, um do *Pinguin* e outro do *Atlantis*:

KOPP:* Ninguém mais pode nos atacar. Agora acabou! Botamos ali dezesseis debaixo d'água.
HAHNER:* Como assim?
KOPP: Ninguém mais supera em termos de tonelagem. Até então girava em torno de 129 mil. Nós conseguimos 136 mil, e ainda fizemos outras coisas.
HAHNER: A gente deu conta do maior vapor de passageiros do Egito e ainda de dois vapores ingleses que iam para a África levando aviões e munição.⁵⁴

Os protocolos das conversas estão cheios desse tipo de disputa sobre quem fez mais. Por um lado, trata-se de um elemento típico de conversas do dia a dia, quando os interlocutores tentam se superar com as melhores histórias e com seus próprios feitos, quase sempre os maiores possíveis. Por outro, fica muito claro aqui que o único interesse se volta para o afundamento em si — o objeto afundado não tem nenhuma relevância. Mesmo os que foram presos logo no início da guerra, quando contam suas histórias, mostram que também pensam exatamente dentro desse paradigma clássico da guerra naval.

BARTZ:* Não se deve tentar acertar primeiro quem está atacando do comboio e só depois os navios?
HUTTEL:⁵⁵ Nada disso, primeiro sempre a tonelagem, pois isso representa a ruína da Inglaterra. Quando a gente chega, o comandante tem sempre que passar a infor-

mação para o BdU. Nós afundamos todos sem dar nenhum aviso prévio, mas disso ninguém precisa saber.[56]

O trecho citado remete ao dia 10 de fevereiro de 1940, justamente quando a guerra havia iniciado. Como estratégia para desarticular as relações comerciais dos Estados escandinavos com a Grã-Bretanha, o comando-maior da Kriegsmarine já havia autorizado o afundamento surpresa inclusive de navios mercantes neutros no mar do Norte desde o dia 6 de janeiro.[57] De todo modo, os submarinos deviam agir da maneira mais discreta possível para não provocar um grande protesto internacional. Entre os seis navios afundados pelo U 55 na sua primeira investida de ataque, em janeiro de 1940, havia um navio sueco e dois noruegueses. Mas isso não importava para os marinheiros dos submarinos, eles não viam quem ia a pique. Sua felicidade consistia em encontrar novas chances de afundar mais navios, como mostram os protocolos das escutas. Isso implica não pensar demais acerca do destino das tripulações dos navios inimigos. Um salvamento só acontecia em casos excepcionais e raramente alguém se esforçava para consegui-lo. Sobre esse assunto, a mesma conversa continua:

> BARTZ:* O que fazem com a tripulação dos navios afundados?
> HUTTEL: Nós sempre deixamos que as tripulações se afoguem. O que mais poderíamos fazer com elas?[58]

Os afundamentos sem qualquer tipo de aviso de alerta diminuíam significativamente as chances de sobrevivência dos tripulantes. Com os navios mercantes perdidos pelos Aliados durante a Segunda Guerra Mundial, num total de 5150 embarcações, calcula-se que mais de 30 mil marinheiros morreram.[59]

Por sua estrutura, essas histórias de afundamentos se assemelham bastante aos relatos de aviões abatidos contados pelos soldados da Luftwaffe. Mas aqui não há tantos detalhes para serem narrados; nem as ações ou resultados individuais chamam tanto a atenção — e pela própria natureza desse trabalho —, já que as tripulações dos submarinos sempre atuavam num grupo de aproximadamente cinquenta homens.

Na Marinha também não se constata nenhum processo de socialização com vistas à prática de matar. Ninguém jamais questionou o fato de as tripulações de navios mercantes morrerem nessas batalhas navais; desde 1917, isso já se havia imposto como prática largamente reconhecida pelas grandes potências navais. Numa guerra naval é muito remota a possibilidade de alguém se salvar por conta das habilidades individuais, pela coragem ou valentia, ou em virtude de um domínio especial sobre o equipamento. Se as pessoas são atingidas, elas afundam; se atingem os outros, são eles que afundam. É assim que podemos compreender melhor a indiferença ostensiva e a frieza desmesurada dos relatos sobre naufrágios e afogamentos. Os soldados não queriam se aproximar demais da morte. Tratava-se, pois, de lançar torpedos a uma distância relativamente grande. E, diferentemente do que acontecia com os aviadores, sobretudo os marinheiros dos submarinos sequer chegavam a ver os resultados do que haviam feito. Nos ataques acima do nível do mar, apenas quatro homens ficavam na torre; nos submersos, então, só o comandante podia enxergar o alvo através do periscópio. O restante da tripulação no máximo escutava os barulhos provocados pelo afundamento do navio atingido. E aí tampouco havia qualquer manifestação de empatia.

CRIMES DE GUERRA — MATANDO PARA SE OCUPAR

O conceito de crimes de guerra se modificou bastante desde a Antiguidade. Por isso, dificilmente se pode obter daí um critério para avaliar o que poderia ser considerado, no que diz respeito à violência praticada, uma guerra "normal". Diante do enorme número de pessoas que morreram ao longo da história, vítimas do exercício descontrolado de violência nas guerras, caberia questionar se o cumprimento dessas regras que limitam essa violência das guerras não constitui propriamente a exceção, enquanto a regra, o caso normal portanto, seria a falta absoluta de regras. Deve-se contra-argumentar, contudo, que jamais existiu comportamento social — e, com isso, nenhuma guerra historicamente comprovada — sem regras, nem mesmo a Segunda Guerra Mundial. Seu marco referencial dava aos soldados uma noção relativamente clara acerca dos tipos de ação violenta considerados legítimos — o que não significa em absoluto que as barreiras dessa legitimidade não pudessem ser transpostas.

Mas é inegável que a expansão da violência durante a Segunda Guerra Mundial atingiu seu nível mais alto até então conhecido, seja em termos qualitativos, seja quantitativos. Foi o mais próximo que se chegou da "guerra total" — uma circunstância que só pode ser descrita teoricamente.[60] A experiência da

Primeira Guerra Mundial influenciou as discussões internas das Forças Armadas durante o período entreguerras de modo a favorecer uma radicalização da guerra. Muitos consideravam o processo necessário, quando não inevitável. A próxima guerra havia de ser "total" — vários especialistas estavam de acordo nessa previsão.[61] Na disputa pela sobrevivência das nações, agora transferida para as massas de Exércitos e, na medida do possível, para toda a sociedade engajada, a distinção entre combatentes e não combatentes parecia ter se tornado anacrônica. O fato é que no período, apesar de alguns esboços, nenhuma regulamentação chegou a frear o processo de brutalização da guerra.[62] As grandes ideologias predominantes, o rechaço generalizado das ideias liberais, o desenvolvimento de novas armas e de bombardeiros estratégicos, os planos de mobilização cada vez mais ambiciosos — tudo isso condenava os esforços de contenção da violência inexoravelmente ao fracasso. E devemos acrescentar ainda as várias experiências diretas de violência entre os anos 1918 e 1939 (a guerra civil na Rússia, de 1918 a 1920; o massacre das revoltas na Alemanha, de 1918 a 1923; a Guerra Civil Espanhola, de 1936 a 1939; a guerra entre Japão e China, a partir de 1937), que vão definitivamente de encontro a qualquer tentativa de submeter a violência das guerras a alguma regulamentação restritiva. Tampouco o acordo da segunda Convenção de Genebra sobre o tratamento dispensado a prisioneiros de guerra (1929) conseguiu reverter esse quadro.

A dimensão assustadora da violência fora de controle durante a Segunda Guerra Mundial já foi muitas vezes descrita e explicada a partir da interação de fatores que dizem respeito à situação e à intenção dos agentes. Sobretudo a ideologização — como ocorreu nas guerras religiosas e coloniais — tende a fazer com que os inimigos não sejam mais reconhecidos como semelhantes, isto é, seres humanos com a mesma dignidade, e acabem executados de maneira sumária. Mas, enquanto a perspectiva do Alto-Comando político e militar está muito bem documentada graças aos arquivos oficiais, sabe-se ainda muito pouco a respeito do posicionamento individual dos soldados nessas questões. O que era um crime de guerra para eles? Que regras estavam estabelecidas no seu marco referencial?

Nos relatos dos soldados, o conceito de "crimes de guerra" não tem nenhuma importância, é quase tão irrelevante quanto os acordos da Convenção de Haia sobre Guerra Terrestre ou os da Convenção de Genebra. Para os soldados, o ponto de referência decisivo sempre foi o costume de guerra — aquilo que as pessoas costumam fazer nessa situação. E, logo que a guerra começou, todos os envolvidos já iniciaram uma batalha de submarinos desenfreada. Só essa guerra contabilizou no seu saldo de vítimas dezenas de milhares de navios mercantes. É evidente que eles não eram os inimigos a serem combatidos. Mas também não eram socorridos, porque os soldados pensavam estar arriscando com isso a própria vida. Ou simplesmente porque não davam a mínima para o que poderia acontecer. Reconhecia-se, porém, a regra que impedia de matar náufragos diretamente — são poucos os casos conhecidos em que se violou essa regra. Pelo lado alemão, na guerra aérea, ao menos até abril de 1942, também estavam proibidos os claros "ataques terroristas" contra populações predominantemente civis. Muito antes, contudo, como nós já vimos, a diferença entre alvos militares e civis havia sido suspensa entre os tripulantes dos bombardeiros. Tudo já havia se transformado em alvo — embora nada disso correspondesse às instruções oficiais do comando-maior da Luftwaffe naquele momento. Percebe-se aqui como o próprio exercício da violência já modifica as regras em questão e como esses limites de permissão acabam se expandindo cada vez mais. Mas isso não quer dizer que a guerra tenha recaído numa anomia: a proibição de "derrubar" pilotos no meio de saltos de emergência, por exemplo, foi mantida, a despeito das dezenas de milhares de civis britânicos mortos com a chuva de bombas alemãs e das centenas de pilotos britânicos destroçados por rajadas de metralhadora. No ar e na terra vigoravam regras distintas, mas duradouras — apesar das infrações. Como direito e costume de guerra sempre conviveram numa relação de reciprocidade, as regras estipuladas pelo direito internacional também não foram ineficazes nesse caso. Na pior das hipóteses, elas forneciam mais um marco referencial.

Se houve, no entanto, um lugar onde essas regras foram menos eficazes, esse lugar sem dúvida é a guerra terrestre. Quando pessoas são feitas prisioneiras, áreas ocupadas, isoladas, e guerrilheiros, combatidos, os modelos particulares de racionalidade tendem a prevalecer — como as medidas que devem ser tomadas para proteger as tropas ou para satisfazer suas necessidades materiais e mesmo sexuais. Nessas condições, a prática individual de violência torna-se possível e mais provável, basta pensar nos casos de estupro ou assassinato com motivação pessoal. Em outras palavras, em termos de tolerância à violência, o simples fato da guerra já inaugura um espaço social sem paralelos em períodos pacíficos; aqui a violência é mais esperada, mais bem-aceita e mais normal do que sob condições de paz. E assim como a dinâmica dos acontecimentos da guerra altera as condições de emprego da violência instrumental — como a conquista de territórios, a pilhagem de populações derrotadas, o estupro de mulheres etc. —, ela também altera as condições de exercício da violência autotélica, autossuficiente, "despropositada". As diferenças entre os tipos de violência são, sem dúvida, bastante fluidas, como também são extremamente tênues os limites que, de acordo com o direito internacional, separam a violência legítima da criminosa numa situação de guerra. Certamente, em muitos aspectos, o que os soldados contam nesses protocolos das escutas não é representativo só para os crimes de guerra praticados pela Wehrmacht — é típico para os crimes de guerra em geral.

Execuções, agressões e estupros de pessoas que, na condição de civis, nada têm a ver com as ações bélicas, tudo isso faz parte da rotina da guerra, bem como o assassinato de prisioneiros, o bombardeio de alvos civis em desacordo com as normas internacionais ou o terror promovido contra populações inteiras. Executar prisioneiros de guerra não era uma prática exclusiva da Wehrmacht; o mesmo foi feito, por exemplo, sobretudo por unidades soviéticas, mas também por tropas norte-americanas, e não apenas durante a Segunda Guerra Mundial. O comandante interino das tropas norte-americanas no Vietnã, o general Bruce Palmer, num ato de franqueza involuntária, contou: "De fato, os americanos cometeram crimes durante a Guerra do Vietnã, o que, na ordem de grandeza dos números, não difere em nada das guerras anteriores".[63] A afirmação evidencia uma característica inerente às proibições de comportamentos antijurídicos: ninguém pressupõe que elas *não* sejam violadas. A medida de tolerância e aceitação dessas infrações legais, contudo, varia tanto histórica quanto individualmente. No contexto de ações de combate no marco de uma guerra total, os soldados tendem a fazer uma interpretação bem extensiva dos excessos cometidos, se eles devem ser considerados legítimos e justificados ou não. O que só aconteceu na Segunda Guerra Mundial e a diferenciou dessa prática generalizada foi, em primeiro lugar, o extermínio, na forma de genocídio, de grupos de pessoas que nada tinham a ver com as ações de combate e, também na forma de genocídio, o tratamento dispensado aos prisioneiros de guerra russos. Nesses dois aspectos, vêm à tona as mentalidades ideológicas, mais precisamente racistas, que transformaram a estrutura de oportunidades da guerra na prática mais radical de destruição e extermínio que a modernidade conhecera até então.

E sobre o tema são encontrados nos protocolos das conversas interceptadas diversos relatos, mas não tantos quanto era de esperar tendo em vista a historiografia alemã do Terceiro Reich, voltada quase exclusivamente para os crimes nazistas. A razão é simples: aquilo que foi considerado posteriormente *o* traço distintivo da Segunda Guerra Mundial — na verdade só após algumas décadas de discussões sobre o próprio passado político — não era, aos olhos dos soldados, nada especial. A maioria tinha, sim, conhecimento dos crimes, não eram poucos os diretamente envolvidos, mas esses acontecimentos não ocupavam nenhum espaço privilegiado dentro do marco referencial dos soldados. Para eles era mais importante a própria sobrevivência, a próxima licença junto à família, os bens materiais que poderiam ser "arranjados" ou o que pudesse dar algum prazer — seja como for, não importava nada do que acontecia aos demais, aos outros, sobretudo àqueles que eram definidos no quesito racial como os "mais inferiores". Fundamental na percepção dos acontecimentos era o destino pessoal de cada um. O destino dos soldados inimigos ou da população ocupada só constituía objeto de algum interesse em casos isolados. Assim, tudo que podia ameaçar a própria vida, estragar a diversão de alguém ou criar problemas podia também se tornar alvo de ações cuja violência desconhecia quaisquer limites. Era, portanto, lugar-comum "dar cabo" dos guerrilheiros que presumivelmente matariam soldados alemães em emboscadas. Vingança era então uma justificativa muito eficiente. Essa postura era em geral completamente independente da posição política de cada um. O general de blindados Ritter von Thoma, um crítico ferrenho do nazismo, dizia a Lord Aberfeldy, um oficial do campo de prisioneiros britânico:

> Os jornais franceses sempre trazem estampado com orgulho indisfarçável um balanço mensal: tantas centenas de trens estourados, quantas fábricas incendiadas, 480 oficiais e 1020 soldados mortos. Todos para o inferno! — por que só eles têm o direito de sair matando as pessoas que capturam? Isso é a coisa normal que acontece, só que agora eles consideram tudo crimes de guerra. É uma tremenda hipocrisia.[64]

Ao lado da execução de prisioneiros de guerra, o combate contra guerrilheiros foi o marco pelo qual os soldados mais cometeram crimes de guerra. Aqui, a interpretação do direito internacional a cargo dos juristas militares alemães e a percepção dos próprios soldados se reuniram numa mistura funesta. O direito internacional público codificado não chegava a prescrever regras de comportamento claras para a guerra de guerrilha. Em relação aos direitos e deveres de uma potência de ocupação, a Convenção de Haia sobre Guerra Terrestre, de 1907, apresentava sérias contradições e deixava inúmeras questões em aberto. Comparativamente, o estatuto jurídico dos guerrilheiros trazia poucos problemas. Desde que cumprissem uma série de condições previamente determinadas (uniformização rudimentar, porte explícito de armas, clara estrutura de comando, respeito às leis de guerra), eles tinham a permissão de auxiliar o Exército regular de seu país na guerra defensiva. No entanto, a convenção não previa em parte alguma a continuidade desses combates para além do momento em que as ações de guerra propriamente já poderiam ser consideradas encerradas, fosse por meio de uma capitulação formal, fosse pela ocupação integral do território de um Estado. Faltava, portanto, a condição fundamental para atrelar ao direito internacional a resistência dos guerrilheiros, mesmo dos uniformizados, que ainda não cessara.[65]

Mas muito mais problemática e contraditória ainda era a regulamentação que a Convenção de Haia sobre Guerra Terrestre trazia acerca das medidas de retaliação. O artigo 50, por exemplo, só permitia a imposição de represálias intensas contra a população civil em caso de relações comprovadas entre agentes e seu respectivo campo de apoiadores — uma norma que abria um enorme espaço à interpretação. Nas discussões jurídicas do período entreguerras, jamais se chegou a um entendimento minimamente uniforme em torno dessa questão em quaisquer dos países, mas, com exceção da escola de direito francesa, a tomada de reféns, por exemplo, seria amplamente reconhecida como legítima. Em relação à execução dos reféns, os ânimos se dividiam. Só os juristas militares alemães, numa posição quase isolada, insistiam francamente na defesa dessa medida, alegando então, como forma de justificativa, a existência de uma "zona de combate". Mais tarde, nos processos judiciais sobre os crimes de guerra que ocorreram em seguida, essa controvérsia ainda ressurgiria. Nos processos de Nuremberg contra os principais criminosos da guerra, os juízes consideraram a execução de reféns, em princípio, ilegal; seus colegas, porém, nos processos seguintes, entenderam que o ordenamento jurídico então vigente acobertava esse tipo de ação. Nos dois casos mais recentes, as decisões que condenaram os acusados se fundamentaram exclusivamente nos excessos dessa prática por parte dos alemães (o índice de fuzilamentos por soldado chegava a 1:100).[66]

Desde os tempos da Reichswehr já se firmara a opinião de que qualquer formação de guerrilheiros deveria ser enfrentada com toda firmeza, pois, dizia-se, só assim era possível evitar um incêndio de rápida propagação: apagando-o na própria origem. Apesar de o método ter se comprovado bem pouco eficaz, o combate às ações de resistência desembocou — com diferenças regionais — numa espiral de violência de proporções jamais imaginadas. Execuções de reféns e civis inocentes, vilarejos inteiros incendiados — essas ações logo passaram a integrar a rotina da guerra, seus costumes, enfim, a prática geral. Nas suas principais características, esses costumes de guerra não eram em nada diferentes do que se havia feito para combater a resistência durante as guerras napoleônicas ou durante a Primeira Guerra Mundial. A novidade de fato estava na magnitude dessas ações. A rigorosa política alemã de ocupação também foi um dos motivos do número exorbitante de vítimas civis durante a Segunda Guerra Mundial — mais de 60% dos mortos. A diferenciação entre combatentes militares, alvos legítimos de ações de combate, e civis, não combatentes protegidos pela ordem jurídica, havia se dissolvido completamente.

Os protocolos das escutas das conversas entre os soldados mostram de maneira quase paradigmática como os soldados da Wehrmacht interpretavam o combate aos guerrilheiros. Comando e tropas, como os documentos comprovam, tinham opiniões bem parecidas a esse respeito. A "intervenção" firme, por exemplo, era justificada a partir de seu efeito psicológico:

> GERICKE: Na Rússia, no ano passado, uma pequena divisão alemã foi enviada a um vilarejo para uma incumbência qualquer. O vilarejo ficava numa região ocupada por alemães. A divisão foi atacada e todos morreram. Aí veio a expedição punitiva. Havia cinquenta homens no vilarejo. Desses, 49 foram fuzilados. O quinquagésimo foi posto para percorrer a região, anunciando o que acontece à população quando um soldado alemão é agredido.[67]

Ataques à própria tropa eram respondidos com violência brutal, como também relatam Franz Kneipp e Eberhard Kehrle. Eles não conseguem enxergar nada de repreensível nessas reações e chegam a defender que principalmente os guerrilheiros não podiam ser mortos sem alguma atrocidade.

KNEIPP: Ali estava acontecendo alguma coisa, o coronel Hoppe estava lá.

KEHRLE: Hoppe? Mas esse não é aquele cara conhecido, condecorado com a Cruz de Cavaleiro?[68]

KNEIPP: É, ele tomou Schlüsselburg. Ele dava ordens assim: "Vocês fazem com a gente, a gente faz com vocês", dizia, eles tinham que dizer quem havia enforcado (?) alemães, dar alguma pista, aí ficava tudo bem. Nenhum daqueles porcos abriu a boca, nem para dizer que não sabiam de nada. A ordem foi dada: "Todos os homens para fora, depois à esquerda", eles foram levados para a floresta, e aí você só ouvia — *rá-tá-tá-tá*.

KEHRLE: No Cáucaso, na 1ª Divisão de Montanha, quando derrubavam alguém da gente, não precisava nem de tenente para dar as ordens, era sacar a pistola, mulheres, crianças, o que passasse na frente deles tomava bala...

KNEIPP: Uma vez, com a gente, um grupo de guerrilheiros atacou um comboio de feridos e matou todo mundo; meia hora depois, eles já haviam sido pegos, perto de Novgorod, colocados dentro de um buraco na areia, aí foi tiro de metralhadora e pistola saindo de todos os lados para cima deles.

KEHRLE: Eles têm que morrer lentamente, não é para fuzilá-los. Por isso que os cossacos eram perfeitos para combater os guerrilheiros, eu vi como eles faziam no setor sul.[69]

É curioso notar que, em suas concepções sobre o Exército, Kehrle e Kneipp representam opiniões absolutamente distintas. Para Kehrle, a vida militar, em sua monotonia, era uma "estupidez", uma "merda"; para Kneipp, no entanto, era uma autêntica "educação".[70] Apesar de todas as diferenças no dia a dia de um rádio-operador em relação ao de um membro de infantaria da SS, eles estavam inteiramente de acordo quanto aos métodos utilizados para combater os guerrilheiros.

Muitas vezes a lei da guerra estabelece na prática normas que não coincidem com as que determina a lei do direito internacional. É diante desse pano de fundo que os soldados conversam sobre crimes de guerra até com certa tranquilidade e só muito raramente denotam alguma indignação; motivo de admiração, quando há algum, só o comportamento da população local. Seja como for, a investida contra toda forma de não cooperação nessas regiões ocupadas era encarada como imprescindível — e isso já em outubro de 1940, como mostra a seguinte conversa:

URBICH:* Aí se nota como a Gestapo vai atrás de qualquer coisinha. Ainda mais agora como ela vem trabalhando na Polônia.

HARRER:* E na Noruega também. Na Noruega eles tiveram um trabalhão agora.

STEINHAUSER:* Sério?

HARRER: É, foi o que me contaram...

URBICH: Derrubaram uma porção de oficiais noruegueses...

HARRER: Aposto que quando a gente ocupar isso aqui de verdade, a Inglaterra, a gente não vai poder passear por aí como na França.

STEINHAUSER: Eu não acho — essas são só as primeiras tentativas. Se imediatamente se acaba com 10% da população de uma cidade, aí fica tudo tranquilo. Isso não é problema; Adolf vai usar de todos os meios para impedir de cara qualquer ação dos franco-atiradores. Os senhores não sabem como se trabalha com a polacada? Ali basta estourar um tiro — aí, pronto, fodeu! É assim que eles fazem: na cidade ou no bairro onde os tiros foram disparados, todos os homens são apanhados. Para cada tiro que se escute na noite seguinte, ou nos próximos dias, atira-se num deles.

HARRER: Perfeito![71]

Chama a atenção que nessas conversas não haja qualquer reflexão acerca da legitimidade e adequação dessas formas de violência extrema contra a população civil. Essa questão não existe diante dos olhos dos soldados; as necessidades de "trabalhar", "investir" e "retaliar" são mais que evidentes para eles. É por isso que a única questão gira em torno do modo de se executar a ação, nunca do seu verdadeiro motivo. A exemplo do que já vimos em relação às histórias de aviões abatidos e navios afundados, os relatos sobre crimes também fazem parte das conversas normais do cotidiano. Em si, esses crimes não apresentam nada de especial; e apenas operações incomuns ou o comportamento extraordinário de algum soldado proporcionam histórias interessantes. É o caso da execução em massa depois do atentado contra Reinhard Heydrich:

KAMMBERGER: Eles liberaram os soldados na Polônia para que pudessem assistir às execuções, que eram públicas. Depois do caso Heydrich, executavam-se diariamente de 25 a cinquenta pessoas. Eles ficavam de pé num banquinho, tinham que colocar a cabeça dentro do laço e o próximo, que estava atrás, tinha que empurrar o banco, dizendo: "Meu irmãozinho, você não precisa desse banquinho".[72]

O aspecto sedutor da história não está, é claro, nas execuções em si, mas na sua encenação. Os soldados eram liberados para comparecer; as execuções previam rituais elaborados exclusivamente para humilhar as vítimas. Mas não são só os atos de violência explícita que se destacam, alguns personagens também sobressaem por seu comportamento individual durante essas práticas criminosas. Como conta o cabo Müller:

> MÜLLER: Havia guerrilheiros numa aldeia na Rússia. Quando é assim não tem nem dúvida, tem que pôr a aldeia inteira abaixo, sem se preocupar com possíveis perdas. Tinha um com a gente, [...] Brosicke, um berlinense; qualquer um que ele visse na aldeia, ele levava para trás do prédio e dava um tiro na nuca. Na época o garoto tinha vinte anos, ou quase vinte. Havia ordem de fuzilar um a cada dez homens da aldeia. "Ora, que história é essa de um a cada dez? As coisas são claras", disse aos colegas, "a aldeia inteira precisa ser erradicada." Então nós enchemos garrafas de cerveja com gasolina e deixamos em cima da mesa; quando saíamos, íamos lançando granadas de mão assim, como quem não quer nada. De repente tudo ardia em chamas — telhados de palha. Mulheres e crianças, todo mundo fuzilado; quase nenhum deles era guerrilheiro. Eu nunca fiz um disparo numa situação dessas, só quando eu tinha absoluta certeza de que eram guerrilheiros. Mas havia muitos colegas que tinham um prazer enorme com isso.[73]

No final, o cabo Müller acaba se distanciando claramente dessa modalidade de crime de guerra — ele jamais teria dado "um disparo numa situação dessas" —, mas conta detalhadamente, na primeira pessoa do plural, como atearam fogo nas casas. A partir dessas histórias podemos ver o que os soldados enxergavam como crimes e o que não, e, com isso, percebemos também o quão fluido era esse limite. Fuzilar mulheres e crianças era, para Müller, um crime, ao menos enquanto não estivesse claro se se tratava de fato de guerrilheiros; atear fogo em vilarejos, por sua vez, não ("Então não tem nem dúvida, tem que por a aldeia inteira abaixo, sem se preocupar com os possíveis estragos").[74]

No relato de Müller ainda salta aos olhos a introdução do berlinense Brosicke, um personagem referencial que assegura ao narrador um distanciamento positivo: o comportamento de Brosicke é, sem sombra de dúvida, criminoso, da mesma maneira que o de "muitos colegas que tinham um prazer enorme" com os assassinatos; já o comportamento de Müller, *em comparação com isso*, não.

Embora seja importante para os soldados respeitar o direito no exercício de suas atividades, um ponto de vista fundamental não pode ser desconsiderado: com a ajuda dessas diferenciações, cada um dos envolvidos encontra o seu devido lugar nesse contexto geral de práticas criminosas sem precisar atribuir moralmente a si mesmo a participação em qualquer violação de direito não justificada. Qualquer que seja a forma de se apresentar diante dos grupos em si heterogêneos de autores das execuções em massa e das chamadas ações judaicas, é precisamente a interpretação individual das exigências que garante o funcionamento da matança no seu conjunto.[75] Nessas situações, portanto, como mostram as reflexões acerca da "pressão de grupo" e da influência social, posturas e decisões individuais não são de forma alguma niveladas; é a própria diferenciação no interior dos grupos que os torna capazes de ação. Com apoio em Herbert Jäger, poderíamos caracterizar o que se sucede como ações individuais em estados coletivos de exceção.[76]

O cabo Diekmann conta os detalhes de seu combate a "terroristas" na França:

DIEKMANN: Trago nas costas um monte de terroristas, *tommies* nem tanto; só um comandante de blindados, era um tenente ou algo assim, que eu arranquei de dentro do tanque a tiros quando ele pensava em abrir a tampa para olhar toda aquela porcaria. Fora isso não lembro, é claro, assim, na guerra, já nem sei o que ainda não vi. Mas com os terroristas, aí eu era uma fera. Se eu via alguém e me parecia suspeito, eu partia logo para cima. Quando vi um camarada que eles acertaram todo ensanguentado ao meu lado, esses traiçoeiros, eu prometi a mim mesmo: "Esperem só!". Em Thilay, na marcha de retirada, eu marchando com eles tranquilo pelas ruas, um civil se aproxima, tira a mão do bolso, pistola, um disparo e lá se foi, meu colega cai no chão.

HAASE: Vocês o pegaram?

DIEKMANN: Que nada! Até finalmente nos darmos conta de que havíamos nos metido longe demais na Bélgica, onde já não havia mais nenhum *tommy*, ele [colega] já havia perdido muito sangue; aí eu só tive tempo de fechar os seus olhos. Ele ainda conseguiu dizer: "Franz, me vingue!". Atrás de nós vinha a companhia, tinha requisitado caminhões. Minha metralhadora na frente — eu tinha uma MG 42 —, bem na frente, lá em cima, direto nas janelas. Primeiro eu anunciei: "Todas as janelas fechadas, quero ver tudo desaparecendo dessas ruas!". Bobagem, não demos todo esse tempo para eles. O primeiro-sargento disse: "Espere um pouco, ainda não atire, eles ainda não terminaram!". Mas ele não tinha sequer acabado de falar e eu já tinha puxado o gatilho. Aí já se ouvia a rajada, todas as janelas sumiram nos ares, e tudo o mais que se metia a aparecer pelas ruas. Apareceu na rua, *bum*!, sabe, eu passei por cada uma das ruas transversais disparando contra tudo o que via. Aí, meu amigo, várias vezes caía um inocente, eu estava cagando para isso. Esses cachorros sem-vergonha, rapaz, rapaz... Um cara mais velho, casado, não sei, com quatro ou cinco crianças em casa, que eles despacham de maneira tão traiçoeira; aí você já não pode ter mais consideração com nada, isso é impossível. Teríamos ateado fogo em todas as casas, caso mais um único tiro fosse disparado. Nós partimos com a metralhadora para cima de trinta garotas belgas. Elas queriam assaltar o depósito de mantimentos alemão. Mas logo foram repelidas.

HASSE: E aí elas se mandaram?

DIEKMANN: Não, ficaram todas caídas no chão.[77]

Com base nesse relato, Diekmann poderia muito bem ser considerado um dos "muitos colegas que — como dizia Müller — tinham enorme prazer" em matar, mas aqui os personagens agem e contam suas histórias com absoluta independência. Interessante no relato de Diekmann é ele mencionar um motivo pessoal para a sua prática assassina — o disparo letal contra um "colega" e a promessa de vingar esse fato. Falta, porém, o menor sinal de transferência: Diekmann fala emocionado das "quatro ou cinco crianças" de seu colega baleado, mas não demonstra nenhuma preocupação com suas vítimas, que são mortas sem qualquer critério de seleção. Não se sabe ao certo quais são essas operações contra guerrilheiros a que Diekmann se refere. No entanto, o que se vê aqui é o que normalmente se sucedia: bastava um acontecimento isolado para os soldados perderem a cabeça, virarem "feras" e saírem por aí matando pessoas de forma aleatória. Em muitos casos, quando esses homens falam da morte de tais vítimas, não é sequer necessário fazer referência a possíveis motivos e razões — o campo de experiência comum dos soldados tornava supérfluas maiores justificativas. É por isso que o companheiro baleado também pode ser somente um elemento narrativo, inserido para deixar a história de assassinatos de Diekmann um pouco mais coesa e interessante (cf. p. 395).

No verão de 1944, a violência aumentaria tanto na França quanto na Bélgica. No decurso de apenas três meses, de junho a setembro daquele ano, a magnitude dos crimes atingiu nessa região uma dimensão até então desconhecida. Não surpreende, portanto, que os relatos desse período contenham tantas cenas de violência desmedida.

> BÜSING: Tínhamos um primeiro-tenente, Landig (?), aí uma vez um sargento nosso foi acertado pelos franceses e morreu. Cara, o velho ficou danado!
> JANSEN:* Foi agora, aqui nessa operação?
> BÜSING: Agora, há pouquíssimo tempo. Foi logo que nós chegamos... o primeiro-sargento tinha sido baleado por guerrilheiros. O velho não dizia nada, só a sua mandíbula parecia mexer pra lá e pra cá. Veio então a ordem, de golpe: "Acabem com tudo!". Aí começou, pelo vilarejo inteiro. O velho ainda soltou assim: "Se vocês, rapazes, deixarem um que seja com vida, eu acabo [com vocês] também". Entramos no vilarejo, todo mundo dormindo, ainda estava amanhecendo. Batemos na porta — nada. Arrombamos as portas a coronhadas. Havia uma mulherada. De blusa curta, de camisola ou de pijama, vestidas assim. "Fora, fora!" Todas foram postas no meio da rua.
> JANSEN: E onde foi isso?
> BÜSING: Perto de Lisieux-Bayeux, lá em cima.
> JANSEN: Mas então isso foi logo no comecinho da invasão?
> BÜSING: Sim, com certeza. Aí nós acabamos com todo mundo, pusemos *tudo* no chão; arrancando homens, mulheres e crianças da cama. Com o velho, não tinha perdão.[78]

É muito provável que o interlocutor de Büsing seja algum dos prisioneiros alemães cooptados como espiões para o serviço de informação britânico. O cabo paraquedista Büsing não suspeita de nada e se deixa conduzir por toda a conversa. Os acontecimentos que vivenciou lhe parecem tão normais que nem lhe ocorre omitir qualquer informação. Para ele, toda a sua história, por mais brutal que seja, se desenrola no plano das coisas que as pessoas já esperam — em circunstâncias semelhantes os ouvintes não se mostravam surpresos, tampouco comovidos. Os relatos só parecem provocar surpresa e indignação através da distância que os separa dos leitores de hoje em dia. Essa linguagem — a mais clara sobre a rotina de violência vivida pelos soldados — evidencia que não há nada nessas histórias capaz de tirá-los do sério. Nenhuma espécie de crime lhes causa estranheza. Mesmo quando se trata de matar mulheres e crianças, as conversas transcorrem com a maior naturalidade. Mais uma vez, é um paraquedista quem conta:

> ENZIEL: O primeiro-sargento Müller, de Berlim, um atirador de elite, acertava as mulheres que se aproximavam dos *tommies* com buquês de flores. Era certeiro… onde aparecesse qualquer coisa, ele mirava com todo sangue-frio e acertava em cheio os civis.
> HEUER:* E vocês atiravam nas mulheres também?
> ENZIEL: Só de longe. Elas nem sabiam de onde vinha o tiro.[79]

Embora pareça importante para Enziel, é difícil saber onde se encontra essa diferença entre a ação a "sangue-frio" do atirador de elite Müller e a sua própria ação de atirar de longe nas mulheres. Heuer, outro espião dos ingleses, tenta extrair o máximo de informação acerca dos eventuais crimes de guerra e chega a perguntar já num tom de rotina: "E vocês atiravam nas mulheres também?".

A exemplo de Enziel e Müller, o cabo Sommer também se vale de um personagem referencial, no caso o seu próprio primeiro-tenente:

> SOMMER: Na Itália também, em todo lugar que chegávamos, ele sempre dizia: "Primeiro vamos acabar com alguns deles!". E como eu falo italiano, sempre tinha uns trabalhos especiais para fazer. Ele dizia: "Eu quero que derrubem uns vinte, só assim a gente tem um pouco de paz, eles nem chegam a pensar bobagens!" (*risos*). Depois nós fazíamos um pequeno ataque, e a ordem era: "Se fizerem a menor estupidez, serão mais cinquenta".
> BENDER: Com que critério ele os selecionava? Saía atacando assim, de qualquer jeito?
> SOMMER: Isso. Assim, vinte pessoas: "Os senhores se dirijam para cá". Todos de pé no meio da praça, aí vinha um com três metralhadoras — *rá-tá-tá-tá* — eles ficavam caídos no chão. Era assim que funcionava. Então ele dizia: "Excelente! Seus porcos!". Ele tinha uma raiva dos italianos que você não acredita. No alojamento onde ficava o comando do batalhão sempre havia umas garotas bonitas. *Aí* ele não fazia nada contra os civis. Onde ele estava alojado, ele não fazia rigorosamente nada.[80]

A risada comum durante o relato dessas operações dá a entender que os dois soldados não veem, em princípio, nada de recriminável na história de Sommer. A reação de Bender, aliás, já deveria ser esperada. Ele pertencia ao Comando de Assalto da Marinha 40, uma unidade especial de nadadores de combate, conhecida por cultuar particularmente a firmeza.

O fato de o primeiro-tenente haver proibido a prática de crimes no local onde estava alojado é um detalhe interessante — pelo visto, o que ele não queria era correr o risco de se ver forçado a abrir mão de boas oportunidade de ter relações sexuais. Sommer continua contando, dessa vez sobre o que aconteceu na França:

SOMMER: O primeiro-tenente disse: "Agora você vai lá e traz para mim todos os civis, todos juntos!". A gente só tinha feito um reconhecimento local com blindados. "Em breve, de qualquer maneira, os americanos vão acabar aparecendo por aqui", disse ele, "então vamos ter, de qualquer jeito, uma boa refrega. É por isso que eu organizo as coisas agora de uma vez. Aqui temos dois grupos; com eles, a gente tem que apanhar tudo que tem de civis por lá." Imagine só ir atrás de uma cidade inteira com pelo menos entre 5 mil e 10 mil habitantes! Era no caminho da estrada principal que levava a Verdun. E ali já vem chegando o povo inteiro — eles os haviam sacado dos porões. Mas não pegaram nenhum guerrilheiro, terrorista, nada. O velho disse para mim: "Agora acabe com eles. É claro — com todos eles, não importa quem seja!". Só ali tinha mais de trezentos homens. Revistei quatro elementos e então disse: "Todos com as mãos para cima, quem abaixar a mão a partir de agora vai ser fuzilado". Com dois — eram dois garotos novos, de dezessete ou dezoito anos — eu encontrei munição, assim, pacotinhos de munição etc. Digo para eles: "Onde vocês arranjaram isso?". "É só uma recordação." "Mas justo três pacotes cada um?", eu disse. Em seguida eu retirei os dois — *téim, téim, téim*, três tiros, e eles ficaram ali caídos no chão. Aí, todos se assustaram. Eu disse: "Os senhores viram que não fazemos injustiças. Eles carregam munição — o que os senhores, como civis, estariam fazendo com três pacotes de munição?". Eu sempre tinha uma desculpa. Eles confessavam tudo. Talvez eles tenham dito: "Seu porco!" e coisas assim, mas eu disse: "Obrigado, esse é exatamente o motivo por que essas pessoas estão sendo fuziladas. Nós precisamos nos defender. Porque se eu deixo essa gente fugir agora com munição, e eles sabem onde há mais dela, então talvez eles atirem em mim e acabem comigo. Antes que eles façam isso, eu atiro neles, e os demais são averiguados. Que bom que os senhores não têm nenhuma munição, podem ir agora lá para baixo, com as suas esposas, três quilômetros adiante". Aí eles ficavam contentes e saíam. Eu nunca briguei para fazer nada. Fiz todo tipo de cagada, mas sem essa de "Porque eu quero!". Isso eu nunca fiz.

A unidade de Sommer, o Regimento de Granadeiros de Blindados 29, já havia sido responsável por inúmeros crimes na Itália.[81] A história da França se refere aos crimes praticados na comuna Robert-Espagne, na região de Lorena, onde, no dia 29 de agosto de 1944, a unidade assassinou ao todo 86 franceses.[82]

Sob dois aspectos Sommer toma uma posição de distância em relação aos acontecimentos que narra. Em primeiro lugar e ao contrário do comportamento de seu primeiro-tenente, ele ainda tenta justificar o fuzilamento de civis, procurando, por exemplo, descobrir munição junto com suas vítimas. Essa legitimação se dirige tanto para o exterior, para todos os que estão à sua volta, como para ele mesmo — parece que Sommer precisa de uma justificativa para aquilo que faz, precisa se assegurar de alguma maneira de que ali não se trata simplesmente de assassinatos. Em segundo lugar, ele ressalta não ter agido por livre e espontânea vontade — de fato ele também participou de "todo tipo de cagada", mas não lutou para isso. Mais uma vez implícita, é a mesma diferenciação entre soldados, já vista anteriormente no relato de Müller: mesmo no meio daqueles que cometem crimes, há agentes com maior ou com menor vontade — e a maioria preferia não pertencer ao grupo dos mais entusiastas.

O relato do sargento Gromoll fornece uma justificativa legalista para a maneira de executar o crime:

GROMOLL: Uma vez, na França, nós pegamos quatro terroristas. Primeiro eles são levados para a sala de interrogatórios e têm que responder onde arranjaram as armas etc., após isso são fuzilados de forma absolutamente legal. Aí chegou uma mulher dizendo que havia supostos terroristas escondidos em uma casa há uns dez dias. Imediatamente aprontamos uma tropa, que partiu para lá — de fato, havia quatro lá dentro. Estavam jogando baralho, essas coisas. Nós os prendemos porque supostamente eram terroristas. Você não pode fuzilar os caras assim no meio de um jogo de cartas. Então eles tentaram encontrar armas na casa, mas eu acho que as armas, ah, elas já deviam estar em alguma parte do canal. De algum jeito eles jogaram elas lá.[83]

Embora não seja possível reconstruir a história de Gromoll exatamente, ela indica pelo menos que é possível transformar jogadores de baralho em terroristas, ainda que *nenhuma* arma seja encontrada: eles podem muito bem ter jogado suas armas dentro do rio. Estratégias legalistas desse tipo parecem mostrar o quanto era importante para os soldados poder contar, em seus assassinatos, com uma estrutura formal, um marco que legitimasse suas ações, mesmo que elas fossem na verdade completamente arbitrárias. No Vietnã havia uma regra análoga: "Se está morto e era vietnamita, agora é um vietcongue". De modo muito parecido, o já mencionado cabo Diekmann fala dos fuzilamentos na França logo após a invasão dos Aliados:

BRUNDE: Por que então os terroristas atacaram a posição de vocês?

DIEKMANN: Eles queriam danificar os nossos aparelhos [de radar]. Era a missão deles. Também pegamos alguns terroristas ainda vivos. Logo em seguida, acabamos com eles também. Tínhamos ordens a cumprir. Uma vez eu fuzilei um major francês com as minhas próprias mãos.

BRUNDE: E como você sabia que ele era major?

DIEKMANN: Ele estava com os documentos. À noite houve um tiroteio. Ele vinha pedalando numa bicicleta. O nosso pessoal continuava atirando contra o vilarejo lá em baixo, com as metralhadoras apontando para dentro das casas. Toda a aldeia estava contaminada.

BRUNDE: Foi aí que você o parou?

DIEKMANN: Estávamos com dois homens, ainda havia um suboficial presente. Fizemos ele descer da bicicleta, revistamos os bolsos, munição — pronto, isso já bastava. Senão eu não poderia ter feito nada a ele, você não pode sair por aí estourando os miolos de alguém. O suboficial ainda perguntou se ele era um terrorista, ele não respondeu nada; se ele tinha algum desejo — nada. Recebeu um tiro atrás da cabeça. Nem se deu conta de que morreu.

Uma vez também executamos uma espiã imediatamente depois de descobri-la. Ela tinha uns 27 anos. Tinha trabalhado conosco fazia um tempo, na cozinha.

BRUNDE: Ela era da aldeia mesmo?

DIEKMANN: Da aldeia exatamente, não, mas morava lá afinal. A infantaria a trouxe pela manhã e, à tarde, eles já a tinham colocado no bunker e fuzilado. Ela confessou que estava trabalhando para o serviço secreto inglês.

BRUNDE: De quem veio a ordem, [??]?

DIEKMANN: Sim, como comandante ele podia fazer isso. Eu mesmo não atirei junto com eles, só presenciei o fuzilamento. Uma vez apanhamos uns trinta terroristas, havia mulheres e crianças no meio, metemos todos dentro de um porão... pusemos contra a parede e disparamos.[84]

O fuzilamento do major francês, portanto, também precisa de uma justificativa legalista: de novo os soldados encontram munição, parece claro que o major francês então é um terrorista. Na continuação de seu relato, chama a atenção ainda que Diekmann inclua crianças, sem mais nem menos, no grupo de terroristas — que sumariamente "colocamos contra a parede e disparamos". Mas esse fantasma — afinal, ninguém está livre de ser classificado como inimigo — não é uma peculiaridade dos crimes de guerra alemães. Há, por exemplo, registro de declarações semelhantes de soldados no Vietnã, a ponto de bebês serem reportados como vietcongues, quer dizer, alvos que podiam ser atacados a qualquer instante. Isso não tem nada a ver com loucura, trata-se antes do deslocamento de um marco referencial: na definição do inimigo, pertencer a determinados grupos é mais decisivo do que qualquer outro critério, como aqui, por exemplo, a faixa etária.[85] Segundo Joanna Bourke, que pesquisou como os soldados interpretam a prática de matar a partir de situações de diversas guerras, não é possível dizer, somente com base nesses marcos referenciais deslocados, que os soldados sentiam um prazer pessoal ao matar; constata-se, no entanto, que a matança de pessoas categoricamente definidas como inimigas, a sangue-frio, é uma peça importante dentro da prática do complexo normativo da guerra. Paradoxalmente, quando investigado pelas vias judiciais, esses casos são considerados exceções, contribuindo para a ideia equivocada de que as guerras ocorreriam, em sua maior parte, de acordo com o direito internacional, com uns poucos personagens eventualmente atuando fora do script. A violência autotélica, ainda de acordo com essa concepção, em vez de representar um aspecto sistêmico da guerra, seria uma simples e indesejada exceção. Mas quando são derrubadas as barreiras e se dá espaço para a violência — nossas conversas mostram justamente isso —, *qualquer* comportamento dos outros pode servir de pretexto para um disparo.

CRIMES CONTRA PRISIONEIROS DE GUERRA

Mas o que nós fazemos com toda essa gente? Temos que acabar logo com eles, não vão resistir muito tempo.[86]

Desde a Antiguidade, a prática de abusos e assassinatos de prisioneiros constitui, por assim dizer, um exemplo clássico de violência extrema na história dos conflitos militares. Com os Exércitos de massa da modernidade, porém, o fenômeno do aprisionamento de guerra atingiu uma dimensão completamente nova. Só na Primeira Guerra Mundial foram presos de 6 a 8 milhões de soldados.[87] Na Segunda Guerra Mundial, o número de prisioneiros já era de 30 milhões. A alimentação e o alojamento desses milhões de prisioneiros sempre foram um problema crônico. Logo na Primeira Guerra Mundial, 472 mil soldados das potências centrais morreram em prisões russas.[88] A Segunda Guerra Mundial também aumentou essas cifras significativamente. O maior crime da Wehrmacht, por exemplo, foi o massacre dos prisioneiros de guerra soviéticos. Havia entre 5,3 e 5,7 milhões de soldados do Exército Vermelho sob guarda alemã; desses, morreram entre 2,5 e 3,3 milhões, as estimativas variam (entre 45% e 57%). Morreram em campos de prisioneiros que estavam sob responsabilidade da Wehrmacht: 845 mil ainda na zona de administração militar perto do front; 1,2 milhão nos campos das zonas de administração civil, muito atrás da linha de combate; 500 mil no chamado Governo Geral, na Polônia; e entre 360 mil e 400 mil nos campos do Reich alemão.[89] Por um lado, esse número exorbitante de vítimas obedecia a um cálculo do comando-maior do Exército, que consistia simplesmente em abandonar os soldados a sua própria sorte e não tomar nenhuma medida para garantir a sua alimentação. Por outro, não se deixava escapar uma oportunidade de lembrar aos soldados seu dever de lutar "contra uma raça hostil e contra portadores de uma cultura inferior"; fazia-se um esforço para despertar um "sentimento saudável de ódio" no meio da própria corporação — era a única maneira de garantir que os soldados não mostrassem em combate "nada de sentimentalismo nem misericórdia".[90]

O front

Logo após o início das batalhas na União Soviética, em 22 de junho de 1941, já era possível perceber que as exigências em relação à firmeza de postura dos soldados não haviam sido em vão. Desde o primeiro dia, a Wehrmacht combateu com uma brutalidade enorme. Em alguns lugares, "a imagem de inúmeros cadáveres de soldados [soviéticos] jogados no caminho até a linha de combate [...], sem armas, com os braços levantados, nitidamente executados com tiros na cabeça à queima-roupa"[91] converteu-se num fenômeno amplamente reproduzido. Um fator decisivo para essa violência extrema foi a rápida confirmação, ao menos aparente, daquela imagem divulgada nos boletins informativos sobre o modo de condução de guerra do Exército Vermelho. Desde a Primeira Guerra Mundial, as Forças Armadas soviéticas se moviam num terreno bem além das fronteiras do direito internacional e dos costumes de guerra europeus. As histórias a respeito exageram a violência de fato até os limites da fantasia: "*Eu mesmo* vi na Rússia", conta o tenente Leichtfuss,

> seis soldados alemães com a língua pregada numa mesa. Dez soldados alemães, num matadouro em Vinnytsia, pendurados nos ganchos de carne. Doze ou quinze soldados alemães, num vilarejo em [Tetiev], metidos num poço, apedrejados a tijoladas, até que eles, enfim...

Seu interlocutor interrompe: "Esses soldados que estavam pendurados nos ganchos de carne, eles estavam mortos?". Schmidt então responde:

> Sim. Os que tinham a língua pregada também. Aí é claro que essas coisas eram aproveitadas como pretexto para uma medida de retaliação, não desse jeito grosseiro e animal, mas dez, vinte, cem vezes maior, simples assim, da seguinte maneira: quando se capturava uma tropa pequena, de uns dez até quinze, era quase impossível para um recruta ou para um suboficial transportar esses presos por cem ou 120 quilômetros de volta. O jeito era prendê-los em algum quarto. Aí jogavam umas três ou quatro granadas de mão pela janela.[92]

A divulgação de informações sobre o tratamento abusivo contra prisioneiros alemães — assim como a mutilação de feridos e a execução de soldados que já haviam se entregado — não cessou durante toda a guerra na Rússia. Os relatos dessas ocorrências são tão fartos e bem documentados que eles não podem estar embasados exclusivamente em fantasias. Hoje estima-se que de 90 a 95% dos prisioneiros de guerra alemães que caíram nas mãos do Exército Vermelho não sobreviveram à prisão; a maioria foi morta imediatamente no front.[93] No meio das companhias militares do front oriental, as notícias sobre os crimes russos praticados contra alemães feridos e aprisionados fortaleciam ainda mais a predisposição já existente para agir sem nenhuma piedade.

No começo de julho de 1941, o general Gotthart Heinrici escrevia à sua família:

> Por um lado, já não havia mais perdão para ninguém. Os russos se comportavam como animais diante de nossos soldados feridos. Então os nossos também passaram a arrebentar e a fuzilar tudo o que passasse pela frente de uniforme marrom. Nessa competição, a violência só fez aumentar de parte a parte, com o resultado de verdadeiras hecatombes.[94]

Nos arquivos oficiais de unidades da Wehrmacht encontram-se também inúmeros registros semelhantes. O diário de guerra da 61ª Divisão de Infantaria, por exemplo, documenta que, no dia 7 de outubro de 1941, três soldados da Wehrmacht foram encontrados mortos; em resposta, o comandante de divisão, já no dia seguinte, ordenou a execução imediata de 93 prisioneiros russos. Provavelmente, ocorrências como essas sequer chegaram a ser registradas, pois os soldados, como é o caso do tenente Schmidt, "acertavam" as coisas por sua própria conta, no nível mais baixo dos acontecimentos.

O assassinato de um sem-número de soldados do Exército Vermelho direto na linha de frente de combate estava intimamente relacionado à ideia de vingança e "retaliação". Outro fator a ser considerado é o caráter absolutamente peculiar dos combates propriamente ditos em comparação com o que se deu, por exemplo, na Polônia, na França ou na Iugoslávia. O Exército Vermelho oferecia uma resistência com firmeza inacreditável; muitos soldados russos preferiam se defender até a morte a se deixarem aprisionar. Disputadas de maneira ferrenha, batalhas corpo a corpo causavam invariavelmente perdas enormes e levavam a uma escalada da violência. O suboficial Faller responde à pergunta:

SCHMIDT:* O que vocês faziam com esses garotos?
FALLER: Dávamos baixa. Mas a maioria já tinha morrido na batalha. Não se entregavam de jeito nenhum. Várias vezes a gente quis levar alguns rapazes como prisioneiros; quando já não tinham mais nenhuma esperança, eles ficavam segurando uma granada de mão acionada bem na frente da barriga. Não atirávamos de propósito, porque os queríamos vivos. As mulheres também iam para o combate como feras.
SCHMIDT: E aí o que vocês faziam com as mulheres?
FALLER: A gente fuzilava elas também.[95]

Os fatos narrados por Faller mostram mais uma vez que, entre os integrantes do Exército Vermelho, o grupo feminino estava sujeito a um perigo bem particular, já que mulheres combatentes simplesmente não constavam do marco referencial dos soldados alemães. Ao serem denunciadas como "mulheres-escopetas", era-lhes negado o status de combatentes, e assim todas se tornavam imediatamente "guerrilheiras". Essa é a razão por que elas foram vítimas de tantas práticas abusivas, até com mais frequência que os homens do Exército Vermelho.[96]

Junto à obstinação de muitos soldados vermelhos em combater até a morte, a forma de guerrear do Exército Vermelho também irritava os soldados alemães. Eles chegavam a simular ferimentos e a se fazer de mortos, para depois retomar a batalha pelas costas do inimigo. Para os soldados alemães isso representava uma violação brutal dos costumes de guerra. A malícia, é certo, não havia sido expressamente condenada na Convenção de Haia sobre Guerra Terrestre, mas ela representava uma infração contra as regras não escritas da luta franca, de um combate aberto. Essas artimanhas já haviam sido previstas nos boletins informativos do comando-maior do Exército, ainda nos momentos preparatórios da campanha na Rússia; às tropas alemãs cabia então prevenir-se com toda brutalidade. Ainda no fim de 1941, por exemplo, um regimento da 299ª Divisão de Infantaria emitia o seguinte comunicado: "Inconformada com o modo de combater insidioso do inimigo, a tropa não fará mais prisioneiros". Dessa mesma maneira eram interpretados os ataques incendiários da retaguarda, a aproximação quase amistosa ao inimigo e o repentino abrir fogo a curtas distâncias, a passagem facilitada dos pontas de lança inimigos com o subsequente ataque pelas costas, enfim, modos de condução de guerra comuns que, embora ainda pouco usuais para os alemães, acabavam pesando sobre os ombros dos soldados do Exército Vermelho. O soldado Hölscher ouviu um amigo falar sobre essas coisas:

> "O jeito de combater dos russos", ele dizia, "era sinistro. Eles deixavam a gente se aproximar até uns três metros de distância, aí moíam a gente. Imagina só, eles deixavam a gente chegar bem pertinho. Mas quando a gente agarrava eles, massacrava na hora, enchíamos a cabeça deles de coronhadas." Eles se enterravam nos campos — cada pedacinho de terreno era conquistado à custa de muita batalha. [...] Ficavam sentados em cima das árvores e atiravam apontando para baixo; ele dizia que esses cachorros eram tão fanáticos que ninguém podia acreditar. O que acontece na Rússia é realmente sinistro.[97]

Na ótica dos soldados, diante do que faziam os soldados vermelhos, seu próprio comportamento não constituía nenhum crime, a despeito do que pudesse dizer o direito internacional. A prática dos russos parecia justificar o fuzilamento de prisioneiros, não ocorria a nenhum soldado alemão pensar que eles também poderiam ter procedido de outro modo.

Logo nas primeiras semanas da guerra na Rússia, estabeleceu-se um novo costume de guerra alheio a todas as regras do direito internacional. O exercício da violência não era algo estático, mas sujeito a constantes transformações — de acordo com as condições estruturais, pessoais e situacionais. Tanto assim que a violência extrema chegou a diminuir no fim do verão e no outono de 1941. Mas no inverno de 1941 para 1942, quando o Exército do Leste se viu obrigado a recuar sob circunstâncias quase caóticas, voltaram as ocorrências frequentes de fuzilamentos de prisioneiros de guerra em série, simplesmente porque eles não podiam ser transportados.[98] Fases de escalada e arrefecimento da violência se intercalaram até o fim da guerra.

Da mesma maneira, no meio dos protocolos também se encontram algumas passagens em que os soldados afirmam que se recusaram a praticar crimes contra prisioneiros de guerra. O Untersturmführer da ss Walter Schreiber relata um caso desses de recusa e conta de seu assombro diante da execução de um prisioneiro de guerra:

SCHREIBER: Uma vez capturamos um prisioneiro; a pergunta era se devíamos liquidá-lo ou deixá-lo ir embora. Aí nós o mandamos seguir em frente, queríamos lhe dar um tiro pelas costas. Ele tinha 45 anos. Fez o sinal da cruz, aí fez um "*rã-rã*" (*imita alguém murmurando uma oração*), como se já soubesse de tudo. Não consegui atirar. Eu pensei nele com uma família, crianças, sei lá. Depois fui até a secretaria para dizer: "Não vou fazer". Saí e não consegui mais vê-lo.
BUNGE: Então você acabou com ele afinal?
SCHREIBER: É, acabaram com ele, mas não fui eu. Eu estava completamente chocado, isso me rendeu três noites sem dormir.[99]

Note-se que o tenente da Marinha Bunge conta com outro desenrolar da história, isto é, ele espera que Schreiber tenha "acabado" como prisioneiro. Nesse tipo de conversa, o que foge do comum não é um prisioneiro ser executado, mas justamente quando isso *não* acontece. O cabo Grüchtel conta uma história semelhante:

GRÜCHTEL: Uma vez, quando eu estava em Riga, precisei de alguns prisioneiros russos para fazer faxina, aí fui lá e busquei alguns — cinco. Então eu perguntei ao recruta o que deveria fazer com eles depois que eu não precisasse mais; ele disse: "Dá um tiro e deixa eles no chão". Bem, não foi o que eu fiz, entreguei todos exatamente no local onde tinha ido buscá-los. Isso não se faz.[100]

Histórias como essas, sobre cuja autenticidade não dispomos de quaisquer informações, só muito raramente aparecem no nosso material. Isso não permite afirmar que um comportamento humano quanto ao tratamento de prisioneiros de guerra ou da população em regiões ocupadas não tenha, no geral, ocorrido com uma frequência maior. A única coisa que o material registra é o pouco valor comunicativo do que, do ponto de vista atual, nós chamaríamos de comportamento "humano". As histórias que, segundo os critérios atuais, descrevem comportamentos desumanos — e que normalmente são contadas da perspectiva da primeira pessoa — aparecem com muito mais frequência do que aquelas de "bons" comportamentos, de acordo com as normas hoje vigentes. Agir bem, portanto, pelo que as conversas mostram, não fazia ninguém se sair melhor, não era motivo de nenhum apreço especial, pelo contrário: onde matar é uma prática geral e um mandamento social, o comportamento pró-social diante de judeus, prisioneiros de guerra russos e outros grupos rotulados inferiores constitui uma infração. Histórias de comportamentos similares ainda tiveram de esperar muitos anos, mesmo no pós-guerra, para serem consideradas, do ponto de vista normativo, mais significativas do que, por exemplo, as que os soldados contam nos protocolos em geral. Só então foram introduzidas outras nuances nas narrativas. É bem provável, portanto, que as histórias ausentes sobre comiseração e empatia, ou simplesmente sobre um trato correto com os prisioneiros, fossem recebidas naquele tempo com algum desdém e, por isso, sequer eram contadas. Talvez essas coisas não viessem mais à tona porque o marco referencial em que "os outros" e seus respectivos modos de comportamento estavam ordenados nem ao menos previa empatia. Já que histórias de desumanidade impune permaneceram quase sem comentário crítico, podemos concluir que eram elas que descreviam a normalidade da guerra, e não as que contavam justamente o contrário.

Campos prisionais

A maioria dos soldados vermelhos sobreviveu aos primeiros dias após a prisão. Logo no caminho para os campos de prisioneiros de guerra, no entanto, começava um verdadeiro martírio.

> GRAF: Na infantaria, quando tiveram de transferir os russos para a retaguarda — eles contavam —, os presos ficaram três ou quatro dias sem receber nada para comer e já não se aguentavam em pé. O sentinela os acompanhava, até que um deles lhe deu um golpe na cabeça e ele caiu morto. Imediatamente os outros já estavam em cima dele, destroçando-o para devorá-lo do jeito que estava.[101]

O canibalismo era um fenômeno sempre sublinhado nesses relatos. É o que conta também o primeiro-tenente Klein: "Quando algum miserável morria, era comum os russos nem esperarem que ele esfriasse para devorá-lo. Não estou exagerando".[102]

O coronel Georg Neuffer e o tenente-coronel Hans Reimann testemunharam com os próprios olhos um comboio de prisioneiros em 1941:

NEUFFER: O comboio dos russos voltando de Viazma[103] foi um horror!

REIMANN: Foi mesmo, um verdadeiro horror — eu acompanhei esse comboio de Korosten até bem perto de Lemberg [Lviv]. Eles eram retirados dos vagões feito animais e recebiam golpes de cassetete até formarem uma fila e serem levados ao bebedouro. Nas estações ferroviárias, eles se amontoavam nos comedouros feito animais, bebiam água e recebiam só uma coisinha assim para comer. Depois todos eram empurrados de novo para dentro dos vagões — chegavam a meter setenta homens em um único vagão de gado! A cada parada eles tinham que retirar uns dez corpos, das pessoas que morriam sufocadas devido à falta de oxigênio no interior desses vagões. Assim que tomei conhecimento, segui até o vagão dos sentinelas e perguntei ao primeiro-sargento, um estudante, um homem de óculos, enfim, um intelectual: "Há quanto tempo você já está fazendo isso?". "Bem, já estou há quatro semanas nessa, mas eu não aguento muito tempo mais, tenho que sair já, agora, não suporto mais isso!" Nas estações, os russos olhavam através daquelas frestas mínimas e urravam em russo, feito animais, pedindo para os moradores russos que estavam por ali: "Pão! Deus abençoará vocês" etc., e atiravam suas camisas velhas, suas últimas meias e sapatos, aí as crianças se aproximavam trazendo abóboras para eles comerem. Elas eram jogadas no interior dos vagões e depois só se escutava um ruído e um berro animal, provavelmente eram eles se trucidando lá dentro. Eu estava *esgotado*, sentei-me num canto e cobri a cabeça com o casaco. Perguntei ao sargento da guarda: "Eles não têm nada para comer?". Ele me respondeu: "Senhor tenente-coronel, e de onde nós tiraríamos isso? Não tem nada preparado!".

NEUFFER: Não, de fato não é possível, é um horror inacreditável. E o comboio depois da batalha dupla de Viazma e Briansk? Os prisioneiros tiveram que voltar a pé até bem para lá de Smolensk. Eu fazia esse trecho com alguma frequência — as trincheiras estavam repletas de russos fuzilados. Era horrível passar por lá de carro![104]

A mortalidade em massa de prisioneiros russos por causa da alimentação absolutamente precária começou logo no final do verão de 1941 e atingiu o seu ponto mais alto no inverno, só decaindo, provisoriamente, na primavera de 1942. Até aí já haviam morrido em torno de 2 milhões de prisioneiros do Exército Vermelho. Apenas no outono de 1941, quando a economia de guerra alemã passou a enfrentar cada vez mais o problema da falta de mão de obra, houve uma certa reviravolta na política de prisioneiros de guerra. Os alemães tiveram

Prisioneiros de guerra soviéticos a caminho de um campo prisional, julho de 1942, setor sul do front oriental. (Fotógrafo: Friedrich Gehrmann, BA 183-B 27 116)

então de reconhecer o valor instrumental daqueles seres humanos que, na verdade, eles preferiam ver morrer de fome. De qualquer maneira, o comando da Wehrmacht não podia determinar uma mudança radical, ainda que houvesse alguns soldados que brigassem pela vida dos presos e protestassem — sem sucesso — contra o tratamento cruel.[105]

As terríveis condições nos campos de prisioneiros aparecem mais nos protocolos das escutas do que as execuções no front. A mortalidade em massa, de dezenas de milhares de prisioneiros, representava, mesmo para os guerreiros do leste, um acontecimento extraordinário:

> FREITAG: Cinquenta mil prisioneiros russos entraram na cidadela de Deblin (?). Não havia um espacinho sequer livre — eles conseguiam ficar de pé, mas só com muita dificuldade podiam se abaixar, de tão cheio que estava. Em novembro, ao chegarmos a Templin, ainda havia 8 mil lá, os demais já haviam sido despachados. A epidemia de tifo tinha acabado de começar. Um sentinela nos disse: "Há tifo no campo, talvez leve uns catorze dias, e então todos os prisioneiros russos estarão

mortos, e os polacos também. Os polacos — os judeus". Bastava eles se darem conta de alguém com tifo para todo o local ser evacuado imediatamente.[106]

Não se pode dizer que os soldados alemães não tinham noção do que acontecia, alguns sabiam perfeitamente que o número dessas mortes chegava aos milhões. O sargento Freitag, da Luftwaffe, dizia em junho de 1942: "Até o Natal nós tínhamos feito 3,5 milhões de prisioneiros. De todos esses aí, se 1 milhão tiver sobrevivido ao inverno, já é muito".[107] E o primeiro-tenente Verbeek, do Regimento de Artilharia 272, mostra sua indignação diante de um camarada:

> VERBEEK: O senhor sabe quantos prisioneiros russos sucumbiram no inverno de 41 para 42? Dois milhões literalmente pereceram, sem receber nada para comer além das vísceras de animais, que os caminhões traziam do matadouro para o campo e que eles devoravam.[108]

O massacre de prisioneiros russos, a "liquidação" dos soldados em combate e os fuzilamentos em massa como medida de retaliação eram favorecidos pelas concepções de superioridade racial, que imperavam no Exército oriental. O simples fato de considerarem que os russos eram um "povo inferior",[109] ou mesmo "uns animais",[110] que "o russo [era] uma pessoa completamente diferente, um asiático"[111] — tudo isso favorecia, sem dúvida, a disposição para a prática de atos violentos. No entanto, histórias sobre a mortalidade em massa nos campos mostram que havia uma certa empatia; pelo tom dos relatos, às vezes se percebe um juízo quanto à injustiça e crueldade daquele tratamento. Para isso também foi importante a substituição da imagem do soldado vermelho judeu-bolchevique, demonizada pela propaganda, por uma representação muito mais complexa — e não foram raras as realizações dos soldados russos a despertar uma profunda admiração por parte dos alemães. A vida no interior modificou igualmente a forma com que os alemães enxergavam a cultura russa e o modo de vida da população civil num clima tão inóspito: os russos eram vistos de forma cada vez mais diferenciada e chegavam a ser parcialmente interpretados como positivos. Além disso, logo haveria em torno de 1 milhão de russos como voluntários nas fileiras da Wehrmacht — uma circunstância que haveria de modificar a imagem "do" russo definitivamente.[112]

A empatia também resulta da situação em que se encontram os interlocutores, que, embora agora sejam igualmente prisioneiros de guerra, recebem um tratamento muito melhor. Diante desse cenário, o contraste entre o trato dos alemães com os prisioneiros de guerra russos e o dos Aliados com os prisioneiros de guerra alemães se torna gigantesco.

Por outro lado, nos campos britânicos que foram espionados, havia ainda soldados que consideravam o tratamento dispensado a prisioneiros de guerra russos excessivamente humano. Como o tenente-general Maximilian Siry, que, no dia 6 de maio de 1945, dizia:

O tenente-general Maximilian Siry. (BA 146-1980-079-67)

SIRY: As pessoas não podem ficar dizendo isso alto por aí, mas a gente foi mole demais. Isso mesmo, e agora somos nós que estamos lascados com todas essas crueldades. Se a gente as tivesse realizado integralmente — e sumido com todo mundo, sem exceção, ninguém falaria nada. O erro é sempre fazer as coisas pela metade. Uma vez fiz uma recomendação às tropas no leste — a situação era tal que milhares de prisioneiros regressavam sem nenhum sentinela acompanhando, pois simplesmente não havia ninguém por lá. Na França as coisas funcionaram porque os franceses são tão corrompidos que bastava lhes dizer: "Você vai ali atrás e se inscreve no registro de prisioneiros", e esses macacos idiotas de fato iam lá para se cadastrar. Mas na Rússia a linha de frente dos blindados ficava uns cinquenta ou oitenta quilômetros afastada do próximo recinto fechado, portanto uns dois ou três dias de caminhada. De repente lá atrás não havia mais nenhum russo, todos eles iam fazendo passo mole, depois saíam correndo para a direita e para a esquerda, metendo-se pelas florestas, onde poderiam viver sem maiores preocupações. Foi então que eu disse: "Assim não dá, basta a gente arrancar uma perna deles, quebrar uma perna ou o braço direito para que eles não possam combater pelas próximas quatro semanas, assim a gente consegue mantê-los reunidos". Tivemos que aguentar o berreiro, pois, como eu disse, as pernas eram arrancadas assim mesmo, a cacetadas. É claro que naquela época eu ainda não conseguia aceitar isso muito bem, mas hoje eu reconheço que está certo. Vemos agora que não somos capazes de fazer uma guerra porque não somos firmes o bastante, não somos bárbaros o suficiente. Os russos não precisam fazer nada para ficar assim: já são.[113]

EXTERMÍNIO

> *O Führer criou muitos problemas no exterior pela sua maneira de tratar a questão judaica. O que é também uma falta de tato. Você vai ver quando a história for escrita: farão muitas críticas a ele apesar de todas as suas grandes realizações.*[114]
> *Sim, mas isso é inevitável. Todo indivíduo comete erros.*[115]

Realizada pelo Instituto de Pesquisa Social de Hamburgo, a exposição "Crimes da Wehrmacht" desencadeou um dos maiores debates histórico-políticos da República Federal da Alemanha. De 1995 a 1999, essa documentação dos crimes de guerra e do envolvimento da Wehrmacht no extermínio de judeus foi exibida em inúmeras cidades, com frequência provocando certa indignação, sobretudo das pessoas mais velhas, muitas vezes antigos soldados. Desde então, diz-se, o mito de uma Wehrmacht imaculada teria desaparecido definitivamente. Nas discussões sobre a exposição, no entanto, chamou atenção a contestação veemente de muitos ex-combatentes quanto a qualquer participação da Wehrmacht no Holocausto. Como mostram nossos protocolos, esse tipo de reação não é resultado de nenhum mecanismo de "recalcamento": muitos crimes que hoje seriam vinculados à guerra de extermínio e ao Holocausto eram classificados de maneira completamente diferente naquela época — como combates contra guerrilheiros, por exemplo. Trata-se portanto de dois marcos referenciais distintos: o do próprio período e o atual.

Mas ainda há algo nos protocolos que merece ser destacado: eles confirmam que muitos soldados tinham um conhecimento detalhado do processo de extermínio dos judeus — alguns aspectos que eles abordam não foram até hoje investigados. Só que eles não estabelecem nenhuma relação entre esse conhecimento e as suas próprias ações — ainda durante a Segunda Guerra Mundial, a maioria dos soldados já sabia que unidades da Wehrmacht haviam cometido diversos crimes de guerra, inclusive participado inúmeras vezes de fuzilamentos sistemáticos de judeus nas regiões ocupadas — como executores, espectadores, coautores, ajudantes, comentaristas etc. Muito raramente também como fatores de desarticulação, na figura de alguns oficiais, por exemplo, que fizeram reclamações, salvaram vítimas ou, como numa operação absolutamente espetacular, impediram a SS, com emprego de armas, de executar um grupo de judeus.[116] Tais ações eram desde logo isoladas e excepcionais; entre os 17 milhões de integrantes da Wehrmacht, Wolfram Wette estima o número de casos de "resistência salvadora" em algo em torno de uma centena.[117]

Nenhuma grande operação de fuzilamento — como a de Babi Yar, onde em dois dias foram executadas mais de 30 mil pessoas — era realizada sem a participação da Wehrmacht. O conhecimento sobre tudo o que vinha acontecendo na Rússia desde meados de 1941, com seus antecedentes na Polônia, já era grande demais para permanecer contido no círculo de autores e observadores imediatos. A comunicação a partir de boatos e rumores torna-se um meio especialmente dinâmico e interessante quando se deseja manter segredo acerca de relatos monstruosos, restringindo-se espaço para obter informações. Nos protocolos das escutas, conversas sobre os crimes em massa praticados contra judeus só aparecem raramente, apenas em 0,2% dos casos. Aqui, no entanto, esse número absoluto não é tão relevante, uma vez que, no marco referencial dos soldados, de uma maneira ou de outra, crimes em geral não tinham nenhum papel de destaque. Seja como for, as conversas evidenciam que, na prática, todos sabiam, ou ao menos intuíam, que os judeus estavam sendo executados. Sobretudo o modo de falar sobre esses crimes é surpreendente para o leitor de hoje.

FELBERT: Você também já esteve em lugares de onde os judeus foram expulsos?
KITTEL: Sim.
FELBERT: Toda a operação executada meticulosamente?
KITTEL: Sim.
FELBERT: Mulheres, crianças, tudo?
KITTEL: Tudo. Um horror.
FELBERT: Aí eles eram colocados nos trens?
KITTEL: Sim, mas só se dessem a sorte de serem colocados nos trens. Eu vivi cada coisa! Mandei então um soldado para lá e disse: "Ordeno agora que se acabe já com isso. Não quero mais nem ouvir falar dessas coisas". Na Letônia, por exemplo, perto de Daugavpils, ocorreram fuzilamentos em massa de judeus.[118] Era o pessoal

da SS ou do Sicherheitsdienst (SD) [Serviço de Segurança]. O SD estava lá com mais ou menos quinze homens e havia, digamos, sessenta letões ali, que, como todos sabem, são considerados os homens mais brutais do mundo. Numa manhã de domingo, eu ainda estava deitado na cama quando ouvi duas salvas e logo em seguida os disparos de armas leves. Me levantei, saí e então perguntei: "Que tiroteio é esse aqui?". O ordenança me respondeu: "Senhor coronel, o senhor precisa ir lá para ver o que aconteceu". Eu me aproximei um pouco e já foi o bastante para mim. Trezentos homens e mulheres foram retirados de Daugavpils para cavar uma cova comum e depois marchar de volta para casa. No dia seguinte, eles voltaram, homens, mulheres e crianças, foram contados, completamente despidos, e então os algozes primeiro amontoaram todas aquelas roupas. Depois vinte mulheres receberam ordem de se posicionar na beira da cova, nuas, foram baleadas e caíram lá dentro.

FELBERT: Como é que se fazia isso?

KITTEL: Elas estavam de frente para a cova; chegaram vinte letões e deram um tiro de fuzil na nuca de cada uma, todos de uma vez. Em torno das covas havia uma espécie de degrau, de modo que elas ficavam um pouco mais abaixo. Assim os tiros vinham de cima, direto na cabeça, arremessando quem estava na frente para dentro da cova. Depois vieram vinte homens, que foram estourados da mesma forma, com uma salva. Era só um dar o comando que vinte pessoas caíam dentro da cova como em fatias. Esse era o momento mais terrível, foi nessa hora que eu saí e falei: "Tenho que intervir".[119]

O tenente-general Heinrich Kittel, ex-comandante de Metz, relata esse episódio no dia 28 de dezembro de 1944. Em 1941, na qualidade de coronel da reserva do Grupo de Exércitos Norte, ele estivera em Daugavpils, onde, entre julho e novembro, cerca de 14 mil judeus foram executados. O papel que ele mesmo desempenhou nesses fuzilamentos nunca pôde ser reconstruído com base nas fontes históricas; sua própria narrativa reconstitui a situação da perspectiva de um observador indignado. As possibilidades de intervir na situação narrada eram, para Kittel, um oficial de alta patente, consideráveis; em contraste com simples soldados, ele não tinha de permanecer no papel de um espectador passivo, como aliás mostra o final do trecho transcrito, mas podia muito bem fazer alguma coisa. No meio dos protocolos, os relatos a partir da perspectiva de um observador são bastante comuns; toda participação ativa nos acontecimentos permanece, em regra, às escuras. É a forma de os narradores se posicionarem no inofensivo papel de repórteres — um modo de narrativa muito comum em entrevistas com testemunhas diretas, mesmo nos dias atuais. Nem mesmo a riqueza de detalhes com que Kittel conta sua história foge de certa normalidade — operações de fuzilamento oferecem material para conversas e pretexto para lucubrações e questionamentos acerca de culpa e responsabilidade.

Duas coisas, porém, podem assustar os leitores atuais. Em primeiro lugar, só muito raramente as perguntas são tão insistentes como nesse caso, com Felbert. Pelo contrário, em geral, embora os episódios narrados contenham em seus detalhes sempre algumas surpresas para os ouvintes e interlocutores, o processo de extermínio como um todo — é a impressão que se tem — não representava nada inesperado para ninguém. Pois Felbert também pergunta pelos "vagões", um detalhe que pelo visto ele já conhece muito bem. De fato, quase não se encontram passagens nas quais os ouvintes se mostrem completamente surpreendidos, e menos ainda passagens em que o relato seja posto em dúvida ou mesmo refutado. O extermínio de judeus, podemos formular sucintamente, era parte de um mundo conhecido pelos soldados — e numa medida muito maior do que as pesquisas mais recentes[120] sobre o tema fazem supor. Sem dúvida, nem *todos* sabiam de *tudo*, mas nos protocolos das escutas aparecem todos os detalhes do extermínio, inclusive as mortes provocadas por monóxido de carbono dentro de caminhões e as posteriores exumações e incinerações dos corpos no que ficou conhecido como "Ação 1005" (cf. p. 202). Além do mais, contava-se uma infinidade de rumores acerca do extermínio e, diante desse pano de fundo, pode-se constatar que quase todos sabiam que os judeus estavam sendo mortos.

Em segundo lugar, as histórias narradas contêm frequentemente — da perspectiva atual — reviravoltas inesperadas. Enquanto, na condição de ouvintes do século XXI, esperamos saber ansiosamente a maneira como Kittel tentou impedir as execuções, a tônica de sua história se revela completamente distinta:

KITTEL: Entrei no carro, fui até onde estava esse pessoal do SD e disse: "Proíbo de uma vez por todas esses fuzilamentos lá fora, onde as pessoas possam observar tudo. Se vocês executam as pessoas na floresta ou em qualquer outro lugar que ninguém vê, aí o problema é de vocês. Mas eu simplesmente proíbo vocês de atirarem mais um dia sequer lá fora. A água que bebemos vem de poços profundos, daqui a pouco a gente tira água de cadáver dali". Eu estava no balneário de Meschems,[121] ao norte de Daugavpils.[122]

Apesar de esparsos "um horror" e "o momento mais terrível", as críticas de Kittel ao que acontece ali são sobretudo de natureza técnica: os fuzilamentos poderiam, sim, ocorrer, desde que num local diverso. Incomodava-lhe a visibilidade das execuções, assim como o perigo de contaminação, já que, pelo visto, os agentes sequer haviam pensado no abastecimento de água potável. Mas não é isso que interessa a Felbert, ele quer saber como a história continua:

> FELBERT: O que eles fizeram com as crianças?
> KITTEL (*visivelmente irritado*): Crianças, criancinhas de três anos, eram agarradas assim pelos cabelos e suspendidas para levarem os tiros de pistola, depois eram arremessadas lá dentro. Eu vi com os meus próprios olhos. As pessoas podiam ver tudo, elas estavam a apenas trezentos metros de distância, no ponto onde o SD bloqueara a passagem. Havia letões e soldados alemães que observavam tudo o que se passava.
> FELBERT: Que tipo de gente eram esses homens do SD?
> KITTEL: Repulsivos! Para mim, todos eles deveriam ser fuzilados.
> FELBERT: De onde eles vinham? Tinham alguma formação?
> KITTEL: Eram alemães, vestiam o uniforme do SD e a faixa preta com a inscrição *Sonder-Dienst* [serviço especial].
> FELBERT: Os verdugos eram todos letões?
> KITTEL: Todos eram letões, sim.
> FELBERT: Mas quem dava a ordem era um alemão?
> KITTEL: Sim. Os alemães eram responsáveis pelas grandes cerimônias, as pequenas ficavam a cargo dos letões. Eles revistavam todas as roupas. O soldado do SD foi razoável e falou: "Muito bem, vamos fazer isso em outro lugar". Todos judeus, eles foram então conduzidos e saqueados por gente do povoado, letões com braçadeiras; havia uma raiva descontrolada contra os judeus em Daugavpils, a ira popular foi simplesmente descarregada.[123]

Sempre respondendo aos questionamentos de Felbert, Kittel continua então sua história, que apresenta outra virada inesperada. Ele explica a realização das operações de fuzilamentos por letões com base na "ira popular" que teria sido descarregada em Daugavpils. Esse é um dos inúmeros exemplos de que contradições manifestas ou mesmo contrassensos não têm a importância que normalmente se lhes atribui para o desenvolvimento de uma conversação.[124] Kittel fala de matanças organizadas, supervisionadas pelo SD, e, concomitantemente, de uma descarga de "ira popular", uma ideia incompatível com a primeira. Nas conversas do dia a dia, no entanto, as contradições surgem a todo instante e só muito raramente perturbam os interlocutores. A explicação é simples, pois conversas não servem apenas para transmitir informações: ações comunicativas cumprem sempre duas funções — além do conteúdo narrado, trata-se sempre das relações sociais dos interlocutores entre si. Do ponto de vista da teoria clássica da comunicação, pode-se dizer que, ao lado do conteúdo, as narrativas também sempre contêm um aspecto das relações. Com frequência os ouvintes deixam de fazer perguntas ou pedir explicações porque não querem interromper o fluxo da narrativa ou irritar o locutor; muitas vezes, em virtude da fascinação que essas histórias despertam, eles sequer percebem que certas coisas são simplesmente impossíveis. Felbert, contudo, é um ouvinte bem atento:

FELBERT: Contra os judeus?[125]

É interessante que quem responde na sequência é um terceiro interlocutor, talvez porque lhe tenha chamado atenção a contradição na história de Kittel. Ele esclarece a situação tomando partido pelo ponto de vista de Kittel e lhe pede então que continue:

SCHAEFER: Sim, porque os russos haviam sequestrado 60 mil estonianos etc. É claro que isso tudo foi espalhado propositalmente. Mas eu queria saber como eram essas pessoas, o senhor viu alguma vez um deles, assim como os outros os viam antes de serem fuzilados? Eles choravam?
KITTEL: Ah, era horrendo. Eu já tinha visto alguns comboios, mas não imaginava que as pessoas que estavam lá eram levadas para serem executadas.
SCHAEFER: Essas pessoas sabiam o que ia acontecer com elas?
KITTEL: Sabiam de tudo, por isso eram apáticas. Não sou uma pessoa exatamente sensível, mas essas coisas também me reviram o estômago; eu sempre dizia: "Isso não é coisa que um ser humano faça, já não tem mais nada a ver com ações de

guerra". Houve um período em que tive como ajudante o chefe da IG Farben em química orgânica; como não tinham nada melhor para ele fazer, acabou sendo destacado e mandado para o front. Agora ele está em casa de novo, mas também só foi parar ali por acaso. Passava semanas inteiras feito um inválido. Sempre sentado num canto, sem parar de chorar. Ele dizia: "E pensar que coisas assim estão acontecendo em toda parte!". Era um químico importante e um músico extremamente sensível.[126]

Agora é a vez de Felbert mudar subitamente o rumo da conversa:

FELBERT: Eis aí o motivo por que a Finlândia deu para trás, a Romênia também, por que somos odiados em todos os cantos — não por conta de um caso isolado, mas pela soma desses casos.
KITTEL: Se matassem todos os judeus do mundo de uma vez só, não apareceria mais ninguém para reclamar.[127]

Depois de já se haver mostrado ao longo da conversa um pragmático que não se deixa perturbar pelo extermínio dos judeus em si, somente pelos modos inadmissíveis de sua execução, Kittel parece não perceber que Felbert quer chegar à dimensão moral — não à dimensão moral do "caso isolado", mas à da "soma desses casos":

FELBERT (*visivelmente irritado, gritando*): Mas isso todo mundo já sabe, é mais uma dessas sacanagens que nenhum judeu precisa se preocupar em denunciar — a gente mesmo tem que reclamar, denunciar as pessoas que fazem essas coisas.
KITTEL: Então antes a gente deve reconhecer que o aparato estatal foi mal construído.
FELBERT (*gritando*): É isso mesmo, é evidente que ele é mal construído, quanto a isso não há dúvida. Uma coisa dessas é simplesmente inacreditável.
BR HN: Nós somos os instrumentos...[128]

Felbert adota aqui uma postura contrária à de Kittel. Ele fala com indignação das "sacanagens" e pela necessidade da responsabilização dos culpados. Mas não inclui nesse círculo de responsáveis os presentes. Sua revolta, no entanto, como mostra o trecho seguinte, não tem motivação exclusivamente ética, ela tem também uma natureza bastante prática:

FELBERT: Depois essas coisas são empurradas justo para cima da gente, como se nós fôssemos isso aí.[129]

Brähn complementa:

BRÄHN: Se o senhor é apresentado hoje em dia como um general alemão, as pessoas logo pensam que, já que ele sabe de tudo, ele deve saber isso também, e se a gente então diz: "Não temos nada com isso", ninguém acredita. O único motivo de todo o ódio e toda a aversão são esses assassinatos, aí eu também devo reconhecer — se podemos acreditar em alguma justiça divina, foi tudo merecido; se alguém tinha cinco filhos como eu, era justo que um ou dois morressem da mesma maneira como forma de vingança. Quando as pessoas derramam sangue daquele jeito, elas já não merecem mais conquistar nenhuma vitória, mas sim o que está acontecendo agora.
FELBERT: Não sei a cargo de quem isso está — se parte de Himmler, então ele é o maior dos criminosos. Pois o senhor é o primeiro general de cuja boca eu escutei essas coisas. Até então eu achava que todos aqueles informes eram mentira.
KITTEL: Guardo silêncio sobre coisas demais, elas são terríveis demais.[130]

Infelizmente o "aparato estatal" permitiu que inclusive os generais da Wehrmacht se tornassem "instrumentos" para os crimes cujos culpados eram outros grupos de indivíduos, completamente distintos, principalmente sobre o pessoal do SD. Da mesma maneira, o receio de Brähn e Felbert era de acabarem sendo responsabilizados por coisas que não fizeram, que não tinham a ver com eles.[131] A inusitada intervenção do major-general Johannes Bruhn, segundo a qual as pessoas deveriam oferecer um ou dois dos próprios filhos em nome da vingança das vítimas, mostra o quanto os padrões atuais estão distantes do marco referencial normativo em que os interlocutores discutem. Felbert se junta à procura de possíveis culpados; Kittel encerra a conversa com algo que soa como um ato falho freudiano: "Guardo silêncio sobre coisas demais".[132]

Na sequência há um longo trecho sobre as medidas contra os judeus que precederam o extermínio. Depois, Felbert sinaliza mais uma vez seu interesse pelos detalhes dos fuzilamentos, agora com uma pergunta um tanto estranha:

FELBERT: E o que se fazia com as meninas jovens e bonitas? Faziam um harém com elas?

KITTEL: Eu não me ocupava disso. Só achei que as coisas se tornaram mais razoáveis. Em Cracóvia, ao menos eles tinham campos de concentração para os judeus. Em todo caso, a partir do instante em que escolhi uma instalação fortificada e construí um campo de concentração, as coisas passaram a funcionar muito bem. Eles tinham que trabalhar duro. Já o tema das garotas, esse é um capítulo dos mais sombrios.

FELBERT: Se por lá as pessoas são mortas porque alguém precisa de seus tapetes ou móveis, posso muito bem imaginar que, se aparece uma menina bonita, parecendo ariana, ela logo é selecionada para trabalhar de garçonete.[133]

Heinrich Kittel, que em 1944 foi o comandante da defesa de Cracóvia, refere-se aqui ao campo de Płaszów, que alcançou uma certa popularidade midiática porque esteve sob direção de Amon Göth — o comandante que por vezes atirava nos prisioneiros da varanda de sua mansarda oficial, mas que também chegou a celebrar aqueles acordos com Oskar Schindler, permitindo-lhe salvar um número significativo de judeus.[134] Kittel parece mais satisfeito com os procedimentos em Cracóvia, porque o aspecto técnico da perseguição aos judeus foi resolvido de maneira mais eficiente do que em Daugavpils: "Ao menos campos de concentração". Felbert, por sua vez, insiste no "tema das garotas", mas o grupo não dá atenção ao seu comentário lascivo e grotesco. Eles discutem acerca dos responsáveis, na ótica de Kittel, o SD, que seria constituído da seguinte maneira:

KITTEL: Quando Himmler inaugurou o seu próprio Estado dentro do Estado, o Sicherheitsdienst surgiu assim: eles pegaram 50% de criminosos que não respondiam a acusações políticas, depois somaram aí outros 50% de bandidos. Daí saiu o SD (*risos*). Alguém que trabalhava no departamento de polícia de Berlim [...]. Ele me falou depois de 33: "Agora nós estamos bem peneirados. Os funcionários da polícia do Estado com incriminações políticas foram retirados, aposentados ou removidos para postos onde já não podem mais fazer dano algum. A categoria de bons criminosos, que todo Estado necessita, agora está misturada com gente que vem do submundo de Berlim, mas que se deu conta do movimento no tempo certo. Hoje eles já estão integrados". Ele era direto: "Somos 50% de gente honesta e 50% de criminosos".

SCHAEFER: Se essas circunstâncias acontecem num Estado moderno, aí, eu acho, a gente só pode pedir que esse bando de porcos desapareça o mais depressa possível.

KITTEL: E nós fomos idiotas observando todas essas coisas acontecerem.[135]

É assim que o grupo identifica os culpados e os ordena de acordo com sua origem: o ambiente de semidelinquência de onde se recrutou o SD seria a causa de problemas surgidos bem posteriormente. Não é possível saber se eles são avaliados segundo o envolvimento direto na perseguição dos judeus ou apenas pela participação numa empreitada bem pouco eficiente. No mais é importante observar a rapidez e naturalidade com que o grupo abandona sua postura ostensiva de indignação diante do relato de Kittel e oscila por temas distintos, de modo a reconstruir rapidamente uma atmosfera de absoluta descontração. Seja como for, a expressão "bando de porcos" utilizada por Schaefer refere-se ao SD; a culpa da Wehrmacht, complementa Kittel, é, em todo caso, a negligência de haver notado todo o procedimento e não ter intercedido. Esse exemplo de discussão é interessante porque representa de maneira paradigmática a estrutura de muitas conversas sobre o extermínio: nessas conversações, um dos interlocutores é o sujeito que tem real conhecimento dos fatos, enquanto os ouvintes, ou o ouvinte, são as pessoas interessadas que fazem perguntas, ainda que todos saibam de antemão alguma coisa do que será tratado. O acontecimento em si é, então, com frequência mas evidentemente não todas as vezes, comentado de maneira negativa — e os motivos para as críticas, como no caso desse grupo, podem ser absolutamente surpreendentes. Ao final, em geral o grupo se posiciona ao lado dos espectadores passivos, que não se deram conta o suficiente das coisas que estavam acontecendo.

Essa conversa também é interessante porque ela reaparecerá no contexto de outra discussão. Poucas semanas depois, o major-general Bruhn relata em outra ocasião o que Kittel contara:

BRUHN: Então eles cavavam as próprias covas, e levantavam as crianças pelos cabelos, acabando com elas assim mesmo. Foi coisa da SS. Os soldados só ficavam ao redor e, além deles, a população civil russa, a uns duzentos metros de distância, observando tudo, vendo como eles matavam os outros logo ali. Era tudo repugnante, e ele contou também o caso de um desses homens da ss que servia no seu batalhão e sofreu de repente um colapso nervoso; desse dia em diante ele passou a dizer que não aguentava mais e que era impossível para ele, um médico, continuar. Aquilo o perseguia. Foi a primeira vez que ele viu tudo sendo feito de verdade. Quando Schaefer e eu escutamos essas coisas, gelamos por dentro, e aí dissemos a Kittel: "O que o senhor fez em seguida? O senhor estava na cama e acabara de escutar aquilo que havia acontecido a poucas centenas de metros da sua casa. Então deveria ter comunicado ao seu general-comandante. Alguma coisa tinha de ser feita, não?". Ele disse que todos sabiam o que estava acontecendo, era algo normal. Ainda soltou uns comentários assim: "Também não seria ruim se continuasse assim", "devemos agradecer a eles", cheguei a pensar na época que ele, pessoalmente, sequer se preocupava com isso.[136]

Muitas vezes, conversas dessa natureza se parecem com a brincadeira de crianças conhecida como "telefone sem fio", cujos aspectos já foram analisados por muitos estudos clássicos, mas também recentes, sobre a memória e a narrativa.[137] As histórias se modificam quando são recontadas, acrescentam-se detalhes inventivos, os personagens são substituídos, os lugares, transportados — de maneira a atender às necessidades do novo narrador. Essas modificações e reinvenções de narrativas só raramente ocorrem de modo consciente — o fato de o relato se alterar de acordo com a posição e o presente do respectivo narrador faz parte da natureza de ouvir e recontar histórias. É por isso que os relatos, em princípio, jamais retratam um acontecimento reproduzindo-o; este é sempre composto. Mas é através deles que podemos saber o que realmente importava para os narradores e para os ouvintes, o que essas histórias contêm de conhecimento real e fatos históricos ou mesmo de puro absurdo, e, finalmente, a partir da semelhança estrutural entre elas, podemos ter uma ideia de como e quanto operações como a de perseguição e extermínio de judeus faziam parte do arsenal comunicativo dos soldados. Este último relato mostra a indignação de Bruhn com a frieza de Kittel, que seria indiferente aos assassinatos.

É muito difícil afirmar até que ponto o extermínio dos judeus foi motivo da atenção dos soldados. Se supomos que os oficiais aliados que realizaram as escutas tinham um interesse natural em saber mais sobre as ações de extermínio, então devemos concluir que esses relatos foram certamente gravados com uma frequência de alguma maneira desproporcional. É por isso mesmo ainda maior a surpresa ao constatarmos que, no meio de todo o material, apenas 0,2% das histórias giram em torno das operações de extermínio — embora o espectro das narrativas abranja o complexo de perseguição aos judeus na íntegra: formação de guetos, fuzilamentos e execuções em massa com o emprego de gás. Não podemos confundir a onda de comoção provocada pelas imagens de Bergen-Belsen ou Buchenwald imediatamente depois da guerra — e que até hoje faz sentir seus efeitos — com o tipo de conhecimento dos membros da Wehrmacht acerca do extermínio. As imagens que eles tinham se compunham a partir da própria observação, daquilo de que acabavam tomando conhecimento de forma passiva e por meio de rumores. O projeto de extermínio não estava no centro de *suas* atividades, ainda que houvesse algum envolvimento esporádico, seja por razões de logística, camaradagem, cooperação ou mesmo por livre e espontânea vontade. As "ações judaicas" eram organizadas principalmente por grupos de assalto, batalhões de policiais de reserva e tropas de auxílio locais; elas aconteciam nas áreas ocupadas, atrás das linhas mais avançadas de combate. As tropas combatentes, portanto, tinham relativamente pouco a ver com as ações de extermínio em massa.

Não importa se os soldados consideravam esses massacres certos, estranhos ou errados, o fato é que eles não representavam uma peça fundamental no mundo dos soldados. O extermínio não ocupava uma posição tão central em suas percepções e consciências como viria a acontecer nos últimos trinta anos dentro da cultura alemã relativa à memória, e mais tarde em toda a Europa. Muitos sabiam que aconteciam assassinatos, era difícil ignorar esse fato — mas o que isso tinha a ver com os afazeres de guerra pelos quais eles eram responsáveis? Mesmo em ocasiões mais tranquilas, nos diferentes mundos em que vivemos, sempre se desenvolvem muitos acontecimentos paralelos sem que nos demos conta exata de todos eles — essa é uma característica de realidades complexas que contêm uma variedade enorme de "sociedades paralelas". O fato de o extermínio de judeus não representar o centro mental dos soldados, talvez nem mesmo da SS, pode ser deduzido a partir de circunstâncias aparentemente tão secundárias como, por exemplo, o tempo empregado por Heinrich Himmler no seu famigerado "discurso de Posen" para falar do extermínio de judeus: da ordem de alguns poucos minutos. O discurso inteiro durou nada mais, nada menos do que três horas. Esses aspectos acabam ignorados sobretudo como resultado do apego a citações espetaculares ("Muitos de vocês saberão o que é estar ao lado de cinquenta cadáveres amontoados...").

A partir do exame do nosso material podemos dizer que o conhecimento tanto do fato como da maneira pela qual se exterminavam os judeus era bastante difundido entre os soldados; mas eles, por sua vez, pouco se interessavam por esse tipo de informação. Em comparação com as infindáveis discussões técnicas sobre armas e bombas, sobre condecorações, navios afundados e aviões abatidos, os relatos que se referem diretamente ao contexto do processo de extermínio representam um contingente bastante reduzido. Que o processo estava ocorrendo de fato — podemos resumir assim — era claro para os soldados e estava integrado ao marco referencial deles; no âmbito da economia de sua atenção, contudo, esse processo continuou ocupando uma posição consideravelmente marginal.

Seja como for, na maioria das vezes, os poucos relatos disponíveis são bem detalhados e, em parte, muito mais precisos do que as tentativas de reconstrução posteriores, à custa de muito esforço dos membros do Ministério Público, através de longuíssimos processos de investigação. Além da franqueza dos relatos, os protocolos com as escutas apresentam ainda a característica da proximidade temporal — muito do que é narrado ocorreu há pouco tempo e, sobretudo, ainda não passou pelos diversos filtros de modos de leitura que se impuseram no pós-guerra. É por isso que esse material emprega uma linguagem muito mais clara do que a dos autos dos inquéritos, sempre impregnada da necessidade de se desculpar e de uma atitude defensiva, e mais clara ainda do que a literatura de memórias. Na verdade, confirma-se tudo aquilo que até então se construiu meticulosamente com base em pesquisas históricas, investigações judiciais e declarações de sobreviventes a respeito do extermínio em massa. A diferença é que aqui são os agentes que falam — ou ao menos aqueles que observaram os fatos e fazem parte da mesma sociedade deles.

> BRUNS: Então, seis atiradores com submetralhadoras na beira de cada cova — as covas tinham 24 metros de comprimento e mais ou menos três metros de largura, eles eram obrigados a se deitar como sardinhas dentro de uma lata, com a cabeça voltada para o meio. Lá em cima havia seis atiradores com submetralhadoras, que davam um tiro na nuca. Quando cheguei, ela já estava cheia, então os que estavam vivos tinham que se deitar em cima do que já havia, só aí levavam o tiro; para não desperdi-

çar muito espaço, eles tinham que se ajeitar direitinho em camadas. Antes disso eles já tinham sido saqueados naquela mesma estação — aqui era a beira da floresta, aqui dentro as três covas, era domingo, e ainda havia uma fila enorme de um quilômetro e meio, que avançava a passos lentos —, era uma espera diante da morte. Quando se aproximavam um pouco mais, eles podiam ver o que estava acontecendo aqui dentro. Mais ou menos aqui embaixo, eles eram obrigados a entregar as suas joias e pertences. O que era valioso ia para uma mala, e o resto era amontoado num canto. Serviria para vestir o nosso povo sofrido — depois, logo adiante, eles tinham que tirar as roupas, precisavam estar completamente despidos, a quinhentos metros da floresta, só podiam continuar de camisa e calcinha. Só havia mulheres e criancinhas, assim, de dois anos. E ainda se ouviam os comentários cínicos! Se ao menos esses atiradores, que eram trocados a cada hora para evitar a fadiga, fizessem o seu trabalho resignados! Não, eles tinham que vir com comentários nojentos: "Lá vem mais uma beleza judia". Ainda consigo enxergar a cena na minha cabeça. Uma moça linda usando uma blusa vermelho-fogo. Tudo pela pureza da raça: em Riga, eles primeiro trepavam com elas e depois as matavam com um tiro para que elas não pudessem falar nada.[138]

No relato do major-general Walter Bruns surgem alguns detalhes assustadores: ele estima o comprimento da fila dos que estavam esperando pela morte em um quilômetro e meio, um número enorme de pessoas enfileiradas para a própria execução. Depois é interessante sua afirmação de que os atiradores "eram trocados a cada hora para evitar a fadiga", um claro indício do caráter serial ou mesmo cadenciado dessas execuções, o que se reflete também no procedimento de ordenação das vítimas em camadas.[139] E, finalmente, a referência às oportunidades sexuais que estavam ligadas às "ações judaicas" (cf. p. 214).

Bruns relata um massacre altamente organizado, realizado com plena divisão de trabalho; os agentes — desde o momento de as vítimas se despirem até os turnos de trabalho dos atiradores — já encontraram um procedimento eficiente para garantir que os fuzilamentos transcorressem ordenadamente, e não de qualquer maneira. No início dos fuzilamentos em massa, as coisas não eram bem assim; a forma descrita por Bruns é o resultado de uma profissionalização relativamente rápida da prática de matar. As operações a essa altura já obedecem a um esquema padrão, assim resumido nas palavras do historiador Jurgen Matthäus:

Primeiro os judeus eram capturados em razias e levados em grupos de tamanhos distintos para praças de fuzilamento mais ou menos afastadas, onde tinham inicialmente de cavar uma fossa. Depois eram obrigados a se despir e a se posicionar em fila diante dessa fossa, de modo que o impacto dos tiros fazia com que eles caíssem dentro dela. Os próximos eram forçados a se deitar sobre os que já haviam sido executados, esperando então pela sua vez. O que os agentes apresentam como um procedimento "ordenado" de execução foi na verdade um banho de sangue. Apesar de todas as ordens em sentido contrário, surgiu nas cercanias das cidades um fenômeno que poderia ser chamado de "turismo da execução". Fora do expediente, ou mesmo durante o serviço, vinham alemães de todas as espécies visitar os postos de fuzilamento para observar ou tirar fotografias.[140]

Nessa curta descrição estão contidos os elementos essenciais que nos ocuparão nas páginas seguintes: o procedimento como tal, que é modificado constantemente no curso das "ações judaicas"; os problemas e dificuldades surgidos durante a execução, que exigiam permanentemente soluções, correções e melhorias quanto a sua eficiência; o comportamento dos participantes, isto é, dos oficiais, dos atiradores, das vítimas e dos espectadores — estes últimos, pelo que se pode perceber, encaravam todo o procedimento como um evento aberto de entretenimento.[141] Como já foi dito, essa forma de execução em massa é o resultado de uma série de tentativas, inicialmente nada profissionais, de fuzilar o maior número possível de pessoas no menor intervalo de tempo. Os relatórios desses comandos isolados eram encaminhados às altas lideranças da SS e da polícia, que então podiam discutir em encontros regulares acerca dos procedimentos mais eficazes.[142] Dessa maneira, as inovações no processo de trabalho de matar — como despir as vítimas, o que não se fazia no começo, ou a escolha das armas mais apropriadas — puderam ser transmitidas rapidamente e o procedimento dos massacres foi enfim padronizado.

Os relatos dos soldados — aliás, não só do Exército como também da Luftwaffe e da Marinha — giram em torno das ações judaicas como as que foram praticadas a partir do meio de 1941 nas regiões ocupadas atrás das linhas avançadas de combate: os fuzilamentos sistemáticos de judeus, homens, mulheres e crianças, que provocaram a morte de mais ou menos 900 mil pessoas.[143]

GRAF: Na base aérea de Poropoditz (?), diz a infantaria, executaram 15 mil judeus. Eles foram todos amontoados e levaram tiros de metralhadoras, foram todos metralhados. Uns cem foram deixados com vida. Espere aí, primeiro todos tiveram que cavar um buraco juntos, uma cova grande, então eles deixaram os cem com vida e metralharam os outros. Depois esses cem tiveram que jogar todos lá dentro do buraco e cobri-los, menos uma frestinha; aí eles atiraram nos cem, jogaram-nos lá dentro também e taparam.[144]

KRATZ: Uma vez eu vi em Mykolaiv: estava chegando um grande comboio de caminhões, pelo menos uns trinta. O que eles levavam? Só gente nua: garotas, crianças, mulheres e homens, todos misturados num mesmo caminhão. Corremos na direção em que eles iam — os soldados gritavam: "Senhores, venham cá". Foi aí que eu vi tudo. Havia um buraco grande. Antes eles eram posicionados assim, na beira. Chegavam a cair sozinhos. Mas isso dava muito trabalho, era preciso ajeitá-los, porque não sobrava muito espaço quando eles caíam uns sobre os outros. Por isso as pessoas agora tinham que descer. Um ficava em cima, esperando, enquanto o outro descia. Então os próximos iam deitando sobre os que já estavam embaixo. O que sobrava depois era uma única massa esponjosa, um grudado no outro, como arenques. Não dá para esquecer. Eu que não queria ser soldado da SS. Não eram só os comissários russos que distribuíam tiros na nuca por aí. Outros também fizeram isso. Alguém vai ter que pagar por isso.[145]

O suboficial Kratz, um mecânico de bordo de um bombardeiro Do 217, esteve em ação junto com sua unidade, o Esquadrão de Combate 100, no sul da Rússia, em 1942. Ele descreve as otimizações técnicas que transformaram as operações de execução em massa. De um ponto de vista objetivo, argumenta que a forma inicialmente empregada para os fuzilamentos coletivos não funcionava porque não permitia abrigar o número suficiente de vítimas numa mesma cova.

Kratz relata o episódio tão objetivamente como se estivesse contando sobre qualquer outra complicação técnica, mas chega a dizer, já ao final, que se trata de algo tão extraordinário que logo alguém teria, como ele mesmo afirma, de "pagar por isso". Frases como essa costumam aparecer no fim das descrições do extermínio em massa. Muitos são os narradores que veem um perigo enorme numa futura "cobrança" de todas essas extrapolações das práticas convencionais de guerra ou mesmo do que é considerado crime "normal" de guerra,

Fuzilamento em massa de judeus letões em 1942. (Fotógrafo desconhecido; Bildarchiv Preussischer Kulturbesitz)

quer dizer, aquelas que inevitavelmente acontecem nessas situações. Os fuzilamentos em massa representam, portanto, uma violação dos limites e uma discrepância de tudo o que podia ser esperado mesmo nas circunstâncias de uma guerra — e numa medida tal que, em caso de uma derrota, os próprios soldados não conseguem imaginar que não haveria maiores consequências.

O próximo diálogo gira em torno de uma "ação judaica" realizada em Vilna, na Lituânia. Um trecho mais longo será reproduzido aqui porque nessa conversa se reúnem diversos aspectos que deixam claro o modo contraditório, mas também impassível, dos soldados de tratarem esses acontecimentos. O diálogo ainda revela o que na visão deles parecia interessante no meio das discussões sobre o tema. A partir dessa conversa entre dois pilotos de submarino, o mecânico Helmut Hartelt, de 23 anos, e o marinheiro Horst Minnieur, de 21, que testemunhou esses crimes durante seu período de serviço na Lituânia, podemos entender melhor em que marcos referenciais o extermínio em massa é ordenado.

MINNIEUR: Eles tinham de se despir até ficarem só de camisa e elas, só de blusa e calcinha, aí eram fuzilados pela Gestapo. Todos os judeus foram executados.

HARTELT: De camisa?

MINNIEUR: Sim.

HARTELT: E por quê?

MINNIEUR: Claro, para que não levassem nada com eles lá para baixo. As coisas eram requisitadas, limpas e armazenadas.

HARTELT: E aproveitadas, não é?

MINNIEUR: Naturalmente.

HARTELT: (*risos*)

MINNIEUR: Pode acreditar, se você tivesse visto, ficaria horrorizado! Uma vez assistimos ao fuzilamento.

HARTELT: Usando metralhadoras?

MINNIEUR: Com submetralhadoras. [...] Nós estávamos lá quando executaram uma garota linda.

HARTELT: Que pena!

MINNIEUR: Nem me fale! E ela já sabia que seria executada. Nós passamos de moto e vimos um comboio se aproximando, aí ela nos chamou e nós paramos, perguntamos para onde ela estava indo. Ela disse que ia para o fuzilamento. Primeiro pensamos que ela estava de brincadeira com a gente. Aí ela nos explicou mais ou menos o caminho onde aconteceria. Fomos pra lá — houve mesmo o fuzilamento.

HARTELT: Mas ela ainda estava vestida quando ia pra lá?

MINNIEUR: Estava, e tão provocante… Certamente era uma menina vaidosa.

HARTELT: Quem atirou nela por certo errou o tiro.

MINNIEUR: Ninguém consegue fazer nada contra. Nessa hora… ninguém erra um tiro sequer. Eles chegaram, os primeiros tiveram que se posicionar e então foram executados. Os homens com as submetralhadoras ficavam lá, sempre riscando de cima a baixo, bem rápido, assim com as submetralhadoras, uma vez para a direita e uma vez para a esquerda, seis homens, e aí uma fila de…

HARTELT: Ninguém sabe então quem deu o tiro na moça.

MINNIEUR: Não, ninguém. Carregador preparado, direita — esquerda — pronto! Pouco importava se ainda havia alguém vivo ou onde o tiro pegava, eles tombavam para trás e caíam dentro da cova. Depois chegava o próximo pelotão com cinzas e cal clorada para jogar em cima, quem estava lá embaixo ia se ajeitando — e prosseguia.

HARTELT: Eles ainda jogavam isso em cima? Por quê?

MINNIEUR: Ora, porque eles se decompõem, e assim não fede tanto, botavam cal clorada em cima de tudo.

HARTELT: E os que caíam e ainda não estavam mortos?

MINNIEUR: Azar o deles, apodreceram lá embaixo!

HARTELT: (*risos*)

MINNIEUR: Dava para ouvir os gritos e gemidos que saíam de lá!

HARTELT: E as garotas? Elas eram executadas aí no meio?

MINNIEUR: Sim.

HARTELT: Você viu onde a judia bonita foi parar?

MINNIEUR: Não, nessa hora já não estávamos mais lá. Só soubemos que ela foi fuzilada.

HARTELT: E antes disso ela já tinha, sei lá, falado alguma coisa? Você já havia estado com ela alguma vez?

MINNIEUR: Sim, chegamos a nos encontrar no penúltimo dia, no dia seguinte foi difícil a gente se acostumar com a ideia de que ela não apareceria mais. Aí pegamos o avião e fomos embora.

HARTELT: Sei, ela também tinha trabalhado lá?

MINNIEUR: Sim.

HARTELT: Na construção de estradas?

MINNIEUR: Não, ela fazia faxina das casernas pra gente. Quando estávamos por lá, ficávamos os oito dias sem sair da caserna, dormindo, para não ter que sair e...

HARTELT: Então é certo que ela também gostava de levar umas varadas, não é?

MINNIEUR: Até que ela deixava, mas era bom tomar cuidado para ninguém descobrir. Isso também não é nenhuma novidade, essas garotas judias sempre eram abatidas.

HARTELT: O que ela tinha para dizer, que ela...?

MINNIEUR: Não, nada. Nós simplesmente conversávamos, [...] ela tinha estudado na Universidade de Göttingen.

HARTELT: Ah, então foi lá que ela virou puta!

MINNIEUR: Sim. Ninguém se deu conta de que ela era judia, também, ela se comportava com toda dignidade e tal. Foi uma pena esse destino que a crença dela lhe trouxe! Foram 75 mil judeus fuzilados.[146]

Peças de vestuário dos executados em Babi Yar, em setembro de 1941. (Hessisches Hauptstaatsarchiv, Wiesbaden)

Nesse diálogo aparecem vários elementos que normalmente são objeto da preocupação dos soldados quando se trata das "ações judaicas" (que eles, aliás, jamais caracterizam dessa maneira): em primeiro lugar, a execução, mais uma vez descrita aqui com detalhes. Depois, o fuzilamento de mulheres, e lhes parece particularmente interessante o fato de inclusive mulheres "lindas" serem executadas. Nesse caso, pelo que se percebe, o narrador conhecia a vítima de sexo feminino, que antes tivera de prestar trabalho forçado nas suas casernas. Com toda a naturalidade, o mecânico Hartelt já pressupõe que as mulheres sujeitas a trabalhos forçados, especialmente as bonitas, também estão à disposição para satisfazer os desejos sexuais das corporações: "Então é certo que ela também gostava de levar umas varadas?". O que Minnieur então confirma com a mesma naturalidade, mas alertando para o problema já mencionado da "desonra racial" — ninguém podia ser pego em flagrante numa relação sexual com mulheres judias. A continuação do relato de Minnieur ("Isso também não é nenhuma novidade, essas garotas judias sempre eram abatidas") se refere à prática dos soldados de executarem as judias depois das relações sexuais como forma de impedir uma futura incriminação (cf. p. 215). Aqui fica claro que a simples ocorrência do extermínio em massa já abre um espaço de violência propício à reprodução de situações inteiramente diferentes: se as pessoas serão, de uma forma ou de outra, exterminadas, certas coisas podem ser feitas com elas, ou tomadas delas — coisas que em outras circunstâncias não seriam realizáveis ou que não seriam obtidas.

Chama a atenção que eles falem sobre os abusos sexuais com toda essa franqueza, embora os dois soldados sequer sejam tão próximos, como o uso do pronome de tratamento formal "Sie" [no original] indica. Histórias de "varadas", portanto, fazem parte do inventário normal de conversas soldadescas e não incomodam ninguém.

A conversa então prossegue naturalmente. Minnieur conta que a vítima estudou em Göttingen, e Hartelt aproveita para dizer que lá ela "virou puta". Formulações como essa mostram bem a postura típica que os soldados têm diante de casos de violência sexual contra vítimas do sexo feminino: em primeiro lugar, eles não consideram os estupros em si algo condenável; em segundo, mostram um interesse absolutamente "humano", como eles mesmos gostam de se referir, diante de algumas vítimas, sobretudo as mais bonitas; em terceiro, eles comumente atribuem tudo o que as vítimas têm de enfrentar à própria ação dela — como fica evidente numa formulação tão ambígua como "virou puta". Em quarto lugar, todo o acontecimento é ordenado segundo um curso autônomo das coisas: "Foi uma pena"; em face do número exorbitante de vítimas — Minnieur fala aqui em 75 mil —, o destino solitário de uma "bela judia" também não pode desempenhar nenhum papel de relevo.

O marco referencial no qual o extermínio em massa é interpretado se revela justamente aqui, nessa classificação dos assassinatos na categoria do destino, como se então existisse uma lei superior, em cujo nome pessoas selecionadas, com estudo, belas, provocantemente vestidas ou não, *haviam* de ser levadas em sacrifício. Hartelt e Minnieur não falam apenas sobre massacre, eles dizem mais, indiretamente falam que o massacre não deve ser considerado injusto, imoral ou de qualquer outra forma como algo negativo. Só de ver, é possível que alguém fique "horrorizado", como diz Minnieur, mas o assassinato em si faz parte do universo das coisas que acontecem.

MARCO REFERENCIAL DO EXTERMÍNIO

> *"Eles nos chamam de 'porcos alemães'. E olha que temos grandes homens como Wagner, Liszt, Goethe, Schiller, e eles nos chamando de 'porcos alemães'. É isso que eu não consigo entender."*
> *"Sabe por que isso acontece? É porque o alemão é excessivamente humano e eles se aproveitam dessa humanidade, e ainda vêm nos xingar."*[147]
> 27/01/1942

O mais forte indicador da eficácia de um marco referencial é o espanto que uma pessoa sente quando as demais veem as coisas de uma maneira diferente da sua. A profunda irritação que o uso da expressão "porcos alemães" por parte de pessoas de outras nações provoca em alguns soldados dá uma ideia da posição que o gigantesco crime de extermínio dos judeus ocupava na vida dos soldados: com certeza, não era nada que colocasse seriamente em questão a imagem da Alemanha como grande berço cultural da humanidade. Apesar disso, a maioria das conversas também dá a entender que mesmo nesse aspecto alguns limites teriam sido violados. Por outro lado, a moral nazista (cf. pp. 50, 57) já havia incutido em grande parte dos soldados a convicção quase natural de que os judeus representavam um problema absolutamente objetivo, que demandava portanto uma solução. É precisamente esse aspecto que faz parte do marco referencial em que eles ordenam os acontecimentos relatados. E é por isso que os soldados em geral não criticam o fato de o massacre ocorrer, questionam apenas as circunstâncias de sua execução. Em seguida, quem fala é um rádio-operador de bordo de um bombardeiro Ju 88, que fora abatido em novembro de 1942 no norte da África:

> AMBERGER: Uma vez conversei com um sargento que me disse: "Já estou por aqui com esses fuzilamentos em massa de judeus. Ninguém faz uma matança dessas por profissão! Isso é tarefa de delinquentes".[148]

A citação também deixa claro que, se a perseguição e o extermínio de judeus eram retratados como uma prática aceitável, sua concretização, no entanto, estava sujeita a críticas. Esse modelo argumentativo, que merece uma análise mais cuidadosa, não aparece somente nas conversas dos soldados; Rudolf Höss, por exemplo, o comandante do campo de Auschwitz, também o utiliza,[149] bem como Adolf Eichmann.[150] O Holocausto ocorre mediante a participação e diante da audiência de pessoas das mais diversas funções e dos mais diversos níveis hierárquicos. Da mesma maneira que os atiradores à beira das covas de fuzilamento[151] e os médicos em Auschwitz[152] tiveram de início problemas com a execução técnica dos massacres e com as triagens, todos os outros que estão envolvidos de forma mais ou menos direta também discutem a respeito dos modos de execução, mas jamais questionam os fundamentos da necessidade dessas operações — eles estão praticamente fora de discussão e os comentários a esse respeito nos protocolos das escutas são raríssimos. Em outras palavras: o extermínio dos judeus fazia parte do mundo compartilhado pelos soldados, inclusive aqueles que não falavam sobre isso — mesmo que vez ou outra, numa confrontação direta com o que estava ocorrendo, as coisas lhes parecessem terríveis e, em certas ocasiões, condenáveis:

PRIEBE: Em Chełm — meu pai também me contou essa história, ele agora está na Galícia oriental, trabalhando em obras subterrâneas —, no começo eles também utilizaram judeus no trabalho. Meu pai era antissemita e odiava os judeus até não poder mais, não podia ser pior, mas ele também dizia: "Os métodos que estão sendo empregados lá são ruins". Todas as obras que estavam sendo feitas na Galícia oriental usavam exclusivamente mão de obra judia, engenheiros judeus, tudo que fosse possível. Ele dizia que o povo alemão era inútil na Ucrânia. Os engenheiros judeus tiveram que ralar um bocado. Havia diversos tipos. Na cidade havia agora um conselho judaico que tomava conta desses judeus. Meu pai conversou uma vez com um desses engenheiros, que lhe disse assim: "Sim, quando eu vejo como o judeu é, assim, no grosso, aí eu consigo entender por que existem tantos antissemitas". Aí veio aquele período de prisões, o comandante da SS só se deu ao trabalho de enviar ao meu velho um bilhete: "Hoje até o meio-dia devem ser entregues os nomes de tantos judeus". Meu pai falou que aquilo foi horrível para ele. Eles foram simplesmente fuzilados. A ordem chegou assim: "Até tal hora não sei quantos fuzilamentos devem ser comunicados". O Sturmbahnführer que liderava os homens da SS juntou todos os judeus num canto onde já não havia mais nada e enviou um (*incompreensível*) para o conselho judaico: "Hoje à tarde, até as 14h30, tantos quilos de carne, banha, especiarias etc. devem ser trazidos aqui". Se até essa hora as coisas não chegassem, um era executado. Mas muitos judeus resolveram se envenenar. Ah, quando esse povo se fartar mais uma vez dessa história![153]

O tenente Priebe teme igualmente a vingança dos judeus, mas não é esse o centro de sua argumentação: o tratamento dispensado aos judeus lhe parece equivocado porque até um "antissemita" declarado como seu pai reclama da maneira como as vítimas são tratadas e chega até mesmo a sofrer pelas coisas que são obrigados a fazer com os judeus. Essa perspectiva é muito comum; Hannah Arendt já havia demonstrado como a própria linguagem do nazismo convertera os "destinatários das ordens" em meros "portadores de ordens" — transportadores de objetivos e finalidades, sob cujo peso eles mesmos estavam sujeitos a sofrer.[154] Criticar os assassinatos só servia de prova de integridade moral precisamente *porque* o extermínio dos judeus como tal não era questionado. É bem nesse sentido que Heinrich Himmler, no seu discurso de Posen, fala da "árdua tarefa" do extermínio e da necessidade de saber "se portar bem" mesmo na hora de matar. Uma perspectiva como essa pressupõe um deslocamento *integral* da definição do que vale como certo ou errado — por isso, dentro desse marco referencial, o assassinato de outras pessoas podia ser considerado moralmente "bom", já que estava a serviço do valor supremo, o bem-estar do povo alemão. A moral do massacre nazista incorporava em seu sistema normativo até certos pudores individuais e o sofrimento exigido pela árdua tarefa do extermínio. Aqui também podem ser incluídas as histórias nas quais o sofrimento individual das vítimas é plenamente reconhecido, como mostra a sequência do relato de Priebe:

> PRIEBE: Quando os russos avançaram e já estavam na Polônia, aí é que os judeus sofreram para valer, porque muitos também foram fuzilados pelos russos. Um velho advogado falou para o meu pai: "Jamais pensei que isso pudesse acontecer na Alemanha". Todas essas coisas eu soube pelo meu pai, como as buscas que a SS fazia nas casas; o modo com que eles tomavam tudo dos médicos que estavam por lá, todas as joias, não poupavam nem as alianças de casamento. "O que você tem aí?", "É a minha aliança", "Me dá aqui, você não precisa mais dela". Depois também tinha aquela merda de a SS não conseguir conter o impulso sexual nem mesmo diante de judeus. Agora a Galícia oriental está inteiramente limpa de judeus, já não resta um sequer. Muitos conseguiram arranjar documentos e estão na Polônia

até agora como se tivessem se transformado em arianos de uma hora para a outra. Cada manhã, quando eles iam para o trabalho — sempre tínhamos de passar por ali quando íamos até a nossa pista de bombardeiros —, lá vinham eles, mulheres e homens, separados. As mulheres que vinham abraçadas e tinham que cantar aquelas canções judaicas deles; e tinha aquelas que chamavam muita atenção, vestidas de forma impecável, havia mulheres realmente bonitas. A gente até tinha vontade de chamá-las de "senhoras". Corria uma história de que eles eram simplesmente metidos em piscinas, então jogavam água lá dentro, depois esvaziavam por trás, aí já não restava mais nada deles. Vários rapazes do pessoal da ss chegaram a ter colapsos nervosos, por não aguentarem mais fazer esse trabalho. Entre eles havia também irmãos de verdade, teve um que disse uma vez a meu pai que não sabia o que faria depois que todos os judeus estivessem mortos, ele já estava de tal maneira habituado àquilo que já não podia fazer outra coisa. Eu não aguentaria. Rapazes, os que tinham feito lá suas barbaridades eu ainda poderia ter levado para um canto, mas mulheres e crianças e bebês! O berro das crianças vinha de todas as direções. É bom que eles tenham escolhido a ss para se encarregar disso, e não a Wehrmacht.[155]

Como se pode notar, o narrador consegue agrupar sem o menor problema os aspectos mais contraditórios em uma única história. Ao ser apresentado dessa forma, a partir de rumores acerca de uma eliminação que não deixava nenhum vestígio, conferia-se ao extermínio em massa uma aura de mistério (sobre os rumores, cf. p. 201); além disso, Priebe ainda critica o comportamento da ss, por exemplo, por roubarem os judeus ou por não conterem seu "incontrolável impulso sexual", e assegura que não seria capaz de matar judeus, ao menos mulheres e criancinhas, certamente não. "Então é bom", é sua conclusão, que o massacre estivesse a cargo da ss, e não da Wehrmacht — é a mesma visão que encontramos no relato do tenente-general Kittel, que não se incomodava com a ocorrência de fuzilamentos coletivos, mas com o local de sua execução.

Não se aborda a tarefa como um problema, apenas sua execução; diante desse pano de fundo devemos atestar um certo embasamento empírico até mesmo às reclamações de Himmler em seu famigerado discurso de Posen, no dia 4 de outubro de 1943:

> É uma das coisas que se dizem por aí. "O povo judeu será eliminado", é o que diz qualquer companheiro de partido, "claro, está no nosso programa, os judeus devem ser extirpados, eliminados, é o que faremos." Depois vem todo mundo, os bravos 80 milhões de alemães, e cada um tem seu judeu bem-comportado. É claro, os outros são uns porcos, mas esse aqui é um judeu exemplar. Quem diz isso é porque ainda não viu nada, ainda não passou por isso.[156]

Comumente reportado como um documento de puro cinismo e encarnação da "corrupção moral" dos agentes, esse discurso pode ser lido de uma maneira muito mais proveitosa, como um indicador dos padrões morais que Himmler podia exigir dos altos comandantes da ss naquele momento e como a forma de apresentação do marco referencial de uma moral nazista. De fato, diversos elementos desse marco referencial têm a sua eficácia confirmada através dos nossos protocolos — da figura já mencionada das dificuldades trazidas pela "má" execução da em si "correta" perseguição e do extermínio de judeus, passando pelo sofrimento dos agentes que decorria daí, até a grande questão: como seria possível executar esse projeto fundamental do nazismo, exterminar os judeus, de uma maneira melhor e mais eficiente.

O marco referencial dos fuzilamentos em massa e do extermínio dos judeus se apresenta, portanto, como uma mistura particular de antissemitismo, aprovação do extermínio, delegação de violência e espanto diante das execuções. Ao mesmo tempo, as citações mostram que não havia nenhum precedente histórico para o projeto de extermínio, de modo que ele era percebido como algo inédito e assustador. As queixas podiam ser sintetizadas da seguinte forma: tem, sim, de ser feito, mas não dessa maneira! É para isso que serve a figura de referência do pai, um "antissemita" declarado, insatisfeito apesar disso com o tratamento dado aos judeus.

Nos relatos que constam tanto dos protocolos das escutas como das investigações do Ministério Público, os casos de brutalidade mais extrema são atribuídos às respectivas corporações de auxílio locais — os narradores então se distanciam desse tipo de comportamento flagrantemente "desumano". Mas isso também só quer dizer que, dentro desse marco referencial específico, o caráter criminoso de todo o complexo de operações não tem nenhum apelo.

Na verdade, o que as categorias históricas e sociológicas descrevem como "extermínio", "perseguição", "genocídio" ou "holocausto" se dissolve em inúmeros fragmentos de situações e ações individuais — e é assim que os soldados tomam conhecimento dos acontecimentos, interpretam-nos e buscam então respostas e soluções. As pessoas atuam no marco dessas racionalidades particulares; acreditar que elas têm em mente modelos universais no momento de agir é uma ideia completamente equivocada. Por essa razão, nos processos sociais, as ações sempre produzem resultados imprevistos, produtos que ninguém quis realizar, mas que sem dúvida são frutos do esforço coletivo.

Outro que também faz questão de diferenciar entre a tarefa histórica de exterminar os judeus e sua precária execução prática é o coronel Erwin Jösting, comandante da base aérea de Mogúncia-Finthen. Em abril de 1945 ele diz o seguinte:

> JÖSTING: Um grande amigo meu, em quem eu posso confiar completamente — era um austríaco, que eu saiba, ele ainda está em Viena —, esteve com a 4ª Frota Aérea, bem no sul, em Odessa.[157] Pois ele foi até lá embaixo e um primeiro-tenente ou um capitão disse a ele: "O senhor não gostaria de vir assistir a um belo espetáculo?; lá embaixo estão matando agorinha mesmo uma porção de judeus". Ele respondeu: "Deixa isso pra lá". Mas ele teve que passar por ali e testemunhou, ele mesmo me disse, celeiros abarrotados de mulheres e crianças. Depois de jogarem gasolina sobre eles, eles eram queimados ainda vivos. Ele mesmo viu. E disse: "Eles gritam que você não pode imaginar. Está bom pra você?". Eu respondi: "Isso não está certo". As pessoas podem fazer com as outras o que bem entenderem, só não podem é queimá-las vivas ou asfixiá-las com gás ou sabe Deus mais o quê! No fim das contas, eles também não fizeram nada. Sim, eles deveriam ser presos e, depois de a guerra haver sido ganha, tinham de escutar: "Agora desapareçam com esse povo! Todos já para um navio! Para onde vocês quiserem, onde vocês desembarcarão não é problema nosso, a partir de hoje vocês não têm mais nada que fazer aqui na Alemanha!". A cada dia nós conquistávamos mais inimigos. No leste, nós acabávamos com eles por onde passávamos, as pessoas já quase não acreditavam mais no que aconteceu em Katyn, diziam que era coisa nossa.
>
> Não, não, se eu não tivesse tantas provas disso aí, eu não iria ficar tão irritado, mas aquilo, na minha opinião, foi completamente errado! Na época, aquele assalto às lojas de judeus foi um absurdo, eu ainda estava em Viena, Bad Vöslau.[158] Não tínhamos vidro, praticamente nós não tínhamos mais nada,— aí quebramos todas as vitrines deles! Deveriam ter expulsado as pessoas com tranquilidade, dizendo:

"Quem assume o seu negócio agora é o cristão Franz Meyer. O senhor será indenizado, bem ou mal indenizado, isso não importa". Mas, como não tínhamos nada, eles resolveram quebrar tudo de uma vez e incendiar as casas. Que os judeus tinham de ser expulsos, é claro, estou plenamente de acordo, mas a maneira com que nós fizemos isso foi totalmente errada, por isso que há esse ódio agora! Meu sogro, que, Deus sabe, não suporta judeus, sempre dizia: "Erwin, Erwin, isso não vai ficar impune, você pode dizer o que quiser". Se eles querem expulsar os judeus, eu sou o primeiro, eu também ajudo, eu os levo embora — fora da Alemanha! Mas por que matar todo mundo? Isso a gente só pode fazer quando a guerra terminar, aí a gente pode dizer: "Temos a violência, temos o poder, vencemos a guerra e vamos fazer isso, sim". Mas agora? Veja o senhor, quem é que manda na Inglaterra? O judeu. Quem manda nos Estados Unidos? O judeu. O bolchevismo, então, é o judeu elevado à máxima potência.[159]

Da maneira como é praticada, a perseguição de judeus parece a Jösting irracional — primeiro porque nessas circunstâncias são desperdiçados bens escassos, e segundo porque assim não se atinge o objetivo propriamente dito, a eliminação definitiva da ameaça representada pelos judeus. De repente "o judeu" reaparece personificado nas potências vitoriosas, mas não é só isso, Jösting também receia que os alemães venham a ser responsabilizados até por crimes que não teriam cometido. No geral, parece que ele reprova sobretudo o momento escolhido para o início das operações de extermínio — as condições seriam muito mais propícias depois da guerra. Dois outros soldados enxergam as coisas da mesma forma:

AUE: Talvez não tenhamos agido sempre corretamente quando massacramos os judeus no leste.
SCHNEIDER: Sem dúvida, foi um erro. Digamos assim, não foi um erro, mas não foi diplomático. Poderíamos ter feito isso depois.
AUE: Quando já estivéssemos estabelecidos lá plenamente.
SCHNEIDER: Podíamos ter guardado isso para mais tarde, pois agora o judeu continua e vai continuar cada vez mais influente, principalmente nos Estados Unidos.[160]

No nosso material também se encontram minuciosos relatos de assassinatos praticados pelo próprio narrador. Fritz Swoboda, o conhecido Obersscharführer da ss, conversa com o primeiro-tenente Werner Kahrad e conta os detalhes e os problemas dos fuzilamentos na Tchecoslováquia:

> SWOBODA: Lá os fuzilamentos aconteciam em cadeia, havia a bonificação de doze marcos, 120 coroas por dia para os pelotões de fuzilamento. Então nós só fazíamos isso, um grupo de doze homens conduzia seis e os executava. Fiquei uns catorze dias sem fazer outra coisa. Nós recebíamos o dobro de provisão porque desgastava demais os nervos. [...] Também fuzilamos mulheres, elas eram melhores que os homens. Vimos muitos homens, judeus também, gemendo no último instante. Quando havia covardes assim, dois nacionais tchecos iam lá, arrastavam-nos até o meio e os suspendiam. [...] Mas o soldado dava duro para conseguir a provisão dobrada e os doze marcos, acabar com umas cinquenta garotas em meio período. Realizamos fuzilamentos também em Rosin (?).
> KAHRAD: Ali havia uma grande base aérea.
> SWOBODA: Perto da caserna as coisas funcionavam em cadeia, eles chegavam por um lado, vinha assim uma caravana de talvez quinhentas, seiscentas pessoas, elas entravam por um portão, logo adiante ficava o posto de fuzilamento, onde elas eram executadas, recolhidas e levadas embora, em seguida chegavam os próximos seis. No início ainda se dizia, beleza, melhor que o serviço normal, mas depois de poucos dias já era melhor retornar mesmo ao serviço. A princípio aquilo abalava, depois as pessoas endurecem e se tornam indiferentes. Sempre havia entre nós alguns que vacilavam na hora do fuzilamento das garotas, e olha que havíamos selecionado combatentes do front experientes para a tarefa. Mas eram ordens.[161]

Esse trecho de conversa não traz somente as declarações originais de um agente do extermínio em massa, mas também dá informações precisas acerca das dificuldades que surgiam durante os fuzilamentos coletivos, assim como sobre as gratificações e estratégias que foram então implementadas para contornar esses problemas. Acreditar que os soldados do front com um pouco mais de experiência seriam mais apropriados para as ações de fuzilamento — talvez por conta do contato direto com a violência — mostrou-se um equívoco — mesmo esses soldados, conta Swoboda, "vacilavam na hora do fuzilamento das garotas". Até ele se "abalava" no início com as execuções, mas depois de um tempo isso passou. No mais, ainda havia uma bonificação por conta do trabalho desgastante. Trata-se de um raríssimo registro documental sacado de dentro do mundo do extermínio.

Também são mencionadas nos protocolos as chamadas ações de desenterramento, ou seja, a exumação e incineração de judeus assassinados. A operação conduzida pelo Standartenführer da ss Paul Blobel foi realizada a partir do verão de 1942. Seu nome de disfarce era "Ação 1005" e consistia na exumação dos corpos de executados, que ficava a cargo de prisioneiros, principalmente judeus, para serem então incinerados. Blobel chegou a desenvolver fogueiras especiais para a incineração e equipamentos para moer os restos ósseos, de modo a não restar o menor vestígio dos massacres — um projeto que, como se sabe, não teve sucesso.

> VON MÜLLER-RIENZBURG: Em Lublin os camaradas também me contaram — eles tinham um pavor mortal de que as potências estrangeiras acabassem encontrando essas nossas fossas comuns. Usaram até escavadeiras para tirar os corpos de lá. Perto de Lublin ainda há um campo enorme cheio de cadáveres.
> VON BASSUS: Onde eles metiam os cadáveres? Queimavam?
> VON MÜLLER-RIENZBURG: Sim. Ficava semanas fedendo a carne humana. Uma vez sobrevoaram a região num avião, na hora sentiram no ar o cheiro de queimado.
> VON BASSUS: Isso era perto de Lublin?
> VON MÜLLER-RIENZBURG: Em algum campo de concentração na Polônia.
> DETTE: O [oficial do interrogatório] disse: "O senhor sabe quantos poloneses foram executados? Dois milhões". Até que ele pode estar certo.[162]

Há mais conversas que tratam dos mínimos detalhes de alguns momentos do extermínio:

> ROTHKIRCH: Todas essas instalações que utilizam gás estão na Polônia, perto de Lemberg.[163] São grandes instalações só para o uso do gás, é tudo o que sei. Você sabe, essas mortes por gás não são as piores.
> RAMCKE: Eu só ouvi falar de tudo isso aqui dentro do campo de prisioneiros.[164]
> ROTHKIRCH: É que eu sou general da administração, e as pessoas aqui já me interrogaram. Ficava perto de Lemberg. No mais, a gente também rechaçava essas coisas, porque essas carnificinas aconteciam em área e solo militares. Em Lemberg eu

ouvi diversas vezes notícias sobre esses fuzilamentos, e elas eram tão escabrosas que eu nem vou contá-las.

RAMCKE: O que era, afinal?

ROTHKIRCH: Primeiro as próprias pessoas cavavam as fossas, aí dez judeus se posicionavam no lugar certo, chegavam homens com submetralhadoras, atiravam neles, que caíam dentro das fossas, e os outros esperavam até a hora de serem executados também. Ali foram fuziladas milhares de pessoas. Depois isso foi abandonado e se passou a utilizar o gás. Havia uns que não morriam, por isso se jogava de tempos em tempos um pouco de terra, assim, uma camada. Também havia os empacotadores, que empacotavam as pessoas, para que elas não caíssem antes da hora. Era o que a SS fazia, tinha gente para empacotar os cadáveres. [...] Aí nós recebemos um informe. Até hoje eu não sei por que eu recebi. O comandante da SS afirmava que ele mesmo teve que se encarregar do fuzilamento das crianças — as mulheres também haviam sido fuziladas —, porque era tão repugnante, afinal elas nunca morriam imediatamente, foi o que ele escreveu, ainda tenho o papel lá em casa. Ele descreve que tocava as crianças na nuca e dava um tiro assim com o revólver, porque aí ele tinha certeza absoluta de uma morte instantânea. Enviei esse papel, que eu sequer solicitei, para minha casa.[165]

De fato, as crianças representavam um problema particular para os agentes dos fuzilamentos em massa. Primeiro porque elas frequentemente não cumpriam as instruções, depois porque às vezes demoravam demais para morrer.[166] Esses relatórios são o que há de mais horrendo já fixado, seja pela literatura seja pelos autos das investigações judiciais. A reação de Rothkirch, que se enoja ao receber o informe, é portanto compreensível. Tempos depois, relatando outro episódio, ele continua:

ROTHKIRCH: [...] Sim, eu estive em Kutno,[167] eu queria filmar, é a única coisa que eu sei fazer, e lá eu conhecia bem um comandante da SS, e estávamos conversando quando ele me disse: "Nossa, e se você resolvesse filmar um dia um fuzilamento?". Aí eu disse: "Não, veja bem, aí já é um pouco demais para mim". "Sei, deixa isso pra lá; o pessoal sempre é fuzilado pela manhã, mas, se preferir, sempre temos alguns extras, a gente pode fazer o fuzilamento à tarde." O senhor não imagina como esses homens haviam se bestializado.[168]

O episódio ilustra muito bem o quão normal e corriqueiro esses fuzilamentos pareciam aos olhos dos agentes. A solicitude do soldado da SS ao se oferecer para remarcar uma das operações diárias de massacre para o turno da tarde confirma, por um lado, a regularidade da prática e, por outro, a publicidade dessas ações de execução em massa — pelo que se nota do relato, nesse caso ninguém se preocupa em guardar qualquer segredo. Falando de forma dramática e cheia de detalhes sobre diversos aspectos do extermínio dos judeus, Rothkirch vê aí claros indícios de — como ele diz — "bestialização" dos soldados. Mas mesmo nesse caso seria equivocado acreditar que com isso Rothkirsch também se opunha, *em princípio*, às operações de extermínio:

> ROTHKIRCH: Imagine o senhor esses judeus, sim, sempre escapam alguns, que acabam contando essas coisas. [...] Alguma hora alguém vai ter que pagar por isso, onde quer que seja. Se essa gente passa a mandar e a se vingar de tudo, aí, claro, vai ser terrível. A questão, no entanto, eu acho que se é os demais vão deixar isso acontecer, porque a massa dos estrangeiros, dos ingleses, dos franceses e americanos também já sabe muito bem quem são os judeus. Então as coisas não são bem assim. Eles fizeram um pacto com o diabo para nos vencer, como já tinham feito antes, um tempo atrás, com os bolcheviques, eles também fazem essas coisas. A grande questão é a seguinte: quem neste mundo tomará o poder e se essas pessoas confiarão na gente. Precisamos trabalhar agora para conquistar a sua confiança e fazer de tudo para que não se irritem ainda mais; por isso temos de começar a falar assim com elas: "Crianças, também queremos ajudar na construção de um mundo melhor".[169]

Mais uma vez os aspectos mais contraditórios à primeira vista aparecem reunidos num único relato, provocando novamente estranheza: a indignação com as operações de execução; o jeito lacônico dos agentes; a maneira como o comandante da SS se encarrega dessas ações, chegando a propor, para agradar a Rothkirch, transferi-las eventualmente para a tarde; e a arbitrariedade no momento de selecionar das vítimas, como aliás já havíamos visto em Lemburg. E é assustadora a postura antissemita de Rothkirch — ele é um dos poucos a falar abertamente de um "bolchevismo judaico" —, ao mesmo tempo que também não esconde seu temor diante de uma vingança dos judeus. De qualquer maneira, o marco referencial de sua argumentação deixa um espaço aberto para que se especule uma restauração da confiança internacional nos alemães, evidentemente muito abalada em virtude de todas aquelas barbaridades, de modo a viabilizar a cooperação dos alemães "na construção de um mundo melhor".

Devemos nos segurar para não balançar a cabeça diante desses disparates de percepção, compreensão e argumentação que constam no nosso material. Naquela época, tudo isso que da perspectiva atual parece tão contraditório não era considerado assim, por mais absurdo que fosse. Era absolutamente normal um simpatizante da política antissemita criticar o modo como ela era posta em prática, assim como era normal enxergar nessa prática um grande equívoco, na medida em que ela gerava sérios transtornos. É por isso que eles não querem ser excluídos de imediato do círculo das nações que serão responsáveis pela reconstrução do mundo. Em outras palavras: as deficiências práticas da política antissemita não são capazes de colocar em xeque essa visão de mundo racista que compõe o marco referencial da argumentação de Rothkirch, tampouco a imagem que os alemães têm de si próprios, pois ainda se imaginam agentes merecedores de confiança e imparcialidade no trato geral. Numa análise posterior, isso pode parecer arrogância, ingenuidade ou simplesmente estupidez, mas não deixa de retratar o marco referencial daquela época, no qual personagens importantes como Rothkirch ordenam sua ação. Uma insuperável dificuldade de compreender que aquilo que era feito ou tolerado podia, sim, estar errado — essa dificuldade marcou o pós-guerra alemão até meados dos anos 1970 — fica aqui evidente. Esse fenômeno poderia ser caracterizado como uma incompatibilidade do marco referencial do Terceiro Reich com os padrões políticos e normativos que prevaleceram na sociedade democrática do pós-guerra. Não foram raras as ocasiões em que essa incompatibilidade chegou a produzir sérios atritos, que se transformaram em verdadeiros escândalos na história política da República Federal Alemã — desde Globke até, mais recentemente, Filbinger.[170]

Bem expressa numa citação no início desta seção, a perplexidade diante da circunstância de que os alemães, apesar de nomes como Liszt e Wagner, pudessem ser encarados como "porcos" é um bom exemplo dessa grande incompatibilidade. Ela conta inclusive com uma justificativa, como mostra o diálogo entre um suboficial de artilharia e um soldado de infantaria:

HÖLSCHER: Olha, essa coisa de todo mundo estar contra a gente é bem esquisita.
VON BASTIAN: Muito, isso é muito esquisito.
HÖLSCHER: Mas também pode ser, como Adolf diz, tudo culpa dos judeus.
VON BASTIAN: A Inglaterra está sob domínio dos judeus, e os Estados Unidos também.
HÖLSCHER: Agora, por exemplo, ele tem falado mais mal dos Estados Unidos do que da Inglaterra. Os Estados Unidos são o inimigo principal, é o que ele diz.
VON BASTIAN: Grandes finanças americanas, tudo negócio judeu. Só depois disso que ele fala da Inglaterra.[171]

No marco referencial do extermínio, as supostas características dos judeus bem como suas esferas de influência estão sedimentadas com tal estabilidade que o comportamento deles pode servir de justificativa para praticamente qualquer coisa. Há uma reação quase reflexiva de buscar socorro em estereótipos antissemitas, mesmo no contexto de relatos nos quais se percebem alguns sinais de empatia:

QUEISSER: E aquele bairro judeu, minha nossa, ah, a gente só podia cruzar aquela área de bonde, havia sempre um policial do lado de fora para não deixar ninguém descer. Uma vez o bonde parou e fomos ver o que estava acontecendo, havia um cara deitado, atravessado em cima do trilho.
WOLF: Morto?
QUEISSER: Sim, sim. Era um rapaz que eles jogaram na rua, lá de cima. Oh, oh, oh, eu que não gostaria de ter que entrar nesse bairro judeu. Não, e isso não é nada! Na primeira vez, vi umas crianças muito bonitas correndo para todos os lados, todas com a estrela no braço — havia meninas lindas. Os soldados fizeram bons negócios por lá. Havia judeus que saíam para trabalhar na base aérea; eles traziam objetos de ouro e a gente trocava por um pouco de pão, só para que eles tivessem alguma coisa para pôr na boca.[172]

Vale sublinhar mais uma vez o tipo de "bons negócios" que eles realizavam: os soldados recebiam ouro em troca de pão. Embora o narrador ache esse "bairro judeu" extremamente desagradável, ele não desperdiça a oportunidade de celebrar negócios tão vantajosos ("eles traziam objetos de ouro e a gente trocava por um pouco de pão"). Diante desse pano de fundo, a citação dá ainda

Bonde no Gueto de Varsóvia, em 1941. (Fotógrafo: Joe J. Heydecker; Wiesbaden)

informações sobre as diversas estruturas de oportunidades que se abriam inclusive para os soldados da Wehrmacht no âmbito da perseguição e do extermínio dos judeus.

Outra história, que descreve o funcionamento de um campo de trabalho, gira em torno do papel desempenhado pelos *Kapos*. O diálogo é um dos poucos a transparecer alguma desconfiança em relação aos acontecimentos narrados em conexão com a política de extermínio.[173]

> TAUMBERGER: Uma vez eu vi uma caravana com o pessoal de um campo de concentração. Eu tinha saltado perto de Munique... Agora estão fazendo obras numa montanha por ali para armamento secreto, onde também vão fabricar as novas armas. E eles são utilizados nesse trabalho. Uma vez eu vi essa gente que vinha marchando. Aquelas figuras famélicas na União Soviética, comparadas com elas, pareceriam autênticos glutões. Aí eu fui conversar com o que tomava conta deles. Eles trabalhavam dentro de um cordão de isolamento, e a que ritmo!, constante, sem parar, doze horas por doze de descanso. Portanto, nem dava para falar em

descanso. Em 24 horas, eles tinham mais ou menos cinco de sono. O resto do tempo estavam todos de pé. Os sentinelas também eram prisioneiros, mas usavam um boné preto. Eles pulavam no meio dos outros com uns cacetes enormes, batendo na cabeça e nas costas. Era um massacre.

KRUSE: Espere aí, espere aí! Por favor!

TAUMBERGER: Ah, você não acredita? Dou a minha palavra, eu mesmo vi, eram... prisioneiros, e um trucidando o outro. Os sentinelas de boné preto ganhavam até cigarros. Recebiam pensão completa. Ganhavam até dinheiro, havia umas notas. Dinheiro de verdade não, eles não recebiam. Com essas notas era possível comprar algumas coisas extras. Eles tinham os caras na mão através desses negócios, uns até ganhavam prêmios. Cada supervisor tinha mais ou menos quarenta, cinquenta prisioneiros. Eram empregados de empresas, todos trabalhavam numa determinada empresa. Quanto mais os prisioneiros trabalhavam, quanto mais produziam, aí é que esse judas recebia prêmios e mais prêmios. E agora ele sentava o cacete para que trabalhassem. Eles prensavam canos para as fábricas de turbinas, os reservatórios e as obras. No momento o supervisor tinha um acordo com o contador de lá que previa a entrega diária de três tubulações. Aí ele recebia uma bonificação de tanto. Se dentro de dois dias ele tivesse entregado um cano a mais que o previsto no acordo, então o prêmio aumentava outro tanto. Só estive por lá 48 horas, depois prossegui a viagem. Foi aí que eu vi.[174]

A descrição que Taumberger, um piloto de caça, nos oferece do sistema de prisioneiros nos campos dessa natureza coincide com outros relatos históricos; a dúvida que Kruse levanta ao ouvir a história, pelo que parece, refere-se à utilização de prisioneiros na realização de tarefas de vigilância. É claro que só podemos especular o que se passa na cabeça de Kruse ao pedir ao suboficial Taumberger que interrompa seu relato — se ele desconfia de toda a história, se ele duvida das funções desempenhadas pelos *Kapos* ou se ele simplesmente se recusa a ouvir esse tipo de coisa. A reação de Taumberger ("Ah, você não acredita?") indica, contudo, que Kruse põe em dúvida o papel dos prisioneiros carrascos, e justamente por isso Taumberger passa a contar sua história com ainda mais detalhes. Taumberger faz questão de deixar claro que considera o comportamento dos *Kapos* inaceitável ("esse judas") — como se eles todos se encontrassem numa situação que lhes permitisse decidir por si próprios o que fazer.[175]

Seja como for, também há histórias em que o extermínio de judeus é rechaçado abertamente.

DOETSCH: Uma vez, em Lemberg, eu vi um desses comboios de judeus... foi em Kiev. A fila começou a se mexer. A ss já estava lá na frente, baixando o cacete. Eles ficavam..., a ss, se esbaldavam de tanto bater. Aí eles eram posicionados de pé na beira das valas dos blindados. Os primeiros permaneciam assim de pé, eram metralhados. Os próximos tinham que ajeitá-los lá dentro, depois que eles caíam. Ainda nem tinham morrido. Jogavam um pouco de terra em cima. Os próximos... — você consegue imaginar uma coisa dessas? Crianças, mulheres, velhos. Pois eu sei muito bem... Teve um que me disse: "Recebemos a ordem mas eu não consegui acompanhar". Os alemães pregaram as crianças nas paredes, chegaram a fazer *isso*.

Nas transcrições das conversas espionadas não são apenas os fuzilamentos em massa que aparecem, os soldados também falam sobre as execuções dentro dos caminhões de gás. Na base americana de Fort Hunt, Rudolf Müller relata a seguinte história:

MÜLLER: Fui levado ao tribunal de guerra por me recusar a cumprir ordens na Rússia. Lá eu havia sido quartel-mestre de mecânica, porque o nosso quartel-mestre havia morrido e eu era o segundo na oficina. Me mandaram reformar um caminhão LKW 8, para instalar placas de borracha nele. Muito bem, eu não sabia do que se tratava e acabei fazendo. O veículo foi entregue e logo solicitado pelo comando local. A nossa parte acabava aí. Quando o motorista retornou, a cara dele estava mas branca do que giz. Perguntei o que havia acontecido, aí ele me falou que jamais esqueceria, até o fim de sua vida, as coisas que vivenciara naquele dia. Ele disse: "Encheram a parte de trás do meu caminhão de civis. Depois conectaram uma extensão no cano de descarga que eles tinham lá, fecharam a traseira do caminhão e enfiaram o tubo do escapamento lá dentro. Na frente, um tenente da ss se sentou ao meu lado, pôs a pistola no colo e me deu ordem para dar a partida". Bem, ele só tinha dezoito anos, quisesse fazer aquilo ou não, o fato é que foi obrigado a dirigir. Então ele dirigiu por meia hora até chegar a um lugar onde havia uma fossa. Estava cheia de cadáveres, haviam jogado um pouco de cloro no meio. Ele teve de se aproximar de marcha a ré e foi só abrir a porta para que todos

eles fossem descarregados. Mortos pelos gases do escapamento. No dia seguinte eu recebi de novo a ordem de deixar o caminhão pronto para o comando local. Foi aí que disse: o caminhão não será entregue. E por isso fui levado ao tribunal de guerra, por me recusar a cumprir ordens. Pôr pessoas dentro do caminhão com a exclusiva intenção de matá-las com gás de escapamento.
REIMBOLD: Minha nossa, pelo amor de Deus!
MÜLLER: O motorista foi coagido, estava sentado do lado de um cara com uma pistola. Quanto a mim, eles resolveram colocar diante de um tribunal de guerra.
REIMBOLD: E tudo isso acontece usando o nome da Alemanha. Que nenhum de nós se surpreenda com as coisas que ainda podem fazer conosco.[176]

Esse diálogo é um dos raros testemunhos diretos sobre as execuções por asfixia provocada por monóxido de carbono. Seu caráter peculiar é reforçado ainda mais em virtude do incontestável tom de desaprovação do narrador ao contar a história, que — ao menos segundo sua apresentação — chegou a levá-lo a um tribunal de guerra. O interlocutor se mostra igualmente chocado — pelo visto, ele nunca tinha ouvido falar desse tipo de operação assassina. De maneira geral, poderíamos dizer que os relatos sobre o extermínio, em todas as suas facetas, desde os guetos aos campos de extermínio, passando pelos fuzilamentos em massa, todos eles são marcados por uma perspectiva não apenas descritiva, mas também valorativa em relação ao comportamento dos diversos atores. A avaliação, sobretudo quando se trata do comportamento de judeus, costuma ignorar completamente as condições de emergência que determinam ou restringem drasticamente as margens de atuação individual (a exemplo do que acontecia dentro de um gueto). Essa figura conhecida como *blaming the victim*[177] [culpar a vítima] é um modelo de percepção e valoração bem analisado pela psicologia que investiga os preconceitos — a estratégia de culpar as próprias vítimas só funciona a partir do instante em que as circunstâncias de sua atuação são deixadas de lado e a causa desse modo de agir é deslocada para sua própria personalidade. É o mesmo mecanismo por trás de todos os preconceitos imagináveis contra quaisquer grupos de pessoas que, de alguma forma, são inferiorizados e mesmo materialmente prejudicados. A frequência com que ele aparece aqui, nessas condições de exercício escancarado de violência unilateral, não provoca nenhuma surpresa. Também o encontramos nos relatos sobre mulheres estupradas ou sobre o comportamento das vítimas logo antes do fuzilamento. Eles falam de tudo isso como se estivessem descrevendo o comportamento de cobaias submetidas a alguma experiência de laboratório, sem mencionar, porém, as condições do teste. Essa maneira de analisar as coisas, em que as pessoas, ao descreverem o comportamento das vítimas, não chegam nem a "desconsiderar" as condições que elas mesmas criaram, porque sequer desconfiam disso, é mais uma vez produto do marco referencial que lhe serve de base, no qual o narrador e precisamente "os judeus" pertencem a universos sociais absolutamente distintos. Se havia uma pessoa que sabia mais do que qualquer outra sobre as condições dessas experiências fatais para as vítimas, ela se chama Rudolf Höss, já que ele foi o próprio encarregado de sua implementação. Höss também se vale do *blaming the victim* em sua autobiografia, ao falar, por exemplo, dos membros do chamado "comando especial", aqueles prisioneiros que levavam as vítimas até as câmaras de gás e depois, assim que elas já estivessem mortas, as recolhiam:

> HÖSS: O comportamento do comando especial de um modo geral era igualmente esquisito. Todos sabiam muito bem que, assim que as operações terminassem, eles teriam o mesmo destino dos milhares de companheiros de raça para cujo extermínio eles tanto colaboraram. Ainda assim, trabalhavam com tal afinco que conseguiam sempre me impressionar. E não era só o fato de nunca contarem nada às vítimas sobre o que iria acontecer, eles ajudavam na hora de tirar as roupas com todo o cuidado, sem deixar de ser violentos contra algum deles que oferecesse resistência. Chegavam a retirar os mais inquietos e a segurar as vítimas na hora dos fuzilamentos. Elas eram conduzidas de modo que nem percebiam o subcomandante já preparado com a sua arma; ele podia encostar a arma na nuca delas e não era notado. Era assim que eles agiam também com os doentes e todos os outros que já se encontravam tão fragilizados a ponto de não poderem mais ser levados às câmaras de gás. A naturalidade com que faziam todas essas coisas era de quem se via do lado dos exterminadores.[178]

ATIRANDO EM GRUPO

Trataremos agora de dois outros aspectos, até hoje pouco estudados pela literatura sobre a guerra de extermínio e o Holocausto. Com alguma frequência, soldados das mais diversas unidades e patentes participaram de fuzilamentos sem qualquer tipo de ordem e mesmo quando não tinham, do ponto de vista formal, rigorosamente nada a ver com as "ações judaicas". De acordo com Daniel Goldhagen, que cita um dos poucos casos desse tipo conhecidos, essa seria uma boa demonstração do quanto os alemães estariam imbuídos de um antissemitismo exterminador. Goldhagen se referia a um grupo de entretenimento da polícia de Berlim, integrado por músicos e artistas, que chegara em Lukow em meados de novembro de 1942 para distrair o pessoal do front, e solicitara ao comandante do batalhão 101 da polícia de reserva uma autorização para participar atirando na próxima ação judaica marcada, logo no dia seguinte. A audácia foi bem atendida — um dia depois, quem se divertia era o próprio grupo de entretenimento: fuzilando judeus. Christopher Browning menciona o mesmo caso.[179] A questão é: motivos antissemitas eram de fato necessários para que os alemães em questão sentissem prazer em fuzilar judeus nas horas vagas?

Provavelmente a realidade é um pouco mais trivial. Os soldados se divertem porque podem fazer uma coisa que jamais poderiam em circunstâncias normais — a sensação de matar alguém impunemente, exercer um poder absoluto, fazer uma coisa absolutamente fora do comum sem se preocupar com nenhum tipo de sanção. É um escapismo do mundo do possível e essa razão já é mais do que suficiente — é o que Günter Anders caracterizou uma vez como a "tentação da desumanidade impune". Matar alguém sem nenhum motivo, pelo visto, era uma atividade que exercia sobre muitos soldados um poder de sedução difícil de resistir. A violência dessa natureza não precisa nem de motivo nem de justificativa. Basta a autorização para exercê-la.

Nos protocolos das interceptações também se encontram relatos de participações voluntárias em fuzilamentos em massa ou de convites para que as pessoas também atirassem quando quisessem.[180] Quase inacreditáveis para os dias de hoje, esses episódios indicam que as operações de extermínio de forma alguma aconteciam às escondidas e que nem sempre provocavam assombro ou repulsa em quem assistia. Pelo contrário, os espectadores sempre se reuniam em torno das fossas de fuzilamento como se estivessem num estádio — a população local, soldados da Wehrmacht, funcionários da administração civil; para todos eles o massacre se tornava um espetáculo de exibição quase pública, que fugia inteiramente do que estava programado. Em julho de 1941, por exemplo,

Erich von dem Bach-Zelewski, um alto comandante da SS e da polícia, foi forçado a proibir expressamente a presença de espectadores no momento dos fuzilamentos coletivos com uma ordem:

> [...] todos os homens judeus entre dezessete e 45 anos de idade apresentados como saqueadores devem ser sumariamente fuzilados. Os fuzilamentos devem ocorrer longe de vilarejos, povoados e qualquer espécie de tráfego de pessoas. As covas devem ser camufladas de modo a impedir que se tornem lugares de visitação. Eu proíbo que tirem fotografias e a presença de espectadores nos locais de execução. Fossas e execuções devem permanecer em segredo.[181]

A peregrinação até os lugares de fuzilamento, "apesar de ordens contrárias", foi contínua, as pessoas fotografavam, talvez também se deleitassem com aquele cenário obsceno, pessoas completamente vulneráveis, desnudas, sobretudo mulheres, e ainda davam conselhos e atiçavam os atiradores.[182]

No geral, o poder de sedução exercido por essas ações parece maior que a preocupação de infringir quaisquer regras ou ordens superiores. O major Rösler conta de um fuzilamento em que "de todos os lados [...] havia soldados e civis que foram até um aterro ferroviário" atrás do qual acontecia a operação: "Policiais com uniformes imundos corriam pra lá e pra cá. Soldados (alguns só com calção de banho) se reuniam em grupos; civis, entre eles mulheres e crianças, assistiam a tudo". No fim de seu relato, Rösler diz já ter experimentado ao longo de sua vida situações desagradáveis, mas um massacre como aquele, ainda mais aberto para todo mundo como se fosse um palco em praça pública, superava qualquer coisa jamais vista. Era uma afronta aos costumes alemães, aos seus ideais etc.[183]

Apesar de todas as ordens expressas e medidas pedagógicas, o problema do turismo de fuzilamento parecia fora de controle; uma tentativa de solução consistiu, por exemplo, em "sugerir às unidades executoras, 'em via de um consenso', que não realizassem, 'na medida do possível', fuzilamentos durante o dia, mas pela noite", como ficou estabelecido na conferência dos oficiais da administração militar que ocorreu em 8 de maio de 1942, uma resolução sem grandes efeitos práticos.[184]

Nesse ponto, especular sobre o que pode ter motivado em concreto este ou aquele espectador a acompanhar os fuzilamentos apesar da proibição carece de

Um Unterscharführer do grupo de combate da ss diante de espectadores (Wehrmacht, ss, Reichsarbeitsdienst, HJ) em Vinnytsa, Ucrânia, em 1942. Fotógrafo desconhecido (Bildarchiv Preussischer Kulturarchiv, Berlim)

sentido — as razões podem ser as mais variadas: a sensação de "adrenalina" e contato com uma monstruosidade, talvez também de uma irrealidade espetacular, na qual acontecem coisas impossíveis na vida normal, ou ainda de nojo e repulsa, talvez a satisfação de fazer outros experimentarem aquilo que se espera que nunca aconteça a si próprio. No nosso contexto, o importante é constatar que *havia* um fenômeno comum de audiência — o fato de pessoas serem fuziladas da maneira já descrita não provocava uma repulsa capaz de afastar qualquer espécie de público. O voyeurismo e uma certa satisfação ao contemplar a desgraça alheia são fenômenos psicológicos que aparecem não só mas também dentro do contexto do extermínio dos judeus. Diante desse pano de fundo, o forte apelo que descrições das operações de extermínio aparentam ter no meio das conversas interceptadas é mais facilmente compreendido: já que não foi possível estar presente, agora eles querem ao menos saber de tudo nos mínimos detalhes. Quando sua unidade participava dos movimentos de ataque no mar Báltico, Kammeier, oficial maquinista do S-Boot S-56, assistiu a uma operação assassina em Liepāja, hoje uma cidade independente da Letônia.

> KAMMEIER: Quase todos os soldados por lá estavam internados em grandes acampamentos, uma noite esbarrei com um que me perguntou: "Você quer ver como é? Amanhã um grupo será fuzilado". Diariamente chegava um caminhão por lá, e ele dizia: "Você pode nos acompanhar". Era da artilharia da Marinha, esse comandante de… execução. O caminhão se aproximou e parou — uma fossa havia sido cavada na areia, era uma cova assim, de uns vinte metros de comprimento. [...] Não fazia ideia do que estava acontecendo até que olhei dentro das covas, eles tinham de entrar nesses buracos, os outros aqui distribuindo coronhadas, vamos, vamos, vamos, até que todos se posicionavam com o rosto voltado para baixo. O sargento portava uma submetralhadora daquelas… e ali estavam cinco elementos de pé, que caíam um após o outro… A maioria tombava assim, com os olhos revirados, havia uma mulher também no meio. Eu vi tudo. Foi em Libau [Liepāja].[185]

A participação direta nos fuzilamentos, chegar a ponto de disparar contra as vítimas, como já mencionamos, constitui um passo adiante em relação à simples audiência. Quem conta é o tenente-coronel da Luftwaffe Von Müller-Rienzburg:

VON MÜLLER-RIENZBURG: A ss fez um convite para o fuzilamento de judeus. A tropa inteira compareceu no local com as armas em punho e [...] atirou junto com o grupo. Cada um podia escolher aqueles que bem entendesse. Era assim que eram tratados [...] pela ss, mas certamente se pagará caro por isso.
VON BASSUS: Eles faziam essas coisas como se estivessem participando de uma caça esportiva?
VON MÜLLER-RIENZBURG: Exatamente.[186]

Com base no diálogo não é possível saber se Von Müller-Rienzburg aceitou ou não o "convite para o fuzilamento de judeus"; ele deixa claro, no entanto, que a oferta foi muito bem recebida por outros soldados da Wehrmacht ("A tropa inteira compareceu no local com as armas em punho"). Ao interlocutor ocorre uma comparação com a caça esportiva, mas nada que demonstre que ele estivesse impressionado ou surpreso com o relato. O tenente-coronel August Freiherr von der Heydte também narra, mas de segunda mão, um episódio de fuzilamento parecido com uma caça:

HEYDTE: Essa história é verdadeira, quem me contou foi Boeselager, que antes de morrer ainda foi condecorado com as Espadas. O tenente-coronel [Georg] Freiherr von Boeselager foi meu camarada de regimento. Ele conta ter vivido o seguinte com um comandante da ss — isso foi logo em 42 ou 41, sei lá, sei que ainda no comecinho dessas coisas —, acho que foi na Polônia que ele apareceu como se fosse um comissário civil.
GALLER:* Quem?
HEYDTE: O comandante da ss. Acho que Boeselager tinha acabado de receber as Folhas de Carvalho. Ele estava comendo e quando terminou disse: "Agora nós poderíamos assistir a um pequeno...". Aí eles saíram num carro e — parece até um delírio, mas foi assim mesmo — lá já havia uma porção de rifles, fuzis normais, e trinta judeus poloneses de pé. Cada convidado recebeu um fuzil, aí os judeus foram forçados a passar na frente deles. Então cada um podia escolher qual judeu ia acertar com o chumbo grosso. Em seguida eles levavam um tiro de misericórdia.[187]

Na próxima conversa, mais um narrador fala sobre o convite para um fuzilamento, novamente bem-aceito. Os detalhes contados pelo primeiro-tenente da Luftwaffe Fried provocam uma forte reação do seu interlocutor, o primeiro-tenente de infantaria Bentz:

> BENTZ: Se os alemães nos perguntassem se o terror que acontecia na Polônia era de verdade, tínhamos de dizer que se tratava apenas de um boato. Mas era mais do que verdade, tenho certeza. E isso é uma mancha na nossa história.
> FRIED: Ah, tá, essa perseguição aos judeus.
> BENTZ: Eu considero fundamentalmente equivocada toda essa história de raças. É um verdadeiro absurdo dizer que o judeu tem por princípio qualidades exclusivamente ruins.
> FRIED: Uma vez eu mesmo participei, como oficial, isso me impressionou um bocado. Foi quando tive contato de verdade com a guerra, na Polônia, quando eu fazia voos de carga. Um dia eu estava almoçando em Radom com o batalhão da Waffen-ss que também estava por lá. Aí então um capitão da ss ou coisa parecida falou assim: "O senhor gostaria de nos acompanhar uma meia horinha? O senhor pode pegar uma submetralhadora e vir conosco". Segui com eles. Eu ainda tinha uma hora, fomos até uma caserna enorme e acabamos com 1500 judeus. Foi no período da guerra. Havia uns vinte atiradores. Foi tudo num piscar de olhos — nem deu tempo de pensar. Eles haviam sido atacados numa noite por um grupo de guerrilheiros judeus, por isso estavam irritados com aqueles poloneses de merda. Depois eu pensei bem — não foi uma coisa bonita.
> BENTZ: Só havia judeus?
> FRIED: Só judeus e alguns guerrilheiros.
> BENTZ: Eles eram despachados dessa forma?
> FRIED: Sim. Agora quando eu penso nisso — que coisa feia.
> BENTZ: O quê — o senhor também atirou?
> FRIED: Sim, eu atirei também. Algumas pessoas que estavam lá dentro ainda diziam: "Bem, é a vez desses porcos safados", eles xingavam, depois atiravam pedras e coisas do gênero. Também tinha mulheres e crianças no meio!
> BENTZ: Estavam juntas lá dentro?
> FRIED: Todas juntas, famílias inteiras, a maioria gritando desesperada enquanto outros permaneceram absolutamente apáticos.[188]

Por alguns instantes, os interlocutores parecem não estar de acordo quanto ao objeto em discussão; provavelmente porque os dois têm concepções bastante díspares e não se dão conta disso num primeiro momento. Enquanto Bentz deixa clara sua desaprovação do extermínio dos judeus como um todo e que considera "essa história de raças" um equívoco, Fried conta ter aceitado um convite para "fuzilar judeus", isso já na "guerra da Polônia". No início Bentz parece não entender direito que Fried tenha aceitado esse convite para o fuzilamento e participado por livre e espontânea vontade do massacre fulminante de 1500 judeus em menos de uma hora. Só depois de Fried acrescentar que de fato aquilo teria sido uma "coisa feia" é que Bentz se assusta: "O quê — o senhor também atirou?".

A surpresa de Bentz, no entanto, não consegue tirar Fried do sério, e ele então prossegue o relato: executou não apenas "judeus" e "guerrilheiros", como também mulheres e crianças. Sua avaliação bastante modesta — tratava-se de fato de uma "coisa feia" — pode remeter à frustração pelo pouco prazer proporcionado por esse fuzilamento nas suas horas de lazer, mas também à mera circunstância de estar diante de Bentz, um interlocutor que de antemão se posiciona contra todo esse tipo de operação.

Seja como for, o fenômeno de "atirar em grupo", de modo isolado ou no contexto de uma "caça esportiva", assim como o convite para presenciar ou filmar esses fuzilamentos indicam que mesmo aqueles que não estavam envolvidos diretamente nessas operações não precisavam, como aliás em geral se imagina, de um tempo de adaptação para chegar a realizar as coisas mais brutais. Fried participa do fuzilamento de maneira tão instantânea quanto os artistas destacados para acompanhar o front; eles matam os outros para se distrair e se divertir, sem treinamento nem embrutecimento, simplesmente porque também querem matar.

Por outro lado, a maneira direta dos anfitriões ao convidarem os recém-chegados a participarem dos fuzilamentos indica a naturalidade desse tipo de comportamento e a preocupação, quase inexistente, de que uma semelhante oferta provocasse alguma irritação ou fosse recusada. É por isso que podemos sustentar com toda a plausibilidade que participar dos fuzilamentos junto aos demais, fosse atendendo a um convite ou a um pedido, era uma prática tão difundida quanto assistir a essas operações, o que, da perspectiva atual, não deixa de ser assustador. Em outras palavras: os fuzilamentos em massa não chegavam a fugir sequer minimamente do marco referencial dos soldados; não representavam nada que afrontasse fundamentalmente sua visão de mundo.

Essa constatação também é confirmada por uma série de declarações que expressam plena aquiescência com o extermínio dos judeus; é o caso, no diálogo seguinte, de dois jovens oficiais dos grupos de submarinos, o primeiro-tenente Günther Gess, engenheiro-chefe do submarino U 433, de 23 anos, e o primeiro-tenente Egon Rudolph, primeiro-oficial de guarda do U 95, de 26:

> RUDOLPH: Quando a gente pensa nos nossos pobres colegas na Rússia, com um frio de 42 graus abaixo de zero!
>
> GESS: Sim, mas eles sabem muito bem a razão por que estão lutando.
>
> RUDOLPH: Exatamente — é preciso arrebentar as correntes de uma vez por todas.
>
> GESS E RUDOLPH (*cantando a uma só voz*): "Quando jorra da faca o sangue judeu, aí é que as coisas vão muito bem".
>
> GESS: Esses porcos! Cachorros nojentos!
>
> RUDOLPH: Eu espero que o Führer atenda o nosso desejo, de todos nós, prisioneiros, dando, a cada um, um judeu e um inglês para que a gente possa levá-los ao matadouro; esquartejá-los em pedacinhos. Quero fazer haraquiri com eles. Enfiar a faca na barriga deles e revirar as suas tripas![189]

INDIGNAÇÃO

Nenhum soldado digno gostaria de se envolver com isso.[190]

Para muitos soldados, os relatos sobre crimes não representavam nada de extraordinário. Eles se encontram fragmentados em meio a histórias com temas bem distintos, sobre o combate no front, por exemplo, ou o reencontro com um amigo na cidade natal, mas no geral mal aparecem. É surpreendente aos olhos de hoje que eles provocassem tão pouca indignação. Como já vimos, no entanto, reprovar *radicalmente* os crimes dessa natureza constituía antes de mais nada a exceção. E mais raros ainda eram os soldados que se valiam do seu conhecimento — pouco importa se fruto da experiência própria ou alheia — para refletir sobre o caráter geral da guerra. Pelo contrário, a reação mais comum é de uma curiosidade arrebatada por mais e mais detalhes, muitas vezes uma compulsão de puro voyeurismo.

Também chama a atenção o fato de os soldados simplesmente não conversarem a respeito da dimensão legal de seu comportamento. Ninguém se interessava em saber o que dizia a Convenção de Haia sobre Guerra Terrestre ou a Convenção de Genebra. Esses nomes praticamente não aparecem nesse material. "Toda questão sobre o que é ou não permitido é no fim das contas uma questão de poder. Quando se tem poder, tudo é permitido", é o que diz, por exemplo, o primeiro-tenente Ulmann.* Mas, ainda assim, os soldados distinguem o que eles estão em condições de fazer daquilo que lhes parece moralmente justificado. Mesmo o piloto de caça Ulmann defende que "não deveria ser possível [...] que os nossos soldados massacrem civis desarmados".[191] Voltemos então agora nossos olhos para as coisas que os soldados da época consideravam maldosas, cruéis ou mesmo repulsivas.

O fuzilamento de guerrilheiros aprisionados lhes parecia um mero ato de bom senso e jamais foi retratado como censurável, pela simples razão de essas pessoas não serem reconhecidas como combatentes. Relatos sobre prisioneiros regulares "eliminados" logo atrás das principais linhas de combate são igualmente ouvidos sem maiores comentários, porque isso também fazia parte da rotina do front, sobretudo no leste. Para provocar uma reação mais forte do interlocutor, a história precisava se destacar, afrontar de maneira escandalosa, qualitativa ou quantitativamente, os costumes de guerra vigentes nos respectivos fronts.

Kurt Schröder, tenente do Esquadrão de Combate 2, e Hurb,* tenente do Esquadrão de Combate 100, debatem como deveria ser a avaliação das execuções de pilotos de aeronaves abatidas. A discussão se inicia sob pretexto de uma referência ao primeiro ataque aéreo americano a Tóquio, no dia 18 de abril de 1942, quando os japoneses executaram os aviadores americanos capturados.

> SCHRÖDER: Sim, e é uma sujeira também o que esses japoneses estão fazendo com os seus prisioneiros. Daquela vez, eles pegaram a tripulação que abateram no primeiro ataque a Tóquio e os executaram em uma ou duas semanas, depois de um processo marcial. Isso é uma tremenda sujeira.
> HURB: Pensando bem, esse era o único caminho correto e nós deveríamos ter optado por ele também.
> SCHRÖDER: E quanto a você? E se você fosse executado agorinha mesmo?
> HURB: Mas é claro, façam-me o favor!

SCHRÖDER: Não é assim que um soldado vê as coisas.

HURB: Não tenha dúvida! Isso é o melhor que ele pode fazer. Se logo nos primeiros ataques aéreos, nós tivéssemos feito isso com os americanos e com os ingleses, teríamos poupado a vida de milhares de mulheres e crianças, uma vez que nenhuma tripulação ousaria mais fazer voos de ataque.

SCHRÖDER: É evidente que eles continuariam atacando.

HURB: Mas não as cidades. Se a Luftwaffe só tivesse sido empregada na guerra estratégica, apenas junto ao front portanto, e se desde o início a gente tivesse estabelecido um exemplo a esse respeito — o fato é que desde então não houve mais ataque sobre Tóquio. Isso salvou a vida de milhares de mulheres e crianças, e só porque eles executaram uns vinte por lá.

SCHRÖDER: Isso é uma tremenda sujeira.

HURB: Mas eles não fizeram simplesmente assim, logo depois de as coisas acontecerem, eles, os japoneses, anunciaram que não fariam *de jeito nenhum* ataques diretos contra cidades, era uma proibição que eles mesmos se impunham. Se os outros realizaram um ataque aéreo a Tóquio, foram devidamente executados, desde então não houve mais um voo de ataque sequer. Se a gente analisar desse ponto de vista, nós não teríamos realizado nenhum ataque aéreo contra nenhuma cidade, ingleses e americanos tampouco, porque ainda estou para ver que tripulação se arriscaria a esses voos, tendo a seguinte certeza: "Se eu for abatido, eles acabam comigo". Seria o caso de nem se preocupar mais em levar paraquedas a bordo.

SCHRÖDER: E eles continuariam voando da mesma maneira.

HURB: Não acredito.

SCHRÖDER: Mas é claro, o que o senhor faria se recebesse uma ordem de fazer um ataque aqui, em Londres?

HURB: Simplesmente não existiria mais uma ordem como essa. Os americanos, por exemplo, já não recebem mais ordens assim.

SCHRÖDER: Os japoneses só podem fazer isso porque nenhum deles vai para a prisão. Eles não fariam a mesma coisa se houvesse uma porção de prisioneiros japoneses na mão dos americanos.[192]

Ao defender o assassinato de pilotos inimigos como estratégia para impedir o ataque a alvos civis, Hurb não só dá um atestado de sua ingenuidade, mas também expressa uma concepção bastante difundida na Wehrmacht, segundo a qual seria possível obrigar o inimigo a determinado comportamento a partir do emprego de uma brutalidade que excedesse quaisquer limites legais. Não são razões exclusivamente objetivas que levam Schröder a considerar esse tipo de argumentação um erro. A execução de aviadores abatidos é, para eles, simplesmente "uma tremenda sujeira", uma afronta a seu ideal de honra de soldado. Seus argumentos tampouco mencionam as determinações da Convenção de Genebra; o fato de ele só se valer de representações de uma moral eminentemente soldadesca não deixa de ser significativo.

Modelos argumentativos semelhantes podem ser encontrados também nas conversas entre soldados do Exército; até na escolha das palavras eles são muito parecidos. O coronel Hans Reimann considerava "uma tremenda sujeira" que o destacamento de exploração da divisão "Juventude Hitlerista" da SS tivesse fuzilado na Normandia dezoito canadenses. Ele não aceitou nenhuma espécie de desculpa. Mas só raramente casos assim dão ensejo a debates e discussões. Na maioria das vezes, bastava falar que a SS era particularmente "brutal" ou que a guerra no leste era "desumana" para se chegar depressa a um consenso e também mudar o tema da conversação. O diálogo entre Schröder e Hurb, entretanto, gira em torno de representações morais radicalmente diferentes. Esse tipo de discussão constitui uma rara exceção, pois quase sempre os interlocutores se esforçam para encontrar uma posição de acordo, sobretudo para evitar maiores elucubrações que pudessem colocar em xeque a sua própria visão de mundo.

As dimensões quantitativas e qualitativas de um determinado crime de guerra desempenhavam um papel fundamental no modo como ele era interpretado pelos soldados alemães. É por isso que os relatos sobre a enorme mortandade dentro dos campos de prisioneiros de guerra soviéticos provocavam uma reação maior que as execuções realizadas logo atrás da principal linha de combate. Nesses campos teriam acontecido "coisas terríveis", como diz um sargento da Luftwaffe.[193] O tratamento dispensado aos soldados do Exército Vermelho era — aqui Ernst Quick e Paul Korte estavam de pleno acordo — "absolutamente indecente", algo "desumano".[194] Georg Neuffer chegou a falar de "atrocidades inimagináveis";[195] o atirador Herbert Schulz, de "uma vergonha para a nossa cultura, o maior crime que alguém já cometeu".[196] O assassinato de civis — citado na maioria das vezes no contexto do combate aos guerrilheiros — também passou a ser motivo de uma crescente indignação. Logo no início, em setembro de 1940, já se falava a respeito dessas "coisas horrendas", do fuzilamento de todos os homens de um vilarejo, simplesmente porque alguém atirara de uma casa.[197] O primeiro-sargento Doebele se fazia a seguinte pergunta: "Por que é que nós fazemos isso tudo? É inadmissível".[198]

Um intérprete que esteve com as tropas alemãs na Itália também mostrou sua indignação com o comportamento dos soldados da Wehrmacht diante da população civil:

> BARTH: Em Barletta[199] eles chamaram toda a população, dizendo que iriam distribuir mantimentos, e então começaram a dar rajadas de metralhadora em cima deles, e todas essas histórias. Depois tomaram os relógios e anéis, assim mesmo, na rua, como se fossem bandidos. Foram os próprios soldados que nos contaram isso, como se portavam como vândalos. Eles simplesmente entravam numa aldeia e se houvesse algo que não lhes agradasse, *brrr*! — morria um bocado de gente. E eles ainda contavam essas coisas, como se tudo estivesse na mais perfeita ordem, como se fosse absolutamente normal. Um ainda se gabava de ter invadido uma igreja, vestido as roupas do padre e tocado o diabo dentro da igreja. Pareciam tão vândalos quanto os bolcheviques.[200]

É interessante aqui que Barth, Hauptscharführer da SS, compare seus próprios soldados não só com "bandidos", como até mesmo com "bolcheviques", quer dizer, a imagem do inimigo por excelência para o nazismo. A referência aos crimes que aconteceram há apenas poucos dias desperta também as lembranças do front oriental.

> BARTH: Bem, e ainda tem o que eles fizeram na Rússia! [...] Massacraram milhares de pessoas, mulheres e crianças, horrendo.[201]

As experiências na Itália e na Rússia se fundem aqui numa única orgia de violência que parece assustar a Barth. Outro aspecto que chama a atenção nesse caso é não haver menção à SS como verdadeira autora desses fatos — uma atribuição muito comum e que funciona quase sempre como desculpa.

O assassinato de mulheres e crianças era o crime que provocava maior indignação.

> MEYER: Eu vi isso na Rússia, a SS arrasou um vilarejo, inclusive mulheres e crianças, só porque os guerrilheiros mataram um soldado alemão com um tiro. O vilarejo

não teve culpa nenhuma. Eles incendiaram tudo até só restar cacos e cinzas. Fuzilaram mulheres e crianças.[202]

O extraordinário nessa declaração do tenente de infantaria Meyer é sua recusa peremptória a enxergar na morte de um soldado alemão uma justificativa plausível para a morte de mulheres e crianças. Fatos dessa natureza são qualificados nos protocolos das escutas como "terríveis",[203] "maldosos" e "horrendos".[204] Eram coisas de "deixar qualquer um verde de raiva", como conta o tenente Haussmann.[205] Na maioria das vezes, no entanto, mantém-se uma certa distância desses acontecimentos e logo o tema da conversa muda. Por outro lado, isso não impedia que, em casos isolados, conversas sobre fuzilamentos de reféns e assassinatos de judeus servissem de pretexto para que os interlocutores tirassem as próprias conclusões: "A juventude alemã perdeu o respeito pelo ser humano",[206] dizia-se em virtude da pouca idade dos autores dos fatos. "Esses porcos — sujaram tanto o nome da Alemanha que nem mesmo em décadas será possível limpá-lo novamente", diz Alfred Drosdowski.[207] O suboficial Czerwenka chega a afirmar: "Muitas vezes eu senti vergonha por vestir o uniforme alemão".[208] Ao ouvir seu companheiro de cela Rudolf Müller contar os detalhes do fuzilamento em massa que ocorreu perto de Luga, no setor setentrional do front oriental, Franz Reimbold responde: "Muito bem, se isso é verdade, então eu só posso dizer ao senhor que eu deixo de ser alemão. Não quero mais ser alemão".[209]

O coronel Ernst Jösting toma conhecimento das condições nas quais os judeus foram deportados de Wiener Neustadt através do relato de sua esposa. Eles expressam o mesmo juízo: "É coisa de animais, simplesmente não condiz com a dignidade de um alemão". Helmut Hanelt também chega a uma conclusão bastante parecida. "Nessas horas a gente sente vergonha de ser alemão", diz ele ao ouvir de Franz Breitlich os detalhes sobre o fuzilamento de 30 mil judeus, retirando da Alemanha todo o status de nação admirada por sua cultura.[210]

Um aspecto interessante é a variação da tendência a refletir acerca desses crimes conforme a própria hierarquia militar: quanto mais alta a patente, maior a inclinação do soldado a pensar a respeito. Conta, por exemplo, o coronel Eberhard Wildermuth:

WILDERMUTH: Se ao menos o nosso povo fosse jovem e imaturo, mas ele já está profundamente adoecido; o que eu gostaria de dizer a vocês é que eu já pensei intensamente sobre esse problema, uma nação que aceitou em sua essência e sem nenhuma contradição esse império da mentira, da violência e do crime não tem mesmo o direito de ser um povo; um povo que permitiu o assassinato de enfermos mentais e no qual há pessoas inteligentes que ainda chegam a dizer: "Ah, e essa não foi sequer a coisa mais estúpida que as pessoas fizeram", esse povo merece mesmo ser eliminado. Esse nível de bestialidade ainda não havia aparecido no mundo inteiro. Eles poderiam então eliminar da mesma maneira todos os tuberculosos e as pessoas com câncer.[211]

O tenente-general Freiherr von Broich é igualmente direto com as palavras:

VON BROICH: Nós conseguimos conspurcar completamente a imagem dos soldados e dos alemães. As pessoas já dizem: "Vocês cumprem qualquer tipo de ordem, mesmo para fuzilar as pessoas, pouco importa se é certo ou errado etc.". Ninguém tem nada contra a execução de espiões, mas eliminar aldeias inteiras, toda uma população, crianças, expulsar as pessoas, como fizeram na Polônia e na Rússia, pelo amor de Deus, isso a gente pode chamar de puro *assassinato*, é o mesmo que os hunos faziam antigamente. É a mesma coisa. Mas, por outro lado, nós somos o povo com a maior cultura na Terra, não somos?[212]

Além disso, Broich foi um dos poucos soldados a manifestarem sua indignação com a ordem dos comissários por motivos exclusivamente morais:

Fuzilamento de comissários — que eu saiba, não se encontra um momento na história das guerras, com exceção da sombria Antiguidade, em que instâncias tão altas tenham dado ordens dessa natureza. Eu mesmo em pessoa cheguei a ver essa ordem (?). Isso mostra que o ser humano simplesmente se colocou acima de todos os demais, como se fosse um deus, acima de qualquer cultura, que se encontra evidentemente em ambos os lados — o que é pura mania de grandeza.[213]

Reações assim são bastante significativas na medida em que a maioria do corpo de oficiais inicialmente apoiou aquela ordem.[214] As reflexões de Broich têm origem no centro de treinamento de Trent Park, onde a distância mais a tranquilidade podiam levar a algumas conversações surpreendentes. Nesse sentido, conta o major-general Johannes Bruhn:

BRUHN: Se o senhor me perguntar: merecíamos a vitória, ou não? Depois de tudo que nós fizemos, não. Depois de todo o sangue humano que nós, deslumbrados, conscientemente derramamos, em parte num autêntico delírio homicida ou coisa parecida, como eu hoje em dia consigo enxergar, nós merecemos a derrota, esse destino, ainda que eu mesmo tenha de sofrer com isso.[215]

Não sabemos praticamente nada a respeito dos motivos pessoais por trás dessas críticas relacionadas aos crimes cometidos. É possível que para alguns apenas a execução fosse excessivamente cruel, mas com certeza também haveria outros que se enojavam por razões de cunho moral. De todo modo, a perspectiva do narrador sempre é a de um observador em última análise imparcial, que não se achava em condições de alterar o rumo dos acontecimentos. São raríssimos os casos em que a culpa dos próprios interlocutores se torna objeto da discussão. Também quase não se encontram no nosso material relatos de ações de resistência. Hans Reimann é uma exceção; segundo Reimann, no período em que esteve na condição de major na campanha da Polônia, ele chegou a se dirigir ao seu superior imediato no intuito de interromper a execução da "intelectualidade polonesa", como vinha fazendo a SS. Ainda obteve uma resposta: "Ele nem pensa nessas coisas, a sua posição e seus vencimentos são muito mais importantes para ele".[216]

Apesar de todo o horror dos crimes que eles presenciaram, parecia quase impossível a um soldado normal escapar do marco da conformidade. A história do major Arp, do Comando Administrativo 748, reproduz um caso típico. Ele relata as experiências que viveu como primeiro-tenente na Rússia. Uma mãe que estava alojada junto com ele lhe pediu que protegesse seus dois filhos da polícia militar. No dia seguinte, ele os viu "metralhados no meio de uma sujeira". Não há uma palavra sobre qualquer providência que pudesse salvar os meninos; em vez disso, na sequência, ele passa a conta dos fuzilamentos coletivos que ocorreram na Kaunas lituana. Quando seu interlocutor lhe pergunta o que ele chegou a fazer para impedir aquele desfecho, ele simplesmente não sabe responder.[217]

É por isso que não é tão surpreendente que no meio de todo o nosso material só haja um único relato de ação salvadora; infelizmente não dispomos de dados adicionais que possam atestar sua veracidade:

BOCK: Em Berlim, eu salvei umas meninas que deveriam ir para o campo de concentração. Depois eu ainda retirei mais um judeu, tudo de trem.

LAUTERJUNG: Todos iam no trem especial?

BOCK: Não. Na verdade, eu trabalhava na Mitropa. No vagão de trás, nós tínhamos câmaras frigoríficas, onde armazenávamos as provisões, foi lá que eu escondi esse judeu e a judia também! Depois eu meti o judeu numa caixa que havia debaixo do vagão; quando ele saiu de lá, na Basileia, ele parecia, claro, um negro; ele ainda vive na Suíça. A menina também anda pelo sul, na Suíça. Eu levei os dois até Zurique e ela seguiu para Chur.[218]

COMPOSTURA

Apesar da violência tantas vezes descrita, de todo o conhecimento acerca dos fuzilamentos coletivos e do tratamento dispensando aos prisioneiros de guerra, os soldados vivem num universo moral onde têm a sensação de serem "bons rapazes" ou, como disse Heinrich Himmler, de "não terem perdido a compostura". Ora, a ética do decoro nazista se alimenta sobretudo da proibição do enriquecimento individual, assim como de quaisquer vantagens pessoais obtidas a partir de crimes, assassinatos, estupros, saques etc.; tudo isso só poderia ser feito em nome de um objetivo maior. Coisas que, do ponto de vista da moral cristã-ocidental, são consideradas absolutamente perversas podem ser justificadas através dessa ética do decoro ou mesmo integradas na própria imagem moral como peças imprescindíveis. Essa forma da moral nazista — que prevê inclusive que as pessoas podem muito bem sofrer por fazerem esse "trabalho sujo" de assassinar os outros — torna possível que se mate alguém sem precisar se sentir mal com isso, ao menos em sentido moral.[219] Ideólogos do extermínio como Himmler, agentes como Rudolf Höss e inúmeros outros insistiam em dizer que exterminar seres humanos era uma tarefa desagradável, que afrontava o "lado humano" de cada um, mas que o melhor critério para se aferir as qualidades especiais dos agentes seria precisamente esse esforço pessoal, essa autossuperação até o ato de matar. Trata-se aqui de encaixar a ação de matar com a moral; o que permitia aos autores acreditar que de fato mantinham a "compostura" mesmo durante os assassinatos era justamente esse acoplamento da suposta necessidade de ações desagradáveis com a sensação de *afronta* à empatia natural diante de outras pessoas. O autor se sentia uma pessoa normal, alguém que — para citar Rudolf Höss — "tinha um coração" e "não era mau".[220]

Notórios autores fornecem material autobiográfico — diários, anotações, entrevistas —, que, em geral, apresenta um aspecto bastante peculiar. Ainda que as pessoas envolvidas aparentem ser inteiramente desprovidas de todo parâmetro humano de responsabilização pelo que elas mesmas produziram, esse material é, sim, normalmente elaborado com bastante cuidado, de tal maneira que seus autores jamais apareçam como "más pessoas", mas como indivíduos cujo juízo moral permaneceu intacto inclusive no marco de situações tão extremas como as de sua atuação. Em grande parte, essa conclusão pode se dever também às referências normalmente utilizadas: textos autobiográficos são sempre confissões, acertos de contas, em que uma pessoa — diante não só dos outros, mas também de si própria — ajusta as coisas relatadas com a imagem que ela mesma faz de si, bem como com a que gostaria que os outros tivessem dela. Quando as descrições dos fatos são extraídas de investigações judiciais, esse problema é intensificado em virtude do componente jurídico: o autor gostaria de aparecer bem moralmente *e* não se incriminar de maneira nenhuma.

Nas conversas interceptadas é bem diferente, pois não há um espaço moral externo para onde as declarações possam se direcionar. O desfecho da guerra é incerto, ainda não se pode falar de uma avaliação moral da própria atuação, das "ações judaicas", que dirá então de "crimes contra a humanidade". Os soldados conversam entre si, compartilham o mesmo mundo soldadesco e o marco referencial no qual ordenam seus atos. Em outras palavras: não é necessária uma definição de compostura, tampouco os soldados precisam se assegurar mutuamente de que fazem parte de um grupo de pessoas "decentes". Em suma, eles falam expressamente sobre essa "compostura" sobretudo se o tema de suas conversas gira em torno da visão que "o estrangeiro" ou os demais têm dos alemães. Quando é esse o caso, eles defendem, em regra, que se portam melhor até do que o exigido:

> ELIAS: O soldado alemão propriamente dito, que não faz parte da SS, se preocupou excessivamente em manter a compostura.
> FRICK: Sem dúvida, às vezes as pessoas acabam sendo mesmo decentes demais.

ELIAS: Na minha primeira licença, nas férias de fim de ano de 39, eu estava no sul e, quando eu saía de um bar, chegou um desses poloneses e disse alguma coisa em polonês que me irritou um pouco. Aí eu me virei — já sabia o que estava acontecendo —, e acertei um soco na cara dele, "Seu porco polonês!". Ele estava completamente bêbado, *bum*, ficou lá caído. Limpei minha mão — eu estava com luvas de couro de caça, sabe —, e logo veio um policial sem a barretina. Aí ele perguntou: "O que está acontecendo, camarada?". Eu respondi: "Esse porco polonês que se meteu no meu caminho". Ele disse: "O quê? E esse porco ainda está vivo? Bem", ele continuou, "tem gente demais ali". Deu uma olhada para o polonês: "Ah, meu irmão, já estamos aqui há muito tempo por sua culpa. Vou contar até três, se você não tiver desaparecido, a coisa vai ficar feia". Quando ele disse "um", o outro já havia se levantado e sumido. Depois ele ficou plantado na minha frente. "Se você tivesse batido nele de uma vez, ainda teria tomado a baioneta dele, furado ele todo, teria sido bem melhor." Bem, eu ainda perambulei um pouco pela cidade, era inverno, umas quatro da tarde, de repente se ouviu o barulho de explosões: *bum*, *bum*, na hora eu pensei: "Caramba, o que é isso?". Na mesma noite vim a saber; o polonês era um rebelde... tinha arrumado confusão com um policial, que quis prendê-lo; ele tentou fugir — foi baleado enquanto tentava se evadir. E tinha sido o mesmo policial que dissera "tem gente demais ali". Ele disse de novo "Se manda", no que foi prontamente obedecido, e foi aí que ele acabou com o rebelde. "Baleado enquanto tentava se evadir."[221]

Evidentemente não é necessário que os integrantes do grupo inimigo tenham feito qualquer coisa antes que justificasse a conduta dos soldados — fossem os inimigos guerrilheiros, terroristas ou simplesmente "bêbados". A compostura em cujo contexto o narrador procura amarrar sua história parece se resumir aqui ao fato de ele não ter matado "esse porco polonês" no mesmo instante. É importante notar também que, até o momento em que o polonês irrita "um pouco" o narrador, ele não havia feito absolutamente nada que justificasse qualquer "punição". Apesar disso considera-se "compostura", nesse caso, a mera circunstância de o polonês ter inicialmente escapado com vida, mesmo que não por muito tempo. Logo em seguida ele seria "baleado enquanto tentava se evadir".

Histórias dessa natureza não ocorriam apenas no leste. Um acontecimento muito parecido na Dinamarca é o tema da seguinte conversa:

DETTE: Quando você esteve na Dinamarca? Há dois anos?

SCHÜRMANN: No ano passado, em janeiro, fevereiro [de 1943].

DETTE: E como eram os dinamarqueses, amistosos?

SCHÜRMANN: Não, eles chegaram a espancar uns quantos por lá. Eles são *tão* sem-vergonha, esses dinamarqueses, você não faz ideia, covardes até não poder mais, um bando de porcos. Eu me lembro perfeitamente: um primeiro-tenente fuzilou um dinamarquês dentro do bonde e foi levado logo depois ao tribunal marcial. Não entendo esse tipo de coisa, os alemães são bondosos demais, é isso. Pois lá vinha um bonde, aí um dinamarquês lhe deu um empurrão, fazendo com que ele voasse até lá embaixo. O primeiro-tenente Schmitt ficou com tanta raiva, na verdade ele já era normalmente uma pessoa bastante irritada, ainda é, graças a Deus, que entrou de novo no bonde, pulando dentro do compartimento traseiro, e na parada seguinte foi até a parte da frente, e acabou com o cara na mesma hora, sem pensar duas vezes.[222]

Como já tivemos oportunidade de ver em diversas passagens deste livro, as razões para se matar alguém são inúmeras:

ZOTLÖTERER: Eu executei um francês com um tiro pelas costas. Ele estava de bicicleta.

WEBER: De pertinho?

ZOTLÖTERER: Sim.

HEUSER: Ele queria te prender?

ZOTLÖTERER: Besteira. Eu queria a bicicleta dele.[223]

RUMORES

Nossas fantasias e ideias também fazem parte do mundo, ao menos da maneira como sentimos este mundo em que existimos. É extremamente difícil dar conta dessa situação com base em algum modelo científico. Seja como for, não se pode negar, por exemplo, que as fantasias e as ideias referentes "aos judeus" exerceram, sim, um enorme potencial destrutivo, e pouco importa se haviam sido forjadas a partir de fontes científicas, preconceitos históricos ou estereótipos. Fantasias e ideias não precisam estar ancoradas na realidade empírica para dar vazão a ações que modificarão essa mesma realidade de forma significativa — a imagem de mundo fantasmagórica segundo a qual haveria uma superioridade natural da "raça ariana", assim como a respectiva pretensão de dominar o mundo são a prova cabal desse poder destrutivo. Há poucos trabalhos sobre essa região obscura das fantasias relacionadas ao Terceiro Reich, sendo um deles a compilação de sonhos organizada por Charlotte Beradt,[224] que revela o papel desempenhado pelo Führer e por todo o pessoal do Estado nazista dentro do inconsciente dos compatriotas alemães. Outro material que fornece informações sobre esse lado pouco estudado do marco referencial do Terceiro Reich são as cartas de amor escritas e endereçadas ao Führer — pelo menos 8 mil cartas repletas de fantasias nada realistas de mulheres que desejavam mais do que qualquer outra coisa estabelecer alguma forma de contato íntimo com Adolf Hitler.[225] No nosso material, no entanto, esse elemento fantástico quase não aparece. Isso não surpreende, se levarmos em consideração que os oficiais britânicos e americanos responsáveis pelas escutas certamente não consideravam relatos desse gênero merecedores de algum registro. Mas há outra coisa aqui que está intimamente relacionada com esse mundo de fantasias e ideias: é o rumor. E os rumores nos relatos dos soldados estão justamente relacionados aos massacres e às violações que eles representavam: fantasias sobre os modos de execução ou sobre acontecimentos especialmente bizarros.

Por outro lado, muitas vezes o que parece fantástico foi de fato vivenciado pelos soldados. Rothkirch, por exemplo, fala numa conversa sobre a já mencionada "Ação 1005", a operação de exumação:

> ROTHKIRCH: Agora há pouco, faz um ano, eu estava com um grupo que foi formado para o combate aos guerrilheiros, aí eu disse: "Marcha em direção àquela montanha lá em cima". Então o diretor do grupo me contou: "Senhor general, não é uma boa ideia, é lá que eles queimam os judeus". Eu disse: "Que história é essa? Queimar judeus? Já não há mais nenhum judeu". "Sim, é ali que eles sempre eram fuzilados, agora eles são desenterrados, cobertos com gasolina e queimados, para que não sejam mais encontrados." "Deve ser um trabalho terrível. Certamente eles ficam comentando depois." "Sim, as pessoas que fazem esse trabalho são fuziladas em seguida e queimadas também." Bem, eu sei que tudo isso soa como uma fantasia.[226]
>
> RAMCKE: Saída direto do inferno.[227]

É verdade que acontecimentos como a "operação de exumação" transcendem em muito a capacidade de imaginação até de pessoas como Rothkirch, já acostumadas ao extermínio em massa. Mas mesmo um processo como o Holocausto apresenta suas trajetórias dependentes e implicações bastante próprias — aí se incluem essas operações extraordinárias como as de "exumação". Em 1941, nenhum dos agentes jamais teria imaginado que mais tarde se tornaria necessário se livrar de todos aqueles corpos. Isso só contribuiu para aumentar ainda mais o horror envolvido nesse tipo de operação, rompendo novamente a barreira do imaginável. Não surpreende, então, que diante desse pano de fundo Rothkirch e Ramcke utilizem como parâmetro de comparação lugares irreais. Na realidade que eles conhecem, é o que eles parecem querer dizer, coisas como aquelas simplesmente não acontecem — elas pertenceriam a uma região existencial distinta da sua vida mundana: a das fantasias ou do inferno. Nesse exato ponto podemos perceber como o extermínio em massa marcava para os soldados uma zona limítrofe, bastante estreita e permeável, entre o real e o irreal, entre o imaginável e o inimaginável; essa forma constantemente mutável acabava abrindo espaço para rumores repletos de imaginação e fantasia como os seguintes:

> MEYER: Numa cidade, acho que Tschenstochau [Częstochowa], eles fizeram o seguinte. O capitão daquela área deu ordens para os judeus evacuarem a cidade. Então injetaram ácido cianídrico neles. O ácido cianídrico funcionava rápido, e *finito*. Eles ainda davam alguns passos, mas todos tombavam diante do hospital. E essas brincadeiras são as mais inofensivas.[228]

Rumores como esses flutuam livremente e podem aparecer no meio das mais diversas cadeias de acontecimentos; o caráter misterioso permanece inalterado mesmo quando os papéis dos atores são trocados, no próximo caso são os poloneses.

O suboficial Heimer, da Luftwaffe, conta sobre os assassinatos que eram praticados com o emprego de gás dentro de vagões de trem:

> HEIMER: Os judeus eram reunidos num local enorme, muitos eram tirados de casa e levados até a estação ferroviária. Lá eles podiam pegar alguma coisa para comer pelos próximos dois ou três dias, depois eram metidos num trem expresso,

as janelas já haviam sido fechadas hermeticamente, as portas muito bem seladas. Aí eles seguiam viagem, sem parar, até a Polônia, e um pouco antes do destino final eles bombeavam lá dentro um negócio, sabe, era um gás desses, gás carbônico ou outro asfixiante, sem cheiro nenhum. Depois eles eram retirados e enterrados. Foi o que fizeram com milhares de judeus! (*ele ri*).[229]

Essa história contada no final de 1942, antes portanto da introdução dos assassinatos sistemáticos com uso de gás em Auschwitz, traz de uma só vez informações misturadas sobre dois fatos importantes: as deportações de judeus em trens "para a Polônia" e o extermínio com o emprego de vagões de gás, como já ocorria em Chelmo, Riga e Wahrteland, onde o monóxido de carbono já era utilizado desde fins de 1941 para matar judeus (cf. p. 180). Essa mescla entre diversos elementos de um conhecimento limitado, no caso de um rádio-operador de bordo de um Ju 88, é bem característica na propagação de rumores; a risada ao final do relato também indica que aqui se trata mesmo de algo inacreditável. E de fato o locutor duvida da história:

KASSEL: Rapaz, não dá para fazer uma coisa dessas!
HEIMER: É bem simples. Você acha que não dá para preparar essas coisas?
KASSEL: Em primeiro lugar não dá, e depois é simplesmente impossível fazer uma coisa dessas, pelo amor de Deus!
HEIMER: De qualquer maneira, foi o que se fez.[230]

Parece que aqui estamos diante de um dos poucos momentos de nosso material em que um ouvinte exprime todo o seu assombro e indignação. Mas na verdade esse interlocutor é um espião do serviço de informação britânico que tenta descobrir mais a respeito do rádio-operador de bordo e, por isso, se faz de desentendido. Essa exceção confirma a regra de uma maneira bastante particular, porque, para os ouvintes de fato, ditos, mesmo as histórias mais horrendas dificilmente pareciam inverossímeis.

Um boato aparece com frequência: o uso de ácidos para decompor os corpos de judeus assassinados:

TINKES: Lá na estação do norte já havia cinco trens de carga preparados, aí foram buscar os judeus em suas camas. Quer dizer, os que tivessem cidadania francesa havia mais de dez ou doze anos podiam permanecer, todos os demais, os que chegaram depois, emigrantes, judeus estrangeiros, tinham de ir embora. A polícia francesa entrava de repente, tirava-os da cama, metia no camburão, depois os trens partiam — na direção da Rússia; eles foram deportados para o leste, esses irmãos. É claro que ali aconteciam cenas fantásticas: tinha garotas que se jogavam do terceiro andar dos prédios nas calçadas, coisas assim. De nossa parte, nós não fizemos nada — era a polícia francesa que fazia tudo isso, nessa história não tem nada de nenhum de nós aí no meio. Me contaram por lá — se é verdade, eu já não posso dizer, quem me contou foi um soldado G. V. H. [apto para serviços de deslocamento] que havia trabalhado um bom tempo na administração geral, num campo de prisioneiros russos, fazendo essas coisas, uma vez eu saí com ele para conversar. "Bem", ele disse, "os comboios iam até onde estávamos. Perto de Deblin, depois de Varsóvia, eu estive lá, era ali que eles chegavam, eram fumigados ali mesmo e então o caso estava resolvido". Eu perguntei: "Como assim, fumigados? Ninguém que chega da França está infestado de piolhos para precisar ser fumigado, ora". "Sim", disse ele, "são uns campos de trânsito para soldados que vêm do leste, lá eles são fumigados e então podem sair de férias, e também para os judeus que vêm do oeste, eles também vão para esses campos de fumigação. Lá dentro há umas piscinas enormes, só que com os judeus eles jogam uma mistura diferente para a fumigação. Quando há umas duzentas pessoas lá dentro, leva uma meia hora, uma hora, depois sobram somente alguns dentes de ouro, alianças, coisas assim, todo o resto desaparece. É uma... faxina dentro do campo." Assim era a fumigação para os judeus! Eles eram enfiados naquelas piscinas, disse ele, e assim que todos já estavam presos lá dentro, o sistema era acionado eletricamente ou de alguma maneira parecida; aí eles começavam a cair sozinhos, e depois aqueles ácidos ainda faziam uma limpa geral na merda toda. É claro que eu fiquei arrepiado![231]

Também nesse relato podemos encontrar pedaços de realidade histórica mesclados com elementos fantásticos num único rumor, centralizado na eliminação completa e sem deixar vestígios das vítimas. Tudo o que se refere às deportações saindo da França e às artimanhas para enganar as vítimas quanto à real finalidade da "fumigação" confere com os dados históricos; antes de entrarem nas câmaras de gás, dizia-se às vítimas que se tratava de uma "desinfestação". Por outro lado, as histórias sobre piscinas que seriam acionadas por energia elétrica e depois enchidas de ácidos são mero produto da imaginação e da comunicação baseada em rumores.

A comunicação que se estabelece a partir de rumores é sempre emotiva. Essas histórias transmitem momentos inquietantes e misteriosos. De certa forma, portanto, elas sugerem um plano que, no mais, quase não aparece nas conversas entre os soldados: eles falam sobre seus sentimentos.

SENTIMENTOS

São extremamente raras as situações em que os soldados conversam sobre sentimentos negativos, sobretudo quando se referem ao próprio estado de ânimo. Essa não é uma característica particular da Segunda Guerra Mundial, ela vale para todas as guerras modernas. Parece que a confrontação com a violência extrema, seja ela praticada, observada ou sofrida, produz alguma coisa que as pessoas não conseguem simplesmente comunicar. Há, sem dúvida, alguns formatos para se falar a respeito da violência praticada — alguns deles nós já tivemos a oportunidade de conferir ao tratar do prazer na hora de "abater" aviões inimigos ou de relatos sobre "liquidar", "destroçar" e "arrebentar". Mas não há, pelo visto, nenhum formato para que alguém possa falar das próprias aflições, que dirá então do medo de morrer. Isso também vale para outras guerras. Sob o aspecto psicológico, a razão parece bem simples: os integrantes das tropas em combate já estão tão próximos da violência e da morte que mesmo esta está presente a todo instante, ao menos como uma possibilidade que pode acontecer a qualquer um. Essa ideia é tão terrível e irreal para os soldados quanto é para qualquer civil. Mesmo sob condições sociais de normalidade, a morte, sobretudo a própria morte, é um assunto sobre o qual se fala muito pouco e, ainda assim, quando isso acontece, com um enorme desgosto. Essa regra se aplica ainda mais quando a probabilidade de morrer é significativamente maior e essa morte é com certeza muito violenta: brutal, dolorosa, talvez solitária, suja e sem nenhum amparo.

O suboficial Rott, da Luftwaffe, é um dos poucos que falam em detalhes sobre seu maior medo — morrer carbonizado dentro de um avião:

ROTT: Entrei para o grupo na época em que o capitão Hachfeld ainda estava por lá. Ele morreu queimado em Bizerta, era o primeiro comandante do nosso grupo — Cruz de Cavaleiro. No dia 28 de novembro, ele aterrissou, saiu da pista de cimento direto para aquela merda lá cheia de crateras por causa das bombas, capotou — com um "190" —, começou a pegar fogo, e então se ouviu um berro como o de um animal — uma coisa assustadora. Por isso que eu sempre me caguei de morrer queimado, principalmente com um "190" — eu mesmo cheguei a ver muitos capotando. Sempre ardiam em chamas, com as turbinas ainda funcionando, e mesmo assim se escutava aquele berro. Os sentinelas já não aguentavam mais ouvir aquilo e deixavam os aviões em pleno funcionamento para abafar o grito. Os bombeiros não podiam fazer nada — e a munição seguia explodindo.[232]

Os pavores diante da morte também se escondem por trás das tentativas de descobrir as regras que determinam quais serão as próximas vítimas e quem será poupado:

BOTT:* No nosso grupo há uma superstição que diz que primeiros-sargentos sempre são abatidos.
HÜTZEN:* Que estranho; no nosso grupo há essa mesma superstição.[233]

Os soldados falam também que certos aspectos do trabalho de guerra eram especialmente perigosos e que, por isso, eles só o fariam a contragosto. No caso da Luftwaffe, esse perigo é representado pelos voos noturnos, como contam dois pilotos de bombardeiros bastante experientes, em novembro de 1943:

HÄRTLING:* Eu não gosto de fazer bombardeios de noite. Em voos noturnos, nunca se sabe direito para onde se está indo, e aí, na hora em que se é abatido, a gente nunca sabe aonde vai parar. Todos os que estão aqui neste campo são grandes sortudos por terem escapado de tudo isso ilesos.[234]
LOREK: Eu nunca conseguia dormir depois desses ataques que me faziam chegar em casa depois das três. Só me sinto seguro em voos diurnos, acho uma merda voar à noite, prefiro voar durante o dia. Essa incerteza, você sabe que a qualquer momento pode explodir alguma coisa. Você não vê o maldito [do caça inimigo].[235]

Como os alvos de ataque sempre mudavam, os soldados da Luftwaffe estavam sujeitos às mais diversas situações de risco. Numa conversa de outubro de 1942 entre um cabo e um sargento, ambos da Luftwaffe, o tema é novamente a sobrecarga emocional, agora decorrente da inferioridade militar:

BÜCHER: Só em Wash há 180 caças noturnos. Aqui em torno de Londres há pelo menos 260 aviões. Quero ver você chegar então com vinte trambolhos daqueles! Na hora você já tem dois ou três caças noturnos na sua cola! Bem, aí só nos resta dar piruetas feito loucos. Não, definitivamente esses voos todos não têm a menor graça. Tivemos que fazer alguns com os "88" que haviam retornado de Stalingrado. Nós também estávamos voltando de Stalingrado e queríamos ajudar um pouco por aqui, com uns voos sobre a Inglaterra. (...) ataque noturno na direção de Cambridge. Eles pararam de falar na hora que passaram por lá pela segunda vez. Dois foram abatidos. Eles não falaram mais uma palavra sequer. Estavam felizes por terem finalmente saído de lá.
WEBER: Fazer esses voos na Rússia é...
BÜCHER: ...mais fácil, cara! Nós também voamos na Rússia! Era bom. Mas aqui, cara, não, isso é suicídio.[236]

Ainda em outubro de 1940, outro piloto de avião já contava:

HANSEL:* Nas últimas seis semanas fomos obrigados a estar continuamente de prontidão. Meus nervos estão arrebentados. Quando me abateram eu estava tão acabado que não consegui parar de chorar.[237]

Outro tema muito recorrente são os camaradas que foram derrubados. Em geral, no entanto, os soldados procuram evitar qualquer menção direta à morte ou à agonia; o relato já citado do piloto sobre a morte de seu superior, carbonizado dentro do avião, é um dos raríssimos do gênero. Em vez disso, costuma-se falar sobre as tripulações perdidas de uma maneira abstrata, evitando-se nomes e as próprias causas das mortes. Por quê? Porque falar sobre a chance de morrer é considerado um mau presságio. Esse recalcamento é confirmado por Schumann, um piloto de bombardeiro, que tece o seguinte comentário acerca das duras perdas sofridas por seu grupamento: "O clima entre nós era como o previsto. Quando subíamos nos aviões, o rádio-operador de bordo anunciava: 'Preparar para morrer!'. Eu sempre dizia que essas coisas não podiam ser ditas assim".[238]

Para ilustrar essas situações de sobrecarga emocional, ou melhor, as consequências de todo o estresse e do medo agudo durante as operações de ataque, os soldados preferem falar de seus camaradas — de certa maneira, os outros funcionam como curingas, utilizados para dar vazão aos sentimentos dos próprios narradores:

> FICHTE:* Em apenas três meses, nós perdemos seis tripulações, que nunca mais voltaram. Você pode imaginar o efeito que isso tem sobre as tripulações que conseguiram retornar. Agora, na hora de subir nos aviões, todo mundo pensa: "Será que nós vamos voltar?".[239]

Em outra conversa, também de março de 1943, o observador de bordo Johann Maschel fala de um camarada seu que, depois de realizar 75 operações, se encontrava num estado de completa exaustão:

> MASCHEL: Fiquei um mês e meio nessa esquadrilha. Tínhamos então oito tripulações. Do dia 15 de fevereiro até 24 de março, nós perdemos quatro delas.
> HÖHN: E de janeiro até fevereiro, vocês só tinham perdido duas...
> MASCHEL: A esquadrilha perdeu portanto seis tripulações.
> HÖHN: Então a proporção no período de janeiro até 15 de fevereiro é melhor.
> MASCHEL: Mas talvez eles não tenham voado com tanta frequência, um voo a cada três dias. O tempo só melhorou mais tarde — nenhuma neblina, nada. Aí nós temos ao todo duas tripulações antigas e mais seis novas, e, dessas novas, três já foram derrubadas... e não vai demorar muito para acontecer o mesmo com as outras.
> HÖHN: Quer dizer então que sempre chegam novas tripulações depois?
> MASCHEL: Sim, até chegam, mas são sempre calouros sem experiência nenhuma, com três ou quatro voos apenas. Por conta disso, eu sempre voei com as tripulações mais antigas, senão eu também não teria passado do meu quarto voo. E esses novos, rapaz... Havia uma tripulação de suboficiais que nunca tinha realizado um voo em zona inimiga... Não fomos, porque não haviam preparado os nossos aviões, e aí... eles já tinham se perdido, três tripulações. E agora era a nossa vez... Também fazia parte da nossa tripulação um observador mais velho, que continua

voando, ele já fez mais de 75 deslocamentos na Inglaterra, está completamente acabado.

HÖHN: Quantos anos ele tem?

MASCHEL: Acho que 23 ou 24; já perdeu todo o cabelo. Está tão careca que já parece um velho. Decaído. Sua aparência é péssima. Uma vez ele mostrou umas fotografias de quando ingressou como recruta — ele tinha um rosto marcante e uma expressão muito viva! Quando alguém tenta conversar, ele fica tão nervoso, gagueja tanto, que não sai uma palavra.

HÖHN: E por que ele ainda faz esses voos?

MASCHEL: É *obrigado*.

HÖHN: Mas as pessoas precisam ver que ele não está em condições.

MASCHEL: Provavelmente dirão a ele… para controlar os nervos. A tripulação com quem ele voara anteriormente já não faz mais voo nenhum. O comandante de bordo foi internado num sanatório — aí tiveram de enfiá-lo na outra tripulação.[240]

Maschel, que tinha saltado sobre a Escócia de paraquedas de seu Dornier Do 217 em chamas na madrugada do dia 25 de março de 1943, pertencia ao Esquadrão de Combate 2. Foi uma das poucas unidades que mesmo depois do verão de 1941 ainda realizaram voos de bombardeio contra a Inglaterra. Nessas tentativas de forçar a Inglaterra também a passar as agruras da guerra de bombardeios, o esquadrão sofreu perdas consideráveis. Só no ano de 1943 ele perdeu 2631 tripulantes, dos quais 507 por óbito.[241] Em termos estatísticos, esses números representariam a dizimação de diversas companhias. Como mostra a conversa, as consequências psicológicas dessas perdas enormes também eram muito graves, pois todo soldado sabia que se tratava de uma mera questão de tempo para que ele também fosse abatido. Diferentemente do que acontecia na Força Aérea americana ou britânica, em que as tripulações eram removidas do front após 25 ataques, na Luftwaffe não havia nenhum sistema de rodízio.

No decurso da guerra só cresceu o número de aviadores que se socorriam do álcool para anestesiar todos esses medos e "enchiam a cara feito idiotas".[242] O primeiro-sargento Nitsch, observador do Esquadrão de Combate 100, reconhece que eles também faziam uso do estimulante Pervitin:

Antes de qualquer ataque havia uma tremenda bebedeira no nosso grupo. Tínhamos que criar coragem, ora. [...] Eu posso estar completamente bêbado, mas ainda assim consigo voar. O máximo que me acontecia era eu ficar cansado. Mas aí bastava tomar um comprimido que a disposição e a alegria logo voltavam, como se a gente estivesse bêbado de champanhe. Na verdade, essas coisas tinham que ser prescritas pelo médico, mas em nenhum momento a gente ficou sem.[243]

É interessante notar que o suposto enfraquecimento do ânimo de combate, como as pesquisas costumam postular,[244] não se confirma empiricamente nos protocolos das escutas. Mesmo aquelas tripulações que foram abatidas só em 1945 não chegam a conversar mais sobre o medo de morrer do que já se fazia no início da guerra. Igualmente orgulhosos, eles preferiam, também naquele instante, narrar seus grandes momentos e discutir sobre detalhes técnicos de suas aeronaves.

Autoavaliações como a que se segue, acerca das consequências dos ataques de guerra sobre a própria personalidade, são muito raras. Chama a atenção aqui a data da gravação — ela é de junho de 1942, de um tempo, portanto, anterior às grandes derrotas da Luftwaffe:

> LESSER:* Eu era um bom garoto até chegar à Luftwaffe, lá eles me transformaram num porco. Depois de ter passado pelas bandas do leste, fiquei arrebentado de corpo e alma, foi o pessoal lá de casa que teve que me consolar.[245]

Histórias como essa, sobre esgotamento físico e psicológico, representam o outro lado da moeda dos relatos sobre diversão e prazer (cf. p. 104), que destacam a faceta esportiva da guerra aérea e chamam atenção por sua brutalidade. Fica claro portanto que a guerra também produz estresse, pavor, medo de morrer e certamente muitos outros sentimentos sobre os quais os soldados jamais conversariam, sobretudo quando se achavam entre seus pares. Da mesma forma que ninguém sobressaía nessas conversas contando episódios de resistência ou através de declarações de empatia e comiseração com as vítimas dos fuzilamentos ou com os prisioneiros de guerra, falar dos próprios sentimentos tampouco enchia os olhos dos camaradas. Até quando queriam dizer que estavam "inteiramente acabados", eles precisavam de personagens curingas — mesmo no plano comunicativo, denota-se, não era nada aconselhável passar qualquer impressão de fraqueza. Esse bloqueio de comunicação no repertório emotivo de cada um não tem uma explicação apenas psicológica. Como as manifestações espontâneas dos soldados das guerras do Iraque e do Afeganistão mostram muito bem, o próprio marco referencial militar não deixa, mesmo nos dias atuais, nenhum espaço para que se fale diretamente da morte, das chances de morrer a qualquer momento ou sobre os próprios medos. Por outro lado, se hoje quase todo mundo se preocupa com os distúrbios provocados pelo estresse no período pós-trauma, na Segunda Guerra Mundial não havia nada correspondente no diagnóstico clínico padrão. Não havia no marco referencial nenhum espaço para fraquezas, muito menos para aquelas de ordem psicológica. Ainda que os soldados se achassem completamente integrados no grupo total representado por seus respectivos comandos ou unidades, do ponto de vista psicológico eles eram extremamente solitários. É nesse contexto que deve ser compreendida a seguinte declaração, feita logo em abril de 1941 e, também é importante ressaltar, de dentro de uma prisão:

> BARTELS:* Os que morreram estão muito melhor que a gente. Sabe lá Deus quanto tempo ainda teremos que penar por aí.[246]

Entre as poucas manifestações acerca dos próprios medos, há também as que representariam o negativo daquelas narrativas de derrubar aeronaves e afundar navios (cf. pp. 83 e 110): são as histórias nas quais quem é derrubado ou afundado são os próprios narradores. À diferença dos relatos de caça, que, como também já vimos, se caracterizam pela total falta de contorno na descrição das vítimas e de seu sofrimento, as histórias do próprio naufrágio são muito mais detalhadas.

Um marinheiro conta sobre o naufrágio do cruzador auxiliar *Pinguin*, que afundou no oceano Índico em maio de 1941:

> LEHN:* Uma arrebentou a lateral do convés. Na mesma hora uma caiu em cima da ponte. Só um impacto bastou — placas inteiras de ferro voaram sobre o navio. Uma multidão se atirou no mar. As tampas de escotilha foram cuspidas dentro d'água, para depois voarem novamente pelos ares. Um cabo pulou na água na minha frente. Também desci para a água e ele já não estava mais lá — desaparecido. Muitos se perderam assim.

BLASCHKE:* E todos tinham coletes salva-vidas?
LEHN: Sim, todos. Muitos dos que estavam na lateral do convés pularam juntos — e então voaram pedaços de ferro na cabeça deles. Aí, enquanto o navio estava afundando, ainda deram um tiro lá no primeiro canhão de proa — ou foi uma mera descarga. É que era horrível atirar com o "Cornwell". Os tiros caíam cem metros adiante, cem metros atrás, o fato é que nunca acertavam o alvo.[247]

É assim que eles falam dos episódios de guerra quando estão lá embaixo. Seja como for, essas histórias só são contadas a partir da segura distância de quem conseguiu se salvar; elas só transmitem, portanto, uma faceta de todo o pavor vivenciado. Os mortos não contam histórias. Mas há pouquíssimos relatos de soldados mesmo sobre feridos. É por isso que o seguinte diálogo pode ser considerado mais uma exceção:

ALBER: O que eles fizeram quando os primeiros feridos chegaram da Rússia? O que eles faziam com essa gente que vinha quase aleijada ou então com os que tinham levado um tiro na cabeça? O que é que eles faziam? Você sabe o que era feito com esse pessoal nos hospitais? Pois eles recebiam alguma coisa que os fazia apagar no dia seguinte; fizeram isso aos montes assim que eles chegavam da França ou da Rússia.
KUCH: Eles saíram para defender a pátria na condição de homens sadios, tiveram azar, levaram um tiro na cabeça ou coisa parecida, ficaram completamente incapacitados para a guerra. E ainda dizem por aí que vão comer o pão que nos falta, não podem fazer mais nada, que precisam constantemente de ajuda, uma pessoa assim não tem mais o direito de viver — *vupt*!, e ela desaparece num instante. A morte deles passava desapercebida — em razão dos ferimentos! Essas coisas depois têm volta, e os ingleses não precisam nem se mexer, são coisas que as forças supremas se encarregam de fazer.[248]

O diálogo não revela apenas até que ponto alguns soldados podiam considerar admissíveis práticas como a relatada; ele revela também uma sombra dos medos que os soldados sentiam, mas que acabam incorporados no destino de seus camaradas. Pelo que se pode perceber, trata-se de uma estratégia para falar dos próprios sentimentos sem ter de abordá-los diretamente.

A guerra não se constitui apenas da violência praticada e presenciada — seja através dos disparos, execuções, estupros, roubos ou massacres. Ela se constitui também da violência experimentada e sofrida. No aspecto comunicativo, esse outro lado da violência encontra-se em flagrante desvantagem; o que uma pessoa foi capaz de fazer conta, na visão dos soldados, muito mais do que todo o seu sofrimento. Também é certo que não se pode generalizar as experiências de cada um. Mesmo na guerra, a vida é diversificada e apresenta múltiplas facetas; a experiência da guerra depende do local, da hierarquia, do momento, das armas, dos camaradas etc. A totalidade que a guerra representa se decompõe empiricamente num caleidoscópio das mais diversas experiências e ações individuais, múltiplas, mais ou menos felizes — e terríveis. Trata-se de uma experiência total somente na medida em que o marco social dos acontecimentos vivenciados é sempre determinado pelo grupo de camaradagem, pelo comando e pela unidade. Na prisão, não é diferente; o mundo normal só existe como lugar de nostalgia e melancolia, ou, como um soldado tenta resumir no meio de uma conversa:

> SCHRADER:* A vida é mesmo uma merda. Quando eu penso na minha mulher...[249]

SEXO

> Eu estava no alojamento da SS. [... Num] quarto havia um soldado da SS deitado na cama sem a parte de cima do uniforme, mas com a calça. Ao seu lado, quer dizer, no canto da cama estava sentada uma moça bem jovem, muito bonita, eu vi como ela acariciava o rosto do soldado. Também pude ouvir o que ela lhe dizia: "Franz, você promete que não vai atirar em mim?". A moça era bastante jovem e falava alemão sem nenhum sotaque. [...] Perguntei-lhe se era verdade que a menina [...] seria fuzilada. Ele me disse que todos os judeus seriam fuzilados, não podia haver nenhuma exceção. [...] De acordo com o soldado, era duro ter que fazer essas coisas. Às vezes eles ainda conseguiam passar algumas meninas para outros pelotões de fuzilamento, mas em geral não dava tempo e eles tinham que fazer tudo com as próprias mãos.[250]

Essa citação, que foi retirada de um processo judicial do pós-guerra, revela uma forma de violência sexual praticada pelos soldados da SS no marco da guerra de extermínio. O interesse por oportunidades de sexo, no entanto, reúne num só grupo soldados de todas as armas, ainda que de maneiras bem diversas.

A violência sexual é um comportamento atribuído preferencialmente a terceiros. Enquanto os estupros em massa praticados pelos soldados do Exército Vermelho fazem parte do repertório tradicional das histórias de guerra contadas pelos alemães, a violência sexual exercida pelos soldados da Wehrmacht e da ss não encontra nenhum espaço nessas narrativas. Mantém-se, portanto, quase intacto o mito dos bravos soldados alemães que teriam combatido até o final sem perder a dignidade. Recentemente, porém, Regina Mühlhäuser investigou todo o complexo de práticas sexuais dos soldados alemães logo após a investida contra a União Soviética:[251] isto é, não apenas os casos de violência sexual direta, como os que aconteciam depois das conquistas de aldeias e vilarejos ou então nos momentos anteriores aos fuzilamentos coletivos, mas também casos de negócios que envolviam sexo e relações consentidas, histórias de amor entre soldados e ucranianas com direito inclusive a episódios de gravidez e cerimônias de casamento.

Não surpreende, portanto, que tudo isso também aconteça durante a guerra, pois a sexualidade é um dos aspectos mais importantes da vida humana, sobretudo da vida masculina. O que parece de fato estranho é o pouco interesse demonstrado até então pelas pesquisas sobre a guerra e a prática da violência em massa pela atividade sexual dos soldados — seja ela violenta ou "consentida" dentro das relações de poder estabelecidas, seja no marco da prostituição ou da homossexualidade. Não se pode explicar essa situação simplesmente com base na falta de fontes a respeito, ela remonta antes à distância que a sociologia, assim como a história, guardam em relação à vida mundana. No caso dos soldados em guerra, estamos diante de rapazes jovens, que foram separados, em primeiro lugar, de suas parceiras reais ou idealizadas, bem como das relações de uma vida sob controle, e que, depois, se veem repentinamente revestidos de um tamanho poder individual sobre as demais pessoas nas zonas ocupadas, como jamais teriam conhecido na sua vida civil normal. Essa estrutura de oportunidades ainda pode ser estudada com base no marco referencial de camaradagem, típico de grupos masculinos, nos quais contar vantagens sobre o próprio desempenho sexual faz parte das conversas do dia a dia.

Um erro bastante comum que deve ser evitado é considerar exótica toda e qualquer violência sexual praticada pelos soldados — como se se tratasse de fatos excepcionais, possibilitados exclusivamente em virtude da guerra. O cotidiano também oferece circunstâncias propícias a quase todas as formas de escapismo, desde que as pessoas estejam em condições de encampá-las, tanto social quanto financeiramente. Tudo isso pode começar com pequenas escapadas, como bebedeiras organizadas, desenvolve-se para "puladas de cerca" ou visitas a bordéis, e já não se interrompe mais sequer diante da violência explícita, como nos momentos de pancadaria. Em outras palavras, é impossível pensar a vida cotidiana sem as formas de escapismo sexual, assim como sem a prática da violência física, ou seja, o dia a dia está indissoluvelmente ligado a abusos de um modo geral. O que de fato pode variar são os formatos disponíveis para essas ações, como acontece, por exemplo, no Carnaval na Renânia ou nos nichos comunitários da indústria do sexo, em estúdios privados ou em clubes de swing. É a cegueira sociológica e histórica diante dessas ocorrências, reproduzidas aos montes nos níveis mais profundos do cotidiano social, que faz parecer exótica, fora do comum ou eruptiva a liberação de violência sexual e física em situações de guerra. Bem analisado, contudo, o que ocorre aqui é simplesmente um deslocamento do marco, que cria para os integrantes do grupo mais poderoso as condições de bem fazerem tudo aquilo que sempre fizeram ou ao menos desejaram fazer.

Mas Regina Mühlhäuser não é a única a relatar casos de mulheres coagidas a se entregar sexualmente em troca de uma suposta proteção contra a execução, para serem logo em seguida executadas. No campo britânico de espionagem Latimer House, Horst Minnieur, o marinheiro de submarino a quem já nos referimos, conta a história da "bela judia" que morreu num fuzilamento coletivo e que ele já conhecera de quando ela fazia trabalho forçado, limpando as casernas (cf. p. 162). A pergunta que ocorre imediatamente ao interlocutor de Minnieur na história é:

HARTELT: Então é certo que ela também gostava de levar umas varadas, não é?
MINNIEUR: Até que ela deixava, mas era bom tomar cuidado para ninguém descobrir. Isso também não é nenhuma novidade, essas garotas judias sempre eram abatidas.[252]

Esse costume dos soldados, de executarem as mulheres judias após a relação sexual para prevenir possíveis acusações por "desonra racial", parece aqui uma das coisas mais naturais do mundo — exatamente como o fato de Minnieur haver abusado da vítima. Em seu estudo sobre a política alemã de ocupação na União Soviética, Andrej Angrick comprova que os oficiais do comando operacional Sk 10a violavam coletivamente as prisioneiras judias até elas perderem a consciência.[253] Bernd Greiner, aliás, descreve o mesmo tipo de comportamento na Guerra do Vietnã.[254]

Mas não eram apenas as ações de fuzilamento que proporcionavam de antemão essas estruturas de oportunidades sexuais, o próprio dia a dia dos soldados oferecia diversas possibilidades semelhantes — na cena, por exemplo, da mulher completamente nua que se encontra sentada na sala de interrogatório, diante do olhar de inúmeros integrantes do comando.[255] Havia ainda outras formas semioficiais de exploração sexual. "Grupos de teatro" eram fundados

> sobretudo para as lindas meninas e mulheres russas, que podiam assim melhorar as suas provisões diárias de comida. [...] Terminada a apresentação todos "dançavam, bebiam, e as meninas então se acertavam de uma maneira ou de outra [com os membros da ss]". O comando da tropa havia estabelecido pontos de encontro secretos fora da cidade, em casas confiscadas com essa finalidade, e nomeado um "zelador" para proteger as construções. Podemos imaginar "entretenimentos" semelhantes em outros comandos — há comprovação de romances com as filhas dos prefeitos locais, "noites líricas" com pretensas cantoras russas, presenças em festas populares e bebedeiras desenfreadas.[256]

O intelectual Willy Peter Reese (cf. p. 45) escreve sobre seu período como soldado:

> [...] ficávamos melancólicos, compartilhávamos as agruras amorosas e as saudades de casa, tornávamos a rir e continuávamos a beber, gritávamos de alegria, brincávamos sobre os trilhos, dançávamos dentro dos vagões e atirávamos a noite inteira; mandávamos uma prisioneira russa dançar pelada enquanto íamos passando a graxa das botas nos seus seios; fazíamos questão de embebedá-la até chegar ao nosso estado.[257]

A intensa atividade sexual dos soldados também se encontra bem documentada nas estatísticas médicas. Em muitos períodos, a maior parte dos pacientes em tratamento no hospital militar de Kiev era constituída por soldados com doenças de pele e sexualmente transmissíveis. É por isso que o professor Karl Gerbhardt, o chefe de clínicas da ss, depois de uma visita de inspeção, criticou "a falta de 'interesse clínico-cirúrgico'" do hospital.[258]

Nos protocolos das escutas há muitas conversas sobre as doenças venéreas, quem fala agora é um tenente da Marinha de aviação naval:

> GEHLEN:* Uma vez fizeram uma incursão surpresa na nossa área e descobriram que 70% dos soldados alemães que haviam sido vistos com garotas em quartinhos pela região tinham doenças venéreas.[259]

As doenças venéreas estavam de fato extremamente difundidas entre os soldados alemães. Em cidades como Minsk e Riga foram instaladas até as chamadas estações sanitárias, por onde os soldados deveriam passar depois de terminadas as relações sexuais para o tratamento imediato de possíveis infecções:

> A "higienização" consistia em um banho com água e sabão, uma lavagem com sublimado corrosivo e a introdução de uma barrinha de desinfetante no canal da uretra. Para prevenir o contágio de sífilis ainda se aplicava uma pomada. Em seguida o agente sanitário anotava o procedimento no "registro sanitário da tropa" e entregava ao soldado uma "carteira de higienização", que atestava o cumprimento de sua obrigação.[260]

O simples fato de instituições como essas existirem e criarem toda uma burocracia particular, voltada só para as doenças venéreas, já dá uma dimensão da disseminação das práticas sexuais e também das conversas a respeito; não havia — exceto no caso criminalmente previsto de "desonra racial", quer dizer, de relações com judias — quase nenhum segredo. Pois muitos soldados se gabavam até da frequência de suas infecções.[261] Seja como for, os serviços sanitários tinham de se empenhar bastante para conseguir conter os números de infecções e manter assim os soldados alemães aptos para o combate.

Como as medidas disciplinares e os constantes apelos aos soldados não surtiam efeito, a Wehrmacht finalmente chegou à ideia de estabelecer bordéis controlados:

Com o intuito de conter a disseminação de enfermidades venéreas e de diminuir as chances de ações de agentes inimigos na convivência diária das pessoas alemãs com as pessoas russas, por causa da inevitável anulação da distância necessária em relação às pessoas do espaço russo, foi cogitada em diversas cidades a construção de bordéis para a Wehrmacht.[262]

A história da construção desses bordéis e as discussões sobre a escolha e o recrutamento compulsório das prostitutas "racialmente apropriadas" exigiriam um capítulo à parte; de todo modo, os soldados não conversam exatamente sobre essas coisas nos diálogos interceptados. Eles falam das suas próprias experiências dentro dos bordéis e nas imediações:

WALLUS:* Em Varsóvia, as nossas tropas faziam fila na frente da porta. Em Radom, a sala da frente ficava lotada, enquanto o pessoal dos caminhões esperava lá fora. Cada mulher recebia de catorze a quinze homens por hora. A cada dois dias eles tinham de pôr outra mulher.[263]

Nem sempre os soldados estavam cientes da regulamentação administrativa dessas atividades, como mostra esta discussão sobre as implicações legais de uma infecção por gonorreia entre Wilhelm Dette, um capitão de 24 anos, e o tenente-coronel Wilfried von Müller-Rienzburg:

DETTE: E há os puteiros da corporação. Agora a gonorreia é punida. Houve um tempo em que não havia punição. Quando apareceu o primeiro caso de gonorreia na minha esquadrilha [a 9ª Esquadrilha do Esquadrão de Combate 40], eu quis aplicar um castigo ao rapaz. Aí eles me disseram: "Não, não dá para fazer nada". Duas semanas antes de eu fazer o meu último voo, o chefe da equipe médica chegou e reuniu toda a esquadrilha para fazer um pequeno pronunciamento, ele disse que, na França, havia aproximadamente 45 mil pessoas que padeciam de doenças venéreas crônicas.
VON MÜLLER-RIENZBURG: Pelo que eu sei, a gonorreia sempre foi punida.
DETTE: Sim, é que agora ela voltou a ser punida com a prisão. E não havia sequer um processo disciplinar. O motivo era a falta de higienização.[264]

Wilhelm Dette, à direita da foto, então primeiro-tenente e ordenança do chefe da Frota Aérea do Atlântico, e o tenente-coronel Ulrich Kessler (à esquerda), em junho de 1943. No fundo, um FW 200. Com um avião do mesmo modelo, por conta de uma pane no motor, Dette foi forçado a fazer um pouso de emergência na água, no golfo da Biscaia, onde foi logo em seguida capturado pelos britânicos. (Fonte: Arquivo KG, Günther Ott)

À parte as possíveis complicações disciplinares, a visitação aos bordéis era vista pelos soldados como um dos lados mais agradáveis da guerra:

> CLAUSNITZER: O aeroporto mais ao norte que nós temos fica em Banak [Noruega]. Ainda há de 3 mil a 4 mil soldados por lá. No que diz respeito aos entretenimentos militares, o lugar é imbatível.
>
> ULRICH: Cabarés, coisas do gênero?
>
> CLAUSNITZER: Oh, todo dia tem alguma coisa. Há garotas também, fizeram até um puteiro por lá.
>
> ULRICH: As meninas são alemãs?
>
> CLAUSNITZER: Que nada, norueguesas, de Oslo e Trondheim.
>
> ULRICH: Em todas as cidades há um caminhão com putas, não é? Para os oficiais e depois para os outros, não é? Eu já sei [risos]. Isso é muito bom, isso é bom demais![265]

Essa faceta do dia a dia da guerra é sistematicamente desprezada pela pesquisa especializada. Mas isso não surpreende, pois, como já seria de esperar, os soldados não contam tais coisas nas cartas que enviam aos seus amores então bem distantes; mesmo as confissões pessoais da literatura de memórias, muitas vezes com intuito exclusivo de se eximir de qualquer responsabilidade, trazem pouquíssimos relatos dessas visitas a bordéis. No âmbito das investigações do Ministério Público, esse lado da guerra, quando aparece, sempre está relacionado aos estupros praticados no contexto das execuções coletivas, como no exemplo já citado anteriormente — no mais, trata-se de um tema irrelevante em termos jurídicos e, por isso, não consta nos autos processuais. Mas não há dúvida de que o sexo fazia parte do cotidiano dos soldados, com todas as consequências daí advindas para as mulheres submetidas a essa situação:

> SAUERMANN: Não sei como as coisas funcionavam junto ao comando-geral do Reich, seja como for tinha dedo da Gestapo ali no meio, separávamos uma parte dos créditos que o Reich deixava à nossa disposição para construção... de instalações, a obra ainda previa um dinheiro extra para construir um bordel, um puteiro. Nós o apelidamos de barraca B. Quando eu fui embora, já estava pronto, só faltavam as garotas. As pessoas passavam pelo local e o utilizavam para fornicar com qualquer menina alemã, e isso tinha que ser evitado, aí eles finalmente receberam as suas francesas, as suas tchecas, todo o povo ia para lá, todas as garotas.[266]

Citações como essa trazem mais conteúdo oculto do que pode parecer à primeira vista, pois quando Sauermann diz que os soldados "finalmente receberam as suas francesas, as suas tchecas", ele quer dizer de forma implícita que essas mulheres não se prostituíam voluntariamente para as Forças Armadas alemãs.[267] As conversas sobre "puteiros" e "garotas" ou "senhoras" são sempre conversas sobre prostituição forçada e violência sexual — embora essas precondições dos encontros sexuais não apareçam nas histórias. É como se aquelas mulheres estivessem à inteira disposição dos soldados — entre tantas outras coisas, para não deixar ninguém "fornicar com qualquer menina alemã". A violência sexual durante a guerra não é, como se percebe, de forma alguma espontânea e inconstante, ela pode ser até — como já vimos em relação às higienizações — altamente regulamentada em nível administrativo. Ela representa definitivamente um aspecto central da experiência da guerra na visão dos soldados. Devemos levar em consideração, ainda, que o pessoal de espionagem provavelmente não teve grande interesse em registrar essas conversas sobre o tema "mulheres", que costumavam ser bastante longas; seja como for, temas assim não eram reportados como relevantes para a guerra nem pelos britânicos nem pelos americanos. Isso se torna ainda mais visível quando comparado com o amplo espaço ocupado nesses protocolos pelos relatos sobre detalhes técnicos de todas as espécies, seja relacionados a aviões, bombas, metralhadoras ou superarmas — daí se esperavam as informações relevantes para o curso da guerra. Como os homens, sobretudo rapazes, demonstram enorme interesse não apenas por assuntos técnicos, mas também — e com o mesmo entusiasmo — por mulheres, a própria experiência nos leva a supor que os soldados conversavam pelo menos com a mesma intensidade também de sexo; é o que mostra um dos protocolos com toda a clareza, sem precisar transcrever nenhuma linha da conversa:

18h45   *Mulheres*
19h15   *Mulheres*
19h45   *Mulheres*
20h00   *Mulheres*.[268]

Diante de registros como esse, é bem provável que, por trás do seco comentário que aparece nas transcrições, "*idle talk*" (conversa fiada), se escondam conversas sobre mulheres e sexo, embora já não seja mais possível nenhuma verificação. O que consta dos diálogos já é bastante para dar uma ideia aproximada do papel que o sexo tinha na vida dos soldados.

Conversas sobre sexo em geral giram em torno do que acontecia em cada lugar, como e onde era possível encontrar as melhores garotas e chances de ter relações — mais ou menos como viajantes conversando sobre atrações turísticas:

GÖLLER: Já estive em Bordeaux. A cidade inteira é um grande puteiro. Não há nada igual a Bordeaux. Sempre imaginei [... que] em Paris seria ainda pior. Bem, pensei depois, pior que aquilo não existe. Mas é o que se vê em Bordeaux; a fama das francesas por lá é a pior possível.

HERMS: Em Paris você só precisa sentar num bar onde haja alguma menina à mesa, que você já sabe de cara que pode arrastá-la para casa. É uma sacanagem completa, você acha garotas aos montes. Não precisa nem fazer esforço. Tem muita gente que leva a vida assim por lá.[269]

Ao mesmo tempo, os soldados reclamavam que as "moças-relâmpago" alemãs, isto é, as ajudantes da Wehrmacht, vinham agindo de forma exageradamente servil. Pode-se dizer, portanto, que mesmo na guerra as normas que regem o comportamento sexual são mantidas; o que constitui para os soldados o proveito legítimo de estruturas de oportunidades era considerado "abjeto" quando praticado por mulheres alemãs. É claro que há muito de projeção aí em jogo.

> SCHÜRMANN: A maioria das garotas-relâmpago também se entregava sem maiores rodeios. Em Paris, bastava piscar os olhos para essas garotas-relâmpago. Elas também perambulavam em trajes civis por toda a cidade, e aí podia acontecer de você ser de repente abordado por uma dessas garotas, em alemão. E não é raro que essas putas estejam se engraçando com os franceses e fazendo outras coisas. Em parte, essas aí são de fato as piores. Quase não deixam nada a dever às putas francesas, em nenhum aspecto. O capitão-médico que nos acompanhava, eu me dava muito bem com ele, era de Colônia, vinha de Villacoublay — foi transferido para um hospital militar da reserva, em Paris. Ele dizia que não era incomum haver mais mulheres com doenças venéreas do que soldados. Na verdade, dizia ele, não eram os soldados que contaminavam as garotas, mas o contrário; e uma parte das moças-relâmpago teria contraído as doenças com os franceses. Ele atendeu por um período num instituto, também em Paris, mulheres com doenças venéreas. Umas vinte tinham gonorreia e mais de dez estavam com sífilis, cinco delas já desenganadas. Depois eles examinaram todas as garotas de Paris e a primeira coisa que fizeram foi mandar umas tantas de volta para casa; outras quantas tinham a doença, mas não estavam doentes, eram apenas transmissoras contaminando os soldados! Paris deve ser uma loucura. Em parte, eu também sou da opinião de que as mulheres se oferecem para trabalhar como moças-relâmpago só para poder fazer essas coisas.[270]

O primeiro-tenente da Marinha do torpedeiro T-25, Günther Schramm fala sobre a depravação das "moças" alemãs de um modo particularmente sensacionalista:

SCHRAMM: O que eu cheguei a ver em Bordeux com os meus próprios olhos — terrível! Uma vez tive que ir ao posto sanitário, onde me conduziram por diversas seções etc., nos corredores eu passava por um monte de moças alemãs — era de arrepiar! Completamente fora de si, umas três, com os típicos sinais da sífilis no rosto, gritavam sem parar — já estavam completamente malucas. Berravam assim: "Agora eu só quero negro!" etc. Elas haviam se relacionado com negros. Portam-se pior do que as francesas.[271]

As conversas apresentam muitas vezes um caráter eminentemente técnico, no real sentido da palavra, cada um troca as informações que tem com seu interlocutor:

DANIELS: Em Brest, eu pagava no puteiro sessenta francos.
WEDEKIND: O quê!? Em Brest, em Grünstein, que fica ali do lado, não se paga mais do que 25 francos, é o preço em geral.[272]

Mas o comportamento da própria tropa também é ocasionalmente criticado, mesmo que de forma sutil:

NIWIEM:* Tenho que reconhecer que a nossa postura na França, algumas vezes, não foi lá essas coisas. Vi em Paris nossos caçadores agarrarem as moças no meio do bar, deitando sobre as mesas e — pronto! Com mulheres casadas também![273]

Em geral são os comandantes que se irritam com seus homens que passam dos limites:

MÜLLER:* Como comandante de grupamento, às vezes eu era instado a me posicionar sobre a questão das doenças venéreas. No dia em que me derrubaram, um dos meus melhores pilotos não estava presente por conta de doenças venéreas. Fazia apenas quatro semanas que ele havia retornado ao grupo depois de sua licença de casamento. Eu só falei o seguinte para ele: "Você é um porco safado". Ele vai se alegrar em saber que eu não retornei daquele voo de ataque, pois eu certamente faria ele pagar pelo que fez.[274]

Queixas como essa não eram raras. O capitão da Marinha Erdmenger, líder da 8ª Flotilha de Destróieres, chegou a anotar no informe disciplinar de sua unidade, com uma certa irritação, que

> a frequentação de bordéis franceses [...] tomou uma proporção que não é mais compatível com o desenvolvimento regrado da personalidade de um soldado. E não são só os soldados mais jovens, de dezoito a vinte anos de idade, que frequentam esses bordéis, há também muitos suboficiais e primeiros-sargentos. Perde-se com isso o valor da higiene, da postura diante das mulheres e da compreensão do significado da vida familiar saudável para o futuro do nosso povo alemão.

Nazista convicto, Erdmenger estava de fato perplexo com dois de seus soldados, porque, após voltarem de licença matrimonial, a primeira coisa que fizeram foi justamente procurar um bordel na França.[275]

Para muitos soldados, ainda mais repugnante do que as visitas a bordéis eram os atos de violência sexual praticados coletivamente, em massa. O capitão Reimbold conta a respeito:

> REIMBOLD: Pois bem, uma coisa eu posso contar diretamente a vocês, não há nem sombra de boato no que eu vou lhes dizer. No primeiro campo de oficiais em que estive preso por aqui havia um rapaz muito estúpido de Frankfurt, um jovem tenente bastante abusado. Éramos oito sentados à mesa, contando histórias da Rússia. Foi então que ele contou: "Bem, aí nós pegamos uma espiã que andava circulando pela região. Primeiro batemos nos peitinhos dela com um pedaço de pau, e aí enchemos a bunda dela de pancadas com a baioneta. Depois a gente fodeu com ela, ela foi mandada embora, e aí a gente atirou enquanto ela saía. Ela se deitou de costas no chão, e a gente ficou tentando acertá-la [com] granadas. Toda vez que alguém atirava perto dela, ela dava um grito. Depois ela foi finalmente detonada e nós então jogamos o corpo fora". E, imaginem vocês, os oito oficiais alemães ao meu lado sentados à mesa começaram a rir compulsivamente. Eu não me aguentei, levantei-me e disse, meus senhores, isto já é demais![276]

Reimbold se mostra indignado com a história presumivelmente contada pelo personagem referencial do "rapaz muito estúpido". Acontecimentos dessa natureza são relatados, em geral, de maneira indireta, são relatos de segunda mão como o que se segue:

SCHULTKA: Isso que é feito hoje em dia já extrapola todos os limites. Temos o caso dos paraquedistas que entraram numa casa italiana, liquidaram logo com dois homens. Eram pais de família; um tinha duas filhas. Então eles comeram as meninas, meteram pra valer, e depois acabaram com elas a tiros, as duas. Havia aquelas camas italianas mais largas, eles jogaram as duas na cama e ainda enfiaram o pau daqueles homens no meio — para que elas continuassem bem metidinhas.

CZOSNOWSKI: Isso já é desumano. Mas também tem muita gente por aí contando coisas que não fez, esse pessoal é metido pra burro. [...]

SCHULTKA: Ou nas barreiras contra blindados em Kiev. Um senhor da Gestapo, alto comandante da SS, estava com uma russa que era linda, uma graça. Ele queria dar umas metidas nela, mas ela não deixava. Um dia depois, ela estava de pé diante da barreira. Ele mesmo deu baixa nela com uma submetralhadora e então a comeu em estado de óbito.[277]

Embora parte dessas histórias seja pura fanfarronice, como aliás é aventado no próprio trecho citado, certas coisas de fato acontecem.[278] Chama a atenção que relatos de estupros não provoquem espanto e muito menos indignação nos soldados — nem mesmo quando mulheres alemãs são estupradas por guerrilheiros, como conta o caçador de blindados Walter Langfeld:

LANGFELD: Lá perto de Bokruisk[279] aconteceu a mesma coisa, um grupo de guerrilheiros assaltou um ônibus com trinta mulheres auxiliares de transmissão. O ônibus ia pela floresta quando foi interceptado pelos guerrilheiros. Mais tarde os blindados foram acionados, mas era tarde demais. Recuperaram o ônibus e as meninas. Pegaram uns guerrilheiros também. Mas nesse intervalo eles já tinham repassado por todas, meteram em todas. Algumas estavam mortas. Elas preferiam abrir as pernas a serem mortas, o que é compreensível. Levou três dias até que fossem encontradas.

HELD: Então eles puderam foder um bocado.[280]

Podemos interromper aqui os relatos sobre o tema. O que aparece nos protocolos das escutas é suficiente para evidenciar a presença maciça dos desejos sexuais e da violência sexual na guerra. Sobretudo estas últimas citações mostram a naturalidade com que os soldados usavam de todo o seu poder de disposição sobre as mulheres. Eles não só se valiam das oportunidades de sexo oferecidas ou mesmo forjadas, como também não tinham nenhum problema em falar a respeito, não se tratava de nada que fugisse do marco referencial.

KOKOSCHKA: É uma vergonha para o soldado coagir com uma pistola uma garota italiana a foder com ele.
SAEMMER: Sim, mas é bem típico de um soldado.[281]

TÉCNICA

O discurso científico quase não se ocupa da técnica relacionada aos aparatos bélicos. Mesmo neste livro, nosso interesse também se concentra em percepções que vão muito além da técnica das armas. A escolha tem sua razão de ser — nas conversas entre os soldados do Exército em campos de prisioneiros de guerra, por exemplo, quase não se discute sobre esses aspectos técnicos. O que na verdade não chega a surpreender, pois, ao longo dos seis anos de guerra, praticamente não houve alteração significativa no equipamento dos praças. Ainda no final da guerra utilizavam-se as mesmas carabinas padrão, K 98, que foram empunhadas pelos soldados na invasão da Polônia, em setembro de 1939. Quanto às metralhadoras, durante toda a guerra só houve dois tipos básicos. O quadro não é diferente em relação a outras armas da infantaria ou da artilharia. Se houve alguma evolução, ela ocorreu no grupo de blindados. Mas logo depois de aprender a manejar um novo modelo de carro, essa prática já se convertia em rotina para o soldado. Um tanque Tiger não deixava de ser um tanque Tiger. Os parâmetros técnicos, portanto, se alteraram muito pouco dentro do Exército. Pode-se dizer que esse equipamento técnico se manteve relativamente constante; e sobretudo o armamento da infantaria encontrava-se disponível em tamanha quantidade que jamais se tornaria tema de uma conversação. A questão também não era lá tão relevante, pois, nos campos de batalha europeus, a qualidade das armas, metralhadoras e submetralhadoras, ao fim e ao cabo, equiparava-se, de modo que nenhum dos lados dispunha realmente de uma superioridade técnica decisiva em relação ao inimigo.

Na Luftwaffe, por sua vez, a situação era completamente diferente. O aspecto técnico desempenha aqui um papel muito mais relevante do que no Exército. A guerra aérea foi um campo de batalha para a tecnologia de ponta; no decurso da guerra houve uma evolução técnica extremamente rápida. Em todos os setores era possível notar alguma inovação importante: no desempenho das aeronaves, nas técnicas de navegação, no armamento de bordo. Um Messerschmitt 109 do ano de 1939 quase não podia mais ser reconhecido no modelo de 1945.

Com a guerra aérea noturna, então, inaugurou-se uma nova dimensão para o combate. Enquanto o Bomber Command britânico[282] se aperfeiçoava nas técnicas de ataque noturno, a Luftwaffe desenvolvia estratégias para se defender desses ataques. Foi assim que surgiu uma tecnologia de radares e de navegação altamente desenvolvida.

Em 1939 iniciou-se uma competição acirrada para saber quem teria o caça mais veloz, o instrumento de radar mais preciso e o melhor sistema de navegação. Qualquer desvio durante esse processo evolutivo já não podia mais ser recuperado num curto espaço de tempo, como acontecera na Primeira Guerra Mundial, devido aos enormes custos agora envolvidos, algumas vezes mais do que no passado. Os recursos investidos na indústria bélica aérea foram gigantes. Em 1944 eles já correspondiam a 41% de todos os meios disponíveis no setor. Na produção de blindados, por sua vez, investiam-se apenas 6%.[283] De qualquer maneira, no aspecto tecnológico, os britânicos e os americanos superaram a Luftwaffe já em 1942, e essa diferença jamais seria recuperada até o final da guerra. Sua derrota nessa competição quantitativa e qualitativa parecia definitiva, tanto é que houve um sensível rebaixamento da reputação da Luftwaffe a partir de 1944. Para a Wehrmacht em geral, as consequências foram arrasadoras e puderam ser sentidas em todas as arenas da guerra.

No mundo vivenciado pelos pilotos, observadores e atiradores de bordo, a técnica tinha uma presença expressiva.[284] No combate aéreo sobrevivia quem voasse mais rápido, manobrasse com mais destreza ou tivesse o melhor armamento. Quem não podia disputar em termos técnicos simplesmente morria, ainda que fosse um excelente piloto. A técnica determina a vida dos soldados da

Luftwaffe, ela domina sua percepção da guerra e a configuração de seu marco referencial.

De certa maneira os protocolos das escutas refletem o papel da técnica em cada uma das Forças Armadas. Relacionado à Luftwaffe, há bastante material; sobre a Marinha, um pouco menos; quanto ao Exército, apenas o correspondente a um décimo do que há sobre a Luftwaffe. É por isso que a próxima seção tratará sobretudo desta. Três aspectos nos interessam particularmente: o tema principal das conversas que tratam dos detalhes técnicos, até que ponto a técnica dominava a percepção desses soldados e como essa influência se modificou no decorrer da guerra.

Mais rápido, mais longe e maior

Entre os "artesãos" da guerra, um dos temas mais importantes nas conversas era o desempenho de seus aviões. Como aficionados em automóveis discutindo sobre as vantagens de seus respectivos carros, as tripulações também disputavam entre si, levando em consideração sempre os mesmos fatores: velocidade, alcance e capacidade de carregar bombas. É o caso de um tenente que, em junho de 1940, apresenta ao seu companheiro de quarto o "Ar 196":

> O "Arado" é um monomotor com asas bem pequenas. Tem qualidades excelentes, acho que tem dois canhões e uma metralhadora. Voa a 270 com máxima de 320 [quilômetros por hora], e pode levar uma carga de até 250 [quilos de] bombas. É um avião fantástico. São usados para acompanhar os submarinos.[285]

Os motores também despertam grande interesse:

SCHÖNAUER: O primeiro grupamento de nosso esquadrão recebe agora o "188". Os aviões já estão lá. O "188" tem um "801" novinho, é muito bom, aguenta bastante carga.
DIEVENKORN: Bombardeiro?
SCHÖNAUER: Sim, só que mais rápido e sobretudo melhor na subida.[286]

Os aviões são quase sempre comparados com base em seus motores. A conversa entre Schönauer e Dievenkorn serve para dizer que o bombardeiro Ju

188 era equipado com um motor BMW 801, que o fazia voar mais rápido e lhe garantia um melhor desempenho na subida do que o modelo antecessor, o Ju 88. A introdução do motor radial BMW 801, daqueles em linha da Daimler-Benz, os DB 603 e 605, do motor da Junker, o Jumo 213, todas essas inovações eram discutidas intensamente pelas tripulações, que não se cansavam de comparar as vantagens e desvantagens de cada modelo. O desempenho dos motores garantia ou arruinava a reputação de uma aeronave. Desde 1942, no entanto, todos já sabiam perfeitamente que o desenvolvimento dos motores alemães não correspondia mais às necessidades da guerra. A grande esperança de uma inovação decisiva no segmento de motores a pistão recaiu sobre o Jumo 222, cuja potência variava entre 2 mil e 3 mil cavalos-vapor de acordo com o modelo. "Acredito plenamente no Jumo 222", dizia o primeiro-tenente Fried, em fevereiro de 1943, "[...] cheguei a vê-lo com os meus próprios olhos, é fantástico [...], 24 cilindros".[287] Quatro meses depois, quem falava então era o primeiro-tenente Schönauer: "Esse novo Jumo — quando é acionado, são 2700 cavalos-vapor de partida — é definitivamente *o* motor!".[288] O motor mágico, no entanto, que seria capaz de resolver todos os problemas, jamais chegou a ponto de poder ser produzido em série.[289]

Apesar de todo o orgulho que eles sentiam da capacidade de desempenho de seu próprio equipamento, os soldados alemães sempre demonstraram, desde o início, um grande respeito pelos britânicos e, mais tarde, pelos americanos. São sintomáticas as ideias de um primeiro-tenente, derrubado em setembro de 1940, quando sobrevoava a Inglaterra no comando de uma esquadrilha do esquadrão de caças. Reflete sobre as batalhas aéreas já passadas:

> Numa altitude de 7 mil metros, o Spitfire é um pouquinho superior ao "109", acima de 7 mil, eles se equiparam. Quando você sabe disso, aquele medo do Spitfire desaparece na hora. O "109" pode ser até melhor do que o Spitfire, se ele contar com um piloto que saiba manejá-lo bem. Eu ainda preferiria um "109" a um Spitfire. A gente sempre tem de voar em curvas longas, muito abertas, aí não dá para o Spitfire.[290]

Quando o tenente diz que "aquele medo" do Spitfire desapareceria e que um Messerschmitt 109 poderia *até* superá-lo, podemos ter uma ideia do respeito que os pilotos de caça alemães tinham diante do avião britânico nesse momento que representa o auge da batalha aérea sobre a Inglaterra. Outro piloto chegaria a dizer ainda em setembro de 1940:

> Cinquenta por cento dos pilotos de caça mais velhos já se foram [...]. Aqueles ataques coletivos são loucura; assim ninguém vai exterminar os caças ingleses. O novo caça precisa vir logo, senão estamos todos fodidos. Esse Focke-Wulf com motor radial e refrigeração a ar tem de chegar de uma vez. Até onde vamos com essa história de os pilotos experientes serem abatidos um atrás do outro?[291]

Só novos aviões, melhores sob o aspecto técnico, poderiam provocar uma mudança no curso da guerra aérea; é por isso que as queixas relacionadas à superioridade das aeronaves inimigas jamais cessaram durante toda a guerra. "Acho que a gente enchia demais a boca quando falávamos da Luftwaffe", diz o tenente-coronel Henz em junho de 1943. "Honestamente, não temos nada que possa fazer frente a um quadrimotor neste instante. Tenho a impressão de que a gente dormiu no ponto."[292] "Os *tommies* têm aviões muito mais rápidos", observa o suboficial Mäckle, em julho de 1944, "não temos nada que se compare ao Mosquito, por exemplo, assim não dá. O Mosquito é o avião mais temido de todos."[293]

Os dois acertam em cheio com suas observações, mas não sabem explicar rigorosamente nada sobre os motivos que levaram à evolução descrita. É com resignação que os pilotos constatam que nada se alterou em relação à superioridade técnica dos Aliados do Ocidente. O primeiro-tenente Hans Hartigs, um experiente piloto do Esquadrão de Caças 26, recebera junto com sua unidade o FW 190 D-9, o avião convencional mais moderno dentro da Luftwaffe. No dia 26 de dezembro de 1944, ele liderou uma formação de quinze caças de seu grupamento para dar apoio às tropas alemãs em solo na ofensiva das Ardenas. Houve um combate de manobras aéreas com Mustangs americanos, e Hartigs foi abatido. Decepcionado, ele observa na prisão que "nem um piloto extraordinário [pode] fazer frente a um Mustang na hora de manobrar com *aquele* '190', simplesmente impossível. Eu tentei. É impossível".[294]

A sensação de inferioridade técnica não se limitou à segunda metade da guerra. Ela está presente desde o início, mas a partir de 1943 torna-se muito mais intensa. Daí a ansiedade dos pilotos, todos na expectativa de receber as novas aeronaves que finalmente lhes dariam a tão sonhada vantagem. Supostas invenções fantásticas, que logo estariam no front, sempre aparecem como objeto de longas discussões. Em janeiro de 1940, um piloto e um rádio-operador de bordo conversam sobre o nível tecnológico da Luftwaffe. Há "alguns aviões possantes", eles estão de acordo, sobretudo o "famoso" bombardeiro Ju 88.[295] Logo a unidade dele deveria receber esses aviões "fenomenais", diz o suboficial. Ambos confiam sobretudo que, quando "o novo modelo do nosso '110' estiver pronto, e eles vierem zunindo como num enxame de abelhas, aí é que eles [os ingleses] vão tomar um susto!".[296] Seis meses depois, dois jovens oficiais que haviam sido abatidos quando sobrevoavam a França conversam sobre o novo caça FW 190, então em fase de testes.

> PRIMEIRO-TENENTE: O Focke-Wulf deve ser bom mesmo.
> TENENTE: Sim, ele deve ser fantástico.
> PRIMEIRO-TENENTE: Deve ter melhor partida, apesar de ser mais pesado, o que quer dizer que ele deve ser mais rápido também.
> TENENTE: Mas muito mais rápido!
> PRIMEIRO-TENENTE: Ele tem um motor radial.
> TENENTE: Deve ser uma coisa fabulosa![297]

Em junho de 1940, enquanto os oficiais falavam do "fantástico" FW 190, os primeiros testes da aeronave, usando ainda protótipos, acabavam de ser realizados. De alguma forma já chegara aos ouvidos daqueles dois que o avião teria um arranque melhor do que o Messerschmitt 109, seria mais rápido e também viria equipado com um motor radial. Como podemos notar, dentro da Luftwaffe, informações a respeito de modelos de aviões ainda em fase de testes se propagavam com incrível rapidez. Essa necessidade de os soldados alemães discutirem sobre os últimos modelos dos aviões certamente vinha bem a calhar para os britânicos, que então sabiam como ninguém sacar todas as informações dessa fonte quase inesgotável. Foi dessa maneira que a Royal Air Force sempre esteve muito bem informada, até nos mínimos detalhes e com bastante antecedência, acerca de toda e qualquer inovação dentro da Luftwaffe.

Como não paravam de chegar novos aviões, melhorados, no front, as tripulações sempre tinham algum motivo para conversarem sobre as novidades técnicas — da mesma maneira que dois estilistas falariam das novas coleções de outono. O suboficial Breitscheid, por exemplo, pergunta, em outubro de 1942,

Um He 177 da 2ª Esquadrilha do Esquadrão de Combate 100 sendo carregado com bombas, na primavera de 1944. (Fotógrafo: Linden; BA *1011-668-7164-35A)*

a seu companheiro de quarto: "Estou curioso para saber o que teremos de novidade nesse outono em termos de aviões". "Certamente muita coisa", responde o outro, completado pelo mecânico de bordo logo em seguida, cheio de convicção: "Ah! Não vamos parar com o '190', teremos ainda outros caças".[298]

As promessas de rendimento das futuras aeronaves serviam sempre de tema para longas conversações. Dois pilotos de bombardeiro discutem em agosto de 1942 sobre a velocidade de cruzeiro do novo bombardeiro pesado, o Heinkel He 177:

KAMMEYER: Sim, mas o "177" não atinge quinhentos.

KNOBEL: O quê? Como avião de reconhecimento, ele faz tranquilo quinhentos de cruzeiro.

KAMMEYER: Há muitas controvérsias. Bem, no ano passado, em julho, um dizia que ele fazia 450, outro falava em quatrocentos, 420, depois mais um dizia que ele fazia 380.

KNOBEL: É tudo mentira, está tudo errado. Você já os viu voar?

KAMMEYER: Sim.

KNOBEL: Pois então, tenho certeza que ele faz pelo menos quinhentos, bem, como avião de reconhecimento, e que o avião de combate faz quinhentos, tenho certeza.[299]

Através de sua fala, o tenente Kammeyer deixa claro que o He 177 já era tema de conversa entre os grupos de bombardeiros da Luftwaffe em 1942 — seis meses, portanto, antes do primeiro uso oficial do avião —, e começa até uma intensa discussão sobre sua velocidade máxima. Um certo deslumbramento infantil pela tecnologia levava as expectativas em relação aos novos aviões até a beira do absurdo. Já se vislumbra "o avião mais perigoso de todos os tempos", contando com um "ótimo armamento pesado", capaz de fazer os ingleses correrem "como o diabo da cruz".[300] De fato, nessas conversas, o He 177 é tratado como um superbombardeiro, cujos atributos dão ensejo a toda sorte de boataria. Dizia-se até que o avião já teria cruzado o Atlântico. Em meados de 1942, Knobel, um aspirante a oficial, teria escutado que o He 177 passaria por uma bateria de provas de longas distâncias, já tendo inclusive voado da base de testes da Luftwaffe, em Rechlin, passado por Trípoli e Smolensk, e retornado finalmente a Rechlin. Quando seu companheiro de quarto, curioso, então lhe pergunta se o He 177 já teria sobrevoado os Estados Unidos, ele aí responde: "O Canadá, acho que sim, os Estados Unidos não".[301] Em outubro de 1942, um suboficial já se mostra muito mais seguro sobre o assunto. À pergunta de um camarada admirado, se o He 177 conseguiria realmente voar até o Canadá, eis sua resposta: "Claro, é evidente. Há uns seis meses, umas pessoas que conhecem cada detalhe desse avião me disseram que o '177' já chegou a lançar panfletos dos céus de Nova York".[302] Um atirador de bordo de um bombardeiro de mergulho Ju 87 conta a mesma história em abril de 1943.[303] A ideia de voar até os Estados Unidos para lançar panfletos ou, ainda melhor, bombas, era para eles, pelo visto, sedutora demais para ser descartada simplesmente com base em argumentos realistas. Jamais aconteceu um voo semelhante, apesar de todos os rumores que insistem em aparecer mesmo na literatura do pós-guerra.[304] Da mesma forma, aliás, que também nunca chegou a ser realizado um voo para o Japão[305] — embora tecnicamente possível e muitas vezes de fato planejado, pois permitiria uma melhor conexão com Tóquio. Ainda assim, muitos soldados se referiam a esses voos. O Me 264 teria solucionado "a comunicação postal e diplomática entre o Japão e a Alemanha", segundo o sargento Gromoll. "Eles chegam a Tóquio cruzando a América do Norte. Seu tanque dá para 27 mil litros de combustível." Um primeiro-sargento que fora abatido em novembro de 1942 no litoral da Argélia também conta alguns detalhes: "O BV 222 voa até o Japão. Trezentos e cinquenta de cruzeiro. Abastece pela última vez em Pillau e voa durante a noite pela Rússia até chegar ao Japão. Se os russos têm caças noturnos, são pouquíssimos".[306] Não há como saber de onde o primeiro-tenente tirou essa história. Talvez ele tenha visto um BV 222 durante o seu período de treinamento perto do mar Báltico e passado depois a especular sobre a futura utilização daquele enorme hidroavião.

Definitivamente, aeronaves de grande porte exercem um intenso poder de fascinação sobre os soldados da Luftwaffe. Havia de fato poucas, por isso a simples oportunidade de estar diante de uma delas representava um acontecimento especial. Quem, por exemplo, pudesse afirmar ter visto com os próprios olhos um daqueles raros hidroaviões de seis motores podia estar seguro de contar com a atenção dos camaradas. Depois, o mais importante parece ser ressaltar o desempenho e o tamanho do avião, em todas as suas nuances. O sargento Schibors sabe bem como contar:

> SCHIBORS: O Blohm und Voss 222, o maior avião do mundo, levou os suprimentos para a Líbia, decolou em Hamburgo e só aterrissou na África. Com 120 homens a bordo, mais os equipamentos. Uma aeronave foi abatida no mar Mediterrâneo. Fora isso, os caças nunca se atreveram a chegar perto. Ele tinha oito canhões e dezessete metralhadoras. É muito bem armado, todos os que estão a bordo têm uma MG 15 à sua frente, apontando para fora da janela. São seis motores, três por asa. É três ou quatro vezes maior do que o "52". Já levou até alguns blindados e sabe-se lá mais o quê, canhões e... ah! E já transportou também as bombas para os aviões de combate. Faz 360 de cruzeiro. Quando está vazio, o diabo é muito rápido.[307]

A maneira absolutamente exagerada como Schibors fala do armamento e da capacidade de transporte do BV 222 revela a profunda impressão que a aeronave deixou sobre ele. Schibors, aliás, confunde a velocidade de cruzeiro com a velocidade máxima — um pequeno engano que torna o desempenho da aeronave ainda mais impressionante.

O avião que alimentava as maiores expectativas, no entanto, era, sem dúvida, o caça a jato Me 262, que surge nas conversas a partir de dezembro de 1942.

Inicialmente as informações são muito vagas e provêm apenas de terceiros.[308] É o caso do suboficial Rott, do Esquadrão de Combate Rápido 10, que, em 10 de abril de 1943, assegura que a Luftwaffe "está se mexendo", pois ele ouvira algumas insinuações do comodoro de um esquadrão vizinho, que visitara a base de testes da Luftwaffe, acerca do tal caça a jato.[309] Só no final de 1943 apareceriam os primeiros testemunhos de pessoas que haviam visto diretamente essa "máquina mortífera".[310] O tenente Schürmann não esconde seu entusiasmo: "São incríveis, cheguei a vê-las voando, [...] estimo que fez entre setecentos e oitocentos, no mínimo".[311] A partir da primavera de 1944 começam os rumores de que em breve o Me 262 seria utilizado na guerra. O tenente Fritz conta como o general dos aviadores de combate se animara, em março de 1944, ao dizer que "toda a produção dos antigos aviões [Ju 88]" seria reduzida em virtude "dos preparativos já iniciados da produção desses jatos; que eles serão utilizados de forma intensa e repentina, e que assim nós reconquistaremos o domínio aéreo".[312] Entre a população, cada vez mais fragilizada, também circulavam informações parecidas. O primeiro-sargento Maletzki, por exemplo, afirma ter ouvido as pessoas na Alemanha dizerem: "Tudo isso vai melhorar quando aqueles 'turbojatos' ficarem prontos".[313]

Parecia que não havia dúvidas quanto ao lendário desempenho do Me 262. Em julho de 1944, nove dias após ser abatido, o rádio-operador de bordo de um bombardeiro Ju 88 demonstra plena segurança: "Já estão fazendo turborreatores, se eles conseguirem entregá-los em grande quantidade, aí é que os *tommies* estão perdidos com os seus quadrimotores. A Luftwaffe precisa de tempo para decolar, agora só falta mais um pouquinho, talvez uns seis meses".[314] Muito semelhante é o pensamento do tenente Zink, do Esquadrão de Caças 3.

> Em duas semanas ele [Me 262] já está aí, vem a primeira leva. Mil e duzentas unidades; vão chegar de repente, todos de uma vez. [...] Em dois minutos ele atinge 12 mil. Sobe numa angulação de 44 graus a oitocentos quilômetros por hora. Não dá para fazer absolutamente nada contra ele. Leva oito canhões lá dentro, derruba qualquer coisa. Você pode passear tranquilamente com um negócio desses pelos ares, mesmo que haja cem caças na frente.[315]

Na verdade, Zink confunde alguns números do caça-foguete Me 163 com os do Me 262, mas precisamente essa confusão mostra bem o papel que as inovações desempenhavam no mundo de desejos e fantasias tecnológicas dos soldados da Luftwaffe. Embora especulado dentro dos campos de espionagem dos Aliados, o grande ataque em massa de Me 262 jamais aconteceu. As primeiras aeronaves foram utilizadas por uma companhia de testes a partir de agosto de 1944. Apesar de todo o entusiasmo dos pilotos com esses aviões "fantásticos",[316] seu emprego não produziu os efeitos esperados, principalmente por conta dos problemas técnicos iniciais e da grande superioridade das forças aliadas. E de modo algum se tratava de um equipamento invulnerável. Em torno de duzentos Me 262 ainda foram utilizados até o fim da guerra. Derrubaram 150 aviões inimigos, mas contando com uma perda de aproximadamente cem aeronaves nas próprias fileiras.[317]

As conversas sobre técnica podiam prender toda a atenção dos soldados. O que lhes interessava era a carga de pressão dos motores, a velocidade, o armamento — eles estavam sempre curiosos pelos últimos modelos dos aviões. Os soldados jamais situavam essas inovações técnicas dentro de um contexto mais amplo e se limitavam a pensar apenas até o próximo modelo de aeronave ou a próxima e aguardada batalha aérea. Por que a Alemanha não tinha condições de construir motores de avião com potência na casa dos 2500 cavalos-vapor ou mais, ou por que os Aliados começaram a utilizar radares centimétricos mais cedo do que os alemães, por exemplo, são questões que não chegam sequer a ser discutidas. Mas isso não surpreende. Em regra, engenheiros dentro de uma fábrica de automóveis não se preocupam com as mudanças climáticas, técnicos de uma usina de energia também não pensam com o monopólio de mercado exercido por um único conglomerado, ainda que a parte do trabalho de cada um só venha a contribuir para a respectiva situação. Da mesma maneira, profissionais do combate aéreo também não costumavam inserir os equipamentos técnicos e seu manejo virtuoso em contextos políticos, estratégicos, que dirá morais. Essas associações não têm nenhuma relevância diante da razão instrumental e do fascínio pela técnica. A crença absoluta na técnica e no progresso, que marcou toda a primeira metade do século XX, ainda não havia sido abalada. As utopias que prometiam remodelar o mundo dominavam o pensamento de tal maneira que não chegava mesmo a parecer absurdo que ainda surgisse uma "superarma", capaz de mudar definitivamente os rumos da guerra.

Superarmas

Após a derrota de Stalingrado, a propaganda nazista tentou reacender as esperanças de vitória dos alemães por meio de insinuações acerca de uma eventual vingança.[318] No início de 1943 aparecem nas conversas as primeiras histórias sobre uma categoria de armas completamente diferente. Um rádio-operador do submarino U 432 faz, em março de 1943, a seguinte profecia:

> Ainda tem uma coisa que só os oficias sabem. Deve ser algo realmente assustador. O Führer chegou a proibi-la, ela foi inventada e deveria ser disponibilizada para os submarinos, mas aí o Führer proibiu, porque seria terrível demais. Não sei o que é. [...] E mesmo assim só poderá ser feito, disse o Führer, quando se tratar realmente da batalha final do povo alemão, quando depender de cada navio, aí, sim, eles poderão fazer isso. Enquanto ainda estivermos num combate limpo... não usarão.[319]

Hitler aparece aqui, mais uma vez, como o salvador da Alemanha, aquele que detém o poder de utilizar no último momento essa arma terrível, supostamente capaz de decidir a guerra a favor dos alemães. Para o narrador, é claro, saber que se conta com uma arma secreta sob a manga funciona como um fator tranquilizante. No dia 11 de abril de 1943, o segundo-oficial do furador de bloqueio *Regensburg* conta que o locutor de rádio do Alto-Comando da Wehrmacht (OKW), Otto Dietmar,[320] teria mencionado uma arma "pronta para neutralizar até as maiores concentrações de tropas inimigas".[321] Mais a respeito ele não sabe informar, mas diz que deve se tratar de uma granada ou uma bomba, com um poder de destruição fora do comum. Sua detonação deixaria tudo "no chão". O primeiro-tenente da Marinha Wolf Jeschonnek também se mostra bastante convicto; segundo ele, assim que o "novo equipamento" for utilizado, "a guerra termina num instante". Pois esses mísseis teriam um alcance enorme e "arrebentam tudo de uma vez".[322]

O major Walter Burkhard, comandante de um batalhão de paraquedistas, não pensa muito diferente: "Se eles conseguissem fazer 'essas enguias gigantes [mísseis]' atingirem sessenta ou cem quilômetros de alcance, aí poderiam posicioná-las em Calais e depois dizer aos ingleses: 'Ou vocês fazem um acordo de paz amanhã, ou nós destruímos a Inglaterra inteira'. As coisas ainda têm jeito".[323]

Essa segurança parece compartilhada pelo cabo Honnet, da 26ª Divisão de Blindados: "Quando chegar o dia da vingança será terrível, eles podem acabar com a Inglaterra inteira em pouquíssimos dias, a ponto de não restar pedra sobre pedra".[324]

Muito cedo, logo nos primeiros meses de 1943, firmou-se uma convicção sobre essas novas armas secretas, dizia-se então que seriam mísseis de longo alcance. Pesariam ao todo até 120 toneladas, com uma ogiva de quinze — nem se multiplicássemos por dez os reais atributos técnicos do V 2 chegaríamos a números tão expressivos. Quando fossem utilizados num ataque a Londres, diz o capitão Herbert Cleff, deixariam tudo num raio de dez quilômetros destruído. É através de Cleff que os britânicos obtêm, já em março de 1943, várias informações técnicas sobre o V 1 e o V 2 — portanto, com mais de um ano de antecedência, em relação ao seu lançamento.[325] Quatro mísseis desses bastariam para deixar Londres inteira sob ruínas, crê Hans Ewald, primeiro-sargento de rádio do submarino U 264, em março de 1944.[326]

Outros soldados são um pouco mais comedidos nas suas expectativas e falam num potencial destrutivo entre um e dez quilômetros quadrados em torno do local atingido.[327] O potencial dessas armas era tão superestimado e o seu emprego considerado tão factível, que muitos soldados nos campos dos arredores de Londres se sentiam mesmo ameaçados pelos mísseis alemães e torciam por uma transferência imediata, preferencialmente para o distante e seguro Canadá.[328] No mais, os soldados têm como certo que o povo alemão também partilha das suas expectativas otimistas. "Em março [de 1944] passei na minha cidade", conta o major Heinz Quittnat. "E eu asseguro a vocês: a grande massa do povo alemão espera pela arma de represália. Eles acreditam que ela será capaz de partir o moral dos ingleses em pouco tempo e deixará a Inglaterra disposta a negociar."[329]

Como isso aconteceria na prática — a Grã-Bretanha já resistira sem vacilar a dez meses de duríssimos ataques aéreos de 1940 a 1941 — não é um tema debatido pelos soldados. Fora as discussões técnicas sobre o modo de funcionamento dos mísseis, seu tamanho, potencial destrutivo e alcance, não havia nenhuma análise de resultados, apenas uma pura e simples *crença* — que essas armas significariam a virada. O primeiro-sargento Clermont: "Pois bem, eu acredito plenamente na vingança. A pátria-mãe dos ingleses será exterminada".[330] "Essa arma nova vencerá a guerra! Eu acredito nisso",[331] diz também o tenente Arnim Weighardt, do submarino U 593, em janeiro de 1944. Outro tenente, Hubert Schymczyk, do Esquadrão de Combate 2, diz a um camarada, em abril de 1944: "Eu acredito totalmente na vingança. Quando as coisas aqui começarem, a pobre da Inglaterra estará perdida".[332]

Nas três Forças Armadas, portanto, havia a mesma expectativa redentora depositada na superarma — o que chama mais atenção no caso dos oficiais da Marinha e da Luftwaffe. Apesar de serem técnicos profissionais e presenciarem continuamente no front o desempenho excepcional da Grã-Bretanha nos aspectos tanto militar quanto econômico, em nenhum momento esses oficiais se questionam como aquele resultado avassalador poderia ser produzido de forma concreta. Parece que, para eles, perder a guerra era simplesmente inconcebível; por isso eles tinham de *acreditar* na utopia da técnica, que, afinal, ainda resolveria tudo da melhor forma. A exemplo do que se verá no capítulo sobre a confiança no Führer (cf. p. 264), podemos perceber aqui que os desejos e sentimentos investidos pelos soldados no projeto nazista e na guerra haviam sido fortes demais; nem diante das experiências bastante adversas da realidade, eles podiam mais ser descartados. Pelo contrário, a crença na superarma aumentava na medida em que a vitória e os sonhos sobre o futuro glorioso se tornavam cada vez mais ilusórios.

Em junho de 1944, logo após o desembarque dos Aliados na Normandia, finalmente as superarmas estavam prontas. Na noite de 12 para 13 de junho, numa ação muito apressada, os primeiros V 1 foram disparados na direção de Londres. O primeiro ataque maciço aconteceu quatro dias depois, no dia em que a propaganda também anunciava o início da vingança. No curso dessa operação foram disparados 244 mísseis V 1, dos quais 45 caíram logo depois do lançamento e 112 chegaram até a capital inglesa.[333]

> Durante a noite de ontem e nesta manhã, o sul da Inglaterra e a zona urbana de Londres foram atacados com novos dispositivos explosivos, do mais pesado calibre. Desde a meia-noite, com pequenas interrupções, essas regiões vêm sendo bombardeadas com tais armas. Estimam-se enormes estragos.[334]

Foi assim, com poucas palavras, que o informe de 16 de junho de 1944 anunciou o que dezenas de milhares de alemães tanto haviam esperado: os V 1, as primeiras "superarmas" do Terceiro Reich, finalmente entravam em operação. No jornal *Das Reich*, podia-se ler: "O dia mais esperado de 80 milhões de alemães chegou". Houve de fato uma melhora sensível no ânimo da população. Sobre esses dias, consta num relatório do serviço de segurança da seção de Frankfurt: "Foi comovente ouvir como os operários humildes manifestavam a sua alegria, confirmando mais uma vez a sua inabalável confiança no Führer. Um operário mais velho explicou que, agora, as superarmas trarão a vitória".[335] É interessante aqui a associação direta entre a confiança no Führer e a crença no poder das superarmas — os dois elementos estão intrinsecamente conectados e servem de registro de toda aquela expectativa redentora. Essa esperança de salvação, que continua a emanar do Führer, implica uma abstração cada vez maior da realidade (cf. pp. 264 e 281). A despeito do dito popular, a fé, nesse caso, não foi capaz de mover montanha nenhuma.

De todo modo, no dia 29 de junho os alemães já haviam disparado o milésimo V 1 — e os estragos causados eram bastante consideráveis. O impacto da bomba voadora produzia uma onda de pressão violentíssima, que chegava a destruir ruas inteiras. Até o final de junho, os V 1 mataram 1700 ingleses e deixaram outros 10700 feridos. Diante da permanente ameaça das "armas de retaliação", a Royal Air Force se viu forçada a construir um cinturão de defesa ao sul de Londres, com milhares de canhões antiaéreos, balões de barragem e caças. Mas todos os esforços alemães foram praticamente inúteis, principalmente se levarmos em consideração os bombardeios dos Aliados às cidades alemãs, que pareciam não ter fim — cada ataque desses produzia um estrago imensurável, muitas pessoas morreram. Do ponto de vista militar, portanto, as superarmas foram bem pouco eficientes.

O real valor das armas V estava em seu poder psicológico. — não em relação aos londrinos aterrorizados, mas para a população e para os soldados alemães. Enquanto de todos os fronts só chegavam más notícias, a propaganda nazista conseguia manter o ânimo dos alemães elevado através de relatos eufóricos da utilização das armas de retaliação. A bomba voadora havia sido conscientemente batizada de V 1 para despertar esperanças e expectativas em torno de uma V 2. Mas esse método seria logo questionado, até dentro da cúpula de comando do Terceiro Reich, onde já se perguntava se seria mesmo correto alimentar essas expectativas sobre armas cada vez mais desenvolvidas que já não podiam ser de modo algum atendidas. "Desde que a população passou a esperar diariamente pelo milagre das armas novas, ela se pergunta se sabemos que o tempo urge e que mais um atraso com essas armas novas

— e estocadas — já não poderá mais ser compensado, aí eu me pergunto", escreve Albert Speer numa carta para Hitler, "se essa propaganda é de fato adequada aos nossos objetivos."[336] Pois, de modo parecido, uma grande decepção com os resultados produzidos pelos V 1 também se espalharia rapidamente entre a população.

Nos protocolos das escutas também podemos encontrar essa mistura de esperança e decepção em relação aos ataques com as armas V. O primeiro-tenente Kostelezky, que combatera no extremo da península de Cotentin, diz:

> KOSTELEZKY: Quando ouvimos falar da arma de represália, em Cherbourg, chegavam os primeiros informes de Londres, um mar de chamas, nós dissemos: as coisas ainda vão bem, só temos que aguentar um pouco mais aqui na nossa península. Vejo agora que toda aquela história de vingança, de uma forma ou de outra, é uma grande piada.[337]

Como a propaganda nazista não dispunha de fotos dos estragos causados em Londres, ninguém na Alemanha podia saber quais eram os efeitos das armas V. É por isso que os presos a caminho dos campos especiais, todos localizados nos arredores de Londres, tentavam captar com seus próprios olhos uma imagem da vingança. Kostelezky se mostra consternado ao ver tão pouca destruição — "uma grande piada", é seu comentário de decepção. Reação muito parecida tiveram os generais que chegaram a Trench Park em julho e agosto de 1944.[338]

De início, a confiança depositada nas armas V, como se elas fossem capazes de mudar os rumos da guerra, só diminuiu muito lentamente. No nosso material nota-se até meados de julho a presença de vozes ainda bem otimistas,[339] que em breve se distanciariam de quaisquer esperanças relacionadas aos possíveis efeitos do V 2. As expectativas em torno do V 1 são praticamente reproduzidas, elas se repetem quase literalmente. O V 2, diz o tenente-coronel Ocker no final de agosto de 1944, "bem, ele deve ter um poder de destruição, digamos, cinquenta vezes maior do que o V 1".[340] Mischke, um aspirante a oficial do submarino U 270, considera por isso mais prudente "mudar-se para o Canadá. Não quero arriscar a minha vida. Se ainda estivermos aqui quando eles utilizarem os V 2, todos nós morreremos junto".[341] O sargento Kunz, do Regimento de Infantaria 404, expressa sua convicção:

KUNZ: Assim que eles começarem a utilizar o V 2, a guerra se decide imediatamente a nosso favor. Não há a menor dúvida. Pois eu conheço bem o estrago que ele provoca. [...] Se os V 2 forem utilizados, a guerra termina. Porque onde o V 2 acerta, não sobra nada. Ele destrói tudo, não importa se é uma árvore, um arbusto ou mesmo uma casa. Só restam as cinzas.[342]

Kunz afirma ter observado esses resultados num campo de testes. "As pessoas do local que ele atingia viravam pó. Tudo ficava como se estivesse congelado, era o que parecia, e aí, quando você tocava neles, eles se desfaziam." Como conclui de suas "observações", a ogiva do V 2 funcionaria como uma bomba de frio que congelaria as pessoas. E parece-lhe mesmo plausível, pois o próprio Hitler haveria dito alguma vez: "Em último caso será usada a arma mais terrível que a humanidade já inventou. Que Deus me perdoe se eu tiver de utilizar essa arma".[343]

Kunz havia combatido numa Aachen já sitiada pelos Aliados e veio parar no campo de prisioneiros só em 22 de outubro de 1944. Os V 2 já se encontravam em operação desde o dia 8 de setembro — fato que parece ter escapado completamente ao sargento. A divulgação dos resultados foi de fato pequena, mas simplesmente porque as expectativas em torno do emprego dessa tecnologia não se cumpriram. Também nos protocolos das escutas são raros os comentários sobre as operações com os V 2.

A fé professada pela maioria dos soldados que falavam a respeito das armas de represália não se restringia à figura do Führer, mas também, na mesma medida, à técnica. Em nenhum instante eles duvidaram de que a Alemanha conseguiria produzir uma "superarma" capaz de virar e definir aquela guerra. A esperança de ainda conquistar a vitória estava associada à confiança depositada nos engenheiros alemães, que deveriam garantir o salto decisivo na técnica armamentista. Essa ideia praticamente não foi questionada. Um dos espíritos mais críticos e ponderados dentro do campo de Trench Park, o general Wilhelm Ritter von Thoma é um dos poucos céticos sobre o assunto: "[...] e ainda há uma arma secreta que está para chegar; talvez destrua algumas casas, nada mais do que isso".[344] Pouco tempo depois, quando Göring anunciava a grande vingança, o general ainda comentaria, com desprezo, que agora seriam no máximo "uns tantos estalinhos pra cima de Londres".[345]

Da mesma forma que não se costumava relacionar a técnica com os reais acontecimentos do dia a dia da guerra, o lado mortífero da técnica também era pouco conversado. Praticamente não se fala de resultados concretos do emprego das armas. Eles "atiram", "derrubam", "afundam". No contexto do discurso técnico, o alvo sempre é o equipamento do inimigo, não importa se os interlocutores são pilotos de caça ou tripulantes de bombardeiros.[346] "Vi, sobrevoando Linz, com meus próprios olhos", conta o sargento Gromoll, "o meu comandante de esquadrilha, o capitão Suhr, derrubar um quadrimotor com um tiro de trinta milímetros, e foi de frente, um ataque frontal, a coisa mais fantástica de que já participei."[347] O relato do primeiro-tenente Schlösser é parecido: "Ele tinha um canhão de trinta milímetros e um lançador de minas aéreas. Quando acertavam um quadrimotor, ele ficava completamente destruído. Não sobrava nada".[348] O entusiasmo com o potencial destrutivo dos novos canhões de bordo se sobrepunha inteiramente ao fato de, naquele exato instante, dez aviadores americanos terem perdido a vida — as histórias da seção "Atirando" já evidenciam suficientemente o desinteresse dos soldados pelos efeitos mortíferos das próprias ações (cf. p. 83).

É a mesma atitude do bombardeiro de um Ju 88, que, orgulhoso, conta como descobriu seu alvo num buraco entre as nuvens, quando sobrevoava Bristol, Inglaterra:

> Uma de quinhentos. *Zuuum*! Em cheio, pronto, um fogaréu — uau! E ia se expandindo numa velocidade incrível. Chegamos a baixar de novo só para conferir se o incêndio que havíamos provocado não seria uma ilusão — não era [possível uma coisa daquelas. Você via diretamente aqueles prédios] desmoronando por causa do fogo que pegava lá embaixo. Não sei se acertei um armazém de grãos ou um depósito de munição. Já estávamos bem distantes, sobrevoando o mar, e ainda podíamos ver algumas fagulhas que explodiam e subiam pelos ares.[349]

O entusiasmo do narrador aumentava de acordo com os estragos produzidos pelas suas próprias armas. O sargento Willi Zastrau, rádio-operador de bordo de um bombardeiro Do 217, por exemplo, destaca as qualidades de um novo material explosivo com o qual seriam enchidas as bombas de 1200 quilos. "Triolino [trialeno] é o melhor explosivo que existe no mundo."[350] Sempre que se fala do trialeno, os tripulantes têm muitas histórias para contar do seu incrível poder de destruição. "São uns troços, rapaz, com eles nós arrasamos Bari completamente",[351] conta Clausz, um bombardeiro do Esquadrão de Combate 76.

> Bombas de navios. Rapaz, quando caíam na água, assim pertinho de um barco, ele voava pelos ares, formava uma coluna, era uma queima de fogos! Tínhamos dezessete navios ali... A munição contra os navios cobriu o céu. Estávamos a 2 mil metros de altura, mas consegui ver alguma coisa do meu compartimento central de tiro, de tão alto que as chamas subiam, nós tínhamos acabado de passar por lá.[352]

Mas não era apenas a tecnologia de ponta que prometia grandes resultados, a baixa tecnologia, as armas sujas, também. Um piloto de bombardeiros elogia novos métodos de fabricação de bombas:

> KURT:* [Existe] uma bomba usada contra agrupamentos de tropas — ela tem uma cápsula bem fininha e contém lâminas de barbear enferrujadas, pregos velhos etc. — e tem pouca carga explosiva, usada para matar pessoas.
> SCHIRMER:* Espero que o senhor não tenha contado essas coisas a ele [o oficial dos interrogatórios].
> KURT: Não, não. Ela é realmente preenchida com lâminas de barbear enferrujadas e outras porcarias velhas — assim se poupa um bocado de material. Antigamente era necessária uma carga muito potente para uma bomba de fragmentação — e um invólucro muito espesso, para estourar de verdade — para que houvesse muitos estilhaços. Agora se economiza material, a pólvora, pegando umas cápsulas bem fininhas e as enchendo com sucata. Muitas assim já foram lançadas.[353]

A técnica empregada pelos soldados da Luftwaffe e da Marinha na condução da guerra era determinante para saber se e como eles conseguiriam realizar as tarefas que lhes haviam sido ordenadas. É por isso que ela ocupa uma posição central na própria ideia que os soldados faziam de si mesmos. Daí também seu enorme poder de fascinação percebido em muitas conversas. Se a técnica era eficiente, seu emprego propiciava alegria, mas se ela não estava disponível ou não havia atingido o estágio ideal, prejudicando assim as operações, aí ela não tinha a menor "graça" e ainda ameaçava a integridade e a vida dos soldados. E como já dominavam o cotidiano da guerra, a técnica e o fascínio em torno dela também se tornaram o tema principal das conversas dos soldados nas prisões. Se, por um lado, esses soldados podiam se esquecer do tempo debatendo sobre o desempenho dos motores, cilindradas, frequências de rádio, por outro, eles quase nunca se questionavam acerca de relações mais complexas e abrangentes — a exemplo de todos os trabalhadores, que empregam sua razão instrumental para cumprir as tarefas que lhes são determinadas. Precisamente nesse contexto da técnica bélica, podemos observar com toda clareza o parentesco entre o trabalho da indústria moderna, junto com os seus pressupostos tecnológicos, e o trabalho de guerra. A Segunda Guerra Mundial é também uma batalha dos técnicos e engenheiros, dos pilotos, operadores de rádio e mecânicos de avião. O operário da guerra utiliza seus instrumentos, alguns considerados fabulosos e realmente fascinantes. A técnica delimita, portanto, um espaço especial onde os soldados podiam se encontrar, reconhecer e passar horas a fio conversando.

CONFIANÇA NA VITÓRIA

Nunca acreditei que perderíamos a guerra, mas hoje estou convencido disso.
Major Arnold Kuhle, 16/06/1944[354]

A configuração do marco referencial da guerra foi determinada, como já vimos, sobretudo pelo sistema axiológico militar, pela crença na técnica e pelo mundo social imediato dos soldados. Não quer dizer, é claro, que os acontecimentos da guerra em geral não desempenhavam nenhum papel para eles. Através dos jornais, do rádio, das histórias contadas pelos camaradas — ou também o simples fato de eles serem transferidos a outro canto da Europa —, as vitórias e derrotas da Wehrmacht estavam presentes em toda parte, ainda que os soldados não tivessem participado diretamente dessas batalhas. A interpretação dos episódios dependia então fortemente da própria experiência de guerra de cada um. Na sequência queremos analisar como os soldados interpretavam o contexto geral de suas ações diante de seu próprio marco referencial.

Blitzkrieg (1939-42)

Preparar a população alemã e seus soldados para o combate foi um dos principais objetivos da liderança do Partido Nazista e da cúpula das Forças Armadas, que se encontrava estreitamente amarrada às ambições armamentistas. Embora o "armamento espiritual e ideológico"[355] tenha sido muito bem-sucedido, não houve nenhum entusiasmo com a guerra naquele setembro de 1939. A autêntica euforia com a vitória só se formou a partir da rápida conquista na Polônia, da invasão da Noruega e, sobretudo, da vitória arrasadora e inesperada contra a França. Os êxitos na África e nos Bálcãs só consolidaram esse sentimento.

Nesse momento, o maior otimismo podia ser notado entre os soldados da Luftwaffe. No verão de 1940, as conversas vigiadas dos prisioneiros ainda estão carregadas de expectativas de um rápido desembarque das tropas alemãs na Inglaterra, que viriam libertá-los. Eles estão plenamente convencidos de uma vitória alemã: "Dentro de um mês ou seis semanas, a guerra acaba, [...] o ataque já [acontecerá] nesta semana ou na próxima segunda-feira";[356] "no momento, a guerra já está ganha",[357] há "excelentes perspectivas" de terminar tudo em breve.[358] Um primeiro-tenente que fora abatido já se imagina então encomendando ternos novos ao melhor alfaiate inglês assim que a Grã-Bretanha for conquistada.[359]

Mesmo quando as perdas aumentaram sensivelmente, apesar da derrota na Battle of Britain e do adiamento forçado da invasão à Inglaterra, a maioria dos pilotos continuava cheia de si, fascinada com seu próprio poder de fogo. Na primavera de 1941, as expectativas gerais quanto ao futuro político e militar eram ainda bastante positivas. E nada mudou com o início dos ataques à União Soviética. Pelo contrário, eles passaram a alimentar a esperança de uma rápida vitória no Oriente, que garantiria forças para o sucesso definitivo também no Ocidente. Como entre 1941 e 1942 poucas companhias aéreas foram transferidas do leste para o oeste e vice-versa, somente uma ínfima minoria de soldados da Luftwaffe espionados pelo serviço britânico de informação nesses anos esteve efetivamente em combate na União Soviética. Temos assim, nos protocolos das escutas, uma perspectiva externa. As enormes perdas sofridas pela Wehrmacht na União Soviética, o esgotamento absoluto das tropas durante o outono, o inverno rigoroso de Moscou[360] — praticamente nada disso se encontra no nosso material. Até 1942, portanto, a expectativa estratégica de futuro permaneceu a mesma; o sargento Willi Zastrau, rádio-operador de bordo do Esquadrão de Combate 2, dá um exemplo disso em junho de 1942 ao assegurar:

> ZASTRAU: A Rússia está fodida. Eles não têm mais nem o que comer depois que conquistamos a Ucrânia. Não tarda muito até fecharmos a paz com a Rússia, aí nós partimos para cima da Inglaterra e dos Estados Unidos.[361]

Só encontramos informações realmente relevantes acerca das expectativas de futuro dos soldados do Exército terrestre a partir de 1944, quando grandes quantidades de prisioneiros de guerra foram capturadas na Itália e na França. De forma isolada, é verdade, nos nossos protocolos aparecem alguns integrantes do Exército desde 1940, mas seu número é tão reduzido que não se justifica trabalhar um modelo próprio de compreensão da guerra a partir daí. As interpretações tradicionais são confirmadas em sua essência pelos dados já levantados por pesquisas de diversas fontes. A euforia diante dos próprios sucessos — diferentemente do que aconteceu na Luftwaffe — sofreria seu primeiro forte abalo já na crise do inverno de 1941 para 1942. No entanto, o comando do Exército daria a "depressão psicológica das tropas" como superada ainda em fevereiro de 1942; segundo uma análise do correio de guerra, os soldados acreditavam "ter feito algo grandioso".[362] Pelo visto, portanto, a superação da crise havia servido para forjar a nova autoestima "do combatente do leste"[363] — que continuava a se imaginar superior aos soldados soviéticos.

Nessa fase das Blitzkriege, portanto, os soldados misturavam os acontecimentos gerais da guerra com as próprias experiências, de modo a formar uma expectativa bem positiva sobre o futuro. Tanto na Luftwaffe quanto no Exército, o sentimento de superioridade em relação aos inimigos de todos os fronts cumpria um papel fundamental, pois assim a confiança permanecia intacta mesmo diante de todos os reveses e até da própria prisão.

Para os marinheiros, contudo, a situação era bem diferente. Seu marco referencial da guerra apresentava uma conformação distinta num ponto nada irrelevante: eles tinham plena consciência do quanto estavam aquém da grandiosa Royal Navy. Apesar de alguns bons resultados, não havia maneira de ignorar que a vitória estava destinada aos outros. A perspectiva dos pilotos de submarino aprisionados era, portanto, desde a fase das Blitzkeriege, muito mais sóbria. O engenheiro-chefe do submarino U 32, o primeiro-tenente Anton Thimm, diz em novembro de 1940: "Os ingleses podem sustentar esta situação por anos a fio; basta dar uma olhada como vão os negócios aqui, ainda mais numa cidade grande. O contingente de submarinos não dá conta, tampouco o de aviões. O momento é dos ingleses".[364] O primeiro-tenente Hans Jenisch, comandante do mesmo barco e condecorado com uma Cruz de Cavaleiro, também em novembro de 1940 já não tem nenhuma dúvida: "Acho que o submarino está ultrapassado. Todos os nossos submarinos". A crítica soa um pouco exagerada para seu interlocutor. "É isso o que você diz, um comandante de submarino! Um famoso piloto de submarino. Já é demais!", reponde indignado o tenente-capitão Wilfried Prellberg. Os comentários pessimistas de Jenisch são tanto mais importantes se levarmos em consideração que ele não era de fato apenas um comandante extremamente bem-sucedido, mas conseguira até resgatar quase toda a sua tripulação durante o afundamento de sua embarcação. Essas vozes não chegavam a ser nenhuma exceção. "Os submarinos estão acabados. Inteiramente acabados",[365] dizia um marinheiro em junho de 1941. Outros desconfiam da razoabilidade da estratégia de combate contra a Grã-Bretanha ("Não é com bloqueios que conseguiremos derrotar os ingleses"[366]) e cogitam uma guerra de longa duração, o que seria "péssimo para a gente".[367] Ainda em novembro de 1940, Willi Dietrich, rádio-operador do submarino U 32, pergunta-se: "Rapaz, e se nós perdermos a guerra?".[368]

Essa maneira de enxergar as coisas quase não sofreu alteração até o final de 1942. Naturalmente havia também entre os soldados da Marinha alguns otimistas, que acreditavam numa rápida vitória na Rússia e esperavam, em seguida, uma ofensiva bem-sucedida contra a Grã-Bretanha. No final de dezembro de 1941, o primeiro-tenente Egon Rudolph, primeiro-oficial de guarda do submarino U 95, esboça para si uma perspectiva com cores vivas:

> RUDOLPH: Há soldados alemães por toda a parte. Gibraltar voa pelos ares. Bombas e minas estouram em todo lugar. Nossos submarinos estão posicionados diante de Londres. Dá até para ouvir o estrondo do cu deles arrebentando. E há ainda ataques aéreos dia e noite! Eles não têm mais paz. Depois eles podem se esconder nas suas tocas na Escócia e comer grama. Que Deus castigue a Inglaterra e os Estados ao seu redor![369]

Rudolph era um nazista fanático, antissemita e odiava os ingleses. E não era só na escolha do vocabulário que as suas perspectivas fugiam ao padrão. Nesse momento, ele já pertencia à minoria de otimistas. Embora em interrogatórios diretos quase todos os soldados sempre reafirmem acreditar na vitória alemã,[370] nas conversas entre si, suas declarações eram mais contidas e descrentes. Um marinheiro do submarino U 111 está seguro: "Se a guerra não terminar ainda neste ano, no leste, é bem provável que a gente venha a perdê-la".[371] Em março de 1942, Josef Przyklenk se arrepia só de pensar no futuro:

> PRZYKLENK: É claro que nós recuamos na Rússia. E mesmo que a gente consiga reconquistar aquele terreno, uns cem quilômetros, a Rússia continuará onde está. Ela é dez vezes maior do que a Alemanha. E se os russos perderam as suas tropas principais, podemos estar certos que nós também já perdemos as nossas. Não podemos nem pensar sobre essas coisas. Quando me perguntam se nós ocuparemos a Rússia, eu respondo que sim. Mas se eu paro para pensar, nossa, as coisas não são bem assim. Em outubro do ano passado, o Adolf disse o seguinte: "Começa a última batalha contra os russos". Falou merda, isso sim.[372]

Aqui é interessante notar sobretudo a diferenciação que Przyklenk faz entre sua postura oficial diante dos agentes britânicos de inteligência (eu respondo que sim) e sua opinião pessoal. Trata-se mais uma vez da dissonância entre aquilo que se deseja, e em que se deve acreditar, e aquilo que a realidade em última instância oferece. Przyklenk resolve o conflito ao se proibir pensar no assunto.

Ainda que os soldados não pensassem muito a respeito das questões estratégicas e preferissem falar de forma bem concreta das próprias experiências na guerra naval, alguns chegavam a conclusões bastante negativas. Em dezembro de 1941, depois de passar por uma dura batalha com um comboio, na qual teve sua embarcação afundada com uma grande perda de tripulantes, Karl Wedekind é enfático: "Estamos fodidos na guerra de submarinos. Eles não podem fazer nada".[373] E mesmo em agosto de 1942 — um mês relativamente exitoso — o marinheiro Heinz Weszling não esconde sua frustração: "A guerra de submarinos é uma merda. [...] Por mim, todos eles deveriam virar sucata. [...] Eu já estou de saco cheio dessa guerra de merda!".[374]

De Stalingrado até a invasão da Normandia (1943-44)

Só as grandes derrotas do inverno de 1942 para 1943 levaram os soldados da Wehrmacht a abandonar qualquer crença na vitória. De certa forma, Stalingrado marcou uma virada psicológica no curso da guerra.[375] A maioria passou a dizer que a guerra agora seria longa e terminaria num empate. "Um golpe sem-vergonha! Não dá nem para medir o tamanho desse fracasso",[376] diz o cabo Faust. O primeiro-sargento Schreiber não tem dúvida: "Se não derrotarmos a Rússia no próximo ano, nós estamos fodidos. Tenho certeza. É só pensar em todas essas coisas que os americanos estão fazendo".[377]

As notícias seguintes de derrotas e vitórias fizeram o medidor de ânimos dos soldados oscilar, mas não foram capazes de alterar sua tendência geral. Agora, a ideia da perda aparece com uma frequência cada vez maior, o que provoca discussões intensas entre os soldados. No dia 22 de março de 1943, dois pilotos de bombardeiro, ambos primeiros-tenentes, conversam sobre suas perspectivas da guerra:

> FRIED: Acreditar numa vitória final chega a ser ridículo.
>
> HOLZAPFEL: Isso é puro espírito de sedição.
>
> FRIED: Não, não tem nada a ver com espírito de sedição. O senhor veja os submarinos, já não fazem mais frente, e ainda estão construindo navios para os Aliados no mundo inteiro.
>
> HOLZAPFEL: Não consigo acreditar que o comando seja *tão idiota*.[378]

Holzapfel e Fried permaneceram duas semanas juntos no campo de espionagem de Latimer House e, pelo que consta, entenderam-se muito bem. Os dois eram aviadores de combate experientes e conversavam longamente sobre suas próprias ações na Inglaterra. Holzapfel tolerava certas manifestações descrentes de Fried. Para o primeiro, contudo, os limites foram extrapolados quando Fried, "de forma inadmissível", pôs em dúvida a vitória final. Ele não admitia uma coisa dessas. As consequências de um pensamento semelhante eram evidentes e Hartmut Holzapfel não podia suportá-las. À parte os otimistas incorrigíveis —, que ainda falavam no verão de 1943 de uma invasão dos alemães à Inglaterra —,[379] a maioria dos soldados considerava uma derrota simplesmente impossível de acontecer. Aqui se pode perceber como a euforia com os sucessos das Blitzkriege e a convicção de ser infinitamente superior se descolam dos reais acontecimentos da guerra: expectativa e realidade já não se encontram e surge uma dissonância cognitiva (cf. p. 274). De repente o desejo prevalece na análise da situação, por exemplo quando se espera que o "comando" logo resolverá tudo.

Enquanto o suboficial Kratz, mecânico de bordo de um Do 217, folheia um jornal inglês, seus olhos parecem continuar presos ao mapa dos acontecimentos do front na Rússia. "Até hoje eu sempre acreditei que o recuo havia sido estratégico", ele pondera, mas o suboficial Lelewel logo replica: "É melhor nem se preocupar. Não faz a menor diferença".[380] Lelewel toca aqui num ponto decisivo: qual seria o efeito de se saber que a guerra já estava perdida? Esses soldados eram havia muito parte daquela guerra, investiram nela energia, desejos, expectativas, colocaram a própria vida em risco, provavelmente perderam muitos camaradas — que outra opção lhes pode parecer mais plausível do que seguir o caminho iniciado até o final? É preciso não perder de vista que ninguém gosta de questionar a posteriori decisões e experiências que implicam grandes dificuldades e desgastes, pois essa seria uma forma de diminuir os esforços empenhados. Além do mais, as pessoas tendem a justificar para si qualquer coisa que tenham feito com algum sentimento de ambiguidade; é uma forma de harmonizar essas ações com a própria consciência. Subjetivamente, portanto, parece mais fácil repetir uma ação do que questioná-la por meio de um ajuste. Depois da primeira vez que uma crítica é rejeitada a despeito do bom senso, torna-se mais provável, no sentido da chamada trajetória dependente, repetir esse gesto em circunstâncias análogas por uma segunda, terceira, quarta, *n* vezes. E, de outra parte, torna-se cada vez menos provável que o caminho já iniciado seja em algum momento desviado. Assim não poderia mesmo parecer fácil para os soldados pensar na falta de perspectiva das próprias ações.

A suscetibilidade para o entusiasmo desses soldados que havia anos se mantinham numa batalha desesperançada contra a defesa aérea britânica fica clara no meio da conversa de três pilotos, todos abatidos no contexto de uma última ofensiva de bombardeiros alemães contra Londres, apelidada de "Baby-Blitz" [minirrelâmpago]. O tenente Hubertus Schymczyk se recorda de como eles receberam o comunicado do início da operação. Rapidamente tudo parece retornar aos velhos tempos:

SCHYMCZYK: Ainda me lembro, dia 21 de janeiro [de 1944], relatórios de voo, entra o major Engel:[381] "Salve, camaradas", era o que sempre dizia, "hoje é um dia especial para nós do Esquadrão de Combate 2. Pela primeira vez em dois anos e meio, nós não voaremos sozinhos para Londres, mas acompanhados de uns quatrocentos ou quinhentos camaradas da Luftwaffe alemã!", em seguida um "hurra" ecoou por toda a sala. O entusiasmo era tão grande que ninguém é capaz de imaginar.[382]

Os pilotos da Luftwaffe em geral sequer se achavam em condições mentais de elaborar uma imagem da guerra ainda que minimamente objetiva. Mas o que de fato impressiona é que nem mesmo uma batalha como a que se levava contra a Grã-Bretanha, com suas perdas inestimáveis em todos os cantos — seja na França ou no Mediterrâneo —, chegasse a afetar mais negativamente o estado de espírito dos alemães. Quem parasse para refletir, quem estivesse disposto a juntar as informações disponíveis e tirar suas próprias conclusões, acabava muitas vezes de fato enxergando a situação em sua clareza irrefutável. É o caso do tenente-coronel Wilfried von Müller Rienzburg, um oficial da Luftwaffe de 38 anos, nascido em Viena:

> Se não ocorrer um milagre, não dá para vencer mais esta guerra. Só meia dúzia de completos idiotas mantêm a convicção. É apenas uma questão de poucos meses até sermos derrotados. Na primavera, nós combateremos em quatro fronts distintos; é claro que isso não é nada bom para a gente. Já perdemos a guerra.[383]

Nesse período entre Stalingrado e o desembarque dos Aliados na Normandia, os soldados da Marinha eram muito mais céticos e pessimistas ao falarem sobre a guerra do que seus camaradas da Luftwaffe e do Exército. Na sua realidade mais próxima, não ocorria nenhum grande sucesso praticamente desde a primavera de 1943. A virada na Batalha do Atlântico em maio de 1943 foi definitiva e, sobretudo, radical. Do ponto de vista militar, a Marinha se tornou quase irrelevante, sua perspectiva de futuro havia de ser pessimista. "Insistir nessas viagens de submarino para lá e para cá é dar prosseguimento ao suicídio. Já não se trata mais de pilotar submarinos. Melhor mesmo é quando já afundam a embarcação direto no porto", diz o marinheiro Horst Minnieur, de

21 anos, do submarino U 732, no dia 27 de novembro de 1943.[384] E ele não estava sozinho em sua opinião. "Aquele velho espírito dos submarinos acabou — sobraram apenas o horror e o medo."[385] Seu camarada de barco, o jovem Fritz Schwenninger, de dezenove anos, acrescenta: "O que os submarinos têm que enfrentar hoje em dia só se compara com Stalingrado".[386] Dois marinheiros que tiveram a grande sorte de sobreviver ao naufrágio do encouraçado *Scharnhorst* se perguntam, diante daquela situação catastrófica de guerra, como as coisas deveriam continuar:

> WALLEK: As probabilidades de vitória são agora de 1 para 100. Estamos lutando contra os três povos mais poderosos do planeta.
> SCHFFRATH: Foi loucura começar esta guerra. E eu juro que não entendo como ainda pretendem vencê-la. Mas muitos entre nós sequer conseguem raciocinar e não veem isso. Seguramente, a invasão ocorrerá ainda neste ano e aí eles marcharão diretamente para a Alemanha.[387]

O comandante-chefe da Kriegsmarine, Karl Dönitz, tentou por todos os meios neutralizar o pessimismo e a descrença. Em seu decreto contra "criticismo e queixume", de setembro de 1943, por exemplo, ele exigia um fim àquelas predições de futuro macabro. A partir de então deveria haver apenas "combate, trabalho e silêncio".[388] Esse tipo de direcionamento moral da guerra agradava a Joseph Goebbels. Ele chega a anotar no seu diário com grande satisfação que, em virtude de sua "dureza de ferro", parecia que Dönitz conseguiria mudar os rumos da guerra naval e superar aquela crise. Dönitz acabara com o antigo corpo de oficiais, já completamente desgastado, superara a "crescente resignação diante dos acontecimentos da guerra" e, ainda segundo Goebbels, oferecia novas ideias para o prosseguimento da guerra de submarinos.

Mas todos os apelos enérgicos e os discursos inflamados do Alto-Comando se chocavam com a força dos fatos vivenciados diretamente por cada um. O número de soldados da Marinha que já contavam com uma derrota alemã não parava de crescer — no outono de 1943 devia girar em torno de 45%, como mostra uma pesquisa com os prisioneiros dentro dos campos especiais britânicos.[389]

Há poucos anos, Rafael Zagovec apresentou dados bastante similares com base num levantamento de abril de 1943 feito com os soldados que se encontravam na Tunísia. A pesquisa revelou aos Aliados uma situação surpreendente: tais soldados já tinham perdido quase completamente a convicção de vencerem e até a crença na própria causa. A grande maioria estava "de saco cheio" e não se interessava por questões mais profundas.[390] O que os americanos não podiam compreender então era por que, apesar de tudo, eles continuavam lutando.

Mas nem todos os soldados enxergavam o futuro com descrença, é claro. Com a estabilidade dos fronts no final de 1943, nota-se uma recuperação do moral e da confiança. A cúpula do Partido Nazista e da Wehrmacht se esforçou em fazer a sua parte. Uma das ações que promoveram foi a instituição dos oficiais de liderança nazista, em 22 de dezembro de 1943. Esses "líderes de espírito militar" deveriam, segundo Hitler, fazer com que os demais soldados passassem a "acreditar" na vitória, ainda que não soubessem como alcançá-la.[391] Hoje não dispomos mais de dados para saber que efeitos a medida teve; certamente não foi nada extraordinário. Nos protocolos de escutas da Luftwaffe e da Marinha sempre aparecem referências ao discurso da propaganda — o que mostra de alguma maneira que ele era incorporado no modo de os soldados enxergarem as coisas. Mas uma mudança na tendência geral definitivamente não ocorreu.

O último ano da guerra

> A invasão dos Aliados é esperada por todos como a redenção de uma tensão insuportável e de uma incerteza angustiante [...]. A notícia do início da invasão foi recebida, em parte, com grande entusiasmo.
> Informe do Serviço de Segurança, de 08/06/1944[392]

No aspecto militar, em julho de 1944, a Segunda Guerra Mundial já estava decidida. Os Aliados iniciaram a maior movimentação militar da história com o intuito de desembarcarem no litoral da Normandia. Hoje nós sabemos que apenas o mau tempo poderia atrapalhar a operação. Na perspectiva da época, no entanto, a situação não apresentava toda essa nitidez. Os Aliados não tinham a menor dúvida de que venceriam a guerra, mas não estavam tão seguros se conseguiriam, daquela maneira, desembarcar no continente. Eisenhower chegou a preparar um discurso para a rádio, no caso de a operação fracassar. Do lado alemão, uma parte considerável da população ainda apostava todas as fichas na defesa contra aquele desembarque, que abriria caminho para um empate, ou até mesmo para uma vitória.[393]

De forma alguma a maioria dos soldados achava que a guerra já estava definitivamente *perdida* — esse diagnóstico é confirmado também pelo nosso material. Para muitos, a invasão parecia uma boa oportunidade de dar uma nova virada nos rumos da guerra. Uma conversa entre o coronel Hauck e o coronel Annacker — os dois estiveram na Itália, junto à 362ª Divisão de Infantaria, na qualidade de comandantes —, um dia após o início do desembarque, exprime essa expectativa de maneira quase paradigmática:

> HAUCK: Eles têm que conseguir parar essa invasão.
> ANNACKER: Sim, sei disso. Mas, se não conseguirem, aí acabou.
> HAUCK: Aí acabou.
> ANNACKER: Mas se nós conseguirmos parar essa invasão, aí a Alemanha terá uma base para poder negociar.[394]

Outro que tem esperança de um bom desfecho é o capitão Gundlach, um oficial de infantaria, que defendeu até o último instante sua casamata nos arredores de Ouistreham, uma pequena cidade no litoral da Normandia (cf. p. 306):

> GUNDLACH: Espera-se que o nosso comando nunca seja tão leviano, ou, digamos assim, nosso Führer, se ele não tivesse a convicção — bem, se não houvesse mais nenhuma chance de ainda vencer esta guerra —, todos sabem que ele seria honrado o bastante para vir e dizer: "Estou aqui, meu povo, julguem-me!". Depois ele se daria um tiro na cabeça, para não vivenciar aquilo que já não pode ser feito sem deixar o seu povo inteiro cair num abismo; se ele não estivesse mais seguro de ter nas mãos algo que ainda pode decidir esta guerra...[395]

Mais uma vez, a confiança no Führer e na vitória final aparecem, aqui, lado a lado (cf. p. 264). Apesar de todo o esforço psicológico para ainda manifestar alguma crença na vitória nesse momento, a superioridade das tropas aliadas em termos materiais era escancarada — sobretudo o absoluto domínio aéreo e a impressionante artilharia — na medida certa para acabar com as últimas esperanças dos alemães. A partir desse instante, os soldados já não conversavam apenas sobre as situações difíceis nos fronts ou sobre as perdas em alguma batalha; muitos veem agora toda a construção de sentido desabar feito um castelo de cartas de baralho. Abria-se assim o caminho para uma crítica radical, como ainda não havia acontecido — não só no meio das tropas[396] mas também junto aos oficiais. Vejamos a seguinte conversa, especialmente escolhida, entre dois majores, Arnold Kuhle e Sylvester von Saldern, ambos comandantes de infantaria nas primeiras linhas de combate, aprisionados em meados de junho de 1944, na península de Cotentin:

> VON SALDERN: Se as pessoas vissem os soldados que a gente tem de enfrentar nesta guerra...
> KUHLE: Principalmente os americanos, um material humano esplêndido, magnífico!
> VON SALDERN: E se a gente compara então com os rapazotes que já conhecemos, aquele estado miserável dos russos e do povo alemão e tudo. [...]
> KUHLE: E o que você acha? Ainda há algo que nos possa ajudar ou salvar?
> VON SALDERN: Não sei! Essa história de vingança é uma merda também, porque não tem nada pronto.
> KUHLE: Eu disse uma vez que o Führer falou que, quando viesse a invasão, mesmo que tivesse que desproteger todos os outros campos de batalha, ele deslocaria a Luftwaffe inteira para o local da invasão. Depois de eu só ter visto um único avião de reconhecimento alemão nos céus entre os dias 6 e 16, — no mais, somente o domínio aéreo absoluto dos americanos —, dei este capítulo como encerrado. Podemos levar para lá exércitos inteiros, mas eles seriam totalmente arrasados em oito dias pelas forças aéreas deles. O principal problema é que não temos mais uma gota de combustível. Com o que resta já não dá para fazer mais nenhuma grande movimentação de tropas, só de trem ou a pé.
> VON SALDERN: Sim, quando se está convencido de que tudo está uma merda, que as coisas de uma forma ou de outra estão desmoronando, aí só resta torcer para que seja logo de uma vez, é melhor do que ficar esperando.
> KUHLE: Não temos um general que abra a boca. O único a abrir a boca é o Simon. [397] Não temos mais ninguém com disposição de arriscar qualquer coisa. Os que estavam dispostos já se foram. Este é o problema do nosso comando de guerra: ninguém tem mais nenhum senso de responsabilidade ou então ninguém está mais disposto a assumi-la. O senhor crê que alguém ainda possa evitar isso? Aquela

meia dúzia de baterias de costa da Marinha não aguenta nem uns parcos lançamentos de bombas, não precisa nem um cobrir o céu, eles já ficam fora de combate. Com a superioridade de material, eles podem destruir simplesmente tudo! O senhor viu como desembarcaram aqui?

VON SALDERN: Vi. Como se não houvesse guerra.

KUHLE: Não há mais o menor sinal de comando. Sim, quem é que comanda de verdade? É o Rundstedt ou é o Rommel?

VON SALDERN: No instante que os primeiros paraquedistas desembarcaram, foi aí que começou a merda toda. Arrebentaram com tudo e invadiram com um batalhãozinho por um lado, e com uma companhia pelo outro. Mas depois disso eu fiquei com o meu regimento reduzido a não mais do que vinte homens. Além deles, eu só tinha carregadores, burocratas e batalhões de reserva — o que o senhor pode fazer com uma coisa dessas? Os suboficiais não serviam para nada, e os oficiais também não. É tudo uma merda!

KUHLE: Sempre fui otimista. Jamais acreditei que perderíamos a guerra, mas hoje estou convencido. É uma questão de semanas. Quando o front cair, a pátria cai junto. Podem fazer na Alemanha o que quiserem, podem até plantar bananeira e ficar de cabeça para baixo. Os americanos já, já acertam essas coisas! O Bornhard[398] me perguntou hoje à tarde se eu não tinha escutado o que estavam dizendo do general Poppe,[399] ele teria sido fuzilado por traição à pátria.[400]

Sobriamente, Kuhle e Von Saldern constatam que os alemães não têm mais chance alguma contra o poderio inimigo. Hitler não teria mantido suas promessas, e a operação de represália também teria sido uma "merda". Nota-se que a confiança no Führer e a certeza do profissionalismo militar da Wehrmacht desabam a um só tempo. Para Kuhle e Von Saldern, tornara-se impossível manter qualquer esperança quanto a um bom desfecho. Resta somente a constatação implacável: a guerra está perdida — em questão de semanas ocorrerá o colapso. Dois dias depois, Von Saldern diz: "Espero que em breve se encontre um general alemão que, assim como o senhor, diga a mesma coisa: 'Perdemos a guerra, precisamos acabar já com isto, que seja logo de uma vez, é melhor do que ficar aqui esperando".[401]

Era bastante comum que os soldados que chegavam às prisões do serviço de inteligência britânico direto dos campos de batalha da Normandia tirassem conclusões tão radicais como as de Kuhle e Von Saldern. O major Hasso Viebig defende que "um governo alemão responsável tentaria acabar com a guerra imediatamente". O major Rudolf Becker responde: "Sim, é claro que as pessoas já sabem muito bem que a guerra está perdida e que é o fim do nazismo etc. A única dúvida é a seguinte: eles ainda estão lutando pela pátria ou pela própria sobrevivência?".[402] Becker então se recorda de um discurso proferido pelo coronel-general Heinz Guderian em abril de 1944. "Na época ele disse que, com a defesa contra a invasão, o Führer teria melhores condições de negociar um bom acordo de paz." Mas como nada disso aconteceu, as conclusões para Becker parecem evidentes. Daí todo o seu espanto com Guderian, que enxergara as coisas com tanta clareza, mas não tomara nenhuma providência efetiva, pelo contrário, depois de 20 de julho, passaria a responder como chefe do Estado--Maior do Exército.[403]

Em regra, a posição hierárquica dos soldados correspondia à sua liberdade de atuação: quanto mais graduado, menor a pressão para agir. Agora, no entanto, muitos generais que haviam presenciado aquela batalha de atrito da Normandia pensavam como Kuhle ou Becker. Em julho de 1944, o comandante-chefe do Grupo de Exércitos B, o marechal de campo Erwin Rommel, também já estava plenamente convencido da derrota alemã e defendia que todas as consequências políticas da situação fossem enfim encaradas.[404] Também havia, é claro, soldados mais hesitantes na hora de interpretar as circunstâncias. Eis a opinião do major Heinz Quittnat: "Se tivermos realmente de perder esta guerra — esta é uma posição pessoal minha —, então será um crime se as pessoas combaterem um dia a mais sequer. Se tivermos alguma chance de vencer, aí é natural. Mas não sou eu quem decide essas coisas".[405] Quittnat acabara de presenciar a conquista da fortaleza de Cherbourg pelas tropas americanas. Antes disso, ele combatera anos a fio no front oriental. Ora, se alguém como ele não estava em condições de avaliar se a guerra estava ou não decidida, perguntamo-nos hoje quem então poderia estar. Muito provavelmente, trata-se aqui de uma defesa do major, que não quer se ver forçado a tirar conclusões das suas próprias constatações. Como se flagrado diante de pensamentos proibidos, ele afirma: "Na qualidade de bom cidadão alemão, é claro que eu espero a nossa vitória na guerra". Mas imediatamente sua dúvida monstruosa reaparece: "Por outro lado, mesmo se vencermos completamente, com o comando que temos também seria uma tragédia. De qualquer maneira, eu não permaneceria mais como oficial da ativa".[406]

Uma análise dos questionários-padrão distribuídos a todos os prisioneiros alemães internados no campo americano de Fort Hunt nos fornece uma imagem ainda mais precisa desse final de toda a esperança de uma boa saída para a guerra. Se, em junho daquele ano, a metade dos 112 entrevistados ainda dizia acreditar numa vitória alemã, em agosto de 1944 apenas 27 entre 148 tinham a mesma opinião. Em setembro do mesmo ano, seriam somente cinco em 67.[407] Certamente, o número total de casos estudados é reduzido demais e essa imagem não chega a ser de fato representativa. Seja como for, é possível perceber que a verdadeira mudança ocorreu em agosto de 1944, quando os Aliados romperam o front da Normandia e aprisionaram grande parte das tropas alemãs no bolsão de Falaise.

Os que ainda insistiam em sonhar com contraofensivas e chances de vitória não passavam agora de uma ínfima minoria.[408] Mesmo em 19 de agosto de 1944, o capitão Barthel, por exemplo, defende seu ponto de vista: "E ainda que a França venha a cair, para a gente, a guerra não terminou".[409] Entre os otimistas irremediáveis estavam sobretudo os oficiais mais jovens e um número considerável de soldados da Marinha.[410]

O bem-sucedido desembarque dos Aliados na Normandia, a batalha de atrito na paisagem de sebes vivas do *bocage* e a evacuação das tropas da França em seguida — psicologicamente, esse foi, sem dúvida, o segundo grande corte na percepção da guerra por parte dos soldados alemães, ficando atrás apenas de Stalingrado. A batalha da Normandia foi a Verdun da Segunda Guerra Mundial. Em nenhuma outra parte tantas pessoas foram mortas e feridas num espaço tão curto de tempo — somente doze semanas —, numa área tão pequena. Em termos quantitativos a batalha se equipara à de Stalingrado. E não se pode esquecer o seu conteúdo simbólico. Com a vitória sobre a França em 1940, os soldados da Wehrmacht acreditavam ter dado o primeiro passo até se tornarem os senhores da Europa. Perder a França, agora, aos olhos deles, selava a derrota total.

O ânimo de combate da Wehrmacht, que desde o final de agosto recuava numa fuga desesperada para as fronteiras do Reich, ainda apresentaria uma leve recuperação no outono de 1944.[411] Ao menos havia sido formado um novo front organizado e os soldados não eram mais aprisionados às dezenas de milhares. Convém lembrar, contudo, que a vontade de continuar lutando não excluía a convicção formada em relação ao curso da guerra, que já estaria, sim, perdida. Todos prosseguiam funcionando como soldados, uns melhores, outros piores. Seja como for, os protocolos das escutas não deixam a menor dúvida ao mostrarem que a estabilização dos fronts nas divisas do Reich não foi suficiente para melhorar significativamente as expectativas dos soldados quanto ao futuro. Uma breve chama de esperança — nada mais do que isso também foi o efeito da ofensiva das Ardenas, e, mesmo assim, somente para os soldados com participação ativa no ataque.[412] A partir de agosto de 1944 houve um deslocamento qualitativo do juízo sobre a guerra. Um bom exemplo é a reflexão do coronel Gerhard Wilck, o comandante da fortaleza de Aachen, logo depois de sua captura, no final de outubro:

> WILCK: As pessoas já estão tão cansadas da guerra e dispostas a acabar com tudo de uma vez e a qualquer preço, que eu temo que isso se espalhe por toda a Alemanha. A falta de esperança só aumenta — eu falo da falta de esperança porque *ninguém* mais acredita que ainda possa acontecer uma virada. Isso afeta todo mundo. Pois mesmo *se* nós tivéssemos alguma coisa escondida, um V 2 ou algo assim, nada mais pode decidir esta guerra.[413]

Wilck fala aqui "das pessoas", é verdade, mas também se refere, junto à população civil de Aachen e a seus soldados, muito provavelmente a si próprio. Abatido por uma batalha sem qualquer esperança, Wilck — escolhido por Hitler para ser o primeiro defensor de uma grande cidade alemã — não vê mais saída.

Na primavera de 1945 haveria outra queda no ânimo dos soldados, que também pode ser constatada através dos relatórios americanos sobre os interrogatórios.[414] Agora eles não deixavam mais de ressaltar, mesmo em documentos oficiais, que as tropas já estariam "todas de saco cheio".[415] A guerra era dada como perdida — essa leitura dos acontecimentos passou a influenciar o comportamento dos soldados, que, sobretudo no Ocidente, prefeririam acabar com os combates o quanto antes se lhes fosse permitida a escolha.

Apesar de tudo, nunca deixou de haver, até o último instante, uma minoria que continuava acreditando na vitória final. Há manifestações de confiança inabalável na vitória, sobretudo de altos oficiais ou membros de unidades especiais. É o caso de pilotos de caça experientes, numa conversa de 18 de março de 1945. Hans Hartigs, primeiro-tenente do Esquadrão de Caças 26, que já se encontrava na prisão havia dois meses e meio, pergunta ao tenente Antonius Wöffen, do Esquadrão de Caças 27, então recém-abatido, sobre a real situação:

HARTIGS: E como é que estava o ânimo das pessoas e dos oficiais?
WÖFFEN: O ânimo em si, entre nós, ainda está bom. É claro que a situação está uma merda, mas ainda há a grande *esperança*: que as coisas, apesar de tudo, não terminem tão mal quanto parecem. Por outro lado, já não se pode mais falar em *acreditar*.[416]

A interpretação do curso da guerra seguiu os caminhos demarcados pelos grandes acontecimentos históricos: as Blitzkriege, a batalha de Stalingrado entre 1942 e 1943, e a da Normandia, no verão de 1944. É interessante que esse curso tenha sido interpretado algumas vezes de maneira tão distinta por cada uma das Forças Armadas. Podemos dizer que no geral a Luftwaffe foi mais otimista do que a Marinha, enquanto o Exército, pelo menos a partir de 1944, fazia a leitura mais pessimista da guerra.

De certa forma, os pilotos da Luftwaffe formavam um pequeno grupo de combatentes de elite que foram à guerra certos da superioridade de suas forças diante do inimigo. Apesar de toda a dureza de seus ataques, eles levavam uma vida relativamente boa. Na França, sobretudo, chegavam a desfrutar certos prazeres com os quais um soldado de infantaria sequer podia sonhar. Embora a superioridade técnica e numérica dos Aliados justamente na guerra aérea tenha ficado evidente de forma dramática a partir de 1943, alguns pilotos continuariam a experimentar, mesmo em 1944 e 1945, situações de sucesso: aviadores abatiam aeronaves inimigas de seus caças, tripulantes de bombardeiros descarregavam a sua carga mortífera sobre cidades, navios e tropas etc. Os soldados da Marinha se viam forçados a julgar a guerra com muito mais ceticismo, porque lutavam, já desde setembro de 1939, contra um inimigo naval escancaradamente superior.

No nosso material, os soldados do Exército que participaram dos combates na Normandia e da queda do front na França compõem o grupo mais desiludido. Seus próprios êxitos — inimigos mortos e blindados avariados — sequer aparecem nas conversas. Predominam as experiências diárias de impotência diante de um inimigo infinitamente superior em termos materiais. A sensação da própria inutilidade se torna aqui inevitável.

Da perspectiva atual pode até surpreender que a maioria dos soldados, apesar de tudo, só ousou acreditar na derrota a partir de agosto de 1944 do

Reich. Por que, é a pergunta que nos fazemos, eles só chegaram a essa constatação tão tarde, quando o combate já estava decidido havia muito, pelo menos desde o final de 1943, como hoje sabemos? Uma parte da explicação remete à percepção particular de cada um: quem tem um trabalho bem pago em geral pensa menos sobre os problemas estruturais da economia mundial. A percepção de uma guerra na qual as pessoas têm uma tarefa a cumprir funciona de forma parecida. Desde que a guerra prossiga, esse trabalho não sofre qualquer alteração. É por isso que a constatação da derrota só se dá a partir de uma experiência imediata. Antes do verão arrasador de 1944, no entanto, essas experiências se misturavam com episódios que seguiam alimentando alguma esperança. A Alemanha, naquele momento, ainda dominava, de uma forma ou de outra, meia Europa; fora das cidades quase não havia sinal da guerra aérea; um soldado em atividade na Itália podia, portanto, muito bem pensar que os Aliados seriam contidos — um soldado do Grupo de Exércitos Centro, no leste, também.

Claro que seria possível interpretar as próprias experiências, num sentido específico, e o curso da guerra, no geral, de um modo mais crítico. O desembarque na Inglaterra havia sido cancelado, a campanha da Rússia não pôde ser terminada no outono de 1941 como previsto, os Estados Unidos entraram na guerra com o seu enorme poderio econômico, as tropas alemãs não paravam de recuar — o que queria dizer de fato tudo isso? Para reconhecer em que direção as coisas apontavam, bastava ler os jornais diários, escutar o rádio, assistir aos noticiários semanais, ou conversar com camaradas, amigos e parentes. Não era necessário nenhum grande esforço intelectual. Mas os soldados estão aqui como aliás a maioria das outras pessoas em grande parte das situações: estritamente ligados aos imperativos de ação de seu mundo social mais próximo. Os "grandes" acontecimentos que não se faziam sentir na pele também não desempenhavam nenhum papel significativo nas percepções, interpretações e decisões de cada um. As pessoas pensam de forma concreta, não abstrata. Aquilo que, numa retrospectiva histórica, parece uma realidade que se torna cada vez mais evidente não tem na prática nenhuma relevância para os atores, no tempo real de suas experiências de vida, desde que eles não sofram de forma direta os efeitos da fatalidade então anunciada. Há, é certo, exceções notáveis.[417] A maioria, porém, só nota a enchente quando a água já inundou o andar de baixo. E é aí mesmo que a esperança se fortalece, porque é difícil acreditar que a água continuará a subir. Mesmo a perda das esperanças é algo que só acontece em parcelas: como não é possível uma vitória definitiva, que se faça ao menos uma negociação da paz. Abrir mão dessas esperanças seria como renegar de um único golpe todo o valor de tudo o que já fora empenhado, todo o investimento emocional naquela guerra. É por isso que as pessoas se apegam a esperanças e desejos que podem parecer irracionais aos olhos do mundo posterior — mas só porque este sempre dispõe de um conhecimento central mais rico do que aquelas. Por que funcionários lutam para salvar a sua empresa, embora ela já não tenha nenhuma chance real de se manter em funcionamento? Porque eles investiram energias, aspirações e esperanças, tempo de vida e perspectivas — investiram tanto que não lhes sobram alternativas. Não se trata apenas de um costume de "gente simples". Pelo contrário, podemos notar que a capacidade de saber fracassar diminui conforme subimos os degraus da hierarquia. Em novembro de 1942, logo depois de receber a notícia sobre o cerco que ainda viria contra o Sexto Exército em Stalingrado, o general Ludwig Crüwell exprime muito bem esse quadro: "Será que nesta guerra centenas de milhares de pessoas vão morrer novamente em vão? É algo impensável".[418]

CONFIANÇA NO FÜHRER

No dia 22 de março de 1945, o coronel Martin Vetter, comandante do Regimento de Paraquedistas 17, e o piloto de caça Anton Wölffen, do Esquadrão de Caças 17, conversam sobre o nazismo. Os dois foram capturados há poucos dias, um em Xanten, o outro em Rheinberg. Para eles, a guerra está encerrada. É tempo de fazer um balanço:

> VETTER: As pessoas podem pensar o que quiserem sobre o nazismo, Adolf Hitler é o Führer e já fez até agora muito, muitíssimas coisas, pelo povo alemão. Finalmente as pessoas podem se orgulhar novamente do próprio povo. Não se pode esquecer isso jamais.
> WÖFFEN: Não há nada, absolutamente nada que possa ser desmentido.
> VETTER: Ainda que eu possa assegurar que ele será o coveiro do Reich alemão.
> WÖLFFEN: Exato.
> VETTER: É. Sem nenhuma dúvida.[419]

Um documento bastante peculiar. O Führer, como Adolf Hitler é chamado em quase todos os protocolos das escutas, fez "pelo povo alemão", na visão dos dois interlocutores, "muito, muitíssimas coisas", um fato histórico que ninguém deveria "esquecer" nem jamais poderia ser "desmentido". Essa avaliação colide frontalmente com a ideia, também apresentada em uníssono, segundo a qual Hitler seria "o coveiro do Reich alemão". É possível coordenar essas perspectivas aparentemente tão conflitantes, ou os dois soldados são esquizofrênicos? Certamente não são; esse curto diálogo serve apenas para ilustrar o que compreendemos sob o conceito de "confiança no Führer". A conversa ocorre em março de 1945, momento em que a derrota já não estava mais em discussão. A partir de 1943, as dúvidas quanto às aptidões militares de Hitler começaram a se espalhar. O declínio da convicção na vitória não impediu que a confiança no Führer e o culto à sua personalidade ainda se mantivessem firmes por um período surpreendentemente longo. Como mostra nosso exemplo, nem diante da provável derrocada do Terceiro Reich esses elementos deixaram de se manifestar. Parece difícil entender, mas há uma explicação. É preciso levar em conta os episódios da política interna e externa da Alemanha retratados como feitos grandiosos de Hitler, e a consequente estilização do Führer como um salvador enviado pela providência, que conseguira suspender toda a injustiça de Versalhes e permitira aos alemães (não judeus) se sentirem de novo "orgulhosos" de seu país.

Em 7 de março de 1936, três anos após a "tomada do poder", o próprio Hitler dissera no Reichstag que a Alemanha havia recuperado a sua "honra" no curto período de seu governo, "recobrado uma confiança, superado a sua maior crise econômica e finalmente iniciado uma nova decolagem cultural".[420] Nas eleições de 29 de março, o NSDAP, o Partido Nazista, receberia 98,9% dos votos. Embora essa não fosse uma eleição propriamente democrática, não resta a menor dúvida, como escreve Ian Kershaw, de que nesse momento a maioria dos alemães apoiava seu Führer. Ainda hoje, na memória de muitos que viveram aquela época, os chamados anos de paz do Terceiro Reich representam "bons" e "belos" tempos. De fato, as realizações palpáveis e sensíveis atribuídas ao Führer impressionavam: "Para a maioria dos observadores, tanto internos quanto externos", escreve Kershaw,

> após quatro anos no poder, o regime de Hitler parecia estável, forte e bem-sucedido. A posição do próprio Führer era intocável. A imagem de grande estadista

e líder nacional de gênio, fabricada pela propaganda, correspondia aos sentimentos e expectativas de grande parte da população. A reconstrução interna do país e os triunfos nacionais na política externa, tudo atribuído ao seu "gênio", fizeram dele o líder político mais popular da Europa. [...] Acima de tudo — e isso até os críticos tinham de admitir —, Hitler recuperara o orgulho nacional. Da humilhação do pós-guerra, a Alemanha se erguera para tornar-se mais uma vez uma grande potência. A defesa por meio da força revelara-se uma estratégia de sucesso.[421]

Vetter remete-se, pois, ao seguinte fato: apesar da lamentável situação daquele momento — o Reich alemão sucumbia —, Adolf Hitler é, aos seus olhos, a figura central de referência dos alemães, justamente porque ele *não* poderia ser identificado com o nazismo, nem com as demais lideranças. Vetter apela aqui à carga emocional do Terceiro Reich — a tudo que os alemães não judeus viam no projeto nazista e ao que eles já haviam investido emocionalmente nele. Encarnada no Führer, a crença na própria grandeza parecia se sustentar ainda por um longo tempo, mesmo guerra adentro.

É claro, portanto, que Vetter e Wölffen não são os únicos a enxergar o desempenho histórico do Führer com absoluta independência em relação à guerra perdida e ao colapso da Alemanha. O teor da declaração de Kurt Meyer, comandante de uma brigada da ss, é praticamente o mesmo:

> MEYER: Na minha opinião, por causa de todas as circunstâncias mais ou menos desde o fim do inverno de 41 e 42, o Führer está um pouco confuso. Apesar disso, eu tenho que reconhecer, mesmo depois do colapso da Alemanha, que o Führer fez algo que era *inimaginável*, ainda que agora o Reich inteiro venha a sucumbir mais uma vez, ele fez muita coisa renascer na Alemanha. Ele devolveu aos alemães a consciência de quem eles verdadeiramente são.[422]

Ao menos até 1942, após o primeiro inverno de guerra na Rússia, parecia que o investimento emocional valeria a pena. A grandeza nacional, notada pela população porque materializada nos sucessos aparentes e fáticos do regime, garantia uma renda considerável em troca dos sentimentos e energias ali investidos — algo próximo do que diz o escritor W. G. Sebald, na seguinte passagem em relação à população alemã: "[...] já em agosto de 1942, quando as linhas de frente do Sexto Exército alcançaram o Volga, e não poucos sonhavam em se estabelecer depois da guerra em um sítio nos jardins de cerejeira às margens tranquilas do Don [...]".[423] Esse aspecto emocional — a projeção de uma vida nova e melhor, na forma do projeto nazista — explica por que a confiança no sistema e no Führer não parou de crescer durante a existência do nazismo (cf. p. 62).

É essa fé promissora na autoafirmação, aqui representada pelo Führer e pelo projeto nazista, que funciona como agente de socialização — tão ativo que pouco a pouco mesmo aqueles que veem o processo com reservas ou crítica acabam integrados na comunidade. Esse tipo de crença, do ponto de vista psicológico, faz com que a constatação de ter apostado num falso líder ou num sistema equivocado se transforme automaticamente numa desvalorização pessoal. É por isso que a confiança no Führer perdurou, embora ninguém mais acreditasse na vitória. O mesmo princípio dialético desse processo de exacerbação da autoestima pode ser observado na figura de Adolf Hitler. Ao que tudo indica, com a sucessão de bons resultados, ele também se convencia de ter sido escolhido e enviado "pela Providência" para fazer da Alemanha uma potência mundial. Ele cumpria então o que já estaria determinado de todas as formas pelas eternas leis da natureza e das raças. Enquanto ele se tornava progressivamente uma "vítima do mito de seu próprio significado", como formulou Kershaw, "seu povo" também já fizera um depósito emocional extraordinário de confiança no Führer e em si — tão grande que, como numa bolsa de valores, mesmo diante da notória queda de todos os índices, ainda havia enormes dificuldades para se encontrar uma saída. Por um lado, o culto ao Führer afastava Hitler cada vez mais da direção das críticas e lhe conferia um status de redentor super-humano, por outro, o povo alemão se dispunha a enfrentar praticamente qualquer coisa, desde que estivesse ao seu lado.

Esse é o motivo por que a confiança no Führer, como os soldados a articulam nos protocolos das escutas, é muito maior do que a depositada no sistema. A diferenciação entre Führer e Estado, feita por exemplo por Vetter e Wölffen, era portanto bastante comum.[424] Achar que muitas coisas do Estado e sobretudo da guerra só aconteciam às costas e a despeito das melhores intenções de Hitler permitia à população seguir acreditando no Führer, apesar de o sistema ruir a cada dia e a guerra parecer perdida de vez. Para muita gente, nem no pós-guerra essa visão se alterou. E mais recentemente, com uma distância de tempo já de três gerações, fica quase impossível explicar como esse personagem histórico conseguiu exercer tanto fascínio, a ponto de ainda hoje, no século XXI, qualquer bobagem saída da casamata do Führer poder ser propalada como um importante achado histórico. Também as pessoas que estavam a seu redor — Himmler, Göring, Goebbels, Ley, Bormann —, que hoje mais parecem representar uma comédia, já estavam ordenadas na visão dos soldados exatamente como depois ingressariam na história do pós-guerra: Himmler é o personagem demoníaco que conseguiu, junto com sua SS, intervir de forma fatídica tanto no sistema quanto na guerra; Göring, geralmente apenas "Hermann", age por convicção, é totalmente confiável, mas sua influência sobre Hitler é considerada, infelizmente, pequena; Goebbels é um "político fantástico" ou "o aleijado", dependendo do contexto, sua capacidade intelectual é muito admirada; Ley é um aproveitador do regime, incompetente, dissimulado e corrupto. E, no meio dos protocolos, Bormann aparece como o guardião na frente do Führer, sinistro e acima de tudo perigoso, personagem que seria ainda mais estilizado no pós-guerra.

Essa combinação — muito parecida, aliás, com o que as unidades de guerra psicológica já haviam levantado com base em entrevistas com alemães a partir de 1944[425] — mostra que os estereótipos e as imagens que se difundiram no pós-guerra a respeito da liderança do Estado nazista já haviam sido moldadas nos anos 1940, muito antes de a guerra ser dada como perdida. A leitura dos protocolos revela uma congruência impressionante entre os clichês do período anterior ao final da guerra e os do pós-guerra.

O Führer

Entre as pessoas mencionadas pelos soldados em suas conversações, Hitler, como já seria de esperar, é o nome mais citado, seguido por Göring, Himmler, Goebbels e depois, com uma boa distância, Ley, Von Schirach, Von Brauchitsch e outros. O material com as escutas reproduz até aqui a medida de atenção com que cada um dos personagens líderes do Estado nazista podia contar em geral aos olhos dos alemães. Destaca-se na análise dessas menções a confiança no Führer: "Hitler, só existe um, o que ele quer se faz", diz, por exemplo, um suboficial em 1940.[426] Outro suboficial: "Se Hitler morresse, eu não gostaria de seguir vivendo".[427] Os soldados depositam uma confiança cega em Hitler: "Se foi o Führer quem disse, então pode confiar". Ou: "Hitler foi maravilhoso. O que prometeu, ele cumpriu. Todos nós temos inteira confiança nele".[428] "Seguro feito uma rocha", um tenente crê, em novembro de 1940, "que venceremos a guerra. Seguro feito uma rocha. O Führer não permitirá que Berlim seja bombardeada por aviões americanos."[429] Um cabo apresenta seu método seguro de lidar com as más notícias: "Eu me consolo com as palavras do Führer, ele já considerou isso tudo nos seus cálculos".[430]

Essa confiança depositada tão enfaticamente sobre o Führer não se refere apenas à sua pessoa, mas também às suas premonições: "Não sou nenhum nazista radical", diz um primeiro-tenente da Luftwaffe em 1941, "mas quando Hitler diz que a guerra vai acabar neste ano, eu acredito".[431] E mesmo que depois de Stalingrado se começasse a plantear a dúvida quanto à "vitória final", a confiança no Führer permaneceria intacta. Quando o suboficial Leske, por exemplo, solta: "O cenário não é lá dos melhores para a gente", seu interlocutor, o cabo Hahnfeld, responde: "Sim, mas o Führer sempre soube disso, que se trata de 'ser ou não ser'".[432]

O seguinte diálogo entre dois sargentos é bem parecido:

LUDWIG: Na Rússia está tudo fodido!
JONGA: É o que você imagina! Não é mais uma questão de ganhar território, mas vencer a guerra moralmente. Se os russos imaginam que estamos enfraquecidos, aí é que eles se enganam. Não esqueça da inteligência fantástica de Adolf.[433]

Atravessando todos os graus da hierarquia e as funções, a confiança no Führer tinha algo de fé, absoluta convicção. Muitas declarações deixam a nítida impressão de uma relação pessoal entre o locutor e Hitler — mais ou menos como ocorre com os *popstars*, distantes, inalcançáveis, cheios de idiossincrasias, mas que, ao mesmo tempo e de maneira bastante peculiar, passam uma imagem tão familiar que chegam a parecer nossos conhecidos íntimos. O caráter propagandístico e a apresentação calculada do Führer nos espaços públicos na verdade — assim como toda a autoencenação do sistema nazista — são elementos essencialmente modernos. Seria difícil imaginar que Churchill receberia, assim como Hitler, milhares de cartas de amor, ou que mais de 100 mil telegramas fossem enviados a Göring só para cumprimentá-lo pelo aniversário de sua filha. Ao menos em relação a esses dois personagens, o alto escalão do Terceiro Reich já antecipava com extraordinária eficácia os fenômenos da cultura pop a partir de encenações midiáticas profissionais.

A analogia com os *popstars* vai além, pois era também através da divulgação de uma infinidade de histórias sensacionalistas que a aura desse Führer simples, bondoso, ao mesmo tempo misterioso e onipotente, mantinha seu apelo junto ao público em níveis constantes e consideráveis. As características pessoais de Hitler contribuíam bastante, é claro. Seus discursos aos berros por exemplo, seus hábitos ascéticos em relação à bebida e à alimentação, até seus acessos de raiva como no famoso episódio em que teria chegado a morder um tapete.[434] Sempre que as pessoas podiam mostrar alguma proximidade com o Führer, seja porque tiveram a oportunidade de se reunir com ele, seja porque no âmbito do generalato não era nada incomum Hitler participar diretamente das discussões militares, elas contavam suas histórias nos mínimos detalhes, sem jamais deixar de mencionar as particularidades do Führer. Nesses relatos, a intimidade da relação vem constantemente acompanhada das devidas provas. Informações presumidas ou realmente de primeira mão sobre o Führer despertavam um interesse natural dos ouvintes. Um dos argumentos mais repetidos acerca do fascínio em torno do Führer é justamente este aspecto: a capacidade de atrair as pessoas de forma quase hipnótica. Mas encontros de fato com o Führer passam uma imagem completamente diferente, como conta Ludwig Crüwell, general do corpo de blindados, ao primeiro-tenente Von Waldeck, um espião a serviço dos ingleses, que ouve fascinado:

> CRÜWELL: Tenho certeza de que grande parte dos êxitos do líder do partido se deve exclusivamente ao poder de sugestão do Führer sobre as massas. Trata-se portanto de uma espécie de hipnose. Ele tem esse poder de hipnotizar todo tipo de gente — conheço pessoas, que eu diria sem hesitar que são mais inteligentes do que ele, que também caíram nesse feitiço. Não sei explicar por que isso não me aconteceu. Quero dizer, eu sei muito bem que a responsabilidade em cima do homem é realmente sobre-humana. O que ele me contou sobre a África, por exemplo, funcionou de uma maneira impressionante, não foi? — mas, não, eu não sei dizer [por que não fui influenciado]. O que chama mais a atenção são as suas mãos — mãos belíssimas. E isso nunca se destaca nas fotografias. Suas mãos são as de um grande artista. Sempre olhei para as suas mãos; são lindas, fogem completamente

do normal — são mãos *delicadas*. Com todo aquele jeito, não dão o menor sinal de serem de uma pessoa comum. Mas o que me deixou surpreso, eu tinha pensado que ele lançaria aquele olhar de águia sobre mim, não digo que esperava um discurso longo, mas... "O senhor me permita lhe conceder esta condecoração de Folhas de Carvalho", em voz baixa, o senhor entende o que eu quero dizer?, *isso* eu jamais poderia ter imaginado.[435]

Profundamente impressionado com Hitler, Crüwell atesta sua relação pessoal com o Führer ao falar de detalhes que só poderiam ser do conhecimento de alguém de seu círculo mais íntimo. Sabemos, assim, que suas mãos são "belíssimas" e "delicadas", mãos de alguma maneira especiais, e que ele fala com extraordinária polidez, em voz baixa, de forma bem diferente do que o general havia imaginado. Pessoalmente o Führer seria ainda mais fascinante do que sua figura pública hipnótica. As observações de Crüwell, no entanto, não deixam de soar um tanto cômicas, por exemplo quando ele afirma não ter sido enfeitiçado por Hitler, ao contrário dos demais ("Não sei explicar por que isso não me aconteceu"), embora depois descreva o episódio como se estivesse realmente diante do salvador. O encontro é marcado por expectativas e exacerbação de expectativas, pois o Führer não é somente "impressionante", ele é impressionante, sim, mas de uma maneira bem diferente do que se imagina — contar essas histórias era uma ação por si só sedutora, assim o locutor já conseguia se destacar ao menos como alguém da confiança do Führer. Seu ouvinte, por sua vez, é bem mais cético ao comentar:

VON WALDECK: Tudo o que ele faz é por pura intuição.

Crüwell interpreta o comentário como uma crítica e responde imediatamente:

CRÜWELL: Se ele quer ter influência sobre os seus, ele tem mesmo que agir como ele é. Se ele começa a pensar em como deve aparecer, aí começa a suspeita. Quero dizer, conheço soldados muito bons que sempre procuraram alguém em quem se espelhar. Isso é muito suspeito. Ele tem um passo alongado, veste-se impecavelmente, muito simples, uma calça preta e então uma casaca. Um cinza um pouco mais forte que este aqui, não é este cinza de campanha. Não sei qual é o tecido. E ele também não faz como Göring, não ostenta nenhuma medalha![436]

Para Crüwell, o fato de Hitler agir "por pura intuição" comprova sua autenticidade e boa parte de seu poder pessoal de persuasão. Crüwell prossegue seu relato sobre as intimidades de Hitler descrevendo o seu jeito aparentemente simples e sua humildade. Histórias assim mostram como a suposta grandeza e o carisma do Führer predeterminavam esses encontros e como as expectativas sempre superadas acabavam gerando novos relatos. Dessa forma, encontrar-se com o Führer converte-se numa profecia que se cumpre automaticamente; a crença no Führer se torna um *perpetuum mobile* emocional.

Transitando entre salvador e *popstar*, a importância da figura pública de Hitler ficara bastante evidente na ocasião em que a capitulação da França foi comemorada em Berlim. No dia 6 de julho de 1940, às quinze horas, começaria a celebração oficial do triunfo; uma multidão de centenas de milhares de pessoas já aguardava o Führer seis horas antes do horário previsto, todos preparando uma recepção absolutamente consagradora. A todo instante Hitler era chamado à sacada para que a massa pudesse vê-lo. Por esses dias ele não só estava no auge de seus sucessos militares e de sua fama, ele se apresentava como a própria encarnação da imagem que o povo alemão fazia de si e de todos os seus desejos:

"Se um aumento do sentimento por Adolf Hitler ainda era possível, ele tornou-se realidade com o dia do retorno a Berlim", comentou uma reportagem das províncias. [...] Até os adversários do regime acharam difícil resistir ao clima de vitória. Os operários das fábricas de armamentos queriam permissão para entrar para o Exército. As pessoas julgavam que a vitória estava logo adiante. Somente a Grã-Bretanha estava no caminho. Talvez pela única vez no Terceiro Reich a população foi acometida por uma genuína febre de guerra.[437]

Dois anos mais tarde a euforia havia silenciado completamente. A guerra contra a Grã-Bretanha seria na verdade muito mais complicada do que o imaginado; a invasão da União Soviética havia não só aumentado a dureza da guerra consideravelmente como também afastara de uma vez a perspectiva de um breve final para o conflito. A dúvida que surgira assim de repente se tornaria, com a derrota de Stalingrado, permanente: o que acontecerá se nós perdermos esta guerra?

E se nós perdermos esta guerra?

> VON WALDECK: Se nós viermos a perder esta guerra, todos os méritos do Führer também serão esquecidos.
> CRÜWELL: Algumas coisas ficarão para sempre. Permanecerão por séculos e séculos. Não as estradas — que já não têm mais nenhuma importância. O que ficará é a organização da cúpula do Estado no que diz respeito à inclusão dos trabalhadores no Estado. Ele realmente incorporou os trabalhadores neste Estado de hoje. Ninguém havia conseguido fazer isso.[438]

Na sequência do diálogo entre Crüwell e Von Waldeck, fica claro que o juízo de Crüwell sobre a importância histórica do Führer não guarda nenhuma relação com o destino do projeto nazista. Seja como for, a crença no Führer ajuda fundamentalmente a neutralizar de antemão qualquer dúvida quanto ao bom desfecho da guerra. Como diz o coronel Meyne em julho de 1943:

> MEYNE: O Führer é um homem genial, ele ainda vai achar um jeito de sair de baixo.[439]

Declarações como essa ainda são marcadas pela ideia de uma possível vitória; as respectivas ponderações se referem sobretudo ao momento em que esta ocorreria. Tal convicção começa a se esfacelar a partir de Stalingrado, mas a confiança no Führer quase não foi afetada. "O Führer disse: 'Tomaremos Stalingrado'", comenta o suboficial Kotenbar com seu camarada em 23 de dezembro de 1942 — a cidade já estava sitiada pelo Exército Vermelho havia pelo menos um mês — "e você pode acreditar em mim: nós vamos tomar Stalingrado."[440]

É claro que para outros, também nesse momento, a confiança na vitória final já havia se enfraquecido — para o suboficial Wohlgezogen, por exemplo, cujas opiniões vêm carregadas de dúvidas:

> WOHLGEZOGEN: Meu Deus, se nós perdermos!? [...] Eu acho que nunca perderemos a guerra, mas ainda assim, nós, na Rússia — Adolf não desistirá! Até o último de seus soldados, mesmo que toda a humanidade tenha de perecer! Ele sabe bem o que acontecerá se nós perdermos! E finalmente ele começará a usar o gás — ele não liga para o que faz.[441]

Em manifestações como essa podemos reconhecer facilmente duas funções da confiança no Führer. Em primeiro lugar, o sucesso e o fracasso do próprio destino são delegados àquela pessoa que detém tanto a consciência ("Ele sabe bem") quanto os meios e a falta de escrúpulos para se impor e conquistar a vitória — pouco lhe importa como. Depois, e este é o aspecto mais interessante, a figura do Führer onipotente preenche a função de dissipar todo questionamento.

O suboficial Wohlgezogen, como suas declarações não escondem, tem lá suas dúvidas quanto à atual situação da guerra ("mas ainda assim, nós, na Rússia"). Mas ele consegue afastá-las invocando a imagem exclamativa do Führer: "Adolf não desistirá!". Aqui, como em muitas outras passagens, nos defrontamos com o fenômeno da dissonância cognitiva, que sempre ocorre quando os acontecimentos discrepam das expectativas. Ela produz um sério desconforto se o acontecimento inesperado é negativo e não pode ser alterado. Como a sensação de desarmonia é difícil de ser suportada e a realidade, por sua vez, também não se modifica, resta apenas mudar a percepção e a interpretação da realidade e corrigir com isso a dissonância cognitiva.[442] É uma necessidade bastante comum. Pessoas que vivem perto de usinas nucleares consideram-nas menos perigosas do que as que vivem mais afastadas. Fumantes que sabem dos elevados riscos à saúde a que se submetem têm em geral uma porção de teorias para isentá-los pessoalmente desses riscos: fumam pouco ou não "tragam", o pai chegou aos 86 anos, quem não fuma morre do mesmo jeito etc. — estratégias para reduzir as dissonâncias, que permitem às pessoas continuarem a conviver com situações indesejadas.

Dessa maneira, manter a confiança no Führer funciona como um meio de diminuir a dissonância — para isso, contudo, o investimento nessa fé deve permanecer sempre alto. Quanto mais inseguras as perspectivas de futuro, tanto mais forte deve ser a confiança no Führer. Diante do significado psicológico dessa figura do líder podemos ter uma noção do quanto já se havia investido nessa confiança. Qualquer questionamento das capacidades ou do poder do Führer representaria mais tarde uma desvalorização de todos os sentimentos aqui investidos. A sorte do Führer é portanto idêntica à dos alemães:

> BACH: Ganhar a guerra é a única chance que resta à Alemanha. Se não a ganharmos, aí também não haverá nenhum Adolf Hitler. Se os Aliados conseguirem realizar o que planejam, estamos todos fodidos. Como você pensa que será o triunfo

dos judeus!? Não seremos apenas fuzilados, vamos morrer de uma forma absolutamente cruel.[443]

A conversa de dois tenentes da Luftwaffe, de março de 1943, oferece um exemplo similar:

> TENNING: Há muita coisa em jogo aí. Se nós ganharmos a guerra, será uma vitória tripla. Primeiro uma vitória da visão de mundo nazista, segundo das Forças Armadas alemãs e terceiro contra Versalhes.
> VON GREIM: Só temo que amaciemos demais, que sejamos de novo suaves demais.
> TENNING: Não se nós chegarmos à Inglaterra, aí não, você sabe. A Luftwaffe sozinha não ganhará esta guerra nunca. Já nos demos conta disso há muito tempo, mas os ingleses ainda não.
> VON GREIM: Se a guerra der errado, jamais teremos de novo alguém como Hitler. Ele foi único.
> TENNING: É, tem razão.[444]

Alguns generais também tinham opinião parecida, aqui um exemplo de julho de 1943:

> O que não podemos negar é que, digamos assim, se Hitler tivesse continuado a ser quem ele era antes... poderíamos ainda estar cem por cento com ele, dando todo o nosso apoio, teríamos um tempo de felicidade à nossa frente, sem a menor dúvida.[445]

A crença no Führer está muitas vezes ligada à ideia de que ele determinaria inclusive os detalhes dos acontecimentos de guerra; os soldados seriam portanto dependentes até individualmente do acerto de suas decisões. O primeiro-sargento Duckstein, da Luftwaffe, conta:

> DUCKSTEIN: O Führer pessoalmente, nas nossas missões...
> KASSEL: Era ele que dava as ordens para os ataques?
> DUCKSTEIN: Ordens de ataque, não, mas ele chegou a segurar uma operação.
> KASSEL: Por quê?
> DUCKSTEIN: Porque podia se tratar de outra coisa também, como medida de pre-

caução. Aconteceu diversas vezes de o Führer interferir pessoalmente nas nossas operações.
KASSEL: E como você sabe que era o Führer quem fazia tudo isso?
DUCKSTEIN: Porque ele cuida de tudo.[446]

Percebe-se claramente nesse diálogo que o sargento Kassel acha estranho que Hitler ordenasse pessoalmente as missões de Duckstein, que tenta por sua vez encontrar argumentos para tornar a história mais plausível. Sua tentativa final — o Führer cuidaria mesmo de *tudo* — revela que semelhantes profissões de fé, ao mesmo tempo que servem para diminuir a dissonância, exigem um alto depósito de confiança, pois, à medida que insiste em dizer que o Führer se preocupa pessoalmente com ele, Duckstein se vê forçado a acreditar cada vez mais no que diz.

Depois de a convicção na vitória começar a ruir, muitos soldados passam então a manifestar sua comiseração com o Führer e a desenvolver teorias conspiratórias ("Tenho pena do Führer, o pobre não tem uma noite de tranquilidade. Ele só quis o bem, mas o governo!"[447] "Ah, terrível! Todo o empenho desse *pobre* homem, que acaba sempre frustrado! Ele não pode confiar em absolutamente ninguém!")[448] É assim que eles coordenam a percepção da realidade com desejos e expectativas. E não se trata em geral de uma questão relativa ao seu cargo ou posição, como mostra o seguinte diálogo entre o major Ulrich Boes e outro oficial graduado:

BRINCK:* Sim, e o que o Führer faz durante todo esse tempo?
BOES: Ele? Pois ele trabalha, e trabalha duro.
BRINCK: Como?
BOES: Ele trabalha muito pesado.[449]

O Führer não é mais o mesmo

> Só arrumamos inimigos pelo mundo, nenhum amigo sequer. A Alemanha tem que dominar o mundo sozinha! Adolf está no crepúsculo dos deuses.[450]

"Com certeza nós ganharemos a guerra. Se o Führer exigir alguma coisa, quero ver quem é que não vai cumprir!"[451] Diante da teoria da dissonância cognitiva, frases como essa, mesmo depois da derrocada de Stalingrado, não chegam a surpreender. Mas é interessante notar como são trabalhadas as dúvidas corrosivas que surgem em relação às aptidões militares do líder. No dia 28 de junho de 1942, logo no início portanto da grande ofensiva de verão alemã no sul da Rússia, dois tenentes da Luftwaffe quebram a cabeça para entender o que se passa com o Führer:

> FRÖSCHL: Como é que Hitler pôde mudar tanto? Cheguei a venerá-lo antigamente.
> WAHLER: Hoje as pessoas o questionam.
> FRÖSCHL: Estou quebrando a cabeça — como é que isso pôde acontecer?
> WAHLER: Ah, isso tem uma explicação muito simples — ele mandou todo mundo embora e agora cuida de tudo pessoalmente. É ele que supervisiona todas as coisas, controla tudo, está informado de absolutamente tudo. Com o tempo deve ter começado a imaginar que sem ele nada funcionaria, como se não pudéssemos mais viver sem ele. É claro que é possível que isso tenha se tornado para ele algo patológico.
> FRÖSCHL: Eu ainda sinto que ele está sendo manipulado para isso, que ele não é mais ele. O que lhe seria um grande alívio.
> WAHLER: Não, não seria nenhum alívio porque ele é o Führer e por isso pode se libertar de qualquer coisa. [...] Se já está acabando com tantas outras coisas, por que não acaba com as pessoas que são odiadas pelo povo?
> FRÖSCHL: Talvez ele já esteja saturado de trabalhar.
> WAHLER: Nisso eu também estou de acordo, de todo modo, está num péssimo estado de nervos.
> FRÖSCHL: É que ele não é mais senhor da situação. Sem saber, está sendo conduzido. É isso que eu não consigo entender — para mim ele era a figura ideal. Mas fracassar assim de repente! Talvez seja pelo egoísmo.
> WAHLER: Mas as suas ações, de novo, mostram o contrário. O seu último discurso sobre a jurisdição alemã mostra exatamente o contrário. [...]
> FRÖSCHL: É bem possível que eu esteja misturando com isso muito do meu próprio egoísmo e minha arrogância. Como se eu não quisesse enxergar que me enganei tanto com uma pessoa.
> WAHLER: Mesmo assim não há dúvida de que ele mudou loucamente.
> FRÖSCHL: Sim, é o que ainda penso, não é mais ele.
> WAHLER: Talvez seja mesmo um ator, talvez ele já esteja morto há muito tempo.[452]

Esse diálogo é perfeito para mostrar como o mecanismo de redução de dissonância funciona: qualquer dúvida em relação ao Führer, mesmo a decepção com o próprio investimento emocional, é deslocada para uma causa externa. Só por alguma perturbação psicológica ("um péssimo estado de nervos") eles conseguem explicar por que a personalidade do Führer — "a figura ideal" — "mudou loucamente". Ou então por uma grande conspiração: o Führer, dizem os dois, não seria mais o mesmo, possivelmente já haviam colocado um ator em seu lugar. É interessante notar que o tenente Fröschl chega a levar em consideração a possibilidade de que ele mesmo "não quisesse enxergar" todo o seu engano diante de alguém — a exata descrição do mecanismo de redução de dissonância na própria pessoa. A última hipótese, contudo, um ator interpretando o personagem midiático de Hitler, é ainda mais atraente, pois permite seguir acreditando no líder a despeito de seu comportamento absolutamente suspeito.

O cabo Költerhoff tem uma teoria menos complexa para explicar as ações do Führer:

> KÖLTERHOFF: O problema não é o próprio Führer. Muitas coisas sequer chegam aos seus ouvidos.[453]

Nas histórias que os soldados contam sobre Hitler, sobretudo perto do final da guerra, todas essas teorias que o retratam atrás de uma espécie de escudo desempenham um papel importante. A verdade sobre os rumos da guerra seria de alguma forma ocultada de Hitler. Como conta o suboficial Gamper:

> GAMPER: Conversei com um jornalista que havia estado no quartel-general do Führer e me contou coisas de arrepiar sobre ele. Quem dirige o quartel-general é o Keitel. Antes de os generais ou qualquer outra pessoa se encontrarem com Adolf para lhe fazer seus relatórios, Keitel lhes passa instruções preliminares sobre *o quê* eles devem falar e *como* eles devem falar. Só aí eles são autorizados a entrar e conversar com o Adolf. Quando um general, por exemplo, precisava comunicar que teria de recuar, assim que começaram os primeiros recuos e ninguém ainda estava acostumado a ver os alemães recuando, eles tinham que dizer o seguinte: "Meu Führer, considero mais adequado não manter esta posição, mas mover para cá. Não se trata portanto de retroceder, é apenas uma posição mais favorável". O que não era verdade, é claro, eles estavam sendo escorraçados.[454]

É a mesma opinião do suboficial Müss: o Führer não tem acesso à verdade e acaba se tornando cada vez mais estranho nessa situação hermética:

MÜSS: Sempre tive a impressão de que estão sacaneando o Führer dos pés à cabeça. Dizem, por exemplo, que às vezes ele se senta à mesa com um enorme mapa da situação à sua frente, e fica olhando fixamente para ele. Ninguém tem permissão de interrompê-lo, nem com os mais importantes comunicados. Às vezes ele passa seis, sete, dez horas sentado naquela mesa, pensando. Às vezes há coisas importantíssimas a serem resolvidas, tudo fica por conta de Keitel. Ele fica lá sentado, contemplando o seu mapa, tem acessos de raiva e acaba perdendo o controle. Grita, berra, distribui murros na cara de qualquer um, tudo que você é capaz de imaginar.[455]

Numa conversa entre Born, um Hauptsturmführer da SS, e o cabo Von Helldorff esse bloqueio sistemático do acesso à figura do Führer também é abordado. Os supostos culpados pela situação são bem conhecidos:

VON HELLDORFF: Meu pai[456] sempre teve acesso direto precisamente porque lhe dizia sua opinião com toda a franqueza, sem precisar ficar rastejando — era isso que o Führer admirava.
BORN: Faz tempo, acho que foi perto da Carcóvia, um comandante, o Standartenführer Krumm (?) [Kumm] recebeu as Folhas de Carvalho, Krüger também, eu acho, foram duas ou três pessoas, e um Hauptsturmführer. No momento da entrega da comenda o Führer deve ter feito alguma pergunta inusitada, o fato é que os três ficaram em silêncio e se olharam. O Führer percebeu que alguma coisa estava estranha. Em seguida eles receberam a ordem de comparecer novamente no dia seguinte, para uma entrevista. Permaneceram pelo menos três horas diante do Führer e desembucharam, desembucharam tudo de uma vez.
VON HELLDORFF: É de algo assim que o Führer precisa.
BORN: Deve ter sido um tremendo golpe para ele.
VON HELLDORFF: O Führer está completamente isolado, ele vive com as informações passadas por três ou quatro pessoas, em quem ele confia, mas que já... bem, eu não gostaria de usar nenhuma expressão mais forte, mas...
BORN: Quem são essas três pessoas?
VON HELLDORFF: Um é o Bormann, uma das piores figuras que temos entre nós. Outro, do lado militar, é o Keitel, pelo lado político... da mesma companhia do Goebbels.

BORN: O estranho é que até agora o Reichsführer sempre esteve *permanentemente* ao lado dele.

VON HELLDORFF: É por isso que ele carrega a metade da culpa.

BORN: Seja consciente ou inconscientemente, o Führer não está nada satisfeito com todas essas histórias sobre os judeus, tenho certeza disso. Não lhe disseram grande parte do que vem ocorrendo, mas... feito com as próprias mãos. O Führer não é assim, terrivelmente radical, terrivelmente cruel, como se supõe por aí.[457]

Em outra conversa, entre o general do ar Bodenschatz e o marechal--general Milch, de maio de 1945, defende-se que o Hitler "de agora" já não teria mais nada a ver com o "de antigamente":

MILCH: O Führer de 1940 e 41 não era mais o mesmo do de 1934 e 35, era um homem completamente confuso com ideias completamente equivocadas, perseguindo falsos ideais. Ele deve ter sido acometido por alguma doença, tenho certeza. As pessoas podem adoecer sozinhas, por excesso de responsabilidade.[458]

Uma consequência inevitável dessa manipulação ininterrupta a que o Führer estava submetido seria a injustificável diminuição de seu papel histórico. Outra fatalidade, muito mais grave, seria ainda a responsabilização das Forças Armadas pelos resultados que o mau abastecimento do Führer com informações precisas acabava provocando. Ao menos era o que temia o major-general Reiter:

REITER: Ele foi uma figura histórica; só a história posterior poderá julgá-lo corretamente; primeiro é preciso ouvir tudo o que aconteceu; ainda não ouvimos nada. Esse pessoal todo que não informou o Führer, que o enganou com os seus comunicados etc.! Nós também seremos responsabilizados, o senhor pode estar certo.[459]

Ser responsabilizado pelas coisas que foram feitas em nome do Führer, embora sem seu consentimento, preocupa sobretudo oficiais mais graduados, que, a exemplo do major-general Gerhard Bassenge, desenvolvem então teorias sobre seu destino desafortunado:

BASSENGE: Fomos enganados pelo nosso Führer. [Sob] condições absolutamente erradas — eles nos arrancaram o juramento. Isso foi em 33, Hindenburg ainda estava lá e as circunstâncias eram bastante distintas. Um ano depois tudo já tinha mudado — mas aí as pessoas já haviam se comprometido.[460]

Todos os indícios mostravam que o futuro não seria tão grandioso como prometido, mas nem diante dessa desilusão o projeto nazista e a confiança no Führer perdem seu significado emotivo, como mostra o frustrado coronel Reimann:

REIMANN: E era tudo tão bonito, tudo tão maravilhoso, perfeito. Mas com aquela merda da Rússia as coisas vieram ladeira abaixo. Só duas pessoas não sabiam que no inverno faz frio na Rússia. Uma delas foi Napoleão Bonaparte; a outra, o Führer, um general diletante — ninguém mais.[461]

O Führer fracassa

> Qual é a diferença entre Cristo e Hitler?
> Na história de Cristo, é um que morre em nome de todos.
> Tenente-general Friedrich Freiherr v. Broich, julho de 1943[462]

Depois da capitulação do Sexto Exército em Stalingrado, em fevereiro de 1943, aumentam as dúvidas acerca de uma possível vitória final. E mesmo que a maioria dos soldados continue não admitindo censuras ao Führer, tornam-se cada vez mais comuns declarações críticas em relação a Hitler. "Sinceramente, temos que reconhecer que nem tudo que o Adolf vem fazendo está certo, o que ele está fazendo com os judeus, por exemplo, isso vai dar merda",[463] diz o primeiro-sargento Harnisch. Já o coronel Rohrbach acha que Hitler está sobrecarregado com o comando da guerra: "Parece que o Führer não escuta os nossos generais, é uma lástima. Uma pessoa só não pode ser político, estadista e comandante. Isso é loucura".[464]

Em abril de 1944, o suboficial Doetsch e o primeiro-sargento Bräutigam, da Luftwaffe, chegam a uma interessante conclusão, sobretudo se levarmos em conta sua socialização como jovens pilotos de combate:

DOETSCH: Poucos dias antes de começarem esses novos ataques a Londres, um desses figurões nos fez uma visita e proferiu um discurso. Não sei mais quem foi, mas ele se comportou como uma mulher histérica.
BRÄUTIGAM: Será que não foi o líder do ataque contra a Inglaterra?
DOETSCH: Pode ser. Ele gritava assim: "Incendeiem as casas deles para que eu possa ir até o Führer e lhe dizer que a Luftwaffe passou mais uma vez por cima da Inglaterra". Depois ele suplicou: "Vocês não podem fracassar, façam tudo o que for possível!". Completamente histérico.
BRÄUTIGAM: Sim, bem a exemplo do Führer.
DOETSCH: Quando a gente para para pensar na tremenda cagada que Hitler fez, é preciso reconhecer, como bom alemão, que ele deveria ser fuzilado.
BRÄUTIGAM: Você não está errado, mas não se pode falar assim.
DOETSCH: É claro que eu não vou dizer isso ao pessoal daqui.[465]

Seja como for, em muitas dessas críticas ainda se nota um resto de simpatia e um nítido vestígio de confiança no Führer. É o caso do atirador Caesar, que, de maneira bem peculiar, conta como se comportaria diante dos ex-protagonistas da história. Pois ele seria bem indulgente, não com todos, é claro:

CAESAR: Já pensei no que eu faria se me deparasse com Hitler e seus camaradas no meio da fuga. Decidi que lhes diria: "Não posso fazer nada pelos senhores, verdade, mas eu também não vou dizer a ninguém que os vi. Há um caminho pela floresta por ali, aí vocês se embrenham no mato". Talvez a única exceção que eu faria seria com Himmler.[466]

Trazendo uma análise bem detalhada do material das escutas dos soldados presos em Fort Hunt, desde os recrutas até os oficiais do comando-maior, duas dissertações de mestrado recém-concluídas[467] mostram que, enquanto a confiança no Führer sofreu uma queda significativa entre as patentes mais baixas após a invasão, ela se manteve mais ou menos estável entre os mais graduados. Trata-se de mais um sinal de toda a capacidade do investimento emocional e de identificação dos soldados para ainda sustentar a confiança no líder. Seria necessário seguir adiante nessa pista, mas a tarefa não é nada fácil. A fé depositada no Führer esconde outro aspecto importante, quer dizer, um lado que *não* aparece nessas conversas dos soldados: a discussão política. Na verdade, uma das consequências mais graves do projeto nazista parece ter sido uma despolitização permanente da sociedade. Os soldados interpretam aquilo que está acontecendo antes de mais nada como algo que não lhes diz respeito, mas sim ao seu Führer onipotente e às pessoas em seu entorno, que podem lhes parecer, conforme cada caso, honestas, corruptas, incompetentes ou criminosas. Mas eles *não* têm uma opinião política sobre o Estado nazista, a ditadura, a perseguição e o extermínio dos judeus. Há de fato críticas e desconfiança em relação a algumas características pessoais das personalidades nazistas mais importantes, mas o que praticamente não se vê são discussões políticas como debates sobre decisões e perspectivas, variedade de posições e diagnósticos etc. Este é um dos principais resultados do regime totalitário: a produção de um vazio de alternativas mentais e a total concentração, com dependência absoluta, num líder carismático, a quem todos permanecem leais, mesmo quando a derrota já é inevitável. Como mostram os protocolos com as escutas, sobretudo nos níveis mais altos da hierarquia militar a política havia sido substituída pela fé. E como essa confiança no Führer era ao mesmo tempo uma confiança em si, qualquer dano à imagem dele representava no mesmo instante uma ameaça de desvalorização do projeto no qual as pessoas haviam investido tantas energias e emoções.[468]

IDEOLOGIA

> THÖNE: *Certamente o senhor já ouviu falar de como os judeus são tratados na Rússia. Em comparação, os judeus na Polônia até que se deram bem. Lá ainda restam alguns vivos. Na Rússia ocupada não resta mais nenhum.*
>
> VON BASSUS: *Sim, eles eram considerados mais perigosos na Rússia?*
>
> THÖNE: *Ódio — nada a ver com perigo. O que estou contando não é nenhum segredo. Posso dizer tranquilamente que todos os judeus na Rússia, mulheres e crianças inclusive, foram fuzilados sem exceção.*
>
> VON BASSUS: *Sim, mas não há nenhuma explicação convincente?*
>
> THÖNE: *A explicação convincente é o ódio.*
>
> VON BASSUS: *Por parte dos judeus, não é?*
>
> THÖNE: *De nossa parte. Não se trata de uma explicação, mas é a realidade.*
>
> Primeiro-sargento Von Bassus e tenente Thöne, 02/02/1944[469]

Esse diálogo, apesar de muito lacônico, é bastante revelador, pois enquanto o primeiro-sargento Von Bassus procura encontrar explicações para o extermínio dos judeus, o tenente Thöne tenta lhe mostrar insistentemente que essas explicações são de todo desnecessárias — bastaria o ódio, nenhum outro motivo, nem a "periculosidade" dos judeus nem seu suposto "ódio" contra os alemães. Mais surpreendente é que Thöne ainda reconheça que o ódio "não é uma explicação", ele simplesmente faz parte de uma "realidade" na qual judeus são exterminados. É difícil imaginar uma formulação mais transparente para caracterizar a violência autotélica. Em relação aos efeitos profundos da ideologia nazista na consciência dos soldados sob vigilância poderíamos dizer, em geral, o seguinte: essa ideologia não tinha nenhuma importância para eles na sua prática diária. Isso não significa que muitos deles não estivessem de acordo com a solução violenta para a chamada "questão judaica", tampouco que não houvesse um contingente significativo declaradamente contrário a essas medidas. O fato é que a própria existência dessa questão fazia parte do mundo desses soldados de forma natural, completamente independente portanto do que eles podiam achar da política antissemita, se boa ou ruim, acertada ou equivocada.

O espectro de opiniões

Primeiro-tenente Fried, ao ler Heinrich Heine: "Dizem que os judeus não dominam assim tão bem a língua alemã, na literatura e tal. Mas essa *Harzreise* [Viagem pelo Harz] é fantástica".[470]
Suboficial Wehner:* "Se eu encontrasse um judeu, podia fuzilá-lo na hora. Acabamos com vários judeus na Polônia; acabamos com eles sem dó".[471]
As duas citações remontam ao início de 1943; os dois interlocutores pertencem à Luftwaffe. Representaria portanto a Alemanha humanista e a dos guerreiros ideológicos respectivamente? O fato é que nosso material não nos permite afirmar que a leitura entusiasmada de *Harzreise* seja indício da disposição ou da indisposição de alguém para matar judeus. Por outro lado, contudo, parece ser bastante plausível cogitar que o suboficial Wehner fosse fanático demais para vir a ler livros de autores judeus (suas outras observações já não deixariam dúvida). Colocamos essas citações aqui uma em seguida à outra para dar uma ideia do vasto espectro de opiniões sobre os judeus e o racismo em

geral que encontramos no nosso material. Não há só comentários a Heinrich Heine ou a médicos, químicos e físicos judeus, não há só críticas severas ao extermínio de judeus e à política antissemita como um todo,[472] há também o exato oposto, as teorias de uma conspiração judaica de escala planetária, do judaísmo internacional, de uma Inglaterra "judaizada", que dirá dos Estados Unidos,[473] da alegria em matar judeus — em suma: *qualquer coisa*. Sequer precisamos recorrer a mais de uma pessoa para constatar as diversas facetas desse juízo, como no exemplo citado, um único soldado pode muito bem expressar de uma só vez argumentos e opiniões os mais contraditórios aparentemente, como: "Os nazistas são porcos mais irritantes que os judeus".[474] Ou então: "Os japoneses são os judeus do Oriente!".[475]

Há declarações como as do tenente-coronel Erfurth, que servem para mostrar até que ponto a fantasia antissemita pode chegar:

ERFURTH: Sempre me incomodava ver as judias da Alemanha em Riga, fazendo a limpeza das ruas. Durante a faxina elas ainda insistiam em falar alemão. Nojento! Tinham que proibir isso, elas deveriam ser obrigadas a só falar iídiche.[476]

Ou nos deparamos com absurdos como este:

Fui campeão de pingue-pongue da Alemanha ocidental. Mas já desaprendi quase tudo. Parei de jogar depois de perder para um típico judeuzinho — de dezesseis anos. Aí eu disse para mim: "Isso não é um esporte de verdade!".[477]

No que diz respeito à estrutura, as conversas sobre a questão racial ou sobre "os judeus" não se diferenciam em nada das demais conversações dos soldados; em geral faz-se uma observação, conta-se uma história, e o tema é mudado mais uma vez. Praticamente não se encontram discussões longas ou acaloradas sobre a "questão judaica" ou teorias raciais. Isso mostra, em primeiro lugar, que nessas conversas o imperativo de um consenso, como aliás em todos os outros assuntos, não permitia a insistência, um questionamento mais sério, sequer a argumentação. E como o acordo entre os interlocutores sobre seus respectivos pontos de vista e avaliações políticas se estabelecia de maneira surpreendentemente rápida, podemos concluir, em segundo lugar, que esses temas não tinham qualquer importância para a maioria dos soldados. Se a conversa assim o exigia, sempre havia uma opinião preparada, mas só para esses casos. É esse também o resultado da detalhada análise de Alexander Hoerkens, que estudou mais de 2 mil protocolos de escutas de nosso acervo sob o aspecto da motivação ideológica e constatou que menos de um quinto das conversas aborda temas políticos, "raciais" ou ideológicos.[478] Os soldados se interessavam muito mais por questões do cotidiano da guerra. O tema era como qualquer outro com exceção de pouquíssimos casos, que por sua vez também abrangiam um vasto espectro, desde antissemitas radicais e ardorosos defensores do extermínio até alguns sinceramente horrorizados com os crimes praticados contra os internos dos campos de concentração. Quando surge o assunto dos fuzilamentos em massa, muitas vezes ele vem associado ao medo de uma vingança: "Você acha que não haverá uma retaliação para o fuzilamento de tantos judeus, mulheres e crianças? Meu irmão, um recruta, me contou que eles eram jogados nas fossas antes mesmo de estarem mortos de verdade".[479]

Assim como havia nazistas declarados que consideravam a perseguição de judeus um equívoco histórico, encontra-se também a posição diametralmente oposta: antinazistas convictos que consideravam a política antissemita o único ponto programático razoável do nazismo. Dois soldados conversam exaltados sobre "os nazistas":

HÖLSCHER: Desde o início, já em 1933 eles estavam preparando tudo para a guerra, isso é evidente. E quando disseram mais de vinte vezes nos discursos: "Não queremos guerra nenhuma, perguntem às mães e aos feridos", como Adolf afirmava, aí eu me digo, eu penso que era tudo mentira. Ele mentiu, sim, cara! Ele não parava de dizer que não queria guerra nenhuma.

VON BASTIAN: Rapaz, eu me perguntava sempre por que ele fala tanto sobre isso, se é tão claro que todos nós não queremos guerra nenhuma, que não temos condição de fazer uma guerra, que estamos de saco cheio.

HÖLSCHER: Pois ele estava querendo dizer justamente o contrário: ele queria a guerra. E agora eu tenho que ouvir como eles se xingam, jogando a culpa no outro. Sim, não é para rir? Hitler já é conhecido pela sua truculência — por suas SA e SS e aquelas brigas todas. Tudo que eles fizeram foi na base da pancadaria. O próprio Hitler sempre fala: "Nazismo significa lutar".

VON BASTIAN: Significa lutar, isso mesmo!

HÖLSCHER: Quer dizer que eles não param de lutar nunca, é uma luta eterna, uma

briga sem fim. As pessoas não valem nada, a pátria representa tudo. Eles disseram para si mesmos: "Agora nós vamos mostrar àqueles filhos da mãe de 1919 do que a Alemanha é capaz". E aquele homem não tem limites, você pode dizer o que quiser. Só um homem em péssimo estado de nervos, extremamente firme e que não dá a mínima para as perdas pode fazer isso; ele não tem nenhuma preocupação com as pessoas. Um homem instruído jamais faria uma coisa dessas. [...]
VON BASTIAN: Seja como for, não tenho a menor ideia de onde esses nazistas vão nos levar. Um tremendo canalha de camisa marrom![480]

Mas se o leitor já espera desses dois nazistas convictos quase automaticamente também uma rejeição da política antissemita, ele se surpreenderá. Pois assim prossegue a conversa:

HÖLSCHER: Sim, ninguém sabe — muita coisa está certa, reconheço — com os judeus está tudo certo. Não vejo nenhum grande problema na questão racial.
VON BASTIAN: A questão racial é irrepreensível. A questão judaica — toda a lei de preservação do sangue alemão. A lei é absolutamente irrepreensível.

Aos olhos de hoje, essas misturas argumentativas das conversações interceptadas chegam a ser assustadoras. Mas também, como já pudemos ver algumas vezes, o caráter corriqueiro dessas conversas desempenha um papel muito importante: muitas ideias — Heinrich von Kleist já desenvolveu esse pensamento num ensaio muito conhecido — só "ficam prontas" na hora em que são ditas;[481] opiniões e juízos não se encontram apartados das interações sociais concretas, como algo guardado numa gaveta e que pode ser retirado num momento conveniente. Em geral eles só surgem em conversas — uma palavra enseja a seguinte — e não resistem por muito tempo. Seja por razões de ânimo, consenso, engano ou até porque a conversa é uma mera disputa verbal, cujo conteúdo não tem nenhuma importância, é comum achar ideias que são simplesmente testadas, conjecturas que surgem pela primeira vez e que já são descartadas no próximo diálogo. Embora os soldados não estivessem no mesmo local por sua própria vontade e tivessem de enfrentar um longo período na mesma companhia — fatores que tendem a provocar frequentes conflitos de convivência —, discussões de verdade entre eles são muito raras. Por outro lado, o fato de encontrarmos algumas divergências explícitas ("Você me perdoe, mas eu discordo"),[482] e até o registro de uma briga que chegou a ocorrer e que poderia ter ocorrido entre quaisquer pessoas que moram juntas,[483] também indica que seria incorreto supor que essas discussões simplesmente não teriam sido documentadas: pois havia, sim, mas eram de fato raras. No entanto, é como acorre nas conversas corriqueiras, alguém concorda com uma opinião que será descartada de forma aberta numa outra conversa — nessas situações, como já mencionamos, o aspecto do relacionamento da conversação é muito mais importante do que o conteúdo transmitido.

Imagens de mundo coerentes

Essa é a razão pela qual é tão difícil saber ao certo a profundidade alcançada pelo ideário nazista na consciência dos soldados sob vigilância — o que só é possível quando eles mesmos tomam uma posição absolutamente inequívoca, como Karl Völker, um aspirante da Marinha de dezenove anos, antissemita radical:[484]

> VÖLKER: Pois eu sei bem o que os judeus faziam. Em 28, 29, por aí, eles sequestravam as mulheres, violavam-nas e depois as retalhavam em pedacinhos e o sangue — sei de muitos e muitos casos —, eles ofereciam esse sangue humano em sacrifício, sangue cristão, todos os domingos dentro da sinagoga. Não adianta os judeus se lamentarem, as mulheres, entre eles, são ainda piores que os homens. Quando invadimos a sinagoga, vi com meus próprios olhos. Eles tinham muitos corpos lá dentro. E você sabe, você sabe como eles fazem isso? São colocados num caixão, aí eles vêm com umas coisas assim, espetam e chupam o sangue. Depois eles abriam um buraquinho na barriga do camarada, que ainda ficava agonizando por cinco ou seis horas. Eu bem que gostaria de acabar com milhares deles. Ainda que eu soubesse que apenas um era o culpado, eu liquidaria com todos mesmo assim. O que eles fazem nas sinagogas! Ninguém se lamenta tão bem quanto os judeus. Ele pode ser mil vezes inocente, mas será liquidado. Imolados como cordeiros! Deixe-me só com os judeus para você ver. Nunca fiz nada com tanto prazer na minha vida como assaltar sinagogas. Fui dos mais malvados depois que vi aquilo, aqueles corpos violados que eles tinham lá dentro. Você via aqueles buracos — as mulheres estavam todas cheias de buraquinhos.
> SCHULTZ: E onde é que eles arrumavam essas mulheres?

VÖLKER: Nessa época, na nossa cidade haviam desaparecido uma porção, todas estavam com os judeus. Um caso foi assim: uma mulher sempre tinha que buscar algumas coisas na loja de um judeu. Aí o judeu disse para a mulher que ela deveria ir até ele, que ele teria algo para lhe entregar. Lá esperavam cinco judeus, que tiraram a roupa dela. Havia uma passagem subterrânea que ligava a loja à sinagoga. Nas escrituras deles consta que a melhor ação que eles podem fazer é sacrificar o sangue cristão. Todo domingo eles abatiam uma pessoa, isso durava de três a quatro horas. E quantas não foram violadas por eles lá dentro! Aí para mim já não tem mais compaixão. Pusemos eles também contra a parede, todos, sem piedade. Claro que devia haver inocentes ali no meio, mas havia culpados também. Pode ser bom o quanto quiser, mas se tem sangue judeu, já é o bastante.[485]

Esse é o clássico combatente ideológico, como Daniel Goldhagen provavelmente o concebeu: um agente antissemita por convicção, motivado por alucinações de extermínio e pornografia violenta, que investia tudo para acabar com os judeus. Nesse caso concreto, os detalhes que parecem provocar a desconfiança do ouvinte (que questiona "E onde é que eles arrumavam essas mulheres?") provavelmente remontam à intensa leitura do semanário *Der Stürmer* e ao processo coletivo de consolidação da imagem de mundo antissemita na Juventude Hitlerista. Pois justamente o caráter bizarro desses comentários nos permite ver não só as coisas absurdas nas quais muitos chegavam a acreditar de verdade, mas também de onde eles tiravam suas convicções tão seguras. E havia soldados assim.

Mas o nazismo em si não formava na consciência dos soldados vigiados nada parecido com uma teoria livre de contradições, composta de diversos elementos ideológicos, sobre as "eternas leis da vida", como se poderia imaginar a partir de uma exegese dos escritos e discursos programáticos de Rosenberg até Hitler. A pesquisa já mencionada de Alexander Hoerkens, depois de analisar as conversas de 621 soldados, conclui que a maioria manifestava uma opinião negativa em relação à política racial; apenas uma minoria de trinta pessoas poderia ser considerada "combatente ideológica". De todo modo, essa minoria é interessante, pois é composta essencialmente de jovens oficiais, sobretudo tenentes, que em 1933 ainda eram crianças e cresceram sob forte influência dos modelos de socialização do Terceiro Reich.[486] É o que mais se aproxima de uma chamada imagem de mundo nazista.

O que os demais soldados pensavam ao conversar sobre "política", "raças", "judeus" etc. não corresponde a nenhuma imagem fechada de mundo, mais se parece com uma colagem de elementos completamente diversos e muito contraditórios. Embora alguns nazistas convictos contem histórias relativamente simpáticas sobre judeus que conheciam pessoalmente e se irritem com os "tratamentos vergonhosos", não condizentes com um "povo de cultura elevada", eles também podiam estar de pleno acordo com a política racial num nível muito mais elementar, como mostra o exemplo de Hammacher, um rádio-operador da Marinha, em maio de 1943:

> HAMMACHER: Essa questão judaica deveria ter sido tratada de maneira completamente diferente. Nada dessa caçada afobada, apenas uma introdução tranquila e silenciosa de leis que reduzissem o número de judeus que estariam autorizados a trabalhar como advogados etc. Mas agora os judeus expulsos fazem essas coisas todas contra a Alemanha, nada mais natural.[487]

Como já havíamos visto no exemplo das "ações judaicas", muitos soldados criticavam as formas como as operações de assassinato eram realizadas, mas os massacres propriamente ditos ou lhes eram indiferentes ou lhes pareciam inevitáveis. A mesma visão reaparece nesse contexto de ideologia e racismo; não apenas no marco das descrições de execuções coletivas, também nas ponderações teóricas predominam as declarações negativas em relação ao extermínio: "Sempre fui contra essas merdas da SS", diz, por exemplo, o tenente Oehlmann. "Também sempre me opus à perseguição dos judeus." Não se trata exatamente de uma oposição a toda política antissemita, como ele mesmo faz questão de acrescentar: "Os judeus poderiam ter sido expulsos, mas não tratados desta maneira".[488] É claro que as críticas aumentaram ao passo que as esperanças de vencer a guerra diminuíam: "Depois será uma vergonha ser alemão. Seremos humilhados da mesma forma que os judeus já foram".[489] "Mandar os judeus embora foi o maior erro! — Isso e em especial o tratamento desumano!"[490]

Pode-se dizer que o tema era abordado em geral por aqueles que consideravam a perseguição e o extermínio um erro, enquanto os outros, os que não viam alternativa para a "solução final da questão judaica", pouco falavam do assunto. Ainda assim, as constantes referências ao "judaísmo internacional", ao "judeu planetário", à Inglaterra e aos Estados Unidos "judaizados" e tantas outras declarações preconceituosas contra judeus "preguiçosos" revelam que o marco referencial da desigualdade categórica funcionava perfeitamente e que a prática antissemita chegou a desenvolver profundos efeitos mentais. De todo modo, sabemos muito pouco o que isso significava para as percepções e ações dos soldados em situações concretas. Se, por um lado, podemos dizer que as opiniões e disposições mentais são geralmente superestimadas quanto ao seu papel na hora das ações e só predispunham a ações antissemitas muito marginalmente, ou seja, bem distante da média mental normal — como no caso do marinheiro de submarino judeofóbico já citado —, por outro lado, nas situações históricas concretas é preciso analisar com cuidado se havia uma disposição antissemita em jogo quando alguém matava judeus ou se então a ação transcorria no marco de processos coletivos dinâmicos, nos quais as pessoas se convertiam em autores de verdadeiros massacres sem qualquer motivação particular.[491] Essa constatação, que se baseia na atuação dos agentes diretos do extermínio maciço, confirma-se mais uma vez entre os soldados da Wehrmacht observados, nas mais diversas situações e posições em que se encontravam. Para o que eles faziam nas batalhas, nos recuos, no "combate aos guerrilheiros" ou então no tempo livre, o antissemitismo compunha um das camadas de fundo, mas não propriamente um motivo. Como mostram as citações sobre os guetos, por exemplo (cf. p. 179), muitos soldados sentem uma empatia explícita pelas vítimas e mostram-se comovidos com suas condições de vida ("Aqueles judeus têm que trabalhar duro no grande campo de voo e ainda são maltratados como se fossem animais"),[492] mas não são capazes de tirar daí nenhuma conclusão para a possível questão sobre se deveriam obedecer ou recusar uma ordem no sentido de assegurar esses guetos. O tenente Rottländer conta a história de um amigo que participou de um fuzilamento coletivo e sofreu bastante com isso:

> ROTTLÄNDER: Eles acabaram com vilarejos inteiros, expulsaram os judeus sem nenhuma piedade, cavavam uns buracos e então tiveram de fuzilá-los. No começo, ele disse, era difícil, mas logo em seguida já se estava com os nervos enrijecidos para o trabalho. Depois se cobria com terra, alguma coisa se mexia lá dentro, havia crianças e tudo o mais. Ele disse: "Embora fossem judeus, foi uma coisa terrível".

Seu interlocutor, o tenente Borbonus, tem uma opinião bem definida sobre o assunto:

BORBONUS: Meu Deus, mas se são ordens que vêm lá de cima...[493]

Se considerarmos que a distância é suficientemente grande, as notícias sobre as crueldades nessas conversas não são contadas de maneira muito diferente do que aconteceria, por exemplo, num debate hoje em dia sobre as crianças-soldados na África ou sobre os atos bestiais perpetrados pelo Talibã afegão: acha-se tudo terrível, mas o marco referencial para posições dessa natureza é bem abstrato e não tem muita relação com as situações de vida e atuação dos interlocutores. Da mesma maneira que o trabalho de um engenheiro no desenvolvimento de telefones celulares pouco tem a ver, aos seus olhos, com a exploração de todo o *coltan* necessário, sob condições extremas de guerra e violência no Congo, a sensibilidade dos soldados também é pouco afetada se *em algum lugar* os judeus estão sendo mortos *por outras pessoas*. O mesmo vale, mutatis mutandis, para outras concepções ideológicas e racistas das quais os soldados se utilizam sem deixar claro em que conexão se encontram com aquilo que eles já fizeram na guerra. É o caso de Heinrich Skrzipek, piloto do submarino U 187:

> SKRZIPEK: Os aleijados devem ser eliminados de maneira indolor. Isso é o correto. Eles não sabem de nada do que acontece e, seja como for, não têm nada o que esperar da vida. Só não pode ser mole! Não somos nenhuma mulherzinha! Tomamos tantas pauladas dos nossos inimigos justamente porque somos moles. [...] É exatamente o mesmo com os idiotas e meio-idiotas. Pois precisamente os meio-idiotas têm famílias enormes e com aquilo que se gasta com um idiota se poderia alimentar seis soldados feridos. Claro que não é todo mundo que está de acordo. Há muita coisa que não me agrada, mas se trata de ver as coisas como um todo.[494]

Embora a maior parte dos estereótipos racistas que aparecem nos protocolos das escutas se refira aos "judeus", há também por toda parte elementos da imagem de mundo nazista de determinismo biológico — em relação aos próprios aliados ("Aqueles macacos amarelos não são gente coisa nenhuma, ainda são animais."[495] "Os italianos são uma raça imbecil."[496]) ou aos inimigos ("Não consigo enxergar os russos como gente."[497] "Poloneses! Russos! Mas que bando de merda!"[498]). A teoria racial serve de fundamento até para uma declaração bem melancólica sobre o futuro depois da guerra:

> Uma coisa é muito clara: pouco importa quem será derrotado, se os alemães ou os ingleses, a Europa sucumbirá, pois essas duas raças são as portadoras da cultura e da civilização. É triste que raças extraordinárias como essas tenham que se enfrentar e não estejam juntas combatendo o eslavismo.[499]

Estereótipos e preconceitos são elementos seguros na composição de mundos de representação cultural e orientam em boa medida as orientações individuais e as práticas sociais coletivas.[500] Numa sociedade em que a desigualdade categórica entre as pessoas coordena a atuação do Estado, tem status de verdade científica e é aclamada por meio de uma propaganda intensiva, os estereótipos referentes a grupos específicos acabam se consolidando — mas de forma alguma, como mostra nosso material, na dimensão pretendida por Goebbels, Himmler ou Hitler, ou como a pesquisa sobre o Holocausto supôs durante muito tempo. A ideologia só representa uma camada profunda das representações, pouco se sabe acerca de sua influência direta sobre as ações.

Mas pode-se dizer, por outro lado, que a ideologia da diferença categórica tornava o comportamento antissocial contra os grupos discriminados aceitável e até mesmo desejável. É por isso que comiseração e empatia com os inimigos e as vítimas, apesar de aparecerem nos protocolos das conversas, estão entre as reações menos esperadas.

O surpreendentemente que não consta no nosso material são referências diretas à chamada "comunidade nacional". Se levarmos em consideração seu enorme valor para a visão de mundo e estado psicossocial dos alemães durante o Terceiro Reich como indicado nas pesquisas mais recentes,[501] parece bem inusitado que esse aspecto supostamente tão central em termos da história das mentalidades não apareça uma vez sequer. Também não há registro de relatos sobre as viagens da KdF ou sobre outras atrações da sociedade nazista. A surpresa é ainda maior quando verificamos que a "comunidade nacional" apresentava mais uma estrutura de organização civil do que propriamente militar. Sua ausência absoluta deveria motivar as próximas pesquisas portanto a um maior questionamento acerca da penetração desses elementos integradores no meio da sociedade nazista.

De uma forma geral, no que diz respeito às mentalidades dos soldados, não se pode dizer que a maioria deles estava fazendo, ao menos de seu ponto de vista, nem uma "guerra de extermínio" nem uma "guerra racial". Eles se orientavam sobretudo pelo marco referencial do Exército e da guerra, no qual a ideologia desempenhava um papel apenas secundário. Fizeram uma guerra no marco referencial de sua própria sociedade, a sociedade nazista — o que já foi de todo suficiente para que agissem com extrema desumanidade, se a situação assim lhes parecesse exigir. Para chegar a praticar essas ações — e é isso o que realmente incomoda — ninguém precisa ser nem racista nem antissemita.

VALORES MILITARES

Para as percepções e interpretações e, consequentemente, também para as decisões e ações concretas, o sistema de valores militares desempenha um papel muito mais importante do que a ideologia. Esse sistema estava solidamente integrado no marco referencial. A tradição militar da sociedade alemã facilitou bastante a integração de milhões de soldados na Wehrmacht. Nos quartéis eles não encontrariam nenhum mundo muito diferente — ao menos no sentido de um novo sistema de normas. Embora a grande maioria não tenha ingressado voluntariamente nas Forças Armadas, em geral eles estavam dispostos a se ajustar ao marco militar e a cumprir as novas tarefas da melhor maneira possível. Bons carpinteiros, contadores e agricultores queriam se tornar bons pilotos de blindados, canhoneiros e soldados de infantaria. Na prática isso quer dizer: aprender o ofício dos soldados, aperfeiçoar o manejo das armas e, sobretudo, ser obediente, disciplinado e firme. As pessoas queriam conquistar vitórias com coragem e disposição de se sacrificarem; nas derrotas, disputar até o último cartucho de munição. Desde as guerras de unificação, essa concepção de soldado representava uma espécie de consenso na sociedade alemã.

A identificação positiva com as Forças Armadas foi reforçada pelos grandes êxitos militares durante a primeira metade da guerra, assim como pela própria estrutura interna da Wehrmacht, em que todos recebiam a mesma comida, todos podiam receber as mesmas condecorações, mas também onde se dava muita importância à responsabilidade das figuras de liderança. A grande identificação com o sistema da Wehrmacht pode ser conferida nas intermináveis conversas que os soldados prisioneiros de guerra mantinham entre si sobre o Exército. Como a unidade de cada um estava dividida, estruturada e armada, como essa organização se manteve durante o combate, qual era a formação de cada um, como era o funcionamento das armas pessoais, quando alguém foi promovido ou condecorado — tudo isso era objeto de discussão. Aí os soldados se apresentavam como mestres em suas respectivas áreas, interessados, orgulhosos de suas próprias unidades e armas, mas irritados quando algo não saía segundo o esperado. As Forças Armadas eram percebidas como algo absolutamente normal, inquestionável, o mundo ao qual eles pertenciam e haviam encontrado seu lugar.

Normas militares como obediência, valentia e responsabilidade pelas tarefas designadas representavam valores tão evidentes para os soldados alemães, conhecidos e reconhecidos por todos (cf. pp. 67ss.), que eles quase não conversam sobre esses temas de modo explícito. Seja como for, eram os oficiais bem graduados que, em meio a suas reflexões acerca de temas mais genéricos, acabavam se manifestando sobre os aspectos normativos. Diz o coronel-general Hans von Arnim: "Um soldado que não se aguenta de pé não é um soldado. Quanto mais forte sopra ao seu redor, mais firme ele deve aguentar — internamente".[502] Arnim tinha em mente aqui sobretudo a obediência, o necessário cumprimento das obrigações, que, especialmente naqueles tempos difíceis — ele acabara de vivenciar a derrota das tropas alemãs na África —, deve ter influenciado ainda mais a ação dos soldados do que em termos normais. Detido em Trent Park junto com Arnim, o coronel Reimann descreve esse corselete mental da Wehrmacht de forma ainda mais marcante: "Nós fazemos o que os nossos superiores, que têm uma estrela a mais que a gente, [dizem]; as ordens que eles nos dão, nós cumprimos".[503] Ele chega a dizer que esta seria "uma característica da raça alemã: os seus soldados cumprem todas as ordens que lhes são dadas". Ainda teremos oportunidade de ver se essa é uma peculiaridade especificamente alemã. De qualquer modo, nessa escala de valores, obedecer era considerado mais importante do que questionar o sentido das ações militares. O capitão Hardtdegen recorda seu tempo no Estado-Maior da Divisão de Blindados na Normandia em 1944: "Nós nos reuníamos à noite, junto com o general, com os seus antigos comandantes, e sempre dizíamos: o Führer deve ter enloquecido — essas ordens que ele exige *de nós*. Só as cumpríamos porque fomos muito bem educados".[504] "Ordem é ordem, é claro, especialmente no front",[505] é o que conclui até mesmo um antinazista declarado, Irmfried Wilimzig,[506] no campo americano de investigação de Fort Hunt.[507] Embora a Wehrmacht formasse seus soldados através da "tática de delegação" para que pensassem e agissem com autonomia,[508] a obediência permanecia como uma de suas normas mais importantes. *Não* cumprir uma ordem era considerado um desvio absolutamente inaceitável, era visto como uma forma de dissolver o próprio fundamento das Forças Armadas. A obediência unia os soldados não tanto pelo medo de uma possível punição, mas sobretudo porque ela estava muito bem ancorada no seu marco referencial. O major Leonhard Mayer conta na prisão americana ao seu companheiro de cela a respeito do combate perto de Cherbourg:

> MAYER: Essa é a situação complicada de um oficial atualmente. Vou contar um caso, um exemplo. Se hoje em dia ainda resta um pouco de bom senso ao oficial que quer cumprir as suas obrigações e é capaz de ponderar certas coisas, então esse oficial tem um destino bastante ingrato pela frente.
>
> Como comandante de uma tropa de combate, eu recebera a instrução de manter a posição sob quaisquer circunstâncias. Era a ordem que me fora passada e eu tinha que cumpri-la. Mas eu não fiquei entocado no bunker, apesar de poder fazer isso muito bem, na condição de comandante. De 70% a 80% do meu tempo eu passei lá na frente com a tropa. A verdade é que fomos praticamente liquidados pela artilharia e tal. Caíram fileiras e mais fileiras do nosso pessoal. Cheguei a notar um certo abatimento, mas somos obrigados a reconhecer que eles se portaram de modo irrepreensível. Porém toda aquela propaganda dos inimigos com panfletos impressionou um pouco o nosso pessoal, a história do tratamento dos prisioneiros etc. Mas na mesma hora veio a ordem que era transmitida em toda parte: de usar qualquer meio disponível para pôr os preguiçosos para trabalhar. Portanto, eu tive que empregar todos os meios de fazer os meus homens trabalharem mais. Se eu não fizesse isso, cometeria uma ilegalidade contra o nosso líder supremo de guerra. Mas nesse mesmo instante o sentimento humano começou a se manifestar, porque a gente se pergunta: por que você tem que pôr as pessoas para trabalhar, embora isso não tenha nenhum sentido? Também não recebemos nenhum apoio de armas pesadas, Luftwaffe ou coisa parecida, era tudo na base da luta corpo a corpo.
>
> AHNELT: Que unidade era essa? Baviera?
>
> MAYER: Metade da Baviera e metade de Frankfurt. As pessoas se portavam muito bem, mas havia cerca de 20% de preguiçosos. Bem, nem todos eram exatamente preguiçosos, havia gente que estava mesmo esgotada, sem condições de fazer

nada. Mas imaginemos agora que a Alemanha não perca esta guerra, é possível até que me levem mais uma vez a um tribunal marcial para me perguntarem por que aquela posição não foi mantida por pelo menos mais duas horas.

Mayer logo prossegue com a sua história. Teria sido melhor escapar junto com seu pessoal daquela situação já sem perspectiva, mas a ordem era de manter a posição por três dias.

MAYER: A situação era a seguinte: de um lado eu via os feridos deitados, moribundos, ensanguentados, como arenques comprimidos, gente com quem eu convivia já há alguns anos, e de outro, o meu dever. Tenho a intenção de escrever um livro sobre isso, assim que me derem uma máquina de escrever. Agora eu estou aqui na prisão, mas a minha tragédia pessoal é sintomática para a tragédia coletiva. Isso agora é a recompensa por todo o trabalho prestado, eu trabalhei feito um louco porque fui educado para ser ciente das minhas obrigações, se há uma ordem, ela precisa ser cumprida. Não tem nada a ver com vínculos políticos etc. Eu teria feito exatamente o mesmo se estivesse no Exército Vermelho.

Teria muito bem dado tempo para eu escapar, eu poderia ter ido alguns meses antes para Munique, estava próximo de me tornar comandante de regimento. Mas antes da Invasão eu não quis abandonar a minha a posição. Aí começou toda a tragédia.[509]

O major Mayer se via num conflito de consciência, considerava enfrentar um "destino bastante ingrato". Por um lado havia a ordem para manter a posição. Por outro, ele sabia de suas responsabilidades pela vida dos soldados sob seu comando — muitos dos quais ele já conhecia há alguns anos. Na intenção de ser um bom comandante, Mayer ressalta sua presença nas primeiras linhas de combate ao lado de seus soldados e diz compartilhar seu sofrimento. Mas não deixa de reconhecer que cada vez mais morriam soldados alemães naquela batalha desigual só porque ele, na condição de comandante, não desistia de combater. Não cumprir a ordem de "manter a posição sob quaisquer circunstâncias" não era sequer cogitado pelo major. A obediência e o respeito ao comando eram mais importantes. Isso fica tanto mais evidente quando Mayer diz que sua obrigação não dependia das condições políticas e que faria "exatamente o mesmo" se pertencesse ao Exército Vermelho. Só quando lhe restavam apenas trinta homens e já não havia mais nenhuma dúvida de que todos acabariam morrendo também é que Mayer, como ele mesmo reconheceria mais tarde, interrompeu o combate. Para ele, portanto, só foi possível desrespeitar aquela ordem depois de sua companhia praticamente deixar de existir e de sua própria vida estar sob perigo iminente. E ainda assim sofria com um peso na consciência por talvez ter abandonado a luta cedo demais. Analisando bem, a ordem não havia sido cumprida com o rigor necessário, ele aventa inclusive ser levado a um tribunal marcial para responder por isso.

Não se sabe ao certo como a batalha da unidade de Mayer transcorreu de verdade naquele junho de 1944. Alguns casos de deserção não mencionados ou a chance de o número de soldados rendidos ter sido na realidade muito maior do que os trinta declarados são hipóteses plausíveis e devem ter contribuído ainda mais para o dilema de consciência do major. Mas o exemplo já é suficiente para mostrar a importância que se dava à obediência e ao cumprimento das obrigações no marco referencial dos soldados e sobretudo do corpo de oficiais. Romper esse marco só parecia possível em situações de necessidade extrema, no pior dos cenários, por assim dizer. Essa postura quase não sofria influência das convicções políticas pessoais — isso que é surpreendente. Havia muitos críticos do regime que se queixavam insistentemente dos estragos produzidos pelos nazistas na Alemanha e, ao mesmo tempo, se indignavam com os soldados de infantaria que se deixavam capturar quase sem resistência.[510]

No marco referencial dos soldados a valentia, como virtude militar universal, tem um papel tão importante quanto a obediência e o cumprimento das obrigações. E como só uma ínfima minoria dos soldados — ao contrário, por exemplo, dos aviadores — conseguia comprovar seu desempenho com base no número de inimigos mortos ou de blindados danificados, esses valores logo se converteriam num símbolo para o rendimento pessoal de cada um. A divisão de trabalho na guerra terrestre era tão complexa que tornava impossível aferir os resultados concretos das ações individuais. Restava apenas o apelo à valentia. E isso significava sobretudo ter continuado o combate e cumprido as tarefas designadas mesmo sob as circunstâncias mais adversas. O primeiro-tenente Gayer faz um relato de sua missão no front italiano:

> Primeiro me mandaram para perto de Cassino e algumas semanas depois nos transferiram para o front de Orsogna. E eu estava lá como chefe de companhia, ali

perto de Arielli, ao sul de Pescara. Fomos inteiramente consumidos pelo fogo da artilharia inimiga. Minha companhia tinha 28 alemães e 36 italianos. Os italianos saíram fugindo. O primeiro a se mandar foi o tenente deles. Mas nós ainda permanecemos lá mais uns dez dias.[511]

Gayer tenta mostrar que a postura dos seus soldados não devia ser confundida com a dos italianos, pois *até* o tenente deles era capaz de desertar. Eles, pelo contrário, ainda resistiram mais dez dias sob o terrível fogo de artilharia, quando finalmente a unidade foi eliminada. Essa imagem de uma batalha de bravura sob as condições mais adversas, ao menos no que diz respeito às enormes perdas, aparece com muita frequência nos protocolos das escutas. Relatos dessa natureza são ainda mais comuns entre os soldados de grupos de combate ou então das tropas de elite. Um relato dramático é o de Hans Lingner, Standartenführer da ss, um dos poucos altos oficiais da Waffen-ss que estiveram nas prisões dos Aliados ainda durante a guerra. Ele conta com orgulho sobre o feito de um Untersturmführer de sua divisão:

LINGNER: E ele chegou a defender um vilarejo por três dias, só com dezoito soldados contra meio regimento, sendo atacado por todos os lados. Eu pude ver como uma metralhadora é capaz de derrubar destacamentos inteiros. Aí nós fizemos um contra-ataque e retiramos os nossos garotos de lá. Era o que havia sobrado do grupo de reconhecimento que antes contava com 180 homens, agora só tinha dezoito. Essa ainda era a turma dos velhos tempos![512]

A norma que exigia dos soldados combater com bravura e não se entregar tinha a mesma vigência para os não combatentes da Wehrmacht. Os prisioneiros que mais reclamaram da rápida capitulação de Paris em 25 de agosto de 1944 foram justamente os funcionários administrativos.[513]

Valentia, obediência e cumprimento dos deveres eram os aspectos mais determinantes na percepção da ação dos soldados;[514] e esse padrão valorativo manteve-se estável durante toda a guerra. Traços biográficos não eram suficientes para modificá-lo; motivos políticos, tampouco. As interpretações que satisfaziam a doutores em filosofia eram as mesmas que satisfaziam a bancários e aprendizes de confeitaria, a social-democratas convictos e a nazistas fervorosos. Embora fossem enormes as diferenças sociais entre os 17 milhões de soldados da Wehrmacht, de uma forma ou de outra todos compartilharam o mesmo sistema de valores militar durante o tempo de serviço.

Mas havia interessantes nuances em cada uma das Forças Armadas, próprias de cada grupo. Com base no nosso material, a valentia, o orgulho, a firmeza e a disciplina parecem desempenhar um papel mais importante nas conversas entre os soldados da Marinha do que nas de seus pares do Exército ou da Luftwaffe. Heinz Jenisch, primeiro-tenente da Marinha, é bem representativo ao falar da perda do submarino U 32, em outubro de 1940: "Enquanto o nosso barco afundava eu ainda gritei algumas vezes '*Heil* Hitler'. Ainda ouvi de longe uns gritos de 'hurra' em resposta. Mas outros só gritavam 'socorro', quase suplicando. É lamentável, mas sempre há gente que acaba fazendo essas coisas".[515]

Um cabo conta sobre o naufrágio do furador de bloqueio *Alstertor* e mostra como um soldado da Marinha deve se portar, de acordo com sua opinião:

> Durante a batalha nós mantínhamos os presos numa cabine, um guarda na porta com a pistola engatilhada e a seguinte ordem: ele não podia abrir a porta até segunda ordem. Mas o oficial autorizado a dar essa ordem morreu. O navio já havia ido quase inteiramente a pique, e ele permanecia ali, parado. Não saiu nem um prisioneiro, o guarda também não. Isso é que é cumprir com o seu dever![516]

Há um sem-número de exemplos como esse, de conversas entre os soldados da Marinha destacando as virtudes militares. É claro que também há declarações parecidas tanto na Luftwaffe quanto no Exército. Seja como for, a vantagem quantitativa da Marinha nesse aspecto não chega a surpreender. Marcada pelo levante dos marinheiros de 1918, das três Forças Armadas a Marinha era sem dúvida a menos prestigiada e importante. Em 3 de setembro de 1939, seu comandante-chefe, Erich Raeder, chegara a dizer que não havia qualquer esperança quanto à iminente batalha contra o poderio naval da Grã-Bretanha; à Kriegsmarine restaria, portanto, tão somente demonstrar que estava em condições de "morrer com dignidade".[517] Embora seu ânimo logo melhorasse e ele viesse a acreditar que seria possível vencer a Inglaterra numa guerra econômica, o comando-maior da Kriegsmarine sempre mostrou uma preocupação particular com o espírito combatente de seus soldados. Era a maneira de sustentar seu papel dentro do Estado e da Wehrmacht, pois o suposto moral elevado se converteria em pouco tempo no único instrumento de barganha da Marinha. A partir de 1943, sua irrelevância militar passou a ser evidente: dos couraçados aos destróieres, todas as suas unidades eram tecnicamente muito inferiores aos americanos e britânicos. Sequer a quantidade de combustível era suficiente para abastecer as tripulações, assim quase todas as batalhas se resolviam a favor dos Aliados. Não havia sucessos encorajadores. Lanchas velozes e submarinos, cujas condições em princípio eram um pouco melhores, foram superados pelas modernas técnicas de localização dos Aliados. A falta de boas notícias e a crescente inferioridade no aspecto material e pessoal conferiam a esse combate um valor sui generis.[518] A cúpula nazista respeitava a Marinha justamente por isso;[519] seu pretenso espírito combativo foi um dos motivos que mais pesaram para Hitler escolher Dönitz como seu sucessor na presidência do Reich.

Até o último cartucho

Os alemães só se entregam quando já não há mais nenhuma chance.[520]

Sobretudo em situações críticas, as virtudes militares deveriam levar os soldados, movidos por sua mais íntima convicção, a combater até o "final". Lutar até o "último cartucho" era portanto a expressão da atitude exemplar de um soldado. No segundo regulamento do Exército 2 constava: "Espera-se de todos os soldados alemães que prefiram a morte de armas em punho à prisão. Pode acontecer no entanto, nas vicissitudes do combate, que mesmo o mais valente dos soldados venha a cair, ainda com vida, nas mãos dos inimigos".[521] E ainda que o juramento dos soldados também exigisse expressamente o compromisso da própria vida,[522] esse *tópos* argumentativo não era interpretado literalmente, nem pela cúpula nazista, ao menos até a primeira metade da guerra, mas mais de uma forma simbólica. Se a batalha estivesse decidida taticamente, os soldados estavam autorizados a se entregar aos inimigos. Considerava-se que continuar o combate já não tinha mais sentido — apesar de sobrarem alguns cartuchos de munição para os soldados de infantaria.

Enquanto a situação da guerra piorava, a liderança política e mais tarde também a militar se tornavam cada vez mais radicais na sua exigência de uma luta até o "final". Na última fase da guerra, esse já seria um símbolo da Wehrmacht. Na crise do inverno de 1941-42 na entrada de Moscou se iniciou um processo que transformou a decisão tática dos combates na exigência de uma entrega "fanática" à luta até a morte.

No dia 16 de dezembro de 1941, em reação ao agravamento da situação no front do Grupo de Exércitos Centro, Hitler deu a seguinte ordem: "Os comandantes-chefe, demais comandantes e oficiais devem cuidar pessoalmente para assegurar a resistência fanática de suas tropas nas respectivas posições, sem se preocupar com a penetração do inimigo pelos flancos ou às suas costas".[523] Keitel complementaria dez dias depois: "Cada pedacinho de chão deve ser defendido até a última força".[524] No início essas ordens foram bem recebidas pelos comandantes locais, pois acreditava-se que dessa forma era possível evitar o pânico dos soldados esgotados. Mas, como o comando de persistência foi se tornando nos dias seguintes cada vez mais uma instrução geral para as ações, logo surgiram manifestações de insatisfação. O coronel-general Erich Hoepner comentava: "A vontade fanática não basta. A vontade está aí. Falta a força. [...] A resistência fanática exigida leva uma tropa indefesa ao sacrifício".[525]

Os generais se recusavam a "permanecer" e a "morrer", porque a morte de seus soldados no campo de batalha sob essas condições não pareciam trazer nenhuma vantagem militar. Hitler, no entanto, insistia na sua ordem de persistência e destituía todos os chefes de tropa que não queriam se submeter a esse imperativo. Sua intransigência era atribuída ao fracasso definitivo da ofensiva russa diante de Moscou, em fevereiro de 1942. Para Hitler, o contra-ataque soviético no inverno de 1941-42, que provocou a primeira grande crise da Wehrmacht, serviu para provar que em situações extremas havia, sim, um sentido militar em sacrificar as próprias tropas.[526] A partir daí ele passou a exigir sempre a "luta fanática" "até o último cartucho" e cuidava para que essas ordens fossem cumpridas palavra por palavra. Em 3 de novembro de 1942, quando o marechal de campo Erwin Rommel manifestou intenção de retirar suas tropas de El Alamein, o ditador proibiu expressamente qualquer tentativa de recuar: "A vontade mais forte [vencerá] os mais fortes batalhões". E Hitler prosseguia: "O senhor não tem outro caminho a mostrar a suas tropas a não ser o da vitória ou o da própria morte".[527] Com a cobertura de seu superior, Albert Kesselring, Rommel enfrentou a ordem de sucumbir e comandou a retirada. O que mais pesou certamente não foram as vidas dos soldados — em outras ocasiões Rommel não teve qualquer escrúpulo em mandar soldados direto para a morte. Em abril e maio de 1941, por exemplo, ele atiçou parte de suas tropas para um ataque sem nenhuma importância militar contra a fortaleza líbia de Tobruk e se valeu da circunstância para difamar o tenente-general Heinrich Kirchheim, que havia se recusado a sacrificar seus próprios soldados. Mas em novembro de 1942 Rommel já reconhecia que não havia qualquer sentido militar em persistir com suas divisões, por isso ele queria a retirada. Hitler, por sua vez, pensava diferente. Com sua ordem de resistir na África, ele tinha em mente tanto um objetivo militar propriamente dito como também outro objetivo mais elevado. Por um lado, o ditador acreditava que a pura vontade seria o suficiente para conter o Oitavo Exército britânico. Por outro, ele via no sacrifício dos soldados um sentido mais nobre, uma precondição para a unidade da nação.[528]

Em novembro de 1942, a desobediência de Rommel adiou mais uma vez a dissolução do exército de blindados da África. Rommel não chegaria a presenciar o final dessas unidades na Tunísia, em maio de 1943, pois oito semanas antes ele seria destituído do comando. O recuo sob sua ordem havia sido expressamente proibido por Hitler, que exigia dos soldados a luta até a morte. Pois, sabendo bem o que se esperava dele, Hans Cramer, comandante do Deutsches Afrika-Korps, comunicou por rádio no dia 9 de maio de 1943: "Munição esgotada. Armas e equipamentos destruídos. Em cumprimento de seu dever, o DAK [Deutsches Afrika-Korps] lutou até não ter mais condições de combate".[529] Cramer foi capturado pelos britânicos e aprisionado em Trent Park. Mas como sofria de asma aguda, sua repatriação já estava prevista para fevereiro de 1944. Por isso ele quebrava a cabeça pensando em como explicar a Hitler, depois de retornar à Alemanha, "por que a aventura da África acabou tão cedo". O que mais o preocupava era o fato de a ordem de resistir até o final não ter sido exatamente cumprida. "Meus comandantes de divisão sempre me perguntavam se não era possível mudar essas coisas, mas eu dizia: 'Não'." Apesar de tudo, "pelo que pareceu no final, os rendidos ainda tinham para cartuchos seus fuzis, para suas metralhadoras e para o armamento mais pesado". Como Cramer explica ao general Crüwell na prisão, o conceito de "até o último cartucho é [portanto] relativo, ou seja, na verdade deveriam dizer apenas o seguinte: 'até a última granada antiblindados'".[530] Cramer recusava tanto uma luta de "pistolas contra blindados" como uma "batalha final" de sua infantaria, que já parecia desprovida de qualquer sentido militar. Depois de o combate já estar decidido taticamente, ele finalmente "entregou" suas tropas ao inimigo — fato que tentou esconder do ditador.[531] O general Crüwell lhe aconselha evitar de todas as formas a palavra "entrega" e falar diante de Hitler somente sobre o "final".

Enquanto o general Cramer sofria suas dores de consciência, o coronel Meyne mostra toda a sua indignação pela maneira como a "batalha final" fora conduzida na Tunísia. Nunca houvera nada parecido na história militar da Alemanha. O resultado seria "deprimente", bem diferente do que acontecera em Stalingrado. A queda do Sexto Exército teria sido, sim, muito triste, mas "eles lutaram até o final, foram encurralados à base de tiroteio pesado, aguentaram sabe-se lá como por tanto tempo e só se viram obrigados a capitular depois, quando as coisas já não tinham jeito". Na África teria sido completamente diferente. "É assustador", diz Meyne, "a quantidade de oficiais que já não combatem mais. Eles simplesmente não têm mais vontade. Estão de saco cheio." A ordem do Führer para que resistissem até o último cartucho de munição fora repassada às divisões, que então responderam: "E onde está a munição?". Finalmente, no dia 8 de maio, o general Vaerst, comandante-chefe do 5º Exército de Blindados, deu o seguinte comando: "Plenos poderes" — o quanto vocês puderem, depois acabou.[532]

Os relatos mostram que, pelo menos até 1943, a maioria dos oficiais ainda reconhecia de alguma maneira um grande valor militar vinculado à luta até o último cartucho. A concepção de Hitler, no entanto, já havia se desligado de qualquer coisa; para ele se tratava claramente do sacrifício em si mesmo. Também Goebbels dizia em junho de 1944: "Não lutamos até o último cartucho por nós mesmos, nós lutamos até a última gota de sangue ou até o último suspiro [...]. Só há duas alternativas, viver ou morrer".[533] O comando da Wehrmacht se adaptou rapidamente a essa retórica fatalista. No verão de 1944, por exemplo, os oficiais na Muralha do Atlântico se comprometeram por escrito a defender suas bases até o último soldado.[534] A eventual desculpa — "Não tínhamos mais condições de resistir porque nos faltava munição e provisão" — acarretaria as "mais duras medidas" contra os responsáveis.[535] Diante da situação militar aparentemente perdida na Normandia, o marechal de campo Günther Kluge comunicou a Hitler em 21 de julho de 1944: "Há que persistir e, já que não há meio de atenuar a nossa situação, há que morrer com dignidade".[536] Certamente essas linhas também foram concebidas para agradar ao ditador e disfarçar o envolvimento de Kluge no atentado contra Hitler. Ainda assim, o episódio serve para mostrar com que palavras o alto generalato do Exército acreditava poder conquistar a graça de Hitler. No outono de 1944, quando os Aliados alcançavam as fronteiras do Reich, o generalato incorporou definitivamente o "dever de sucumbir"[537] nas suas próprias ordens. A permissão para a capitulação era recusada mesmo quando a batalha já estivesse taticamente decidida.[538]

Surge então a questão sobre em que medida combater até o "último instante" e sua interpretação cada vez mais literal também se encontravam ancorados no marco referencial desde os níveis intermediários de liderança até o mais simples recruta.

Na vida de um soldado havia regras para praticamente tudo: para a forma correta de vestir a farda, para o manejo das armas pessoais, para seu comportamento em meio a uma batalha — para a capitulação, no entanto, não havia nenhuma. Não havia nada que estipulasse nem quando nem o modo concreto da rendição. No calor dos combates, as ideias do Alto-Comando permaneciam na maioria das vezes muito abstratas para os de patente mais baixa. A derrota no campo de batalha era por isso uma situação de desorientação em que o comportamento coletivo cumpria um papel fundamental. Os soldados combatiam em conjunto e iam geralmente também em conjunto para a prisão.

O primeiro-sargento Renner, do Regimento de Informações Aéreas 7, não teria demonstrado a menor vontade de combater até o último cartucho nas batalhas em torno de Cherbourg em junho de 1944:

> RENNER: Poderíamos ter resistido no mínimo mais três ou até cinco dias. Mas eu procurei evitar isso de todas as formas. [...] Apesar do fogo cerrado eu fui para a frente do bunker e comecei a falar: "Vocês querem morrer lá fora agora nesse combate sem sentido, que não levará a lugar nenhum? Vamos, nós sairemos". De um total de mais ou menos duzentas pessoas, dez se opuseram — os outros não disseram nada —, eles disseram: "Isso não pode ser exigido de ninguém, não é possível! Temos de lutar até o último cartucho!". Então eu perguntei: "E o que quer dizer o último cartucho? Você dispara o último tiro, o inimigo responde com mais fogo, e você morre!". Ele disse: "Pois então seremos os heróis que morreram pela pátria!". Eu respondi: "Aí você já não está mais vivo para saber, seu idiota, depois de você morrer aqui, a sua mulher sofrerá em casa!". Então os outros disseram: "Não, não, eu prefiro ir embora antes disso". Consegui convencer as pessoas. Perguntei de novo: "Quem vem comigo?". Primeiro só dois se apresentaram, logo depois, num instante, já eram

entre 25 e trinta soldados. Fui na frente levando a bandeira, agitando-a para lá e para cá, direto ao encontro do grande fogo cerrado.[539]

Renner ainda voltou algumas vezes até as linhas alemãs e conduziu ao todo 282 soldados para a prisão. Seu caso é emblemático para mostrar como os soldados se orientavam pelo comportamento de seus camaradas. Renner teve a autoridade necessária para se impor contra os que queriam resistir até as últimas consequências. Quando os primeiros foram atrás dele, o gelo foi quebrado e então cada vez mais soldados passaram a se render. Como o oficial no comando permanecia escondido na sua casamata, Renner pôde se aproveitar da desorientação dos soldados e lhes indicar uma saída através de seu próprio comportamento. Sem dúvida o desfecho da história seria outro, caso um oficial carismático houvesse se apresentado diante dos soldados para lhes exigir um combate até o último cartucho.

O desejo de sobrevivência e a dinâmica dos grupos em combate explicam por que diversos soldados alemães, para a indignação da cúpula, desistiam do combate sem lutar "até o último cartucho" mesmo na fase das Blitzkriege e estando em companhias de até duzentos homens.[540] Dessa atuação contrária à norma por parte de muitos soldados não se pode deduzir, contudo, que o argumento não tenha encontrado penetração no geral das tropas. Os protocolos das escutas confirmam que ele constituía um ponto central de orientação no marco referencial dos soldados alemães, bem sedimentado, determinante para sua atividade. O capitão Grundlach, da 716ª Divisão de Infantaria, conta como defendeu sua posição na pequena cidade de Ouistreham, na Normandia, em 6 de junho de 1944:

> GRUNDLACH: Nós estávamos dentro da casamata. Claro que nos defendemos e limpamos a situação. Por acaso eu era o que tinha mais tempo de serviço. Então assumi o comando e nós nos defendemos até o último instante. Quando uma parte de meus soldados desmaiou porque não tínhamos mais ar dentro do bunker e eles ainda queriam nos sacar de lá com lança-chamas, eu disse: "Não, assim já não dá mais". Foi aí que eles nos prenderam.[541]

O relato mostra que o capitão Grundlach, sem considerar suas possibilidades de impingir algum dano relevante ao inimigo, num primeiro momento dá continuidade ao combate. Depois de os britânicos utilizarem lança-chamas e os soldados alemães começarem a desmaiar por causa do calor e da falta de oxigênio, a obrigação já havia sido dada por cumprida. Ele combatera até um ponto facilmente reconhecível: a situação indefesa de seus soldados. "Assim já não dá mais", e ele desiste de lutar. De modo muito parecido, o cabo Lorch, da 266ª Divisão de Infantaria, conta de sua prisão em meados de julho de 1944, perto de Saint-Lô. A princípio constava que ninguém podia se entregar aos inimigos. Mas "quando acabou a munição, o comandante de nosso grupo falou: 'Agora eu quero mais é que eles se fodam!'".[542]

A relevância dessa norma de atuação, de lutar até o "último instante", vem novamente à tona nas conversas dos prisioneiros que caíram nas mãos dos Aliados durante a defesa de Cherbourg, no final de junho de 1944. Eles sabiam muito bem que a perda da cidade representava um duro golpe para a Wehrmacht. Nas conversas, eles insistem em afirmar que não era possível manter a fortaleza com aquelas tropas mal organizadas e também mal equipadas, que nenhum deles poderia levar a culpa por ela ter caído de forma tão *rápida*. O coronel Walter Köhn conta:

> KÖHN: Um tenente me disse: "O que nós fazemos com essa galeria daqui, com essa munição?". Respondi: "Podem explodir a entrada. Já não serve de nada". Depois ele me chamou e contou que tinha explodido o buraco de entrada, primeiro ele teria chamado para conferir se ainda havia algum soldado alemão lá dentro. Saíram 150 soldados de lá. Encolhidos num canto, deitados por dias a fio. Cento e cinquenta! "Sim, e o que o senhor fez com eles?" "Pois eu os coloquei em ação na mesma hora. Eles não tinham armas. Catei umas armas perdidas e os coloquei em ação. Depois de dar as ordens, olhei novamente em volta e eles já tinham desaparecido de novo."[543]

Manifestações de descontentamento com a desobediência de soldados em Cherbourg não se encontram apenas no meio dos protocolos das escutas. Irritado, o comandante de porto Hermann Witt, capitão da Marinha, comunicou a Paris por rádio que o major-general Sattler teria se rendido em Arsenal com uns quatrocentos homens, sem necessidade.[544] Para ele, o que de fato incomodava não era a capitulação de Sattler, mas que ela teria ocorrido "sem necessidade". Witt considerava isso um autêntico sinal da derrocada moral. "Igualzinho às batalhas de Jena e Auerstedt", ele admitiria poucos dias depois, na prisão militar britânica.[545] A vida dos soldados numa batalha desigual não era fator relevante para muitos oficiais do comando-maior da defesa de Cherbourg. É por isso que eles registram com satisfação que ao menos o grupo de combate do tenente-coronel Hermann Keil teria resistido em Cap de la Hague "de maneira exemplar [...] até o último instante".[546]

A intenção de combater até o "fim" pode ser comprovada em quase todos os soldados alemães. As circunstâncias, disposições pessoais e a coesão dos grupos levavam a uma interpretação bastante elástica da ação exigida pela norma. Apelavam a ela tanto Hermann Witt, o último defensor de Cherbourg a depor as armas, como também o major-general Botho Elster, que, no dia 16 de setembro de 1944, na ponte do rio Loire, em Beaugency, se rendeu diante de unidades americanas com seu grupo de marcha de quase 20 mil homens, sem disparar um único tiro. Elster argumentava em seu favor que havia feito o possível para avançar com seus soldados para o leste. Os erros da cúpula lhe teriam tomado todos os meios de continuar combatendo dignamente.[547]

Pouco importa como se portaram de fato os soldados da Wehrmacht, eles sempre estilizavam sua atuação no sentido de combater até o "último instante". Em relação ao comando-maior, essa tendência pode ser comprovada também a partir da dura comunicação de rádio entre altos oficiais e seus superiores pouco antes de suas respectivas rendições. Toda batalha verbal que aí se produziu servia para assegurar a ambos os lados que o comportamento obedecera à norma geral. Com isso, alguns chegaram até a conseguir cobiçadas condecorações ou promoções de carreira.[548]

A necessidade de atestar a dignidade da própria conduta levava os soldados forçosamente a se diferenciar dos "demais", aqueles que não teriam se comportado de acordo com o exigido. No caso concreto, isso podia representar, por exemplo, acusar soldados de outros setores da Wehrmacht de covardes. Também era comum atribuir-se a culpa a outros grupos da hierarquia. Eis a queixa de um cabo em julho de 1944:

> Os oficiais de Cherbourg eram um bando de frouxos. Teve um no nosso grupo que deveria ter comparecido diante do tribunal marcial [...], porque quis fugir para sobreviver. Mas ele não chegou sequer a ser processado, pois os senhores oficiais estavam dentro da casamata e não se arriscavam a sair de lá. O assunto

então foi simplesmente esquecido. Mas dar ordens: "Lutaremos até o último soldado", eles davam sem o menor problema.[549]

E prossegue: "Há dias que eles já prepararam as suas malas para a prisão. Se nossos oficiais não tivessem sido tão covardes, Cherbourg jamais cairia daquele jeito".[550] Os oficiais, é claro, viam as coisas de maneira exatamente contrária: só "quando tinham o comandante e o oficial do lado é que os soldados resistiam. Mas assim que ele deixava o seu posto...",[551] reclama o coronel Walter Köhn. Após a rápida queda de Paris, alguns oficiais disseram até que a capital francesa só teria sido defendida por oficiais. Eles teriam lutado pessoalmente até o último instante. Daí sua consciência tranquila. "Não se pode fazer mais do que isso."[552]

Apesar da semelhança entre os modelos argumentativos, os protocolos das escutas mostram bem que essa necessidade de apresentar a própria conduta como obediente crescia de acordo com o nível hierárquico. Numa carta a sua mulher de dentro da prisão, o capitão da Marinha Hermann Witt aproveitou para informar em linguagem cifrada ao grande-almirante Dönitz sobre sua batalha no cais externo de Cherbourg.[553] Outros oficiais gostavam de ressaltar que suas posições de batalha teriam sido as últimas a capitular.[554] Eles seriam por assim dizer os últimos a abandonar o barco. Já no campo estadunidense para prisioneiros de guerra, o tenente-general Erwin Menny, capturado pelos canadenses depois do bolsão de Falaise, escreve em seu diário, em novembro de 1944:

MENNY: Fico assombrado com o pequeno número de generais entre os quarenta que conheci na prisão que lutaram *pessoalmente* até o último momento. Mas é evidente que todo soldado e sobretudo um general têm o dever de tentar de tudo, mesmo o mais improvável. Quem tem sorte consegue também o impossível. Quantas vezes eu e meus soldados conseguimos escapar de cercos e outras situações desesperadoras, quando ninguém mais contava que sairíamos vivos de lá? O fato de eu ter permanecido dessa vez ileso com apenas dois senhores, depois dos combates mais duros, foi um mero acaso ou quase um milagre. Não me preocupo em despertar a admiração dos inimigos, mas preferiria que os jornais ingleses escrevessem de mim que eu resisti bravamente e com incrível obstinação até o limite, buscando a própria morte para evitar a prisão. Nunca conseguirei entender como um general é capaz de "capitular".[555]

Como fica claro aqui, ao menos no mundo imaginário de Menny, as regras de conduta para um general seriam diferentes das dos demais. Ele estaria obrigado a lutar até o último instante, de preferência de arma em punho, "buscando a própria morte", sem se deixar "capturar" de jeito de nenhum. Orgulhoso, Menny acrescenta em seu diário que teria se recusado a se entregar com as mãos para cima. Apesar de suas posições políticas diametralmente opostas, os generais Wilhelm Ritter von Thoma e Ludwig Crüwell compartilham em Trent Park a mesma indignação ao lerem no jornal que o marechal de campo Paulus foi aprisionado em Stalingrado. "Eu teria dado um tiro na minha cabeça. Isso é uma grande decepção! Uma grande decepção!", comenta Crüwell, que continua: "Na minha opinião o fato de o senhor e eu estarmos aqui na prisão não tem nada a ver com isso — são coisas completamente diferentes".[556] Os dois reafirmam que pararam nas mãos dos inimigos combatendo até o último momento. Von Thoma chegaria mesmo a dizer que os inimigos só o retiraram de seu blindado à base de tiros, uma rajada de metralhadora teria até varado seu boné. A prisão de Paulus, por outro lado, não apresentava qualquer heroísmo. Na visão de Von Thoma e Crüwell, Paulus teria com isso infringido a regra duplamente. Não era só a capitulação que irritava os dois generais, mas também as circunstâncias em que ela se deu. "Permanecer com vida enquanto seus soldados morrem" seria algo inadmissível para um comandante-chefe. Diz Von Thoma:

> É a mesma coisa se no seu barco todas as pessoas estão liquidadas ou apenas três marinheiros e o capitão e o primeiro-oficial se salvam — é algo que não consigo explicar, porque eu conheço Paulus. Isso só pode ter acontecido porque ele já estava com seus nervos destroçados e tudo o mais. Não é típico de um soldado, é uma coisa aliás que me irrita em qualquer soldado.[557]

Pior ainda teriam se comportado os generais italianos diante de El Alamein. Enquanto Von Thoma era abatido em seu blindado e caía nas mãos dos britânicos com a sua farda imunda e perfurada,

> os generais italianos [chegavam] com seus uniformes impecáveis, [...] com toda a sua bagagem. No Cairo, os oficiais ingleses riam dessas coisas. Eles se apresentavam como autênticos "turistas Cook", tinham até as suas malas! Todos levavam ali

dentro suas fardas de paz. Eles logo vestiam essas fardas. Pensei: "Tomara que eu não tope com um desses".[558]

A maior expectativa em torno dos altos oficiais para que se portassem de forma exemplar e combatessem até morrerem pode ser constatada também nos informes da Wehrmacht. Consta, por exemplo, no dia 3 de julho de 1944: "Nos duros combates de defesa os generais no comando, o general de artilharia Martinek e o general de artilharia Pfeiffer bem como o tenente-general Schünemann, morreram lutando heroicamente na frente de suas companhias, cumprindo com lealdade o juramento que fizeram à bandeira".[559]

O que mais chama a atenção nessas reflexões é a insignificância da questão acerca da utilidade operacional de se prosseguir combatendo. Von Thoma não se pergunta sequer pelas perdas que teve na qualidade de general comandante nas primeiras linhas de combate; Menny tampouco, se sua tentativa de escapar naquelas condições fazia algum sentido ou se simplesmente conduzia seus soldados à morte certa. Da mesma forma, o capitão Gundlach, que defendeu seu bunker nas proximidades de Ouistreham, também não se preocupava em mostrar se sua resistência teria sido capaz de conter o avanço dos ingleses. O sentido era a luta sui generis. Quem obedecia a essa norma ou ao menos parecia respeitá-la podia se sentir um bom soldado e não precisava ser repreendido nem depois de derrotado.

Só mais tarde a interpretação do que seria uma conduta conforme a norma foi influenciada pelas más condições da guerra. Muitos soldados haviam vivenciado uma derrota arrasadora na Normandia e acreditavam, portanto, que a guerra já estava perdida. Ainda assim não mudavam a opinião de que o soldado estaria obrigado a combater bravamente até o último instante. Só depois da ofensiva das Ardenas essa regra passou então a perder progressivamente sua vigência, pois os soldados concluíam enfim que a capitulação incondicional tornara-se inevitável e o mito em torno de Hitler já não tinha mais o mesmo brilho.[560] A partir desse momento os soldados entravam muitas vezes numa "greve silenciosa", como conta o general Rothkirch, em 9 de março de 1945, em Trent Park. "Todos ficam ali sentados quando os americanos chegam. Não fazem nada."[561]

Mas também não podemos nos deixar levar apenas por esses dados, pois soldados alemães, de acordo com as suas situações e disposições pessoais, também chegaram a oferecer uma ferrenha resistência aos Aliados no Ocidente até finais de abril de 1945. Se a estrutura social de uma companhia de combate ainda estivesse intacta, se, além disso e de acordo com um juízo subjetivo, ela ainda estivesse bem equipada e com bom armamento, os soldados podiam então resistir muitas vezes com uma dureza que parecia não corresponder absolutamente à fase final da guerra. A ação da 2ª Divisão de Infantaria Naval em abril de 1945 ao sul de Bremen é um bom exemplo. Fizeram parte inúmeras tripulações de navios sem qualquer experiência no combate terrestre. Mal instruídos e equipados, eles ainda lutaram com obstinação — e enormes perdas.[562]

As barreiras que protegiam o marco do mundo de valores militar aumentavam de acordo com a patente dos soldados. Em Trent Park dois soldados alemães discutem intensamente sobre como a Wehrmacht deveria se comportar diante da situação calamitosa. O general Eberbach sintetiza as duas posições, no final de janeiro de 1945:

> EBERBACH: [Uns diziam] que agora chegou o momento em que é necessário capitular [para] manter a essência do povo alemão, pouco importa em que condições. Outros no entanto acreditavam: agora as coisas estão tão confusas que o melhor que resta ao povo alemão é combater até o último instante e o extremo limite, para pelo menos conquistar o respeito dos inimigos e dar a chance ao povo alemão de se reerguer com o que restou, inspirado nessa batalha fatal. São as duas opiniões. Não dá para dizer que uma é certa e a outra errada.[563]

No final de março de 1945, no entanto, quando os Aliados cruzaram o Reno com seu front enorme, a maioria dos soldados alemães já se distanciava da ideia de uma luta condigna até o último cartucho. "Antes eu sempre pensei que era errado entregar as próprias armas, que seria um grande golpe contra o nosso povo, com consequências terríveis para o futuro. Mas agora, agora isso precisa ter um fim, já é loucura", reconhece o tenente-general Ferdinand Heim, no final de 1945.[564] É na placidez monacal de Trent Park que o tenente-general formula sua opinião. Mas é também possível que generais no front tenham chegado a uma conclusão parecida — só que lá as margens de atuação percebidas por cada um eram bem distintas, por isso a maior parte do generalato não se opunha às fantasias do Alto-Comando no que se refere à batalha final. A principal razão de o suicídio militar não ter se tornado apesar de tudo uma prática generalizada é porque a luta até o "último instante" sempre esteve associada à questão acerca dos próprios limites possíveis de um combate. Ninguém queria disputar de fuzil em punho com um blindado. Nem os soldados nem os oficiais. Quando não havia mais nenhuma possibilidade real de combater os inimigos, os soldados alemães desistiam do combate. Foi o que fizeram na Rússia em 1941, na Normandia em 1944 e na Renânia em 1945.

Exceção a essa regra foram algumas unidades de elite da Waffen-SS, que seguiram o combate até o último cartucho ao pé da letra. É mesmo surpreendente que os Aliados tanto na França quanto na Alemanha tenham capturado tão poucos soldados da SS. Isso não pode ser explicado apenas pelo fato de muitas vezes ingleses e americanos não terem efetuado prisões nos combates contra unidades da SS. Mais importante aqui é a insistência de algumas — não todas — unidades da Waffen-SS em combater mesmo nas situações sem nenhuma perspectiva, enquanto companhias regulares do Exército simplesmente entregavam suas armas. (Cf. pp. 352 ss.) Os soldados da Wehrmacht não se conformavam com esse comportamento. O sacrifício da própria vida, segundo o tenente-coronel Freiherr von der Heydte, seria "um valor equivocado, esse 'complexo de lealdade absoluta' do pessoal [da SS], essa ideia de sacrificar a vida, de arriscar a própria vida, que eles cultivam de uma maneira esquisita, quase como os japoneses".[565]

Com exceção da Waffen-SS, havia entre as forças terrestres da Wehrmacht uma espécie de consenso em desistir do combate assim que não fosse mais possível manter uma defesa ordenada e efetiva. Os soldados se recusavam a se sacrificar nessa situação. No seu mundo normativo, o sacrifício despido de qualquer sentido militar não tinha espaço. Sacrificar-se não era um comportamento excluído a princípio, mas precisava estar vinculado a algum valor instrumental. Sobretudo no Ocidente, quando não houvesse outro motivo e os soldados acabassem se rendendo, a prisão não representava nada que pudesse atingir a honra de alguém.

Esse tipo de comportamento se repetiu no confronto para defender a fortaleza de Saint-Malo. Quando os defensores já estavam cercados na cidadela, o comandante da fortaleza, o coronel Andreas von Aulock, fez circular o seguinte comunicado: "Todos devem se preparar para morrer, pois o combate não cessará até o último instante, até o autossacrifício", como Georg Neher conta para seu companheiro de cela no campo americano de Fort Hunt. "Um dia antes da rendição ele ordenou aos prisioneiros que colocassem algumas minas em determinados lugares. Mas já não eram mais para os americanos, mas para nós mesmos. É claro que não fizemos [...]", pois Neher e seus camaradas não tinham intenção de morrer no último momento. "Conseguimos avançar até aqui, pusemos os nossos soldados no campo de batalha e agora temos de morrer essa morte inglória. Antes disso eu prefiro lançar uma granada de mão no coronel, dentro de sua galeria, já estou cagando para isso", reclama um dos soldados. Depois eles constatam aliviados: Aulock "não disse aquilo tão a sério, era tudo só para impressionar. Ele sequer chegou a pensar em morrer, só fez aquilo para ser mencionado mais algumas vezes nos informes da Wehrmacht e conseguir assim sua promoção a general. Ele quer se apresentar na prisão como general e portador das Folhas de Carvalho".[566] Posteriormente esse desejo se tornaria realidade. Aulock logrou transmitir uma imagem tão heroica de sua batalha que Hitler se encantou. Deveria servir de modelo a todas as outras fortalezas — foi seu comentário. Aulock recebeu as almejadas Folhas de Carvalho e a promoção para major-general também estava prevista. No entanto, por conta de um erro burocrático, quem acabou se tornando general foi seu irmão Hubertus.

Nem mesmo um soldado como Aulock havia lutado até o último instante. Ainda assim alguns altos oficiais não se conformavam com o fato de haverem caído nas mãos dos inimigos ainda vivos. "Como soldado, não tenho nada para recriminar em minha atuação", contava o tenente-general Wilhelm von Schlieben, o comandante da fortaleza de Cherbourg, pouco depois de sua prisão. "Só acho que o final seria melhor se eu tivesse morrido."[567] Teria sido um "ato histórico", diz Schlieben, se ele ainda tivesse se lançado no último momento contra as rajadas de metralhadora dos inimigos. Preso junto com Schlieben, o contra-almirante Hennecke conta que ele de fato quis "se jogar contra as balas". Por fim, o contra-almirante conseguiu demovê-lo do ato de desespero ao lhe aconselhar: "Isso é puro suicídio. Não tem nenhuma finalidade".[568]

O coronel Hans Krug não pensava muito diferente de Schlieben. O que o incomodava na verdade não era o fato de não ter conseguido preservar sua seção contra a investida do Exército de desembarque britânico no dia 6 de junho de 1944:

KRUG: Quanto a isso, estou absolutamente tranquilo — mas por terem me capturado! E se me acusarem disso? Por acaso não exigiam de mim tombar em combate? A ordem dizia: "Todos que abandonarem um ponto de apoio serão punidos com pena de morte. Deve-se combater até o último cartucho e o último soldado".[569]

Embora sua casamata já estivesse cercada, graças às ligações telefônicas ainda intactas, Krug chamou seu comandante de divisão para lhe pedir instruções. "'O senhor proceda como achar adequado'. Eu disse: 'O senhor general não gostaria de dar alguma ordem?'. 'Não, não estou no comando da situação.' Disse o mesmo a ele. Ele falou: 'Não, aja de acordo com a sua consciência!'" Krug estava realmente desorientado. Ele havia se comprometido por escrito a obedecer ao comando de defender sua base até o último soldado e tinha agora de tomar uma decisão. Apesar de a situação já não deixar mais dúvidas, Krug via-se sobrecarregado. Ele pondera: "Se o mais importante para o Führer e para o Reich é o prestígio, temos então que seguir à risca essa ordem. Ou é mais importante [poupar] esse jovem material humano, valioso, de um extermínio completamente inútil?".[570] Finalmente ele decide desistir do combate. O remorso por não se haver sacrificado permaneceu.

Por certo, no front oriental a ordem de combater até o "último instante" teve uma eficácia diferente. O medo diante do Exército Vermelho, bem manipulado pela propaganda nazista, mas sobretudo as batalhas muito brutais de parte a parte praticamente excluíam a prisão do rol de possibilidades. "Um ponto que pessoalmente sempre me interessou", diz o general Hans Cramer,

> é o seguinte — e isso se baseia de novo na minha experiência na Rússia [...]. É evidente que essa história de batalha final não funcionou tão bem na África quanto na Rússia, porque os soldados sabiam que dava para suportar a prisão na Inglaterra, ao contrário da Rússia, onde seriam "espancados até morrer". [...] É um fator importantíssimo na hora de decidir.[571]

Cramer vivenciara tanto a queda do setor sul do front oriental depois do cerco de Stalingrado, quanto as últimas batalhas na Tunísia. Estava portanto em condição de comparar diretamente as duas maiores catástrofes militares da Wehrmacht dos anos de 1942 e 1943. Sua observação sem dúvida condiz com a realidade e pode ser atestada por inúmeros exemplos.[572] De fato, o medo de parar numa prisão soviética levou em parte a uma espécie de rechaço à capitulação. Em praças e fortalezas já cercadas como Ternopil, Vitebsk, Budapeste,

Posen e finalmente Berlim, os últimos defensores não se entregaram, pelo contrário, preferiram se arriscar em tentativas quase absurdas de escapar e retornar às próprias linhas. Foi assim que milhares de soldados se atiraram à própria morte — como lêmingues. Caso tivessem se rendido, a maioria deles teria sobrevivido.[573] Não houve no Ocidente um rechaço similar à capitulação, nem em Cherbourg ou Saint-Malo, nem em Metz ou em Aachen.

Esse diagnóstico descreve tão somente uma tendência em uma luta mais radical na Rússia, pois no front oriental também foram aprisionados centenas de milhares de soldados alemães. O número para o período entre 1941 e 1944 é estimado em 860 mil.[574]

"Saber morrer dignamente"

Na Kriegsmarine se desenvolveu uma relação muito peculiar com a ideia de se combater até o último cartucho. Carregando a mácula da revolta dos marinheiros de 1918, uma das principais preocupações da cúpula da Marinha durante a Segunda Guerra Mundial era se livrar dessa pecha. O veredicto fatalista segundo o qual a Marinha estaria condenada "a morrer com dignidade" (cf. p. 300) foi uma consequência da entrada repentina da Grã-Bretanha na guerra.[575] Ele deixava claro como o comando-maior pretendia preservar a imagem da Marinha. Em dezembro de 1939, quando o couraçado alemão *Admiral Graf Spee* provocou o próprio naufrágio para fugir do confronto com as forças britânicas muito superiores e salvar assim sua tripulação, Raeder acobertou o procedimento. Ao mesmo tempo, no entanto, ele anunciou claramente que a partir de então os navios de guerra alemães deveriam ou conquistar a vitória ou afundar com a bandeira estendida nos mastros.[576] Inúmeros exemplos comprovam que esse espírito de sacrifício foi de fato exigido pela cúpula da Marinha dos seus soldados. Sobretudo na segunda metade da guerra, "morrer dignamente" se converteria no principal programa do sucessor de Raeders, o grande-almirante Karl Dönitz. Este, quando soube que o tenente-capitão Hans Dietrich Freiherr von Tiesenhausen, comandante do submarino U 311, havia balançado um pano branco em novembro de 1942 para poupar sua tripulação numa posição desprotegida dos ataques aéreos, reagiu com veemência. O comportamento teria sido equivocado, ele fazia questão de tomar satisfações do comandante assim que este saísse da prisão.

Hans Bohrdt (1857-1945): O último dos homens. *Postal de época (desde 1916 a tela é considerada desaparecida).*

Não pode haver nenhuma dúvida na Kriegsmarine de que hastear uma bandeira branca, assim como arriar a própria bandeira, significa não só uma indecorosa entrega da tripulação, como também do navio ou do submarino, e com isso também uma violação do velho mandamento dos soldados e fuzileiros navais: "Mais vale morrer com honra que arriar a própria bandeira".

Após esgotar todos os meios de combate, o comandante deveria ter afundado o próprio navio em vez de tentar se aproximar da costa africana, num último esforço de resgatar a tripulação. "Os oficiais", prossegue Dönitz, "devem ser rigidamente forjados na ideia que propugna a superioridade da honra da bandeira em relação à vida de cada um. Hastear uma bandeira branca é algo que não existe na Kriegsmarine alemã, nem a bordo nem em terra firme."[577]

A recusa dos navios de guerra em se entregarem já era um fenômeno do final do século XIX e pôde ser verificado na primeira metade do século XX em quase todas as grandes Marinhas.[578] Na Alemanha essa postura já havia se transformado em ícone na Primeira Guerra Mundial por meio da pintura *O último dos homens*, de Hans Bohrdt. O quadro recria uma cena durante a batalha naval perto das ilhas Malvinas, em dezembro de 1914, quando supostamente os ma-

317

rinheiros do cruzador *Nürnberg* teriam erguido a bandeira alemã com o navio já afundando contra os navios de guerra britânicos, para logo em seguida desaparecerem no mar.[579]

Durante a Segunda Guerra Mundial o comando-maior da Marinha cultivou o combate até o último cartucho de uma forma bem peculiar. Para a satisfação de Dönitz, Hitler recomendaria ainda no final de 1945 que as fortalezas do espaço ocidental deveriam ser defendidas por comandantes da Marinha, "dado que muitas fortalezas já haviam sido perdidas sem que se houvesse combatido até o último instante, o que ainda não acontecera a nenhum navio".[580] Até em seu testamento político Hitler deixaria registrado que o conceito de honra a ser defendido pelos oficiais alemães — "de que a entrega de uma região ou de uma cidade é algo inimaginável, os líderes sobretudo devem servir aqui como o exemplo a ser seguido no estrito cumprimento de seus deveres até a morte" — já estaria incorporado no espírito da Marinha.[581]

Seja como for, aqui também é questionável o que era somente idealização e o que era de fato realidade. Na primavera de 1944 os comandos e advertências enchiam arquivos e arquivos para alertar sobre a importância daquele momento iminente da invasão dos Aliados, exigindo combate até o "final". Dönitz chegou a ordenar que, em casos de emergência, os submarinos deveriam vir à tona e ir direto de encontro aos navios de desembarque dos inimigos, numa autêntica operação suicida.[582] Mas tudo isso não passava de palavras eloquentes. Na prática, Dönitz deixava as operações transcorrerem de forma relativamente cautelosa e só enviava para o canal aqueles submarinos que tinham chance mesmo que parciais, de sucesso. Já não se falava mais de colisões intencionais. O autossacrifício propriamente dito permaneceu restrito ao círculo de pequenas companhias de combate. Aqui se concentravam todos os tipos de armas improvisadas às pressas e tecnicamente mal projetadas: torpedo de um único tripulante, barcos de explosivos e, a partir de 1945, também submarinos com dois tripulantes. O número de pilotos de torpedos individuais perdidos chegava a impressionar e não guardava qualquer proporção com os resultados obtidos. Rumores sobre o espírito de sacrifício dos jovens marinheiros alemães chegaram aos ouvidos do embaixador japonês Oshima, que então comparou o comportamento deles ao dos aviadores de camicases.[583]

Uma análise mais detida das reais circunstâncias dos confrontos navais mostra que também aqui a prática era muito mais ambivalente do que os últimos comunicados de rádio levavam a crer. Em 27 de maio de 1941, quando o couraçado *Bismarck* afundou no leste do Atlântico, o almirante Günther Lütjens transmitia o seguinte comunicado: "Lutaremos até a última granada. Salve o Führer". De fato o *Bismarck* lutou até esgotar sua artilharia pesada. De um total de 2200 tripulantes, apenas 115 sobreviveram. Seja como for, Lütjens não se comportou de forma muito diferente a bordo do *Bismarck* do que o contra-almirante Heinrich Rufuhs em Toulon. Os dois estavam muito conscientes da assimetria da disputa, mas não estavam dispostos a se entregar sem combate. Rufuhs queria ganhar tempo para destruir o porto; Lütjens, por sua vez, ainda tinha plenas possibilidades de produzir sérios estragos nas embarcações britânicas com sua artilharia pesada. Quando essa artilharia se esgotou depois de um rápido confronto, a tripulação do *Bismarck* se preparou para abandonar o navio. Como os ingleses começaram a disparar a curta distância contra o navio já desguardado, muitos marinheiros perderam a vida com a chuva de granadas. Após o autonaufrágio ter sido iniciado, em torno de mil soldados ainda conseguiram deixar a embarcação. A agitação do mar e o medo diante de eventuais submarinos alemães impediram, no entanto, que os britânicos realizassem uma eficiente operação de resgate.

Os soldados da Kriegsmarine viviam em um mundo de ordem militar em que a exigência de todo o empenho e de uma luta "fanática" desempenhavam um papel muito importante. A retórica do comando-maior tinha efeitos diretos mesmo sobre os mais simples marinheiros. Disciplina, honra e orgulho têm um peso muito maior nas suas conversas do que nas de soldados do Exército.

> WILJOTTI: Conheci um comandante de S-Boot com quem eu me dava bem. Eles foram enviados para um confronto com forças muito superiores. Lutaram feito leões, foi durante a invasão. Mas muitos cachorros são a certeza da morte do coelho. Tínhamos mais ou menos 22 barcos. Desses, dezessete foram a pique com a tripulação e tudo o mais que havia dentro. Ordens.[584]

Quando os soldados da Marinha relatavam o naufrágio da *própria* embarcação, havia um nítido deslocamento da perspectiva. Eles estavam de fato convencidos do dever de combater até a inutilização completa de seus respectivos navios e equipamentos. De maneira nenhuma o próprio barco poderia cair nas mãos do inimigo. Com a mesma obsessão, também buscavam destruir todo o material sigiloso. Mas não ocorria a ninguém afundar junto com o navio para escapar da prisão. Se a bandeira ainda soprava no mastro durante o naufrágio só tem importância para os soldados mais tarde, no momento de estilização desses acontecimentos. Quando o próprio navio ia a pique, a obrigação do soldado era considerada cumprida e eles tentavam salvar a própria vida — com ou sem bandeira. Assim como no Exército, na Marinha o espírito de sacrifício também esbarrava em certos limites. O fato de muitos navios e submarinos terem naufragado levando consigo toda a tripulação se deu sobretudo pelas próprias condições da guerra naval — e não por causa de uma disposição especial dos soldados para o sacrifício, tão insuflada pela cúpula militar. Pois mesmo quando conseguiam abandonar a tempo as suas embarcações, não era raro que os tripulantes perecessem à espera do resgate. A tripulação do hidroavião canadense Sunderland, por exemplo, relatou que vira um submarino alemão naufragar a oeste da Irlanda e os alemães nadando à deriva. Eles fotografaram os 53 soldados, deram diversas voltas e finalmente retornaram à base. Nenhum tripulante do submarino sobreviveu. O U 625 foi um dos 543 submarinos que se perderam e levaram consigo toda a tripulação. Dönitz instrumentalizava essas perdas terríveis, enfatizando o espírito obstinado de seus pilotos de submarino.[585] Só que todo esse fanatismo e indiferença diante da própria morte — que Dönitz tanto sublinhava em seus discursos — não estavam exatamente presentes entre seus soldados. Eles cumpriam as ordens e queriam, sem dúvida, se destacar por sua coragem. Mas o que eles queriam antes de mais nada era sobreviver.

> *"Jamais me atiraria contra ninguém. Que estupidez! Por menos que a vida nos dê, sempre estamos apegados a ela."*[586]

A importância que a radicalização da cúpula política e militar teve para a guerra aérea foi muito maior do que para o Exército ou para a Marinha. Mesmo em 1944 e 1945, em resposta à flagrante queda no ânimo dos soldados, uma série de comandos ainda exigiria do pessoal de voo da Luftwaffe um combate mais incisivo. Essas ordens se dirigiam sobretudo aos pilotos de caças — a quem Göring passara a censurar com frequência cada vez maior por uma suposta covardia.[587] A ideia de se sacrificar diretamente, junto com a própria aeronave, surgiu no outono de 1943. Theo Benzinger, médico-aviador, e Heinrich

Lange, piloto de planadores, escreveram num memorando: "As circunstâncias da guerra justificam e exigem o combate de alvos navais com os meios mais extremos, com projéteis tripulados por pilotos que sacrifiquem a própria vida espontaneamente". Os dois sabiam perfeitamente que se tratava de "uma nova modalidade de atuação militar na Europa". De todo modo, o número de alvos derrubados nas operações tradicionais já não compensariam as perdas que elas acumulavam. Daí a conclusão: já que é para morrer, então o ideal é arrastar consigo o maior número possível de inimigos.[588]

Em setembro de 1943, o marechal de campo Erhard Milch, o "número dois" da Luftwaffe, debateu essa sugestão com os seus oficiais. Alguns projetos foram discutidos, por exemplo, se seriam lançados aviões carregados de bombas sobre couraçados inimigos ou se colocariam caças abarrotados de explosivos atrás de grupos de bombardeiros. Milch relutava em enviar os pilotos para uma autêntica "operação mortífera". O melhor seria se eles se chocassem com os bombardeiros inimigos, derrubando-os com a colisão, e depois saltassem das suas próprias aeronaves, utilizando o paraquedas. Na visão do comando-maior da Luftwaffe, contudo, não havia nenhuma necessidade militar para "operações camicase" dessa natureza. Em princípio, portanto, as sugestões não deram em nada. Amiga de Benzinger e Lange, Henna Reitsch, a famosa piloto de testes, aproveitou uma visita a Berghof em fevereiro de 1944 para conversar com Hitler a respeito das "operações camicase". O ditador não quis sequer saber do assunto e chegou a proibir, em julho de 1944, a movimentação de 39 soldados que planejavam lançar seus caças bombardeiros FW 190 sobre os navios de guerra aliados na baía do Sena.

Enquanto no outono de 1943 surgia a ideia de lançar "aviões suicidas" especiais diretamente contra navios inimigos, Hans-Günther von Kornatzki, um oficial piloto de caça, planejava "ataques de assalto aéreo". Decididos e dispostos a morrer, pilotos de caça deveriam atacar bombardeiros americanos, derrubando-os, se fosse o caso, por colisão direta. No decorrer da guerra já haviam acontecido algumas manobras de atropelamento similares, seja por acaso seja por uma decisão individual do piloto — quando ainda restava alguma chance de ele se ejetar do próprio avião e se salvar com o paraquedas. Pois agora se pretendia converter essa ocorrência casual em método. Adolf Galland, o general dos pilotos de caça, chegou até a simpatizar com a ideia de assaltos aéreos, mas não levou muito a sério os ataques de atropelamento mais ensandecidos.

Ataque ao submarino U 625, em 10 de março de 1944. Poucos instantes depois o barco foi atingido e afundou. (Imperial War Museum, *Londres*, C-4289)

A tripulação escapou usando boias salva-vidas individuais. Logo em seguida o tempo virou — nenhum soldado sobreviveu. (Imperial War Museum, *Londres*, C-4293)

Em maio de 1944, os primeiros *Sturmjäger* se comprometeram solenemente à nova modalidade de combate: juraram atacar o inimigo a partir da menor distância possível e, caso não conseguissem derrubar o bombardeiro apenas com as armas de bordo, passar por cima, provocando sua destruição. Ao longo do ano de 1944, três grupos de assalto foram formados, cada um com algo em torno de cinquenta caças do modelo FW 190 adaptados a essa finalidade. Os atropelamentos, no entanto, apesar do destaque na cerimônia, não eram nada comuns nas operações. Quando os "aríetes" conseguiam se aproximar de seus alvos, eles podiam muito bem usar seu armamento pesado para derrubá-los — a colisão deixava automaticamente de ser necessária. Mas ela ocorria, sim, em casos isolados. De todos os pilotos que tentaram a manobra, estima-se que quase a metade morreu.

Os pilotos da Luftwaffe, pelo que mostram os protocolos das escutas, não encaravam as ações de atropelamento como operações suicidas. Elas eram vistas mais como um ato de extrema coragem, numa guerra aérea cada vez mais radical,[589] na qual todos os recursos deveriam ser empregados para abater os inimigos. Dizia-se que quem voltasse para casa sem uma queda ou avaria do avião seria levado ao tribunal marcial[590] — pois muitos soldados não viam um boato desses como algo extraordinário, quanto mais revoltante.

O coronel Hajo Hermann, por sua vez, achava que a defesa do Reich ainda não apresentava a radicalidade necessária. No outono de 1944, Hermann elaborou um plano insidioso. Primeiro era preciso reconhecer que era absolutamente inútil tentar conter os ataques diurnos com caças tradicionais. E como ainda não se sabia quando os caças mais modernos, a jato, estariam disponíveis em número suficiente, a única coisa a se fazer seria dar um "duro golpe" nos americanos, provocar um choque, garantindo assim um pouco de tranquilidade para o Reich. De mil a 2 mil jovens e inexperientes pilotos deveriam realizar a operação, um golpe de aríete que eliminasse dos ares uma companhia inteira de bombardeiros. Como pilotos de caça experientes ainda seriam úteis, eles deveriam ser poupados dessa empreitada mortífera.

Quando Galland tomou conhecimento do projeto, perguntou a Hermann: "É o senhor que conduzirá a operação?". O coronel respondeu simplesmente: "Não, não tenho a menor intenção". Com isso o assunto estava resolvido para Galland. "Na minha lista de criminosos, ele vem em segundo lugar", Galland ainda comentaria na prisão.[591]

Em janeiro de 1945, Hermann conseguiu apresentar seu plano na Chancelaria do Reich. O ajudante de Hitler em questões da Luftwaffe, Nicolaus von Below, disse que o Führer tinha um enorme respeito pelos soldados dispostos a participar de operações aríete. De todo modo, ele não pensava em impô-las, mas os voluntários estariam livres para se lançar nessa empreitada. No final de janeiro de 1945, Göring assinou uma chamada de alistamento para uma operação que exigia o empenho da própria vida, mas que talvez mudasse os rumos da guerra. Supostamente, 2 mil jovens se inscreveram. Trezentos voluntários foram selecionados. Finalmente eles foram informados de que a ação consistia num ataque coletivo aos bombardeiros americanos; eles deveriam lançar seus aviões diretamente contra as aeronaves inimigas. Muitos se surpreenderam, pois esperavam que a operação seria contra grandes alvos, porta-aviões ou couraçados, por exemplo. Entregar a vida por uma "fortaleza voadora" lhes parecia então um desperdício injustificado. Os instrutores, no entanto, logo tratariam de esclarecer que o autossacrifício não era o sentido de toda a empreitada. O objetivo era destruir os bombardeiros com a colisão provocada e depois saltar de paraquedas. Em 7 de abril de 1945, 183 soldados do grupo se atiraram ao encontro de uma companhia de bombardeiros americanos perto de Magdeburg. Um informe da Wehrmacht de 11 de abril dá conta de que os pilotos de caça alemães teriam destruído mais de sessenta bombardeiros no mais puro "espírito de autossacrifício", "sem medo da própria morte". Na realidade os americanos perderam 23 aviões. Dos 183 "caças aríetes" que decolaram, 133 foram abatidos e 77 pilotos morreram.

É interessante observar nesse contexto que as sugestões de "operações de autossacrifício" não partiram da direção política, nem do comando-maior das Forças Armadas, que no mais não se cansavam de exigir dos soldados que lutassem até morrer. Enquanto nos fronts em terra firme centenas de milhares de soldados perderam a vida no cumprimento da ordem de permanência, Hitler jamais chegaria a ponto de fazer com que a Luftwaffe obrigasse ao menos algumas dezenas de seus pilotos a executarem um ataque suicida. A operação aríete de 7 de abril de 1945 não foi um ataque camicase, não em sentido clássico, pois os pilotos deveriam, em tese, escapar com o recurso do paraquedas. Sessenta por cento dos aviadores sobreviveram — um percentual que já não era alcançado havia muito tempo pelos grupos de submarinos.

Em abril de 1945 ainda foi praticada outra variante de operações de sacrifício. O Exército Vermelho havia alcançado o rio Oder no dia 31 de janeiro de

1945 e se instalara na margem oeste. O Exército alemão havia tentado em vão bloquear os acessos às pontes. Agora cabia à Luftwaffe empregar todos os meios para destruir as pontes do Oder, na tentativa de impedir os preparativos soviéticos de um ataque a Berlim. Logo no dia 5 de março viria a ideia de explodir as pontes sob domínio dos inimigos a partir de uma "grande operação de autossacrifício". Num primeiro momento a Luftwaffe tentou atingir esses alvos utilizando os meios convencionais. Como não se conseguiu nenhum resultado relevante com esses intentos iniciais, eles tiveram de apelar ao último recurso: a operação suicida. Alguns homens do antigo comando de voluntários foram reconvocados, mas novos voluntários também se apresentaram. Em 17 de abril, um dia após o início do grande ataque soviético contra Berlim, os primeiros pilotos se lançaram contra as pontes do Oder, uma empreitada militar despida de qualquer sentido, pois pontes flutuantes podiam ser reconstruídas em pouquíssimo tempo.

Pode-se dizer, no geral, que os ideais de sacrifício de Hitler eram assustadoramente contraditórios. Ele exigia que os soldados combatessem até o último cartucho e o último homem. Apontando para a luta fanática como o suposto caminho para o sucesso nas batalhas, os comandos de Hitler buscavam sobretudo evitar retiradas ou rendições apressadas. Embora dissesse "que toda casamata, todo bloco de apartamentos de uma cidade alemã e toda aldeia [têm] de se tornar uma fortaleza onde os inimigos dessangrem ou onde todos os ocupantes se enterrem numa luta corpo a corpo",[592] ele admitia que houvesse sobreviventes. Como no caso dos defensores da fortaleza de Metz, para quem Hitler chegou a instituir uma braçadeira especial. Claro que ele teria considerado ainda mais consagrador, se eles tivessem utilizado os últimos cartuchos contra si mesmos. O fato é que um comportamento desses não era exigido pelo ditador, embora seu comando de permanência tivesse provocado a morte de centenas de milhares de soldados. Hitler jamais se importou com isso. Ele considerava essas perdas parte imprescindível da batalha pelo destino do povo alemão, em que só estariam previstas a vitória ou a derrocada total. Apesar de toda a sua firmeza, da mesma forma que recusou o uso militar de gases tóxicos como último estágio da guerra total, Hitler também não ousou dar aqui o último passo, uma ordem *incisiva* para ataques suicidas.

Os italianos são "frouxos" e "os russos são uns animais"[593]

Ser obediente, cumprir suas obrigações e combater com valentia até o limite eram virtudes militares que estavam firmemente ancoradas no marco referencial dos soldados alemães. Esse sistema de valores militares já aparece quando eles contam suas próprias histórias de combates, mas se torna muito mais visível quando eles conversam sobre o comportamento dos outros: dos camaradas, dos inimigos e dos aliados.

Com raríssimas exceções, os italianos eram vistos de forma extremamente negativa — e aqui não faz diferença se quem conta a história é um soldado da Luftwaffe, da Marinha ou do Exército terrestre. Para os alemães o comportamento dos italianos no dia a dia era simplesmente incompreensível, parecia até que eles se recusavam a combater. Os comentários eram, portanto, de indignação. Era uma "tragédia",[594] os "merdas dos italianos [...] não fazem porra nenhuma",[595] "não têm vontade nenhuma de estar na guerra",[596] "não têm autoestima"[597] "e se cagam nas calças",[598] daí "um monte de merda".[599] Esse "bando de porcos"[600] se rende "por qualquer coisinha"[601] ou foge "chorando".[602] Esses "mariquinhas"[603] seriam uns "tremendos frouxos".[604] Do ponto de vista militar, eles não mereciam praticamente nenhuma confiança: "Cento e trinta mil italianos equivalem talvez a uns 10 mil alemães",[605] em todos os blindados da Itália teriam sido encontradas bandeiras brancas,[606] num eventual ataque dos italianos no sul da Alemanha, "a BDM [liga das moças alemães] e os velhos camponeses do Chiemsee"[607] já seriam suficientes para fazer frente a eles. "Os italianos dizem que descendem dos romanos — [...] os romanos fizeram muito mais com lanças e escudos do que eles!"[608] Todos estavam plenamente de acordo quando se dizia que se tratava definitivamente dos "piores soldados que havia em toda a Europa".[609]

Apenas poucas companhias italianas mereceram uma avaliação melhor. A divisão de paraquedistas "Folgore", por exemplo, seria formada por "machos", mal equipados, é verdade, mas que ao menos sabiam como combater.[610] Sobretudo "quando estão sob comando dos alemães, aí eles são irrepreensíveis. Uma vez, perto de Enfidaville, eles receberam o seguinte comando de retirada: 'Os jovens fascistas devem morrer onde estão'. Trinta italianos conseguiram aguentar por três dias", conta o sargento Frank sobre a batalha na Tunísia, em abril de 1943, num desses raros relatos sobre a bravura dos italianos.[611] Ocasionalmente dizia-se também que os soldados italianos só estariam mal equipados e sem provisões. Em Trent Park, no entanto, só um general defendia essa opinião no meio de outros 83. A proporção não era muito diferente nas demais prisões americanas e inglesas.

Convertida em lugar-comum já em 1941, quando passou a aparecer em inúmeros documentos oficiais, cartas do correio de guerra e diários pessoais, a imagem negativa dos italianos que circulava entre os soldados alemães, sem dúvida, era exagerada, ao menos no que diz respeito a sua radicalidade. Não se podia, contudo, dizer que se tratava de uma mera construção. O *tópos* argumentativo remontava às experiências do campo de batalha, onde as unidades italianas "fracassavam" não só segundo critérios alemães, mas também, para dar um exemplo, na visão dos britânicos.

As virtudes militares, naturalmente, também serviram como o principal critério de avaliação dos demais aliados. Os eslovacos viriam então logo atrás dos próprios alemães, enquanto os romenos estariam se portando "muito, mas muito melhor do que na Primeira Guerra Mundial — mais corajosos, já perderam muito sangue",[612] "não se saem nada mal como soldados".[613] Muito boas eram "aquelas legiões espanholas, [...] uma confusão terrível, mas do ponto de vista militar, como soldados, eles são muito bons".[614] As tropas húngaras, que, por sua vez, teriam combatido tão bem na Primeira Guerra, eram consideradas agora uma "porcaria"[615] por terem corrido escancaradamente dos russos.[616]

É dentro do mesmo marco referencial que os soldados alemães analisam seus inimigos. Os britânicos eram os mais respeitados, pois eram "obstinados",[617] "muito firmes"[618] e, antes de mais nada, justos. Já teriam lutado de forma espetacular em Dunquerque e na Grécia,[619] eram "aviadores fabulosos"[620] e combatentes extraordinários. Esses "caras mortais"[621] são "como nós" — é o que aparece muitas vezes.[622] "Se você colocar um britânico num uniforme alemão, você não vai notar nenhuma diferença", diz um soldado do Afrika-Korps. Altos oficiais, no entanto, ainda estavam convencidos da maior coragem dos alemães: "Sim, mas basta os ingleses levarem umas boas pancadas, que eles logo saem correndo, e eles também não se aproximam tanto quanto a gente, quando se aproximam demais, são muito desastrados".[623] O comandante da 1ª Divisão de Paraquedistas chegou a dizer a respeito das batalhas contra os Aliados do Ocidente, na Itália: "No que concerne à postura diante da guerra, o grosso do material humano inimigo não tem condições de suportar por muito tempo as duras perdas".[624]

Fazia-se dos americanos um juízo muito pior do que o dos ingleses, pois seus sucessos acabavam sempre atribuídos à superioridade do equipamento de que dispunham. Os soldados da Wehrmacht não achavam essa uma disputa justa. Como soldados, os americanos seriam "covardes e mesquinhos",[625] não tinham "a menor ideia" do que era uma "guerra realmente dura",[626] não estavam "dispostos a privações"[627] e eram "inferiores a nós na luta corpo a corpo".[628] O coronel-general Von Arnim comenta suas experiências na Tunísia: "Esses cachorros imundos saem todos correndo quando levam um aperto".[629] Um general fala a respeito das batalhas na Itália: "No geral, o americano é reputado um mau soldado, com raras exceções, porque ele não tem ímpeto nenhum".[630]

Por outro lado, os soldados da Wehrmacht sentiam um enorme respeito por seus inimigos russos. Eles respeitavam e temiam seu espírito de sacrifício e sua brutalidade. "Essa gente é de uma dureza inacreditável de corpo e coração",[631] "esses russos lutam até o último instante",[632] "tão fanáticos que ninguém imagina".[633] Chegava a ser "esquisito como os russos combatiam".[634] Os soldados alemães notavam perplexos o desprezo que os russos sentiam diante da própria morte; não era raro que lhes parecessem combatentes sem alma, insensíveis ou mesmo "bestiais". "Perto de Uman, naquele bolsão da Ucrânia, meus blindados foram obrigados a passar literalmente em cima das pessoas, porque [elas] não se entregavam de jeito nenhum. Imagine só!",[635] conta o general Ludwig Crüwell. Ainda assim, ou melhor, justamente por causa desse desprezo diante da morte na hora do combate, Crüwell considerava os soldados do Exército Vermelho *bons* soldados. Aquele que lutava com firmeza e obstinação por seu país, sobretudo aos olhos dos oficiais mais graduados, não podia de forma alguma ser visto como um mau soldado — nesse momento prevalece claramente o cânone de valores da Wehrmacht. Blunk, um major da Luftwaffe, relatou o episódio de 1941, quando 125 bombardeiros russos atacaram pontes do Beresina sob domínio alemão, perto de Bobruisk. Os caças alemães teriam derrubado 115 aeronaves russas. Para Blunk, no entanto, a história mostrava tão somente que os russos eram "pilotos arrojados".[636]

Na visão dos soldados alemães, os italianos eram covardes; os russos não temiam a morte; os britânicos eram firmes; e os americanos, frouxos. Esse juízo sobre os inimigos e sobre os próprios aliados — com exceção de algumas nuances — não se alterou ao longo da guerra. Em essência, os critérios de avaliação permaneceram os mesmos até 1945. As primeiras operações de combate cunharam uma imagem que, mais tarde, só seria complementada em seus detalhes e apresentada com pequenas variações. Só com a alteração da situação geral da guerra é que houve leves deslocamentos: na segunda metade da guerra, quando o Exército Vermelho avançava cada vez mais rápido contra as fronteiras do Reich, os soldados alemães já não destacariam tanto a coragem russa, mas sim toda a sua brutalidade.

A bravura durante as batalhas também era uma categoria central na avaliação dos próprios camaradas, assim como dos superiores. "Porcos de retaguarda"[637] eram malvistos — quem não ia ao combate se colocava sob suspeita de covardia. Os superiores precisavam estar pessoalmente nas primeiras fileiras.

> O príncipe de Reuss, Heinrich XLII, foi meu comandante de destacamento. Em 40, major, em 41, tenente-coronel, em 42, coronel — tudo graças às suas relações pessoais. Quando a batalha de Kiev começou, esse senhor se retirou e ficou doente. Quando a batalha de Kiev já havia sido vencida e nós já estávamos dentro da cidade, aí ele reapareceu. Quando o combate se iniciou lá no sul, perto da Crimeia, esse senhor havia desaparecido. Quando já estávamos em Simferopol, depois de duas ou três semanas de tranquilidade, ele reapareceu. Quando começou na entrada de Sebastopol, no inverno de 41, esse senhor ficou novamente doente, perdeu muito peso, não pesava nem cinquenta quilos, uma aparência péssima, e logo depois se mandou. Mas ele já é tido por aí como um sujeito meio degenerado.[638]

A imagem oposta era oferecida, por exemplo, pelo coronel Claus Graf Schenck von Stauffenberg:

> VIEBIG: Valentíssimo, extraordinariamente valente, extraordinariamente brilhante — foi o que sempre ouvi falar dele. O modelo para os oficiais alemães, tanto para os oficias do front como para os oficiais do Estado-Maior, com um ímpeto incrível, ponderado, minucioso.[639]

Embora condenasse o atentado de Stauffenberg com veemência, o major Viebig fazia um excelente juízo de seu caráter de soldado. É interessante que Viebig ressaltasse até o papel de Stauffenberg no front, onde permaneceu por pouco mais de três meses. No que se refere ao Estado-Maior, ele poderia muito bem ter sido visto de uma forma mais crítica, mas como sua *bravura* e seu ímpeto já haviam sido comprovados aos olhos de todos, sobretudo com o grave ferimento que teve na Tunísia, os aspectos positivos de sua personalidade preponderavam facilmente.

O marechal de campo Erwin Rommel, que no mais era tido pelos soldados da Wehrmacht como uma figura bem ambivalente, também conseguia impressionar por sua valentia. "Ele se impunha bem como soldado", observa o coronel Hesse. "Nunca foi um grande líder, mas era um autêntico soldado, um homem sem medo, muito corajoso, sem escrúpulos com os outros e com ele mesmo."[640]

"Covardia" e "deserção"

Quem não correspondesse ao ideal do soldado corajoso e abandonasse suas armas durante a retirada, se entregasse sem resistir ou simplesmente fugisse era quase sempre avaliado de forma extremamente negativa. Nos campos britânicos e americanos onde se fizeram as escutas, um dos temas mais recorrentes das conversas a partir do verão de 1944 foi o comportamento covarde de uma parte bastante considerável, mesmo excessiva, dos soldados alemães. O tenente Zimmermann, da 709ª Divisão de Infantaria, conduzia a caminho de Cherbourg, passando pelo front ao sul da cidade, por uma estrada rural, "aí já estava tudo cheio de recrutas. Na estrada havia uma bagunça completa, o serviço voluntário de um lado, a antiaérea do outro, uns infantes perdidos. Eu disse: 'Crianças, não saiam daqui, não piorem mais esta merda'."[641] É claro que Zimmermann já sabia que Cherbourg seria tomada em pouco tempo, mas apesar disso a Wehrmacht deveria se manter em ordem e continuar o combate com valentia. O fato de os soldados rasos, o serviço voluntário e os soldados de grupos antiaéreos retornarem completamente desordenados só piorava a aparência da situação, de derrota iminente, pois assim até o cerne da imagem do soldado era afetado.

São raros os casos — não há registro de oficiais — em que o próprio narrador admite ter ao menos cogitado a possibilidade de abandonar sua posição e fugir. O cabo Leutgeb conta para seu companheiro de cela como foram as batalhas na Normandia:

LEUTGEB: Tínhamos mil tiros para cada metralhadora. Você pode ter uma ideia do tempo que leva para acabar com isso; não tínhamos mais munição. Havia um merda de um alemão dos Sudetos, um suboficial, conosco, eu disse a ele: "O que você quer que a gente faça agora, não temos mais munição, vamos embora, já não podemos fazer nada". "Que ideia mais absurda", ele respondeu. Eu teria ido embora, mas eu não quis fazer isso por causa dos meus colegas. Depois recebemos um ataque de lança-granadas, uma coisa que não dá nem para descrever. Do terceiro grupo só restou o artilheiro da metralhadora.[642]

Mas ainda mais malvistos pelos soldados, mais do que aqueles que não combatiam com empenho, eram os que desertavam. O major Heimann fala das batalhas em Aachen:

HEIMANN: Eu tinha três batalhões estacionados mais ao norte, eles só precisavam regressar pela noite. Mas, dos meus batalhões de guarda rural, só o comando-maior, com quinze homens, regressou, os outros desertaram. São pessoas mais velhas, de quarenta a cinquenta anos, que se sentiam seguras dentro das casamatas, só que dessa vez resolveram dizer: "Ir atrás de posições em campo aberto? Nem pensar". Foi com gente assim que tivemos que defender Aachen![643]

Nas conversas, desertar é considerado uma atitude quase inimaginável. "Eu jamais poderia fazer isso e acredito que um bom alemão jamais seria capaz de desertar, só um austríaco ou esses alemães étnicos", ainda diz um tenente na Itália, no final de dezembro de 1944.[644] Quem abordava abertamente a própria deserção, ao menos até o final de 1944, destacava-se pela excepcionalidade: "É possível que me condenem à morte, mas eu prefiro ser condenado à morte e estar vivo do que morto, estirado no campo de batalha".[645] Pode parecer curioso, mas o autor dessa frase é um soldado de tropa da divisão "Frundsberg", da SS — em julho de 1944, nem mesmo a Waffen-SS constituía mais um bloco monolítico de soldados políticos dispostos ao sacrifício. Para fugir às críticas de indolência e covardia, a maioria dos desertores preferia não falar na prisão sobre sua motivação pessoal e apresentava o próprio comportamento, a deserção inclusive, como de acordo com os regulamentos. O abandono afinal só teria ocorrido porque *agora* a guerra estava perdida e o combate *já* não faria mais nenhum sentido. Essa razão é alegada com muito mais frequência do que, por exemplo, motivos políticos — isso certamente se deve à situação comunicativa, que não permitia o questionamento do código de valores militares até mesmo, e talvez sobretudo, na prisão.[646]

São pouquíssimos os soldados que questionam a guerra em si ou a invasão alemã contra os países vizinhos. Mesmo um soldado como Alfred Andersch, que desertou no dia 6 de junho de 1944 nos arredores de Roma, transmitia uma imagem bastante positiva da Wehrmacht e das virtudes militares[647] — o que mostra o quanto esses soldados, que afinal tiveram a coragem de escapar do marco da Wehrmacht, já haviam internalizado o cânone de valores militares. Só a partir da primavera de 1945 os soldados começariam a falar com mais frequência da própria deserção, de maneira aberta, sem nenhum remorso.

> TEMPLIN: O único assunto das conversas nos últimos tempos: qual o melhor jeito de escapar, se é melhor sair correndo ou não. Na tarde em que nos pegaram, nós ficamos sentados no porão, esperando, com os tiros bem perto de onde estávamos, pensando que a qualquer momento o próximo golpe seria dentro do porão. Éramos um monte de gente, quinze soldados, sentados simplesmente, mas ninguém ousava dizer: estamos aqui só esperando que nos prendam. Enquanto isso, permanecíamos lá, esperando, mas os americanos não chegavam, eles não vinham. Uns soldados da infantaria vieram à noite e disseram: "Venham, vocês ainda podem sair daqui". Aí nós tivemos que acompanhá-los, senão teríamos fugido. A infantaria, o tenente, todos haviam saído de tarde, às três, eles explodiram as pontes, mas nós permanecemos lá na frente, esperando. Eu não senti medo nenhum.
>
> FRIEDL: Medo dos alemães, sim, não dos americanos. Os alemães — essa insegurança toda era muito pior. Ninguém pensa da mesma forma que age. Todo mundo pensa: "Tomara que isso acabe logo", aí vem o oficial e você segue a ordem do mesmo jeito — esse é o lado trágico da história.[648]

O código penal militar previa para os casos de "covardia diante do inimigo" e deserção — fora poucas exceções — a pena de morte. E a Justiça Militar alemã aplicou esse parágrafo com grande fartura. Ao todo foram executadas contra soldados alemães 20 mil sentenças de morte — um número parecido com o do Japão. Os americanos executaram 146 soldados; em relação à União Soviética, a estimativa é de 150 mil.[649]

A quantidade de soldados executados foi um fenômeno da derrota; os casos aumentaram exponencialmente a partir do outono de 1944. Até esse momento parece que muitos soldados viam a pena de morte para a deserção e mesmo para a falta de coragem como algo absolutamente normal. Em dezembro de 1943, o tenente Hohlstein, da 15ª Divisão Panzergrenadier, falava de suas experiências de dois anos antes, na Rússia. Curioso, seu companheiro de quarto, o primeiro-sargento Bassus, pergunta pela situação durante a crise de Moscou, no inverno de 1941 para 1942. O tenente indica que houve alguns desertores:

> HOHLSTEIN: Casos isolados sempre há. Quem combateu desde o início na Rússia, quem marchou todo esse pedaço nesses pântanos e florestas e essa porcaria, quem enfrentou as névoas do outono, depois suportou o frio, depois o contra-ataque russo, é claro que as pessoas viam as coisas pretas e diziam: "Agora acabou, agora temos de livrar o nosso pescoço". Vários jogaram as armas fora para chegarem mais rápido à retaguarda, fuzis e outras coisas, algo por si só sem nenhuma importância, mas eles acabaram condenados à morte. Tinha que ser! Era necessário mostrar a eles que uma coisa dessas simplesmente não se faz.[650]

O primeiro-sargento Bassus ficou surpreso em saber que coisas assim já aconteciam em 1941. Os dois depois se tranquilizam, pois tratava-se apenas de casos isolados. Em nenhum momento eles questionam a pena de morte nesse caso, que simplesmente "tinha que ser".

Há inúmeros relatos, até o final de 1944, de prisioneiros que presenciaram execuções de soldados acusados de covardia ou deserção, ou de prisioneiros que ouviram o testemunho de outras pessoas. A exemplo das histórias de fuzilamentos no contexto do "combate aos guerrilheiros", esses relatos nunca provocavam espanto, indignação ou comentários negativos. Na melhor das hipóteses, despertavam algum interesse sobre detalhes de um caso particular, no mais essas histórias faziam parte do que se sentia como a normalidade da guerra. Muitos generais, para destacar a própria firmeza nas situações mais críticas no front, chegam a afirmar que colocaram alguns soldados "diante do paredão" — e nesse caso não se trata de nenhum dos famosos fanáticos nazistas. O tenente-general Erwin Menny, por exemplo, conta sobre sua experiência na Rússia, em 1943:

MENNY: Eu tinha acabado de receber o comando de uma divisão recém-chegada da Noruega, em perfeitas condições, na verdade ainda sem uso. Aí houve um assalto, porque uns caras simplesmente tinham se mandado. Na época eu convoquei imediatamente um conselho de guerra, com todo o rigor — tinha um que tremia os joelhos de medo —, fomos atrás e interrogamos as pessoas direto no local da invasão, fizemos o processo na hora e fuzilamos na mesma hora, tudo sem sair do local. Isso aí se espalhou como pólvora, o resultado foi que a HKL [principal linha de combate] já estava de novo nas nossas mãos depois de três dias. A partir desse momento, a divisão se portou muito bem.

O interlocutor de Menny, o tenente-general Schlieben, se limita então a perguntar: "E onde foi isso?".[651]

Resultados

Cerca de 80% dos 17 milhões de soldados da Wehrmacht estiveram em operação, ao menos por um período, na zona das principais linhas de combate. Mas nem por isso todos tiveram a oportunidade de comprovar o seu heroísmo, conquistar uma grande vitória ou ganhar uma batalha. Era grande o número de rádio-operadores, quartéis-mestres e mecânicos de aviões. Mesmo numa divisão de infantaria havia padeiros, açougueiros e ordenanças, que jamais haviam feito um disparo sequer. Seu mundo de vida apresentava diferenças substanciais se comparado ao de fuzileiros, condutores de blindados ou pilotos de caça. Ainda assim, os traços comuns eram bem mais fortes do que poderíamos esperar. Os soldados da Wehrmacht queriam algo acima de tudo: cumprir bem o seu dever, qualquer que fosse a sua natureza. Quando mecânicos de submarinos, eles queriam ser precisos e eficientes, se fossem pioneiros em Stalingrado, procuravam combater da melhor forma possível — em suma, nada muito distinto de sua vida civil, na qual se esforçavam para se destacar como bons contadores, bons agricultores ou bons marceneiros. Mas não era só a ética do "bom trabalho" que se transpunha sem nenhuma necessidade de adaptação à nova profissão dos soldados. Também havia na Wehrmacht reclamações sobre as más condições de trabalho, procedimentos, métodos e instruções irracionais, tão comuns em atividades produtivas de qualquer natureza.

O major-general Alfred Gutknecht, por exemplo, lamentava os problemas da administração; os entraves atrapalhariam seu serviço, segundo ele, que fala aqui na qualidade de "inspetor de veículos do oeste":

GUTKNECHT: Aconteceu o mesmo nas ilhas do Canal, a única coisa que dá para fazer é pôr a mão na cabeça. Havia uma quantidade inacreditável de carros [...]. Não dá para entender, ilhas são coisas tão pequenas. Caminhão é que não havia muito. Mas o Exército, a Luftwaffe, a Marinha, a OT [Organisation Todt], todos precisavam de caminhões na ilha. Então eu sugeri que isso fosse unificado, quer dizer, tínhamos de criar frotas de veículos para a Wehrmacht, incluindo aí a OT. Não foi possível. O marechal de campo Von Rundstedt não disse uma palavra para que as coisas saíssem.[652]

Os comentários sobre o front eram bastante parecidos — só que as condições precárias aqui produziam um sem-número de mortos. O major Frank, da 5ª Divisão de Paraquedistas, se queixa das condições em que seu batalhão foi forçado a participar da ofensiva das Ardenas:

FRANK: Logo no primeiro dia da ofensiva nós entramos de assalto em Fürden, era um vilarejo, uma fortaleza. Quando estávamos a menos de 25 metros do bunker, os meus melhores chefes de companhia caíram, ficaram estirados no chão. Em duas horas e meia que eu calculei, caíram cinco mensageiros do meu batalhão. [...] O comandante do regimento: "Rápido, rápido, rápido, para o vilarejo — há poucas tropas lá dentro". "Isso é loucura", disse a meu comandante de regimento. "Não, não, não, é uma ordem. Rápido, rápido, rápido, o vilarejo deve estar tomado antes de anoitecer." Eu respondi: "Isso a gente consegue. Esta hora que a gente está aqui esperando pelo VB [observador adiantado de artilharia], eu recupero mais tarde em dobro e em triplo".

Eu disse a ele: "Deem-me pelo menos as guardas de assalto, elas vêm por cima, e a gente estoura o bunker". "Não, não e não." Conquistamos o vilarejo sem nenhum apoio. [...] Ao todo eu tirei de lá 181 prisioneiros. Quando eu retirava os últimos sessenta, veio uma chuva de artilharia em cima da gente, os tiros vinham de uma de nossas baterias de lançadores, no meio dos prisioneiros e nos grupos de sentinelas. Vinte e duas horas depois, os nossos próprios tiros seguiam cantando no vilarejo. Nossos líderes intermediários fracassaram completamente. [...] Por aqui se desperdiçavam os blindados, por ali se desperdiçavam as guardas de assalto, mais adiante se desperdiçava a infantaria, mas se eles tivessem atuado um pouco mais em conjunto, se tivessem se preocupado em deixar, todas as vezes, uma ou duas para a preparação — teria sido uma maravilha.[653]

O major Frank queria resultados. Ele queria conquistar Fürden rapidamente com seu batalhão, com as menores perdas possíveis, para depois seguir avançando para o oeste — mas a péssima coordenação tornara seu plano impossível. Embora definisse o ataque a Fürden como "loucura", Frank participou da operação, cumprindo a ordem que lhe havia sido dada. A alternativa de suspender o ataque, quer dizer, agir em desacordo com seu dever, para ele simplesmente não existia. Apesar das circunstâncias — "sem nenhum apoio" —, Frank ainda conseguiria conquistar o vilarejo e trazer consigo 181 prisioneiros, resultado portanto exclusivo de sua participação pessoal. Sua tarefa foi bem-sucedida, mesmo que a ofensiva das Ardenas tenha fracassado no geral, devido às enormes perdas. Mas isso não era culpa sua, os culpados eram os "líderes intermediários". Se o tivessem deixado atuar como pretendia, tudo teria sido uma autêntica "maravilha".

Padrões narrativos como esse, que servem para ressaltar o próprio desempenho no meio de uma situação geral de catástrofe, aparecem no meio das conversas dos soldados em diversos momentos. Não chega a ser nenhuma anormalidade, principalmente se levarmos em consideração conversas corriqueiras sobre, por exemplo, "a empresa", "o instituto", ou "o chefe", em que o modelo também é bastante comum. Relatos dessa natureza registram não só a importância do ideal do "bom trabalho" nas percepções e interpretações dos atores, mas também o papel fundamental do profissionalismo na definição da posição e imagem de cada um. Trata-se da coincidência estrutural e mental entre o trabalho profissional e o trabalho de guerra. Do ponto de vista narrativo, o próprio desempenho é assegurado quando os eventos concretos são suficientemente indicados. Sem ter de dar maiores explicações, podia-se demonstrar a boa atuação militar mencionando apenas, como no caso de Frank, o número de prisioneiros conduzidos. Era o que se fazia sobretudo com os blindados e aviões abatidos, com os navios afundados e com os inimigos mortos. Nos dias 6 e 7 de junho de 1944, o comandante da bateria costeira de Longues-sur-Mer,[654] o tenente da Marinha Herbert, enfrentou numa luta desesperada a armada de invasão dos Aliados. Quatro dias depois, ele já toparia, agora na prisão, com o coronel Hans Krug, que havia comandado um regimento do Exército na mesma seção.

> HERBERT: Senhor coronel, gostaria de sua permissão para lhe informar, com o mais profundo respeito, que eu afundei um cruzador.
> KRUG: Meus parabéns!
> HERBERT: O que me deixa mais orgulhoso é que eu ainda consegui acabar com ele. Eu mesmo não sabia disso. Mas foi o que me confirmaram aqui, agora, de três fontes distintas.
> KRUG: A bateria foi tomada?
> HERBERT: Sim, senhor, a bateria já foi perdida. Eles atiravam do mar e foram destruindo todos os canhões em sequência. Eu ainda consegui dar um último tiro de canhão. [...] Eu tinha um bravo destacamento antiaéreo. No meu destacamento antiaéreo eu contei dezesseis abates.[655]

Ter afundado um cruzador, atirado até o último instante ou, ao menos, até o último canhão, e ter derrubado dezesseis alvos com a seção antiaérea da bateria — pois todos esses feitos servem para encobrir a real situação: a mais moderna bateria costeira de Calvados não só não conseguira impedir o desembarque das tropas britânicas, como também fora retirada de combate em pouquíssimo tempo por um cruzador britânico e um francês. Hoje é difícil reconstruir o que de fato levou o tenente a afirmar que teria afundado um cruzador. É possível que os britânicos lhe passassem informações falsas, para que elas se espalhassem mais rapidamente, ou então ele simplesmente mentiu, talvez para impressionar seu interlocutor. Na verdade, ele não chegou a acertar nem um projétil nos navios de guerra dos Aliados. Pelas fontes britânicas sabemos ainda que a bateria costeira foi conquistada no dia 7 de junho, praticamente sem oferecer resistência. De um combate até o último instante, mais uma vez, nem sinal.

A estratégia de descrever as circunstâncias como especialmente adversas para destacar a importância das próprias ações apresenta um modelo narrativo muito comum nos protocolos. O tenente Simianer afirma que o comandante de regimento teria agido de forma irresponsável, quando convocou seu batalhão sem um armamento pesado e o enviou, em julho de 1944, para combater os blindados britânicos. Sua unidade só possuía quatro antitanques Panzerfäuste em estado de combate — que coincidentemente destruíram quatro blindados britânicos! "Só eu acertei dois desses troços."[656] Destruir quatro tanques com apenas quatro Panzerfäuste tinha de chamar a atenção numa conversa entre soldados, pois era considerado um desempenho extraordinário, que dirá quando o narrador ainda confessa ser o autor em pessoa de duas dessas destruições. Mesmo colocado diante de uma tarefa "irresponsável", o tenente Simianer executara sua missão com muito brilho.

Histórias como essas cumprem uma dupla função. Por um lado, elas permitiam extravasar queixas contra a incapacidade dos comandantes e a precariedade dos equipamentos. Por outro lado, desde que eles se saíssem bem nessas péssimas circunstâncias, elas ainda garantiam um bom destaque aos soldados. Mas isso também não é nada específico das Forças Armadas. Esses modelos de percepção e apresentação são comuns em todos os lugares onde se trabalha.

Condecorações

Mas a melhor maneira de fazer com que os outros notassem o próprio rendimento não era com histórias de aventuras e grandes acontecimentos, para isso mais bem serviam as medalhas e condecorações. Como já apresentado (cf. pp. 76ss.), Hitler e o comando do Exército, da Marinha e da Aeronáutica criaram o sistema de condecorações mais complexo entre todas as potências em guerra e construíram assim uma intrincada estratificação muito efetiva dentro da Wehrmacht. Reconhecível aos olhos de todos com suas medalhas e distintivos, o combatente do front gozava de um grande prestígio social. Inspirado nos modelos da Primeira Guerra Mundial, esse sistema de incentivos estava fortemente ancorado no marco referencial dos soldados de todas as armas e patentes e determinava em boa medida a percepção dos "resultados". É por isso que muitas vezes as histórias associam diretamente os personagens com suas respectivas condecorações, uma forma de caracterização: "O senhor ouviu alguma coisa a respeito do coronel Bacherer, condecorado com a Cruz de Cavaleiro?".[657]

Terminar sem nenhuma distinção causava uma certa vergonha: "Se eu voltar para casa", explica o tenente-coronel Herz, do Afrika-Korps, "eles vão rir de mim na minha cara. Primeiro porque eu não tenho nenhum ferimento, depois eu não tenho sequer uma EK I".[658]

O marinheiro Heinrich-Hans Köstlin, que teve seu Schnellboot S 53 atropelado numa manobra defensiva por outra lancha alemã em fevereiro de 1942, tinha uma preocupação muito similar:

> Nós, como prisioneiros, deveríamos receber algum reconhecimento, senão não ficará bem para a gente. Meus colegas são agora oficiais, têm distintivos de Schnellboot e EK I. Quando a gente voltar para o curso, todos verão, já pela aparência, que eles estiveram na guerra. Mas eu não tenho nada. Para receber uma EK I só precisa de cinquenta incursões.[659]

O desejo despertado pelas distinções era especialmente forte naquelas unidades onde os resultados podiam ser "aferidos". Os pilotos de caças e aviões de combate não se cansavam de conversar sobre seus números de abates e missões, mas não menos sobre as condecorações que depois recebiam por isso. Sobretudo na primeira fase da guerra, quando ainda dispunham de boa formação e bons equipamentos e conseguiam alcançar rápidos resultados, os pilotos estavam mais concentrados na sua competição interna por fama e reconhecimento. Ao lado, na Marinha principalmente, onde a tonelagem das embarcações afundadas representava a medida de todas as coisas, havia também uma corrida por distinções. A preocupação do tenente-capitão Otto Kretschmer na prisão é sintomática: ele quer saber se seu último comunicado de rádio chegou aos ouvidos de Dönitz. Pois ele informara na ocasião, junto com o fato lamentável de ter sido forçado a abandonar seu navio, também os resultados de sua última incursão contra os inimigos. Essa atuação faria dele simplesmente o comandante de submarinos mais bem-sucedido em toda a Kriegsmarine.[660]

As notícias sobre o desempenho individual na guerra naval revelam a razão da predileção pelo serviço a bordo dos submarinos: a grande oportunidade de ser condecorado. Metade dos que possuíam Cruzes de Ferro na Marinha pertencia ao grupo de submarinos. Günther Prien, um comandante de submarino, foi o primeiro "herói" publicamente festejado pela propaganda nazista.[661] Enquanto a Cruz de Cavaleiro permanecia quase inalcançável para a maioria dos soldados, convinha a todos portar pelo menos o distintivo de guerra da sua própria companhia — considerava-se de bom-tom. Também aqui, especialmente no início da guerra quando as perdas ainda eram pequenas, o grupo de submarinos oferecia chances muito melhores do que as outras unidades. O distintivo de guerra dos submarinos era em geral concedido depois de duas incursões contra os inimigos. Quem não possuía essa insígnia não era considerado um piloto de submarino de verdade, nem antes nem depois da guerra, nos encontros entre camaradas. Conta-se que em 1943 o comandante do U 473, o tenente-capitão Heinz Sternberg, teria dito à sua tripulação: "Bem, nós precisamos de dois períodos de 21 dias para obter um distintivo de submarino. Assim, eu também quero o meu. Já que me condenaram a fazer viagens de submarino, que me deem uma insígnia também".[662] Não foi o que aconteceu. Na segunda viagem o barco afundou. Sternberg morreu.

De acordo com as estatísticas, as chances de sobrevivência a bordo de grandes navios de superfície eram significativamente maiores. Ainda assim, não era considerado um serviço atraente. Fosse pela falta de combustível ou pelo temor do pessoal de comando diante de possíveis perdas, a partir de 1942 esses navios permaneceram a maior parte do tempo parados nos portos, sem qualquer atividade. Como resistir em combate e receber distinções e reconhecimento, se ali ninguém chegava a realizar operações contra os inimigos? O cabo Birke, sobrevivente do naufrágio do couraçado *Scharnhorst*, em 1943, reclama ainda na prisão por não ter recebido sequer a Cruz de Ferro, depois de ter servido naquela embarcação desde agosto de 1940.[663]

A pressão para finalmente poder entrar em combate e ter assim acesso às medalhas era de fato enorme. No primeiro dia das férias natalinas de 1943, quando o *Scharnhorst* levantou âncora do seu atracadouro no fiorde de Alta, no norte da Noruega, para atacar um comboio britânico na noite polar, o clima a bordo era de pura alegria. Enfim uma missão! Poucos a bordo se deram conta de que estavam partindo para uma missão. O *Scharnhorst* foi afundado no dia seguinte, e dos quase 2 mil homens a bordo apenas 36 sobreviveram. Eles foram levados para campo britânico de escutas de Latimer House, onde contaram com orgulho sobre sua batalha.

"Só para nos destruir, eles precisariam de pelo menos quatro destróieres", conta o cabo da Marinha Bohle.

> Eram nove navios ao todo. O *Scharnhort* teve que enfrentá-los sozinho numa batalha que foi de meio-dia, onze e meia, até as oito horas. Meu amigo, isso já é uma façanha! E se os destróieres não estivessem lá, eles nem teriam pegado a gente. É uma coisa que não dá nem para imaginar: 26 mil toneladas de ferro e aço e 2 mil

pessoas! Os poucos que aguentaram já é um milagre, porque nós fomos atingidos por vários projéteis. Só de torpedos foram uns sete ou oito. Nunca poderia acreditar que um vapor resistisse a sete torpedos. Sete nos atingiram com certeza. Os últimos três foram para concluir o trabalho. Os primeiros não nos afetaram nem um pouco.

Seu interlocutor, o cabo da Marinha Backhaus, também sobrevivente do *Scharnhorst*, complementa: "Aí nós tivemos um adernamento, com aqueles últimos três, *bum*! Mas o que essa máquina fez!".[664] Após tanto tempo no *Scharnhorst* sem disparar um único tiro, o melhor para eles era que agora "os mais altos postos, OKW, OKM [comando-maior da Marinha] [...] acompanhavam de casa a batalha".[665] "Triste agora era que a guerra tinha acabado e ninguém mais teria a chance de participar."[666]

A demonstração de competência no front por meio das condecorações era assunto muito mais frequente entre os oficiais do Estado-Maior e generais do que entre recrutas e suboficiais. O chefe do Estado-Maior Geral do Exército, Franz Halder, passou por pela pior humilhação que podia imaginar quando Hitler, numa forte discussão no dia 24 de agosto de 1942, proferiu o seguinte ataque contra ele: "E o que o senhor tem a me dizer sobre as tropas, sr. Halder, o senhor que sempre esteve sentado no mesmo banquinho, desde a Primeira Guerra Mundial, o senhor que não carrega sequer a insígnia preta de ferido?!".[667] Hitler mirou no ponto mais frágil da autoestima do representante máximo da Wehrmacht: a falta de comprovação de sua bravura em combate.

Na Primeira Guerra Mundial, muitos altos generais da Wehrmacht serviram em Estados-Maiores e, por isso, jamais foram feridos. De acordo com a vontade de Hitler, isso não se repetiria na Segunda Guerra. Comprovar a boa atuação no front deveria fazer parte do plano de carreira da Wehrmacht, inclusive para os oficiais do Estado-Maior Geral. A imagem que muitas vezes se projetava sobre os generais, de que deveriam estar também preparados para entrar pessoalmente em combate (cf. p. 316>), é consequência dessa alteração de parâmetros. Ainda assim, nem todos os generais levavam tão a sério a nova exigência quanto Walter von Reichenau, um aficionado por esportes, que na campanha da Polônia atravessou o Vístula a nado e seminu e conquistou como marechal de campo o distintivo de assalto da infantaria na Rússia.[668] O generalato estava muito mais interessado nos símbolos de prestígio típicos de sua categoria: sobretudo a Cruz de Cavaleiro e uma rápida promoção. Depois de um revés em sua própria carreira em 1941, o major-general Hans Sattler torcia o nariz para essa postura de seus colegas e ainda contava:

> Um ajudante que esteve na reunião dos ajudantes no OKH [comando-maior do Exército] me falou o seguinte: "Os piores são os generais; se não são promovidos, se não têm uma promoção prevista ou não recebem a Cruz de Cavaleiro, eles não estão satisfeitos". Bem, quem diz isso é o próprio Schmundt.[669]

As conversas dos dezesseis generais capturados em maio de 1943, na Tunísia, atestam a importância das altas condecorações para o generalato. O "coitado" do coronel-general Hans-Jürgen von Arnim, por exemplo, o último comandante-chefe das tropas ítalo-germânicas na África, teve de ser consolado por não haver "sequer recebido as Folhas de Carvalho", enquanto Rommel recebera até os Diamantes. Era evidente que houvera "má vontade" dentro do quartel-general do Führer na hora de avaliar o papel de Arnim na África.[670] Sobre o general Hans Cramer, que combatera ao lado de Arnim na Tunísia até o final, dizia-se em Trent Park que ele ficara "muito magoado" por também "não ter recebido as Folhas de Carvalho". "Elas já haviam sido distribuídas, e ele não as recebera, aí ele ficou fora de si, porque não ganhou. Ainda fez de tudo que estava a seu alcance para consegui-las."[671] Em agosto de 1943, em Trent Park, assim que recebeu a notícia de sua condecoração com a Cruz de Cavaleiro por seus feitos na Tunísia, o tenente-general Gotthart Frantz tratou logo de pendurar sua EK I no pescoço, muito antes de a Cruz Vermelha Internacional lhe enviar a nova medalha. É com orgulho indisfarçável que ele escreve então para sua casa, contando que finalmente poderia olhar de novo nos olhos de sua família.[672] Mas nem todos tinham a mesma sorte de receber condecorações ainda na prisão. O tenente-general Erwin Menny confidencia em seu diário de Trent Park que agora, preso, não tinha mais nenhuma chance de conquistar as sonhadas Folhas de Carvalho. Bem melhor se sentia quem já ostentava todas as medalhas desejadas. O general Ramcke podia se jactar diante de seus colegas de prisão que tanto na Primeira Guerra quanto agora, na Segunda, fora condecorado com as comendas de bravura mais importantes.

Quando um oficial do front de alta patente não dispunha de um número suficiente de medalhas, seu próprio círculo de camaradas o enxergava com des-

Os internos de Trent Park, em novembro de 1944. Em pé (da esquerda para a direita): general Von Choltitz, coronel Wilck, general Ramcke, major-general Eberding, coronel Wildermuth; sentados: tenente-general Von Heyking, tenente-general Von Schlieben, tenente-general Daser. (BA 146-2005-0136)

confiança. Ao chegar a Trent Park, o comandante da fortaleza de Aachen, o coronel Gerhard Wilck, viu-se obrigado a se justificar diante deles: "Fui comandante de regimento no leste. Passei muito tempo na Noruega, por isso tenho relativamente poucas condecorações".[673]

O significado das medalhas para a autoestima desses prisioneiros pode ser comprovado também por meio dos registros fotográficos. Em novembro de 1943 e novembro de 1944, eles posaram para fotos em grupo, que depois foram enviadas para os familiares como cartões-postais de Natal. Enquanto alguns internos eram fotografados com seus uniformes sem quaisquer insígnias, outros faziam questão de aparecer diante das câmeras com todo o esplendor de suas medalhas.

Nas conversas dos soldados menos graduados falava-se muito da Cruz de Ferro. Todos tinham um camarada, um amigo, um parente com uma EK I ou II. Como as pessoas sempre se orientavam pelas "outras", criava-se assim um problema. Era necessário explicar por que o próprio ainda não havia recebido a medalha. A construção mais corriqueira era dizer que os outros a haviam recebido de maneira injusta ou que se tinha feito pelo menos tanto quanto os agraciados. Fartamente documentados estão os diálogos sobre as diretrizes de concessão, as questões sobre para quem, quando e por que uma medalha era atribuída. Logo em 14 de fevereiro 1940, a guerra mal completara meio ano, o primeiro-tenente da Marinha Fritz Huttel aborda o tema:

> HUTTEL: Nesta guerra não estão concedendo tantas Cruzes de Ferro quanto na última. Sobretudo os oficiais de submarino recebem pouquíssimas Cruzes de Ferro. Um comandante de submarino precisa de duas incursões de guerra ou afundar pelo menos 60 mil toneladas antes de receber a EK I. Depois da primeira incursão de guerra nós só recebemos o distintivo dos submarinos. Enquanto isso as pessoas a bordo dos navios em postos avançados do mar Báltico recebiam Cruzes de Ferro. Essa gente não fez absolutamente nada e não tem nenhuma noção de navegação. Nós aguentamos semanas a fio dentro do U 55 e não recebemos a EK. O descontentamento com a distribuição desigual é grande.[674]

Na verdade, as queixas eram injustas. E não só porque os oficiais de submarinos tinham as melhores chances dentro da Kriegsmarine de obter distinções. O U 55 foi afundado logo na sua primeira incursão contra os inimigos. Não houve, portanto, oportunidade para que os oficiais fossem condecorados. Ainda assim o narrador se sente obrigado a explicar a razão de não portar nenhuma distinção. As reclamações não se limitavam à Marinha; elas também eram comuns na Luftwaffe. Um sargento da Luftwaffe, por exemplo, reclama após a vitoriosa campanha na França em julho de 1940: "Em Roterdã, todos os paraquedistas receberam a EK II ou a EK I, apesar de só terem lutado três dias. Sou piloto desde o início da guerra e não tenho nada. Um piloto que não tenha uma EK depois da guerra estará na merda".[675]

Junto à crítica constante aos critérios de concessão, por ora demasiado frouxos por ora demasiado rígidos, havia também as queixas contra os que seu valiam de seus status para conseguir mais facilmente as distinções. Os recrutas e suboficiais criticavam sobretudo os oficiais por suas artimanhas para obter mais medalhas. "Com 33 voos no front eu posso conseguir uma EK I. Os oficiais já a recebem depois de três voos e nós, o que levamos? Nós não levamos a Cruz de Ferro, levamos ferro nas costas", reclama um suboficial.[676] Oficiais graduados se queixavam de que Hitler, por conta de sua visão de mundo nazista, não lhes dava o reconhecimento devido.[677] Costumava-se também recriminar a Waffen--SS por só receber condecorações por razões políticas. "A SS não ganha suas distinções pelo desempenho, mas pela postura política e moral", assegura o primeiro-tenente da Marinha Günther Schramm.[678] Outros achavam "estranho" que os "da Divisão de Blindados 'Hermann Göring' tenham recebido quatro vezes mais EKs do que os demais".[679]

Sem dúvida houve condecorações por motivos políticos, como nos casos de Hermann Fegelein, Sepp Dietrich ou Theodor Eicke. Casos como esses, no entanto, pareciam ser excepcionais. A crítica reiterada segundo a qual a Waffen--SS teria recebido comendas mais rapidamente do que o Exército, aliás, não condizia com a realidade. O "abuso" era muito mais frequente na Wehrmacht — em que muitas condecorações foram oferecidas sem a devida comprovação do desempenho. Durante a campanha da Noruega, por exemplo, a Luftwaffe distribuiu cinco Cruzes de Cavaleiro a pilotos de bombardeiros por afundamentos "imaginados".[680] O conteúdo dos informes dos pilotos, exagerados de forma grotesca, poderia ter sido facilmente desmentido pelos dados do monitoramento de rádios da Marinha. Mas, por razões óbvias, a direção da Luftwaffe preferiu não recorrer a esse recurso.[681] A Marinha também não se preocupava muito em conferir os boletins de seus comandantes de submarinos, por exemplo. Alguns desses chegavam a ser conhecidos pela maneira como exageravam nesses informes — e foram condecorados da mesma forma. Na Marinha falava--se da "tonelagem Schepke" — uma referência a Joachim Schepke, que teria o hábito de exagerar ao informar as dimensões dos navios que afundava. Em 1945, Rolf Thomsen também aumentou muito os resultados de sua atuação e foi condecorado com a Cruz de Cavaleiro e as Folhas de Carvalho. Ele afirmara ter afundado durante duas incursões contra os inimigos, ao todo, um destróier, duas corvetas, seis cargueiros e um porta-aviões de escolta. Na realidade, apenas o afundamento de um único navio pode ser comprovado. Num momento em que eram poucos os informes vitoriosos a serem comemorados, a direção da Marinha de Guerra se inclinava a acreditar nos boletins de seus comandantes, mesmo sem verificá-los.[682] Embora até hoje ninguém tenha revelado exatamente o que levou Thomsen a fazer esse relato, muitos ainda acreditavam que ele exagerara deliberadamente — uma crítica com a qual ele também teve de se confrontar após a guerra, na sua segunda carreira na Marinha, então na República Federal da Alemanha.

O caso mais célebre, no entanto, foi o de Enzo Grossi, um comandante italiano de submarino, que dizia ter afundado dois couraçados americanos e com isso recebido de Mussolini a medalha de ouro por bravura e de Hitler a Cruz de Cavaleiro. No semanário noticioso nazista, Grossi aparecia com frequência, seminu, ao lado de seu periscópio.[683] Soube-se depois da guerra que ele não afundara navio algum. Os grupos mais à direita na Itália não quiseram admitir esse fato, alegavam uma conspiração e chegaram a aventar que os americanos teriam reconstruído os dois couraçados supostamente afundados por Grossi durante a guerra, para não terem de reconhecer as perdas. Por fim, quando Grossi já havia morrido, suas condecorações por bravura foram oficialmente anuladas.[684]

De forma geral, pode-se dizer que o sistema de incentivos idealizado pela cúpula política e militar era aceito praticamente sem uma crítica de fundo pelos soldados da Wehrmacht e estava muito bem integrado nesse marco referencial. Os protocolos das escutas comprovam toda a sua eficácia e mostram que ele jamais era colocado em xeque. As críticas só se referiam a um ou outro que teria recebido a EK I sem merecê-la ou aos superiores que adotavam critérios excessivamente rigorosos na hora de conceder as distinções. Portadores da Cruz de Cavaleiro muito arrogantes eram chamados de "engravatados de latão";[685] mas por vezes também se censurava a própria composição das comendas. "A Cruz de Cavaleiro com Diamantes é uma merda. Diamantes são dados de presente a uma mulher, não a um piloto de caça", debochava um tenente da Luftwaffe.[686] Outras vezes a ironia se voltava contra a variedade de medalhas e distintivos. "Os capitães berlinenses de vapores da Stern são os únicos que ainda não têm uma insígnia própria", dizia um oficial de submarinos em novembro de 1940.[687] Entre as piadas favoritas entre os soldados estavam as sobre Hermann Göring, um apaixonado por medalhas, o único a receber a "Grã-Cruz da Cruz de Cavaleiro", em julho de 1940. O primeiro-tenente Hartigs, do Esquadrão de Caças 26, perguntava a um colega de prisão, em tom de escárnio, no dia 1º de fevereiro de 1945: "O senhor não conhece a Cruz de Mamute? É o que o Göring ainda vai receber no final desta guerra, da qual ainda sairemos vencedores: a Cruz de Mamute da Grã-Cruz com Diamantes sobre Carretas Motorizadas".[688]

ITALIANOS E JAPONESES

Os marcos referenciais dos soldados da Wehrmacht eram muito parecidos no que diz respeito à sua configuração. Só quando a comparação é feita num plano internacional é que as grandes diferenças começam a aparecer. O principal ponto de referência para os soldados italianos não era nem o Estado, nem a nação, nem o Exército, pois, como argumenta Amadeo Osti Guerrazzi, o fascismo funcionava essencialmente à base de corrupção e nepotismo. As consequências podiam ser muito bem notadas:

> Outros países, basta pensar aqui na Inglaterra ou na Alemanha, cerram fileiras na hora do aperto e ocupam as instituições num ato de resistência radical em torno de um objetivo que, aos olhos deles, é fundamental para o bem-estar da própria comunidade; na Itália, pelo contrário, a estrutura social havia ruído por completo, o clima de desespero era de "salve-se quem puder!".[689]

Por isso era impossível para os soldados italianos enxergar algum sentido na sua luta. Faltava-lhes não só uma concepção positiva de Estado, mas também experiências de êxitos militares, aliás, mesmo um corpo de oficiais em condição de transmitir com alguma credibilidade valores como bravura, disciplina e firmeza. Esse corpo era mais visto como uma patota de incompetentes, covardes, que haviam conquistado os seus postos não pelo próprio desempenho, mas apenas pelo compadrio. Seu entusiasmo com a guerra cessava tão logo eles tinham de entrar em combate. O que queriam de fato era enriquecer, como mostra uma conversa entre dois prisioneiros no campo de Wilton Park:

> FICALLA: Um bando de ladrões, [...] começando pelo coronel. Eu tinha um comando de artilharia, e depois do bombardeio de Marsala [os oficiais] levaram os caminhões para saquear Marsala e eu os denunciei. [...] Os soldados recebiam carne e eles [os oficiais] preparavam seus bifes dentro de seus quartos, presenteavam-se e assim por diante, eu sabia de todas essas coisas. Quando havia sabonete, eles roubavam logo uns dez para levar para casa nas férias. Eles também levavam açúcar e várias outras coisas.
>
> SALZA: Os americanos e os ingleses me contaram, mas depois os próprios soldados também me contaram.

FICALLA: Mas até os soldados sabiam disso e eu, como comandante de divisão, não consegui impedir os furtos, mesmo porque era impossível supervisionar tudo. Quando o clima é esse, nem com tropas muito boas [...].[690]

Apelos vazios para que os soldados combatessem com bravura jamais produziriam, em circunstâncias como essa, quaisquer efeitos. Nos protocolos de escutas de conversas entre italianos fala-se com muita frequência que os oficiais seriam sempre os primeiros a fugir.[691] O almirante Priamo Leonardi, comandante da fortaleza de Augusta, chegava mesmo a dizer: "Quando as pessoas veem que você está indo embora com todo o seu comando, elas falam assim: 'E eu devo ficar aqui? Por que é que eu deveria ficar? Será que eu sou mesmo tão idiota [*fesso*]? Vamos todos embora!'".[692] Fica evidente que o almirante Leonardi não estava lá tão empenhado em defender Augusta. Na prisão ele ainda admitiria: "Eu pensei em desaparecer em roupas civis. No fim das contas, quando todos já estão marchando em retirada, não há mais nenhuma razão para que o almirante também não possa fugir". Uma conversa interceptada de novembro de 1942, entre dois generais, sobre a terceira batalha de El Alamein, mostra muito bem que a elite militar não questionava o seu próprio comportamento: "Melhor nem dizer o que aconteceu: por exemplo, que nós não oferecemos resistência etc.".[693]

É provável que muitos generais alemães tenham pensado e agido de forma parecida. O major-general Sattler tentou escapar da fortaleza de Cherbourg em 1944 num *S-Boot*, mas como não teve êxito em seu plano, capitulou logo em seguida. Não foi nada lá muito heroico, mas ele jamais cogitaria abordar explicitamente o tema junto de seus camaradas. Os soldados da Wehrmacht, sobretudo oficiais bem graduados, sempre tentavam se apresentar como profissionais e exemplares. Ninguém ousaria questionar o núcleo do próprio conceito de soldado — a bravura individual —, o que Leonardi fez sem nenhum pudor.

As conversas de soldados italianos de patentes mais baixas na prisão britânica também mostram uma grande diferença na percepção da guerra em comparação com os alemães. Aviões abatidos, navios afundados ou medalhas concedidas[694] não tinham para eles nenhuma relevância especial, bem como honra, valentia ou a "pátria". Em vez disso discutiam-se escândalos, às vezes de arrepiar os cabelos, mas que inibiam qualquer engajamento mais sério no combate. Um tenente-coronel capturado na Tunísia conta em 1943:

Nosso Exército se transformou num verdadeiro bando de aventureiros. Todos deveriam ser levados à Justiça, ao menos do ponto de vista militar. Deveriam começar pelo general Bastico[695] em pessoa. Eu gostaria que pudessem investigar todas as suas negociatas na África. Em quaisquer circunstâncias eles se comportavam de maneira escandalosa. Quase todo mundo do Exército pode te contar a mesma triste história de corrupção e desordem. Talvez fosse até melhor se nós tivéssemos os ingleses ou os russos na Itália.[696]

O comando-maior — e com isso o Estado — era considerado tão corrupto e incompetente que chegava a parecer mais inimigo dos soldados italianos do que os próprios Aliados. Na ótica desses soldados alguém teria de ser *fesso* para se sacrificar por um sistema que não representava seus próprios interesses.[697]

Modelos narrativos similares aos dos alemães praticamente só são encontrados entre soldados que pertenciam a tropas especiais.[698] Paraquedistas, aviadores de combate ou pilotos de submarinos conversavam sobre os resultados de suas operações, sobre detalhes técnicos de suas armas e sobre o grau de dificuldade de suas atividades militares. Eles se preocupavam em se apresentar como bons soldados, bem distantes de toda a corrupção e negócios escusos. Também o ideal de bravura e cumprimento dos próprios deveres estava presente entre eles. Um oficial de guarda de um submarino observa em 1941: "As pessoas precisam vencer a guerra e cumprir com as suas obrigações ainda que sejam antifascistas".[699] E da conversa de dois aviadores de combate italianos, de abril de 1942:

> No dia 13 nós torpedeamos um grande cruzador inglês. Ele respondeu com um fogo infernal; um duelo de quinze minutos. Eles tinham Beaufighters.[700] Acertamos um em cheio e quando voltamos ao campo de batalha não havia mais sinal do cruzador. Muita gente na nossa unidade queria fazer de outra forma, pois esses aviões torpedeiros são bem perigosos. Na última vez, ficamos seis horas no ar. Tínhamos que arrasar Beirute, Port Said, Alexandria e Cairo. Nossos pilotos são muito jovens, mas incrivelmente corajosos. Eles se atiram diretamente contra os alvos.[701]

Em geral eram os soldados dessas unidades que se apresentavam como os mais fascistas. Após enumerarem os próprios êxitos militares, dois pilotos de submarinos conversam em 31 de agosto de 1943 sobre a situação da guerra:

> Se nós tivéssemos quatro ou cinco divisões com aqueles jovens fascistas que combateram na África, esses *gentlemen* ingleses jamais teriam desembarcado! Veja só — na África foram enviados catorze tanques com jovens fascistas para combater 140 blindados ingleses, e eu acredito plenamente nessa história.[702]

Para esses dois fascistas convictos, a valentia era um importante ponto de referência. Ainda assim — e ao contrário dos pilotos de submarinos alemães —, eles rechaçavam a insistência no combate. A guerra já estaria perdida depois da perda da Sicília e agora o necessário era estabelecer a paz. Nesse aspecto eles estavam de acordo com Pietro Badoglio, a quem se referem assim: "Temos de terminar a guerra com honradez. Ele é um velho soldado e jamais vai aceitar uma capitulação incondicional".[703] E de fato a Itália não capitulou incondicionalmente, mas celebrou um armistício com os Aliados três dias depois. De todo modo, parece bastante questionável que o fim de guerra caótico, com a fuga do rei e de Badoglio, correspondesse às representações de honradez desses dois pilotos de submarinos. Mais importante, contudo, é constatar que eles não esperavam nada de um eventual cenário de batalha final.

Apesar de todas as diferenças, não se pode deixar de reconhecer a existência de uma zona de intercessão entre os ideais de valores de soldados alemães e italianos. Um sinal era a admiração que os italianos muitas vezes manifestavam sobre o empenho de seus aliados alemães no combate — que no mais, no trato pessoal sobretudo, não lhes pareciam nada simpáticos.[704] Referindo-se à conquista de Creta, um oficial de submarino italiano afirma: "É fenomenal! Os alemães são os únicos que lutam até o final; mesmo quando estão sendo despedaçados, eles seguem lutando até estarem completamente arruinados. Nem nós, italianos, nem os japoneses somos capazes disso, muito menos os ingleses".[705]

O oficial só pôde chegar a essa avaliação porque não só o êxito militar era considerado um valor para ele, mas também a coragem e a vontade de combater. Além disso, conversas sobre as vergonhosas condições do próprio Exército, generais traiçoeiros e abusos na administração[706] mostram que os soldados italianos enxergavam aí um desvio em relação à sua própria representação de normalidade. Quando os soldados italianos se viam livres desse marco de incompetência e corrupção, estavam bem alimentados e eram conduzidos com competência, muitas vezes eles se mostraram também dispostos a combater com bravura.[707]

O marechal de campo Giovanni Messe não queria mais saber de compartilhar valores militares com os alemães agora na prisão britânica. Pelo contrário, dizia que os italianos seriam completamente diferentes, e de uma forma que conseguia ainda uma explicação reconfortante para o fracasso militar do Exército italiano: "[Os alemães] não têm alma. Nós somos generosos e, na verdade, incapazes de odiar. Nossa mentalidade é essa e eu sempre defendi que não somos um povo de guerras, um povo de guerras sabe odiar".[708]

Mais afeitos à guerra do que os italianos e aferrados aos clássicos valores militares eram certamente os japoneses. Os códigos militares mais importantes — Gunjin Chokuyu, Senjinku e Bushido — formavam um marco referencial militar com características próprias e que exigia dos soldados lealdade, valentia, coragem e, sobretudo, absoluta obediência. Recuar estava proibido e os soldados se comprometiam a jamais se entregarem. Como a prisão já era tradicionalmente considerada uma profunda desonra no seio da sociedade japonesa, esses ideais militares acabavam desempenhando um importante papel em quase todas as partes. A prisão não era apenas uma vergonha para o próprio prisioneiro, mas para toda a sua família. Em situações críticas, inúmeros soldados japoneses cometeram suicídio para escapar da prisão. Um oficial norte-americano escreve, em 1944, de Nova Guiné: "O código dos japas é: vencer ou morrer. Render-se ou ir com vida para a prisão sequer é cogitado".[709] Até março de 1945 os Aliados só haviam aprisionado 12 mil soldados japoneses.[710] Em comparação com os exércitos de milhões internados nos campos de prisioneiros da Europa, esse número é quase insignificante.

Mas só isso não é suficiente para fornecer uma imagem diferenciada do marco referencial dos soldados japoneses. Protocolos de interrogatórios, bem como diários confiscados mostram que o desejo de sobreviver dos soldados japoneses era muitas vezes maior do que o compromisso cultural. Por outro lado, a prática habitual dos americanos de não fazer prisioneiros provocou em 1944--45 o quadro no qual o "maior meio de dissuasão contra a capitulação era o medo de ser morto ou torturado. A vergonha da capitulação [...] não teria impedido os militares japoneses de se entregarem em situações já perdidas caso estivessem seguros que não seriam mortos ou torturados".⁷¹¹ É possível inclusive comprovar que mesmo num momento relativamente inicial da guerra — durante a batalha de Guadalcanal, no outono e no inverno de 1942 — os japoneses não estavam dispostos a correr de arma em punho para a própria morte. O que impossibilitava a capitulação na maioria das vezes eram circunstâncias ocasionais.⁷¹²

Entrevistas com presos na Birmânia mostram que atrás da fachada de disciplina e obediência os soldados japoneses pensavam como os alemães da Wehrmacht a respeito de temas similares. A situação geral da guerra, que piorava progressivamente, a rápida queda de prestígio do comando, o abastecimento insuficiente e a falta de apoio por parte das próprias forças aéreas eram pontos de reflexão importantes para os prisioneiros de guerra japoneses.⁷¹³ Outros paralelos eram o desinteresse político da maioria dos soldados e o moral e a confiança elevados dos soldados da Marinha, sobretudo em comparação com os do Exército — a razão deve ser, como no caso dos alemães, a maneira diferente de cada grupo de vivenciar a guerra.

Como essa comparação entre alemães, italianos e japoneses mostra, fatores culturais exercem uma grande influência na formação dos marcos referenciais militares. Quem era considerado um soldado exemplar da perspectiva japonesa seria para a maior parte dos italianos um idiota e para os soldados da Wehrmacht um fanático — admirado ou desprezado.

WAFFEN-SS

No centro deste livro estão os soldados da Wehrmacht. Não se pode esquecer, contudo, que o NSDAP instituiu com a Waffen-SS seu próprio exército, que chegou a contar no meio da guerra com algo em torno de 900 mil soldados.⁷¹⁴ Torna-se assim importante saber em que medida as percepções e interpretações dos soldados da Waffen-SS se difeririam daquelas de seus pares da Wehrmacht. Himmler sempre fez questão de destacar o caráter especial de sua Waffen-SS. Por outro lado, era óbvio que essas diferenças tendiam a se nivelar, seja pela experiência comum no front, seja pelas conexões pessoais cada vez mais estreitas. O general de blindados da SS Kurt Meyer, por exemplo, dizia em novembro de 1944: "Eu não acredito mesmo que hoje ainda exista alguma diferença entre a SS e a Wehrmacht".[715] Mas o que queria dizer de verdade uma afirmação como essa? Teria a guerra de fato anulado os esforços de Himmler em criar uma tropa especial nazista que se diferenciasse não por seus uniformes, mas sobretudo por sua mentalidade militar?

No Julgamento de Nuremberg contra os principais criminosos de guerra não houve nenhuma dúvida quanto à avaliação da Waffen-SS, que foi declarada uma organização criminosa. No pós-guerra fez-se uma tempestade contra essa decisão, sobretudo por parte de proeminentes generais da SS, como Paul Hausser, Wilhelm Bittrich e Kurt Meyer. Eles sentiam os efeitos do veredicto: antigos soldados da Waffen-SS, ao contrário dos soldados da Wehrmacht, não recebiam aposentadoria e ainda tiveram suas chances de ascender na sociedade e nas Forças Armadas no mínimo reduzidas. Fundada em 1949, a associação de ajuda mútua de ex-membros da Waffen-SS, a Hilfsgemeinschaft auf Gegenseitigkeit der Ehemaligen Angehörigen der Ehemaligen Waffen-SS (HIAG), logo se empenhou em demonstrar que os homens da SS teriam sido "tão soldados quanto os outros".[716] O argumento, é claro, não vingou, pois todos sabiam já naquela época que a Waffen-SS havia praticado inúmeros crimes de guerra, além de funcionar como uma peça imprescindível da SS. Reduzir sua atuação ao combate no front era portanto impossível. Além disso, a Waffen-SS caía agora como uma luva no papel de bode expiatório: em casos pouco claros, os crimes, sobretudo no contexto das chamadas "ações judaicas", poderiam ser atribuídos a ela, de forma a livrar a barra da Wehrmacht. Mas, como já se sabe há bastante tempo, crimes de guerra não foram uma característica exclusiva da Waffen-SS. Depois que as pesquisas — principalmente nos últimos dez anos — lançaram luz sobre toda a dimensão dos crimes de guerra da Wehrmacht, faz sentido perguntar novamente se havia de fato diferenças.[717] A Wehrmacht era tão fanática, radical e criminosa quanto a Waffen-SS? A discussão em torno do caráter especial da Waffen-SS não era simplesmente uma peça de uma manobra de distração bem encenada para construir o mito de uma Wehrmacht imaculada? Não seriam a Waffen-SS e a Wehrmacht, juntas, peças integrantes de uma única comunidade de combate em que eventuais diferenças de mentalidade eram automaticamente niveladas no front?

Rivalidades

No verão de 1934, ao concordar com a formação de grupos armados da ss, Werner von Blomberg quis fazer um agrado a Hitler, que acabara de tirar de circulação um rival perigoso: a sa. Pequena, no momento de sua formação a ss não tinha nenhuma importância militar. Com o início da guerra, entretanto, ela chegaria a competir diretamente com a Wehrmacht. Na época, a relação era realmente tensa, os soldados do Exército — tanto o comando quanto as tropas — olhavam indignados e com desprezo para a recém-formada Waffen-ss. Uma conversa de julho de 1940 entre um primeiro-sargento do Exército e um Rottenführer da ss dá uma ideia de como os soldados se sentiam no meio dessa competição:

PRIMEIRO-SARGENTO: Na Polônia foi a mesma coisa. Os comandantes do Exército puseram vários da ss no paredão por desobediência. O regimento "Germania" foi um absoluto fracasso. O "Germania" só fez merda.

SS-ROTTENFÜHRER: Bem, um oficial da Wehrmacht me falou que a ss eram os melhores regimentos de infantaria da Alemanha. E foi um oficial!

PRIMEIRO-SARGENTO: Bem, o que se fala entre nós é exatamente o contrário. Com os oficiais as coisas sequer teriam começado, eles são os maiores idiotas.

SS-ROTTENFÜHRER: Sim, eu já sei, esses jovens tenentes da Wehrmacht que compraram os seus postos — esses caras não valem nada!

PRIMEIRO-SARGENTO: Isso é bobagem! De todo jeito, quando a Wehrmacht se inteirar de tudo o que aconteceu na Polônia, é bem capaz de haver outra grande confusão.

SS-ROTTENFÜHRER: Bem, se eu descubro um oficial falando essas coisas, acabo logo com ele.

PRIMEIRO-SARGENTO: As brigas entre a ss e a Wehrmacht jamais vão terminar!

SS-ROTTENFÜHRER: E o que é que aconteceu então na Polônia? Sobre perdas não se discute. Mas uma coisa eu posso dizer para o senhor, nossos grupos da ss perderam um bocado de sangue! E a Wehrmacht — ela nos deixou na mão, lamentavelmente! É absolutamente lamentável! Bem, a ss jamais voltará a se subordinar a Wehrmacht, eu posso garantir! Para um velho general caduco fazer o que bem entender com os regimentos da ss. As maiores merdas eles empurram para cima da gente... (*interrompido*).

PRIMEIRO-SARGENTO: Bem, o senhor não está querendo dizer que os outros regimentos de infantaria não tiveram perdas? Pois eles perderam tanto quanto a ss — o senhor pode acreditar no que eu estou dizendo! E no oeste, de qualquer maneira, a ss não conseguiu fazer nada para mudar a situação.

ss-rottenführer (*gritando*): O senhor não sabe de nada!

primeiro-sargento (*também gritando*): Sei, sim! Qualquer criança sabe!

ss-rottenführer: O senhor não sabe, não. A ss combateu com a mesma bravura (*interrompido*)...

primeiro-sargento: Mas não conseguiu fazer nada!

ss-rottenführer (*muito irritado*): Claro, claro, só a Wehrmacht... O senhor parece esquecer quem manda hoje na Alemanha — a Wehrmacht ou o partido? O senhor já pôde ver o que acontece com os caciques da Wehrmacht, gente como Blomberg e outros, como Fritsch, quando se recusam a fazer o que mandam.

primeiro-sargento (*irritado*): Bem, parece que o senhor pensa que o partido e a ss governam a Alemanha e a Wehrmacht deve estar subordinada. Mas o senhor se equivoca! O senhor pensa que a ss pode tudo. Quando vocês passaram um aperto na Bélgica, aí vocês vieram nos chamar.

ss-rottenführer: Nós não passamos aperto nenhum. Por que o senhor não pergunta para alguém o que a ss foi capaz de fazer em Dunquerque e no Escalda? O senhor não pode nem imaginar!

primeiro-sargento: Bem, ainda assim a Wehrmacht continua sendo decisiva.

ss-rottenführer: Se não fôssemos nós, ela estaria exposta ao ridículo.

primeiro-sargento: Bem, então nós devemos mesmo acabar com a Wehrmacht e só ficar com unidades da ss. Tenho um metro e 72 — talvez eles me aceitem.

ss-rottenführer: Bem, os regimentos da ss "Alemanha", "Germania" e "Adolf Hitler" são com certeza os melhores regimentos de infantaria da Alemanha.[718]

Os preconceitos de parte a parte ficam bem explícitos. Generais caducos e tenentes que não valem nada e compraram seus postos correspondem à caricatura das Forças Armadas que se formaram a partir do Exército imperial. Afirmar que a ss se julgava capaz de tudo e que os oficiais da ss eram os "maiores idiotas" é reproduzir de alguma maneira a clássica crítica que partia da Wehrmacht contra a ss: falta de profissionalismo. Na hora de avaliar o desempenho militar, os dois interlocutores se valem do mesmo critério. Desempenho quer dizer sobretudo valentia — valentia que é então aferida com base no tamanho das perdas. Para responder ao argumento das grandes perdas da ss, o primeiro-

-sargento do Exército explica que os regimentos da Wehrmacht também teriam sofrido enormes prejuízos, só para concluir que a sua bravura era ao menos tão grande quanto a da ss. Os dois defendem ainda que suas respectivas organizações seriam os pilares do Estado. Se o Rottenführer é explícito ao definir a Waffen-ss como uma parte integrante do partido que comandaria da Alemanha, o primeiro-sargento não é menos explícito ao enfatizar o peso da Wehrmacht dentro do Estado.

O desempenho militar da Waffen-ss nas campanhas da Polônia e da França foi alvo de intensas críticas por parte da Wehrmacht. A limitada capacidade das tropas não era, no entanto, um fenômeno exclusivo da ss, mas um problema que atingia muitas divisões também do Exército, principalmente aquelas formadas no início da guerra, muitas das quais "fracassaram" na campanha da Polônia, como escreveu o general Erich von Manstein.[719] Ainda assim, a falta de profissionalismo dos regimentos da ss servia de ensejo para as críticas do Exército contra essas unidades. Com a crescente profissionalização da Waffen-ss, as rivalidades foram silenciando pouco a pouco; cada vez mais ela era admirada como uma tropa de elite. As pequenas brigas jamais cessaram completamente, mesmo nos textos oficiais uns teimavam em criticar os desacertos dos outros. Enquanto a Wehrmacht costumava se queixar da formação deficiente da Waffen-ss, esta gostava de recriminar o defeito moral daquela.[720]

Apesar das mudanças provocadas na estrutura da Waffen-ss em razão das enormes perdas e de seu incremento maciço, as principais diferenças quanto à estrutura social do Exército permaneceram intactas, como mostrou recentemente o historiador René Rohrkamp.[721] Na percepção dos soldados da Wehrmacht, os homens da ss jamais deixaram de ser "os outros". A própria aparência contribuía para a distinção. A tatuagem do grupo sanguíneo na parte interna do braço esquerdo, mas sobretudo os uniformes de camuflagem inconfundíveis, com as runas da ss, não podem ser de forma alguma desprezados, por todo o seu papel simbólico. Todos os soldados da ss, no início apelidados com certo escárnio de "pererecas da ss", podiam ser reconhecidos imediatamente e, desde logo, separados do Exército. Essa diferença sempre percebida incentivava a concorrência — a competição por atenção e reconhecimento jamais cessou completamente. O general Ludwig Crüwell, por exemplo, ficou indignado por uma divisão da ss ter recebido o nome de "Prinz

Dois soldados da Waffen-SS com uniformes camuflados, sem data. (Fotógrafo: Weyer; BA 10 III Weyer-032-28A)

Eugen". Afinal, era ele quem teria conquistado Belgrado — portanto, sua divisão de blindados deveria receber esse nome. Também era comum ouvir reclamações sobre a maior fartura de distribuição de comendas dentro das divisões da SS. "Digamos, por exemplo, que uma divisão de infantaria recebeu vinte EK I por um motivo qualquer. Se fosse a SS, teria recebido pelo menos umas quarenta. Eles eram avaliados de uma maneira bem diferente", diz Crüwell.[722] A promoção mais rápida dessa gente "doente de tanta ambição"[723] também era motivo de insatisfação. Aos 34 anos já no posto de major-general comandante de divisão, a carreira de Kurt Meyer, por exemplo, causava um evidente desconforto. Reclamava-se também dos privilégios da Waffen-SS em relação aos equipamentos, armas e veículos,[724] bem como de sua melhor provisão.[725] Era com uma certa inveja que os soldados olhavam para o excelente "material humano" das divisões da SS. Diz o major-general Christoph Graf Stolberg-Stolberg:

As tropas só recebiam da Alemanha naquela época — em 43 — aqueles velhotes. A SS, primeiro, ainda recebia os seus voluntários, segundo, recebia os 4% mais bem avaliados nos recrutamentos, e depois ainda levava todo o pessoal das escolas de formação. A SS tinha, assim, a sorte de ser formada praticamente só por suboficiais aspirantes, enquanto as tropas não tinham um sequer.[726]

Um grupo de soldados alemães na Normandia, no verão de 1944. Seus capacetes e uniformes indicam que são paraquedistas. (Fotógrafo: Slickers; BA 101 I-586-2225-16)

Muitas comendas, bons equipamentos, provisão em boa quantidade, pessoal selecionado e sobretudo jovem — tudo isso não era privilégio exclusivo das divisões da SS. Várias tropas de elite da Wehrmacht gozavam de regalias no abastecimento tanto material quanto pessoal. Em primeiro lugar, deve ser mencionada a divisão de infantaria mecanizada "Grossdeutschland", que seria transformada em "Leibstandarte" do Exército para competir diretamente com a Waffen-SS.[727] Há também diversas unidades da Luftwaffe que podem ser nomeadas: tanto os paraquedistas quanto a Divisão de Blindados "Hermann Göring" desfrutavam de um status privilegiado. No mais, esses grupos eram considerados "diferentes" porque usavam uniformes e capacetes especiais e recriminados por receberem um tratamento "mais generoso"[728] na distribuição de condecorações. Mas seu comportamento também despertava indignação. "A famosa e tão falada Divisão 'Hermann Göring'", conta o coronel Hans Reimann sobre as suas experiências na Tunísia, seria

> um monte de merda, oficiais metidos a besta, uns macacos cagões, uns garotos abusados, e mesmo os mais velhos, estes eram tão cagões que ninguém pode nem

imaginar; o primeiro ataque provocou uma enorme bagunça entre eles, que saíram correndo dos blindados sem querer saber de nada, aí nós tivemos que contê-los.[729]

Valentia e fanatismo

A imagem de tropas de combate "fanáticas" e "dispostas ao sacrifício" foi projetada pela propaganda nazista ao longo da guerra com muita dedicação e habilidade. Os argumentos empregados são reproduzidos em abundância nas conversas interceptadas. Os soldados da Wehrmacht estavam todos de acordo que a Waffen-ss entrara "com enorme valentia", "como autênticos touros", ao som de "'Deutschland, Deutschland über alles' e sempre 'marchando, marchando' [...], completamente fora de si", correndo direto na direção do fogo, sem pensar nas perdas "terríveis", "malucas" e "sem sentido".[730] "O Standarte Germania, quer dizer um único regimento", informa um sargento da Luftwaffe, "contabilizou 2500 mortos em apenas um trimestre."[731]

A maior parte dos generais alemães que se encontravam em Trent Park havia combatido entre 1941 e 1942 no front oriental e tivera ali, pela primeira vez, contato com a Waffen-ss. Eles também contam sobre as perdas despropositadas das unidades da ss:

DESCONHECIDO: Só quero contar para o senhor uma imagem que eu vi certa vez pessoalmente, com os meus próprios olhos, eu a presenciei — depois eu não falo mais nada. Foi na batalha do inverno, havia quatro divisões russas: uma de cavalaria de guarda, duas de infantaria de guarda e uma outra divisão. Elas penetraram pelo lado esquerdo da divisão vizinha. Aí eu formei um flanco de defesa. Meu front estava posicionado assim, o flanco de defesa assim, formavam um ângulo bem agudo — para morrer de rir. Eu ia lá no meio, com quatro quilômetros de comando e controle, a dois quilômetros de distância dos dois amigos, um de cada lado. Como segunda parte das tropas para formar o flanco de defesa me deram um batalhão da ss, quer dizer, no geral tratava-se de uma companhia reforçada. Era uma companhia com mais ou menos 175 homens, algumas metralhadoras pesadas e dois lança-granadas. Um Hauptsturmführer, Von Benden, um homenzarrão que também tinha participado da Guerra Mundial. Os rapazes — bem, eles tinham ficado na retaguarda combatendo os guerrilheiros, depois foram retirados e enviados lá para a frente. Então eu mandei que eles tomassem a vila de Volchanka. Como não havia armas pesadas, dei a eles duas de minhas metralhadoras leves e três canhões antitanques, logo depois fui embora. O ataque começou; eu não podia acreditar no que estava vendo, como o ataque avançava com velocidade, ele funcionava muito bem, seguimos na direção da vila, abrimos fogo — aí o Bendel entrou no seu Kübelwagen, se ajeitou no assento e foi até a frente de seu batalhão e o batalhão começou a marchar — os soldados avançavam em passo firme contra a vila.

BULÖWIUS: [...] tremenda estupidez.

DESCONHECIDO: Eles tinham nove oficiais. Dos nove, sete haviam morrido ou estavam feridos. Dos 170 homens de infantaria, uns oitenta já não estavam mais. Eles tomaram a vila... Ainda mantiveram a vila por uma semana com oitenta soldados, quer dizer, saíram uma vez para depois retornar. No fim só restaram 25 homens. Sim, é um absurdo completo. Dei a ele uma bateria de artilharia rápida que não chegou a dar um tiro sequer, nada, nada, nada. "Sim, Von Benden, o senhor precisa disparar." "Que nada, essa merda não faz a menor diferença. Vamos levar assim mesmo." Uma loucura total.[732]

As reações diante de relatos dessa natureza eram sempre as mesmas. "Tremenda estupidez", diz o tenente-general Karl Bülowius. Nunca se questiona a veracidade dessas descrições: elas parecem plausíveis a todo mundo. Seja como for, essa imagem de perdas absurdas e horrendas não se restringia à Waffen-SS. Tão logo ouve a história do Hauptsturmführer Von Benden, o major-general Fritz Krause se recorda do seguinte episódio:

KRAUSE: Vivi algo parecido com as unidades da Luftwaffe... dos dois batalhões que ainda existiam, divisões de campo da Luftwaffe. Eles chegaram às cinco da manhã, depois de uma marcha de dezesseis quilômetros pela noite, atravessando a neve e o gelo, acabam chegando de alguma maneira ao local desejado, pegam a infantaria — na época era o corpo de Knobelsdorff — metem-na na ala esquerda de um grupo de ataque ainda em formação. Às cinco começou o ataque, justamente da coluna que vinha em marcha, eles sequer tiveram tempo de tirar os casacos, nada. Foram mandados direto para o ataque, sem antitanques, sem metralhadoras, nada, nada, nada. Partiram e conseguiram avançar — com algumas perdas, mas nada demais — algo em torno de um e meio até dois quilômetros. Foi aí que apareceu do nada um ataque de blindados russos e passou por cima de todo mundo. Os dois batalhões tiveram 480 mortos, mais de trezentos foram atropelados pelos blindados e pareciam uma folha de papel. E inúmeros feridos. Os dois batalhões haviam sido inteiramente dizimados.[733]

Muitos soldados contam histórias arrepiantes de operações que causaram a morte de centenas de homens. As perdas elevadas tinham explicações distintas. Enquanto nas unidades da Wehrmacht se costumava censurar a inexperiência do comando ou das tropas, na Waffen-ss alegava-se surpreendentemente uma "compreensão absolutamente equivocada de firmeza".[734] Quase não há relatos de combates de unidades da ss onde as perdas tenham sido realmente pequenas. Apesar de muitos soldados jamais terem estabelecido nenhuma espécie de contato com a Waffen-ss, talvez porque servissem na Marinha ou na Aeronáutica, quase todos consideravam os homens da ss — nas palavras do psiquiatra do Exército, Dick — "rapazes dos diabos, admiráveis, bem selecionados e bem formados, sem qualquer medo da morte".[735]

Parece à primeira vista que Himmler conseguia na prática fazer com que seus soldados se lançassem à própria morte em sacrifício pela pátria. Não podia haver nenhum "soldado da ss preso", ele dizia em 1941, porque esses soldados seriam os

> guardiões da honra, os guardiões da força de combate da divisão. Então o senhor deve sacar a sua pistola contra os seus próprios soldados e exigir que eles superem de uma vez o medo. Pode até vir um tanque do tamanho que for. Também pode acontecer de um regimento, um batalhão ou uma companhia se verem reduzidos a um quarto ou a um quinto de seu efetivo. O que não pode acontecer é esse restante ficar fora de combate, não poder ou não querer mais atacar. Senhores, se eu tenho quinhentos soldados na minha divisão, esses quinhentos estão preparados para atacar.[736]

Em 1944 ele exigia de seus homens da ss uma postura parecida com a dos japoneses: de 300 mil soldados, apenas quinhentos foram para a prisão.[737]

Pelas conversas interceptadas, os homens da ss também parecem confirmar as percepções dos sodados da Wehrmacht. Eles contam, por exemplo, que os oficiais da ss de fato conduziam seus próprios soldados, com a pistola engatilhada, às vezes junto a outros soldados da Wehrmacht fugitivos, para que fossem sumariamente julgados.[738] Ao encontrar o generalato prostrado em Trent Park, o comandante da divisão da SS "Juventude Hitlerista", Kurt Meyer, comentou:

> MEYER: Eu gostaria que uma boa parte dos senhores aqui presentes comandasse a minha divisão para que eles vissem pelo menos uma vez o que é *espírito de sacrifício* e *fanatismo* de verdade. Iriam morrer de vergonha.[739]

Radical, Meyer já havia chocado oficiais da Wehrmacht durante um curso no outono de 1943. Depois da terceira taça de vinho, recorda-se um dos presentes, ele começara a dizer que

> o soldado [deveria se tornar] um combatente heroico e fanático, odiar todos os franceses ou todos os ingleses ou todos os americanos, pouco importa sua nacionalidade, era para pular na garganta do inimigo e sugar todo o seu sangue. O soldado deve odiar todo mundo, todos são seus inimigos mortais; só assim a gente pode vencer esta guerra.[740]

Para o Standartenführer Hans Lingner, um soldado da SS de primeira hora que havia lutado no leste e na Normandia, a vontade de combater estava intrinsecamente vinculada a um sentido mais elevado de sacrifício. É o que ele esclarece a um capitão do Exército na prisão:

> LINGNER: Todos nós fomos educados na escola tendo a luta de Leônidas nas Termópilas como o maior símbolo de sacrifício por um povo. Tudo o que é feito tem de alguma forma uma ligação com essa luta. E como todo o povo alemão se transformou num povo de soldados, agora já não resta outra coisa senão o sacrifício. Pois se o senhor, como homem, pensa e fala: "Gente, acabou essa história de nosso povo, já não faz mais sentido, estamos na merda", o senhor acha que consegue assim evitar o derramamento de sangue? O senhor por acaso acha que desse jeito as condições de paz serão diferentes? Pois saiba que não. Todos sabem muito bem que um povo que não enfrentou uma batalha tão decisiva como esta até suas últimas forças jamais conseguiu se reerguer como povo.[741]

Hitler e Himmler poderiam muito bem ter dito as mesmas palavras. Em diversos aspectos, as opiniões de Lingner e Meyer são bastante representativas da postura geral da Waffen-SS. Não por acaso, em fevereiro de 1945, dois soldados do Exército manifestavam sua certeza quanto à persistência da SS no combate até o seu limite: seu próximo passo seria "uma espécie de guerra de guerrilhas"[742] nos Alpes.

De modo geral, no entanto, como demonstrou o historiador Rüdiger Overmans, o índice de baixas na Waffen-SS não era significativamente maior do que o do Exército.[743] E quando se olha essa imagem mais de perto, em seus detalhes, percebe-se ainda que o percentual de mortos nas unidades da SS era quase tão elevado quanto nas divisões de blindados do Exército ou de paraquedistas da Luftwaffe. A partir do instante em que decidiam defender o front, o comportamento do grupo de elite durante as batalhas já não apresentava nenhuma grande diferença. Por que então os soldados da Wehrmacht enxergavam a Waffen-SS como uma tropa especialmente fanática no combate e que sofrera perdas terríveis?

Uma análise dos informes de baixas revela que nas fases da derrota e da retirada — por volta de agosto de 1944 — o número de soldados da Waffen-SS aprisionados pelos Aliados, em comparação com companhias similares do Exército ou da Luftwaffe, foi muito mais baixo. O costume dos Aliados de matar os soldados da SS que capturavam[744] só explica esse fenômeno parcialmente. De fato, soldados de alguns grupos de elite da SS preferiam combater até morrer a tentar salvar suas vidas por meio de uma capitulação.[745] Trata-se, no entanto, apenas de uma *tendência*, jamais um fenômeno próprio "da" Waffen-SS — senão seu percentual de mortos teria de ser maior do que o do Exército. Ao menos em parte, essa inclinação confirmava na realidade aquela imagem construída pela propaganda nazista com tanto empenho; agora ela poderia se incorporar plenamente no marco referencial dos soldados da Wehrmacht, muitas vezes em forma bastante condensada. A fixação nas supostas perdas mais elevadas da Waffen-SS servia também para não deixar a valentia das unidades da SS fora de controle. Ninguém questionava sua firmeza extraordinária, uma atitude que devia ser realmente motivo de grande admiração segundo o sistema de valores da época. Ao ser combinada com "enormes perdas desnecessárias", evitava-se então uma percepção exageradamente positiva da Waffen-SS. Claro que não faltaram batalhas nas quais a Waffen-SS atingiu seu objetivo sem grandes perdas.[746] Mas, como essas histórias não se ajustavam à narrativa predominante na Wehrmacht, elas simplesmente não eram contadas.

Os protocolos das escutas também mostram que era plenamente possível esboçar uma imagem distinta, mas diferenciada, que permitisse o questionamento das ideias de sacrifício e luta final da Waffen-ss. O general Hans Cramer contava como fora a defesa da Carcóvia em 1943, quando tivera contato com as três divisões mais importantes da Waffen-ss: "Eles também já estão de saco cheio. De alguma maneira eles também são forçados, ninguém é voluntário de verdade [...]. Participaram de toda a maquinação e já estão tão de saco cheio quanto a gente".[747] Já não é mais possível saber se o que se diz aqui a respeito das divisões da ss recém-enviadas para os combates — "Leibstandarte Adolf Hitler", "O Reich" e "Caveira" — correspondia de fato à realidade. Certo é que elas não podiam ser reduzidas ao fanatismo e à disposição para o sacrifício. Prova disso é que passaram por cima de uma ordem de Hitler e se retiraram da Carcóvia ainda em fevereiro de 1943. No mais, também não deixa de chamar a atenção a irritação de Erhard Raus, seis meses depois, com a falta de disposição de uma dessas três divisões nucleares. E não porque, numa compreensão equivocada de firmeza, por exemplo, ela sofresse perdas demasiadas, mas porque combatia "sem garra" nenhuma. Raus então solicitou — sem resultado — a destituição do comandante da divisão da ss "O Reich", o Brigadeführer Heinz Krüger, bem como de seu primeiro-oficial no Estado-Maior Geral.[748]

Há também de outros palcos da guerra relatos para mostrar que a Waffen--ss não estava imbuída apenas de espírito de sacrifício. O general Hans Eberbach achava que a divisão da ss "Leibstandarte Adolf Hitler" "nunca havia lutado tão mal como dessa vez",[749] na Normandia, o que pode ser comprovado por fontes dos Aliados, mas também pelo baixo número de condecorações outorgadas.[750] Um dos poucos presos a admitirem abertamente sua deserção nos protocolos de escutas britânicos foi, supreendentemente, um soldado da ss, Reichheld, da divisão "Frundsberg".[751] O relato do Obersturmführer Otto Woelky, da divisão "Leibstandarte Adolf Hitler", mostra a falta de fanatismo desse oficial da ss de primeira hora. Em setembro de 1944, sua unidade deveria ter se organizado para defender a Linha Siegfried. Uma senhora lhe ofereceu abrigo em sua casa, num vilarejo que ficava atrás da linha de bunkers:

WOELKY: "O que os senhores pretendem fazer por aqui?", ela perguntou. Respondi: "Queremos ocupar o Westwall [a Linha Siegfried]". Ela disse: "Ocupar o Westwall? É para defender isso aqui?". Eu disse: "É claro, isso aqui precisa ser defendido".

Eu disse: "Finalmente um lugar onde nós podemos permanecer um tempo, onde podemos formar um front". Aí ela disse: "Isso é sacanagem, nós estávamos esperando que os americanos viessem logo para acabar de uma vez com essa história, agora o senhor chega, começa uma batalha e arrebenta tudo de novo! O que nós devemos fazer? Para onde é que nós devemos ir? Todas as nossas coisas serão mais uma vez destruídas a tiros!". Claro que no início eu fiquei branco de susto. Eu disse: "Bem, ouça, por favor, a senhora pode muito bem se mandar daqui, é provável até que seja forçada a sair". Eu disse: "Vai ficar um pouco mais perigoso. Estamos dois quilômetros atrás dos bunkers, então a senhora pode estar segura de que todo dia vai haver fogo de artilharia ou a presença de bombardeiros". Aí ela disse: "Bem, então para onde é que nós devemos ir? Nós não temos nada para transportar as nossas coisas". Eu disse: "É claro que a senhora não poderá levar todos os seus pertences, será impossível". Bem, evacuar a área, opiniões desse tipo eu ainda consigo entender. Mas logo ela começou: "Mentiram e nos enganaram durante cinco anos, prometeram-nos um futuro de ouro e o que é que nós temos agora? Agora a guerra vai passar mais uma vez por cima da gente. A única coisa que eu não consigo entender é como ainda hoje há soldados alemães fazendo disparos", e tal. Peguei a minha pasta de documentos, coloquei-a debaixo do braço e deixei a casa. Eu certamente deveria ter feito alguma coisa contra aquela mulher, mas eu conseguia entender muito bem a sua postura.[752]

Não sabemos se o episódio realmente aconteceu assim. O fato de Woelky, apenas alguns dias depois, ter sido preso a poucos quilômetros dali, nas cercanias de Prüm, no Eifel, corrobora sua versão. Provavelmente não era das maiores sua disposição de lutar "até o último suspiro". Mais importante, no entanto, é ver como esse chefe de companhia, membro da guarda pretoriana de Hitler, que ingressara na ss já em 1933, agora se livra do marco da ss — "certamente deveria ter feito alguma coisa" — e manifesta sua compreensão com o ânimo da população já cansada da guerra.

Os protocolos das escutas mostram que mesmo entre os oficiais da ss as percepções da guerra eram surpreendentemente heterogêneas. Não se pode desconhecer, contudo, uma *tendência* de radicalização em suas interpretações — ainda falaremos mais sobre o tema.

Junto com o espírito de sacrifício e o fanatismo pronunciados, outra explicação bastante comum à época para as grandes perdas da Waffen-SS era sua falta de profissionalismo militar. É uma reclamação que aparece com muita frequência nos registros oficiais da Wehrmacht.[753] Hoje em dia, no entanto, é muito difícil verificar a pertinência dessas queixas. Certamente elas não caíam do céu, as inúmeras vezes que aparecem já revelam algo mais complexo. Reclamações assim não se dirigiam apenas a unidades da SS; documentos oficiais produzidos ao longo de toda a guerra vinham repletos de recriminações contra o comportamento equivocado, que resultava mesmo abstruso, de companhias de combate terrestre do Exército, da Luftwaffe e também, é claro, da SS. Mas é importante considerar que há da mesma forma inúmeros registros nos quais a atuação dos soldados da Wehrmacht é efusivamente elogiada. O suboficial Grüchtel, piloto de um avião de carga em missões de voo em Stalingrado, conta sobre a queda da ala sul do front oriental no inverno de 1942 para 1943:

> Em janeiro e fevereiro, todos nós já estávamos convencidos de que as coisas acabariam mal na Rússia. Os russos vinham atrás da gente. Já estávamos até com as maletas prontas em Sabroschi (?),[754] eles estavam a seis quilômetros do lugar, a metade da Ucrânia já havia sido perdida. No dia 19 (?) de fevereiro, o Adolf apareceu pessoalmente; a partir desse instante, as coisas começaram a funcionar; depois chegou a SS-Leibstandarte. Até aí eu não os achava nada de mais, mas esses rapazes foram bem firmes no combate.[755]

Um Haupttruppführer da Organisation Todt fala sobre as batalhas na Normandia, no verão de 1944:

> O fato é que, sem querer desmerecer a Wehrmacht, as únicas tropas de verdade ali, com exceção de alguns regimentos de elite da Wehrmacht, eram as tropas de paraquedistas e a SS, as únicas que ainda tinham alguma firmeza.[756]

Essa opinião também foi confirmada em linhas gerais pelos Aliados. A divisão da SS "Juventude Hitlerista" teria conquistado o *respect* dos britânicos;[757] era uma divisão considerada "excelente", mesmo "brilhante", inclusive pelo experiente general de blindados, Heinrich Eberbach.[758]

A Waffen-ss — poderíamos resumir assim — era bastante heterogênea tanto no que diz respeito ao seu papel em combate quanto ao seu profissionalismo militar. Tão heterogênea, aliás, como todas as companhias da Wehrmacht. É muito difícil reduzir o desempenho estritamente militar das divisões da ss nos campos de batalha ao lugar-comum "fanatismo e falta de profissionalismo". *Summa summarum*, sua atuação foi muito parecida com a de todos os outros grupos de elite. A única diferença que pode ser realmente verificada é seu comportamento nas últimas fases da guerra, já no momento da derrota, quando seus soldados parecem levar mais ao pé da letra o comando de combater até o último cartucho. Seja como for, uma diferença bastante significativa.

Crimes

Os soldados da Wehrmacht não explicam o caráter "especial" da Waffen-ss apenas com base no seu desprezo pela morte, mas também e sobretudo por sua brutalidade. Surpreendentemente, esse argumento não se restringia aos membros do Exército, ele também era muito comum na Luftwaffe e na Marinha. Tratava-se portanto de uma ideia bem difundida.

"A diferença entre a Waffen-ss e as outras tropas é que ela é um tanto mais brutal e não faz nenhum prisioneiro", dizia um artilheiro de bordo de um Ju 88, em janeiro de 1943.[759] Logo em março de 1941, um correspondente de guerra já expressava sua convicção: "As tropas da ss [...] não fazem prisioneiros, eles são fuzilados".[760] Um rádio-operador da Marinha completa: "Na Polônia eles ainda mataram os poloneses capturados porque os poloneses também matavam e queimavam os pilotos alemães que capturava. Mas matar prisioneiros franceses inocentes, como as tropas da ss fizeram, eu já acho injusto".[761] Seu critério é claro: fuzilar prisioneiros não é, por si mesmo, algo repreensível, pois bastaria que os fuzilados tivessem cometido alguma infração anteriormente. Mas "inocentes" não poderiam ser mortos, aí já se tratava de uma injustiça. Não se sabe de onde vieram as informações desse primeiro-sargento de rádio que caiu nas mãos dos britânicos em 7 de março de 1941, após o naufrágio de seu submarino U 99. Elas só podem ter chegado a ele por terceiros, o que mostra ainda melhor a reputação da Waffen-ss já naquele momento.

As notícias a respeito dos crimes de guerra da Waffen-ss na França se espalharam pelo visto como um grande incêndio. Um observador de um Ju 88 toma conhecimento da situação a partir de um amigo que havia combatido na divisão da ss "Caveira":

> Uma vez ele me contou que na campanha do oeste eles não chegaram a prender nenhum negro. Simplesmente apontavam a metralhadora e acabavam com tudo. Na campanha do oeste as pessoas tinham até pavor deles. Os franceses não se deram conta de que eles faziam uma distinção entre franceses e negros, por isso, quando avistavam esses grupos de caveiras, eles saíam correndo, completamente apavorados.[762]

Provavelmente o soldado da ss falou desses crimes para se vangloriar, para ressaltar ainda mais a terrível fama dessas tropas — o certo é que ele não exagerou. A divisão "Caveira" da ss foi a unidade que cometeu a maior parte dos crimes de guerra ao longo da campanha na França. Contam-se aí, junto com a execução de 121 prisioneiros de guerra britânicos nos arredores de Le Paradis, diversos fuzilamentos em massa de soldados coloniais negros. Não deixa de ser uma novidade para a pesquisa especializada no assunto constatar que não fazer nenhum prisioneiro negro era uma prática geral e deliberada dentro da divisão.[763]

Os soldados da Wehrmacht achavam que o comportamento da Waffen-ss na Rússia não podia ser muito diferente. Pelo contrário, há inclusive um sensível aumento do número de notícias sobre crimes contra a população civil e contra prisioneiros de guerra.[764]

> Na campanha da Rússia, a ss saiu arrastando os russos pelas ruas, feridos, escorraçados, humilhados, espancados com as baionetas, suas roupas eram despedaçadas, eles eram despidos, nus em pelo para serem enterrados na neve e sacados de lá novamente, depois ainda enfiavam as baionetas neles para arrancar os seus corações. São coisas que, quando contamos, ninguém acredita. Mas era assim que a ss fazia! Quem fez isso aí foi a ss![765]

Aqui já fica claro como essas histórias de violações cometidas pela Waffen-ss também eram utilizadas para evitar que a imagem da Wehrmacht fosse contaminada por esse aspecto criminoso. Por exemplo, o capitão Alexander Hartdegen, do Estado-Maior da 3ª Divisão de Blindados, contava que o comandante da sua divisão havia proibido expressamente o fuzilamento de prisioneiros. Sua atitude teria provocado uma "enorme confusão" com uma unidade subordinada da ss, a divisão "Wiking", "pois não fuzilávamos nossos prisioneiros".[766] Nesse caso o narrador está preocupado em afirmar a própria inocência.

> Posso assegurar ao senhor, com toda a franqueza, que, em toda a guerra, eu jamais participei de um fuzilamento. Mesmo nos regimentos em que eu estive. Na África simplesmente não havia essas coisas, lá nós praticávamos um *fair play*, chegávamos a trocar sardinhas em conserva por cigarros com os ingleses. Entre nós nunca aconteceu nada disso, graças a Deus.[767]

Hoje já é impossível atestar a veracidade de um relato como esse. Sabe-se, sim, que a guerra na África foi conduzida de parte a parte com alguma moderação e que de fato parece não ter havido fuzilamentos de prisioneiros. A nítida oposição entre uma Wehrmacht "boa" e uma Waffen-ss "má", como Hartdegen parece sugerir, é muito fácil de ser encontrada nas fontes; ela se refere sobretudo às batalhas na França, no verão de 1944. Há diversos relatos dessa época de soldados do Exército e da Luftwaffe sobre os crimes da Waffen-ss. A divisão "Götz von Berlichingen", da ss, teria fuzilado todos os seus prisioneiros americanos,[768] a divisão "Juventude Hitlerista" também não fizera nenhum prisioneiro.[769] Soldados da divisão "O Reich" assassinaram dois prisioneiros americanos, médicos, e ainda comentavam: "Um deles certamente era judeu, tinha todo o jeito de judeu, e o outro também era...".[770] Por fim, o suboficial Voigt, do serviço de informação, conta ter presenciado "coisas de arrepiar" durante a retirada da França:

> VOIGT: No final éramos 25 homens e tínhamos alguns soldados da ss conosco. Se você não mantivesse as rédeas curtas, eles acabariam com quem aparecesse pela frente. À noite fomos a uma casa de camponeses franceses buscar algo para comer. Os garotos queriam levar dos camponeses tudo o que eles ainda tinham. Depois ainda encontramos alguns franceses, eles literalmente estouraram a cabeça de um deles.[771]

Nos protocolos das escutas relativos às batalhas na França em 1944, praticamente só se fala dos crimes praticados pela Waffen-ss, quase nunca sobre os crimes da Wehrmacht.[772] Isso parece confirmar a versão que prevaleceu por muito tempo, mesmo nos estudos especializados. Dizia-se que só pouquíssimos crimes de grupos do Exército e da Luftwaffe podiam ser comprovados e que as unidades da ss seriam as grandes responsáveis pelos verdadeiros crimes de guerra.[773]

Não surpreende, portanto, que a Waffen-ss jamais tenha conseguido se livrar, até o fim da guerra, da fama que ganhara entre 1939 e 1940. Outro motivo de sua reputação era a constante associação que se fazia entre as unidades da ss e os assassinatos de mulheres e crianças. Esse comportamento era quase sempre considerado repugnante, sobretudo porque ele violaria a "matriz masculina da guerra" (Lutz Klinkhammer).[774] O major Hasso Viebig encontrou na prisão o primeiro-oficial do Estado-Maior Geral do Corpo de Blindados LVIII, ao qual a divisão "O Reich" da ss esteve subordinada por um certo tempo. A conversa com Beck lhe abriu os olhos:

> VIEBIG: Graças à sua atividade na França, o major Rudolf Beck sabe bem como a ss se comportou naquela área. Ele sabe de alguns casos que sequer pode contar para outras pessoas. Já me disseram que a ss trancou franceses, mulheres e crianças numa igreja e depois ateou fogo nessa igreja. Ainda achei que fosse uma estratégia da propaganda, mas o major Beck me garantiu: "Não, é verdade, eu sei que eles fizeram isso".[775]

Viebig se refere aqui ao massacre de Oradour, quando uma companhia da divisão "O Reich" matou 642 homens, mulheres e crianças.

Só uma minoria de soldados da Wehrmacht conseguia enxergar algumas diferenças importantes ao tratar dos crimes de guerra. É o caso de Franz Breitlich, que em abril de 1945, no campo americano de Fort Hunt, conversava com seu colega de cela, Helmut Hanelt, sobre os crimes cometidos no front oriental. Breitlich conta como civis de uma aldeia russa haviam sido assassinados com blindados e metralhadoras, para então generalizar: "As coisas que as nossas tropas chegaram a fazer... A Wehrmacht antes não agia assim, foi só chegar a ss e ela começou a fazer essas coisas".[776]

É interessante que Breitlich fale de "nossas tropas", quer dizer, a Wehrmacht, para em seguida precisar que a ss teria se portado ainda pior. Poucos soldados ousavam passar inteiramente por cima das diferenças entre a Waffen--ss e a Wehrmacht. O coronel Eberhard Wildermuth, um oficial da reserva que havia atuado antes da guerra num partido liberal de esquerda, o Deutsche Demokratische Partei (DDP) [Partido Democrático Alemão], diz: "Essas execuções em massa da ss não eram coisas que se pudessem admitir de um oficial, qualquer oficial alemão tinha a obrigação de se recusar a participar". Mas ele se vê forçado a reconhecer "que os oficiais *não* se recusaram e acabaram participando, portanto, dessas execuções em massa. Sei de outras coisas parecidas que a Wehrmacht e os oficiais também fizeram". Se alguém pretendesse dizer, tendo em vista um eventual processo criminal, "'assim nos afastamos daquela gente', eles poderiam muito bem nos responder: 'Por favor, aqui o capitão alemão fulano de tal e o coronel alemão fulano de tal fizeram exatamente a mesma coisa que a ss'".[777]

Por causa de sua atuação em quase todos os fronts e de suas boas relações na resistência, Wildermuth estava, sem dúvida, muito bem informado sobre a magnitude dos crimes de guerra. Ele chegara a presenciar os crimes da Wehrmacht, ao menos na Sérvia, em 1941.[778] Suas conclusões, no entanto, não deixam de representar uma rara exceção. Era muito mais comum que os oficiais negassem a dimensão dos crimes das tropas nos fronts e defendessem parcialmente até a ss contra as acusações.

Quando dizem ao coronel Meyne na prisão que a Waffen-ss teria queimado aldeias inteiras, ele então responde: "Ela não faz mais isso, é uma tropa puramente de combate, não há nada que lhe possa ser recriminado. Devem ter sido, talvez, as divisões de segurança da ss ou algo parecido, dessas que se falam por aí". Seja como for, ele mesmo não acredita "tanto assim" nessas histórias, apesar de admitir: "Claro que fizeram muita sacanagem, mas nós também não temos dúvidas que os russos de fato matavam todos os alemães. Mesmo agora não há *nenhuma* dúvida sobre isso".[779] Quer dizer: a Waffen-ss pode até ter praticado seus crimes, mas estes estavam moralmente justificados, uma vez que o Exército Vermelho também executava os prisioneiros alemães. Dessa forma, Meyne era um dos poucos soldados nos campos das escutas que chegavam a incluir a Waffen-ss no grupo dos soldados "normais". Para isso, no entanto, era necessário separar as tropas da ss que combatiam no front daquelas que ficavam na retaguarda. É prescindível dizer que essas diferenças não existiam na realidade. Mas é interessante aproximar-se um pouco mais da perspectiva de Meyne.

Sua única experiência com a Waffen-ss parece remontar ao início da operação Barbarossa. Na posição de comandante de uma divisão de artilharia independente, ele pertencia ao Grupo de Blindados 2, o mesmo da divisão "O Reich". Essa divisão da ss enfrentou o Exército Vermelho ao lado de outras tropas do Exército alemão. Elas dividiam as mesmas tarefas e as mesmas experiências. Sobretudo nessa fase da guerra, quando houve uma verdadeira erupção de violência no front oriental, o fato de civis e prisioneiros serem executados dificilmente poderia parecer algo de extraordinário na perspectiva de um oficial do Exército. Em julho de 1941 aconteceram crimes similares em praticamente todas as divisões do Exército; é improvável que a divisão "O Reich" conseguisse ainda se destacar.[780] Na perspectiva de Meyne, certamente esse grupo tinha muito mais características em comum com uma divisão de infantaria do Exército, por exemplo, do que com as brigadas de cavalaria da ss que assassinaram milhares de civis nos pântanos de Pripyat. Meyne então enxergava a Waffen-ss como parte dos "soldados normais", ao menos sua "sacanagem" não lhe parecia especialmente recriminável diante da maneira brutal de combater do Exército Vermelho.

Até o presente momento falou-se principalmente das conversas de soldados da Wehrmacht. É bem possível que se trate apenas de projeções dos próprios delitos. Resulta então questionável até que ponto podemos considerar essas fontes sobre os crimes da Waffen-ss realmente confiáveis. O cabo da Marinha Lehmann, por exemplo, contava o que aconteceu depois de sua tropa descobrir na casa de um velho francês, nos arredores de Canisy, na Normandia, uma emissora de rádio clandestina. "Liquidado" imediatamente, "direto ao paredão e pronto". No mais, a população teria recebido os alemães com grande entusiasmo. O único senão ficaria a cargo da Waffen-ss, que teria "estragado" tudo com seu mau comportamento e despertado o "mau humor" da população.[781] O cabo da Marinha instrumentaliza o comportamento da Waffen-ss para absolver a si mesmo diante de qualquer possível incriminação por conta desse "mau humor" dos franceses — pois nem de acordo com o direito penal da Wehrmacht ele estaria autorizado a fuzilar o "velho francês", sem submetê-lo previamente a um processo judicial.

O grau de abstração e generalidade da maior parte dos relatos dos crimes cometidos pela ss impede uma verificação mais precisa das informações apresentadas. Diante dos inúmeros crimes da Wehrmacht, questiona-se até que ponto a brutalidade anteriormente descrita seria uma característica específica da Waffen-ss. Não deixa de ser, portanto, uma feliz coincidência que os britânicos tenham empregado tanta energia para saber um pouco mais a respeito da perspectiva subjetiva dos próprios soldados políticos de Himmler. Em conversas com outros homens da SS, mas também com os soldados da Wehrmacht, esses soldados da SS discorrem sobre seus crimes de guerra com uma franqueza que hoje pode parecer assustadora. Temos, assim, não só uma visão externa da Waffen-SS, mas também raros insights.

Eis o relato de Krämer, Untersturmführer da SS, sobre sua atuação no front oriental:

> KRÄMER: Eu também participei das ações na Rússia, em Oriol. Instalaram uma MG 42 no claustro de uma igreja. Depois fizeram os russos atravessarem a neve e os meteram dentro da igreja. Eles não tinham ideia do que ia acontecer e foram imediatamente fuzilados com a MG 42. Jogaram gasolina em cima e puseram fogo em tudo de uma vez.[782]

Krämer foi um dos 2 mil oficiais e suboficiais transferidos em 1943 da "Leibstandarte Adolf Hitler" para a recém-criada divisão "Juventude Hitlerista". Ele desempenhara um importante papel na própria estruturação da unidade. Durante o período em que combateu num regimento de infantaria mecanizada dessa divisão, Röthling, um jovem soldado da SS, entrou em contato com antigos veteranos da "Leibstandarte":

> RÖTHLING: O chefe da nossa seção conta que na Rússia eles mandavam uma centena de prisioneiros russos marcharem, sempre adiante, seguindo por um campo minado. Eles eram obrigados a detonar pessoalmente as suas próprias minas.[783]

Na França eles utilizavam as vacas para se livrar das minas, é o que ele conta rindo. E sobre sua própria experiência na Normandia, Röthling descreve para um primeiro-sargento do Exército o comportamento de seu superior:

> RÖTHLING: Se esses que estão chegando soubessem o que nós fizemos com os prisioneiros deles, não nos restaria mais muito tempo de vida. [O prisioneiro] tinha que responder a umas poucas perguntas. Se ele quisesse falar, muito bem, se não, muito bem também. Depois ele podia sair correndo. Mal dava dez passos — cinquenta tiros de metralhadora e ele desaparecia. Nosso velho sempre dizia: "O que

eu posso fazer com esses animais? Não tem comida nem pra gente". Mas o nosso velho teve que pagar caro por tudo que fez de mal conosco. Teve um final sofrido, levou um tiro na barriga no último dia.[784]

Röthling não se via como parte da comunidade criminosa. Pelo contrário, ele se refere ao "mal" que o "velho" lhes havia feito. A estrutura desse relato talvez possa ser explicada pelo fato de os crimes da divisão "Juventude Hitlerista" terem sido cometidos, em sua maioria, não por jovens recrutas de dezessete anos, mas por suboficiais e oficiais com muitos anos de serviço.

As histórias do soldado da SS Röthling não são as únicas fontes dos crimes praticados pela divisão "Juventude Hitlerista" na Normandia. Mesmo dentro da Waffen-SS, a fama da divisão não se devia apenas à sua coragem especial, mas também porque ela era considerada particularmente brutal. "Eram uns escoteiros vagabundos, uns porcos safados, cortavam o pescoço dos outros sem nem esquentar a cabeça",[785] diz o Standartenführer Hans Lingner, em fevereiro de 1945.

Ainda mais direta é a descrição que um soldado da SS faz para um cabo paraquedista acerca do combate contra os guerrilheiros no sul da França:

FÖRSTER: Eles estão de olho na gente, na divisão "O Reich", pois na região de Toulouse há mais guerrilheiros mortos por nós do que capturados. Talvez tenhamos feito uns vinte prisioneiros, no máximo, e só para o interrogatório. Depois ainda os espancamos, os vinte, tanto que nenhum sobreviveu. [...] Após chegarmos aqui, seguimos marchando por Tours. Eles tinham humilhado uma companhia da Wehrmacht, sem piedade. [...] pegamos uns 150 na mesma hora e os enforcamos no meio da rua.

BÄSSLER: É isso que eu não entendo, como eles conseguem acabar com 150 pessoas de uma só vez.

FÖRSTER: Vimos todos jogados no chão, com olhos vazados, dedos decepados. Para enforcar os 150 guerrilheiros, colocamos os nós na frente do pescoço, e não na parte de trás, como se faz normalmente. Com o nó está atrás, a coluna vertebral quebra na mesma hora, mas desse outro jeito eles demoram muito mais a morrer. Eles sofrem um bocado.

BÄSSLER: A SS sabe de todas essas coisas, ela já experimentou de tudo.

FÖRSTER: Imagine só, eles eliminam 150 camaradas da Wehrmacht, nós não queremos saber de nada. Foi a única vez que eu concordei com uma ação. Fora essa, eu nunca participei de nenhuma. Não fazemos nada a ninguém, mas, se eles mexem com a gente, aí nós [...][786]

No início Förster fala sem nenhum pudor sobre os crimes de sua unidade. Só quando Bässler critica o fato de eles terem "acabado" com 150 guerrilheiros e depois ainda condena a forma cruel da execução é que Förster afinal explica que se tratava de um serviço de camaradagem pelos soldados mortos da Wehrmacht — "a única vez" em que concordara com ações dessa natureza. Förster provavelmente descreve aqui o que se passou em Tulle, uma localidade no sul da França, onde a divisão da SS "O Reich" enforcou 99 homens depois de descobrir 69 soldados da Wehrmacht mortos pela *résistance*.[787] O argumento de uma "vingança" é utilizado mais uma vez aqui, em outro contexto de atos de violência, agora para justificar os próprios crimes e crueldades (cf. pp. 25 e 395). Chama a atenção também o exagero no número de vítimas — um meio típico de quem quer apresentar uma história de maneira ainda mais espetacular. Percebe-se portanto que, em conversas assim, as pessoas ainda podiam se jactar, inclusive com os números de mortos, numa autêntica estética narrativa da violência.

Nos protocolos das escutas chega a ser impressionante a naturalidade e mesmo a despreocupação dos soldados da Waffen-SS, quando conversam sobre seus crimes de guerra. A pesquisa especializada costumava explicar essa postura da Waffen-SS recorrendo sobretudo à sua doutrinação ideológica, à consequente brutalização durante os cursos de formação e ao seu estreito contato com o sistema dos campos de concentração.[788] Nos protocolos de escutas de soldados da SS, para todos esses argumentos, nós podemos facilmente encontrar declarações bastante conclusivas.

Em meio a uma conversa com generais do Exército, um dos oficiais de maior prestígio dentro da Waffen-SS, Kurt Meyer, por exemplo, não se preocupa em nenhum momento em discutir seu alinhamento político. Meyer afirma mesmo ter absorvido o nazismo como se fosse uma religião, comprometendo-se de corpo e alma com seus ideais, pois afinal, ele prossegue, as pessoas só podiam "se entregar" de verdade uma única vez.[789]

O Standartenführer Lingner tenta explicar para um oficial do Exército sua opinião sobre o nazismo:

LINGNER: O nazismo é a teoria das raças aplicada, isto é, todas as pessoas que, por seu caráter, mas também em parte pela sua própria aparência, estão predestinadas a dominar as demais — o ideário dessas pessoas, desde que não seja corrompido pela educação, constitui o nazismo. Ele só pode ser combativo, disposto a agir, jamais algo deliberadamente egoísta. Esses rapazes são todos alemães, o que eles pensam e fazem sempre será correto, será para o bem da Alemanha. Ninguém precisa mudar nada. Tenho certeza de que não há praticamente nada que se possa dizer contra o nazismo em si, contra o seu ideário. Ele representa a postura alemã por completo. O fato de supostos representantes do nazismo terem se comportado como porcos, como esse sr. Weber em Munique e tantos outros por aí, já é outra história. O nazismo, na sua ortodoxia, poderia até ter evitado esta guerra![790]

A compreensão da ideologia nazista no caso de soldados como Meyer e Lingner não era certamente uma profissão de fé da boca para fora. Seguindo à risca o que Himmler esperava de seus homens, eles se viam de fato como soldados políticos, cuja tarefa consistia em formar novos soldados de acordo com os mesmos ideais.

LINGNER: Eu acho que um exército deve ter, de uma maneira ou de outra, uma formação política. Caso contrário ele não está em condições de aguentar uma guerra tão decisiva como esta. Deixar os soldados saírem para o campo de batalha sem antes introjetar neles, da forma mais elementar e por muitos anos, a necessidade do combate, simplesmente não funciona. Nesse aspecto a educação russa é exemplar.[791]

Enquanto Lingner sentia falta de um trabalho de educação política no Exército, encontram-se, por outro lado, inúmeros dados que comprovam o esforço do quadro de lideranças da Waffen-ss em implementá-lo junto às suas tropas. A partir de setembro de 1940, o próprio chefe de unidade da ss passara a ser o responsável pela formação militar *e* política de seus soldados.[792] Ainda assim, não podemos confundir esse *desejo* de uma doutrinação nazista com o seu *resultado*. Jürgen Förster dizia, por exemplo, que em geral faltavam as condições mínimas para um curso de política, desde o material de aula até gente qualificada para ensinar.[793]

RÖHLING: Todos os domingos nós tínhamos uma aula de política, sobre o surgimento da HJ [Juventude Hitlerista] e todas essas merdas. Um chefe que a gente teve veio uma vez e disse: "Bem, rapazes, como vocês sabem, eu quase não tenho aqui para mostrar a vocês revistas, livros sobre assuntos políticos. Eu não tenho rádio, para falar a verdade, sequer vontade eu tenho. Já tenho muito a fazer durante a semana. *Heil* Hitler. A aula está encerrada".[794]

A pedagogia da visão de mundo nazista representava, contudo, apenas uma parte de todo o condicionamento ideológico: uma parte mínima, quando restrita às salas de aula. Ela era transmitida sobretudo de uma maneira implícita, a partir da formação de um marco particular. A principal força constitutiva, portanto, era a prática cotidiana. Quando se tenta deduzir o grau de ideologização apenas com base nos conceitos e doutrinas da "visão de mundo", esse aspecto muitas vezes não recebe a atenção devida. É muito fácil se distanciar de princípios e regras escritas, muito mais difícil é negar a própria participação. As comemorações do nazismo, festas como as dos solstícios de verão e de inverno, o sistema de justiça especial[795] e as regras específicas para o matrimônio,[796] por exemplo, cumpriam uma importante função no que diz respeito à socialização dentro de organizações como a SS. A regulamentação do casamento, aliás, parece ter ficado muito bem guardada na memória de Röthling, *Sturmmann* da SS. Foi assim que Röthling e seus camaradas teriam aprendido qual a configuração ideal do matrimônio: eles deveriam arranjar uma "garota" ariana e depois "cuidar bem da prole".[797] Além disso, ainda havia um culto à firmeza extremamente arraigado, fomentado inclusive durante os cursos de formação, por meio do emprego ostensivo da violência. Langer, soldado da SS da divisão "Juventude Hitlerista", conta sobre esse período: "Na Waffen-SS você não podia fazer nada se um suboficial batesse em você nos treinamentos. Nesses cursos, você tinha que aprender a ser exatamente como ele, é puro sadismo".[798]

Consequência desse condicionamento ideológico, os soldados da Waffen-SS logo passariam a acreditar que integravam "as tropas de elite do Führer" e que deveriam portanto "servir de exemplo à Wehrmacht".[799] Nas divisões da SS não podia haver dúvida quanto ao comportamento esperado: eles haviam de ser "mais firmes" e mesmo "mais radicais" do que os soldados do Exército. Os corpos de Führer e Unterführer com mais tempo de serviço conseguiram transmitir esse "espírito" às divisões criadas em 1943. Tanto a "Reichsführer-SS" quanto a "Götz von Berlichingen", as duas divisões de infantaria motorizada, se levarmos em consideração apenas sua força de combate, estavam muito longe de ser grupos de elite, e de todo modo elas conseguiram formar seus oficiais bem no espírito da ss — o que podia ser muito bem verificado no seu jeito brutal de conduzir a guerra. Enquanto a divisão "Reichsführer-ss" se destacava na Itália por inúmeros massacres,[800] a divisão "Götz von Berlichingen" deixava um enorme rastro de sangue por onde passava na França, assassinando, por exemplo, em Maillé, no dia 25 de agosto de 1944, 124 civis.[801] Como mostram os protocolos das escutas, a divisão também era responsável por inúmeras execuções de prisioneiros. Swoboda, já mencionado anteriormente, quando membro da divisão "Götz von Berlichingen", também fuzilou prisioneiros de guerra americanos (cf. p. 172).

A Waffen-ss era um grupo bastante heterogêneo, no qual serviam homens como Theodor Eicke, seu general e anteriormente comandante do campo de concentração de Dachau, assim como o jovem Günther Grass. As vozes críticas vinham quase sempre dos menos graduados das tropas. Mas há também registros confiáveis mesmo de oficiais da ss que eventualmente se opuseram à brutalização. Já citamos o caso do Obersturmführer Otto Woelky. O Obersturmführer Werner Schwarz, chefe de companhia do 2º Regimento de Infantaria Motorizada "O Führer", da ss, explicava a um primeiro-sargento do Exército na prisão:

> SCHWARZ: Para cada um de nós que caía, tinham que ser feitos dez fuzilamentos. Tinham que ser feitos, era uma ordem, e para cada ferido, três. Na última operação eu tive quatro feridos, incendiamos uma casa, mas não deixei acontecer nenhum fuzilamento. Disse ao meu comandante: "Não conseguimos nada com isso, temos que apanhar os terroristas, são eles que nós temos de fuzilar. Sou contra fuzilar civis". Me mandaram fazer uma ação num determinado lugar, então eu disse ao meu comandante: "Isso eu não faço". "E por que o senhor não quer fazer?" Eu não queria dizer "Sou muito sensível para fazer isso", mas eu sou de fato muito sensível para essas coisas, eu simplesmente não podia fazer aquilo. Afinal... não deu em nada. Logo eu, o cara mais inofensivo do batalhão.[802]

O relato pode até ser menos considerado por parecer demais uma desculpa pessoal. Mas ele contém, sim, elementos que reforçam sua plausibilidade. De fato, a companhia de Schwarz, a 2ª Companhia, ficara encarregada no verão de 1944 de executar ações punitivas. Depois o comandante de batalhão — possivelmente por causa dos protestos de Schwarz — transferiu a função para a 3ª Companhia.[803]

Apesar de um Woelky e de um Schwarz — admitida a veracidade de seus relatos —, prevaleceu no núcleo do corpo de Führer e Unterführer uma tendência de maior radicalização, principalmente se comparamos com a Wehrmacht. Um dos motivos pode ter sido a crença exageradamente prolongada dos oficiais da Waffen-SS na possibilidade de alguma virada na guerra. É o caso do Untersturmführer Pflughaupt, que chegou à prisão ainda durante os intensos combates em torno de Caen, em julho de 1944. Profundamente impressionado com a enorme superioridade da artilharia britânica, ele ainda acreditava piamente "que o Führer só precisa de quatro a seis semanas para construir as armas de represália que nos trarão a vitória inexorável, a artilharia será neutralizada, por isso é que nós só temos que aguentar até esse ataque começar".[804] Mesmo após ter visto com os próprios olhos como três divisões da SS tiveram de combater para avançar apenas um quilômetro, ele ainda não conseguia acreditar que o Führer não teria mais nada escondido na manga. Por tudo que vivenciou durante a "Goodwood", a grande ofensiva britânica, chega a ser difícil de entender de onde ele tira a seguinte conclusão: "Basta que os ingleses recebam pequenos contragolpes que eles correm. As coisas não estão assim, tão fora de controle. Eles têm um monte de blindados, está certo, mas ainda é possível destruí-los".

Nessa fase da guerra, os oficiais da Wehrmacht não apresentavam um otimismo sequer comparável.[805] Dos oitenta oficiais e suboficiais da Waffen-SS internados nos campos de escutas britânicos e americanos, nenhum deu a guerra como perdida até fevereiro de 1945. Não havia críticas contra Hitler nem contra o sistema nazista. Os protocolos ainda fornecem um dado importante: nenhum dos duzentos soldados da SS espionados fez qualquer censura aos crimes praticados pela Wehrmacht — já o inverso acontecia com enorme frequência. É pouco provável que os crimes da Wehrmacht não fossem conhecidos. O contato entre a Waffen-SS e o Exército era estreito demais para que isso ocorresse. Pelo que parece, o marco referencial normativo, aquilo que era considerado "normal", "necessário" e "exigido", apresentava uma configuração para a Wehrmacht e outra para a Waffen-SS. Mas é justamente diante dos crimes da Wehrmacht que podemos perceber como a consciência de participar de uma ação criminosa não fornecia motivo suficiente para *deixar* de praticá-la. Há todo tipo de razões sociais e práticas para as pessoas continuarem a agir mesmo depois de verem que *todos* os limites já foram transpostos; da mesma forma que há também todo tipo de estratégias sociais e pessoais para reduzir as dissonâncias cognitivas que surgem dessa situação (cf. p. 274).

Nas companhias centrais da Waffen-ss ocorria um amálgama raro, uma forma única em que se misturavam o racismo, a firmeza, a obediência, o espírito de sacrifício e a brutalidade. Quaisquer desses componentes podem ser encontrados facilmente também na Wehrmacht. Não é difícil achar um antissemita convicto como Gustav Freiherr von Mauchenheim, o terrível comandante da 707ª Divisão de Infantaria, que matou cerca de 19 mil civis na União Soviética em 1941.[806] Também é possível comprovar inúmeros crimes de unidades da Wehrmacht, sobretudo de grupos de elite. Basta pensar na 1ª Divisão de Montanha ou na 2ª Divisão de Blindados, que fuzilaram uma grande número de prisioneiros e mataram muitos civis.[807] Ainda havia as muitas companhias que defenderam as suas posições com ímpeto de sacrifício, até o último soldado. Mas nem no Exército nem na Luftwaffe esses fenômenos radicais chegaram a se condensar com alguma estabilidade num único corpo coerente. Tanto em suas percepções quanto nas ações, essas unidades se mantiveram mais heterogêneas do que a Waffen-ss. Em geral eram regimentos ou batalhões isolados, que se destacaram em algum momento por agirem com especial brutalidade. O espectro político também era mais amplo: na divisão de elite "Grossdeutschland" lutaram ao lado de nazistas convictos como o major Otto-Ernst Remer soldados que se opunham ao sistema, caso evidente do coronel Hyazinth Graf Strachwitz.

Quem mais se aproximava do perfil da Waffen-ss eram as divisões de paraquedistas.[808] Elas também tinham um comportamento elitista, diferenciavam-se já visualmente do resto da Wehrmacht com seus uniformes peculiares, contavam com diversos nazistas convictos em suas fileiras[809] e eram bem propensas à radicalização. Os paraquedistas seriam "uma tropa sem controle", conta o coronel Kessler sobre sua experiência na Normandia em 1944, "que se permite fazer qualquer coisa, pois todas as suas faltas são acobertadas — exatamente como a ss. A ss e os paraquedistas se comportaram como uns porcos. Em Avranches, na retaguarda, eles estouraram os cofres dos joalheiros, utilizando minas magnéticas de carga oca".[810] Algumas características da Waffen-ss, no entanto, não marcavam tanto os paraquedistas: a violência exacerbada contra mulheres e crianças, a crença na "vitória final" e o incentivo ao combate até o último cartucho.[811]

Podemos dizer em resumo que, comparando com a Wehrmacht, a Waffen--SS apresentava estrutura própria em termos de pessoal, criava outro padrão de comportamento, funcionava num marco referencial normativo diferente e ainda tinha uma outra relação com a violência extrema.

RESUMO: O MARCO REFERENCIAL DA GUERRA

Antes de nos voltarmos à pergunta final — quais seriam os elementos realmente nazistas na guerra da Wehrmacht —, gostaríamos de recapitular resumidamente o marco referencial da guerra, ao menos como ele se apresentava para os soldados. A exposição deve ter sido capaz de mostrar que o sistema de valores militar e o mundo social imediato desempenhavam um papel muito importante na *orientação de base* dos soldados da Wehrmacht — para as percepções e interpretações de tudo o que acontecia à sua volta. Nesse aspecto fundamental, ideologia, origem, escolaridade, idade, patente militar e grupo de armas não constituem fatores de diferenciação. As diferenças aparecem simplesmente entre Wehrmacht e Waffen-SS.

Laços culturais reforçam ainda mais esse aspecto: aqui nos referimos sobretudo à vinculação ao cânone militar de valores, às obrigações formais e subjetivas que decorrem desse sistema, e às distinções que podem ser alcançadas. Vimos, numa comparação entre soldados alemães, italianos e japoneses, que há sempre um marco referencial específico de cada nacionalidade. Essa constatação ajuda a explicar por que, por exemplo, os soldados alemães persistiram na luta mesmo quando a guerra já podia ser considerada perdida.

Outra razão vem do fato de as pessoas *não saberem*, do local concreto onde estão, que a guerra já está perdida, ou de não saberem o que significa perder a guerra, ou de essa circunstância ser absolutamente irrelevante para o cumprimento da tarefa de defender uma posição, não parar na prisão ou não querer perder os próprios soldados. De forma alguma o conhecimento sobre grandes cadeias causais exclui um comportamento completamente discrepante em situações concretas de exigência e ação. Na verdade, na maioria dos casos, interpretações e decisões em situações concretas não dependem de uma visão sobre "o todo". É por isso que não chega a surpreender que os soldados quase nunca apresentem uma visão de contexto um pouco mais abrangente.

Os soldados se irritam quando alguma coisa acontece contra suas *expectativas* — por exemplo, quando a euforia inicial diante das Blitzkriege vitoriosas ou as fantasias apressadas quanto à vitória final esbarram nos sucessos do inimigo e a confiança na vitória se esvai. Mas também fica claro que a transformação dessas expectativas não muda em quase nada a disposição dos soldados em cumprir com suas funções — a inutilidade do todo não altera o marco referencial que trata do papel e da obrigação de cada um. Pelo contrário: as reclamações sobre a incompetência do comando e a qualidade do material se tornam mais intensas justamente *porque* as pessoas querem continuar realizando bem seu trabalho de soldado.

Como já visto em relação aos casos de violência extrema, abusos sexuais, interpretações racistas e devoção ao Führer, os *contextos de percepção específicos do período* determinam tanto as percepções e interpretações quanto as ações dos soldados. Seu papel é tão decisivo que hoje em dia chega até a parecer assustador o jeito descontraído de se falar ou se ouvir acerca das ações e dos acontecimentos mais brutais. Também surpreende a solidez tanto da crença quanto da confiança em Adolf Hitler, que se mantêm firmes até o último ano da guerra.

Modelos e requisitos dos papéis sociais são os fatores mais importantes para o comportamento dos soldados. É preciso dizer de forma quase tautológica que o elemento "soldadesco" nas ideias e na prática do grupo é o que instrui suas percepções e sua atividade — daí as observações e avaliações extremamente precisas das tropas em relação ao comportamento dos oficiais, e vice-versa. O cânone de valores internalizado oferece uma boa matriz para um julgamento sutil e constante do próprio comportamento, bem como do de camaradas e inimigos.

Os *padrões interpretativos* específicos da guerra — a guerra é uma "merda", sempre exige sacrifício, não tem as mesmas regras da vida civil etc. — estão por todas as partes. A guerra forma o mundo da vida dos soldados. É dessa perspectiva que eles tratam os prisioneiros de guerra, as populações civis, os guerrilheiros, as mulheres submetidas a trabalhos forçados, em suma: tudo o que passa na frente deles. Padrões interpretativos e justificativas muitas vezes se confundem, o que fica muito claro no caso dos assassinatos de guerrilheiros. A violência da guerra abre um espaço de interpretação e ação que não existe na vida civil: pode-se matar, estuprar, ser opressor ou também clemente — todas essas novas possibilidades remontam ao espaço de violência aberto e aos padrões interpretativos que se originam daí.

Os *compromissos formais* determinam de forma decisiva a vida e a ação dos soldados, como se nota pela necessidade que os desertores, mesmo dos últimos dias da guerra, sentiam de se justificar. O mesmo vale em relação aos *compromissos sociais*: os soldados do front praticamente só se veem obrigados em face de unidades sociais como seu grupo de camaradas e seus superiores — em comparação com esse compromisso, a eventual opinião de suas namoradas, esposas e de seus pais sobre o que eles fazem ou ao menos presenciam quase não tem importância. É o mundo social imediato que obriga definitivamente os soldadas a determinadas ações — para eles, questões abstratas como a "conspiração planetária de judeus", a "subumanidade bolchevique" e mesmo a "comunidade popular nazista" têm apenas um significado muito marginal. Esses soldados não são "guerreiros ideológicos", a maioria é completamente despolitizada.

As *inclinações pessoais* sem dúvida influenciam a forma como os acontecimentos são vistos, avaliados e trabalhados, mas como isso realmente funciona só pode ser analisado a partir de um estudo de casos — o que não era propriamente o objeto deste livro. Os poucos passos que demos nessa direção apontam que as percepções dos soldados eram bastante heterogêneas. O mesmo vale para os generais, de quem se poderia esperar, talvez pelo longo tempo de serviço no Exército, uma maior homogeneidade.[812] Seja como for, as diferentes interpretações da guerra, às vezes até opostas, tinham pouca influência sobre a ação concreta dos soldados. Na guerra, os protestantes se comportaram exatamente como os católicos, os nazistas como os antinazistas, os prussianos como os austríacos[813] e os acadêmicos como os não acadêmicos.

Diante dessa constatação, as já questionadas teorias voluntaristas se tornam ainda mais suspeitas, ao menos para a explicação dos crimes nazistas. Enfoques biográficos coletivos[814] permitem uma maior aproximação do complexo de motivações, mas tendem a exagerar o papel do elemento ideológico em prejuízo da prática do dia a dia. A prática de violência específica de cada grupo embasa e explica as ações dos soldados muito mais do que sua fundamentação e classificação cognitiva.

Na nossa opinião, o deslocamento do marco referencial do estado civil para o estado da guerra é o fator decisivo, quer dizer, muito mais do que quaisquer visões de mundo, inclinações ou doutrinações. Estas só são importantes para determinar o que os soldados podem esperar, o que consideram correto, irritante ou motivo de indignação, mas não para o que eles fazem. Depois de tudo o que esses soldados fizeram, pode soar como um lugar-comum, mas a guerra constrói uma cadeia de acontecimentos e ações na qual as pessoas chegam a fazer coisas que jamais fariam em outras condições. Nesse contexto, soldados matam judeus, mesmo não sendo antissemitas, e defendem seu país como "fanáticos", mesmo não sendo nazistas. É preciso parar de exagerar o papel da ideologia. O elemento ideológico pode fornecer motivos para uma guerra, mas não explica por que um soldado mata ou comete crimes de guerra.

A guerra e a atividade de seus operários e artesãos são banais, tão banais como o comportamento dos seres humanos em condições heterônomas — seja numa empresa, num departamento público, numa escola ou numa universidade. Ainda assim, essa banalidade permitiu que se praticasse a violência mais extrema da história da humanidade, deixando mais de 50 milhões de mortos e um continente arrasado, em diversos aspectos e por muitas décadas.

Em que medida a Wehrmacht empreendeu uma guerra nazista?

Nós somos a guerra. Porque somos soldados. Willy Peter Reese, 1943

Assassinatos de prisioneiros de guerra, fuzilamentos de civis, massacres, trabalhos forçados, roubos, estupros, a tecnologia bélica e a mobilização da sociedade — todos esses elementos da Segunda Guerra Mundial não são propriamente nenhuma novidade. Suas dimensões e qualidades, que superavam em muito tudo o que já se vira, eram novas. E sobretudo nova para a modernidade foi a carga de violência liberada, que culminou na industrialização do massacre contra o povo judeu. Não se quer agora fazer um juízo posterior acerca do caráter da Segunda Guerra. Trata-se muito mais de procurar saber o que foi realmente específico das ações e interpretações dos soldados alemães e o que também pode ser encontrado em outras guerras do século XX.

Como são esses os dois aspectos da Segunda Guerra que formam o prisma através do qual o presente observa sua história, pergunta-se então o que era de fato nazista nessa guerra — sobretudo nas percepções e atitudes dos soldados da Wehrmacht que a empreenderam —, e não apenas típico de qualquer guerra.

Fonte: WikiLeaks.

QUEM SÃO AS VÍTIMAS

No dia 12 de julho de 2007, em Bagdá, um grupo de civis, entre eles um fotógrafo da agência de notícias Reuters, Namir Noor-Eldeen, foi alvejado por tiros de dois helicópteros americanos. Como mostra um vídeo de bordo divulgado pelo WikiLeaks,[1] a maioria dos integrantes do grupo morreu na hora; uma pessoa, visivelmente com sérios ferimentos, ainda tenta sair da zona de perigo, arrastando-se com enorme esforço. Depois de aparecer uma caminhonete e no momento em que duas pessoas tentam proteger o ferido, os tripulantes dos helicópteros americanos abrem fogo novamente. Não só os que ajudavam morrem; pouco tempo depois descobre-se que duas crianças estão dentro da caminhonete e foram gravemente feridas pelos disparos. O motivo do ataque seriam os objetos avistados pelos tripulantes dos helicópteros primeiro nas mãos de uma pessoa do grupo, em seguida com outras, por fim identificados como armas. Assim que chegam a um consenso sobre essa conclusão, os tripulantes começaram a atirar de seus helicópteros e as coisas tomam seu próprio rumo.

Todo o episódio não dura mais do que poucos minutos. O protocolo da comunicação entre os soldados é bastante revelador:

00h27 O.k., temos um alvo quinze indo na sua direção. É um homem com uma arma.
00h32 Entendido.
00h39 Há um...
00h42 Há uns quatro ou cinco...
00h44 Bushmaster Seis, copie no Um-Seis.
00h48 ... há alguns homens andando por esse local e um deles está com uma arma.
00h52 Entendido, recebido alvo quinze.
00h55 O.k.
00h57 Você está vendo todas aquelas pessoas de pé lá embaixo?
01h06 Mantenha firme. E abra para o pátio.
01h09 Sim, entendido. Acabo de calcular, há provavelmente uns vinte.
01h13 Sim, tem um ali.
01h15 Ah, sim.
01h18 Não sei se é uma...
01h19 Ei, Bushmaster, copie no Um-Seis.
01h21 Aí está a arma.
01h22 Sim.
01h23 [...]
01h32 Que filho da puta.
01h33 Hotel Dois-Seis, aqui é Crazyhorse Um-Oito [comunicação entre os dois helicópteros]. Vejo indivíduos armados.
01h41 Sim. Esse também tem uma arma.
01h43 Hotel Dois-Seis; Crazyhorse Um-Oito. Tenho cinco ou seis indivíduos armados com AK-47s. Peço permissão para iniciar o ataque.

01h51 "Roger" de acordo. Oh, não há guarnição ao leste dessa posição. E você está liberado para iniciar o ataque. Desligo.

02h00 Certo, iniciando o ataque.

02h02 Entendido, iniciando o ataque.

02h03 Eu vou... não consigo acertá-los agora, pois eles estão atrás daquele prédio.

02h09 Ei, elemento Bushmaster...

02h10 Ele tem um RPG [lança-granadas-foguete]?

02h11 Certo, temos um homem com um RPG.

02h13 Vou atirar.

02h14 O.k.

02h14 Não, espere, vamos dar uma volta. Atrás dos prédios, agora, do nosso ponto de vista... O.k., vamos dar uma volta.

02h19 Hotel Dois-Seis, tenho o indivíduo com o RPG no olho. Preparando para atirar. Não vamos...

02h23 Sim, tínhamos um homem atirando e agora ele se encontra atrás do prédio.

02h26 Maldição!

O destino das pessoas no chão começa a ser traçado no instante em que um dos soldados das tripulações dos helicópteros imagina ter reconhecido uma arma na mão de uma delas. A partir dessa identificação, o grupo no chão se torna um "alvo"; a intenção de se dirigir a esse alvo e eliminá-lo já está, assim, prefigurada. Em poucos segundos, outros tripulantes identificam mais armas, quer dizer, em poucos segundos, uma única pessoa armada se transforma em várias, as armas se transformam em rifles automáticos modelo AK-47, e um AK-47 finalmente se torna um lança-granadas-foguete. Quando um dos helicópteros recebe a autorização para iniciar o ataque, o grupo escapa de sua alça de mira, pois se encontra atrás de um prédio. Nesse momento, toda a percepção dos soldados está concentrada em fazer essas pessoas aparecerem novamente em sua mira. E agora as armas não são apenas portadas pelos supostos rebeldes — diz-se então: "Tínhamos um homem atirando e agora ele se encontra atrás do prédio". O fato de o grupo sair do campo de visão dos tripulantes dos helicópteros aumenta ainda mais o ímpeto dos soldados em "neutralizar" essas pessoas o mais rápido possível. Todo questionamento — se o grupo é realmente formado por "rebeldes" ou se há mesmo armas em jogo — é respondido pelo próprio curso dos acontecimentos. Os soldados definiram a situação e a partir dessa situação se desenvolve um processo apenas consequente. Quando começam a pensar em conjunto e a confirmar reciprocamente as próprias ideias acerca do que veem, eles levam a situação fática para um mundo fantástico: o que esses soldados enxergam não chega a ser visto por quem assiste ao vídeo. Os espectadores, aliás, não precisam tomar nenhuma decisão, eles apenas acompanham um acontecimento que em nada lhes diz respeito. Por outro lado, a tarefa das tripulações bem como das tropas de solo consistia precisamente em combater "rebeldes". Qualquer pessoa que esteja na rua será percebida sob essa condição; qualquer suspeita que essa pessoa, seja lá por que razão, venha a levantar fatalmente será confirmada por uma série de outros indícios. Se um grupo de pessoas que parece ter sido bem identificado foge em seguida do campo de visão, a percepção dos soldados entra em estado de alerta: tudo se resume agora a combater o "alvo".

    02h43 Você está livre [para atirar].
    02h44 Certo, atirando.
    02h47 Avise-me quando acertá-los.
    02h49 Vamos atirar.
    02h50 Atire em todos eles.
    02h52 Vamos logo, fogo!
    02h57 Continue atirando, continue atirando.
    02h59 Continue atirando.
    03h02 Continue atirando.
    03h05 Hotel... Bushmaster Dois-Seis, Bushmaster Dois-Seis, precisamos sair daqui e tem que ser agora!
    03h10 Certo, acabamos de atirar em todos os oito indivíduos. [...]
    03h23 Certo [*risos*], acabei de acertá-los...

Em pouquíssimo tempo oito pessoas morreram e uma está ferida. O próprio ataque tornou a definição da situação inquestionável, pois agora já havia acontecido de fato uma ação de combate, enquanto antes tratava-se apenas de uma fantasia. No início, quando foi ilegalmente divulgado, o vídeo causou grande sensação, sobretudo porque mostrava soldados americanos matando de forma explícita, do ar, um grupo de civis indefesos que não oferecia nenhum perigo. Vendo-o mais de perto, não há nada de espetacular. Tudo o que acontece aqui se passa dentro do marco referencial da guerra e até com uma certa inevitabilidade. Se as pessoas definem uma situação como real, as consequências dessa definição serão também reais — o que já dissemos (cf. pp. 25-6) é ilustrado agora visualmente com o vídeo do WikiLeaks. Os soldados têm uma tarefa e eles então tentam cumprir essa tarefa. E para fazer isso eles precisam ver o mundo de uma forma profissional: todos lá embaixo se tornam automaticamente suspeitos. Faz parte de uma observação profissional do mundo o intercâmbio de percepções — há inclusive uma tendência de observações e comentários acabarem se confirmando reciprocamente. É assim que um rifle se transforma em vários e, finalmente, em foguetes. Transeuntes viram combatentes. Pode-se chamar isso de "dinâmica da violência", "pensamento em grupo" ou ainda "dependência de caminhos": o fato é que todos esses elementos se reúnem aqui num curso fatal inexorável e produzem a morte de onze pessoas em poucos minutos. Mas nem assim o processo está encerrado. Os soldados ainda discutem o saldo da operação:

04h31 Ah, sim, olhe para aqueles bastardos mortos.
04h36 Ótimo.
[...]
04h44 Ótimo.
04h47 Belo tiro.
04h48 Obrigado.

O que de fora parece cinismo (foi assim que os meios de comunicação trataram o episódio) não é outra coisa senão a confirmação profissional de um bom trabalho realizado. É mais uma manifestação daquela confirmação recíproca: na ótica dos soldados, os mortos eram mesmo alvos que foram atingidos de *forma legítima*. Os mortos que pertencem ao outro lado são quase sempre retratados como combatentes, guerrilheiros, terroristas ou rebeldes. Essa definição irrefutável porque autoverificável já se encontra numa regra bastante usual entre os soldados americanos no Vietnã: "Se está morto e era vietnamita, agora é vietcongue"[2] (cf. p. 131). Ou então na tentativa de justificação de soldados da Wehrmacht ao assassinarem mulheres e crianças "guerrilheiras". Em todos esses casos é a ação violenta derivada da definição que vem a atestar, posteriormente, a correção da própria definição. A violência fun-

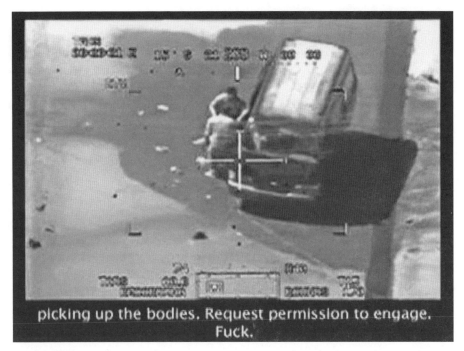

Fonte: WikiLeaks.

ciona, assim, como instrumento de verificação da correta avaliação de uma situação. No caso do vídeo do WikiLeaks, é possível ver com clareza como a violência transforma uma situação marcada por um déficit de orientação — os soldados não sabem ao certo o que fazer — numa situação indubitável: a ordem é estabelecida quando todos estão mortos. Após o processo ter se iniciado, todos os detalhes passam a ser vistos à luz da definição já empregada. A caminhonete com os homens que querem retirar os feridos mais graves da zona de perigo é um automóvel inimigo, os ajudantes *são* consequentemente *outros* terroristas.

Mesmo a circunstância de haver crianças no carro, que foram então atingidas pelos tiros dos soldados americanos, pode se converter em mais uma confirmação daquela definição inicial:

17h04 Nós temos, nós temos, oh, que evacuar essa criança. Oh, ela tem, ah, ela foi ferida na barriga.
17h10 Aqui eu não posso fazer nada. Ela precisa ser evacuada. Desligo.

[...]
17h46 Bem, a culpa é dela de trazer os próprios filhos para uma batalha.
17h48 Está certo.

Vê-se aqui a força de uma definição: o fato de as crianças saírem feridas sequer é considerado um dano colateral, de forma alguma culpa das tripulações dos helicópteros, muito menos o indício de algo malfeito, é tão somente mais uma prova da perfídia dos rebeldes: eles levam os próprios filhos para a batalha.

A DEFINIÇÃO DOS ADVERSÁRIOS

Enquanto o homem gravemente ferido se arrasta tentando se proteger, os artilheiros de bordo dos helicópteros lhe exigem ainda que imaginariamente: "Vamos logo, colega. Tudo o que você precisa fazer é levantar uma arma" — aqui funciona o mesmo método de demonstração: se você se comportar como nós definimos, ou seja, como um rebelde se comporta, então nós matamos você. Esse método de definição premonitória já apareceu no nosso material, por exemplo, nas seções referentes ao combate contra os guerrilheiros. Ali pessoas foram fuziladas sumariamente, como "terroristas", porque supostamente foram encontradas caixas de munição em sua posse (cf. p. 130).

É uma característica geral da violência bélica: o comportamento dos que são definidos como "adversários" confirma em combate a correção da definição — eles são mesmo adversários. Isso não tem nada a ver com preconceitos, estereótipos ou visões de mundo. Fora o suposto perigo representado pelas "pessoas-alvo", todas as suas qualidades são indiferentes — qualquer sinal mais forte já é motivo suficiente para que sejam mortas. Na Guerra do Vietnã suspeitava-se até de que bebês poderiam esconder granadas; na Segunda Guerra Mundial, crianças eram consideradas em alguns casos guerrilheiras e no Iraque, "rebeldes".

Em seu longo estudo sobre a dinâmica da violência na Guerra do Vietnã, o historiador Bernd Greiner lista uma série de exemplos de identificação autoevidente dos adversários. A definição mais simples diz que as pessoas que fogem são inimigos e, por isso, devem ser executadas — é a fuga que levanta a suspeita e as faz parecer vietcongues.[3] Em caso de pessoas realmente examinadas, torna-

-se muito mais difícil encontrar "provas" que atestem essa identificação — mais ou menos dessa forma, como se encontra em nossos protocolos, as caixas de munição servem para comprovar que se tratava naquela situação não de civis, mas de autênticos adversários. Em geral essas provas carecem de toda lógica — no Vietnã, por exemplo, arrasaram vilas inteiras porque haviam armazenado por lá munição de origem soviética, que seria depois distribuída entre os vietcongues. A 9ª Divisão de Infantaria dos Estados Unidos matou um total de 10 899 pessoas e só descobriu 748 armas — calculado de forma puramente matemática, isso resulta no assassinato de catorze civis para cada vietcongue capturado. Tinha-se ainda uma justificativa: "Os vietcongues eram fuzilados antes de poderem pegar as suas armas".[4]

Na Guerra do Vietnã, um dos maiores problemas para os soldados americanos era justamente identificar os adversários, pois o Vietcongue fazia uma guerra de guerrilhas contra o Exército americano. A incerteza de não saberem se lidavam com combatentes irregulares ou apenas com civis inofensivos atormentava os soldados americanos. Numa "guerra sem fronts" (Greiner), ou seja, numa guerra assimétrica, essa falta de orientação leva de um modo geral, sobretudo em situações violentas, à urgente necessidade de alguma segurança quanto à identidade do próximo. Principalmente quando a maioria dos soldados do próprio grupo morre não em batalhas convencionais, mas por causa de ataques não regulares, com explosivos ou em emboscadas, a orientação então se torna uma condição de sobrevivência. A desorientação da vítima, aliás, pertence à própria noção de emboscada. É o que conta um sargento das Forças Armadas alemãs em missão no Afeganistão:

> Quando se cai numa emboscada, as pessoas travam. A primeira coisa que se faz é se inteirar do que está acontecendo: de onde e contra quem são os tiros? Dito de uma forma bem-educada, é uma situação péssima. Os inimigos estão sempre em vantagem, pois, além de escolherem o local, conhecem-no muito bem. [...] Sempre achei bom quando podia sair do carro. Perdia-se a proteção, mas você torna um alvo muito menor. E sempre é possível fazer alguma coisa, atirar, se esconder.[5]

Só é possível atuar com alguma convicção em situações nas quais está claro quem é o adversário e quem não — e fatalmente a violência é o meio mais fácil, mais rápido e mais claro de estabelecer essa segurança de orientação. A violência acaba com quaisquer ambiguidades, ao menos em relação a esse aspecto. É por isso que, no caso da Wehrmacht, a violência extrema contra terceiros e civis ocorre sobretudo no combate aos guerrilheiros. Como já vimos, aqui prevalece a concepção dos soldados espionados, que se achavam autorizados a matar quaisquer guerrilheiros ou pessoas consideradas como tais, incendiar vilarejos inteiros e espalhar deliberadamente o terror. A ameaçadora figura do *franc--tireur*, do combatente irregular, desempenhava um papel importante no imaginário das Forças Armadas alemãs desde a Guerra Franco-Germânica, de 1870 e 1871, e forneceu a doutrina mais corriqueira para o extermínio de qualquer atividade guerrilheira em seu nascimento e da forma mais brutal.[6] Além da insegurança de fato provocada pela própria situação, havia portanto um aspecto tradicional. A "indispensável firmeza" contra guerrilheiros era uma necessidade já internalizada pelos soldados alemães, algo por assim dizer natural.

É uma característica geral do comportamento em situação de guerra que a própria definição do adversário legitime todas as ações empreendidas em consequência dessa definição. Nesse aspecto, a guerra da Wehrmacht não se diferencia em nada das demais guerras; dessa perspectiva, guerras entre Estados e assimétricas são mesmo idênticas. Quem é ou não adversário depende sempre da definição dos combatentes. Estes só se defenderiam contra aqueles, contra seu projeto de dominação do mundo ou seus atos de violência — o argumento mais comum fornece assim o pano de fundo sempre invocado nos processos judiciais sobre crimes de guerra ou em entrevistas com testemunhas de época, ou seja, quando os agentes precisam explicar o que fizeram e por quê. No momento que a violência ocorre, no entanto, explicações dessa natureza são prescindíveis. É como formula a chefe de uma tropa móvel de médicos no Afeganistão, por exemplo, onde atuou como primeiro-sargento: "Numa batalha as pessoas sentem muita raiva. Não sobra muito tempo para pensar, isso só ocorre bem mais tarde".[7]

Mas o ponto decisivo ainda continua sendo aquele que pudemos observar no caso das tripulações dos helicópteros no Iraque: independentemente de quaisquer circunstâncias históricas, culturais e políticas, a definição da situação imediata e dos atores presentes é o que estabelece os parâmetros de tudo o que acontecerá. A dinâmica e a fúria da violência praticada e o pensamento em grupo cuidam então para uma solução quase sempre fatal.

VINGANÇA PELO QUE NOS FIZERAM, FAZEM E AINDA FARÃO

A analogia do assassinato por definição pode ser estendida até os casos de genocídio. A morte de judeus era definida pelos precursores das teorias raciais e preparadores do extermínio como um ato de defesa. Seu sujeito não eram os agentes individuais, mas o próprio povo. Não é à toa que os judeus a serem eliminados também eram considerados muitas vezes também guerrilheiros, quer dizer, uma forma de legitimar seus assassinatos: "Onde há judeus, há também guerrilheiros".[8]

Assassinatos definidos como ações de defesa acontecem também em outros contextos culturais e históricos. Em Ruanda, antes do genocídio dos tutsis perpetrado pelos hutus nos anos 1990, ocorreu uma forma de percepção e interpretação que Alison des Forges chamou muito acertadamente de *acusation in a mirror*: imagina-se sempre uma fantasia de genocídio putativo — um grupo acusa o outro de querer exterminá-lo completamente. Mas o esquema de acusações reflexas não é apenas um fenômeno de psicologia social, ele é explicitamente recomendado como método de propaganda. Com a ajuda dessa técnica, dizia-se, "o lado que emprega o terror denunciará seus inimigos por terrorismo".[9] A consequência lógica da difusão de fantasias ameaçadoras é o surgimento de uma disposição defensiva no lado oposto, que se vê ameaçado — é por isso que quaisquer formas de ataques mortais e extermínio sistemático podem ser encaradas, *mutatis mutandis*, como ações de defesa necessárias.

O motivo da "vingança" é um dos mais utilizados. Ele aparece nos relatos sobre guerras com enorme destaque e total independência do contexto cultural, histórico e geográfico. Trata-se, portanto, de um *tópos* narrativo. Muitas vezes no formato de romances, filmes e mesmo contos de guerra, a respectiva história começa sempre com um soldado contando como um amigo próximo morreu em combate, numa emboscada especialmente cruel e insidiosa. Depois — é como a história costuma terminar — o narrador decide fazer os inimigos pagarem pelo crime que cometeram. Algumas vezes esse modelo de história ainda é reforçado por um juramento que o narrador teria feito a seu amigo agonizante (cf. p. 126) — de todo modo, o trauma pessoal da perda serve para legitimar a absoluta falta de piedade diante do inimigo. Um soldado americano no Vietnã, por exemplo, escreve a seu pai:

Um dos artilheiros de bordo acabou de me contar que eles chegaram ao 37º [helicóptero derrubado em operações militares pelos vietcongues]. Piloto e copiloto foram baleados na cabeça com armas de grosso calibre. Dois caras legais. Pai, agora estou decidido como nunca estive a fazer de tudo para que esses miseráveis desapareçam da face da Terra. Ainda tenho por aqui um bom tempo pela frente, então que Deus proteja a todos que atravessarem o meu caminho, homens, mulheres e crianças. Destruição total e completa é o único jeito de lidar com estes animais. Jamais imaginei que pudesse ter tanto ódio como estou tendo agora.[10]

O psiquiatra Jonathan Shay, que trabalhou com veteranos de Guerra do Vietnã, conta que a vingança pela morte de um amigo especial motivou diversos GIS [soldados do Exército americano] a estenderem seu tempo de permanência no Vietnã.[11] É o mesmo que o escritor Philip Caputo conta a respeito de seu próprio tempo de serviço:

> Eu não odiava os adversários por sua visão política, mas por causa do assassinato do Simpson [um camarada], por causa da execução desse jovem cujo corpo foi encontrado num rio, porque eles acabaram com a vida de Walt Levy. A vingança foi um dos motivos para eu me inscrever voluntariamente numa *line company*. Eu queria ter a chance de matar alguém.[12]

Sentimentos de vingança dessa natureza, que atribuem a necessidade de ação cruel e brutal às próprias experiências de perdas, podem também ser generalizados. Na aplicação do dogma bíblico "olho por olho, dente por dente", o comportamento do adversário como algo que exige uma resposta na mesma moeda ou ao menos equivalente. Na Segunda Guerra Mundial, por exemplo, um soldado americano conta numa carta sobre o confisco de casas de alemães: "É um negócio realmente muito duro e esses *Krauts* [chucrutes, isto é, alemães] terão que provar do próprio remédio";[13] outro, após visitar a cidade de Nagasaki inteiramente destruída e pensar que os americanos seriam vistos aos olhos da população local como autênticos bárbaros, deseja então aos japoneses

> um sofrimento equivalente ao menos a um décimo das crueldades que eles já fizeram aos nossos soldados em suas prisões. Muitos dizem que eles são gente sim-

ples, não conhecem a realidade ou estão enfeitiçados, mas uma nação não pode fazer uma guerra como eles fizeram sem o apoio da maioria da população.[14]

Não por acaso, a sede de vingança contra a população inimiga foi um dos objetos de investigação do grupo de autores reunidos em torno de Samuel A. Stouffer na elaboração do vasto estudo sobre o *American Soldier* e suas posições durante a guerra.[15]

Nem todos os soldados podem fazer valer seus sentimentos de vingança diante daqueles que consideram seus inimigos. Esses sentimentos são freados, por exemplo, pela intervenção de outros soldados ou mesmo por sentimentos espontâneos e repentinos de empatia. Mas às vezes eram os próprios critérios de eficiência no cumprimento do dever que impediam a realização prática dos sentimentos de vingança, como mostra a carta de um médico alemão do Estado-Maior no Afeganistão:

> Mesmo o maior filantropo não resiste mais do que até o segundo alarme no bunker e extravasa também a sua sede sangrenta de vingança. A solução militar mais fácil e preferida aqui pelos soldados é o contra-ataque pesado de artilharia. Em termos técnicos, não é nada complicado: localizar os locais de disparo, posicionar os canhões e atirar de volta — não leva mais do que um minuto. Os primeiros lançadores de foguetes dos inimigos ainda teriam se dado mal, mas os talibãs não são nada bobos. Os seguintes já teriam um cabo bem mais extenso e podiam disparar os foguetes bem ao lado de um jardim de infância.[16]

Essas reflexões e observações pessoais sobre as manifestações do sentimento de vingança, que têm seus equivalentes em diversas outras guerras,[17] servem bem para mostrar a importância do motivo da vingança para os soldados em situação de guerra.

SEM FAZER PRISIONEIROS

O tratamento dos prisioneiros de guerra tomou diversas formas ao longo da Segunda Guerra Mundial. Ele podia ir desde o cumprimento literal dos dispositivos da Convenção de Genebra até o assassinato em massa. Se apenas de

1% a 3% dos presos anglo-americanos morreram nos campos alemães, 50% dos soldados do Exército Vermelho perderam a vida.[18] Essa cota supera em muito mesmo os altos índices de mortandade dos prisioneiros aliados sob a guarda dos japoneses. O extermínio sistemático pela fome, cuja importância fica evidente nos protocolos de escutas, era algo que certamente fugia do marco referencial convencional da guerra e que só pode ser compreendido no marco da guerra de extermínio nazista. Nos protocolos, aliás, os próprios soldados sob vigilância condenam abertamente essa maneira de lidar com os soldados vermelhos capturados e chegam a desenvolver uma certa empatia com os russos maltratados.[19] Apesar de grande parte das tropas ter muito pouco contato efetivo com o dia a dia dos campos, esses soldados haviam visto os intermináveis comboios de prisioneiros que saíam do front em direção ao interior do país e, assim, tinham de saber muito bem como os soldados adversários eram tratados. A maioria, no entanto, permanecia no papel de espectador, sem quase nenhuma chance de intervir naquelas circunstâncias.

Na zona de combate, a situação era completamente diferente. Na prática, todo soldado regular era um agente a quem cabia decidir se matava seu adversário ou fazia dele um prisioneiro. No calor da batalha era necessário resolver a cada vez quando o soldado inimigo — que todos queriam ver morto — deveria ser capturado e ter, com isso, sua vida protegida. Essa zona cinzenta, esse momento de indecisão, podia durar horas ou mesmo dias, quando, por exemplo, prisioneiros e seus vigias se viam novamente envolvidos em ações de combate.

Em diversas situações, soldados inimigos que haviam acabado de se entregar eram fuzilados imediatamente. Mas aí já não se trata de nenhum traço específico da Wehrmacht nem da guerra nazista, pois o assassinato de prisioneiros de guerra é um fenômeno bastante difundido desde a Antiguidade, cuja dimensão atingiria níveis exorbitantes no decorrer do século XX. Em inúmeras outras guerras existia uma recomendação expressa, oficial ou semioficial, para que "não houvesse prisioneiros" — e mesmo quando não existia uma recomendação semelhante, aos soldados em combate parecia então muitas vezes mais simples matar os adversários a desarmá-los, alimentá-los, transportá-los e ainda vigiá-los. Fala-se nos relatos de "mortos em fuga" ou de "nenhuma prisão efetuada". Desde a Primeira Guerra Mundial, os prisioneiros eram executados por vingança ou por inveja, já que os próprios soldados precisavam continuar combatendo e arriscando suas vidas, enquanto os prisioneiros de guerra estariam em segurança. Aqui também encontramos o motivo que acabamos de citar: os esforços e perigos adicionais que a própria condução de prisioneiros implicava.[20] Tudo isso também pôde ser comprovado na Guerra da Coreia e no Vietnã; podemos ainda pressupor que no Iraque e no Afeganistão as coisas não sejam lá tão diferentes.

Em geral, as circunstâncias situacionais da guerra estabelecem regras diferentes das que encontramos nas convenções de Genebra. Muitas vezes não parece aconselhável aos soldados, ou mesmo supérfluo, complicar-se com os soldados adversários capturados — eles preferem se livrar de quaisquer pesos. Na Segunda Guerra, com alguma variação quantitativa, esse fenômeno ocorreu em todos os palcos de batalha. Sempre que os combates eram especialmente intensos, o número de prisioneiros mortos subia vertiginosamente. Em virtude do próprio culto à firmeza, grupos de elite estavam mais inclinados a matar os soldados inimigos que se dispunham a se render. Ao menos nesse ponto, a 82ª U. S. Airbone Division não se comportou de forma muito diferente do que a divisão da ss "Götz von Berlichingen".[21]

As maiores erupções de violência durante a Segunda Guerra Mundial aconteceram nas batalhas na União Soviética e no Pacífico. Mas a violência extrema já fazia parte do cotidiano da chamada "guerra normal"[22] europeia, fosse na França ou na Itália, e de ambos os lados. "Mesmo quando não têm mais chance nenhuma", conta Joseph Shomon, comandante de uma *graves registration unit*,

> os alemães costumam lutar até o fim e se recusam a se entregar. [Depois,] quando já não tinham mais munição, eles se mostravam dispostos a se render e a pedir misericórdia, [mas como] muitos americanos já haviam perdido a vida com essa hesitação, nossas tropas, com frequência, acabavam matando os alemães.[23]

Segundo Linderman, o fuzilamento de prisioneiros de guerra alemães por soldados americanos se dava sobretudo para vingar a perda dos próprios camaradas. Além dessas circunstâncias situacionais, ele ainda aponta para outros fatores intencionais especiais que podem ter levado à execução de prisioneiros. Quando, por exemplo, havia ordens para que não se fizesse nenhum prisioneiro[24] ou quando os soldados capturados correspondiam às características dos "nazistas de Hollywood", isto é, cumprimentavam com a saudação "*Heil* Hitler" ou pertenciam a formações da ss.[25] Quatro anos após a guerra, Ernest Hemingway ainda se gabava de ter executado um atrevido prisioneiro da Waffen-ss.[26]

Em suma: muito daquilo que numa análise posterior dos crimes de guerra parece terrível, irregular e bárbaro pertence ao marco referencial da guerra. É por isso que as respectivas observações em nossos protocolos despertam tanta atenção quanto os relatos e comentários dos GIS americanos no Vietnã. Para grande parte dos soldados envolvidos nesses crimes de guerra, desde que não fossem objeto de um processo judicial, seu lado nada espetacular refletia o caráter instrumental da violência aí praticada. Não chega a surpreender que essa violência fosse empregada na guerra.

A GUERRA COMO TRABALHO

Nas sociedades modernas, o trabalho é uma das categorias mais importantes da ação social. Tudo o que as pessoas fazem é ordenado num universo de finalidades que, na maioria dos casos, não são estabelecidas pelo próprio agente, mas por terceiros: seja pelo superior, pelo arsenal de regras da instituição, da empresa, do comando etc. Dentro de um contexto de ação com divisão de trabalho e de responsabilidades, os indivíduos carregam *per definitionem* uma responsabilidade bem particular, mais precisamente a que corresponde à exata fração do processo geral em que eles de fato contribuíram. É justamente isso que explica por que certas configurações de divisão de trabalho liberam disposições de atuação e mesmo atuações as mais distintas. Pilotos da Lufthansa ou policiais de reserva se tornam assim pessoas capazes de matar civis; companhias aéreas, fabricantes de fornos ou cátedras universitárias de patologia se convertem em organizações de fomento de assassinatos em massa. Numa sociedade, correlações funcionais e instituições são reservas de potenciais,[27] que dirá então quando ela se encontra em guerra. Em caso de mobilização e sobretudo no processo de guerra total, as instituições, empresas e organizações que nos tempos de paz cuidam de forma absolutamente inofensiva de suas tarefas, precisamente porque conseguem redirecionar facilmente seus potenciais, acabam adquirindo uma enorme "relevância bélica".

Na história, os casos em que espadas se transformaram em arados são significativamente mais raros do que os casos em que Volkswagen foram convertidos em veículos militares como os Kübelwagen. Mas isso mostra apenas que os contextos modernos de ação, baseados em divisão do trabalho, responsabilidade particular e razão instrumental, podem servir e se adaptar a qualquer finalidade imaginável. Depois de analisar uma coleção de cartas de guerra de soldados alemães do front oriental, Ute Daniel e Jürgen Reulecke se veem compelidos a endossar a tese de Jens Ebert, pois parecia que

> a guerra era muito bem-aceita, na medida em que podia ser articulada com valores do mundo de trabalho dos tempos de paz (dedicação, resistência, persistência, dever, obediência, submissão etc.). No front e nas ações dos comandos especiais, só se modificava o conteúdo do "trabalho", mas não a concepção do "trabalho" e da organização laboral. Nesse sentido, o soldado havia se tornado um "operário da guerra".[28]

Essa compreensão laboral das tarefas bélicas também aparece numa carta do Vietnã, em que um capitão dos fuzileiros navais explica à mãe a decisão de prolongar seu tempo de permanência por lá e conta detalhes sobre a missão, ao mesmo tempo de enorme responsabilidade e instigante, de coordenar o trabalho de matar:

> Aqui há um trabalho que tem que ser feito. Quase todos os dias há decisões difíceis e sensatas a serem tomadas. Minha experiência é inestimável. Essa tarefa exige uma pessoa conscienciosa. Os grupos de soldados que realizam tal trabalho precisam de um líder consciencioso. Nas últimas três semanas nós matamos mais de 1500 pessoas numa única operação. Isso mostra a responsabilidade. Eles precisam de mim por aqui, mãe.[29]

Por isso mesmo, quando há guerra, ninguém precisa superar suas próprias barreiras individuais, nem se submeter a um processo de socialização, muito menos a uma transformação psicológica profunda para chegar a matar. Há apenas um deslocamento do contexto, mas continua-se fazendo o que de qualquer maneira já se fazia. Para os soldados, que *per definitionem* não devem fazer nada além do que prevê sua própria formação, nada é alterado — apenas que agora as coisas são para valer. A passagem do treinamento e do exercício para a aplicação concreta, como pudemos conferir em diversos exemplos, é experimentada algumas vezes com certa surpresa, medo, mas também com entusiasmo e fascinação. Nunca se altera, porém, a definição do que eles devem fazer nem o motivo de sua participação.

O fato de a guerra ser também e sobretudo um trabalho, e como tal interpretada por seus participantes, não se expressa apenas no já mencionado orgulho laboral e na descrição do que cada um foi capaz de realizar, mas também no reconhecimento do "bom" trabalho de guerra prestado pelos respectivos adversários. Nos nossos protocolos de escutas, por exemplo, percebe-se claramente que os soldados do Exército Vermelho são reconhecidos por seu trabalho como bons soldados, a despeito de todo o empenho da propaganda em apresentá-los como "subumanos bolcheviques". O mesmo acontecia com as tropas alemãs na ótica de seus adversários.[30] Ainda assim, a percepção recíproca continuava moldada pelos estereótipos culturais. De fato, para os alemães, os soldados vermelhos eram combatentes valentes e mestres do improviso. Sua brutalidade e seu desprezo pela morte, no entanto, deixavam os alemães algumas vezes tão surpresos que eles acabavam se socorrendo nos estereótipos sobre os "russos"[31] para explicar aquele comportamento. Como os soldados japoneses tratavam os prisioneiros de guerra com atrocidade, os americanos passaram a interpretar os *japs* cada vez mais como adversários desumanos. Outros comportamentos dos japoneses também permaneciam completamente incompreensíveis aos olhos dos GIS americanos: que eles matassem, por exemplo, seus próprios feridos e prisioneiros de guerra libertos ou que japoneses náufragos preferissem sair nadando na direção oposta aos americanos que pretendiam apenas resgatá-los. Tudo isso levava a uma percepção que, com base em estereótipos culturais já existentes, se torna cada vez mais radical, expandindo-se sistematicamente, até os adversários só serem referidos como *japs* e "macacos japoneses". Não deixa de ser interessante que na ótica dos americanos os *Krauts*, quer dizer, os soldados alemães, não tenham sido rebaixados a essa condição animal.[32]

O GRUPO

Podemos perceber que a universalidade da percepção da guerra pelos soldados apresenta fraturas culturais. Nem todos os soldados são iguais aos olhos de todos os soldados. As distinções que marcam a vida nos tempos de paz não são suspensas durante a guerra. Há outra coisa que diferencia a guerra da paz — mas não uma guerra das outras —, e é justamente o momento de camaradagem e o papel extremamente importante do grupo, sem o qual o comportamento de cada soldado na guerra resulta simplesmente incompreensível. Soldados nunca agem sozinhos; mesmo atiradores de elite e pilotos de caça que *in actu* podem estar sozinhos pertencem a um determinado grupo que permanece como tal antes e depois do combate. O estudo já mencionado de Samuel Stouffer,[33] apresentado logo em 1948, concluía que o papel do grupo para o comportamento de cada soldado era muito mais importante do que, por exemplo, convicções ideológicas, concepções políticas e motivos de vingança pessoais.[34]

Essa constatação não vale apenas para o Exército americano; Shils e Janowitz[35] mostram que a disposição para o combate também e sobretudo da Wehrmacht, no fundo, nada tinha a ver com convicções nazistas, mas sim com a satisfação das necessidades pessoais no marco das relações de cada grupo. Mais ainda: esse aspecto foi especialmente fomentado pela estrutura organizacional da Wehrmacht com as suas modernas técnicas de gerenciamento e gestão pessoal.[36] O mundo social imediato do soldado é decisivo para a sua percepção e interpretação da guerra, bem como para os parâmetros de orientação e avaliação de suas próprias ações. Todo membro de determinado grupo olha para si mesmo como acredita ser visto por esse grupo — é isso que fornece, de acordo com Erving Goffman em seu estudo sobre "estigma", o motivo mais forte para que as pessoas se comportem conforme o grupo.[37] Durante a guerra, o soldado se vê por tempo indeterminado e sob as circunstâncias mais extremas como parte de um grupo que ele, a princípio, nem pode abandonar nem configurar de acordo com suas preferências pessoais. Diferentemente do que acontece na vida civil, ele não pode escolher junto com quem estará. Embora os soldados façam parte dele e contribuam de fato para sua formação, é precisamente a falta de alternativas ao grupo que lhe confere o caráter de instância decisiva tanto no aspecto normativo quanto prático, principalmente sob as condições existenciais de combate. Nos *combat briefings* americanos no Vietnã, por exemplo, era comum ouvir: "Não sei por que estou aqui. Você também não sabe por que está aqui. Mas já que aqui estamos, podemos tentar fazer um bom trabalho e dar o melhor de nós para continuarmos vivos"[38] — para tudo o que acontecia, era pensado ou decidido, portanto, o grupo de camaradagem era muito mais importante do que as visões de mundo, convicções ou mesmo missões históricas que compõem o contexto externo de justificação de uma guerra. A face interna da guerra, ou seja, como ela se apresentava aos soldados, era outra: a face do próprio grupo. Quem também via as coisas assim era Michael Bernhardt, um combatente do Vietnã que se recusara a participar do massacre de My Lai e acabara se tornando um outsider:

> A única coisa que conta é o que as pessoas pensam de você aqui e agora. Só importa o que aqueles no seu entorno imediato consideram a seu respeito. [...] Esse grupo [...] representava o mundo inteiro. O que elas consideravam correto era correto. O que consideravam errado era errado.[39]

O soldado alemão Willy Peter Reese, por sua vez, assim explicava:

> Da mesma forma que as roupas de inverno só deixavam afinal os olhos à mostra, a vida de soldado só deixa um mínimo espaço para traços individuais. Éramos uniformizados. Não apenas sem banho, sem fazer a barba, cheios de piolhos e doentes, mas também arruinados moralmente, nada mais que uma soma de sangue, vísceras e ossos. Nossa camaradagem resultava de uma dependência forçada em relação aos demais, o convívio num espaço apertadíssimo. Nossa alegria nascia com a desgraça alheia, humor negro, sátiras, obscenidades, sarcasmo, risos de raiva e um jogo com a morte, miolos estourados, piolhos, pus e excrementos, o vazio moral. [...] Não acreditávamos em nada que nos guiasse, e toda filosofia só servia para tornar as coisas um pouco mais suportáveis. O fato de sermos soldados bastava para justificar os crimes e as depravações, como também bastava para embasar uma existência infernal. [...] Nada tinha a ver conosco, nada tinha a ver com a fome, o frio e o tifo, nem com as disenterias e os congelamentos, nem com as mutilações e os assassinatos, com os vilarejos arrasados, as cidades saqueadas, a liberdade ou a paz. A última coisa que importava era o indivíduo. Nós podíamos morrer tranquilos.[40]

O que ressoa nas palavras de Willy Peter Reese, que aliás morreria logo em seguida, é mais um lugar-comum da guerra: *a indiferença dos motivos*.[41]

IDEOLOGIA

O grande tema do registro literário e cinematográfico da guerra, de Erich Maria Remarque, passando por Ernst Jünger, até *Apocalypse Now*, de Francis Ford Coppola, é a irrelevância do elemento ideológico e dos "grandes" objetivos da guerra. E de fato, com exceção de um grupo quase insignificante de autênticos "guerreiros ideológicos", a principal característica dos soldados é o desinteresse e o desprezo pelas causas de sua situação. Isso não vale apenas para o estado decadente, como Peter Reese o descreve; mesmo quando os combates são bem-sucedidos, é a vitória imediata, o avião recém-"abatido" ou a aldeia tomada que prevalece na percepção dos soldados, e não algo abstrato como a "conquista do espaço oriental", a "contenção dos bolcheviques" ou, dependendo do caso, "do perigo amarelo". Como já dito, essas ideias formam o pano de fundo da guerra e das ações de combate ligadas a ela, mas só raramente o motivo concreto para as interpretações e ações de cada um dos soldados nas situações em que realmente se encontram.[42]

Esse quadro se arrasta por todo o século XX. A grande marca psicossocial da experiência da Primeira Guerra Mundial foi a desilusão que teria ocorrido quando se constatou que sob as "tormentas de aço" nas trincheiras da guerra de exaustão não sobrava nenhum espaço para o heroísmo nem para a ideologia. A mesma experiência radical foi vivida pelos soldados americanos na Coreia, no Vietnã e no Iraque, assim como pelos alemães no Afeganistão. Dessas vezes, no entanto, ela foi potencializada pelo caráter cada vez mais abstrato dos motivos: por que se deve lutar num país distante pela liberdade daqueles que repelem os combatentes? Por que defender pessoas e territórios com os quais não se tem nenhum tipo de relação pessoal?

Pois um sargento da Guerra do Vietnã explicava a um amigo essa experiência:

> Há americanos morrendo, sem dúvida, e eu não diminuiria ninguém por servir com fé e "firme devoção". Pode ser que em algum momento essa ideia não fosse completamente absurda. Mas a ofensiva imposta pelos outros, a corrupção e depois o escárnio que grassa entre as pessoas e os grupos — tudo é um grande deboche às "nobres" palavras que são utilizadas para justificar essa guerra. Isso desmas-

cara o falso entusiasmo com que essas palavras são algumas vezes pronunciadas. Agora é uma guerra pela sobrevivência...[43]

E hoje quem conta é um capitão do Batalhão de Paraquedistas 373, em Konduz:

> No começo ainda queríamos atingir alguma coisa, talvez tomar um pouco de território do adversário. Mas depois da morte dos meus soldados, às vezes nos perguntamos se ainda vale a pena. Por que arriscar as nossas vidas se os talibãs voltarão assim que sairmos? Nós lutamos por nossas vidas e para cumprir nossa missão, se é que ainda há alguma. Na verdade nós estamos aqui em Konduz lutando principalmente para sobreviver.[44]

Como podemos perceber, não é raro que os testemunhos sobre a experiência de guerra sejam muito parecidos ou mesmo coincidentes. Andrew Carroll, fundador de um *legacy project* que coletou uma enorme quantidade de cartas de guerra,[45] conta que não foram as diferenças o que mais lhe chamou a atenção numa análise comparativa da correspondência de russos, italianos e alemães com as cartas de soldados norte-americanos, mas suas grandes semelhanças.

No início da guerra, os soldados alemães não experimentaram a falta de sentido com a mesma intensidade que conheceriam mais tarde. Às curtas campanhas vitoriosas seguiram-se longas fases de tranquilidade e não foram poucos os soldados que criaram grandes expectativas, mesmo pessoais, em cima dessa guerra de conquista que conduziam (cf. p. 64).[46] No entanto, com o desaparecimento dos resultados e a crescente sobrecarga provocada por uma guerra que parecia não querer terminar, a partir do outono de 1941 as justificativas e os motivos "ideológicos" foram cada vez mais empurrados para o segundo plano. Prevalecia então a sensação de estar entregue a um acontecimento heterônomo que só mantinha seu significado para os soldados enquanto a própria sobrevivência dependia dele. Seja como for, todos os estudos sociológicos sobre a Segunda Guerra constatam o pequeno papel que a ideologia e as convicções abstratas desempenham na prática. O grupo, a técnica, o tempo e o espaço constituem os parâmetros importantes para os soldados, pois lhes garantem a orientação de base. Diante dessa prevalência do mundo imediato, o que os soldados fazem só se distingue em sua dimensão existencial daquilo que as pessoas *sempre* fazem em sociedades modernas quando tentam realizar as tarefas que lhes são passadas. Pois, ainda que alguém trabalhe numa companhia de energia, numa seguradora ou numa indústria química, "o capitalismo" não tem nenhuma importância para a realização de suas atividades; se um policial, por exemplo, aplica uma multa por alguma infração de trânsito ou um oficial de justiça apreende uma televisão de tela plana, nem um nem outro tem em mente "a ordem democrática do estado de direito" — eles simplesmente cumprem com as funções que lhes foram atribuídas. Na guerra, os soldados realizam os seus trabalhos com o emprego da violência — e esse é o único traço de sua atividade profissional que discrepa da atividade regular de outros operários, empregados e funcionários. Mas eles também produzem, em comparação com trabalhadores civis, resultados distintos: muitas mortes e destruição.

VALORES MILITARES

Embora o mundo social imediato, o espírito laboral moderno e a fascinação pela técnica ajudem de fato a configurar o que poderíamos chamar de *universal soldier*, não se pode negar a existência de maneiras bem peculiares de se enxergar a guerra e a violência. Na constituição do marco referencial militar há características específicas relacionadas ao momento histórico bem como à nação representada. O elemento temporal, por exemplo, fica patente sobretudo diante de conceitos como honra, firmeza e sacrifício: essas ideias desempenham para a Bundeswehr do século XXI um papel inteiramente diferente do que tiveram para a Wehrmacht.[47] Mas mesmo na Primeira Guerra Mundial não se dava a mesma importância, ao menos fora da classe burguesa, a valores tão característicos da Segunda Guerra, como o cumprimento dos deveres.[48] Embora as passagens não possam ser consideradas de forma alguma estanques, o Império Alemão, a República de Weimar, o Terceiro Reich e a República Federal representam períodos com sistemas de valores próprios.

As diferenças são ainda maiores numa comparação internacional, basta confrontar a Alemanha nazista, a Itália fascista e o Japão imperial. Como já vimos, a bravura, a obediência e o cumprimento das obrigações ocupavam uma posição central no marco referencial dos soldados alemães e eram determinantes para a percepção e a interpretação da conduta soldadesca.[49] Esse marco referencial já conhecido desde os tempos de paz permaneceu surpreendentemente estável ao longo de toda a guerra.

Partindo desse núcleo de valores, houve, é claro, diversas construções acerca da finalidade da guerra. Um nazista convicto e um ex-comunista enxergavam-na certamente com olhos bem diferentes; um general de 52 anos provavelmente não pensava o mesmo que um tenente de 22. Mas eles permaneciam iguais na sua compreensão geral do Exército; durante os combates, pouco importava como os valores se haviam forjados de fato, isto é, desde que os soldados respeitassem seu núcleo, fundamental para sua interpretação e seu comportamento. A valentia não deixava de ser valentia, seja para instaurar uma nova ordem nazista na Europa, seja para defender a honra da Wehrmacht. É assim que Axel von dem Bussche e Otto-Ernst Remer, dois comandantes de batalhões muito bem condecorados, ao menos quanto ao ímpeto militar, quase não se distinguiam, embora um tenha sido um importante personagem da resistência e outro, o comandante do batalhão de guarda de Berlim, responsável pela repressão do primeiro.

As consequências dessa recepção tão positiva do cânone de valores militares foram tremendas. A Wehrmacht e a guerra que ela conduzia não foram questionadas sequer quando ninguém mais acreditava na vitória, nem diante da indignação pelos crimes praticados. Cumprir com as obrigações de soldado sob quaisquer circunstâncias era uma ideia tão ancorada no marco referencial que só foi ser colocada em xeque em face do perigo iminente de vida ou depois de consumada a derrota militar. O comportamento obediente, de acordo com a norma, só esbarrava em seus limites, quando o sistema da Wehrmacht entrava em colapso ou quando a própria morte, de alguma maneira, perdia qualquer sentido palpável. O sacrifício sui generis não fazia parte do clássico sistema de valores militares. E as tentativas da cúpula nazista de radicalizá-lo, ao menos quanto a esse aspecto, quase não surtiram efeito.

Fatores sociobiográficos exerceram, sem dúvida, alguma influência nas interpretações da guerra. Quantitativamente, no entanto, sua relevância foi muito pequena; na prática, eles foram nivelados como contextos sociais. Constata-se, no máximo, a pequena ressonância que o cânone de valores militares teve nos antigos ambientes socialistas e católicos.[50] Muito mais eficaz foi o poder de persuasão de algumas formações militares. Unidades de elite, por exemplo, desenvolveram configurações próprias do marco referencial militar — o que influenciou menos a percepção da guerra do que as consequências das próprias ações. Para um soldado de elite o que realmente contava era o fato concreto. Ele precisava comprovar sua valentia e sua firmeza em combate e não simplesmente falar sobre elas. Cada uma das Forças Armadas e diversos grupos de armas também criaram identidades próprias, intimamente ligadas aos acontecimentos e experiências concretas. Combater até o último instante, por exemplo, era um *tópos* argumentativo que podia ser interpretado de maneira bem diferente por soldados de infantaria, pilotos de caças e tripulantes de submarinos.

VIOLÊNCIA

A violência, desde que pareça razoável em situações culturais e sociais, pode ser praticada, literalmente, por qualquer grupo de pessoas: por homens e mulheres, pessoas com e sem instrução, católicos, protestantes e muçulmanos. Praticar violência é uma ação social *constitutiva* — o agente atinge assim seus objetivos, criando determinadas situações fáticas: submete os outros às suas vontades, separa os partícipes dos excluídos, consegue poder, apropria-se dos bens dos subalternos etc. A violência é certamente destrutiva para as vítimas, mas só para elas.

Mas isso não significa defender — e é bom evitar esse mal-entendido muito comum, mas jamais verificado — uma antropologia da violência inevitável, que só estaria à espreita, sob um verniz de civilização, esperando pelo justo momento de se libertar. Constata-se apenas que as comunidades humanas duradouras até hoje, ao menos a partir do instante em que passam a considerá-la justificável, sempre optaram pela violência. Na verdade, esse verniz da civilização não é nem um pouco delicado. Desde que os Estados nacionais introduziram o princípio do monopólio da violência, seu uso dentro desse Estado diminuiu drasticamente e toda ação privada violenta passou a estar sujeita a alguma espécie de sanção. É esse progresso civilizatório que permite o enorme grau de liberdade desfrutado pelos indivíduos em sociedades democráticas, mas ele não significa, de forma alguma, a abolição da violência: ela simplesmente tomou outras formas. Nada garante que o monopólio da violência possa ser, sim, ocasionalmente rompido, quer individual quer coletivamente, nem que Estados democráticos per se não sejam de fato muito violentos. Na realidade, isso quer dizer tão somente que o marco referencial da violência na modernidade não é o mesmo que o de culturas não modernas — não se trata de uma questão alternativa entre violência e não violência, mas da medida e do modo de sua regulação.

Para as pessoas decidirem matar as outras, basta que elas se sintam ameaçadas em sua existência e/ou exigidas legitimamente a tanto e/ou enxerguem nessa ação algum sentido político, cultural ou religioso. E isso não diz respeito exclusivamente à prática da violência na guerra, pois o mesmo acontece em circunstâncias sociais bem distintas. É por isso que a violência praticada pela Wehrmacht não é "mais nazista" do que a empregada, por exemplo, pelos soldados britânicos ou americanos. Apenas quando ela se dirige deliberadamente ao extermínio de pessoas que, por piores que sejam suas intenções, não representam nenhuma ameaça militar, é que a violência se torna propriamente nazista — o caso do assassinato dos prisioneiros de guerra soviéticos e sobretudo do extermínio de judeus. Pois exatamente aí a guerra — como aliás todos os genocídios — fornece um marco capaz de suspender quaisquer limites civilizatórios. A guerra também permitiu que muitos soldados da Wehrmacht atuassem como auxiliares oficiais na execução, mas ela não se resumiu ao extermínio dos judeus. Mas como a forma mais extrema de violência humana até então conhecida, esse extermínio direcionou e condicionou a visão que se construiu sobre a Segunda Guerra. Mesmo para a percepção atual, esse crime sem precedentes históricos ainda prevalece sobre a violência exorbitante que se manifestou nas mais de 50 milhões de mortes dessa guerra, a mais devastadora da história até os dias de hoje. A maior parte das vítimas, porém, não se deve ao Holocausto, mas à própria violência da guerra. E todas as guerras desde então mostram o quanto é inútil se indignar e se espantar com o fato de pessoas ainda morrerem, matarem e serem mutiladas. Se há guerra, é assim que as coisas funcionam.

Melhor seria perguntar, em vez disso, como e sob que condições as pessoas poderiam deixar de matar. Prescindiríamos assim, toda vez que os Estados resolvessem fazer uma guerra, da lamentação ostensiva por haver novamente crimes e violência contra pessoas não envolvidas em quaisquer conflitos. Essas coisas só acontecem porque o marco referencial da guerra exige comportamentos e cria estruturas de oportunidades nas quais a violência não pode ser suficientemente circunscrita e limitada. Como qualquer ação social, a violência também apresenta uma dinâmica específica; o que isso quer dizer pôde ser visto neste livro.

Será que algum dia a análise histórica e sociológica da violência conseguirá atingir no estudo de seu objeto o mesmo grau de indiferença moral que um físico quântico tem diante de um elétron? Será que ela poderá algum dia descrever a ação de matar como uma mera possibilidade social com a mesma distância que guarda diante do funcionamento das eleições ou das atividades do parlamento? As ciências históricas e sociais, como filhas da modernidade, encontram-se excessivamente comprometidas com seus próprios princípios; parece-lhes portanto difícil lidar com quaisquer fenômenos que possam ameaçar esses pressupostos.

Se a definição da violência como desvio fosse deixada de lado, aprenderíamos mais sobre nossa sociedade e sobre seu funcionamento do que se continuássemos a compartilhar as ilusões que a sociedade criou sobre si mesma. Se voltássemos a considerar a violência em suas diversas manifestações dentro do inventário de possibilidades de ação social das comunidades de sobrevivência humana, veríamos que elas sempre foram, simultaneamente, comunidades de extermínio. A confiança da modernidade na sua distância em relação à violência é uma grande ilusão. Os seres humanos matam pelos mais diversos motivos. Os soldados matam porque essa é sua função.

Anexo
Os protocolos das escutas

Conheça seu inimigo.
Sun Tsu (c.500 a.C.)

Desde que a guerra existe, as partes em conflito tentam espionar seus adversários para conseguir certas vantagens que podem ser decisivas no momento do combate. Em virtude da progressiva interconexão do mundo propiciada pela revolução tecnológica tanto nos meios de transportes quanto nos meios de comunicação, o conhecimento disponível aumentou de tal maneira no final do século XIX que o trabalho de informação teve de se tornar cada vez mais profissional. Os primeiros serviços secretos surgiram na Grã-Bretanha, sendo em seguida copiados pelas outras grandes potências mundiais. No decorrer da Primeira Guerra Mundial, foram desenvolvidas estruturas complexas para coletar e analisar as informações obtidas a partir das mais diversas fontes. Podemos citar aqui, em primeira linha, as mensagens de rádio decifradas, os reconhecimentos aéreos e os interrogatórios de prisioneiros de guerra. Diante das novas técnicas, a espionagem clássica perdeu rapidamente seu antigo papel.

Com base nessas experiências, o Ministério da Guerra britânico resolveu criar em março de 1939 um centro especial de interrogatórios para prisioneiros de guerra, caso houvesse uma nova guerra.[1] Pela primeira vez equipavam-se as

O campo de oficiais Trent Park, desenho do tenente Klaus Hubbuch, 1943. (Arquivo Neitzel)

celas dos prisioneiros com aparelhos que pudessem interceptar sistematicamente suas conversas. A ideia, no entanto, não era inteiramente nova. No outono de 1918, o armistício havia impedido o início do funcionamento de um centro de interrogatórios para prisioneiros alemães equipado com microfones escondidos. Com a fundação do Combined Services Detailed Interrogation Centre (CSDIC) em 26 de setembro de 1939, retomava-se então esse projeto. Após um curto período na Torre de Londres, o centro seria transferido em 12 de dezembro de 1939 para o solar de Trent Park, no norte da capital. Em 1942 as atividades se estenderam ainda para Latimer House e Wilton Park. Em julho de 1942 todo o CSDIC (Reino Unido) foi para Latimer; Wilton Park passou a ser utilizado para os prisioneiros de guerra italianos.[2] Trent Park era mantido como campo de internamento de longa duração para oficiais do Estado-Maior alemão.[3]

O sistema de interrogatórios e interceptações de prisioneiros de guerra desenvolvido pelos britânicos foi copiado pelos americanos, de modo que logo os Aliados mantinham uma rede de Secret Interrogation Centers[4] que se espraiava por todo o continente. Juntamente com os campos no espaço do Mediterrâneo, os centros americanos eram os mais importantes. O War Department de Washington já havia decidido no verão de 1941 construir seus próprios centros de interrogatórios. Durante o ano de 1942, dois Joint Interrogation Centers dirigidos pela Marinha e pelo Exército estadunidenses iniciaram suas operações: Fort Tracy, na Califórnia, para prisioneiros japoneses, e Fort Hunt, na Virgínia, para alemães.

De cerca de 1 milhão de prisioneiros alemães que passaram pelas mãos dos britânicos e americanos até a primavera de 1945, apenas uma parte muito pequena esteve em campos especiais. Após diversas fases de interrogatórios tanto no front quanto na retaguarda, os oficiais de inteligência dos Aliados só escolhiam para maiores "observações" os prisioneiros que lhes pareciam particularmente interessantes. Ainda assim, os números não deixam de ser impressionantes: de setembro de 1939 a outubro de 1945, 10191 alemães e 563 italianos prisioneiros de guerra passaram pelos três campos especiais da Inglaterra. O tempo de internação podia variar bastante, de alguns poucos dias até três longos anos. O CSDIC (Reino Unido) preparou 16960 protocolos de escutas com base nas conversas dos prisioneiros alemães[5] e outros 1943 com as conversas dos italianos. Ao todo eles somam cerca de 48 mil páginas de documentos. Dos diversos postos no Mediterrâneo — Cairo, Argel e Nápoles —, há registro de 538 protocolos de 1225 soldados alemães.[6] Do campo americano de Fort Hunt preserva-se ainda uma enorme quantidade de documentos relativos a 3298 prisioneiros da Wehrmacht e da Waffen-SS.

O material das interceptações de proveniência britânica consiste em protocolos escritos, redigidos em língua alemã, cuja extensão varia entre meia e 22 páginas, acompanhados, em regra, da tradução para o inglês. Por motivos de segurança, os nomes dos soldados que tiveram suas conversas interceptadas mantiveram-se ocultos até 1944; a identificação ocorria na maioria das vezes pela respectiva patente e função. Em muitos casos, no entanto, conseguimos revelar seus verdadeiros nomes. Sobre o contexto sociobiográfico dos soldados, infelizmente, o material britânico não fornece qualquer informação. Nesse aspecto, os documentos americanos são muito mais reveladores, pois em Fort Hunt os oficiais de inteligência não se limitavam a interceptar as conversas dos prisioneiros e gravá-las quando parecesse necessário. Eles submetiam os soldados alemães a interrogatórios minuciosos e os obrigavam a responder a ques-

C. S. D. I. C. (U.K.)
S. R. REPORT

IF FURTHER CIRCULATION OF THIS REPORT IS NECESSARY **IT MUST BE PARAPHRASED**, SO THAT NEITHER THE SOURCE OF THE INFORMATION NOR THE MEANS BY WHICH IT HAS BEEN OBTAINED IS APPARENT.

S.R.G.G. 739

M 170 - Generalmajor (Chief Artillery Officer: German Army Group AFRICA)
           Captured TUNISIA 9 May 43
M 179 - Generalmajor (GOC 10th Pz. Division) Captured TUNISIA 12 May 43
M 181 - Generalmajor (GOC 164th Division) Captured TUNISIA 13 May 43
A 1201 - Generalmajor (GOC Air Defences TUNIS and BIZERTA) Captd TUNISIA 9 May 43

Information received: 1 Jan 44

GERMAN TEXT

? M 179: Ich habe einmal in diesem Kriege Menschen erschiessen lassen müssen und zwar zwei, die sind ...... gefasst worden als Spione und auch nach Aussagen von den Einwohnern aktiv, ... diese Leute waren nun so brave offene Leute, teils ältere Gefreite, die waren wachsbleich, denen war das so ekelhaft. Da kam der Adjutant heran und sagte, der ist für heute völlig fertig, der läuft bloss 'rum und ist also beinahe irre, weil ihm das so auf die Nerven gegangen sei.

? M 170: ...... haben sie öfters die Kuriere zwischen SALONIKI und SOFIA auf diesen langen Strassen angefallen und wenn das passierte, wurden diese Nachbarn(?) dörfer dem Erdboden gleich gemacht, da wurde alles - Weiber, Kinder und Männer, zusammengetrieben und niedergemetzelt. Hat mir auch der Regimentskommandeur erzählt - BRÜCKENMANN, ja. Der hat einmal erzählt, wie viehisch das war. Da wurden sie in einen Pferch getrieben, dann hiess es: "Nun schiesst darauf." Natürlich brachen sie zusammen nach vielem Gebrüll - auch die Kinder - und waren natürlich noch nicht tot. Da musste nachher ein Offizier hingehen und musste denen einen Genickschuss geben. Dann haben sie sie alle in die Kirche geschleppt und haben sie einzeln herausgeholt und haben sie immer zu dritt erschossen. Das haben sie nun drin gehört, haben sich noch verbarrikadiert und haben Widerstand geleistet; da haben sie ...... die Kirche abbrennen müssen, weil sie nicht hereinkamen. Der sagte, es wäre viehisch, diese Abschlachterei, obwohl -

? : Es waren auch andere da ......

? : Nein, nein, ... griechische(?) Dörfer.

? : Das war aber vom Heer aus befohlen ......

? : Das war vom Heer aus.

/2

Um protocolo de escuta de Trent Park. (The National Archives, Londres)

tionários padronizados; com a ajuda dos métodos do ainda incipiente inquérito estatístico, eles tentavam dessa forma realizar análises morais da Wehrmacht. Além disso, todos os dados pessoais importantes eram registrados em Personnel Record Sheets — documentos que permitem ao historiador de hoje conhecer melhor as biografias desses soldados. Há ainda uma série de documentos adicionais, por exemplo, textos autobiográficos dos próprios prisioneiros e relatos com observações pessoais. Todas as folhas avulsas com os registros feitos pelos funcionários de Fort Hunt sobre algum detento eram depois organizadas num fichário, que podia ser então consultado a qualquer momento pelos oficiais responsáveis pelos interrogatórios.[7] Dispostos em ordem alfabética segundo o sobrenome dos prisioneiros, os chamados *201-Files* chegaram a reunir mais de 100 mil páginas.[8] O núcleo dessa coleção de dados — os protocolos das escutas — abrange cerca de 40 mil páginas.

O volume desse material produzido pela espionagem americana e britânica é realmente impressionante. Ainda assim, duas questões sobre o significado desses documentos precisam ser respondidas:

1. Até que ponto o grupo de soldados alemães que aparece nos protocolos pode ser considerado de fato representativo?

2. Será que os soldados sabiam que estavam sendo vigiados? Em que medida os diálogos aqui documentados podem ser considerados espontâneos?

É interessante notar que os grupos de detentos abrigados nos campos britânicos e americanos eram, ao menos no que diz respeito à composição social, bem distintos. Isso mostra que havia uma divisão de trabalho entre os próprios Aliados. Os britânicos espionaram sobretudo oficiais bem graduados e soldados da Luftwaffe e da Marinha. Em Fort Hunt, por sua vez, cerca da metade dos internos era formada por soldados de tropas regulares, de baixa patente, principalmente do Exército. Suboficiais mal formavam um terço da população carcerária; os oficiais, apenas um sexto.[9] Enquanto os britânicos se concentraram sobretudo na elite da Wehrmacht, os americanos preferiram os *ordinary men* das unidades de combate.

Seja como for, todo esse material não chega a oferecer uma amostra representativa da Wehrmacht nem da Waffen-SS. Para tanto seria necessário que a probabilidade estatística de ser internado em algum desses campos de espionagem fosse a mesma para os 17 milhões de soldados da Wehrmacht. Mas é claro que isso não ocorreu. Soldados que serviram exclusivamente no front oriental, por exemplo, sequer aparecem nesse material; por outro lado, a quantidade de dados a respeito de integrantes de unidades de combate, sobretudo tripulantes de submarinos e aviadores da Luftwaffe, é muito maior, proporcionalmente, do que sua participação efetiva.

De todo modo, o material disponível não deixa de ser bastante abrangente. Encontram-se ali informações sobre soldados com praticamente todos os currículos militares imagináveis, de nadadores de combate da Marinha até generais de seções administrativas. Esses soldados lutaram ao longo da guerra em todos os fronts, defenderam as mais diversas posições políticas e fizeram parte de praticamente todas as unidades militares. Em contraste com os estudos baseados exclusivamente no correio de guerra, que muitas vezes têm seu alcance limitado aos soldados relativamente instruídos — pois, afinal, são esses soldados que produzem essa correspondência —, aqui se encontram reproduzidas as conversas também daqueles soldados do front dos quais não se tinha ainda nenhum registro.

Questiona-se, naturalmente, se os internos dos campos especiais tinham conhecimento das escutas. Poder-se-ia pôr em dúvida a autenticidade dessas fontes, uma vez que os alemães certamente sabiam que tanto os britânicos quanto os americanos estavam muito interessados nas informações que eles tinham a fornecer. Poderíamos imaginar, portanto, que esses soldados, no meio de suas conversas, mentiam deliberadamente para enganar seus vigias. De fato, os métodos dos Aliados para a obtenção de informações não eram desconhecidos. Antes de ser transferido para o Canadá em outubro de 1940, Franz von Werra esteve por um curto período internado em Trent Park e contou, depois de fugir da prisão britânica, detalhes sobre os métodos de interceptação utilizados pelos ingleses.[10] No dia 11 de julho de 1941, valendo-se desse relato, o Ministério do Exterior e da Defesa estabeleceu então diretrizes de comportamento para os membros da Wehrmacht que se encontrassem em campos de prisioneiros sob administração inglesa. Já se alertava, por exemplo, contra espiões com uniformes alemães e microfones escondidos. Os avisos eram bastante enfáticos em mostrar como os inimigos haviam conseguido diversas vezes obter informações valiosas.[11] Em novembro de 1943, o capitão de corveta Schilling, que retornara à Alemanha no comboio de uma das primeiras trocas de prisioneiros, relatou algumas experiências de soldados alemães durante os interrogatórios. Vários espiões a serviço dos britânicos foram denunciados ao comando-maior da Wehrmacht. Schiling ainda diria que os generais alemães em Trent Park "são demasiadamente francos e imprudentes nas conversas que mantêm entre si, desprezando [...] o cuidado necessário". Exigia-se então, em caso de encarceramento, mais atenção com os espiões e a probabilidade de interceptações.[12]

Se esses avisos de fato chegaram aos ouvidos dos soldados alemães, ao menos pelo que consta nos protocolos das escutas, eles foram logo esquecidos pela maioria dos detentos. Muitas vezes parece não haver qualquer preocupação em ocultar segredos militares. É bem verdade que podemos encontrar nas conversas das tropas e dos suboficiais inúmeras menções ao filme de propaganda nazista *Kämpfer hinter Stacheldraht* [O combatente atrás do arame farpado][13] e recomendações enfáticas para que nenhuma informação fosse repassada aos inimigos. No entanto, aproveitando o ensejo, eles passavam a contar aos seus camaradas, no mesmo fôlego, tudo o que haviam omitido diante dos oficiais interrogadores[14] — como se preferissem ditar seus segredos diretamente aos microfones dos adversários. De fato, os soldados alemães quase nunca contavam com as interceptações; essa conclusão é corroborada ainda pelas diversas conversas sobre crimes de guerra que acabavam por incriminar os próprios interlocutores.[15] Houve, sem dúvida, soldados que preferiram o silêncio; alguns chegaram a desconfiar da presença de microfones em suas celas.[16] Mas mesmo nesses casos não foi necessário esperar muito tempo para que também abandonassem qualquer precaução. A ânsia de se comunicar com os camaradas era muito maior do que toda a prudência.[17]

Também não podemos ignorar que os serviços de informação dos Aliados dispunham de técnicas bastante refinadas para extrair as informações dos prisioneiros. Para conduzir as conversações, eles utilizavam refugiados e presos dispostos a cooperar como espiões.[18] Outra estratégia consistia em juntar no confinamento soldados de níveis hierárquicos similares, mas de unidades díspares. O método quase sempre trazia bons resultados: pilotos de submarinos de companhias diferentes, por exemplo, tinham muito a conversar sobre suas experiências; oficiais aviadores podiam comparar os resultados de seus ataques e o desempenho de suas aeronaves. Além disso, os soldados eram levados para os campos, em regra, apenas poucos dias após sua captura. Eles chegavam ainda sob o forte impacto das circunstâncias muitas vezes dramáticas do aprisionamento e era, por isso, bastante comum que sentissem a necessidade de falar sobre esses acontecimentos. Afinal, não eram raros os soldados que haviam escapado por muito pouco da própria morte. Nesse ponto, o comportamento dos oficiais e o dos demais prisioneiros era o mesmo.

Os registros dos interrogatórios realizados em Fort Hunt revelam a disposição de muitos prisioneiros em colaborar com os Aliados. Não são poucos os soldados que contam tudo o que sabem para conseguir alguma regalia na prisão ou — em casos muito mais raros — porque enxergam nessa confissão um verdadeiro ato de resistência contra o regime nazista.[19] Alguns até ditavam para os oficiais interrogadores as exatas medidas dos equipamentos, traçavam mapas com os objetivos militares dentro da Alemanha ou reproduziam os planos de construção de novas armas. Mas a maioria dos prisioneiros se recusava a ir tão longe na cooperação; sua autocensura, contudo, se restringia a um círculo muito reduzido de dados técnicos e estratégias militares. Perguntas sobre política, as condições de vida na Alemanha ou o ânimo da Wehrmacht, por outro lado, eram respondidas sem grande preocupação. Essa mesma franqueza dava a tônica nas conversas dos soldados entre si — nessas ocasiões, para grande alegria dos serviços de informação dos Aliados, apenas os sentimentos mais íntimos representavam algum tabu.

É claro que os britânicos e os americanos não investiram tanta energia para satisfazer as gerações posteriores de historiadores. O que eles conseguiram então com todo o trabalho de interceptação? As atividades dos serviços de informação durante a Segunda Guerra Mundial foram extremamente complexas e jamais se apoiaram numa fonte exclusiva. Sem dúvida alguma, espionar prisioneiros, uma atividade no âmbito da Human Intelligence (HUMINT), era uma das tarefas mais importantes dentro da estrutura de obtenção e análise de informações. Foi uma das formas que permitiram aos Aliados compor um panorama abrangente de todos os setores da Wehrmacht, sobretudo com o constante adiamento do final da guerra. Incluíam-se aí as condições, as táticas e os ânimos das Forças Armadas alemãs, bem como as especificações técnicas de suas armas. O potencial da Human Intelligence ficou evidente pela primeira vez na batalha aérea em torno da Inglaterra e depois disso já não se podia mais pensar o processo de obtenção de informações sem sua colaboração. Seu êxito mais espetacular talvez tenha sido a prevenção contra as armas V, para a qual concorreram de maneira decisiva os dados levantados a partir de uma conversa interceptada entre os generais Wilhelm Ritter von Thoma e Ludwig Crüwell.[20]

O investimento, sem dúvida, valeu a pena. E os Aliados sabiam muito bem que haviam construído um sistema extremamente eficiente de Human Intelligence. Esse foi, aliás, o motivo que os levou a não utilizar os documentos nos processos sobre os crimes de guerra. Pois eles não queriam de maneira nenhuma que seus métodos de obtenção de informações se tornassem conhecidos.[21]

Agradecimentos

Um livro como este remonta a um trabalho de investigação que se apoia em diversos ombros. Sem a ajuda de inúmeros colegas não teria sido possível apresentar este estudo.

Agradecemos em primeiro lugar às fundações Gerda Henkel e Fritz Thyssen, que financiaram nosso grupo de pesquisa. Os doutores Michael Hanssler, Angela Kühnen, Frank Suder e toda a sua equipe nos apoiaram com grande entusiasmo. Eles e suas respectivas instituições são um belo exemplo a demonstrar que o incentivo à ciência pode ser objetivo, eficiente, descomplicado e pessoalmente agradável.

Ao professor dr. Michael Matheus, diretor do Deutschen Historischen Instituts (DHI) [Instituto Histórico Alemão] em Roma, agradecemos a colaboração com nossa solicitação, seu apoio irrestrito ao nosso projeto em Roma, bem como a organização de um colóquio em abril de 2008, no qual tivemos a oportunidade de apresentar nossos resultados aos colegas italianos. Também gostaríamos de expressar nosso agradecimento cordial ao dr. Lutz Klinkhammer, do DHI de Roma, por todo o seu apoio à parte italiana de nosso projeto. O Kulturwissenschaftliche Institut (KWI) [Instituto de Estudos Avançados em Humanidades], em Essen, não foi apenas a sede principal de nossa investigação, mas também anfitrião de workshops, colóquios e seminários que nos permitiram dar continuidade ao nosso projeto numa atmosfera extremamente inspiradora e interdisciplinar.

Aos nossos assistentes — dr. Christian Gudehus, dr. Amedeo Osti Guerrazzi, dr. Felix Römer, dra. Michaela Christ e os mestres Sebastian Gross e Tobias Seidl — agradecemos os três anos de trabalho intenso e construtivo. Eles formaram uma equipe de investigadores formidável. Foi um enorme prazer trabalhar com eles. Em junho de 2008, juntou-se ao nosso grupo o dr. Richard Germann, do Ludwig Boltzmann-Institut für Historische Sozialwissenschaften [Instituto Ludwig Boltzmann de Ciências Sociais Históricas], em Viena. Devemos a ele inúmeros conhecimentos sobre os dados sociobiográficos dos soldados espionados, sobretudo em relação aos austríacos dentro da Wehrmacht. O dr. Dietmar Rost nos forneceu diversas informações sobre as percepções e interpretações dos soldados americanos.

Foi motivo de grande alegria para nós ter podido inserir esse trabalho no ensino universitário e visto surgir várias dissertações de mestrado. Falko Bell, Nicole Bögli, Stephanie Fuchs, Alexander Hoerkens, Frederik Müllers, Anette Neder, Katharina Straub, Martin Trentlein, Daniela Wellnitz e Matthias Weusmann contribuíram significativamente com seus trabalhos para o sucesso de todo o projeto. A todos, nosso agradecimento de coração pelo engajamento.

Também recebemos informações valiosas, estímulos e apoio dos professores drs. Gerhard Hirschfeld, Mischel Kissener, McGregor Knox, Andreas Rödder, dos drs. Alexander Brakel, Christian Hartmann, Johannes Hürter, Peter Lieb, Timothy Mulligan, Axel Niestlé, Thomas Schlemmer, Klaus Schmider e de Andrian Wettstein. O dr. Jens Kroh, Manuel Dittrich, a dra. Sabina Meister, Vanessa Stahl e Florian Hessel nos ajudaram na elaboração do manuscrito. Agradecemos a todos eles. E, finalmente, gostaríamos também de expressar nosso agradecimento à editora S. Fischer pela confiança e sobretudo ao professor dr. Walter Pehle por sua leitura, como sempre, competente e cuidadosa.

Sönke Neitzel e Harald Welzer, dezembro de 2010

Notas

DOIS PRÓLOGOS (pp. 11-19)

1. Do grupo de pesquisa coordenado pelo dr. Christian Gudehus participaram ainda o dr. Amadeo Osti Guerrazzi, o dr. Felix Römer, a dra. Michaela Christ, Sebastian Gross e Tobias Seidl. Em breve se poderá conferir um panorama de suas análises mais específicas em Harald Welzer, Sönke Neitzel e Christian Gudehus (orgs.): "*Der Führer war wieder viel zu human, viel zu gefühlsvoll!*", Frankfurt, 2011.
2. SRA 2670, 20/06/1942, TNA, WO 208/4126.
3. SRA 3686, 20/02/1943, TNA, WO 208/4129.

ENXERGANDO A GUERRA COM OLHOS DE SOLDADO [pp. 21-48]

1. Um impulso adicional para o conceito de marco referencial foi dado por Maurice Halbwachs, sociólogo francês assassinado no campo de concentração de Buchenwald, que ressaltou a influência decisiva de marcos sociais (*cadres sociaux*) para a recordação.
2. Não se sabe ao certo quantas pessoas foram acometidas de pânico. O jornal *New York Times* de 31 de outubro de 1938 traz a manchete "Radio Listeners in Panic, Talking War Drama as Fact" e noticia alguns episódios pontuais, como a evacuação completa de um bloco de apartamentos, mas nada sobre um pânico geral da população. De todo modo, para um número significativo de pessoas, aqui se rompeu o limite ocasionalmente sutil entre ficção e realidade.
3. Gregory Bateson: *Ökologie des Geistes*, Frankfurt, 1999.

4. Alfred Schütz: *Der sinnhafte Aufbau der sozialen Welt. Eine Einleitung in die verstehende Soziologie*, Frankfurt, 1993.

5. Erving Goffman: *Rahmenanalyse*, Frankfurt, 1980, p. 99.

6. Kazimierz Sakowicz foi um jornalista polonês que começou a escrever em 1941 notas meticulosas sobre o assassinato em massa de judeus lituanos. Rachel Margolis e Jim Tobias (org.): *Die geheimen Notizen des K. Sakowicz. Dokumente zur Judenvernichtung in Ponary 1941-1943*, Frankfurt, 2005, p. 53.

7. Erving Goffman: "Rollendistanz", in: Heinz Steinert (org.): *Symbolissche Interaktion*, Stuttgart, 1973, pp. 260-79.

8. Williamson Murray e Allan R. Millet: *A War to be Won. Fighting the Second World War*, Cambridge/Londres, 2001, p. 360.

9. As vacas eram mantidas a maior parte do ano nos estábulos. No curto verão, era preciso empenhar todas as energias e juntar feno bastante para o período em que elas não podiam pastar. É evidente que muita gente desconhecia esses cálculos — diz-se que depois de invernos prolongados as vacas estavam tão desnutridas que não conseguiam sequer andar e tinham que ser arrastadas para o pasto. Jared Diamond: *Kollaps*, Frankfurt, 2005.

10. Ibid.; Harald Welzer: *Klimakriege. Wofür im 21. Jahrhundert getötet wird*, Frankfurt, 2008.

11. Paul Steinberg apud Michaela Christ: *Die Dynamik des Tötens*, Frankfurt, 2011.

12. Norbert Elias: *Was ist Soziologie?*, Munique, 2004.

13. Citado segundo Rolf Schörken: *Luftwaffenhelfer und Drittes Reich. Die Entstehung eines politisches Bewusstseins*, Stuttgart, 1985, p. 144.

14. Raul Hilberg: *Täter, Opfer, Zuschauer. Die Vernichtung der Juden 1933-1945*, Frankfurt, 1992, p. 138.

15. Martin Heinzelmann: *Göttingen im Luftkrieg*, Göttingen, 2003.

16. Anônimo: *Eine Frau in Berlin. Tagebuchaufzeichnungen vom 20. April bis 22. Juni 1945*, Frankfurt, 2003.

17. Norbert Elias: *Studien über die Deutschen*, Frankfurt, 1989.

18. Michel Foucault: *Überwachen und Strafen*, Frankfurt, 1994.

19. Erving Goffman: *Asyle. Über die Situation psychiatrischer Patienten und anderer Insassen*, Frankfurt, 1973.

20. Rolf Schörken relata suas experiências como auxiliar de artilharia antiaérea, com apenas dezesseis anos: "Dentro da ordem de funcionamento dos cursos de formação, no geral, destacava-se mais nas turmas dessa faixa etária quem apresentasse uma boa combinação de inteligência, aptidão física e espírito de camaradagem [...]. Os antípodas, no entanto, por conta de um desenvolvimento prematuro do corpo, ou só pelo fato de serem mais fortes do que os outros, recebiam os cadernos de mão beijada. A inteligência, do jeito que era exigida pela escola, algo mais ou menos como 'boa instrução', tornara-se então antes um defeito do que uma qualidade, e ela era perseguida com deboche e ironia impiedosamente. Quem lesse um livro mais sério ou ouvisse música compenetrado estaria perdido para sempre. [...] Havia uma pressão, uma verdadeira coação de uniformização, que vinha desses novos formadores de opinião. Nenhuma instância de controle conseguia amenizá-la. O fato de nós pertencermos a Wehrmacht só aparentemente era incompatível com a situação. Na verdade, foi justamente esse tipo de formação que permitiu a explosão de todos esses combates". Schörken, *Luftwaffenhelfer und Drittes Reich*.

21. Robert Musil: *Die Verwirrungen des Zöglings Törless*, Reinbeck, 2006; Georges-Arthur Goldschmidt: *Die Befreiung*, Zurique, 2007.

22. Harald Welzer: "Jeder die Gestapo des anderen. Über totale Gruppen", in: Museum Folkwang (org.): *Stadt der Sklaven/Slave City*, Essen, 2008, pp. 177-90.

23. Room Conversation Schlottig — Wertenbruch, 10/08/1944; NARA, RG 165, Entry 179, Box 540.

24. Jean-Claude Pressac: *Die Krematorien von Auschwitz. Die Technik des Massenmordes*, Munique, 1994.

25. Klaus-Michael Mallmann, Volker Riess e Wolfram Pyta (org.): *Deutscher Osten 1939--1945. Der Weltanschauungskrieg in Photos und Texten*, Darmstadt, 2003, p. 120.

26. Hilberg, *Die Vernichtung der europäischen Juden*, Frankfurt, 1990, p. 1080.

27. Hans Joachim Schröder: "Ich hänge hier, weil ich getürmt bin", in: Wolfram Wette (org.): *Der Krieg des kleinen Mannes. Eine Militärgeschichte von unten*, Munique, 1985, pp. 279--94, citado da p. 279.

28. Christopher R. Browning: *Ganz normale Männer. Das Reserve-Polizeibataillon 101 und die "Endlösung" in Polen*, Reinbek, 1996, p. 221.

29. Karl E. Weick und Kathleen M. Sutcliffe: *Das Unerwartete managen. Wie Unternehmen aus Extremsituationen lernen*, Stuttgart, 2003.

30. Joanna Bourke: *An Intimate History of Killing*, Londres, 1999, p. 26.

31. Haus der Wannsee-Konferenz (org.): *Die Wannsee-Konferenz und der Völkermord an den europäischen Juden*, Berlin, 2006, p. 65.

32. Gerhard Paul: *Bilder des Krieges, Krieg der Bilder. Die Visualisierung des modernen Krieges*, Paderborn et al., 2004, p. 236.

33. Alf Lüdtke: "Gewalt und Alltag im 20. Jahrhundert", in: Wolfgang Bergsdorf et al. (org.): *Gewalt und Terror*, Weimar, 2003, pp. 35-52, citado da p. 47.

34. SRM 564, 17/06/1944, TNA, WO 208/4138.

35. Wolfram Wette (org.): *Stille Helden — Judenretter im Dreiländereck während des Zweiten Weltkriegs*, Friburgo/Basileia/Viena, 2005, pp. 215-32.

36. Harald Welzer: *Täter. Wie aus ganz normalen Menschen Massenmörder werden*, Frankfurt, 2005, p. 183.

37. Mallmann, *Deutscher Osten*, p. 28.

38. Browning, *Ganz normale Männer*; Daniel Jonah Goldhagen: *Hitlers willige Vollstrecker. Ganz gewöhnliche Deutsche und der Holocaust*, Munique, 1996.

39. Ibid., p. 288.

40. GRGG 217, 29 a 30/10/1944, TNA, WO 208/4364.

41. Referem-se muito ao resultado segundo o qual mais de 60% das pessoas testadas, consideradas absolutamente normais, mostraram-se capazes de liberar descargas elétricas mortais contra outras cobaias (fictícias). O experimento foi repetido em mais de dez países e os resultados obtidos foram bastante semelhantes. Pouca gente se deu conta, no entanto, de que a cota de obediência baixou significativamente quando a configuração da experiência foi alterada. Isso deixava claro que a proximidade social exerce uma forte influência sobre a predisposição à obediência. Quando a relação muda e "aluno" e "professor" se encontram no mesmo ambiente, ou quando o "professor", para punir o "aluno" por suas respostas incorretas, tem de colocar a mão deste dire-

tamente sobre a placa que transmite os choques, o índice de disposição à obediência cai significativamente (para 40% e 30% respectivamente). A importância da variável "proximidade social" ficou evidente quando a seleção de "professores" e "alunos" para o experimento ocorreu no meio de grupos de amigos, conhecidos ou parentes ("*bring a friend condition*"). Nesses casos o índice de obediência baixou a 15%; além disso, os "desobedientes" interrompiam a experiência muito mais cedo do que os demais, que também acabaram desistindo nas outras situações.

42. Sebastian Haffner: *Geschichte eines Deutschen. Erinnerungen 1914 bis 1933*, Munique, 2002, p. 279.

43. Thomas Kühne: *Kameradschaft: Die Soldaten des nationalsozialistischen Krieges und das 20. Jahrhundert*, Göttingen, 2006, p. 109.

44. Edward A. Shils e Morris Janowitz: "Cohesion and Disintegration in the Wehrmacht in World War II", in: *Public Opinion Quarterly*, ano 12, v. 2, verão de 1948.

45. Willy Peter Reese: *Mir selber seltsam fremd. Die Unmenschlichkeit des Krieges. Russland 1941-44*, Munique, 2003, p. 150.

46. Morton Hunt: *Das Rätsel der Nächstenliebe*, Frankfurt/Nova York, 1988, p. 77.

47. Ibid., p. 158.

48. Citado segundo ibid., p. 77.

O MUNDO DOS SOLDADOS [pp. 49-81]

1. SRN 929, 28/03/1942, TNA, WO 208/4143.

2. Richard J. Evans: *Das Dritte Reich*, 3 v., Munique, 2004, 2007 e 2009; Norbert Frei: *1945 und wir. Das Dritte Reich im Bewusstsein der Deutschen*, Munique, 2005; Wolfgang Benz, Hermann Graml e Hermann Weiss: *Enzyklopädie des Nationalsozialismus*, Munique, 1998; Hans Dieter Schäfer: *Das gespaltene Bewusstsein. Vom Dritten Reich bis zu den langen Fünfziger Jahren*, Göttingen, 2009.

3. Robert N. Proctor: *Racial Hygiene: Medicine under the Nazis*, Cambridge, 1990.

4. Haffner, *Geschichte*, p. 105.

5. Ibid., p. 109.

6. Harald Welzer, Sabine Moller e Karoline Tschuggnall, *"Opa war kein Nazi". Nationalsozialismus und Holocaust im Familiengedächtnis*. Frankfurt, 2002. p. 75.

7. Schäfer, *Das gespaltene Bewusstsein*.

8. Haffner, *Geschichte*, pp. 134 ss.

9. Novamente Sebastian Haffner: "O mais estranho e desencorajador, porém, era o fato de — além do susto inicial — esse primeiro anúncio aberto de uma nova disposição homicida ter desencadeado uma onda de conversas e discussões, mas não sobre os antissemitas, e sim sobre a 'questão judaica'. Uma estratégia que os nazistas passaram a utilizar com bons resultados em relação a muitas outras 'questões'. Quando ameaçavam alguém — um país, um povo, um grupo de pessoas — publicamente de morte, eles conseguiam provocar rapidamente uma discussão geral não sobre o seu próprio direito de vida, mas sobre o do então ameaçado — que era portanto colocado em xeque. Todos se sentiam de repente compelidos e legitimados a formar e expressar uma opinião sobre os judeus". Ibid., pp. 139 ss.

10. Welzer, *Täter*, pp. 161 ss.

11. Perer Longerich: *Davon haben wir nichts gewusst! Die Deutschen und die Judenverfolgung 1933-1945*, Munique, 2006, pp. 25 ss.

12. Saul Friedländer: *Das Dritte Reich und die Juden. Die Jahre der Verfolgung 1933-1945*, Munique, 1998, p. 24.

13. Michael Wildt: *Volksgemeinschaft als Selbstermächtigung. Gewalt gegen Juden in der deutschen Provinz 1919-1939*, Hamburgo, 2007.

14. Peter Longerich: *Politik der Vernichtung. Eine Gesamtdarstellung der nationalsozialistischen Judenverfolgung*, Munique, 1998, p. 578.

15. Raphael Gross: *Anständig geblieben. Nationalsozialistische Moral*, Frankfurt, 2010; Welzer, *Täter*, pp. 48 ss.

16. Gerhard Werle: *Justiz-Strafrecht und deutsche Verbrechensbekämpfung im Dritten Reich*, Berlim/Nova York, 1989.

17. Proctor, *Racial Hygiene*.

18. Robert J. Lifton: *Ärzte im Dritten Reich*, Stuttgart, 1999, p. 36.

19. Friedländer, *Das Dritte Reich*, pp. 49 ss.

20. Alex Bruns-Wüstefeld: *Lohnende Geschäfte. Die "Entjudung" am Beispiel Göttingens*, Hannover, 1997, p. 69.

21. Friedländer, *Das Dritte Reich*, p. 73.

22. Uma estatística da época revela que a média de idade da cúpula do partido era de 34 anos, a do Estado, 44. Cf. Götz Aly: *Hitlers Volksstaat. Raub, Rassenkrieg und nationaler Sozialismus*, Frankfurt, 2005, pp. 12 ss.

23. Ibid., p. 11.

24. Cf. por exemplo Lutz Niethammer e Alexander von Plato, *"Wir kriegen jetzt andere Zeiten"*. Bonn, 1985; Harald Welzer, Robert Montau e Christine Plass, *"Was wir für böse Menschen sind!" Der Nationalsozialismus im Gespräch zwischen den Generationen*. Tübingen, 1997; Welzer, Moller e Tschuggnall, *Opa*; Eric Johnson e Karl-Heinz Reuband, *What We Knew. Terror, Mass Murder and Everyday Life in Nazi Germany*. Londres, 2005. p. 341; Marc Philipp, *Hitler ist tot, aber ich lebe noch. Zeitzeugenerinnerungen an den Nationalsozialismus*. Berlim, 2010.

25. Cf. as anotações já citadas diversas vezes de Sebastian Haffner, os diários de Victor Klemperer e Willy Cohn ou as cartas de Lilly Jahns.

26. Johnson e Reuband, *What we knew*, p. 349.

27. Ibid., p. 357.

28. Ibid., pp. 330 ss.

29. Citado segundo Karl-Heinz Reuband: "Das NS-Regime zwischen Akzeptanz und Ablehnung", in: *Geschichte und Gesellschaft 32* (2006), pp. 315-43.

30. Cf. ibid. A eventual objeção — os mais instruídos teriam uma relação mais aberta com o próprio passado — pode ser respondida com base no *U. S. Strategic Bombing Servey*, que chegou à mesma conclusão quanto à avaliação das consequências psicológicas do bombardeio das cidades alemãs.

31. Johnson e Reuband, *What we knew*, p. 341.

32. Götz Aly (org.): *Volkes Stimme. Skepsis und Führervertrauen im Nationalsozialismus*, Frankfurt, 2006.

33. Schäfer, *Das gespaltene Bewusstsein*, p. 18.
34. Aly, *Volksstaat*, pp. 353 ss.
35. Schäfer, *Das gespaltene Bewusstsein*, p. 18.
36. Ibid., p. 12.
37. Wolfram Wette et al.: *Das Deutsche Reich und der Zweite Weltkrieg*, v. 1, Stuttgart, 1991, pp. 123 ss.
38. Para uma comparação internacional do discurso belicista da metade do século XVIII até o início da Primeira Guerra Mundial, cf. Jörn Leonhard: *Bellizismus und Nation: Kriegsdeutung und Nationsbestimmung in Europa und den Vereinigten Staaten 1750-1914*, Munique, 2008.
39. Elias, *Studien über die Deutschen*, p. 153.
40. Ibid., p. 130.
41. A respeito, recentemente, Stig Förster: "Ein militarisiertes Land? Zur gesellschaftlichen Stellung des Militärs im Deutschen Kaiserreich", in: Bernd Heidenreich e Sönke Neitzel (org.): *Das Deutsche Kaiserreich 1890-1914*, Paderborn, 2011 (no prelo), bem como a tese de doutorado de Niklaus Meier: *Warum Krieg? — Die Sinndeutung des Krieges in der deutschen Militärelite 1871-1945*, Universidade de Zurique, 2009.
42. Ludendorff continuou a divulgar suas ideias mesmo depois da Primeira Guerra Mundial, chegando a publicá-las em 1935, em seu best-seller *Der Totale Krieg*. Sobre Ludendorff, Manfred Nebelin, *Ludendorff: Diktator im Ersten Weltkrieg*, Berlim, 2011.
43. Uma exposição concisa pode ser conferida em Brian K. Feltman: "Death Before Dishonor: The Heldentod Ideal and the Dishonor of Surrender on the Western Front, 1914-1918", manuscrito da conferência de 10/09/2010, Universidade de Berna. Cf. Isabel V. Hull: *Absolute Destruction: Military Culture and the Practices of War in Imperial Germany*, Ithaca 2005; Alan Kramer: *Dynamic of Destruction: Culture and Mass Killing in the First World War*, Oxford, 2007; Alexander Watson: *Enduring the Great War: Combat, Morale and Collapse in the German and the British Armies, 1914-1918*, Nova York, 2008.
44. Ibid., p. 3. A ideia de se combater até o último cartucho desempenhou um importante papel ao longo de todo o século XIX. Basta recordar o quadro *Les dernières cartouches*, de Alphonse de Neuville, de 1873. Convertendo-a num feito heroico, a tela retrata a defesa do albergue Bourgerie, no vilarejo de Bazeilles, nos arredores de Sedan, e foi exibida por toda a França com enorme sucesso.
45. Rüdiger Bergien: *Die bellizistische Republik. Wehrkonsens und "Wehrhaftmachung" in Deutschland 1918-1933*, Munique, 2010. Sobre o contexto internacional, Stig Förster (org.): *An der Schwelle zum Totalen Krieg. Die militärische Debatte um den Krieg der Zukunft, 1919-1939*, Paderborn, 2002.
46. Hans-Ulrich Wehler: *Deutsche Gesellschaftsgeschichte*, v. 4, Munique, 2003, pp. 423 ss.
47. Jürgen Förster: "Geistige Kriegführung in Deutschland 1919 bis 1945", in: Militärgeschichtliches Forschungsamt (org.): *Das Deutsche Reich und der Zweite Weltkrieg*, v. 9/1, Munique, 2004, p. 472.
48. Wette et al., *Das Deutsche Reich*, v. 1, p. 40. Cf. também Matthias Sprenger: *Landsknechte auf dem Weg ins Dritte Reich? Zu Genese und Wandel des Freikorpsmythos*, Paderborn, 2008.
49. Wette et al., *Das Deutsche Reich*, v. 1, p. 79.
50. Ibid., p. 93.

51. Cf. ibid., p. 95.

52. Sabine Behrenbeck: "Zwischen Trauer und Heroisierung. Vom Umgang mit Kriegstod und Niederlage nach 1918", in: Jörg Duppler e Gerhard P. Gross (org.): *Kriegsende 1918. Ereignis, Wirkung, Nachwirkung*, Munique, 1999, pp. 336 ss.

53. Förster, *Das Deutsche Reich*, v. 9/1, p. 474. Sua ideia de uma guerra popular, entretanto, colocava-o numa posição isolada dentro da Reichswehr. Gil-il Vardi: "Joachim von Stülpnagel's Military Thought and Planning", in: *War in History*, 17 (2010), pp. 193-216.

54. Johannes Hürter: *Wilhelm Groener. Reichswehrminister am Ende der Weimarer Republik*, Munique, 1993, pp. 139-49, 282-306, 309-28.

55. Karl Demeter: *Das Deutsche Offizierskorps 1650-1945*, Frankfurt, 1965, p. 328.

56. Cf. também Christian Kehrt: *Moderne Kriege. Die Technikerfahrungen deutscher Militärpiloten 1910-1945*, Paderborn, 2010, p. 228.

57. Hans Meier-Welcker (org.), *Offiziere im Bild von Dokumenten aus drei Jahrhunderten*, Stuttgart, 1964, Dokument 107, p. 275.

58. Förster, *Das Deutsche Reich*, v. 9/1, p. 555.

59. Citado segundo ibid., p. 551.

60. Sönke Neitzel: *Abgehört. Deutsche Generäle in britischer Kriegsgefangenschaft 1942-1945*, Berlim, 2005 (citado segundo a 4. ed. de 2009), p. 452.

61. Ibid., p. 456.

62. Ibid., p. 435.

63. Ibid., p. 449.

64. Ibid., p. 472.

65. Ibid., p. 478.

66. Ibid., p. 449.

67. Ibid., p. 440.

68. Ibid., p. 433.

69. Ibid., p. 453.

70. Assim, por exemplo, o coronel Walter Steuber, BA/MA, Pers 6/6670.

71. Coronel Ulrich von Heydebrand und der Lasa, BA/MA, Pers 6/9017.

72. Neitzel, *Abgehört*, p. 457.

73. BA/MA, Pers 6/770. Uma avaliação similar a Freiherr von Adrian-Werburg, 02/09/1943, BA/MA, Pers 6/10239.

74. Neitzel, *Abgehört*, p. 442.

75. Ibid., p. 466.

76. Ibid., p. 468.

77. BA/MA, Pers 6/6410.

78. Neitzel, *Abgehört*, p. 462.

79. Citado segundo Förster, *Das Deutsche Reich*, v. 9/1, p. 554. Sobre Dönitz, cf. Dieter Hartwig: *Grossadmiral Karl Dönitz. Legende und Wirklichkeit*, Paderborn, 2010.

80. Relatório Schmundt, 24-25/6/43, p. 75.

81. Por exemplo os generais Friedrich Freiherr von Broich ou Walter Bruns. Neitzel, *Abgehört*, pp. 432, 434.

82. Ibid., pp. 449, 445.

83. Förster, *Das Deutsche Reich*, v. 9/1, p. 580.

84. Heribert van Haupt: "Der Heldenkampf der deutschen Infanterie vor Moskau", in: *Deutsche Allgemeine Zeitung*, edição de Berlim, n. 28 (edição vespertina), de 16/01/1942, p. 2.

85. Rudolf Stephan, "Das politische Gesicht des Soldaten", *Deutsche Allgemeine Zeitung*, edição de Berlim, n. 566 (edição vespertina), p. 2., 26/11/1942.

86. Hubert Hohlweck, "Soldat und Politik", *Deutsche Allgemeine Zeitung*, edição de Berlim, n. 543, pp. 1 ss., 13/11/1943.

87. Erich Murawski, *Der deutsche Wehrmachtbericht*, Boppard, 1962, por exemplo, 21/07/1944, p. 202; 03/08/1944, p. 219; 04/08/1944, p. 222; 19/08/1944, p. 241, 02/11/1944, p. 349; 03/11/1944, p. 351. Sobre a "resistência de sacrifício", cf. 03/11/1944, p. 350, sobre o "desejo fanático de combater" da Waffen-SS, cf. 27/02/1945, p. 495; 30/03/45, p. 544.

88. Por exemplo, a instrução n. 2, de 28/01/43, in: Walter Hubatsch (Org.), *Hitlers Weisungen für die Kriegsführung 1939-1945. Dokumente des Oberkommandos der Wehrmacht*, Uttingen, 2000, p. 242.

89. Johannes Hürter, *Hitlers Heerführer. Die deutschen Oberbefehlshaber im Krieg gegen die Sowjetunion 1941/42*, Munique, 2007, p. 71.

90. Diferentemente do que aconteceu na Primeira Guerra Mundial, na Segunda, a Grã-Cruz não teve nenhuma importância como distinção de valentia. Apesar de constar do regulamento da comenda que Hitler desejava outorgá-la pelos feitos decisivos durante as ações de combate, ela apenas foi concedida ao marechal do Reich, Hermann Göring. Foi a forma encontrada para destacar a sua posição no Estado, de segundo homem, o sucessor do Führer. Cogitou-se também outorgá-la a Heinrich Himmler, no período em que esteve no comando do grupo de Exército "Weichsel" [Vístula]. Mas, como ele fracassou em sua missão, a comenda não chegou a ser concedida. A Grã-Cruz permaneceu, assim, durante toda a Segunda Guerra, uma distinção para líderes do Partido Nazista que desempenhavam funções militares.

91. As diretrizes para a concessão da Cruz de Cavaleiro da Cruz de Ferro encontram-se reproduzidas em Gerhard von Seemen, *Die Ritterkreuzträger 1939-1945*. Friedberg, s/d. pp. 390 ss.

92. Uma estatística precisa encontra-se disponível em <www.ritterkreuztraeger-1939-45. de/Sonstiges/Statistiken/Statistiken-Startseite.htm>.

93. Das 182 vc concedidas durante a Segunda Guerra, 83 (45%) foram póstumas.

94. Segundo nossos próprios cálculos a partir de diversas fontes.

95. Manfred Dörr, *Die Träger der Nahkampfspange in Gold. Heer. Luftwaffe. Waffen-SS*. Osnabrück, 1996, p. XVIII.

96. Christoph Rass, *"Menschenmaterial": Deutsche Soldaten an der Ostfront. Innenansichten einer Infanteriedivision 1939-1945*, Paderborn, 2003, pp. 259 ss. Cf. também Christian Hartmann, *Wehrmacht im Ostkrieg. Front und militärisches Hinterland 1941/42*, Munique, 2009, pp. 189-201.

97. Sobre alguns desses casos que também levaram a condenações, cf. Rass, *"Menschenmaterial"*, pp. 256-8.

98. Adrian Wettstein, *"Dieser unheimliche, grausame Krieg". Die Wehrmacht im Stadtkampf, 1939-1942*. Berna, 2010. Tese de doutorado, pp. 221 ss.

99. René Schilling, *"Kriegshelden". Deutungsmuster heroischer Männlichkeit in Deutschland 1813-1945*, Paderborn et al., 2002, pp. 316-72.

100. Hartmann, *Wehrmacht im Ostkrieg*, p. 198.

101. Cf. Ralph Winkle: *Der Dank des Vaterlandes. Eine Symbolgeschichte des Eisernen Kreuzes 1914 bis 1936*. Essen, 2007, pp. 345 ss.

LUTAR, MATAR E MORRER [pp. 83-384]

1. SRA 177, 17/07/1940, TNA, WO 208/4118.
2. Isso fica evidente com a discussão em torno do decreto sobre jurisdição de guerra, de 13/05/1941. Felix Römer, "'Im alten Deutschland wäre ein solcher Befehl nicht möglich gewesen'. Rezeption, Adaption und Umsetzung des Kriegsgerichtsbarkeitserlasses im Ostheer 1941/42", *VfZG*, n. 56, pp. 53-99, 2008.
3. James Waller, *Becoming evil. How ordinary people commit genocide and mass killing*. Oxford, 2002.
4. SRA 75, 30/04/1940, TNA, WO 208/4117.
5. Ibid.
6. Ibid.
7. Ibid.
8. Ibid.
9. Sobre isso, Jochen Böhler, *Auftakt zum Vernichtungskrieg. Die Wehrmacht in Polen 1939*. Frankfurt, 2006.
10. Jan Philipp Reemtsma, *Vertrauen und Gewalt. Versuch über eine besondere Konstellation der Moderne*. Hamburgo, 2008.
11. Harald Welzer, *Verweilen beim Grauen*. Tübingen, 1998.
12. Mary Kaldor, *New and Old Wars: Organised Violence in a Global Era*. Cambridge, 2006; Herfried Münkler, *Über den Krieg. Stationen der Kriegsgeschichte im Spiegel ihrer theoretischen Reflexion*. Weilerswist, 2003.
13. Nesse contexto, uma obra especialmente importante, reimpressa em inúmeras edições, é a de Johanna Haarer, publicada pela primeira vez em 1934 sob o título *Die deutsche Mutter und ihr erstes Kind* [A mãe alemã e o seu primeiro filho]. Depois da guerra, a partir de 1949, as edições passaram a omitir a adjetivação "alemã" de sua capa, mas o livro em si, agora higienizado, não deixaria de ser um dos guias mais vendidos e consultados do país.
14. SRA 3616, 31/01/1943, TNA, WO 208/4129.
15. Böhler, *Auftakt*, pp. 181 ss.
16. Ibid., pp. 185.
17. Cf. Kehrt, *Moderne Krieger*, pp. 403-7.
18. Donald E. Polkinghorne, "Narrative Psychologie und Geschichtsbewusstsein. Beziehungen und Perspektiven". In: Straub, Jürgen (org.), *Erzählung, Identität und historisches Bewußtsein. Die psychologische Konstruktion von Zeit und Geschichte. Erinnerung, Geschichte, Identität* I. Frankfurt, 1998, pp. 12-45. Cf. também o excelente estudo de Stefanie Schüler-Springorum, *Krieg und Fliegen. Die Legion Condor im Spanischen Bürgerkrieg*. Paderborn, 2010, pp. 159-70, 176-80.
19. Svenja Goltermann, *Die Gesellschaft der Überlebenden: Deutsche Kriegsheimkehrer und ihre Gewalterfahrungen im Zweiten Weltkrieg*. Stuttgart. 2009.

20. SRA 2642, 15/06/1942, TNA, WO 208/4126.

21. SRA 3536, 09/01/1943, TNA, WO 208/4129.

22. SRA 5538, 30/07/1944, TNA, WO 208/4134. O relato se refere à missão "Vercors", de 21 de julho até o início de agosto de 1944, cf. Peter Lieb, *Konventioneller Krieg oder NS--Weltanschauungskrieg? Kriegführung und Partisanenbekämpfung in Frankreich 1943/44*. Munique, 2007, pp. 339-50.

23. Os balões de bloqueio eram içados para prevenir os ataques aéreos.

24. SRA 1473, 01/04/1941, TNA, WO 208/4123.

25. SRA 180, 18/07/1940, TNA, WO 208/4118. Esse relato remonta à notícia (falsa) de um piloto de *Stuka* que afirmava ter afundado um couraçado britânico com uma bomba de 250 quilos — trata-se de mais um exagero típico desse período da guerra. Sönke Neitzel, *Der Einsatz der deutschen Luftwaffe über dem Atlantik und der Nordsee, 1939-1945*. Bonn, 1995, p. 40.

26. SRA 620, 26/09/1940, TNA, WO 208/4119.

27. SRA 3849, 18/03/1943, TNA, WO 208/4129.

28. SRA 623, 26/09/1940, TNA, WO 208/4119.

29. SRA 2600, 08/06/1942, TNA, WO 208/4126.

30. Klaus A. Maier et al., *Das Deutsche Reich und der Zweite Weltkrieg*. Stuttgart, 1979, v. 2, p. 408.

31. SRA 2600, 08/06/1942, TNA, WO 208/4126.

32. Paul, *Bilder des Krieges, Krieg der Bilder*, p. 238.

33. SRA 2636, 15/06/1942, TNA, WO 208/4126.

34. Ibid.

35. SRA 2678, 19/06/1942, TNA, WO 208/4126.

36. SRA 3774, 06/03/1943, TNA, WO 208/4129.

37. SRA 3983, 06/05/1944, TNA, WO 208/4130.

38. SRA 828, 26/10/1940, TNA, WO 208/4120.

39. SRA 3691, 22/02/1943, TNA, WO 208/4129.

40. Apesar disso, não houve um front sequer onde não foram "abatidos" pilotos saltando de paraquedas. Casos desse tipo foram especialmente frequentes na fase mais avançada da batalha aérea sobre a Alemanha, quando caças americanos mataram pelo menos cem pilotos alemães. Klaus Schmider, "'The Last of the First': Veterans of the Jagdwaffe tell their story", *Journal of Military History*, n. 73, pp. 246-50, 2009. Cf. ainda SRA 450, 04/09/1940, TNA, WO 208/4119; SRA 5460, 16/07/1944, TNA, WO 208/4134.

41. SRX 1657, 17/03/1943, TNA, WO 208/4162.

42. Ernst Jünger, *Kriegstagebuch 1914-1918*, org. de Helmuth Kiesel, Stuttgart, 2010, p. 222.

43. SRA 4212, 17/07/1943, TNA, WO 208/4130.

44. A respeito do contexto das operações de destruição sobre o golfo de Biscaia, em cujo transcurso, mais precisamente no dia 1º de junho de 1943, se derrubaria a aeronave em que se encontrava Leslie Howard, ver Neitzel, *Einsatz der deutschen Luftwaffe*, pp. 193-203.

45. SRX 2080, 07/01/1945, TNA, WO 208/4164.

46. *Befehlshaber der U-Boote* [Comandante-geral do grupo de submarinos]

47. SRX 179, 13/03/1941, TNA, WO 208/4158.

48. Room Conversation Kneipp-Kerle, 22/10/1944; NARA, RG 165, Entry 179, Box 498.

49. SRN 2023, 28/07/1943, TNA, WO 208/4146. Já não é mais possível identificar a que afundamento o cabo da Marinha se refere aqui.

50. SRN 1758, 06/05/1943, TNA, WO 208/4145.

51. SRN 322, 15/05/1941, TNA, WO 208/4142.

52. SRX 120, 23/07/1940, TNA, WO 208/4158. Scheringer relata o ataque ao comboio OA 175, em 1º de julho de 1940. Nessa incursão contra o inimigo, sua última, ele atingiu quatro navios com 16 mil TRB.

53. Michael Salewski, *Die deutsche Seekriegsleitung*. Munique, 1975, v. 2; Werner Rahn et al., *Das Deutsche Reich und der Zweite Weltkrieg*. Stuttgart, 1990, v. 6.

54. SRN 626, 09/08/1941, TNA, WO 208/4143.

55. Trata-se do segundo-oficial de guarda do submarino U 55, o primeiro-tenente da Marinha Fritz Huttel.

56. SRX 34, 10/02/1940, TNA, WO 208/4158.

57. KTB SKL, seção A, 06/01/1940, S. 37, BA-MA, RM 7/8.

58. SRX 34, 10/02/1940, TNA, WO 208/4158.

59. Stephen W. Roskill, *Royal Navy. Britische Seekriegsgeschichte 1939-1945*. Hamburgo, 1961, pp. 402 ss.

60. Cf. por exemplo Roger Chickering e Stig Förster, "Are We There Yet? World War II and the Theory of Total War". In: Roger Chickering, Stig Förster e Bernd Greiner (Orgs.), *A World at Total War. Global Conflict and the Politics of Destruction 1937-1945*. Cambridge, 2005, pp. 1-18.

61. Sobre o assunto, cf. o estudo detalhado, com uma comparação internacional, de Stig Förster (Org.), *An der Schwelle zum Totalen Krieg. Die militärische Debatte über den Krieg der Zukunft, 1919-1939,* Paderborn, 2002.

62. Cf. também Adam Roberts, "Land Warfare: From Hague to Nuremberg". In: Michael Howard, George J. Andresopoulos e Mark R. Shulman (Orgs.), *The Laws of War. Constraints on Warfare in the Western World*. New Haven; Londres, 1994, pp. 116-39.

63. Citado segundo Bourke, *Intimate History*, p. 182, a tradução é nossa.

64. SRGG 560, 14/11/1943, TNA, WO 208/4167.

65. Esse ponto também foi reconhecido, imediatamente após a guerra, por dois juristas americanos especializados em direito de guerra. Apenas "*political and military, rather than legal, considerations*" [considerações políticas e militares, e não legais] seriam capazes de forçar os alemães a se comportarem de uma forma mais contida. Cf. Lester Nurick e Roger W. Barrett, "Legality of Guerrilla Forces under the Laws of War", *American Journal of International Law*, n. 40, pp. 563-83, 1946. Sua exposição, além de muito próxima dos fatos, é ainda mais importante, porque os dois juristas também foram oficiais do Exército dos Estados Unidos: certamente nenhum motivo de simpatia poderia distorcer sua apresentação do Terceiro Reich, caído havia pouco mais de um ano. Agradecemos essas informações a Klaus Schmider, de Sandhurst.

66. Sobre essa discussão, cf. Lieb, *Konventioneller Krieg*, pp. 253-7. Cf. também Jörn Axel Kämmerer. "Kriegsrepressalie oder Kriegsverbrechen? Zur rechtlichen Beurteilung der Massenexekutionen von Zivilisten durch die deutsche Besatzungsmacht im Zweiten Weltkrieg", *Archiv des Völkerrechts*, n. 37, pp. 283-317, 1999.

67. SRA 3444, 28/12/1942, TNA, WO 208/4128.

68. Harry Hoppe (11/02/1894 a 23/08/1969), comandante do Regimento 424 da 126ª Divisão de Infantaria, recebeu a Cruz de Cavaleiro em 12/09/1941 pela conquista de Schlüsselburg.

69. Room Conversation Kneipp-Kerle, 23/10/1944; NARA, RG 165, Entry 179, Box 498. Sabemos que em 1941 Franz Kneipp serviu na Divisão de Polícia da SS. Eberhard Kerle era rádio-operador, mas não há quaisquer documentos que forneçam maiores informações sobre o seu currículo.

70. Ibid.

71. SRA 818, 25/10/1940, TNA, WO 208/4120.

72. SRA 4758, 24/12/1943, TNA, WO 208/4132.

73. SRA 5643, 13/10/1944, TNA, WO 208/4135.

74. SRA 5643, 13/10/1944, TNA, WO 208/4135.

75. Welzer, *Täter*, p. 161.

76. Herbert Jäger, *Verbrechen unter totalitärer Herrschaft. Studien zur nationalsozialistischen Gewaltkriminalität*. Frankfurt, 1982.

77. SRX 2056, 14/11/1944, TNA, WO 208/4164.

78. SRA 5628, 28/09/1944, TNA, WO 208/4135.

79. SRA 5454, 08/07/1944, TNA, WO 208/4134.

80. SRX 2072, 19/12/1944, TNA, WO 208/4164.

81. Carlo Gentile, *Wehrmacht, Waffen-SS und Polizei im Kampf gegen Partisanen und Zivilbevölkerung in Italien 1943-1945*. Paderborn, 2011.

82. Lieb, *Konventioneller Krieg*, p. 574.

83. SRA 5522, 25/07/1944, TNA, WO 208/4134.

84. SRA 5664, 30/11/1944, TNA, WO 208/4135.

85. O tenente Calley, por exemplo, que foi condenado à prisão perpétua (pena que logo depois foi suspensa) por sua participação no massacre de My Lai, não hesitava um só instante em considerar categoricamente como inimigos mesmo crianças e recém-nascidos: "Os velhos, as mulheres, as crianças — os nenês —, todos eram vietcongues ou se tornariam vietcongues em no máximo três anos. E dentro das mulheres vietcongues já havia milhares de vietconguezinhos". Cf. Bourke, *Intimate History*, p. 175.

86. SRA 2957, 09/08/1942, TNA, WO 208/4127.

87. Jochen Oltmer (Org.), *Kriegsgefangene im Europa des Ersten Weltkrieges*. Paderborn, 2006, p. 11.

88. Georg Wurzer, "Die Erfahrung der Extreme. Kriegsgefangene in Russland 1914-1918". In: Oltmer, *Kriegsgefangene im Europa des Ersten Weltkrieges*, p. 108.

89. Christian Streit, *Keine Kameraden. Die Wehrmacht und die sowjetischen Kriegsgefangenen 1941-1945*. Stuttgart, 1980; Alfred Streim, *Sowjetische Gefangene in Hitlers Vernichtungskrieg. Berichte und Dokumente*. Heidelberg, 1982; Rüdiger Overmans, "Die Kriegsgefangenenpolitik des Deutschen Reiches 1939 bis 1945". In: Militärgeschichtliches Forschungsamt (Org.), *Das Deutsche Reich und der Zweite Weltkrieg*. Munique, 2005. v. 9/2. pp. 729-875, especialmente pp. 804-24.

90. Citado segundo Felix Römer, "'Seid hart und unerbittlich...' Gefangenenerschiessung und Gewalteskalation im deutsch-sowjetischen Krieg 1941/42". In: Sönke Neitzel e Daniel

Hohrath (Orgs.), *Kriegsgreuel. Die Entgrenzung der Gewalt in kriegerischen Konflikten vom Mittelalter bis ins 20. Jahrhundert*. Paderborn: F. Schöningh, 2008, p. 327.

91. Ibid., p. 319.

92. SRM 599, 25/06/1944, TNA, WO 208/4138. Cf. também SRA 2671, 19/06/1942, TNA, WO 208/4126; SRA 2957, 29/08/1942, TNA, WO 208/4127; SRX 1122, 22/09/1942, TNA, WO 208/4161.

93. Hartmann, *Wehrmacht im Ostkrieg*, pp. 542-9.

94. Johannes Hürter, *Ein deutscher General an der Ostfront. Die Briefe und Tagebücher des Gotthard Heinrici 1941/42*. Erfurt, 2001.

95. SRM 1023, 15/11/1944, TNA, WO 208/4139.

96. Dieter Pohl, *Die Herrschaft der Wehrmacht. Deutsche Militärbesatzung und einheimische Bevölkerung in der Sowjetunion 1941-1944*. Munique, 2008, p. 205; Hartmann, *Wehrmacht im Ostkrieg*, pp. 523-6.

97. SRM 49, 24/02/1942, TNA, WO 208/4136.

98. Há um relato sobre o fuzilamento de 180 prisioneiros russos simplesmente porque faltavam meios para o seu deslocamento: SRA 2605, 10/06/1942, TNA, WO 208/4126.

99. SRX 2139, 28/04/1945, TNA, WO 208/4164. Walter Schreiber, nascido em 15/07/1924, em Grossaming (Steyr Land), ingressou na Waffen-SS em 1942 e lutou, entre outras unidades, na "Leibstandarte Adolf Hitler" na primavera de 1943, na região da Carcóvia. Provavelmente a história remonta a algum acontecimento desse período. Esse nazista convicto entrou para um comando de nadadores de combate em julho de 1944. Foi capturado em 7 de março de 1945, durante um ataque contra a ponte de Remagen. Michael Jung, *Sabotage unter Wasser. Die deutschen Kampfschwimmer im Zweiten Weltkrieg*. Hamburgo, 2004, p. 74.

100. SRA 4273, 14/08/1943, TNA, WO 208/4130; cf. Room Conversation Müller-Reimbold, 22/03/1945; NARA, RG 165, Entry 179, Box 530.

101. SRA 2957, 09/08/1942, TNA, WO 208/4127. Cf. SRA 5681, 21/12/1944, TNA, WO 208/4135.

102. SRA 5681, 21/12/1944, TNA, WO 208/4135; SRA 4742, 20/12/1943, TNA, WO 208/4132; SRA 2618, 11/06/1942, TNA, WO 208/4126.

103. Transliteração oficial "Vyaz'ma", em alemão "Wjasma".

104. GRGG 169, 02/08 A 04/08/1944, TNA, WO 208/4363.

105. Christian Hartmann, "Massensterben oder Massenvernichtung? Sowjetische Kriegsgefangene im 'Unternehmen Barbarossa'. Aus dem Tagebuch eines deutschen Lagerkommandanten", *VfZG*, n. 49, pp. 97-158, 2001; *"Erschießen will ich nicht". Als Offizier und Christ im Totalen Krieg. Das Kriegstagebuch des Dr. August Töpperwien*. Düsseldorf, 2006; Richard Germann, "Österreichische" Soldaten in Ost- und Südeuropa 1941-1945. *Deutsche Krieger — Nationalsozialistische Verbrecher — Österreichische Opfer?* Universidade de Viena, 2006. Tese de doutorado inédita, pp. 186-99.

106. SRA 2672, 19/06/1942, TNA, WO 208/4126.

107. Ibid.

108. SRM 735, 01/08/1944, TNA, WO 208/4138. Cf. também SRA 5681, 21/12/1944, TNA, WO 208/4135.

109. SRA 4791, 06/01/1944, TNA, WO 208/4132.

110. Room Conversation Krug-Altvatter, 27/08/1944; NARA, RG 165, Entry 179, Box 442.

111. Interrogation Report, Gefreiter Hans Breuer, 18/02/1944; NARA, RG 165, Entry 179, Box 454.

112. Cf. por exemplo SRA 2672, 19/06/1942, TNA, WO 208/4126; SRA 5502, 21/07/1944, TNA, WO 208/4134; SRGG 274, 22/07/1943, TNA, WO 208/4165; SRGG 577, 21/11/1943, TNA, WO 208/4167; Room Conversation Lehnertz-Langfeld, 14/08/1944; NARA, RG 165, Entry 179, Box 507; Room Conversation Gartz-Sitzle, 27/07/1944; NARA, RG 165, Entry 179, Box 548.

113. SRGG 1203 (C), 06/05/1945, TNA, WO 208/4170.

114. SRA 3966, 26/04/1943, TNA, WO 208/4130.

115. Ibid.

116. Na noite de 25 para 26 de julho de 1943, toda a população judaica de Przemyśl foi expulsa de suas casas pela SS e depois reunida em praça pública. Cerca de cinco horas da manhã, o comandante local, Max Liedtke, telefonou para o SS-Untersturmführer Adolf Benthin e insistiu que ao menos os homens judeus que trabalhavam para a Wehrmacht deveriam ser excluídos da deportação. Ameaçou queixar-se ao Estado-Maior, a quem já havia informado por rádio a respeito dos acontecimentos. Sem esperar pela reação do Estado-Maior a esse comunicado, seu ajudante, Albert Battel, bloqueou o único acesso ao gueto judaico, ameaçando disparar as metralhadoras contra a SS se esta tentasse adentrar o local. A justificativa de Bettel era que se havia decretado estado de sítio sobre Przemyśl. Se do ponto de vista jurídico sua posição era irrepreensível, do ponto de vista prático representava para a SS uma humilhação e uma nítida provocação. Ela recorreu então a um representante bem graduado de Cracóvia, que deveria tentar a suspensão do bloqueio junto ao comando-maior. E como numa situação assim tensa era por demais previsível que a SS conseguisse se impor, Battel, ainda durante o bloqueio, tratou de abrigar aproximadamente noventa trabalhadores com suas famílias no quartel-general. Ele ainda mandou buscar mais 240 pessoas e as escondeu no porão do quartel. Battel e Liedtke tinham feito uma análise bastante acertada da situação. O bloqueio foi de fato suspenso e, no dia 27 de julho, a chamada "ação de reassentamento" pôde ser então retomada.

117. Wolfram Wette, *Retter in Uniform. Handlungsspielräume im Vernichtungskrieg der Wehrmacht*. Frankfurt, 2003.

118. Em três fases — julho, agosto e novembro de 1941 —, cerca de 1400 judeus foram mortos em Daugavpils. *Enzyklopädie des Holocaust*, Israel Gutman (org. principal), Eberhard Jäckel, Peter Longerich e Julius H. Schoeps (Orgs.), v. 1, p. 375.

119. SRGG 1086, 28/12/1944, TNA, WO 208/4169.

120. Frank Bajohr e Dieter Pohl, *Der Holocaust als offenes Geheimnis. Die Deutschen, die NS-Führung und die Alliierten*. Munique, 2006; Peter Longerich. *"Davon haben wir nichts gewusst!" Die Deutschen und die Judenverfolgung 1933-1945*. Munique, 2006; Harald Welzer, "Die Deutschen und ihr Drittes Reich", *Aus Politik und Zeitgeschichte (APuZ)*, n. 14/15, 2007.

121. Meschems, hoje, é um bairro de Daugavpils

122. SRGG 1086, 28/12/1944, TNA, WO 208/4169.

123. Ibid.

124. Cf. Welzer, Moller e Tschuggnall, *Opa*, pp. 35 ss.; Angela Keppler, *Tischgespräche*. Frankfurt, 1994. p. 173.

125. SRGG 1086, 28/12/1944, TNA, WO 208/4169.

126. Ibid.

127. Ibid.
128. Ibid.
129. Ibid.
130. Ibid.

131. Em virtude dos documentos disponíveis e das inúmeras manifestações nos protocolos das escutas, a trajetória de Hans Felbert no Terceiro Reich pode ser muito bem reconstruída. Logo em 3 de junho de 1940 ele seria destituído do posto de comandante de regimento, por não liderar suas tropas contra os inimigos com a "dureza" necessária. A partir de junho de 1942, assumiu a função de comandante de campo em Besançon, onde enfrentaria uma série de atritos com o SD. Entretanto, não conseguiu evitar a execução de 42 guerrilheiros condenados à morte. Felbert capitulou diante de unidades francesas durante a retirada de seu grupo de marcha. Hitler então o condenou à morte, à revelia, e sua família foi responsabilizada em seu lugar. O serviço de informação britânico o considerava um opositor ferrenho do nazismo. Neitzel, *Abgehört*, p. 443. Sobre Bruns, que participou da conspiração contra Hitler, chegando a ocupar o palácio da Cidade de Berlim em 20 de julho de 1944 e a se sentar no banco das testemunhas durante o Julgamento de Nuremberg, Neitzel, *Abgehört*, p. 434.

132. SRGG 1086, 28/12/1944, TNA, WO 208/4169.

133. SRGG 1086, 28/12/1944, TNA, WO 208/4169.

134. Krakau-Płaszów foi construído em 1942 como campo de trabalho forçado e convertido em 1944 em campo de concentração. No verão de 1944, durante a estada de Kittel na cidade, havia ali entre 22 mil e 24 mil internos. Cerca de 8 mil pessoas morreram nesse campo. Israel Gutman (Org.), *Enzyklopädie des Holocaust: die Verfolgung und Ermordung der europäischen Juden*. Berlin, 1993, v. 2, pp. 118 ss.

135. SRGG 1086, 28/12/1944, TNA, WO 208/4169.

136. GRGG 265, 27/02 a 01/03/1945, TNA, WO 208/4177.

137. Frederic Bartlett, *Remembering. A Study in Experimental and Social Psychology*. Cambridge, 1997; Harald Welzer, *Das kommunikative Gedächtnis. Eine Theorie der Erinnerung*. Munique, 2002.

138. SRGG 1158 (C), 25/04/1945, TNA, WO 208/4169.

139. Esse caráter cadenciado também é confirmado pelas declarações dos autores no âmbito das investigações do Ministério Público. Cf. Welzer, *Täter*, p. 140.

140. Jürgen Matthäus, "Operation Barbarossa and the Onset of the Holocaust". In: Jürgen Matthäus e Christopher Browning, *The Origines of the Final Solution: The Evolution of Nazi Jewish Policy, September 1939-March 1942*. Lincoln/Jerusalém, 2004, pp. 244-309.

141. Cf. Welzer, Moller e Tschuggnall, *Opa*, p. 57.

142. A indicação é de Peter Klein.

143. Cf. por exemplo Andrej Angrick, *Besatzungspolitik und Massenmord. Die Einsatzgruppe D in der südlichen Sowjetunion 1941-1943*. Hamburgo, 2003; Andrej Angrick, Martina Voigt, Silke Ammerschubert e Peter Klein, "'Da hätte man schon ein Tagebuch führen müssen.' Das Polizeibataillon 322 und die Judenmorde im Bereich der Heeresgruppe Mitte während des Sommers und Herbstes 1941". In: Helge Grabitz et al. (Org.), *Die Normalität des Verbrechens. Bilanz und Perspektiven der Forschung zu den nationalsozialistischen Gewaltverbrechen*. Berlin, 1994, pp. 325-85; Vincas Bartusevicius, Joachim Tauber e Wolfram Wette (Orgs.), *Holocaust in Litauen*.

Krieg, Judenmorde und Kollaboration. Colônia, 2003; Ruth Bettina Birn, *Die Höheren SS- und Polizeiführer. Himmlers Vertreter im Reich und in den besetzten Gebieten*. Düsseldorf, 1986; Peter Klein (Org.), *Die Einsatzgruppen in der besetzten Sowjetunion 1941/42. Tätigkeits- und Lageberichte des Chefs der Sicherheitspolizei und des SD*. Berlim, 1997; Helmut Krausnick e Hans--Heinrich Wilhelm, *Die Truppe des Weltanschauungskrieges. Die Einsatzgruppen der Sicherheitspolizei und des SD 1938-1942*. Stuttgart, 1981; Konrad Kwiet, "Auftakt zum Holocaust. Ein Polizeibataillon im Osteinsatz". In: Wolfgang Benz et al. (Org.), *Der Nationalsozialismus. Studien zur Ideologie und Herrschaft*. Frankfurt, 1995, pp. 191-208; Ralf Ogorreck, *Die Einsatzgruppen und die "Genesis der Endlösung"*. Berlim, 1994.

144. SRA 2961, 12/08/1942, TNA, WO 208/4127.

145. SRA 4583, 21/10/1943, TNA, WO 208/4131.

146. SRN 2528, 19/12/1943, TNA, WO 208/4148.

147. SRM 30, 27/01/1942, TNA, WO 208/4136.

148. SRA 3379, 08/12/1942, TNA, WO 208/4128.

149. Pouco antes de encerrar suas anotações autobiográficas, Höss tira a seguinte conclusão: "Hoje eu também percebo que o extermínio dos judeus foi um equívoco, um equívoco absoluto. Pois justo esse extermínio em massa despertou o ódio de todo o mundo contra a Alemanha. Ele não contribuiu em nada para o antissemitismo, pelo contrário, pelo contrário, com isso o judaísmo chegou muito mais perto de atingir o seu maior objetivo". Martin Broszat (Org.), *Rudolf Höss. Kommandant in Auschwitz. Autobiographische Aufzeichnungen des Rudolf Höss*. Munique, 1989, p. 153.

150. Hannah Arendt, *Eichmann in Jerusalem. Ein Bericht von der Banalität des Bösen*, Leipzig, 1986.

151. Browning, *Ganz normale Männer*, p. 243.

152. Lifton, *Ärzte*.

153. SRA 4604, 27/10/1943, TNA, WO 208/4131.

154. Arendt, *Eichmann*, p. 104.

155. SRA 4604, 27/10/1943, TNA, WO 208/4130.

156. Cf. também Welzer, *Täter*, p. 266 e Internationaler Militärgerichtshof [Tribunal Militar Internacional], *Der Prozess gegen die Hauptkriegsverbrecher*, Nuremberg 1948, v. 29, p. 145.

157. Em Odessa foram assassinados cerca de 99 mil judeus, a maioria pelo Exército romeno. *Enzyklopädie des Holocaust*, v. 2, pp. 1058 ss.

158. Sobre a "Noite dos Cristais" em Viena e arredores, cf. Siegwald Ganglmair (Org.), *Der Novemberpogrom 1938. Die Reichskristallnacht in Wien*, Viena, 1988; Herbert Rosenkranz, *Reichskristallnacht 9. November 1938 in Österreich*, Viena, 1968.

159. GRGG 281, 08/04 e 09/04/1945, TNA, WO 208/4177.

160. SRA 5444, 08/07/1944, TNA, WO 208/4134.

161. Room Conversation Swoboda-Kahrad, 02/12/1944, NARA, RG 165, Entry 179, Box 552.

162. SRA 4820, 13/01/1944, TNA, WO 208/4132.

163. Em Lemberg estava situado o campo de Janowska, mas lá não havia câmaras de gás. De acordo com fontes diversas foram assassinadas ali de algumas dezenas de milhares até 200 mil pessoas. *Enzyklopädie des Holocaust*, v. 2, pp. 657 ss. As câmaras de gás mais próximas encontravam--se no campo de Belzec, a cerca de setenta quilômetros de Lemberg, na direção noroeste. Entre

meados de março até dezembro de 1942, foram assassinados ali até 600 mil judeus, "ciganos" e poloneses. Sobre o assassinato de judeus na Galícia, cf. Thomas Sandkühler, *"Endlösung" in Galizien*, Bonn, 1996.

164. Não é mais possível saber ao certo até que ponto Ramcke tinha conhecimento do Holocausto. O fato de ele ter combatido apenas quatro semanas, entre fevereiro e março de 1944, no front oriental, na Ucrânia, leva a crer que seu conhecimento era bastante limitado.

165. GRGG 272, 13/03 a 16/03/1945, TNA, WO 208/4177.

166. Welzer, *Täter*, pp. 158 ss.

167. Em Kutno, que havia sido tomada pelas tropas alemãs em 15 de setembro de 1939, a população judaica foi confinada num gueto em junho de 1940 e passou a viver sob condições terríveis. Em março e abril de 1942, os alemães fecharam o gueto e sua população foi assassinada no campo de extermínio de Kulmhof. Até hoje não há registro sobre quaisquer *fuzilamentos em massa* de judeus em Kutno.

168. GRGG 272, 13/03 a 16/03/1945, TNA, WO 208/4177.

169. Ibid.

170. Em seu ensaio *Eichmann em Jerusalém*, Hannah Arendt comentou que Eichmann seria absolutamente incapaz de compreender o que de fato havia feito. É possível que essa avaliação um tanto equivocada tenha sido provocada pela patente indolência e indiferença com que o réu se apresentava. O mais provável, entretanto, é que os parâmetros normativos seguidos por Eichmann em sua incansável atividade no Departamento Central de Segurança do Reich (RSHA) fossem bem diferentes dos vigentes em outros tempos e em outros lugares — eram padrões da moral nazista. O antigo juiz da Marinha Hans Karl Filbinger, por exemplo, referia-se implicitamente a essas diferenças quando dizia: "O que era justo e legal na época não pode ser considerado hoje um delito".

171. SRM 33, 31/01/1942, TNA, WO 208/4136.

172. SRA 3313, 30/10/1942, TNA, WO 208/4128.

173. Provavelmente Taumberger se refere aqui ao campo de Gusen, na Alta Áustria. Planejava-se fabricar ali, em instalações subterrâneas, os caças a jato Messerschmidt 262.

174. SRA 5618, 24/09/1944, TNA, WO 208/4134.

175. Welzer, Moller e Tschuggnall, *Opa*, p. 158.

176. Room Conversation Müller-Reimbold, 22/03/1945; NARA, RG 165, Entry 179, Box 530.

177. William Ryan, *Blaming the Victim*, Londres, 1972.

178. Broszat (Org.), *Rudolf Höss*, p. 130.

179. Goldhagen, *Vollstrecker*, pp. 462 ss. Browning, *Ganz normale Männer*, p. 154.

180. Cf. também Welzer, Moller e Tschuggnall, *Opa*, p. 57.

181. Citado segundo Browning, *Ganz normale Männer*, p. 34.

182. Welzer, *Täter*, pp. 132 ss.

183. Hilberg, *Die Vernichtung*, pp. 338 ss.

184. Ibid., p. 339.

185. SRN 852, 11/03/1942, TNA, WO 208/4143; Heinz-Ludger Borgert, "Kriegsverbrechen der Kriegsmarine". In: Wolfram Wette e Gerd R. Ueberschär (Orgs.), *Kriegsverbrechen im 20. Jahrhundert*. Darmstadt, 2001. pp. 310-2; *Enzyklopädie des Holocaust*, v. 2, pp. 859 ss.

186. SRA 4759, 25/12/1943, TNA, WO 208/4132.

187. SRM 1163, 05/01/1945, TNA, WO 208/4140.

188. SRA 3948, 16/04/1943, TNA, WO 208/4130.

189. SRN 720, 25/12/1941, TNA, WO 208/4143.

190. SRCMF X 16, 29/05 a 02/06/1944, TNA, WO 208/5513, conversa entre M 44/368 e M 44/374, citado segundo Anette Neder, "Kriegsschauplatz Mittelmeerraum. Wahrnehmungen und Deutungen deutscher Soldaten im Mittelmeerraum". Universidade de Mogúncia, 2010. Dissertação de mestrado. p. 70.

191. SRA 554, 18/09/1940, TNA, WO 208/4119.

192. SRA 5264, 14/05/1944, TNA, WO 208/4133.

193. SRA 2947, 10/08/1942, TNA, WO 208/4127.

194. Room Conversation Quick-Korte, 23/07/1944; NARA, RG 165, Entry 179, Box 529.

195. GRGG 169, 02/08 a 04/08/1944, TNA, WO 208/4363.

196. Room Conversation Schulz-Voigt, 16/06/1944; NARA, RG 165, Entry 179, Box 557.

197. SRA 554, 18/09/1940, TNA, WO 208/4119. Provavelmente a referência aqui seja ao pânico dos franco-atiradores da divisão alemã de infantaria na campanha da França. Lieb, *Konventioneller Krieg*, pp. 15-9.

198. SRA 3966, 26/04/1943, TNA, WO 208/4130.

199. 1ª Divisão de Paraquedistas.

200. SRM 410, 16/12/1943, TNA, WO 208/4137.

201. Ibid.

202. SRM 892, 15/09/1944, TNA, WO 208/4139.

203. Nesse sentido, SRM 975, 20/10/1944, TNA, WO 208/4139.

204. Como no caso do general Wilhelm Thoma.

205. SRA 5852, 03/05/1945, TNA, WO 208/4135.

206. Room Conversation Goessele-Langer, 27/12/1944; NARA, RG 165, Entry 179, Box 474.

207. Room Conversation Drosdowski-Richter, 11/01/1945; NARA, RG 165, Entry 179, Box 462.

208. SRM 659, 18/07/1944, TNA, WO 208/4138.

209. Room Conversation Müller-Reimbold, 22/03/1945; NARA, RG 165, Entry 179, Box 530.

210. Room Conversation Hanelt-Breitlich, 03/04/1945; NARA, RG 165, Entry 179, Box 447.

211. GRGG 232, 8 a 11/12/1944, TNA, WO 208/4364. Sobre a eutanásia e seus precedentes na eugenia do Império Alemão e da República de Weimar, ver Ernst Klee, *"Euthanasie" im NS-Staat. Die Vernichtung lebensunwerten Lebens*, Frankfurt, 1985.

212. SRGG 782, 21/01/1944, TNA, WO 208/4167.

213. SRGG 495, 21/10/1943, TNA, WO 208/4166.

214. Mais detalhes em Felix Römer, *Kommissarbefehl. Wehrmacht und NS-Verbrechen an der Ostfront 1941/42*. Paderborn, 2008.

215. GRGG 271, 10/03 a 12/03/1945, TNA, WO 208/4177.

216. SRGG 679, 20/12/1943, TNA, WO 208/4167.

217. SRM 877, 07/09/1944, TNA, WO 208/4139.

218. SRM 633, 11/07/1944, TNA, WO 208/4138.

219. Welzer, *Täter*, pp. 218 ss., Gross, *Anständig geblieben*.

220. Broszat (Org.), *Rudolf Höss*, p. 156.

221. SRA 3249, 09/10/1942, TNA, WO 208/4128.
222. SRA 4880, 27/01/1944, TNA, WO 208/4132.
223. SRA 5702, 06/01/1945, TNA, WO 208/4135.
224. Charlotte Beradt, *Das Dritte Reich des Traumes. Mit einem Nachwort von Reinhart Koselleck*. Frankfurt, 1981.
225. Helmut Karl Ulshöfer (Org.), *Liebesbriefe an Adolf Hitler: Briefe in den Tod: Unveröffentlichte Dokumente aus der Reichskanzlei*. Frankfurt, 1994.
226. Rothkirch também descreve esse episódio em SRGG 1133 (C), 09/03/1945, TNA, WO 208/4169.
227. GRGG 272, 13/03 a 16/03/1945, TNA, WO 208/4177.
228. Room Conversation Meyer-Killmann, 17/08/1944; NARA, RG 165, Entry 179, Box 516.
229. SRA 3468, 30/12/1942, TNA, WO 208/4128.
230. Ibid.
231. SRA 4174, 14/07/1943, TNA, WO 208/4130.
232. SRA 4232, 20/07/1943, TNA, WO 208/4130. No dia 2 de dezembro de 1942 o capitão Wilhelm Hachfeld, comandante do 3º Grupo do Esquadrão de Caças Pesados [ZG] 2, sofreria um acidente fatal no momento da decolagem.
233. SRA 591, 23/09/1940, TNA, WO 208/4119.
234. SRA 179, 17/07/1940, TNA, WO 208/4118.
235. SRA 4652, 04/11/1943, TNA, WO 208/4132.
236. SRA 3259, 13/10/1942, TNA, WO 208/4128.
237. SRA 687, 04/10/1940, TNA, WO 208/4120.
238. SRA 3035, 24/08/1942, TNA, WO 208/4127.
239. SRA 3891, 28/03/1943, TNA, WO 208/4129.
240. SRA 3915, 29/03/1943, TNA, WO 208/4130.
241. Ulf Balke, *Der Luftkrieg in Europa. Die operativen Einsätze des Kampfgeschwaders 2 im Zweiten Weltkrieg*. Bonn, 1990, v. 2, p. 524.
242. SRA 5108, 27/03/1944, TNA, WO 208/4133. Cf. também Ernst Stilla, *Die Luftwaffe im Kampf um die Luftherrschaft*. Universidade de Bonn, 2005. Tese de doutorado, pp. 236-43.
243. SRA 4663, 05/11/1943, TNA, WO 208/4132.
244. Stilla, "Die Luftwaffe", pp. 232-6.
245. SRA 2570, 03/06/1942, TNA, WO 208/4126.
246. SRA 1503, 13/04/1941, TNA, WO 208/4123.
247. SRN 625, 09/08/1941, TNA, WO 208/4143.
248. SRA 4156, 10/07/1943, TNA, WO 208/4130.
249. SRA 1503, 13/04/1941, TNA, WO 208/4123.
250. Mallmann, *Deutscher Osten*, p. 155.
251. Regina Mühlhäuser, *Eroberungen, sexuelle Gewalttaten und intime Beziehungen deutscher Soldaten in der Sowjetunion 1941-1945*. Hamburgo, 2010. Sobre a violência sexual, ver também Birgit Beck, *Wehrmacht und sexuelle Gewalt. Sexualverbrechen vor deutschen Militärgerichten*. Paderborn, 2004.
252. SRN 2528, 19/12/1943, TNA, WO 208/4148.
253. Angrick, *Besatzungspolitik und Massenmord*, p. 450.

254. Bernd Greiner, *Krieg ohne Fronten. Die USA in Vietnam*. Hamburgo, 2007.
255. Angrick, *Besatzungspolitik und Massenmord*, p. 150.
256. Ibid., p. 448.
257. Willy Peter Reese e Stefan Schmitz, *Mir selber seltsam fremd: Die Unmenschlichkeit des Krieges. Russland 1941-44*. Munique, 2003.
258. Angrick, *Besatzungspolitik und Massenmord*, p. 449.
259. SRA 1345, 21/02/1941, TNA, WO 208/4123.
260. Mühlhäuser, *Eroberungen*, p. 186.
261. Ibid., p. 187.
262. Chefe da Polícia de Segurança e do SD, comando do Estado-Maior, informes das zonas ocupadas daUnião Soviética, 25/02/1942, USHMM, RG-31 002M, rolo 11, 3676/4/105, fls. 16 ss., citado segundo Mühlhäuser, *Eroberungen*, p. 214.
263. SRA 753, 14/10/1940, TNA, WO 208/4120.
264. SRA 4819, 12/01/1944, TNA, WO 208/4132.
265. SRA 2871, 04/08/1942, TNA, WO 208/4127.
266. Room Conversation Sauermann-Thomas, 05/08/1944; NARA, RG 165, Entry 179, Box 554.
267. Cf. Michaela Christ, "Kriegsverbrechen". In: Welzer, Neitzel e Gudehus (Orgs.), *Der Führer*.
268. Room Conversation Kruk-Böhm, 12/06/1944; NARA, RG 165, Entry 179, Box 504.
269. SRA 2386, 12/12/1941, TNA, WO 208/4126.
270. SRA 4903, 30/01/1944, TNA, WO 208/4132.
271. SRX 1937, 02/02/1944, TNA, WO 208/4163.
272. SRN 809, 23/02/1942, TNA, WO 208/4143.
273. SRA 1227, 01/02/1941, TNA, WO 208/4122.
274. SRA 712, 08/10/1940, TNA, WO 208/4120.
275. Informe disciplinar da 8ª Flotilha de Destróieres "Narvik" relativo ao período de 1º de julho de 1942 a 1º de setembro de 1943, BA/MA, RM 58/39.
276. Room Conversation Müller-Reimbold, 22/03/1945; NARA, RG 165, Entry 179, Box 530.
277. Room Conversation Czosnowski-Schultka, 02/04/1945; NARA, Box 458, pp. 438 ss.
278. Mallmann, *Deutscher Osten*; Mühlhäuser, *Eroberungen*.
279. Trata-se provavelmente de Babruysk, na Bielorrúsia.
280. Room Conversation Held-Langfeld, 13/08/1944; NARA, RG 165, Entry 179, Box 506.
281. Room Conversation Kokoschka-Saemmer, 15/06/1944; NARA, RG 165, Entry 179, Box 500.
282. A frota de bombardeiros da Royal Air Force.
283. Philipps O'Brien, "East versus West in the Defeat of Nazi Germany", *Journal of Strategic Studies*, n. 23, pp. 89-113, p. 93, 2000.
284. Cf. o estudo fundamental de Kehrt, *Moderne Krieger*.
285. SRA 172, 15/07/1940, TNA, WO 208/4118.
286. SRA 4130, 01/07/1943, TNA, WO 208/4130.
287. SRA 3748, 26/02/1943, TNA, WO 208/4129.
288. SRA 4135, 03/07/1943, TNA, WO 208/4130.

289. Sobre o tema, Lutz Budrass, *Flugzeugindustrie und Luftrüstung in Deutschland 1918--1945*. Düsseldorf, 1998.

290. SRA 510, 11/09/1940, TNA, WO 208/4119.

291. SRA 496, 10/09/1940, TNA, WO 208/4119.

292. SRA 4063, 05/06/1943, TNA, WO 208/4130.

293. SRA 5467 15/07/1944, TNA, WO 208/4134.

294. SRA 5710, 11/01/1945, TNA, WO 208/4135; Josef Priller, *Geschichte eines Jagdgeschwaders. Das J.G. 26 (Schlageter) 1937-1945*. Stuttgart, 1956, 4, ed., 1980, pp. 265, 335.

295. Pilotando um caça noturno Ju 88, o suboficial Mäckle errou sua rota durante um ataque sobre o mar do Norte e, após uma pane em seu sistema de navegação, aterrissou inadvertidamente em Woolbridge, na Inglaterra. Dessa forma os britânicos tomaram conhecimento das mais modernas técnicas alemãs sobre caças noturnos. Gebhard Aders, *Geschichte der deutschen Nachtjagd, 1917-1945*. Stuttgart, 1978, p. 250.

296. Trata-se aqui do Me 210, cujo emprego na guerra estava planejado para 1940. Por conta de problemas técnicos, entretanto, esse prazo foi continuamente estendido, até que os planos tiveram de ser inteiramente abandonados. Rüdiger Kosin, *Die Entwicklung der deutschen Jagdflugzeuge*. Bonn, 1990, pp. 135-8.

297. SRA 117, 12/06/1940, TNA, WO 208/4118.

298. SRA 3273, 16/10/1942, TNA, WO 208/4128.

299. SRA 3069, 30/08/1942, TNA, WO 208/4127.

300. SRA 4516, 11/10/1943, TNA, WO 208/4131. Os relatos se referem ao caça noturno He 219.

301. SRA 3069, 30/08/1942, TNA, WO 208/4127.

302. SRA 3307, 26/10/1942, TNA, WO 208/4128.

303. SRA 3943, 13/04/1943, TNA, WO 208/4130. Em dezembro de 1941, um cabo contava ter visto um He 177 e assegurava que essa aeronave seria então finalmente capaz voar até os Estados Unidos. SRA 2371, 06/12/1941, TNA/WO 208/4126. No mesmo sentido, SRA 5545 29/07/1944, TNA, WO 208/4134. Cf. também Room Conversation Krumkühler-Wolff, 26/08/1944, NARA, Entry 179, Box 566, onde se fala de um voo entre Berlim e Nova York, com o único objetivo de lançar panfletos de propaganda. O tenente da Marinha Josef Bröhl, do submarino U 432, também se refere a voo. Em seu caso, no entanto, a aeronave que teria voado até Nova York para lançar os panfletos seria um avião a jato. SRN 1629, 11/04/1943, TNA, WO 208/4145.

304. Cf. Karl Kössler e Günther Ott, *Die großen Dessauer. Die Geschichte einer Flugzeugfamilie*. Planegg, 1993, pp. 103-5.

305. Peter Herde, *Der Japanflug. Planungen und Verwirklichung einer Flugverbindung zwischen den Achsenmächten und Japan 1942-1945*. Stuttgart, 2000.

306. SRA 3950, 17/04/1943, TNA, WO 208/4130.

307. SRA 2992, 12/08/1942, TNA, WO 208/4127.

308. No relatório SRA 3465, 30/12/1942, TNA, WO 208/4128 menciona-se o princípio do caça à propulsão de foguete Me 163.

309. SRA 4235, 20/07/1943, TNA, WO 208/4130. O suboficial Rott voou na 11ª Esquadrilha do Esquadrão de Combate Rápido 10. O comodoro de esquadrão aludido é o tenente-coronel Günther von Maltzahn, comodoro do Esquadrão de Caças 53.

310. SRA 4709, 15/12/1943, TNA, WO 208/4132.

311. SRA 4880, 27/01/1944, TNA, WO 208/4132.
312. SRA 5114, 29/03/1944, TNA, WO 208/4133.
313. SRA 5111, 29/03/1944, TNA, WO 208/4133.
314. SRA 5531, 26/07/1944, TNA, WO 208/4134.
315. SRA 5456, 15/07/1944, TNA, WO 208/4134.
316. SRA 5732, 15/01/1945, TNA, WO 208/4135.
317. J. Ethelli, Alfred Price, *Deutsche Düsenflugzeuge im Kampfeinsatz 1944/45*. Stuttgart, 1981, pp. 70 ss.
318. Förster, v. 9/1, pp. 433-6. São fundamentais os estudos Heinz Dieter Hölsken, *Die V-Waffen. Entstehung, Propaganda, Kriegseinsatz*. Stuttgart, 1984; Ralf Schabel, *Die Illusion der Wunderwaffen. Die Rolle der Düsenflugzeuge und Flugabwehrraketen in der Rüstungspolitik des Dritten Reiches*. Munique, 1994.
319. SRN 1559, 25/03/1943, TNA, WO 208/4145.
320. Trata-se do tenente-general Kurt Dittmar, comentarista de rádio das notícias sobre o Exército junto ao OKH a partir de abril de 1942.
321. SRN 1622, 11/04/1943, TNA, WO 208/4145.
322. SRN 1986, 25/07/1943, TNA, WO 208/4146.
323. SRX 1532, 24/01/1943, TNA, WO 208/4162.
324. SRM 263, 27/10/1943, TNA, WO 208/4137.
325. SRX 1617, 11/03/1943, TNA, WO 208/4162.
326. SRN 2989, 03/03/1944, TNA, WO 208/4149; SRN 3379, 20/04/1944, TNA, WO 208/4151.
327. SRM 601, 25/06/1944, TNA, WO 208/4138; SRM 655, 18/07/1944, TNA, WO 208/4138.
328. SRM 263, 27/10/1943; SRM 291, 09/11/1943, TNA, WO 208/4137; SRN 2636, 04/01/1944, TNA, WO 208/4148; SRM 499, 21/03/1944, TNA, WO 208/4138; SRM 680, 26/07/1944, TNA, WO 208/4138; SRA 5199, 27/04/1944, TNA, WO 208/4133.
329. SRM 639, 08/07/1944, TNA, WO 208/4138.
330. SRM 491, 14/03/1944, TNA, WO 208/4138.
331. SRN 2851, 25/01/1944, TNA, WO 208/4149.
332. SRA 5196, 25/04/1944, TNA, WO 208/4133.
333. Hölsken, *Die V-Waffen*, pp. 131 ss.
334. Ibid., p. 103.
335. Ibid., pp. 104 ss.
336. Ibid., p. 109.
337. SRN 3922, 08/07/1944, TNA, WO 208/4153.
338. Nesse sentido Otto Elfeldt (SRGG 988, 24/08/44, TNA, WO 208/4168) e Erwin Menny, *Tagebuchblätter aus der Gefangenschaft*, BA/MA, N 267/4.
339. SRM 655, 18/07/1944, TNA, WO 208/4138.
340. SRM 847, 30/08/1944, TNA, WO 208/4139, assim como SRM 960, 10/10/1944, TNA, WO 208/4139; SRM 1077, 29/11/1944, TNA, WO 208/4139; SRX 2075, 29/12/1944, TNA, WO 208/4164.
341. SRN 4130, 16/08/1944, TNA, WO 208/4155.
342. SRX 2048, 04/11/1944, TNA, WO 208/4164. E mesmo antes disso: SRN 4031, 04/08/1944, TNA, WO 208/4154 (uma V 2 tinha um efeito equiparável a 2 mil até 3 mil bombas).
343. O tenente Borbonus da *SS-Junkerschule*, um centro de treinamento para oficiais da

Waffen-ss em Bad Tölz, também alude a um discurso semelhante de Hitler. srm 914, 20/09/1944, tna, wo 208/4139.

344. srgg 543, 09/11/1943, tna, wo 208/4167.

345. srgg 596 26/11/1943, tna, wo 208/4167. Para uma crítica às armas V, cf. srm 722, 30/07/1944, tna, wo 208/4138; srm 1094, 21/11/1944, tna, wo 208/4139.

346. Cf. Kehrt, *Moderne Krieger,* pp. 291-7.

347. sra 5512 23/07/1944, tna, wo 208/4134.

348. sra 5532 25/07/1944, tna, wo 208/4134.

349. sra 2058, 02/08/1941, tna, wo 208/4125.

350. sra 2660, 18/06/1942, tna, wo 208/4126. Zastrau voou na 5ª Esquadrilha do Esquadrão de Combate 2 e foi abatido em 23/04/1942 durante um ataque a Exeter. Balke, *Luftkrieg in Europa,* p. 430.

351. O relato se refere ao ataque aéreo alemão contra Bari na noite do dia 2 para o dia 3 de dezembro de 1943. Com o impacto das bombas e a explosão dos navios de munição *John E. Motley* e *Joseph Wheeler,* seguida da explosão do petroleiro *Aroostock,* ao todo foram destruídos dezoito navios, somando uma carga bruta de 71 566 toneladas afundadas. Mortos e feridos passaram de mil. O combate ao incêndio e ações de resgate foram impedidos pelo cargueiro americano *John Harvey,* carregado com munição de gás de pimenta. <www.wlb-stuttgart.de/seekrieg/43–12.htm>. Acesso em: 30 ago. 2010.

352. sra 4862, 23/01/1944, tna, wo 208/4132.

353. sra 1557, 23/04/1941, tna, wo 208/4123.

354. srm 606, 27/06/1944, tna, wo 208/4138.

355. Förster, v. 9/1, p. 469.

356. sra 281, 04/08/1940, tna, wo 208/4137.

357. sra 453, 04/09/1940, tna, wo 208/4137.

358. sra 450, 04/09/1940, tna, wo 208/4137.

359. sra 549, 17/09/1940, tna, wo 208/4138.

360. Nesse sentido, a anotação de Wilhelm Ritter von Thoma em seu diário, em 21/01/1942: ba/ma, N 2/2.

361. sra 2655, 18/06/1942, tna, wo 208/4126; cf. também sra 2635, 15/06/1942, tna, wo 208/4127.

362. Förster, v. 9/1, p. 540.

363. Hans Meier-Welcker, *Aufzeichnungen eines Generalstabsoffiziers 1919 bis 1942.* Friburgo, 1982, p. 158 (23/08/1942).

364. srn 129, 15/11/1940, tna, wo 208/4141.

365. srn 395, 08/06/1941, tna, wo 208/4142.

366. srn 183, 21/03/1941, tna, wo 208/4141.

367. srn 370, 28/05/1941, tna, wo 208/4142.

368. srn 127, 16/11/1940, tna, wo 208/4141.

369. srn 720, 25/12/1941, tna, wo 208/4143.

370. Os resultados das respostas dos prisioneiros alemães selecionados aos questionários nos meses de novembro de 1941 até março de 1943 podem ser conferidos em tna, wo 208/4180.

371. srn 690, 07/11/1941, tna, wo 208/4143.

372. SRN 933, 31/03/1942, TNA, WO 208/4143. Josef Przyklenk (nascido em 10/01/1914) era contramestre do submarino U 93 e foi aprisionado em 15/01/1942.

373. SRN 731, 31/12/1941, TNA, WO 208/4143. A despeito da lista de tripulantes, os britânicos o registraram sob o nome de Karl Wedekinn.

374. SRN 969, 22/08/1942, TNA, WO 208/4143; SRN 968, 22/08/1942, TNA, WO 208/4143. Sem obter quaisquer resultados, o U 210 foi afundado logo na sua primeira investida contra o inimigo.

375. Bernhard R. Kroener: "'Nun Volk steht auf…!' Stalingrad und der totale Krieg 1942--1943". In: *Stalingrad. Ereignis, Wirkung, Symbol.* Munique, 1992, pp. 151-70; Martin Humbug, *Das Gesicht des Krieges. Feldpostbriefe von Wehrmachtssoldaten aus der Sowjetunion 1941-1944.* Opladen, 1998, pp. 118 ss.

376. SRA 3717, 02/03/1943, TNA, WO 208/4129.

377. SRA 3442, 28/12/1942, TNA, WO 208/4128.

378. SRA 3868, 22/03/1943, TNA, WO 208/4129.

379. SRA 4012, 18/05/1943, TNA, WO 208/4130; SRA 4222, 28/07/1943, TNA, WO 208/4130. É possível encontrar opiniões semelhantes também na Marinha, não no Exército. Ver SRN 1643, 14/04/1943, TNA, WO 208/4145.

380. SRA 4791, 06/01/1944, TNA, WO 208/4132.

381. Trata-se do comandante do 2º Grupo do Esquadrão de Combate 2, o major Heinz Engel, que fazia parte da unidade desde outubro de 1941, passando a liderá-la a partir de fevereiro de 1943. Balke, *Luftkrieg in Europa*, p. 409.

382. SRA 5272, 16/05/1944, TNA, WO 208/4133.

383. SRA 4747, 22/12/1943, TNA, WO 208/4132.

384. SRN 2509, 27/11/1943, TNA, WO 208/4148.

385. Cf. SRN 2521, 11/12/1943, TNA, WO 208/4148.

386. SRN 2518, 07/12/1943, TNA, WO 208/4148.

387. SRN 2768, 17/01/1944, TNA, WO 208/4149. Nem mesmo as armas de represália poderiam oferecer alguma esperança numa situação como essa. SRN 3613, 08/05/1944, TNA, WO 208/4152.

388. "Erlass gegen Kritiksucht und Meckerei", 09/09/1943, citado segundo Salewski, *Seekriegsleitung*, pp. 638 ss.

389. Os britânicos distribuíram questionários padronizados a uma parte dos prisioneiros internados nos campos de espionagem. Entre março de 1943 e janeiro de 1944, a pesquisa abrangeu cinco grupos, cada um contando com 35 a 71 pessoas. Ao todo foram 240 prisioneiros, a maioria da Marinha e um pequeno grupo da Luftwaffe. CSDIC (UK), Survey of German P/W Opinion, GRS 10, 24/02/1944, TNA, WO 208/5522.

390. Rafael A. Zagovec, "Gespräche mit der 'Volksgemeinschaft'". In: Bernhard Chiari et al., *Die deutsche Kriegsgesellschaft 1939 bis 1945 — Ausbeutung, Deutungen, Ausgrenzung.* Stuttgart, 2005, v. 9/2, p. 327.

391. Jörg Echternkamp, "Im Kampf an der inneren und äußeren Front. Grundzüge der deutschen Gesellschaft im Zweiten Weltkrieg". In: *Das Deutsche Reich*, v. 9/1, p. 47.

392. Heinz Boberach (Org.), *Meldungen aus dem Reich.* Munique, 1968, p. 511.

393. Michael Salewski, "Die Abwehr der Invasion als Schlüssel zum 'Endsieg'?". In: Rolf--Dieter Müller e Hans-Erich Volkmann, *Die Wehrmacht, Mythos und Realität.* Munique, 1999, pp. 210-23.

394. SRM 519, 07/06/1944, TNA, WO 208/4138.

395. SRM 526, 09/06/1944, TNA, WO 208/4138.

396. O cabo Hirst chegava a dizer: "Farei tudo o que estiver ao meu alcance para esta guerra acabar e a Alemanha ser derrotada de uma vez". SRM 547, 13/06/1944, TNA, WO 208/4138.

397. Não foi possível identificar a quem Kuhle se refere aqui.

398. Trata-se do cabo Borndhard, comandante do batalhão de campo de reserva da 77ª Divisão de Infantaria, que foi preso em 18 de junho de 1944 e, assim como Kuhle, passou a ser vigiado no campo de Wilton Park.

399. Trata-se provavelmente do tenente-general Walter Poppe, que comandou a 77ª Divisão de Infantaria entre 1º de fevereiro e 25 de abril de 1944, em que Kuhle também servia. Em 5 de julho ele voltaria a ocupar uma posição de comando. Os motivos desses boatos de alta traição são desconhecidos.

400. SRM 606, 27/06/1944, TNA, WO 208/4138. Kuhle era o comandante do terceiro batalhão do Regimento 1050, da 77ª Divisão de Infantaria. Von Saldern havia conduzido por último o já bem enfraquecido Regimento de Granadeiros 1057, da 91ª Divisão Aerotransportada.

401. SRM 610, 29/06/1944, TNA, WO 208/4138.

402. SRM 830, 24/08/1944, TNA, WO 208/4139.

403. SRM 849, 27/08/1944, TNA, WO 208/4139.

404. Um panorama do estado atual das investigações em: Neitzel, *Abgehört*, pp. 61 ss.

405. SRM 639, 08/07/1944, TNA, WO 208/4138.

406. SRM 637, 07/07/1944, TNA, WO 208/4138.

407. Agradecemos a análise desses dados a Felix Römer, de Mogúncia.

408. O tenente Trettner, por exemplo, dizia que logo oito divisões de paraquedistas iniciariam um ataque de assalto e que ainda haveria "muita coisa para se fazer". SRM 813, 24/08/1944, TNA, WO 208/4139.

409. SRM 796, 19/08/1944, TNA, WO 208/4138.

410. Dos que foram capturados em Cherbourg em junho de 1944 e ainda acreditavam numa vitória alemã, quase todos ostentavam a patente ao menos de tenente ou primeiro-tenente. A análise dos questionários sobre moral é novamente de Felix Römer, Mogúncia. Sobre os soldados da Marinha, cf. por exemplo SRN 3815, 09/07/1944, TNA, WO 208/4153; SRN 3830, 12/06/1944, TNA, WO 208/4153; SRN 3931, 11/07/1944, TNA, WO 208/4154; SRN 4032, 03/08/1944, TNA, WO 208/4154.

411. Essa é a conclusão de um estudo americano com base nas respostas de prisioneiros alemães logo depois de sua captura. M. I. Gurfein e Morris Janowitz, "Trends in Wehrmacht Morale". In: *Public Opinion Quarterly*, n. 10, p. 81, 1946.

412. O suboficial Brandt, da 11ª Esquadrilha do Esquadrão de Caças Noturnos 3, conta sobre o discurso por ocasião da ofensiva das Ardenas: "Depois ele também disse que se nós não conquistássemos rapidamente o domínio aéreo, nós acabaríamos perdendo a guerra. Então o comandante do grupo disse: 'Tudo depende agora da ofensiva no Ocidente. Se ela não for para a frente, então será a nossa última batalha em termos ofensivos'. Foi o que o comandante do grupo disse diante de todo o pessoal de voo reunido, pois ele havia mandado chamar todo mundo". SRX 2091, 11/01/1945, TNA, WO 208/4164. Cf. também SRM 1133, 18/12/1944, TNA, WO 208/4140; SRM 1168, 08/01/1945, TNA, WO 208/4140.

413. SRX 2030, 25/10/1944, TNA, WO 208/4164.
414. Zagovec, *Gespräche mit der "Volksgemeinschaft"*, p. 358.
415. Comunicado do Comando do Exército Oeste de 07/02/1945, KTB OKW, v. 4/2, p. 1364.
416. SRA 5829, 18/03/1945, TNA, WO 208/4135.
417. Podemos citar do nosso material o general Wilhelm Ritter von Thoma. Cf. Neitzel, *Abgehört*, p. 33.
418. SRM 79, 20/11/1942, TNA, WO 208/4136.
419. SRA 5835, 22/03/1945, TNA, WO 208/4135.
420. Citado segundo Ian Kershaw, *Hitler, 1936-1945*.
421. Ibid., pp. 64 ss.
422. SRGG 1125, 27/01/1945, TNA, WO 208/4169.
423. W. G. Sebald: *Luftkrieg und Literatur*. Frankfurt, 2001, p. 110.
424. Hans Mommsen, *Zur Geschichte Deutschlands im 20. Jahrhundert. Demokratie, Diktatur, Widerstand*. Munique, 2010, pp. 159 ss.
425. Saul K. Padover, *Lügendetektor. Vernehmungen im besiegten Deutschland 1944/45*. Frankfurt, 1999.
426. SRA 123, 17/06/1940, TNA, WO 208/4118.
427. SRA 200, 22/07/1940, TNA, WO 208/4118.
428. SRA 495, 10/09/1940, TNA, WO 208/4119; SRA 554, 18/09/1940, TNA, WO 208/4119 e SRA 1383, 05/03/1941, TNA, WO 208/4123, respectivamente.
429. SRX 154, 17/11/1940, TNA, WO 208/4158.
430. SRX 228, 29/03/1941, TNA, WO 208/4158.
431. SRA 1619, 29/04/1941, TNA, WO 208/4123.
432. SRA 3807, 10/03/1943, TNA, WO 208/4129.
433. SRA. 4656, 23/11/1943, TNA, WO 208/4132.
434. O rumor segundo o qual Hitler teria o costume de morder a borda do tapete durante seus acessos de raiva circulou o mundo depois de uma reportagem do jornalista William Shirer sobre o encontro do ditador com Chamberlain em 22 de setembro de 1938. Na verdade, Shirer só havia escrito que ele se encontrava à beira de um ataque de nervos. Entretanto a imagem de Hitler como um "devorador de tapetes" permaneceria, Kershaw, *Hitler*, p. 169.
435. Traços do Führer como suas "mãos maravilhosas" integravam sua imagem pública e eram bastante explorados pelos meios de comunicação, cf. Kershaw, *Hitler*, p. 410. Tanto isso quanto os rumores sensacionalistas sobre os ataques de raiva de Hitler mostram não só que o Führer era uma "figura pública" no sentido da cultura pop, mas também que quase todos que chegavam a travar algum contato pessoal com ele destacavam precisamente as características daquele personagem midiático.
436. SRX 1167, 15/10/1942, TNA, WO 208/4161.
437. Kershaw, *Hitler*, p. 407, ss.
438. SRX 1167, 15/10/1942, TNA, WO 208/4161.
439. SRX 1802, 24/06/1943, TNA, WO 208/4163.
440. SRA 3430, 23/12/1942, TNA, WO 208/4128.
441. SRA 3452, 29/12/1942, TNA, WO 208/4128.
442. A teoria da dissonância cognitiva foi desenvolvida por Leon Festinger e seus colegas a

partir do caso de uma seita americana cujos membros, à espera do apocalipse, se despojaram de todos os seus bens e se retiraram para o alto de uma montanha, certos de sobreviverem ao fim do mundo como um grupo de escolhidos. Desnecessário dizer que as coisas não ocorreram como o previsto, o que certamente deve ter provocado uma enorme dissonância cognitiva entre os membros da seita. Festinger e seus colegas entrevistaram os crentes, que naturalmente seguiam afirmando a plausibilidade de suas expectativas: tudo não passara de mais uma provação da firmeza daquela fé e o grupo confirmara, portanto, seu status de escolhido. A teoria da dissonância cognitiva, diante desse pano de fundo, parte do princípio de que as pessoas percebem as dissonâncias quando as expectativas e os fatos já não se ajustam mais e que elas tentam então reduzir as dissonâncias surgidas. E isso pode acontecer de duas maneiras — adaptando as expectativas aos fatos, quer dizer, corrigindo-as posteriormente, ou interpretando os fatos de acordo com as expectativas. Cf. Leon Festinger, Henry W. Riecken e Stanley Schachter, *When Prophecy Fails*. Mineapolis, 1956.

443. SRA 4166, 07/07/1943, TNA, WO 208/4130.
444. SRA 3795, 12/03/1943, TNA, WO 208/4129.
445. SRGG 216, 12/07/1943, TNA, WO 208/4165.
446. SRA 3660, 09/02/1943, TNA, WO 208/4129.
447. SRA 3781, 07/03/1941, TNA, WO 208/4129.
448. SRM 1090, 29/11/44, TNA, WO 208/4139.
449. SRGG 250, 20/07/1943, TNA, WO 208/4165.
450. SRA 4246, 03/08/1943, TNA, WO 208/4130.
451. SRA 3620, 01/02/1943, TNA, WO 208/4129.
452. SRA 2702, 28/06/1942, TNA, WO 208/4126.
453. SRM 477, 14/02/1944, TNA, WO 208/4138.
454. SRA 5610, 07/09/1944, TNA, WO 208/4134.
455. SRA 5610, 07/09/1944, TNA, WO 208/4134.
456. Wolf-Heinrich Graf zu Helldorff (14/10/1896-15/08/1944), chefe da polícia de Berlim.
457. SRM 672, 21/07/1944, TNA, WO 208/4138.
458. SRGG 1234 (C), 20/05/1945, TNA, WO 208/4170.
459. SRGG 1176 (C), 02/05/1945, TNA, WO 208/4169.
460. SRGG 408, 09/09/1943, TNA, WO 208/4166.
461. SRM 202, 20/06/1943, TNA, WO 208/4136.
462. SRGG 220, 12/07/1943, TNA, WO 208/4165.
463. SRA 5084, 20/03/1944, TNA, WO 208/4133.
464. SRM 612, 28/06/1944, TNA, WO 208/4138.
465. SRA 5127, 03/04/1944, TNA, WO 208/4133.
466. SRM 1262, 06/05/1945, TNA, WO 208/4140.
467. Nicole Bögli, *Als kriegsgefangener Soldat in Fort Hunt*. Universidade de Berna, 2010. Dissertação de mestrado inédita; Stéphanie Fuchs, *"Ich bin kein Nazi, aber Deutscher"*. Universidade de Berna, 2010. Dissertação de mestrado inédita.
468. Dessa forma encontra-se justificada historicamente até a análise muitas vezes criticada que Alexander e Margarete Mitscherlich apresentaram em seu livro *Die Unfähigkeit zu trauern*: os alemães amavam seu líder, o Führer. Para compreender a própria história do Terceiro Reich e todos os seus crimes, seguindo ainda essa argumentação, seria necessário um trabalho de luto

pelo objeto de amor perdido. Esse objeto não eram, como uma leitura apressada do livro à época parecia sugerir, as vítimas propriamente ditas, mas sim o Führer — é claro que esse trabalho de luto de um povo por seu ditador haveria de provocar uma enorme inquietação.

469. SRM 468, 02/02/1944, TNA, WO 208/4137.
470. SRA 3963, 23/04/1943, TNA, WO 208/4130.
471. SRA 3540, 12/01/1943, TNA, WO 208/4129.
472. SRA 1008, 11/12/1940, TNA, WO 208/4122: "É isso que eu não consigo entender de jeito nenhum. Eu também estive na Juventude Hitlerista, eu também lutei, isso é uma boa ideia e ninguém pode criticar. De todo modo, são coisas que não eram necessárias, o mesmo vale para a maneira como eles se livraram de todos aqueles judeus".
473 . SRA 1259, 08/02/1941, TNA, WO 208/4123: "Os judeus sempre conspiraram contra a Alemanha, um trabalho sistemático. Na Polônia também. Além disso, o que são aqueles poloneses? Eles têm um nível cultural tão baixo — não dá nem para compará-los com os alemães".
474. SRM 614, 01/07/1944, TNA, WO 208/4138.
475. SRN 2912, 10/02/1944, TNA, WO 208/4149.
476. SRM 1061, 27/11/1944, TNA, WO 208/4139.
477. SRA 289, 06/08/1940, TNA, WO 208/4118.
478. Alexander Hoerkens, *Kämpfer des Dritten Reiches? Die nationalsozialistische Durchdringung der Wehrmacht*. Universidade de Mogúncia, 2009. Dissertação de mestrado.
479. SRA 5118, 28/03/1944, TNA, WO 208/4133.
480. SRM 45, 10/02/1942, TNA, WO 208/4136.
481. Heinrich von Kleist, *Über die allmähliche Verfertigung der Gedanken beim Sprechen*. Frankfurt, 2010.
482. SRN 151, 07/12/1940, TNA, WO 208/4141.
483. Room Conversation Kotschi-Graupe-Schwartze-Boscheinen, 25/02/1945, NARA, RG 164, Entry 179, Box 475.
484. Karl Völker (nascido em 22/09/1923) era engenheiro aspirante do submarino U 175 e foi capturado quando sua embarcação afundou em 17 de abril de 1943.
485. SRN 1767, 08/05/1943, TNA, WO 208/4145.
486. Hoerkens, *Kämpfer des Dritten Reiches?*
487. SRN 1715, 01/05/1943, TNA, WO 208/4145.
488. SRM 832, 26/08/1944, TNA, WO 208/4139.
489. SRM 560, 15/06/1944, TNA, WO 208/4138.
490. SRM 584, 22/06/1944, TNA, WO 208/4138.
491. Nesse sentido, Welzer, *Täter*.
492. SRA 1742, 19/05/1941, TNA, WO 208/4145.
493. SRM 914, 20/09/1941, TNA, WO 208/4139.
494. SRN 1505, 05/03/1943, TNA, WO 208/4145; Skrzipek (nascido em 15/07/1911) foi capturado em 04/02/1943.
495. SRN 1617, 12/04/1943, TNA, WO 208/4145.
496. SRCMF X 61, 01/10/1944, TNA, WO 208/5513.
497. SRCMF X 15, 27/05/1944, TNA, WO 208/5513.
498. SRN 2471, 23/11/1943, TNA, WO 208/4148.

499. SRM 523, 08/06/1944, TNA, WO 208/4138.

500. Gordon Allport, *Die Natur des Vorurteils*. Colônia, 1971; Norbert Elias e John L. Scotson, *Etablierte und Aussenseiter*. Frankfurt, 1990; Henri Taijfel, *Gruppenkonflikt und Vorurteil: Entstehung und Funktion sozialer Stereotypen*. Berna; Stuttgart; Viena, 1982.

501. Assim, Aly, *Volksstaat*; Wildt, *Volksgemeinschaft*.

502. SRGG 411, 10/09/1943, TNA, WO 208/4166.

503. SRGG 452, 02/10/1943, TNA, WO 208/4166.

504. SRM 745, 04/08/1944, TNA, WO 208/4238.

505. Interrogation Report Wilimzig-Malner, 02/08/1944, NARA, RG 165, Entry 179, Box 563.

506. Cf. os registros de prisioneiro de Wilimzig; NARA, RG 165, Entry 179, Box 563.

507. Felix Römer, "Alfred Andersch abgehört. Kriegsgefangene 'Anti-Nazis' im amerikanischen Vernehmungslager Fort Hunt", *VfZG*, n. 58, p. 578, 2010.

508. Sobre a estratégia de delegação de tarefas, que fortalecia a responsabilidade pessoal dos subchefes e era considerada uma das peculiaridades da Wehrmacht, há uma dissertação de mestrado sendo elaborada por Marco Siggen, da Universidade de Berna.

509. Room Conversation, Mayer-Ahnelt 05/07/1944, NARA, RG 165, Entry 179, Box 441.

510. Room Conversation, Lange-Laemmel, 27/08/1944, NARA, RG 165, Entry 179, Box 506.

511. SRM 711, 28/07/1944, TNA, WO 208/4138.

512. SRM 1215, 14/02/1945, TNA, WO 208/4140.

513. Ver Martin Treutlein, "Paris im August 1944". In: Welzer/Neitzel/Gudehus (Org.), *Der Führer*.

514. Kühne, *Kameradschaft*, p. 197.

515. SRN 97, 02/11/1940, TNA, WO 208/4141.

516. SRN 624, 09/08/1941, TNA, WO 208/4143.

517. *Kriegstagebuch der Seekriegsleitung 1939-1945*, parte A, v. 1, org. por Werner Rahn e Gerhard Schreiber, Bonn; Herford, 1988, "Gedanken des Oberbefehlshabers der Kriegsmarine zum Kriegsausbruch 3.9.1939", p. 16.

518. Um exemplo impressionante, de 1944, provém do "Führer dos destróieres", BA/MA, RM 54/8.

519. Sobre Hitler: Admiral/Führerhauptquartier GKdos 2877/44, 06/08/44, BA-MA, RM 7/137; sobre Goebbels: Elke Fröhlich (Org.), *Tagebücher von Joseph Goebbels, Sämtliche Fragmente*. Londres; Munique; Nova York; Paris, 1987-1998, v. 1-15. p. 383 (28/02/1945).

520. Room Conversation Neumann-Tschernett-Petzelmayer, 13/06/1944, NARA, RG 165, Entry 179, Box 521.

521. HDV 2, seção 9, p. 53, citado segundo BA/MA, RS 4/1446. Agradecemos a indicação a Peter Lieb, de Sandhurst.

522. "Em nome de Deus eu presto este juramento sagrado, comprometendo-me a obedecer incondicionalmente ao Führer do Império Alemão, *Adolf Hitler*, o comandante em chefe da Wehrmacht, e, como bravo soldado, a arriscar a minha vida a qualquer instante para cumprir este juramento."

523. Citado segundo Klaus Reinhardt, *Die Wende vor Moskau: das Scheitern der Strategie Hitlers im Winter 1941/42*. Stuttgart, 1972, p. 220.

524. OKW/WFSt, seção L, n. 442277/41 GKdos Chefs., 26/12/41, citado segundo Hürter, *Hitlers Heerführer*, p. 327, nota 243.

525. Ibid., p. 332.

526. Cf. ibid., p. 344.

527. OKW/WFSt/Op Nr. 004059/42g. K. de 03/11/1942, BA/MA, RH 19 VIII/34, pp. 171 ss.

528. Karl-Günter Zelle, *Hitlers zweifelnde Elite*. Paderborn, 2010, pp. 28-32.

529. KTB OKW, v. 3, p. 465.

530. Enquanto liam os jornais na prisão americana, o major Werner Heuer e o capitão Adolf Hempel iniciaram uma conversa, para logo manifestarem a mesma opinião sobre a exigência de se "combater até o último soldado": ela não poderia ser levada ao pé da letra. Room Conversation Heuer-Hempel 26/10/1944; NARA, RG 165, Entry 179, Box 484.

531. SRGG 844, 24/02/1944, TNA, WO 208/4168, de onde também tiramos a citação.

532. SRX 1798, 1799, 23/06/1943; SRX 1806, 24/06/1943, TNA, WO 208/4163. Cf. também SRGG 252, 18/07/1943, TNA, WO 208/4165.

533. Fröhlich (Org.), *Tagebücher von Joseph Goebbels*, 29/06/1944, p. 567.

534. Sobre as ordens mais importantes de Rundstedt, ver Horst Boog, Gerhard Krebs e Detlef Vogel (Orgs.), *Das Deutsche Reich und der Zweite Weltkrieg*. Stuttgart, 2001, v. 7, p. 463, nota 42. Cf. também Nikolaus Meier, *Warum Krieg? Die Sinndeutung des Krieges in der deutschen Militärelite 1871-1945*. Universidade de Zurique, 2010. Tese de doutorado. pp. 297-304.

535. Boog, Krebs e Vogel, *Das Deutsche Reich*, v. 7, p. 469.

536. Hans-Günther Kluge a Hitler, 21/07/44, BA-MA, RH 19 IX/8.

537. John Zimmermann, *Pflicht zum Untergang. Die deutsche Kriegführung im Westen des Reiches 1944/45*. Paderborn, 2009.

538. Ibid., especialmente, pp. 282-323.

539. SRX 1965, 09/07/1944, TNA, WO 208/4164.

540. Isso vale tanto para o front oriental quanto para o front ocidental. Em 30 de junho de 1941, por exemplo, uma parte das tropas com cerca de duzentos homens do Grupo de Exércitos Sul foi capturada pelos russos e depois morta na prisão. Korpstagesbefehl KG III. AK de 03/07/41; BA/MA, RH 27-14/2.

541. SRM 521, 08/06/1944, TNA, WO 208/4138. Gundlach dirigiu a escola de combate da 716ª Divisão de Infantaria, que, no marco do batalhão de reserva de campo, organizava cursos para suboficiais. Não há mais informações a seu respeito. Tratava-se certamente de um oficial de infantaria com bastante experiência de combate. Um relato da batalha da perspectiva do cabo Josef Häger pode ser conferido em Cornelius Ryan, *Der längste Tag. Normandie: 6. Juni 1944*. Frankfurt, 1976, pp. 190-3.

542. SRM 716, 31/07/1944, TNA, WO 208/4138.

543. SRM 622, 06/07/1944, TNA, WO 208/4138.

544. Mensagem de rádio de 27/06/1944, B. Nr. 1/SKL 19633/44 GKdos, BA/MA, RM 7/148.

545. SRN 3925, 10/07/1944, TNA, WO 208/4153.

546. SRM 639, 08/07/1944, TNA, WO 208/4138.

547. SRGG 1061, 24/09/1944, TNA, WO 208/4169; Welf Botho Elster, *Die Grenzen des Gehorsams. Das Leben des Generalmajors Botho Henning Elster in Briefen und Zeitzeugnissen*. Hildesheim, 2005.

548. Assim, por exemplo, Friedrich Paulus em Stalingrado, Hans Aulock em Saint-Malo, Bernhard Ramcke em Brest. Cf. Sönke Neitzel, "Der Kampf um die deutschen Atlantik und Kanalfestungen und sein Einfluß auf den alliierten Nachschub während der Befreiung Frankreichs 1944/45", *MGM*, n. 55, pp. 381-430, 1996.

549. SRN 3924, 08/07/1944, TNA, WO 208/4153.

550. SRN 3932, 11/07/1944, TNA, WO 208/4154.

551. SRGG 934, 01/07/1944, TNA, WO 208/4168.

552. Room Conversation Bernzen-Almenröder 11/02/1945, NARA, RG 165, Entry 179, Box 448.

553. SRN 3935, 11/07/1944, TNA, WO 208/4154.

554. Neitzel, *Abgehört*, p. 83.

555. BA/MA, N 267/4, 11/11/1944.

556. SRM 160, 04/02/1943, TNA, WO 208/4136.

557. SRX 1548, 04/02/1943, TNA, WO 208/4162.

558. SRM 71, 20/11/1942, TNA, WO 208/4136.

559. Murawski, *Wehrmachtbericht*, p. 180.

560. Zagovec, *Gespräche mit der "Volksgemeinschaft"*, especialmente p. 358.

561. GRGG 270, 09/03/1945, TNA, WO 208/4177.

562. Günter Wegmann, *Das Kriegsende zwischen Weser und Ems*. Osnabrück, 2000, pp. 102 ss.; Sönke Neitzel, "Der Bedeutungswandel der Kriegsmarine im Zweiten Weltkrieg". In: Rolf-Dieter Müller e Hans-Erich Volkmann, *Die Wehrmacht. Mythos und Realität*. Munique, 1999. pp. 263 ss.

563. SRGG 1125, 27/01/1945, TNA, WO 208/4169.

564. GRGG 276, 25 a 27/03/1945, TNA, WO 208/4177.

565. SRM 1158, 02/01/1945, TNA, WO 208/4140.

566. Room Conversation Neher-Glar, 19/09/1944, NARA, RG 165, Entry 179, Box 474.

567. SRGG 934, 01/07/1944, TNA, WO 208/4168.

568. SRGG 935, 02/07/1944, TNA, WO 208/4168.

569. SRM 539, 12/06/1944, TNA, WO 208/4138.

570. SRM 522, 09/06/1944, TNA, WO 208/4138.

571. SRGG 844, 24/02/1944, TNA, WO 208/4168.

572. Cf. Room Conversation Guetter-Tschitschko, 27/06/1944, NARA, RG 165, Entry 179, Box 477.

573. Episódio especialmente dramático ocorreu na batalha em torno de Budapeste: cerca da metade dos mais de 40 mil defensores morreu durante a tentativa de evacuação e apenas setecentos alcançaram as próprias linhas. Krisztián Ungváry, *Die Schlacht um Budapest 1944/45: Stalingrad an der Donau*. Munique, 1999, pp. 255-315.

574. Kurt Böhme, *Die deutschen Kriegsgefangenen in sowjetischer Hand. Eine Bilanz*. Munique, 1966, p. 49. Elke Scherstjanoi, *Wege in die Kriegsgefangenschaft. Erinnerungen und Erfahrungen Deutscher Soldaten*, Berlim, 2010, apresenta experiências positivas de soldados que se entregaram aos soviéticos.

575. *Kriegstagebuch der Seekriegsleitung 1939-1945*, parte A, v. 1, org. de Werner Rahn e

Gerhard Schreiber, Bonn/Herford, 1988, "Gedanken des Oberbefehlshabers der Kriegsmarine zum Kriegsausbruch 3.9.1939", p. 16.

576. Decreto ObdM, 22/12/1939, ver Michael Salewski, *Die deutsche Seekriegsleitung*. Frankfurt, 1970, v. 1, p. 164.

577. 1. Skl Nr. 18142/43g., 17/06/1943, BA/MA, RM 7/98. No mesmo sentido, KTB Skl, parte A, 17/08/1944, p. 417.

578. No mesmo sentido, Holger Afflerbach, "'Mit wehender Fahne untergehen'. Kapitulationsverweigerung in der deutschen Marine", *VfZG*, n. 49, pp. 593-612, 2001.

579. Ver também Andreas Leipold, *Die Deutsche Seekriegsführung im Pazifik in den Jahren 1914 und 1915*. Universidade de Bayreuth, 2010. Tese de doutorado.

580. Wagner (Org.), *Lagevorträge des ObdM*, 26/03/45, p. 686.

581. Citado segundo Rolf-Dieter Müller e Gerd R. Ueberschär, *Kriegsende 1945. Die Zerstörung des Deutschen Reiches*. Frankfurt, 1994, p. 175.

582. "'Die Invasion'. Erlebnisbericht und Betrachtungen eines T-Boot-Fahrers auf 'Möwe'", BA/MA, RM 8/1875; Clay Blair, *Der U-Boot-Krieg*. Munique, 2001, v. 2, p. 679.

583. Discurso do embaixador do Império Japonês, General Oshima, por ocasião das comemorações no Ginásio de Joachimsthal em 25/11/1944. PAAA, R 61405.

584. Room Conversation Grote-Wiljotti-Brinkmann, 12/08/1944, NARA, RG 165, Entry 179, Box 476. Seu interlocutor preferiu não se aprofundar na discussão sobre o afundamento na baía do Sena dos dezessete *S-Boote* com "tripulação e tudo o mais". Mas é importante observar que, ao longo de toda a guerra, não houve uma única lancha rápida que tenha ido a pique levando toda a tripulação — sempre houve sobreviventes. Mais um caso típico de hipérbole para tornar o relato um pouco mais interessante.

585. Nesse sentido, o discurso do ObdM sobre a guerra de tonelagem, em 19/10/1944, in: Neitzel, *Bedeutungswandel der Kriegsmarine*, p. 256.

586. SRA 2589, 05/06/1942, TNA, WO 208/4126.

587. Ernst Stilla, *Die Luftwaffe im Kampf um die Luftherrschaft*. Universidade de Bonn, 2005. Tese de doutorado pp. 234 a.; Karl-Heinz Frieser et al., *Das Deutsche Reich und der Zweite Weltkrieg*. Stuttgart, 2007, v. 8, p. 859. O tenente Trettau, da 6ª Esquadrilha do Esquadrão de Caças 27, conta que em março de 1945 expediu-se um comando que determinava a perda do apoio dos camaradas a todos que fossem capturados sem que estivessem de fato feridos. SRA 5840, 11/04/1945, TNA, WO 208/4135.

588. NARA, T-321, Reel 54, pp. 290-403; Günther W. Gellermann, *Moskau ruft Heeresgruppe Mitte... Was nicht im Wehrmachtbericht stand — Die Einsätze des geheimen Kampfgeschwaders 200 im Zweiten Weltkrieg*. Koblenz, 1988, pp. 42-60; Arno Rose, *Radikaler Luftkampf. Die Geschichte der deutschen Rammjäger*. Stuttgart, 1979.

589. Nesse sentido, SRA 5544, 29/07/1944, TNA, WO 208/4134.

590. Nesse sentido, SRA 4776, 04/01/1944; SRA 4813, 13/01/1944, TNA, WO 208/4132. Em julho de 1942, no entanto, um tenente classificaria a exigência desses ataques como uma "estupidez". SRA 2589, 05/06/1942, TNA, WO 208/4126.

591. SRGG 1248, 18/05/1945, TNA, WO 208/4135.

592. KTB OB WEST, 21/09/1944, BA/MA, RH 19 IV/56, p. 319.

593. Room Conversation, Ross-Herrmann, 13/06/1944, NARA, RG 165, Entry 179, Box 533.

594. SRX 349, 13/06/1941, TNA, WO 208/4159.
595. SRA 1575, 26/04/1941, TNA, WO 208/4123.
596. SRX 690, 13/01/1941, TNA, WO 208/4160.
597. SRX 1240, 06/11/1942, TNA, WO 208/4161.
598. SRX 1478, 07/01/1943, TNA, WO 208/4162.
599. SRGG 779, 20/01/1944, TNA, WO 208/4167.
600. SRX 1163, 15/10/1942, TNA, WO 208/4161.
601. SRX 703, 15/01/1942, TNA, WO 208/4160.
602. SRM 75, 20/11/1942, TNA, WO 208/4136.
603. SRA 2615, 09/06/1942, TNA, WO 208/4126.
604. SRN 675, 29/10/1941, TNA, WO 208/4143.
605. SRX 1171, 16/10/1942, TNA, WO 208/4161.
606. SRA 2615, 09/06/1942, TNA, WO 208/4126.
607. SRX 1513, 20/01/1943, TNA, WO 208/4162.
608. SRA 3731, 03/03/1943, TNA, WO 208/4129.
609. SRGG 483, 14/10/1943, TNA, WO 208/4166.
610. SRM 104, 22/11/1942, TNA, WO 208/4136.
611. SRX 1819, 08/07/1943, TNA, WO 208/4163.
612. SRM 129, 26/11/1942, TNA, WO 208/4136.
613. SRGG 59, 24/05/1943, TNA, WO 208/4165.
614. SRM 129, 26/11/1942, TNA, WO 208/4136.
615. SRGG 650, 12/12/1943, TNA, WO 208/4167.
616. SRGG 59, 24/05/1943, TNA, WO 208/4165.
617. SRN 2021, 28/07/1943, TNA, WO 208/4146.
618. SRGG 223, 13/07/1943, TNA, WO 208/4165.
619. SRX 334, 16/06/1941, TNA, WO 208/4159.
620. SRX 1125, 24/09/1942, TNA WO 208/4161.
621. SRM 136, 29/11/1942, TNA, WO 208/4136.
622. Ibid.
623. SRX 1181, 24/10/1942, TNA, WO 208/4161.
624. Comandante da 1ª Divisão de Paraquedistas, memorial sobre formação, armas e equipamentos de uma divisão de paraquedistas bem como sobre os princípios de condução de combate no marco de uma divisão de paraquedistas, 11/09/1944, BA/MA RH 11 I/24. Agradecemos a referência a Adrian Wettstein, de Berna.
625. SRGG 16, 16/05/1943, TNA, WO 208/4165.
626. SRGG 217, 11/07/1943, TNA, WO 208/4165.
627. SRX 1839, 16/07/1943, TNA, WO 208/4163.
628. Room Conversation Grote-Wiljotti-Brinkmann, 15/08/1944, NARA, RG 165, Entry 179, Box 563.
629. SRGG 790, 22/01/1944, TNA, WO 208/4167.
630. SRGG 914, 04/06/1944, TNA, WO 208/4168. Esses juízos também constam em informes oficiais. Cf., por exemplo, 29ª Divisão de Infantaria Motorizada, informe sobre os combates na

Sicília e no sul da Itália, 04/11/1943, BA/MA RH 11 I/27. Agradecemos a referência a Adrian Wettstein, de Berna.

631. SRX 1149, 09/10/1942, TNA, WO 208/4161.
632. SRM 22, 17/01/1942, TNA, WO 208/4136.
633. SRM 49, 24/02/1942, TNA, WO 208/4136.
634. SRM 49, 24/02/1942, TNA, WO 208/4136.
635. SRGG 243, 17/07/1943, TNA, WO 208/4165.
636. SRX 1402, 19/12/1942, TNA, WO 208/4162.
637. SRM 797, 19/08/1944, TNA, WO 208/4138.
638. SRM 469, 02/02/1944, TNA, WO 208/4137.
639. SRM 863, 27/08/1944, TNA, WO 208/4139.
640. SRM 965, 16/10/1944, TNA, WO 208/4139.
641. SRM 613, 29/06/1944, TNA, WO 208/4138.
642. SRM 700, 27/07/1944, TNA WO 208/4138.
643. SRM 982, 26/10/1944, TNA, WO 208/4139.
644. SRCMF, X 113, 29/12/1944, TNA, WO 208/5516.
645. SRM 640, 10/07/1944, TNA, WO 208/4138.
646. No mesmo sentido, SRMCF, X 110, 23/12/1944, TNA, WO 208/5516. O tema "deserção" pode ser considerado, entretanto, muito bem investigado. Cf., especialmente, Magnus Koch, *Fahnenfluchten. Deserteure der Wehrmacht im Zweiten Weltkrieg — Lebenswege und Entscheidungen*. Paderborn, 2008; Wolfram Wette, *Das letzte Tabu. NS-Militärjustiz und "Kriegsverrat"*. Berlim, 2007; Benjamin Ziemann, "Fluchten aus dem Konsens zum Durchhalten. Ergebnisse, Probleme und Perspektiven der Erforschung soldatischer Verweigerungsformen in der Wehrmacht 1939--1945". In: Rolf-Dieter Müller e Hans-Erich Volkmann (Orgs.), *Die Wehrmacht. Mythos und Realität*. Munique, 1999, pp. 589-613; Wolfram Wette, *Deserteure der Wehrmacht. Feiglinge — Opfer — Hoffnungsträger? Dokumentation eines Meinungswandels*. Essen, 1995; Norbert Haase e Gerhard Paul (Orgs.): *Die anderen Soldaten. Wehrkraftzersetzung, Gehorsamsverweigerung, Fahnenflucht*. Frankfurt, 1995.
647. Felix Römer, *Alfred Andersch abgehört*, pp. 571 ss.
648. Room Conversation Templin-Erlwein-Friedl, 16/02/1945, NARA, RG 165, Entry 178, Box 553.
649. Manfred Messerschmitt, *Die Wehrmachtjustiz 1933-1945*. Paderborn, 2005, p. 172.
650. SRM 419, 19/12/1943, TNA, WO 208/4137.
651. GRGG 182, 27 e 28/08/1944, TNA, WO 208/4363.
652. SRGG 1021, 02/09/1944, TNA, WO 208/4168.
653. SRM 1148, 31/12/1944, TNA, WO 208/4140.
654. Hoje em dia, a bateria costeira Longues-sur-Mer é sem dúvida a posição fortificada da Marinha alemã mais conhecida na França. Exibindo ainda os seus canhões de 150 milímetros, a bateria serviu de cenário de diversos filmes, entre eles *O tambor* e *O mais longo dos dias*. Faz parte do circuito turístico e consta em praticamente todos os guias de viagem.
655. SRM 536, 11/06/1944, TNA, WO 208/4138.
656. SRM 729, 29/07/1944, TNA, WO 208/4138. Cf. SRM 225, 08/07/1943, TNA, WO 208/4136.
657. SRM 593, 25/06/1944, TNA, WO 208/4138.

658. SRX 1138, 03/10/1942, TNA, WO 208/4161.
659. SRN 823, 01/03/1942, TNA, WO 208/4143.
660. SRN 181, 21/03/1941; SRN 184, 21/03/1941; SRN 193, 22/03/1941, TNA, WO 208/4141. A última mensagem de rádio dizia: "Dois destróieres — cargas de profundidade — 53 mil TRB — presos — a. Kretschmer".
661. René Schilling, "Die 'Helden der Wehrmacht' — Konstruktion und Rezeption". In: Rolf-Dieter Müller e Hans-Erich Volkmann, *Die Wehrmacht. Mythos und Realität*. Munique, 1999, pp. 552-6.
662. SRN 3732, 18/05/1944, TNA, WO 208/4152.
663. SRN 2606, 04/01/1944, TNA, WO 208/4148.
664. Ibid.
665. Ibid.
666. Comentário de um cabo da Marinha em SRN 2636, 04/01/1944, TNA, WO 208/4148.
667. Christian Hartmann, *Halder. Generalstabschef Hitlers 1938-1942*. 2. ed. Paderborn, 2010, p. 331.
668. Mais sobre Reichenau, Johannes Hürter, *Hitlers Heerführer. Die deutschen Oberbefehlshaber im Krieg gegen die Sowjetunion 1941/42*. Munique, 2006. E os esboços de Brendan Simm, "Walther von Reichenau — Der politische General". In: Ronald Smesler e Enrico Syring (Orgs.), *Die Militärelite des Dritten Reiches*. Berlim, 1995, pp. 423-45. Timm Richter elabora no momento uma tese de doutorado sobre Reichenau.
669. Rudolf Schmundt era o ajudante de Hitler para assuntos da Wehrmacht e diretor do Departamento Pessoal do Exército. GRGG 161, WO 208/4363.
670. SRGG 83, 29/05/1943, TNA, WO 208/4165.
671. SRGG 578, 21/11/1943, TNA, WO 208/4167.
672. Neitzel, *Abgehört*, p. 446.
673. SRX 2029, 25/10/1944, TNA, WO 208/4164.
674. SRX 36, 14/02/1940, TNA, WO 208/4158.
675. SRA 224, 26/07/1940, TNA, WO 208/4118.
676. SRA 258, 01/08/1940, TNA, WO 208/4118.
677. SRM 149, 07/12/1942, TNA, WO 208/4136.
678. SRX 1955, 23/02/1944, TNA, WO 208/4164 Cf. também SRA 08/10/1940, TNA, WO 208/4120.
679. SRX 1881, 15/10/1943, TNA, WO 208/4163.
680. Neitzel, *Einsatz der deutschen Luftwaffe*, p. 40.
681. Murawski, *Wehrmachtbericht*, p. 42.
682. Clay Blair, *Der U-Boot-Krieg*. Munique, 1999, v. 2, pp. 738, 778.
683. Entre outros, o noticiário semanal de 21/10/1942.
684. Alberto Santoni, "The Italian Submarine Campaign". In: Stephen Howarth e Derel Law (Orgs.), *The Battle of the Atlantic 1939-1945*. Londres, 1994, pp. 329-32.
685. SRN 4797, 31/03/1945, TNA, WO 208/4157.
686. SRA 2996, 14/08/1942, TNA, WO 208/4127.
687. SRN 129, 15/11/1940, TNA, WO 208/4141. Cf. também SRA 2178, 01/10/1941, TNA, WO 208/4125.
688. SRA 5777, 01/02/1945, TNA, WO 208/4135. Há inúmeras variações dessa anedota sobre

Göring. Fala-se também de uma "Grã-Cruz com Folhas de Louro sobre Carretas Motorizadas". Hans-Jochen Gamm, *Der Flüsterwitz im Dritten Reich. Mündliche Dokumente zur Lage der Deutschen während des Nationalsozialismus*. Munique, 1990, p. 165.

689. Amedeo Osti Guerrazzi, "Noi non sappiamo odiare". In: *L' esercito italiano tra fascismo e democrazia*. Roma, 2010, p. 166.

690. SRIG 329, 17/10/1943, TNA, WO 208/4187. Ficalla era o comandante-chefe da 202ª Divisão Costeira e foi capturado em 21/07/1943 na Sicília. Salza era o capelão militar do Primeiro Exército italiano e foi capturado em 13 de maio de 1943 na Tunísia.

691. Nesse sentido, CSDIC Middle East n. 662 (I), 05/01/1943, TNA, WO 208/5574.

692. SRIG 221, 11/08/1943, TNA, WO 208/4186.

693. CSDIC Middle East n. 626 (I), 15/11/1942, TNA, WO 208/5574.

694. Na percepção dos soldados, mais importantes do que as medalhas eram as recompensas materiais. Um piloto de torpedeiro afirma ter recebido 5 mil liras de prêmio por um tiro certeiro. CSDIC Middle East n. 488 (I), 13/04/1942, TNA, WO 208/5518.

695. Ettore Bastico foi o comandante-chefe da Itália no norte da África entre julho de 1941 e fevereiro de 1943.

696. CSDIC Middle East n. 713 (I), 23/03/1943, TNA, WO 208/5574.

697. Cf. ISRM 49, 17/07/1943, TNA, WO 208/4188.

698. Nas conversas, mesmo soldados de unidades de elite falavam mais sobre seus sentimentos do que os soldados alemães. Cf., por exemplo, o relato de um oficial do submarino *Glauco* sobre uma perseguição de uma carga de profundidade: I/SRN 76, 29/07/1941, TNA, WO 208/4189. Algo semelhante não ocorria a tripulantes de submarinos alemães.

699. I/SRN 68, 24/07/1941, TNA, WO 208/4189.

700. Caças de longa distância britânicos.

701. CSDIC Middle East n. 489 (I), 14/04/1942. Cf. também CSDIC Middle East n. 471(I), 25/03/1942, TNA, WO 208/5518.

702. CSDIC AFHQ n. 58 (I), 31/08/1943, TNA, WO 208/5508.

703. Ibid.

704. I/SRN 70, 24/07/1941; I/SRN 90, 18/08/1941, TNA, WO 208/4189.

705. I/SRN 65, 20/07/1941. Cf. I/SRN 88, TNA, WO 208/4189.

706. Nesse sentido, I/SRN 54, 15/01/1941; I/SRN 72, 25/07/1941; I/SRN 97, 25/08/1941, TNA, WO 208/4189.

707. É a opinião, por exemplo, do tenente-general Kurt Freiherr von Liebenstein.

708. SRIG 138, 17/07/1943, TNA, WO 208/4186.

709. Carta em: Stevens, *Letters*, p. 135.

710. Ulrich Straus, *The Anguish of Surrender: Japanese POW's of World War II*. Londres; Seattle, 2003, pp. 48 ss.

711. Hirofumi Hayashi, "Japanese Deserters and Prisoners of War in the Battle of Okinawa". In: Barbara Hately-Broad e Bob Moore (Orgs.), *Prisoners of War, Prisoners of Peace: Captivity, Homecoming and Memory in World War II*. Oxford, 2005, pp. 49-58, aqui, p. 54. Algo semelhante pode ser constatado no cenário de guerra da Birmânia. Cf. Takuma Melber, "Verhört: Alliierte Studien zu Moral und Psyche japanischer Soldaten im Zweiten Weltkrieg". In: Welzer, Neitzel e Gudehus, *Der Führer*.

712. Melber, *Verhört*.
713. Ibid.
714. Rüdiger Overmans, *Deutsche militärische Verluste im Zweiten Weltkrieg*. Munique, 1999, p. 215.
715. SRM 1022, 15/11/1944, TNA, WO 208/4139.
716. Pois um livro publicado em 1966 pelo general da SS Paul Hausser traz justamente esse título.
717. Sobre as investigações mais recentes a respeito da Waffen-SS, cf. Martin Cüppers, *Wegbereiter der Shoah: die Waffen-SS, der Kommandostab Reichsführer-SS und die Judenvernichtung 1939-1945*. Darmstadt, 2005; Carlo Gentile, *Wehrmacht, Waffen-SS und Polizei im Kampf gegen Partisanen und Zivilbevölkerung in Italien 1943-1945*. Paderborn, 2011; Lieb, *Konventioneller Krieg*; René Rohrkamp, *Weltanschaulich gefestigte Kämpfer. Die Kämpfer der Waffen-SS 1933-1945. Organisation — Personal — Sozialstruktur*. Paderborn, 2010; e principalmente Jean-Luc Leleu, *La Waffen-SS. Soldats Politiques en Guerre*. Paris, 2007. Em breve: Jochen Lehnhardt, *Die Waffen-SS in der NS-Propaganda*. Universidade de Mogúncia, 2011. Tese de doutorado.
718. SRM 8, 23/07/1940, TNA, WO 208/4136.
719. Hartmann, *Wehrmacht im Ostkrieg*, pp. 106, 237.
720. KTB, 4º Regimento de Infantaria (mot.) da SS, 09/12/1941 a 29/04/1942 (cópia disponível com os autores).
721. Rohrkamp, *Weltanschaulich gefestigte Kämpfer*.
722. SRGG 429, 22/09/1943, TNA, WO 208/4166, em sentido semelhante: SRM 786, 12/08/1944, TNA, WO 208/4138.
723. SRM 747, 03/08/1944, TNA, WO 208/4138; também criticado por Lingner: SRM 1216, 2.45, TNA, WO 208/4140.
724. SRM 1019, 14/11/1944, TNA, WO 208/4139; SRX 2055, 09/11/1944, TNA, WO 208/4164; SRGG 1024 (C) 02/09/1944, TNA WO 208/4168.
725. SRM 786, 12/08/1944, TNA, WO 208/4138.
726. SRGG 1034 (C) 08/09/1944, TNA, WO 208/4168.
727. KTB Divisão "Grossdeutschland", "Aktennotiz Ia", 6 e 07/01/1943, p. 2, BA/MA, RH 26--1005/10.
728. SRM 786, 12/08/1944, TNA, WO 208/4138.
729. SRGG 971, 09/08/1944, TNA, WO 208/4168. Sobre a equiparação da Waffen-SS com a Divisão "Hermann Göring" como "guardas pretorianas", cf. SRGG 39, 16/05/1943, TNA, WO 208/4165.
730. SRA 2877, 05/08/1942, TNA, WO 208/4168; SRX 87, 09/06/1940, TNA, WO 208/4158; SRA 2621, 11/06/1942, TNA, WO 208/4126.
731. SRA 3236, 05/10/1942, TNA, WO 208/4128.
732. SRGG 39, 22/05/1943, TNA, WO 208/4165.
733. SRGG 39, 22/05/1943, TNA, WO 208/4165.
734. SRGG 971, 09/08/1944, TNA, WO 208/4165.
735. Henry Dicks: *The Psychological foundations of the Wehrmacht*, TNA, WO 241/1.
736. Citado segundo Karl-Günter Zelle, *Hitlers zweifelnde Elite*, p. 209.
737. Citado segundo Lieb, *Konventioneller Krieg*, p. 441.
738. Nesse sentido SRM 956, 10/10/1944, TNA, WO 208/4139.

739. GRGG 263, 18 a 20/02/1945, p. 3, TNA, WO 208/4177.

740. SRGG, 19/02/1944, TNA, WO 208/4168. O interrogatório de Kurt Meyer em 15 de novembro de 1944 revela todo o seu ódio pelos "bolcheviques das estepes". SRM 1022, 15/11/1944, p. 8, TNA, WO 208/4139.

741. SRM 1207, 12/02/1945, TNA, WO 208/4140.

742. Room Conversation Becker-Steiner, 14/02/1945, NARA, RG 165, Entry 179, Box 447.

743. Overmans, *Deutsche militärische Verluste*, pp. 257, 293-6.

744. Peter Lieb, "'Rücksichtslos ohne Pause angreifen, dabei ritterlich bleiben'. Eskalation und Ermordung von Kriegsgefangenen an der Westfront 1944". In: Neitzel/Hohrath (Org.), *Kriegsgreuel*, pp. 346-50. Indicações importantes também em Antony Beevor, *D-Day — Die Schlacht in der Normandie*. Munique, 2010.

745. Lieb, *Konventioneller Krieg*, pp. 435-48. Há muitos registros dos Aliados onde se afirma que os soldados da SS preferiam morrer a se entregar (*"preferring to die, rather than to give in"*): Charles P. Stacey, *The Victory Campaign. The Operations in North-West Europe, 1944--1945*. Ottawa, 1960. p. 249.

746. Pois justo no front oriental as companhias da SS conseguiram produzir um grande estrago nas unidades soviéticas, sem sofrerem elas mesmas perdas significativas. Como, por exemplo, na operação "Cidadela", cf. Roman Töppel, "Kursk — Mythen und Wirklichkeit einer Schlacht", *VfZG*, n. 57, pp. 349-84, 2009, especialmente pp. 373 ss.; Karl-Heinz Frieser et al., *Das Deutsche Reich und der Zweite Weltkrieg*. Stuttgart, 2007, v. 8, pp. 104-38.

747. SRGG 513, 29/10/1943, TNA, WO 208/4166.

748. Mensagem radiofônica do general das tropas de blindados, Erhard Raus, para o Oitavo Exército, em 10/08/1943, BA/MA, RH 20-8/95.

749. "Panzergruppe Eberbach bei Alençon und beim Durchbruch aus dem Kessel von Falaise", redigido em 7 de fevereiro de 1946, em cativeiro, por Heinrich Eberbach. BA-MA, RH 20/7/149. Segundo o próprio Eberbach, ele teria utilizado para esse trabalho as anotações que fizera em outubro de 1944, em Trent Park.

750. Lieb, *Konventioneller Krieg*, p. 426. O major Heimann contava a respeito da luta travada por um batalhão da "Leibstandarte Adolf Hitler" em torno de Aachen, em outubro de 1944: "O Obersturmführer da 'Leibstandarte' — era o que havia sobrado da 'Leibstandarte' de Aachen —, Obersturmsührer Rink (?), era um comandante de batalhão que estava subordinado a mim. Eis que esse comandante de batalhão vem até a mim de repente — isso foi três ou quatro dias antes de nós sermos forçados a nos entregar — e me diz assim: 'Hoje à noite eles vão se mandar'. De fato a SS planejava se mandar de lá. Foi aí que nós tivemos que adverti-los com toda a seriedade: a ordem do Führer para defender a cidade até o último instante vale tanto para a SS como para as demais unidades". SRM 982, 26/10/1944, TNA, WO 208/4139.

751. SRM 640, 10/07/1944, TNA, WO 208/4138.

752. SRM 968, 18/10/1944, TNA, WO 208/4139.

753. Em abril de 1944, o comandante-chefe do 48º Corpo de Blindados, general Hermann Balck, já não escondia de ninguém sua irritação com a 9ª Divisão de Blindados — os comandantes de nível intermediário não estariam capacitados para aquele trabalho. A falta de paciência com o comandante Obergruppenführer Wilhelm Bittrich era tanta que ele chegou a requerer sua remoção. Balck, entretanto, elogiava a valentia pessoal de Bittrich. Cf. Gert Fricke,

"Fester Platz" Tarnopol 1944. Friburgo, 1969. pp. 107-11, 116-9. Cf. ainda o informe sobre a viagem ao front do marechal de campo Von Kluge em 14/07/1944, passando pelo Grupo de Blindados Oeste e o 1º Corpo de Blindados da SS, BA/MA, RH 19 IV/50.

754. Provavelmente Zaporizhzhya.

755. SRA 4273, 14/08/1943, TNA, WO 208/4130. No dia 19 de fevereiro de 1943, Hitler se encontrou com o marechal de campo Erich von Manstein em Zaporizhzhya e lhe deu carta branca para contra-atacar. A divisão da SS "Leibstandarte Adolf Hitler" também foi acionada nessa operação.

756. SRM 662, 19/07/1944, TNA, WO 208/4138.

757. Avaliação do 8º Corpo de Exército britânico, 25/07/1944, citado segundo Lieb, *Konventioneller Krieg*, p. 428.

758. Eberbach à sua esposa, 08/07; 11/07/1944, BA/MA, MSG 1/1010.

759. SRA 3677, 18/02/1943, TNA, WO 208/4129.

760. SRX 201, 22/03/1941, TNA, WO 208/4158.

761. SRX 201, 22/03/1941, TNA, WO 208/4158. Cf. as declarações do cabo da Marinha Helmsmann, do U 335, em SRN 1013, 01/09/1942, TNA, WO 208/4143.

762. SRA 2378, 09/12/1941, TNA, WO 208/4126.

763. Para uma visão geral sobre os crimes de guerra na campanha da França, Lieb, *Konventioneller Krieg*, pp. 15-20; sobre a Divisão Caveira, Charles W. Sydnor, *Soldaten des Todes. Die 3. SS-Division "Totenkopf", 1933-1945*, Paderborn, 2002, pp. 76-102; Jean-Luc Leleu: "La Division SS-Totenkopf face à la population civile du Nord de la France en mai 1940". In: *Revue du Nord*, n. 83, pp. 821-40, 2001. Sobre os assassinatos dos soldados coloniais franceses com base em rica comprovação empírica, Raffael Scheck, *Hitler's African Victims: the German Army massacres of French Black Soldiers 1940*. Cambridge, 2006.

764. Cf. por exemplo SRM 892, 15/09/1944, TNA, WO 208/4139.

765. SRM 705, 28/07/1944, TNA, WO 208/4138.

766. SRM 746, 03/08/1944, TNA, WO 208/4138. As duas unidades realmente combateram na mesma seção de outubro de 1943 a janeiro de 1944.

767. SRM 746, 03/08/1944, TNA, WO 208/4138.

768. SRX 1978, 13/08/1944, TNA, WO 208/4164.

769. SRM 726, 30/07/1944, TNA, WO 208/4138.

770. SRM 1150, 30/12/1944, TNA, WO 208/4140. O comentário antissemita provavelmente partiu do comandante de divisão, o Brigadeführer Hein Lammerding.

771. SRM 899, 15/09/1944, TNA, WO 208/4139. Sobre os saques, SRM 772, 01/08/1944, TNA, WO 208/4138.

772. Um suboficial descreve o fuzilamento de dez ingleses realizado pela sua unidade antiblindados: SRM 741, 04/08/1944, TNA, WO 208/4138. O suboficial Kaun conta o caso de um prisioneiro canadense que foi morto a golpes de picareta por um soldado dos blindados. Pela descrição, o autor pode ter sido tanto um membro da divisão da SS "Juventude Hitlerista" como também de uma unidade do Exército. SRM 737, 03/08/1944, TNA, WO 208/4138.

773. Para mais detalhes: Lieb, *Konventioneller Krieg*.

774. SRM 892, 15/09/1944, TNA, WO 208/4139.

775. SRM 855, 29/08/1944, TNA, WO 208/4139.

776. Room Conversation Hanelt-Breitlich, 03/04/1945, NARA, RG 165, Entry 179, Box 479. A menção aos blindados durante o extermínio do vilarejo leva a crer que essa ação ocorreu no marco de uma operação contra "guerrilheiros" a cargo da Waffen-SS, sem qualquer relação, portanto, com as ações de fuzilamento dos grupos de combate do SD.

777. GRGG 225, 18 e 19/11/1944, TNA, WO 208/4364.

778. Cf. Neitzel, *Abgehört*, pp. 300-3, 572 ss.

779. SRX 1799, 23/06/1943, TNA, WO 208/4162.

780. Infelizmente ainda faltam pesquisas sobre os crimes de guerra praticados pela Waffen--SS no front oriental.

781. SRN 3929, 10/07/1944, TNA, WO 208/4153.

782. SRM 1079, 24/11/1944, TNA, WO 208/4139. Sobre o massacre da população civil na Bielorrússia, há um relato do Rottenführer Otto Gregor. PWIS (H)LDC/762, TNA, WO 208/4295. O tenente-coronel Müller-Rienzburg contava na prisão que o Standartenführer Kurt Meyer se jactava, durante o curso de comandantes de regimento, de haver conquistado uma localidade tendo sofrido apenas duas perdas — para depois arrasar o vilarejo completamente, "crianças, mulheres, velhos, tudo". SRGG 832, 13/02/1944, TNA, WO 208/4168.

783. SRM 648, 15/07/1944, TNA, WO 208/4138.

784. SRM 643, 13/07/1944, TNA, WO 208/4138. Sobre os fuzilamentos de prisioneiros praticados pela divisão da SS "O Reich", cf. o relato do Obersturmführer Simke em SRM 764, 08/08/1944, TNA, WO 208/4138. O Untersturmführer Karl-Walter Becker, da 12ª Divisão da SS "Juventude Hitlerista", reproduz o que seus camaradas lhe disseram no front da invasão: "No geral, o que se fazia na Rússia era só transportar, no meio de todos aqueles prisioneiros, só os que parecessem mais importantes, enquanto os restantes, a maioria, quase sempre eram executados". Declaração espontânea do Untersturmführer Karl-Walter Becker, TNA, WO 208/4295.

785. SRM 1205, 12/02/1945, TNA, WO 208/4140. Sobre os crimes da 12ª Divisão de Blindados da SS na Normandia, cf. Howard Margolian, *Conduct Unbecoming. The Story of the Murder of Canadian Prisoners of War in Normandy*. Toronto, 1998; Lieb, *Konventioneller Krieg*, pp. 158-66.

786. SRM 753, 03/08/1944, TNA, WO 208/4138.

787. Outros crimes são mencionados em SRM 706, 28/07/1944, TNA, WO 208/4138; SRM 367, 09/11/1943, TNA, WO 208/4137 (o assassinato de reféns em Pan evo, na Sérvia, em abril de 1941).

788. Leleu, *La Waffen-SS*, pp. 233-5; 420-41; Jürgen Matthäus, Konrad Kwiet, Jürgen Förster e Richard Breitman (Orgs.), *Ausbildungsziel Judenmord? "Weltanschauliche Erziehung" von SS, Polizei und Waffen-SS im Rahmen der "Endlösung"*. Frankfurt, 2003.

789. GRGG 262, 18 a 20/02/1945, TNA, WO 208/4177.

790. SRM 1214, 12/02/1945, TNA, WO 208/4140.

791. SRM 1216, 16/02/45. TNA, WO 208/4140. Reproduzindo quase as mesmas palavras, a ordem ditada por Himmler em 20/02/1943, in: Matthäus, *Ausbildungsziel Judenmord*, p. 106.

792. Bernd Wegner, *Hitlers Politische Soldaten. Die Waffen-SS 1933-1945*. 9. ed. Paderborn, 2009, p. 189.

793. Matthäus, *Ausbildungsziel Judenmord*.

794. SRM 649, 16/07/1944, TNA, WO 208/4138.

795. Leleu, *La Waffen-SS*, p. 468-70.

796. Wegner, *Hitlers Politische Soldaten*, p. 48 s.; Leleu, *La Waffen-SS*, pp. 456 ss., 483 ss.

797. SRM 649, 16/07/1944, TNA, WO 208/4138.
798. SRM 705, 28/07/1944, TNA, WO 208/4138.
799. SRM 649, 16/07/1944, TNA, WO 208/4138.
800. Carlo Gentile, "'Politische Soldaten'. Die 16. SS-Panzer-Grenadier-Division 'Reichsführer-SS' in Italien 1944", *Quellen und Forschungen aus italienischen Archiven und Bibliotheken*, n. 81, pp. 529-61, 2001.
801. Peter Lieb, "'Die Ausführung der Massnahme hielt sich anscheinend nicht im Rahmen der gegebenen Weisung'. Die Suche nach Hergang, Tätern und Motiven des Massakers von Maillé am 25. August 1944", *Militärgeschichtliche Zeitschrift*, n. 68, pp. 345-78, 2009.
802. SRM 766, 08/08/1944, TNA, WO 208/4138.
803. Leleu, *La Waffen-SS*, pp. 794 ss.
804. SRM 668, 21/07/1944, TNA, WO 208/4138.
805. Nesse sentido o estudo de Matthias Weusmann, *Die Schlacht in der Normandie 1944. Wahrnehmungen und Deutungen deutscher Soldaten*. Universidade de Mogúncia, 2009. Dissertação de mestrado.
806. Christian Gerlach, *Kalkulierte Morde. Die deutsche Wirtschafts- und Vernichtungspolitik in Weissrussland*. Hamburgo, 1999, pp. 609-22; Peter Lieb, "Die Judenmorde der 707. Infanteriedivision 1941/42", *VfZG*, n. 50, pp. 523-58, 2002, especialmente 535-44.
807. Hartmann, *Wehrmacht im Ostkrieg*, pp. 469-788; Hermann Frank, *Blutiges Edelweiss. Die 1. Gebirgsdivision im Zweiten Weltkrieg*. Berlim, 2008; Peter Lieb, "Generalleutnant Harald von Hirschfeld. Eine nationalsozialistische Karriere in der Wehrmacht". In: Christian Hartmann (Org.), *Von Feldherrn und Gefreiten. Zur biographischen Dimension des Zweiten Weltkrieges*. Munique, 2008, pp. 45-56.
808. Cf. a primeira tentativa de uma história das mentalidades sobre o assunto, Hans-Martin Stimpel, *Die deutsche Fallschirmtruppe 1936-1945. Innenansichten von Führung und Truppe*, Hamburgo, 2009.
809. Os britânicos diziam que praticamente todos os oficiais capturados da 3ª Divisão de Paraquedistas seriam nazistas convictos. Corps Intelligence Summary, n. 56, 08/09/1944, TNA, WO 171/287. Agradecemos essa indicação a Peter Lieb, de Sandhurst.
810. SRGG 971, 09/08/1944, TNA, WO 208/4168.
811. Esse é o resultado de um estudo com base na comparação minuciosa dos protocolos de escutas de oficiais e suboficiais da Waffen-SS, e de paraquedistas. Frederik Müllers, *Des Teufels Soldaten? Denk- und Deutungsmuster von Soldaten der Waffen-SS*. Universidade de Mogúncia, 2011. Dissertação de mestrado.
812. É a conclusão de Tobias Seidl em sua dissertação de mestrado apresentada na Universidade de Mogúncia, em 2011: *"Führerpersönlichkeiten". Deutungen und Interpretationen deutscher Wehrmachtgeneräle in britischer Kriegsgefangenschaft*.
813. Cf. Richard Germann, "'Österreichische' Soldaten im deutschen Gleichschritt?". In: Welzer, Neitzel e Gudehus, *Der Führer*.
814. Ulrich Herbert, *Best: biographische Studien über Radikalismus, Weltanschauung und Vernunft 1903-1989*. Bonn, 1996; Michael Wildt, *Generation des Unbedingten. Das Führungskorps des Reichssicherheitshauptamtes*. Hamburgo, 2002; Isabel Heinemann, *"Rasse, Siedlung, deutsches*

Blut." Das Rasse- und Siedlungshauptamt der SS und die rassenpolitische Neuordnung Europas. Göttingen, 2003.

4. EM QUE MEDIDA A WEHRMACHT EMPREENDEU UMA GUERRA NAZISTA? [pp. 385-411]

    1. <www.collateralmurder.com>.
    2. David L. Anderson, "What Really Happened?". In: David L. Anderson (Org.), *Facing My Lai. Beyond the Massacre*. Kansas, 1998, pp. 1-17 (p. 2, a tradução é nossa).
    3. Greiner, *Krieg ohne Fronten*, p. 113.
    4. Ibid., p. 407.
    5. *Der Spiegel*, n. 16, p. 21, 2010.
    6. Harald Potempa, *Die Perzeption des Kleinen Krieges im Spiegel der deutschen Militärpublizistik (1871 bis 1945) am Beispiel des Militärwochenblattes*. Potsdam, 2009.
    7. *Der Spiegel*, n. 16, p. 20, 2010.
    8. Walter Manoschek, "'Wo der Partisan ist, ist der Jude, wo der Jude ist, ist der Partisan.' Die Wehrmacht und die Shoah". In: Gerhard Paul (Org.), *Täter der Shoah, Fanatische Nationalsozialisten oder ganz normale Deutsche?*. Göttingen, 2002, pp. 167-86; Helmut Krausnick und Hans-Heinrich Wilhelm, *Die Truppe des Weltanschauungskrieges. Die Einsatzgruppen der Sicherheitspolizei und des SD 1938-1942*, Stuttgart, 1981, p. 248.
    9. Alison des Forges, *Kein Zeuge darf überleben. Der Genozid in Ruanda*. Hamburgo, 2002, p. 94
    10. Bill Adler (Org.), *Letters from Vietnam*. Nova York, 1967, p. 22.
    11. Jonathan Shay, *Achill in Vietnam. Kampftrauma und Persönlichkeitsverlust*. Hamburgo, 1998, p. 271.
    12. Philip Caputo, *A Rumor of War*. Nova York, 1977, p. 231.
    13. Michael E. Stevens, *Letter from the Front 1898-1945*. Madison, 1992, p. 110.
    14. Andrew Carroll, *War Letters. An Extraordinary Correspondence from American Wars*. Nova York, 2002.
    15. Samuel A. Stouffer et al., *Studies in Social Psychology in World War II: The American Soldier. V. 1, Adjustment During Army Life*. Princeton, 1949, pp. 108-10, 149-72.
    16. Carta de Kundus, "Briefe von der Front", *Süddeutsche Zeitung Magazin*, 2009. Disponível em: <sz-magazin.sueddeutsche.de/texte/anzeigen/31953>. Acesso em: 27 set. 2010.
    17. Em cartas de guerra — mais um exemplo do Vietnã — é possível encontrar por vezes um certo arrependimento e pedidos de desculpas pelas manifestações de pensamentos e desejos de vingança: "Nesse dia eu perdi um monte de colegas, e tudo o que eu espero agora é a chance de encontrá-los novamente [tropas do Vietnã do Norte] e fazê-los pagar pelo que fizeram. Desculpe-me escrever uma coisa dessas. Tento não escrever a vocês de casa sobre as minhas operações, mas eu não consigo me livrar dessa sensação amarga e vingativa diante deles". [*I lost quite a few buddies that day, and all I hope for now is the chance to get back at them and make them pay for it. I'm sorry for writing like this. I try not to write home about any action I've been in, but I just can't help feeling bitter and vengeful toward them.*] (Bernard Edelman, *Dear America. Letters Home from Vietnam*. Nova York, 1985, p. 79)

18. Um bom resumo em Overmans, *Das Deutsche Reich*, v. 9/2, p. 799, p. 820.

19. Cf. também as cartas em Konrad Jarausch e Klaus-Jochen Arnold, "*Das stille Sterben...*" *Feldpostbriefe von Konrad Jarausch aus Polen und Russland*. Paderborn, 2008, com sinais parecidos de empatia.

20. Cf. sobre o assunto os artigos da coletânea Neitzel e Hohrath, *Kriegsgreuel*, sobretudo Oswald Überegger: "'Verbrannte Erde' und 'baumelnde Gehenkte'. Zur europäischen Dimension militärischer Normübertretungen im Ersten Weltkrieg", pp. 241-78; Bourke, *An Intimate History*, p. 182.

21. Peter Lieb, "'Rücksichtslos ohne Pause angreifen, dabei ritterlich bleiben'. Eskalation und Ermordungen von Kriegsgefangenen an der Westfront 1944". In: Neitzel e Hohrath, *Kriegsgreuel*, pp. 337-52.

22. Wehler, *Gesellschaftsgeschichte*, v. 4, p. 842.

23. Gerald F. Linderman, *The World within War. America's Combat Experience in World War II*. Nova York, 1997, p. 111.

24. Em 14 de julho de 1943, nos arredores do vilarejo siciliano de Biscari, os soldados da 45ª Divisão de Infantaria estadunidense fuzilaram cerca de setenta prisioneiros italianos e alemães. Um dos motivos principais para a ação parece ter sido a ordem do general Patton, que implicitamente clamava pela execução de prisioneiros. Bourke, *An Intimate History*, p. 184. Casos parecidos ocorreram nos primeiros dias da batalha na Normandia. Lieb, *Rücksichtslos*.

25. Linderman, *The World within War*, pp. 112-26.

26. Lieb, *Rücksichtslos*, p. 349 ss.

27. Welzer, *Täter*, p. 256.

28. Jens Ebert, *Zwischen Mythos und Wirklichkeit. Die Schlacht um Stalingrad in deutschsprachigen authentischen und literarischen Texten*, tese de doutorado, Berlim, 1989, p. 38, citado aqui segundo: Ute Daniel e Jürgen Reulecke, "Nachwort der deutschen Herausgeber". In: Anatolij Golov anskij et al. (Org.), "*Ich will raus aus diesem Wahnsinn*". *Deutsche Briefe von der Ostfront 1941-1945. Aus sowjetischen Archiven*. Wuppertal et al., 1991. p. 314. Cf. também Linderman, *The World within War*, p. 48-55, e Alf Lüdtke, "The Appeal of Exterminating 'Others'. German Workers and the Limits of Resistance", *Journal of Modern History*, n. 64, número especial, pp. 46--67, aqui pp. 66-7, 1992.

29. Edelman, *Dear America*, p. 136.

30. Rolf-Dieter Müller e Hans-Erich Volkmann (Orgs.), *Die Wehrmacht. Mythos und Realität*. Munique, 1999, pp. 87-174.

31. Felix Römer, "'Seid hart und unerbittlich...'. Gefangenenerschießungen und Gewalteskalation im deutsch-sowjetischen Krieg 1941/42". In: Neitzel e Hohrath, *Kriegsgreuel*, pp. 317-36.

32. Linderman, *The world Within War*, pp. 90 ss., 169.

33. Stouffer et al., *Studies in Social Psychology*.

34. Ibid., p.149.

35. Shils e Janowitz, *Cohesion and Disintegration*.

36. Para mais sobre o assunto, Martin van Creveld, *Fighting Power. German and U. S. Army Performance, 1939-1945*. Westport; Connecticut, 1982; Welzer, *Täter*.

37. Erving Goffman, *Stigma. Über Techniken der Bewältigungbeschädigter Identität*. Frankfurt, 1974.

38. Citado segundo Lifton, Ärzte, p. 58.

39. Citado segundo Greiner, *Krieg ohne Fronten*, p. 249.

40. Reese, *Mir selber*, pp. 136 ss.

41. Formações de grupos também ficam evidentes num nível mais geral, quando se traça uma linha divisória entre os soldados combatentes e o resto do mundo. Biehl e Keller descrevem o fenômeno no caso das perspectivas dos soldados da Bundeswehr no cumprimento de suas missões no exterior: "A dialética entre ideologia latente e reflexo anti-ideológico dos soldados leva a uma grande identificação desses soldados com suas respectivas missões e objetivos. Por outro lado há uma postura distanciada, quase hostil, dos veículos de imprensa, da ressonância social e da 'alta política'. O que permite aos soldados se enxergarem como agentes decisivos, que realizam suas ações in loco e respondem pelo sucesso da missão, é precisamente uma postura antielitista. Esse mecanismo os ajuda a encarar mais facilmente a própria situação, com todas as responsabilidades e perigos que ela representa. É assim que os soldados estabelecem uma linha divisória entre 'nós que estamos aqui em missão' e 'os que ficaram na pátria', estabelecendo um conceito de pertença e reconhecimento". Heiko Biehl e Jörg Keller, "Hohe Identifikation und nüchterner Blick". In: Sabine Jaberg, Heiko Biehl, Günter Mohrmann e Maren Tomforde (Orgs.), *Auslandseinsätze der Bundeswehr. Sozialwissenschaftliche Analysen, Diagnosen und Perspektiven*. Berlim, 2009, pp. 121-41, aqui pp. 134-5.

Nesse mesmo contexto, Maren Tomforde descreve o surgimento de uma identidade coletiva peculiar dos soldados da Bundeswehr que participam da International Security Assistance Force, no Afeganistão. Com seus uniformes "cor-de-rosa" — os uniformes das tropas sempre bem lavados, num ligeiro tom de rosa —, os soldados mostram, por exemplo, que pertencem ao contingente e conseguem se diferenciar dos demais. É assim que surgem durante as missões internacionais atributos que necessariamente coincidem com a identidade da Bundeswehr na Alemanha. Maren Tomforder, "'Meine rosa Uniform zeigt, dass ich dazu gehöre'. Soziokulturelle Dimensionen des Bundeswehr-Einsatzes in Afghanistan". In: Horst Schuh e Siegfried Schwan (Orgs.), *Afghanistan — Land ohne Hoffnung? Kriegsfolgen und Perspektiven in einem verwundeten Land*. Brühl, 2007, pp. 134-59.

42. Mas também há minorias que agem por pura convicção política e em nome de determinadas visões de mundo. Bom exemplo são os membros da "Abraham Lincoln Brigade", veteranos norte-americanos da Guerra Civil Espanhola que combateram os nazistas na Segunda Guerra ao lado do Exército dos Estados Unidos, sobretudo por seus ideais antifascistas; ver Peter N. Carroll et al., *The Good Fight Continues. World War II Letters from the Abraham Lincoln Brigade*. Nova York, 2006.

43. Edelman, *Dear America*, p. 216.

44. *Der Spiegel*, n. 16, p. 23, 2010.

45. Andrew Carroll (Org.), *War Letters. Extraordinary Correspondence from American Wars*. Nova York, 2002, p. 474.

46. Aly, *Volksstaat*.

47. Loretana de Libero, *Tradition im Zeichen der Transformation. Zum Traditionsverständnis der Bundeswehr im frühen 21. Jahrhundert*. Paderborn, 2006.

48. Cf. Benjamin Ziemann, *Front und Heimat. Ländliche Kriegserfahrun- gen im südlichen Bayern, 1914-1923*. Essen, 1997.

49. Kühne, *Kameradschaft*, p. 197.
50. Cf. FelixRömer, "Volksgemeinschaft in der Wehrmacht? Milieus, Mentalitäten und militärische Moral in den Streitkräften des NS-Staates". In: Welzer, Neitzel e Gudehus, *Der Führer*.

ANEXO [pp. 413-420]

1. TNA WO 208/4970, "The Story of M.I.19", s/d, p. 1; cf. Francis H. Hinsley, *British Intelligence in the Second World War*. Londres, 1979, v. 1, p. 283.
2. "The Story of M.I.19", s/d, p. 6, TNA, WO 208/4970.
3. TNA, WO 208/4970, "The History of C. S. D. I. C.(U. K)", s/d, p. 4.
4. Informe "Interrogation of Ps/W", 17/05/1943; NARA, RG 38, OP-16-Z, Records of the Navy Unit, Tracy, Box 16: "Centres are, at present, established as follows: In England, 3 Centres for German & Italians, In North Africa, 2 Centres for German & Italians, In East Africa, 1 Centre (dismantled) for Japs, In India, 1 Centre for Japanese, In Australia, 1 Centre (A. T. I. S.) for Japanese, In U. S. A., 2 Centres for Germans, Italians and Japanese".
5. Foram elaborados 4826 protocolos de escutas de 3838 membros da Marinha alemã, 5795 protocolos de 3609 membros da Luftwaffe e 1254 protocolos de 2748 membros do Exército (incluindo a Waffen-SS). Há ainda 2076 protocolos em que aparecem simultaneamente integrantes de dois ou dos três grupos de armas. Os protocolos de membros do Exército são indicados com números SRM. Os relatórios SRM 1-1264 estão divididos em cinco arquivos (TNA, WO 208/4136--4140). Os protocolos de membros da Luftwaffe (SRA 1-5836) preenchem dezenove arquivos, os da Marinha (SRN 1-4857), dezessete. Os informes mistos SRX 1-2141 constam em sete arquivos (TNA, WO 208/4164), os de oficiais do Estado-Maior e de generais (SRGG 1-1350 e GRGG 1-363) ocupam onze arquivos (WO 208/4165-4170, 4178, 4363-4366).
6. Neder, *Kriegsschauplatz Mittelmeerraum*, pp.12 ss.
7. Cf. o informe final do MIS sobre Fort Hunt e Fort Tracy, seção II. A.; Report of the Activities of two Agencies of the CPM Branch, MIS, G-2, WDGS, S/D (1945); NARA, RG 165, Entry 179, Box 575.
8. Sobre o volume e as condições dos arquivos, cf. o informe "Study on Peacetime Disposition of 'X' and 'Y' Files", s/d, no anexo do memorando do WDGS, "Intelligence Division, Exploitation Branch", 14/03/1947; NARA, RG 319, Entry 81, Box 3.
9. Cf. Felix Römer, "Volksgemeinschaft in der Wehrmacht? Milieus, Mentalitäten und militärische Moral in den Streitkräften des NS-Staates". In: Welzer/Neitzel/Gudehus, *Der Führer*.
10. Cf. PAAA, R 41141.
11. OKW A Ausl./Abw.-Abt. Abw. III n. 4091/41 G, 11/06/1941, BA/MA, RM 7/3137.
12. Generalstabsoffizier n. 1595/43 GKdos, 04/11/1943, BA/MA, RL 3/51. Agradecemos as indicações sobre esses arquivos a Klaus Schmider, de Sandhurst.
13. Cf. por exemplo SRN 4677, março de 1945, TNA, WO 208/4157. Sobre as advertências recíprocas para não entregar nenhuma informação dentro das prisões, ver entre outros: Extract from S. R. Draft n. 2142, TNA, WO 208/4200.
14. Cf. por exemplo SRN 185, 22/03/1941, TNA, WO 208/4141; SRN 418, 19/06/1941; SRN 462, 28/06/1941, os dois em TNA, WO 208/4142; SRN 741 10/01/1942, TNA, WO 208/4143.
15. Cf. por exemplo SRM 741, 04/08/1944, TNA, WO 208/4138.

16. Só há um caso comprovado de prisioneiros que descobriram microfones escondidos. Extract from Draft n. 2148, 05/03/1944, TNA, WO 208/4200.

17. Sobre as estratégias de interceptação, cf. também Neitzel, *Abgehört*, pp. 16-8.

18. Foram empregados ao todo nos campos britânicos 49 informantes disfarçados, que vigiaram 1506 prisioneiros. Hinsley, *British Intelligence*, v. 1, pp. 282 s. Cf. CSDIC (UK), p. 6, TNA, WO 208/4970.

19. Cf. os registros sobre os interrogatórios do tenente Max Coreth de 18/03 a 22/05/1944; NARA, RG 165, Entry 179, Box 458.

20. Cf. a respeito Falko Bell, *Grossbritannien und die deutschen Vergeltungswaffen. Die Bedeutung der Human Intelligence im Zweiten Weltkrieg*. Universidade de Mogúncia, 2009. Dissertação de mestrado; idem, "Informationsquelle Gefangene: Die Human Intelligence in Grossbritannien". In: Welzer, Neitzel e Gudehus, *Der Führer*.

21. Stephen Tyas: "Allied Intelligence Agencies and the Holocaust: Information Acquired from German Prisoners of War", *Holocaust and Genocide Studies*, n. 22, p. 16, 2008.

Referências bibliográficas

ADERS, Gebhard. *Geschichte der deutschen Nachtjagd, 1917-1945*. Stuttgart: Motorbuch, 1978.

ADLER, Bill (Org.). *Letters from Vietnam*. Nova York: Dutton, 1967.

AFFLERBACH, Holger. "'Mit wehender Fahne untergehen'. Kapitulationsverweigerung in der deutschen Marine". *VfZG*, v. 49, pp. 593-612, 2001.

ALLPORT, Gordon. *Die Natur des Vorurteils*. Colônia: Kiepenheuer & Witsch, 1971.

ALY, Götz. *Hitlers Volksstaat. Raub, Rassenkrieg und nationaler Sozialismus*. Frankfurt: S. Fischer, 2005.

_____. (Org.). *Volkes Stimme. Skepsis und Führervertrauen im Nationalsozialismus*. Frankfurt: S. Fischer, 2006.

ANDERSON, David L. "What Really Happened?". In: _____. (Org.). *Facing My Lai: Moving Beyond the Massacre*. Lawrence: University Press of Kansas, 1998. pp. 1-17.

ANGRICK, Andrej et al. "'Da hätte man schon ein Tagebuch führen müssen.' Das Polizeibataillon 322 und die Judenmorde im Bereich der Heeresgruppe Mitte während des Sommers und Herbstes 1941". In: GRABITZ, Helge et al. (Org.). *Die Normalität des Verbrechens. Bilanz und Perspektiven der Forschung zu den nationalsozialistischen Gewaltverbrechen*. Berlim: Hentrich, 1994. pp. 325-85.

ANGRICK, Andrej. *Besatzungspolitik und Massenmord: Die Einsatzgruppe D in der südlichen Sowjetunion 1941-1943*. Hamburgo: Hamburger Edition, 2003.

ARENDT, Hannah. *Eichmann in Jerusalem. Ein Bericht von der Banalität des Bösen*. Leipzig: Reclam, 1986. [Ed. bras.: *Eichmann em Jerusalém: Um relato sobre a banalidade do mal*. São Paulo: Companhia das Letras, 1999.]

BAJOHR, Frank; POHL, Dieter. *Der Holocaust als offenes Geheimnis. Die Deutschen, die NS-Führung und die Alliierten*. Munique: Beck, 2006.

BALKE, Ulf. *Der Luftkrieg in Europa. Die operativen Einsätze des Kampfgeschwaders 2 im Zweiten Weltkrieg*. Bonn: Bernard & Graefe, 1990. v. 2: Der Luftkrieg gegen England und über dem Deutschen Reich 1941-1945.

BARTLETT, Frederic. *Remembering: A Study in Experimental and Social Psychology*. Cambridge: Cambridge University Press, 1997.

BARTUSEVICIUS, Vincas; TAUBER, Joachim; WETTE, Wolfram (Orgs.). *Holocaust in Litauen: Krieg, Judenmorde und Kollaboration*. Colônia: Böhlau, 2003.

BATESON, Gregory. *Ökologie des Geistes*. Frankfurt: Suhrkamp, 1999.

BECK, Birgit. *Wehrmacht und sexuelle Gewalt: Sexualverbrechen vor deutschen Militärgerichten*. Paderborn: F. Schöningh, 2004.

BEEVOR, Antony. *D-Day: Die Schlacht in der Normandie*. Munique: C. Bertelsmann, 2010.

BEHRENBECK, Sabine. "Zwischen Trauer und Heroisierung. Vom Umgang mit Kriegstod und Niederlage nach 1918". In: DUPPLER, Jörg; GROSS, Gerhard P. (Orgs.). *Kriegsende 1918: Ereignis, Wirkung, Nachwirkung*. Munique: Oldenbourg, 1999. pp. 315-42.

BELL, Falko. *Grossbritannien und die deutschen Vergeltungswaffen. Die Bedeutung der Human Intelligence im Zweiten Weltkrieg*. Mogúncia: Universidade de Mogúncia, 2009. Dissertação (Mestrado).

_____. "Informationsquelle Gefangene: Die Human Intelligence in Großbritannien". In: WELZER, Harald; NEITZEL, Sönke; GUDEHUS, Christian (Orgs.). *"Der Führer war wieder viel zu human, zu gefühlvoll!": der Zweite Weltkrieg aus der Sicht deutscher und italienischer Soldaten*. Frankfurt: Fischer Taschenbuch, 2011.

BENZ, Wolfgang; GRAML, Hermann; WEISS, Hermann. *Enzyklopädie des Nationalsozialismus*. Munique: Deutscher Taschenbuch, 1998.

BERADT, Charlotte. *Das Dritte Reich des Traumes*. Posf. de Reinhart Koselleck. Frankfurt: Suhrkamp, 1981.

BERGIEN, Rüdiger. *Die bellizistische Republik. Wehrkonsens und "Wehrhaftmachung" in Deutschland 1918-1933*. Munique: Oldenbourg, 2010.

BIEHL, Heiko; KELLER, Jörg: "Hohe Identifikation und nüchterner Blick". In: JABERG, Sabine; BIEHL, Heiko; MOHRMANN, Günter; TOMFORDE, Maren (Orgs.). *Auslandseinsätze der Bundeswehr. Sozialwissenschaftliche Analysen, Diagnosen und Perspektiven*. Berlim: Duncker & Humblot, 2009. pp. 121-41. (Sozialwissenschaftliche Schriften, 47)

BIRN, Ruth Bettina. *Die Höheren SS- und Polizeiführer: Himmlers Vertreter im Reich und in den besetzten Gebieten*. Düsseldorf: Droste, 1986.

BLAIR, Clay. *Der U-Boot-Krieg*. Munique: Bechtermüenz, 2001. v. 2

BOBERACH, Heinz (Org.). *Meldungen aus dem Reich: Auswahl aus den geheimen Lageberichten des Sicherheitsdienstes der SS 1939-1944*. Munique: Deutscher Taschenbuch, 1968.

BÖGLI, Nicole. *Als kriegsgefangener Soldat in Fort Hunt*. Berna: Universidade de Berna, 2010. Dissertação (Mestrado).

BÖHLER, Jochen. *Auftakt zum Vernichtungskrieg: Die Wehrmacht in Polen 1939*. Frankfurt: Fischer Taschenbuch, 2006.

BÖHME, Kurt. *Die deutschen Kriegsgefangenen in sowjetischer Hand*. Munique: Bilanz, 1966.

BÖHME, Manfred. *Jagdgeschwader 7: die Chronik eines Me 262-Geschwaders*. Stuttgart: Motorbuch, 1983.

BOOG, Horst; KREBS, Gerhard; VOGEL, Detlef (Orgs.). *Das Deutsche Reich und der Zweite Weltkrieg.* Stuttgart: Deutsche Verlags-Anstalt, 2001. v. 7.

BORGERT, Heinz-Ludger. "Kriegsverbrechen der Kriegsmarine". In: WETTE, Wolfram; UEBERSCHÄR, Gerd R. (Orgs.). *Kriegsverbrechen im 20. Jahrhundert.* Darmstadt: Primus, 2001. pp. 310-2.

BOURKE, Joanna. *An Intimate History of Killing: face-to-face killing in twentieth-century warfare.* Nova York: Basic Books, 1999.

BROSZAT, Martin (Org.). *Kommandant in Auschwitz. Autobiographische Aufzeichnungen des Rudolf Höss.* Munique: Deutscher Taschenbuch, 1989.

BROWNING, Christopher R. *Ganz normale Männer. Das Reserve-Polizeibataillon 101 und die "Endlösung" in Polen.* Reinbek: Rowohlt Taschenbuch, 1996.

BRUNS-WÜSTEFELD, Alex. *Lohnende Geschäfte. Die "Entjudung" am Beispiel Göttingens.* Hannover: Fackelträger, 1997.

BUDRASS, Lutz. *Flugzeugindustrie und Luftrüstung in Deutschland 1918-1945.* Düsseldorf: Droste, 1998.

CAPUTO, Philip. *A Rumor of War.* Nova York: Holt, Rinehart and Winston, 1977.

CARROLL, Andrew (Org.). *War letters: An Extraordinary Correspondence from American Wars.* Nova York: Washington Square, 2002.

CARROLL, Peter N. et al. (Org.). *The Good Fight Continues: World War II Letters from the Abraham Lincoln Brigade.* Nova York: New York University Press, 2006.

CHICKERING, Roger; FÖRSTER, Stig. "Are We There Yet? World War II and the Theory of Total War". In: CHICKERING, Roger; FÖRSTER, Stig; GREINER, Bernd (Orgs.). *A World at Total War: Global Conflict and the Politics of Destruction 1937-1945.* Washington: German Historical Institutes; Cambridge: Cambridge University Press, 2005. pp. 1-18.

CHRIST, Michaela. *Die Dynamik des Tötens: Die Ermordung der Juden von Berditschew, Ukraine 1941-1944.* Frankfurt: Fischer Taschenbuch, 2012.

_____. "Kriegsverbrechen". In: WELZER, Harald; NEITZEL, Sönke; GUDEHUS, Christian (Orgs.). *"Der Führer war wieder viel zu human, zu gefühlvoll!": der Zweite Weltkrieg aus der Sicht deutscher und italienischer Soldaten.* Frankfurt: Fischer Taschenbuch, 2011.

CREVELD, Martin van. *Fighting Power: German and U. S. Army Performance, 1939-1945.* Westport: Greenwood, 1982.

CÜPPERS, Martin. *Wegbereiter der Shoah: Die Waffen-SS, der Kommandostab Reichsführer-SS und die Judenvernichtung 1939-1945.* Darmstadt: Wissenschaftliche Buchgesellschaft, 2005.

DANIEL, Ute; REULECKE, Jürgen. "Nachwort der deutschen Herausgeber". In: GOLOV ANSKIJ, Anatolij et al. (Org.). *"Ich will raus aus diesem Wahnsinn": Deutsche Briefe von der Ostfront 1941-1945. Aus sowjetischen Archiven.* Wuppertal: P. Hammer; Moscou: Verlagsvereinigung des Schriftstellerverbandes der UdSSR, 1991.

DEMETER, Karl. *Das Deutsche Offizierskorps 1650-1945.* Frankfurt: Bernard & Graefe, 1965.

DIAMOND, Jared. *Kollaps: Warum Gesellschaften überleben oder untergehen.* Frankfurt: S. Fischer, 2005.

DÖRR, Manfred. *Die Träger der Nahkampfspange in Gold: Heer, Luftwaffe, Waffen-SS.* Osnabrück: Osnabrück Biblio-Verl., 1996.

EBERT, Jens. *Zwischen Mythos und Wirklichkeit. Die Schlacht um Stalingrad in deutschsprachigen authentischen und literarischen Texten*. Berlim: Humboldt University, 1989. Tese (Doutorado).

ECHTERNKAMP, Jörg. "Im Kampf an der inneren und äusseren Front. Grundzüge der deutschen Gesellschaft im Zweiten Weltkrieg". In: MILITÄRGESCHICHTLICHES Forschungsamt (Org.). *Das Deutsche Reich und der Zweite Weltkrieg*. Stuttgart: Deutsche Verlags-Anstalt, 2004. v. 9, t. 1. pp. 1-76.

EDELMAN, Bernard. *Dear America: Letters Home from Vietnam*. Nova York: Norton, 1985.

EINE Frau in Berlin: Tagebuchaufzeichnungen vom 20. April bis 22. Juni 1945. Frankfurt: Eichborn, 2003.

ELIAS, Norbert. *Studien über die Deutschen*. Frankfurt: Suhrkamp, 1989. [Ed. bras.: *Os alemães*. Rio de Janeiro: Zahar, 1997.]

_____. *Was ist Soziologie?*. Munique: Juventa, 2004.

ELIAS, Norbert; SCOTSON, John L. *Etablierte und Aussenseiter*. Frankfurt: Suhrkamp, 1990.

ELSTER, Welf Botho. *Die Grenzen des Gehorsams: Das Leben des Generalmajors Botho Henning Elster in Briefen und Zeitzeugnissen*. Hildesheim: Olms, 2005.

ETHELL, Jeffrey L.; ALFRED, Price. *Deutsche Düsenflugzeuge im Kampfeinsatz 1944/45*. Stuttgart: Motorbuch, 1981.

EVANS, Richard J. *Das Dritte Reich*. Munique: Deutsche Verlags-Anstalt, 2004, 2007, 2009. 3 v.

FELTMAN, Brian K. "Death Before Dishonor: The Heldentod Ideal and the Dishonor of Surrender on the Western Front, 1914-1918". Berna: Universidade de Berna, 10 set. 2010.

FESTINGER, Leon; RIECKEN, Henry W.; SCHACHTER, Stanley. *When Prophecy Fails: A Social and Psychological Study of a Modern Group That Predicted the Destruction of the World*. Minneapolis: University of Minnesota Press, 1956.

FORGES, Alison des. *Kein Zeuge darf überleben: Der Genozid in Ruanda*. Hamburgo: Hamburger Edition; Auflage, 2002.

FÖRSTER, Jürgen (Org.). *Ausbildungsziel Judenmord? "Weltanschauliche Erziehung" von SS, Polizei und Waffen-SS im Rahmen der "Endlösung"*. Frankfurt: S. Fischer, 2003.

FÖRSTER, Jürgen. "Geistige Kriegführung in Deutschland 1919 bis 1945". In: MILITÄRGESCHICHTLICHES Forschungsamt (Org.). *Das Deutsche Reich und der Zweite Weltkrieg*. Stuttgart: Deutsche Verlags-Anstalt, 2004. v. 9, t. 1. pp. 469-640.

FÖRSTER, Stig (Org.). *An der Schwelle zum Totalen Krieg. Die militärische Debatte um den Krieg der Zukunft, 1919-1939*. Paderborn: F. Schöningh, 2002.

_____. "Ein militarisiertes Land? Zur gesellschaftlichen Stellung des Militärs im Deutschen Kaiserreich". In: HEIDENREICH, Bernd; NEITZEL, Sönke (Orgs.). *Das Deutsche Kaiserreich 1890-1914*. Paderborn: F. Schöningh, 2011.

FOUCAULT, Michel. *Überwachen und Strafen*. Frankfurt: Suhrkamp, 1994.

FRANK, Hermann. *Blutiges Edelweiss: Die 1. Gebirgsdivision im Zweiten Weltkrieg*. Berlim: Ch. Links, 2008.

FREI, Norbert. *1945 und wir: Das Dritte Reich im Bewußtsein der Deutschen*. Munique: C.H. Beck, 2005.

FRICKE, Gert. *"Fester Platz" Tarnopol 1944*. Freiburg im Breisgau: Rombach, 1969.

FRIEDLÄNDER, Saul. *Das Dritte Reich und die Juden: Die Jahre der Verfolgung 1933-1945*. Munique: Piper, 1998.

FRIESER, Karl-Heinz et al. *Das Deutsche Reich und der Zweite Weltkrieg.* Stuttgart: Deutsche Verlags--Anstalt, 2007. v. 8.

FRÖHLICH, Elke (Org.). *Tagebücher von Joseph Goebbels, Sämtliche Fragmente.* Londres; Munique; Nova York; Paris: K.G. Saur, 1987-98. v. 1-15.

FUCHS, Stéphanie. *Ich bin kein Nazi, aber Deutscher.* Berna: Universidade de Berna, 2010. Dissertação (Mestrado).

GAMM, Hans-Jochen. *Der Flüsterwitz im Dritten Reich: Mündliche Dokumente zur Lage der Deutschen während des Nationalsozialismus.* Munique: List, 1990.

GANGLMAIR, Siegwald; FORSTNER-KARNER, Regina (Orgs.). *Der Novemberpogrom 1938. Die "Reichskristallnacht" in Wien.* Viena: Historisches Museum der Stadt Wien, 1988.

GELLERMANN, Günther W. *Moskau ruft Heeresgruppe Mitte… Was nicht im Wehrmachtbericht stand — Die Einsätze des geheimen Kampfgeschwaders 200 im Zweiten Weltkrieg.* Koblenz: Bernard & Graefe, 1988.

GENTILE, Carlo. "'Politische Soldaten'. Die 16. SS-Panzer-Grenadier-Division 'Reichsführer-SS' in Italien 1944". *Quellen und Forschungen aus italie- nischen Archiven und Bibliotheken,* Roma: Loescher, v. 81, pp. 529-61, 2001.

_____. *Wehrmacht, Waffen-SS und Polizei im Kampf gegen Partisa- nen und Zivilbevölkerung in Italien 1943-1945.* Paderborn: F. Schöningh, 2012.

GERLACH, Christian. *Kalkulierte Morde: Die deutsche Wirtschafts- und Vernichtungspolitik in Weissrussland.* Hamburgo: Hamburger Edition, 1999.

GERMANN, Richard. *"Österreichische" Soldaten in Ost- und Südosteuropa 1941-1945. Deutsche Krieger — Nationalsozialistische Verbrecher — Österreichische Opfer?.* Viena: Universidade de Viena, 2006. Tese (Doutorado).

_____. "'Österreichische' Soldaten im deutschen Gleichschritt?". In: WELZER, Harald; NEITZEL, Sönke; GUDEHUS, Christian (Orgs.). *"Der Führer war wieder viel zu human, zu gefühlvoll!": der Zweite Weltkrieg aus der Sicht deutscher und italienischer Soldaten.* Frankfurt: Fischer Taschenbuch, 2011.

GOFFMAN, Erving. *Asyle. Über die Situation psychiatrischer Patienten und anderer Insassen.* Frankfurt: Suhrkamp, 1973. [Ed. bras.: *Manicômios, prisões e conventos.* São Paulo: Perspectiva, 2003.]

_____. "Rollendistanz". In: STEINERT, Heinz (Org.). *Symbolische Interaktion.* Stuttgart: Piper, 1973. pp. 260-79.

_____. *Stigma. Über Techniken der Bewältigung beschädigter Identität.* Frankfurt: Suhrkamp, 1974.

_____. *Rahmenanalyse.* Frankfurt: Suhrkamp, 1980.

GOLDHAGEN, Daniel Jonah. *Hitlers willige Vollstrecker. Ganz gewöhnliche Deutsche und der Holocaust.* Berlin: Siedler, 1996.

GOLDSCHMIDT, Georges-Arthur. *Die Befreiung.* Zurique: Ammann, 2007.

GOLTERMANN, Svenja. *Die Gesellschaft der Überlebenden: Deutsche Kriegsheimkehrer und ihre Gewalterfahrungen im Zweiten Weltkrieg.* Stuttgart: Dt. Verlag, 2009.

GREINER, Bernd. *Krieg ohne Fronten: Die USA in Vietnam.* Hamburgo: Hamburger Edition, 2007.

GROSS, Raphael. *Anständig geblieben: Nationalsozialistische Moral.* Frankfurt: S. Fischer, 2010.

GURFEIN, M. I.; JANOWITZ, Morris. "Trends in Wehrmacht Morale". *The Public Opinion Quarterly*, v. 10, pp. 78-84, 1946.

GUTMAN, Israel; JÄCKEL, Eberhard; LONGERICH, Peter; SCHOEPS, Julius H. (Orgs.). *Enzyklopädie des Holocaust: Die Verfolgung und Ermordung der europäischen Juden*. Berlim: Argon, 1993. v. 2.

HAFFNER, Sebastian. *Geschichte eines Deutschen: Erinnerungen 1914-1933*. Stuttgart; Munique: Deutsche Verlags-Anstalt, 2002.

HARTMANN, Christian. "Massensterben oder Massenvernichtung? Sowjetische Kriegsgefangene im 'Unternehmen Barbarossa'. Aus dem Tagebuch eines deutschen Lagerkommandanten". *VfZG*, v. 49, pp. 97-158, 2001.

_____. *Wehrmacht im Ostkrieg: Front und militärisches Hinterland 1941/42*. Munique: Oldenbourg, 2009.

_____. *Halder: Generalstabschef Hitlers 1938-1942*. Paderborn: F. Schöningh, 2010.

HARTWIG, Dieter. *Grossadmiral Karl Dönitz: Legende und Wirklichkeit*. Paderborn: F. Schöningh, 2010.

HAUPT, Heribert van. "Der Heldenkampf der deutschen Infanterie vor Moskau". *Deutsche Allgemeine Zeitung*, Berlim, v. 28, p. 2, 16 jan.1942.

HAUS DER WANNSEE-KONFERENZ (Org.). *Die Wannsee-Konferenz und der Völkermord an den europäischen Juden*. Berlim: Haus der Wannsee-Konferenz, 2006.

HAYASHI, Hirofumi. "Japanese Deserters and Prisoners of War in the Battle of Okinawa". In: HATELY-BROAD, Barbara; MOORE, Bob (Orgs.). *Prisoners of War, Prisoners of Peace: Captivity, Homecoming and Memory in World War II*. Oxford; Nova York: Berg, 2005. pp. 49-58.

HEIDENREICH, Bernd; NEITZEL, Sönke (Orgs.). *Das Deutsche Kaiserreich 1890-1914*. Paderborn: F. Schöningh, 2011.

HEINEMANN, Isabel. *"Rasse, Siedlung, deutsches Blut." Das Rasse- und Siedlungshauptamt der SS und die rassenpolitische Neuordnung Europas*. Göttingen: Wallstein, 2003.

HEINZELMANN, Martin. *Göttingen im Luftkrieg*. Göttingen: Werkstatt, 2003.

HERBERT, Ulrich. *Best: Biographische Studien über Radikalismus, Weltanschauung und Vernunft 1903-1989*. Bonn: J. H. W. Dietz, 1996.

HERDE, Peter. *Der Japanflug. Planungen und Verwirklichung einer Flugverbindung zwischen den Achsenmächten und Japan 1942-1945*. Stuttgart: F. Steiner, 2000.

HILBERG, Raul. *Die Vernichtung der europäischen Juden*. Frankfurt: S. Fischer, 1990. 3 v.

_____. *Täter, Opfer, Zuschauer: Die Vernichtung der Juden 1933-1945*. Frankfurt: S. Fischer, 1992.

HINSLEY, Francis H. *British Intelligence in the Second World War*. Londres: HMSO, 1979. v. 1: Its Influence on Strategy and Operations.

HOERKENS, Alexander. *Kämpfer des Dritten Reiches? Die nationalsozialistische Durchdringung der Wehrmacht*. Mogúncia: Universidade de Mogúncia, 2009. Dissertação (Mestrado).

HOHLWECK, Hubert. "Soldat und Politik". *Deutsche Allgemeine Zeitung*, Berlim, v. 543, pp. 1 ss., 13 nov. 1943.

HÖLSKEN, Heinz Dieter. *Die V-Waffen: Entstehung, Propaganda, Kriegseinsatz*. Stuttgart: Deutsche Verlags-Anstalt, 1984.

HUBATSCH, Walter (Org.). *Hitlers Weisungen für die Kriegsführung 1939-1945. Dokumente des Oberkommandos der Wehrmacht*. Uttingen: Edition Dörfler im Nebel-Verlag, 2000.

HULL, Isabel V. *Absolute Destruction: Military Culture and the Practices of War in Imperial Germany*. Ithaca: Cornell University Press, 2005.

HUMBUG, Martin. *Das Gesicht des Krieges: Feldpostbriefe von Wehrmachtssoldaten aus der Sowjetunion 1941-1944*. Opladen: Westdeutscher, 1998.

HUNT, Morton. *Das Rätsel der Nächstenliebe*. Frankfurt; Nova York: Campus, 1988.

HÜRTER, Johannes. *Wilhelm Groener: Reichswehrminister am Ende der Weimarer Republik*. Munique: Oldenbourg, 1993.

_____. *Ein deutscher General an der Ostfront: Die Briefe und Tagebücher des Gotthard Heinrici 1941/42*. Erfurt: Sutton, 2001.

_____. *Hitlers Heerführer: Die deutschen Oberbefehlshaber im Krieg gegen die Sowjetunion 1941/42*. Munique: Oldenbourg, 2006.

INTERNATIONALER MILITÄRGERICHTSHOF (Org.). *Der Prozess gegen die Hauptkriegsverbrecher*. Nuremberg: [s.n.], 1948. v. 29.

JÄGER, Herbert. *Verbrechen unter totalitärer Herrschaft: Studien zur nationalsozialistischen Gewaltkriminalität*. Frankfurt: Walter, 1982.

JARAUSCH, Konrad H.; ARNOLD, Klaus-Jochen. *"Das stille Sterben..." Feldpostbriefe von Konrad Jarausch aus Polen und Russland*. Paderborn: F. Schöningh, 2008.

JOHNSON, Eric; REUBAND, Karl-Heinz. *What we Knew: Terror, Mass Murder and Everyday Life in Nazi Germany*. Cambridge: Basic Books, 2005.

JUNG, Michael. *Sabotage unter Wasser. Die deutschen Kampfschwimmer im Zweiten Weltkrieg*. Hamburgo: E.S. Mittler & Sohn, 2004.

JÜNGER, Ernst. *Kriegstagebuch 1914-1918*. Org. de Helmuth Kiesel. Stuttgart: Klett-Cotta, 2010.

KALDOR, Mary. *New & Old Wars: Organised Violence in a Global Era*. 2. ed. Cambridge; Malden: Polity Press, 2006.

KÄMMERER, Jörn Axel. "Kriegsrepressalie oder Kriegsverbrechen? Zur rechtlichen Beurteilung der Massenexekutionen von Zivilisten durch die deutsche Besatzungsmacht im Zweiten Weltkrieg". *Archiv des Völkerrechts*, v. 37, pp. 283-317, 1999.

KEHRT, Christian. *Moderne Krieger: Die Technikerfahrungen deutscher Militärpiloten 1910-1945*. Paderborn: F. Schöningh, 2010.

KEPPLER, Angela. *Tischgespräche: Über Formen kommunikativer Vergemeinschaftung am Beispiel der Konversation in Familien*. Frankfurt: Suhrkamp, 1994.

KERSHAW, Ian. *Hitler, 1936-1945*. Munique: Dt. Taschenbuch, 2002. [Ed. bras.: *Hitler*. São Paulo: Companhia das Letras, 2010.]

KLEE, Ernst. *"Euthanasie" im NS-Staat. Die Vernichtung lebensunwerten Lebens*. Frankfurt: S. Fischer, 1985.

KLEIN, Peter (Org.). *Die Einsatzgruppen in der besetzten Sowjetunion 1941/42. Tätigkeits- und Lageberichte des Chefs der Sicherheitspolizei und des SD*. Berlim: Edition Hentrich, 1997.

KLEIST, Heinrich von. *Über die allmähliche Verfertigung der Gedanken beim Sprechen*. Frankfurt: Dielmann, 2010.

KOCH, Magnus. *Fahnenfluchten. Deserteure der Wehrmacht im Zweiten Weltkrieg — Lebenswege und Entscheidungen*. Paderborn: F. Schöningh, 2008.

KOSIN, Rüdiger. *Die Entwicklung der deutschen Jagdflugzeuge*. Bonn: Bernard & Graefe, 1990.

KÖSSLER, Karl; OTT, Günther. *Die großen Dessauer: Die Geschichte einer Flugzeugfamilie*. Planegg: Aviatic, 1993.

KRAMER, Alan. *Dynamic of Destruction: Culture and Mass Killing in the First World War*. Oxford; Nova York: Oxford University Press, 2007.

KRAUSNICK, Helmut; WILHELM, Hans-Heinrich. *Die Truppe des Weltanschauungskrieges. Die Einsatzgruppen der Sicherheitspolizei und des SD 1938-1942*. Stuttgart: Deutsche Verlags-Anstalt, 1981.

KROENER, Bernhard R. "'Nun Volk steht auf...!' Stalingrad und der totale Krieg 1942-1943". In: FÖRSTER, Jürgen (Org.). *Stalingrad: Ereignis, Wirkung, Symbol*. Munique: Piper, 1992. pp. 151-70.

KÜHNE, Thomas. *Kameradschaft: Die Soldaten des nationalsozialistischen Krieges und das 20. Jahrhundert*. Göttingen: Vandenhoeck & Ruprecht, 2006.

KWIET, Konrad. "Auftakt zum Holocaust. Ein Polizeibataillon im Osteinsatz". In: BENZ, Wolfgang et al. (Org.). *Der Nationalsozialismus: Studien zur Ideologie und Herrschaft*. Frankfurt: Fischer Taschenbuch, 1995. pp. 191-208.

LEHNHARDT, Jochen. *Die Waffen-SS in der NS-Propaganda*. Mogúncia: Universidade de Mogúncia, 2011. Tese (Doutorado).

LEIPOLD, Andreas. *Die Deutsche Seekriegsführung im Pazifik in den Jahren 1914 und 1915*. Bayreuth: Universitdade de Bayreuth, 2010. Tese (Doutorado).

LELEU, Jean-Luc. "La Division SS-Totenkopf face à la population civile du Nord de la France en mai 1940". *Revue du Nord*, v. 83, pp. 821-40, 2001.

_____. *La Waffen-SS: Soldats politiques en guerre*. Paris: Perrin, 2007.

LEONHARD, Jörn. *Bellizismus und Nation: Kriegsdeutung und Nationsbestimmung in Europa und den Vereinigten Staaten 1750-1914*. Munique: R. Oldenbourg, 2008.

LIBERO, Loretana de. *Tradition im Zeichen der Transformation. Zum Traditionsverständnis der Bundeswehr im frühen 21. Jahrhundert*. Paderborn: Schoeningh, 2006.

LIEB, Peter. "Die Judenmorde der 707. Infanteriedivision 1941/42". *VfZG*, v. 50, pp. 523-58, 2002.

_____. *Konventioneller Krieg oder NS-Weltanschauungskrieg? Kriegführung und Partisanenbekämpfung in Frankreich 1943/44*. Munique: Oldenbourg, 2007.

_____. "'Rücksichtslos ohne Pause angreifen, dabei ritterlich bleiben'. Eskalation und Ermordung von Kriegsgefangenen an der Westfront 1944". In: NEITZEL, Sönke; HOHRATH, Daniel (Orgs.). *Kriegsgreuel: Die Entgrenzung der Gewalt in kriegerischen Konflikten vom Mittelalter bis ins 20. Jahrhundert*. Paderborn: F. Schöningh, 2008. pp. 337-52.

_____. "Generalleutnant Harald von Hirschfeld. Eine nationalsozialistische Karriere in der Wehrmacht". In: HARTMANN, Christian (Org.). *Von Feldherrn und Gefreiten. Zur biographischen Dimension des Zweiten Weltkrieges*. Munique: Oldenbourg, 2008. pp. 45-56.

_____. "'Die Ausführung der Maßnahme hielt sich anscheinend nicht im Rahmen der gegebenen Weisung'. Die Suche nach Hergang, Tätern und Motiven des Massakers von Maillé am 25. August 1944". *Militärgeschichtliche Zeitschrift*, v. 68, pp. 345-78, 2009.

LIFTON, Robert J. *Ärzte im Dritten Reich*. Stuttgart: Ullstein Tb. Auflag, 1999.

LINDERMAN, Gerald F. *The World within War: America's Combat Experience in World War II*. Nova York: The Free Press, 1997.

LONGERICH, Peter. *Politik der Vernichtung: Eine Gesamtdarstellung der nationalsozialistischen Judenverfolgung*. Munique: Piper, 1998.

LONGERICH, Peter. *Longerich, Peter. Davon haben wir nichts gewusst! Die Deutschen und die Judenverfolgung 1933-1945*. Munique: Siedler, 2006.

LÜDTKE, Alf. "The Appeal of Exterminating 'Others'. German Workers and the Limits of Resistance". *Journal of Modern History*, número especial, pp. 46-67, 1992.

_____. "Gewalt und Alltag im 20. Jahrhundert". In: BERGSDORF, Wolfgang et al. (Orgs.). *Gewalt und Terror*. Weimar: Rhino, 2003. pp. 35-52.

MAIER, Klaus A. et al. *Das Deutsche Reich und der Zweite Weltkrieg*. Stuttgart: Deutsche Verlags-Anstalt, 1979. v. 2.

MALLMANN, Klaus-Michael; RIESS, Volker; PYTA, Wolfram (Orgs.). *Deutscher Osten 1939-1945. Der Weltanschauungskrieg in Photos und Texten*. Darmstadt: Wissenschaftliche Buchgesellschaft, 2003.

MANOSCHEK, Walter. "'Wo der Partisan ist, ist der Jude, wo der Jude ist, ist der Partisan.' Die Wehrmacht und die Shoah". In: PAUL, Gerhard (Org.). *Täter der Shoah, Fanatische Nationalsozialisten oder ganz normale Deutsche?*. Göttingen: Wallstein, 2002. pp. 167-86.

MARGOLIAN, Howard. *Conduct Unbecoming: The Story of the Murder of Canadian Prisoners of War in Normandy*. Toronto; Buffalo: University of Toronto Press, 1998.

MARGOLIS, Rachel; TOBIAS, Jim (Orgs.). *Die geheimen Notizen des K. Sakowicz. Dokumente zur Judenvernichtung in Ponary 1941-1943*. Frankfurt: Fischer-Taschenbuch, 2005.

MATTHÄUS, Jürgen. "Operation Barbarossa and the Onset of the Holocaust". In: MATTHÄUS, Jürgen; BROWNING, Christopher. *The Origins of the Final Solution: The Evolution of Nazi Jewish Policy, September 1939-March 1942*. Lincoln: University of Nebraska Press, 2004. pp. 242-309.

MEIER, Niklaus. *Warum Krieg? — Die Sinndeutung des Krieges in der deutschen Militärelite 1871-1945*. Zurique: Universidade de Zurique, 2009. Tese (Doutorado).

MEIER-WELCKER, Hans (Org.). *Offiziere im Bild von Dokumenten aus drei Jahrhunderten*. Stuttgart: DVA, 1964.

_____. *Aufzeichnungen eines Generalstabsoffiziers 1919 bis 1942*. Friburgo: Rombach Druck, 1982.

MELBER, Takuma. "Verhört: Alliierte Studien zu Moral und Psyche japanischer Soldaten im Zweiten Weltkrieg". In: WELZER, Harald; NEITZEL, Sönke; GUDEHUS, Christian (Orgs.). *"Der Führer war wieder viel zu human, zu gefühlvoll!": Der Zweite Weltkrieg aus der Sicht deutscher und italienischer Soldaten*. Frankfurt: Fischer Taschenbuch, 2011.

MESSERSCHMITT, Manfred. *Die Wehrmachtjustiz 1933-1945*. Paderborn: F. Schöningh, 2005.

MITSCHERLICH, Margarete; MITSCHERLICH, Alexander. *Die Unfähigkeit zu trauern*. Munique: Piper, 1991.

MÜHLHÄUSER, Regina. *Eroberungen, Sexuelle Gewalttaten und intime Beziehungen deutscher Soldaten in der Sowjetunion 1941-1945*. Hamburgo: Hamburger Edition, 2010.

MÜLLER, Rolf-Dieter; UEBERSCHÄR, Gerd R. *Kriegsende 1945: Die Zerstörung des Deutschen Reiches*. Frankfurt: Fischer-Taschenbuch, 1994.

MÜLLER, Rolf-Dieter; VOLKMANN, Hans-Erich (Orgs.). *Die Wehrmacht. Mythos und Realität*. Munique: MGFA, 1999.

MÜLLERS, Frederik. *Des Teufels Soldaten? Denk- und Deutungsmuster von Soldaten der Waffen-SS*. Mogúncia: Universidade de Mogúncia, 2011. Dissertação (Mestrado).

MÜNKLER, Herfried. *Über den Krieg. Stationen der Kriegsgeschichte im Spiegel ihrer theoretischen Reflexion*. Weilerswist: Velbrück, 2003.

MURAWSKI, Erich. *Der deutsche Wehrmachtbericht*. Boppard: H. Boldt, 1962.

MURRAY, Williamson; MILLET, Allan R. *A War to be Won: Fighting the Second World War*. Cambridge: Belknap Press of Harvard University Press, 2001.

MUSIL, Robert. *Die Verwirrungen des Zöglings Törless*. Reinbek Rowohlt-Taschenbuch, 2006. [Ed. bras.: *O jovem Törless*. Rio de Janeiro: Nova Fronteira, 1996.]

NEDER, Anette. *Kriegsschauplatz Mittelmeerraum — Wahrnehmungen und Deutungen deutscher Soldaten in britischer Kriegsgefangenschaft*. Mogúncia: Universidade de Mogúncia, 2010. Dissertação (Mestrado).

NEITZEL, Sönke. *Der Einsatz der deutschen Luftwaffe über dem Atlantik und der Nordsee, 1939-1945*. Bonn: Bernard & Graefe, 1995.

_____. "Der Kampf um die deutschen Atlantik- und Kanalfestungen und sein Einfluss auf den alliierten Nachschub während der Befreiung Frankreichs 1944/45". *MGM*, v. 55, pp. 381--430, 1996.

_____. "Der Bedeutungswandel der Kriegsmarine im Zweiten Weltkrieg". In: MÜLLER, Rolf-Dieter; VOLKMANN, Hans-Erich (Orgs.). *Die Wehrmacht. Mythos und Realität*. Munique: MGFA, 1999. pp. 245-66.

_____. *Abgehört. Deutsche Generäle in britischer Kriegsgefangenschaft 1942-1945*. 4. ed. Berlim: Propyläen, 2009

NIETHAMMER, Lutz; PLATO, Alexander von. *"Wir kriegen jetzt andere Zeiten"*. Berlim: J. H. W. Dietz, 1985.

NURICK, Lester; BARRETT, Roger W. "Legality of Guerrilla Forces under the Laws of War". *American Journal of International Law*, v. 40, pp. 563-83, 1946.

O'BRIEN, Philipps. "East versus West in the Defeat of Nazi Germany". *Journal of Strategic Studies*, v. 23, pp. 89-113, 2000.

OGORRECK, Ralf. *Die Einsatzgruppen und die "Genesis der Endlösung"*. Berlim: Metropol, 1994.

OLTMER, Jochen (Org.). *Kriegsgefangene im Europa des Ersten Weltkrieges*. Paderborn: F. Schöningh, 2006.

ORLOWSKI, Hubert; SCHNEIDER, Thomas F. (Orgs.). *"Erschießen will ich nicht". Als Offizier und Christ im Totalen Krieg. Das Kriegstagebuch des Dr. August Töpperwien*. Düsseldorf: Gaasterland, 2006.

OSTI GUERRAZZI, Amedeo. *"Noi non sappiamo odiare": L'esercito italiano tra fascismo e democrazia*. Roma: UTET, 2010.

_____. "'Wir können nicht hassen!', Zum Selbstbild der italienischen Armee während und nach dem Krieg". In: WELZER, Harald; NEITZEL, Sönke; GUDEHUS, Christian (Orgs.). *"Der Führer war wieder viel zu human, zu gefühlvoll!": der Zweite Weltkrieg aus der Sicht deutscher und italienischer Soldaten*. Frankfurt: Fischer-Taschenbuch, 2011.

OVERMANS, Rüdiger. *Deutsche militärische Verluste im Zweiten Weltkrieg*. Munique: Oldenbourg, 1999.

_____. "Kriegsgefangenenpolitik des Deutschen Reiches 1939 bis 1945". In: MILITÄRGESCHICHTLICHES FORSCHUNGSAMT (Org.). *Das Deutsche Reich und der Zweite Weltkrieg*. Stuttgart: Deutsche Verlags-Anstalt, 2005. v. 9, t. 2. pp. 729-875.

PADOVER, Saul K. *Lügendetektor. Vernehmungen im besiegten Deutschland 1944/45*. Frankfurt: Eichborn, 1999.

PAUL, Gerhard. *Bilder des Krieges, Krieg der Bilder: Die Visualisierung des modernen Krieges*. Paderborn: F. Schöningh; Munique: Fink, 2004.

PHILIPP, Marc. *"Hitler ist tot, aber ich lebe noch": Zeitzeugenerinnerungen an den Nationalsozialismus*. Berlim: be.bra wissenschaft, 2010.

POHL, Dieter. *Die Herrschaft der Wehrmacht. Deutsche Militärbesatzung und einheimische Bevölkerung in der Sowjetunion 1941-1944*. Munique: Oldenbourg, 2008.

POLKINGHORNE, Donald E. "Narrative Psychologie und Geschichtsbewußtsein. Beziehungen und Perspektiven". In: STRAUB, Jürgen (Org.). *Erzählung, Identität und historisches Bewußtsein: Die psychologische Konstruktion von Zeit und Geschichte. Erinnerung, Geschichte, Identität I*. Frankfurt: Suhrkamp, 1998. pp. 12-45.

POTEMPA, Harald. *Die Perzeption des Kleinen Krieges im Spiegel der deutschen Militärpublizistik (1871 bis 1945) am Beispiel des Militärwochenblattes*. Potsdam, 2009.

PRESSAC, Jean-Claude. *Die Krematorien von Auschwitz. Die Technik des Massenmordes*. Munique: Piper, 1994.

PRILLER, Josef. *J. G. 26. Geschichte des Jagdgeschwaders*. Stuttgart: Motorbuch, 1980.

PROCTOR, Robert N. *Racial Hygiene: Medicine under the Nazis*. Cambridge: Harvard University Press, 1990.

RAHN, Werner; SCHREIBER, Gerhard (Orgs.). *Kriegstagebuch der Seekriegsleitung 1939-1945*. Herford: E.S. Mittler, 1988. v. 1, parte A.

RAHN, Werner et al. *Das Deutsche Reich und der Zweite Weltkrieg*. Stuttgart: Deutsche Verlags--Anstalt, 1990. v. 6.

RASS, Christoph. *"Menschenmaterial": Deutsche Soldaten an der Ostfront. Innenansichten einer Infanteriedivision 1939-1945*. Paderborn: F. Schöningh, 2003.

REEMTSMA, Jan Philipp. *Vertrauen und Gewalt. Versuch über eine besondere Konstellation der Moderne*. Hamburgo: Hamburger Edition, 2008.

REESE, Willy Peter. *Mir selber seltsam fremd. Die Unmenschlichkeit des Krieges. Russland 1941-44*. Munique: Claassen, 2003.

REINHARDT, Klaus. *Die Wende vor Moskau: das Scheitern der Strategie Hitlers im Winter 1941/42*. Stuttgart: Deutsche Verlags-Anstalt, 1972.

REUBAND, Karl-Heinz. "Das NS-Regime zwischen Akzeptanz und Ablehnung. Eine retrospektive Analyse von Bevölkerungseinstellungen im Dritten Reich auf der Basis von Umfragedaten". *Geschichte und Gesellschaft*, v. 32, pp. 315-43, 2006.

ROBERTS, Adam. "Land Warfare: From Hague to Nuremberg". In: HOWARD, Michael; ANDRESOPOULOS, George J.; SHULMAN, Mark R. (Orgs.). *The Laws of War: Constraints on Warfare in the Western World*. New Haven; Londres: Yale University Press, 1994. pp. 116-39.

ROHRKAMP, René. *"Weltanschaulich gefestigte Kämpfer": Die Soldaten der Waffen-SS 1933-1945*. Paderborn: F. Schöningh, 2010.

RÖMER, Felix. *Kommissarbefehl: Wehrmacht und NS-Verbrechen an der Ostfront 1941/42*. Paderborn: F. Schöningh, 2008.

_____. "'Seid hart und unerbittlich...' Gefangenenerschießung und Gewalteskalation im deutsch-sowjetischen Krieg 1941/42". In: NEITZEL, Sönke; HOHRATH, Daniel (Orgs.). *Kriegsgreuel. Die Entgrenzung der Gewalt in kriegerischen Konflikten vom Mittelalter bis ins 20. Jahrhundert*. Paderborn: F. Schöningh, 2008. pp. 317-35.

RÖMER, Felix. "Alfred Andersch abgehört. Kriegsgefangene 'Anti-Nazis' im amerikanischen Vernehmungslager Fort Hunt". *VfZG*, v. 58, pp. 563-98, 2010.

_____. "Volksgemeinschaft in der Wehrmacht? Milieus, Mentalitäten und militärische Moral in den Streitkräften des NS-Staates". In: WELZER, Harald; NEITZEL, Sönke; GUDEHUS, Christian (Orgs.). *"Der Führer war wieder viel zu human, zu gefühlvoll!": der Zweite Weltkrieg aus der Sicht deutscher und italienischer Soldaten*. Frankfurt: Fischer Taschenbuch, 2011.

ROSE, Arno. *Radikaler Luftkampf. Die Geschichte der deutschen Rammjäger*. Stuttgart: Motorbuch, 1979.

ROSENKRANZ, Herbert. *Reichskristallnacht. 9 November 1938 in Österreich*. Viena: Europa, 1968.

ROSKILL, Stephen W. *Royal Navy: Britische Seekriegsgeschichte 1939-1945*. Hamburgo: Stalling, 1961.

RYAN, Cornelius. *Der längste Tag. Normandie: 6 Juni 1944*. Frankfurt: S. Fischer, 1976.

RYAN, William. *Blaming the Victim*. Londres: Pantheon, 1972.

SALEWSKI, Michael. *Die deutsche Seekriegsleitung*. Munique: Bernard & Graefe, 1970-5. 3 v.

_____. "Die Abwehr der Invasion als Schlüssel zum 'Endsieg'?". In: MÜLLER, Rolf-Dieter; VOLKMANN, Hans-Erich (Orgs.). *Die Wehrmacht. Mythos und Realität*. Munique: MGFA, 1999. pp. 210-23.

SANDKÜHLER, Thomas. *"Endlösung" in Galizien*. Bonn: Dietz, 1996.

SANTONI, Alberto. "The Italian Submarine Campaign". In: HOWARTH, Stephen; LAW, Derel (Orgs.). *The Battle of the Atlantic 1939-1945*. Londres: Greenhill; Annapolis: Naval Institute Press, 1994. pp. 329-32.

SCHABEL, Ralf. *Die Illusion der Wunderwaffen. Düsenflugzeuge und Flugabwehrraketen in der Rüstungspolitik des Dritten Reiches*. Munique: R. Oldenbourg, 1994.

SCHÄFER, Hans Dieter. *Das gespaltene Bewußtsein. Vom Dritten Reich bis zu den langen Fünfziger Jahren*. Göttingen: Wallstein, 2009.

SCHECK, Raffael. *Hitler's African Victims: The German Army Massacres of French Black Soldiers 1940*. Cambridge: Cambridge University Press, 2006.

SCHERSTJANOI, Elke. *Wege in die Kriegsgefangenschaft. Erinnerungen und Erfahrungen Deutscher Soldaten*. Berlin: Dietz, 2010.

SCHILLING, René. "Die 'Helden der Wehrmacht' — Konstruktion und Rezeption". In: MÜLLER, Rolf--Dieter; VOLKMANN, Hans-Erich. MÜLLER, Rolf-Dieter; VOLKMANN, Hans-Erich (Orgs.). *Die Wehrmacht. Mythos und Realität*. Munique: MGFA, 1999. pp. 552-56.

_____. *"Kriegshelden". Deutungsmuster heroischer Männlichkeit in Deutschland 1813-1945*. Paderborn: F. Schöningh, 2002.

SCHMIDER, Klaus. *Partisanenkrieg in Jugoslawien 1941-1944*. Hamburgo: Mittler, 2002.

SCHÖRKEN, Rolf. *Luftwaffenhelfer und Drittes Reich. Die Entstehung eines politischen Bewußtseins*. Stuttgart: Klett-Cotta, 1985.

SCHRÖDER, Hans Joachim. "Ich hänge hier, weil ich getürmt bin.". In: WETTE, Wolfram (Org.). *Der Krieg des kleinen Mannes: Eine Militärgeschichte von unten*. Munique: Piper, 1985. pp. 279--94.

SCHÜLER-SPRINGORUM, Stefanie. *Krieg und Fliegen: Die Legion Condor im Spanischen Bürgerkrieg*. Paderborn: F. Schöningh, 2010.

SCHÜTZ, Alfred. *Der sinnhafte Aufbau der sozialen Welt: Eine Einleitung in die verstehende Soziologie*. Frankfurt: Suhrkamp, 1993.

SEBALD, W. G. *Luftkrieg und Literatur*. Frankfurt: S. Fischer, 2001. [Ed. bras.: *Guerra aérea e literatura*. São Paulo: Companhia das Letras, 2011.]

SEIDL, Tobias. *Führerpersönlichkeiten. Deutungen und Interpretationen deutscher Wehrmachtgeneräle in britischer Kriegsgefangenschaft*. Mogúncia: Universidade de Mogúncia, 2011. Tese (Doutorado).

SEEMEN, Gerhard von. *Die Ritterkreuzträger 1939-1945*. Friedberg: [s.n.], s.d.

SHAY, Jonathan. *Achill in Vietnam. Kampftrauma und Persönlichkeitsverlust*. Hamburgo: Hamburger Edition, 1998.

SHILS, Edward A.; JANOWITZ, Morris. "Cohesion and Disintegration in the Wehrmacht in World War II". *Public Opinion Quarterly*, v. 12, pp. 280-315, 1948.

SIMMS, Brendan. "Walther von Reichenau — Der politische General". In: SMESLER, Ronald; SYRING, Enrico (Org.). *Die Militärelite des Dritten Reiches*. Berlin: Ullstein, 1995. pp. 423-45.

SPRENGER, Matthias. *Landsknechte auf dem Weg ins Dritte Reich? Zu Genese und Wandel des Freikorpsmythos*. Paderborn: F. Schöningh, 2008.

STACEY, Charles P. *The Victory Campaign: The Operations in North-West Europe, 1944-1945*. Ottawa: The Queers, 1960.

STEPHAN, Rudolf. "Das politische Gesicht des Soldaten". *Deutsche Allgemeine Zeitung*, Berlin, v. 566, p. 2, 26 nov. 1942.

STEVENS, Michael E. *Letters from the Front 1898-1945*. Madison: Center for Documentary History; State Historical Society of Wisconsin, 1992.

STILLA, Ernst. *Die Luftwaffe im Kampf um die Luftherrschaft*. Bonn: Universidade de Bonn, 2005. Tese (Doutorado).

STIMPEL, Hans-Martin. *Die deutsche Fallschirmtruppe 1936-1945: Innenansichten von Führung und Truppe*. Hamburgo: Mittler & Sohn, 2009.

STOUFFER, Samuel A. et al. *Studies in Social Psychology in World War II: The American Soldier*. Princeton: Princeton University Press, 1949. v. 1: Adjustment During Army Life. pp. 108-10, 149-72.

STRAUS, Ulrich. *The Anguish of Surrender: Japanese POW's of World War II*. Londres; Seattle: University of Washington Press, 2003.

STREIM, Alfred. *Sowjetische Gefangene in Hitlers Vernichtungskrieg: Berichte und Dokumente*. Heidelberg: C. F. Müller Juristischer, 1982.

STREIT, Christian. *Keine Kameraden. Die Wehrmacht und die sowjetischen Kriegsgefangenen 1941--1945*. Stuttgart: Deutsche Verlags-Anstalt, 1980.

SÜDDEUTSCHE ZEITUNG MAGAZIN. *Brief aus Kundus, Briefe von der Front*. Disponível em: <sz-magazin.sueddeutsche.de/texte/anzeigen/31953>. Acesso em: 27 ago. 2010.

SYDNOR, Charles W. *Soldaten des Todes. Die 3. SS-Division "Totenkopf", 1933-1945*. Paderborn: F. Schöningh, 2002.

TAIJFEL, Henri. *Gruppenkonflikt und Vorurteil: Entstehung und Funktion sozialer Stereotypen*. Berna; Stuttgart; Viena: Hans Huber, 1982.

TOMFORDER, Maren. "'Meine rosa Uniform zeigt, dass ich dazu gehöre'. Soziokulturelle Dimensionen des Bundeswehr-Einsatzes in Afghanistan". In: SCHUH, Horst; SCHWAN, Siegfried (Orgs.). *Afghanistan: Land ohne Hoffnung? Kriegsfolgen und Perspektiven in einem verwundeten Land*. Brühl: Fachhochschule des Bundes für öffentliche Verwaltung, 2007. pp. 134-59.

TÖPPEL, Roman. "Kursk: Mythen und Wirklichkeit einer Schlacht". *VfZG*, v. 57, pp. 349-84, 2009.

TREUTLEIN, Martin. "Paris im August 1944". In: WELZER, Harald; NEITZEL, Sönke; GUDEHUS, Christian (Orgs.). *"Der Führer war wieder viel zu human, zu gefühlvoll!": der Zweite Weltkrieg aus der Sicht deutscher und italienischer Soldaten.* Frankfurt: Fischer Taschenbuch, 2011.

TYAS, Stephen. "Allied Intelligence Agencies and the Holocaust: Information Acquired from German Prisoners of War". *Holocaust and Genocide Studies*, v. 22, pp. 1-24, 2008.

ÜBEREGGER, Oswald. "'Verbrannte Erde' und 'baumelnde Gehenkte'. Zur europäischen Dimension militärischer Normübertretungen im Ersten Weltkrieg". In: NEITZEL, Sönke; HOHRATH, Daniel (Orgs.). *Kriegsgreuel. Die Entgrenzung der Gewalt in kriegerischen Konflikten vom Mittelalter bis ins 20. Jahrhundert.* Paderborn: F. Schöningh, 2008. pp. 241-78.

ULSHÖFER, Helmut Karl (Org.). *Liebesbriefe an Adolf Hitler: Briefe in den Tod; unveröffentlichte Dokumente aus der Reichskanzlei.* Frankfurt: VAS, 1994.

UNGVÁRY, Krisztián. *Die Schlacht um Budapest 1944/45: Stalingrad an der Donau.* Munique: Herbig Verlagsbuchhandlung, 1999.

VARDI, Gil-il. "Joachim von Stülpnagel's Military Thought and Planning". *War in History*, v. 17, pp. 193-216, 2010.

WALLER, James. *Becoming Evil. How Ordinary People Commit Genocide and Mass Killing.* Oxford: Oxford University Press, 2002.

"WARUM STERBEN KAMERADEN?". *Der Spiegel*, Hamburgo, v. 16, pp. 20 ss., 2010.

WATSON, Alexander. *Enduring the Great War: Combat, Morale and Collapse in the German and the British Armies, 1914-1918.* Nova York: Cambridge University Press, 2008.

WEGMANN, Günter. *Das Kriegsende zwischen Weser und Ems.* Oldenburg: Bültmann & Gerriets; Osnabrück: H. Th. Wenner, 2000.

WEGNER, Bernd. *Hitlers Politische Soldaten. Die Waffen-SS 1933-1945.* 9. ed. Paderborn: F. Schöningh, 2008.

WEHLER, Hans-Ulrich. *Deutsche Gesellschaftsgeschichte.* Munique: C. H. Beck, 2003. v. 4: Vom Beginn des Ersten Weltkriegs bis zur Gründung der beiden deutschen Staaten, 1914-1949.

WEICK, Karl E.; SUTCLIFFE, Kathleen M. *Das Unerwartete managen. Wie Unternehmen aus Extremsituationen lernen.* Stuttgart: Klett-Cotta, 2003.

WEHLER, Hans-Ulrich. *Deutsche Gesellschaftsgeschichte. Vom Beginn des Ersten Weltkrieges bis zur Gründung der beiden deutschen Staaten 1914-1949.* Munique: C. H. Beck, 2003. v. 4.

WELZER, Harald; MONTAU, Robert; PLASS, Christine. *"Was wir für böse Menschen sind!" Der Nationalsozialismus im Gespräch zwischen den Generationen.* Tübingen: Edition Diskord, 1997.

WELZER, Harald. *Verweilen beim Grauen.* Tübingen: Edition Diskord, 1998.

_____. *Das kommunikative Gedächtnis. Eine Theorie der Erinnerung.* Munique: Beck, 2002.

_____. *Täter. Wie aus ganz normalen Menschen Massenmörder werden.* Frankfurt: S. Fischer, 2005.

_____. "Die Deutschen und ihr Drittes Reich". *Aus Politik und Zeitgeschichte*, v. 14/15, pp. 21-8, 2007.

_____. *Klimakriege. Wofür im 21. Jahrhundert getötet wird.* Frankfurt: S. Fischer, 2008.

_____. "Jeder die Gestapo des anderen. Über totale Gruppen". In: MUSEUM FOLKWANG (Org.). *Stadt der Sklaven/Slave City.* Essen: [s.n.], 2008. pp. 177-90.

WELZER, Harald; MOLLER, Sabine; TSCHUGGNALL, Karoline. *"Opa war kein Nazi". Nationalsozialismus und Holocaust im Familiengedächtnis.* Frankfurt: Fischer Taschenbuch, 2002.

WELZER, Harald; NEITZEL, Sönke; GUDEHUS, Christian (Orgs.). *"Der Führer war wieder viel zu human,* zu gefühlvoll!": der Zweite Weltkrieg aus der Sicht deutscher und italienischer Soldaten. Frankfurt: Fischer Taschenbuch, 2011.

WERLE, Gerhard. Justiz-Strafrecht und deutsche Verbrechensbekämpfung im Dritten Reich. Berlim; Nova York: Walter de Gruyter, 1989.

WETTE, Wolfram et al. (Org.). Das Deutsche Reich und der Zweite Weltkrieg. Stuttgart: Deutsche Verlags-Anstalt, 1991. v. 1.

WETTE, Wolfram. Deserteure der Wehrmacht. Feiglinge, Opfer, Hoffnungsträger? Dokumentation eines Meinungswandels. Essen: Klartext, 1995.

_____. Retter in Uniform. Handlungsspielräume im Vernichtungskrieg der Wehrmacht. Frankfurt: Fischer Taschenbuch, 2003.

WETTE, Wolfram (Org.). Stille Helden: Judenretter im Dreiländereck während des Zweiten Weltkriegs. Freiburg; Basileia; Viena: Herder, 2005.

WETTE, Wolfram. Das letzte Tabu. NS-Militärjustiz und "Kriegsverrat". Berlim: Aufbau, 2007.

WETTSTEIN, Adrian. "Dieser unheimliche, grausame Krieg". Die Wehrmacht im Stadtkampf, 1939--1942. Berna: Universidade de Berna, 2010. Tese (Doutorado).

WEUSMANN, Matthias. Die Schlacht in der Normandie 1944. Wahrnehmungen und Deutungen deutscher Soldaten. Mogúncia: Universidade de Mogúncia, 2009. Dissertação (Mestrado).

WILDT, Michael. Generation des Unbedingten. Das Führungskorps des Reichssicherheitshauptamtes. Hamburgo: Hamburger Edition, 2002.

_____. Volksgemeinschaft als Selbstermächtigung. Gewalt gegen Juden in der deutschen Provinz 1919-1939. Hamburgo: Hamburger Edition, 2007.

WINKLE, Ralph. Der Dank des Vaterlandes. Eine Symbolgeschichte des Eisernen Kreuzes 1914 bis 1936. Essen: Klartext, 2007.

WURZER, Georg. "Die Erfahrung der Extreme. Kriegsgefangene in Rußland 1914-1918". In: OLTMER, Jochen (Org.). Kriegsgefangene im Europa des Ersten Weltkrieges. Paderborn: F. Schöningh, 2006.

ZAGOVEC, Rafael A. "Gespräche mit der 'Volksgemeinschaft'". In: CHIARI, Bernhard et al. Die deutsche Kriegsgesellschaft 1939 bis 1945: Ausbeutung, Deutungen, Ausgrenzung. Stuttgart: Deutsche Verlags-Anstalt, 2005. v. 9, t. 2. pp. 289-381.

ZELLE, Karl-Günter. Hitlers zweifelnde Elite: Goebbels — Göring — Himmler — Speer. Paderborn: F. Schöningh, 2010.

ZIEMANN, Benjamin. Front und Heimat. Ländliche Kriegserfahrungen im südlichen Bayern, 1914--1923. Essen: Klartext, 1997.

_____. "Fluchten aus dem Konsens zum Durchhalten. Ergebnisse, Probleme und Perspektiven der Erforschung soldatischer Verweigerungs- formen in der Wehrmacht 1939-1945". In: MÜLLER, Rolf-Dieter; VOLKMANN, Hans-Erich (Orgs.). Die Wehrmacht. Mythos und Realität. Munique: MGFA, 1999. pp. 589-613.

ZIMMERMANN, John. Pflicht zum Untergang, Kriegsende im Westen. Paderborn: F. Schöningh, 2009.

Índice de lugares

Aachen, 243, 261, 316, 331, 343, 460
Afeganistão, 212, 393-4, 397, 399, 405, 466
África, 78, 113, 165, 235, 247, 270, 292, 295, 303-4, 315, 342, 349-50, 369, 458
Aldershot, 100
Alemanha, 23, 31, 38, 48, 50-2, 58, 60, 62, 70-2, 78, 92, 101, 116, 144, 165, 167, 170-1, 181, 195, 234, 236-8, 242-3, 250, 254, 256, 258, 261, 263, 265-7, 274, 276, 284-5, 287, 290, 297-8, 303-4, 313, 317, 326, 346-7, 354-7, 376, 407, 418, 420, 432, 438, 447, 450, 466
Alençon, 460
Alexandria, 349
Alta, fiorde de, 340
América do Norte, 234
América do Sul, 112
Ardenas, 231, 261, 311, 335-6, 447
Argel, 415
Argélia, 235
Arielli, 299
Arras, 96
Ashford, 105
Augusta, 348

Auschwitz, 29, 35, 166, 204, 425, 438
Áustria, 71, 439
Avranches, 380

Babi Yar, 145, 163
Babruysk, 442
Bad Vöslau, 170
Bagdá, 386
Bálcãs, 32, 247
Báltico, 111, 186, 235, 344
Banak, 220
Bari, 245, 445
Barletta, 194
Basileia, 198
Bazeilles, 428
Beaugency, 308
Beirute, 349
Bélgica, 125, 127, 355
Belgrado, 356
Belzec, 438
Beresina, 328
Bergen-Belsen, 155

Berlim, 65, 128, 152, 183, 185, 198, 269, 272, 316, 325, 408
Besançon, 437
Bielorrúsia, 442
Biscaia, 108, 220, 432
Biscari, 465
Bizerta, 207
Bocage, 260
Bordeaux, 222
Bremen, 312
Brest, 224, 453
Bristol, 108, 244
Buchenwald, 155, 423
Budapeste, 315, 453

Caen, 379
Cairo, 310, 349, 415
Calais, 238
Calvados, 337
Cambridge, 208
Canadá, 112, 234, 239, 242, 418
Canal, ilhas do, 335
Canisy, 372
Cap de la Hague, 308
Carcóvia, 16, 279, 364, 435
Cassino, 298
Cáucaso, 122
Chełm, 166
Chelmo, 204
Cherbourg, 242, 259, 296, 305, 307-9, 314, 316, 330, 348, 447
Chiemsee, 326
Colônia, 59, 223
Congo, 292
Coreia, 399, 405
Cotentin, 242, 257
Cracóvia, 152, 436
Creta, 78, 80, 350
Crimeia, 79, 329

Daugavpils, 145-6, 148-9, 152, 436
Deal, 102

Deblin, 141, 205
Dinamarca, 200-1
Don, 16, 267
Donets, 16
Dunquerque, 327, 355

Eastbourne, 106
Eifel, 365
El Alamein, 302, 310, 348
Enfidaville, 326
Escócia, 210, 249
Estados Unidos, 171, 177, 234, 248, 263, 290, 393, 433, 466
Europa, 57, 75, 155, 246, 260, 263, 266, 293, 321, 326, 351, 408, 428, 434, 441, 445-6
Exeter, 445

Falaise, 260, 309, 460
Faubourg-Poissonière, 29
Finlândia, 150
Folkestone, 102, 104
Fort Hunt, 180, 260, 282, 313, 370, 415, 417, 419, 449, 451, 467
Fort Tracy, 415, 467
França, 29, 32, 41, 69, 123, 125, 127, 129-31, 135, 143, 205, 213, 219, 224-5, 232, 247-8, 253, 260, 262, 272, 313, 344, 356, 367-70, 373-5, 378-9, 428, 440, 456, 461
Frankfurt, 225, 241, 296
Fürden, 335-6

Galícia, 166-7, 439
Glasgow, 11-2
Göttingen, 32, 162, 164, 424, 426, 464
Grã-Bretanha, 69, 112, 114, 239-40, 247, 249, 253, 272, 300, 316, 413
Grécia, 327
Groenlândia, 28
Grossaming, 435
Grunewald, 65
Guadalcanal, 352
Gusen, 21, 439

Hamburgo, 17, 144, 235
Hastings, 102
Hythe, 103

Inglaterra, 100, 102, 104-5, 109, 113, 123, 171, 177, 208, 210, 230-1, 238-40, 244, 247-9, 251, 263, 275, 282, 285, 290, 300, 315, 347, 415, 420, 443
Iraque, 103, 212, 392, 394, 399, 405
Itália, 128, 130, 194, 248, 256, 263, 326-8, 331, 346, 347, 349-50, 378, 399, 407, 456, 458
Iugoslávia, 135

Janowska, 438
Japão, 116, 234-5, 332, 407

Katyn, 170
Kaunas, 197
Kew Gardens, 11
Kiev, 180, 218, 226, 329
Konduz, 406
Korosten, 140
Kulmhof, 439
Kutno, 174, 439

Latimer House, 216, 251, 340, 414
Le Paradis, 368
Lemberg/Lviv, 140, 173, 180, 438
Letônia, 145, 186
Libau, 186
Líbia, 235
Linz, 244
Lisboa, 108
Lisieux-Bayeux, 127
Lituânia, 160
Loire, 308
Londres, 11-2, 100, 102, 192, 208, 239-43, 249, 252-3, 282, 322, 414, 416
Longues-sur-Mer, 336, 456
Lorena, 130
Lowestoft, 105
Lublin, 173

Luga, 195
Lukow, 183

Magdeburg, 324
Maillé, 378, 463
Malvinas, 317
Mar do Norte, 114, 443
Mar Negro, 80
Marsala, 347
Mediterrâneo, 100, 235, 253, 415
Meschems, 148, 436
Metz, 78, 146, 316, 325
Minsk, 218
Mogilev, 42
Mogúncia, 170
Moscou, 247, 301-2, 333
Munique, 178, 297, 376
My Lai, 404, 434
Mykolaiv, 159

Nagasaki, 396
Nápoles, 415
Navarra, 29
Normandia, 111, 193, 240, 251, 253, 255-6, 258-60, 262, 295, 304, 306, 311, 313, 330, 357-8, 362, 364, 366, 372-4, 380, 462, 465
Noruega, 28, 123, 220, 247, 334, 340, 343, 345
Norwich, 97-8
Nova Guiné, 351
Nova York, 25, 234
Novgorod, 122
Novorossiysk, 80

Oceano Atlântico, 11, 37, 220, 234, 253, 304, 319
Oceano Índico, 212
Oceano Pacífico, 399
Oder, 324, 325
Odessa, 170, 438
Oradour, 370
Oriol, 373
Orsogna, 298
Oslo, 220
Ouistreham, 256, 306, 311

Paris, 222-4, 299, 307, 309
Pescara, 299
Pillau, 235
Polônia, 32, 67, 84-5, 88, 93, 101, 123, 133, 135, 145, 167, 173, 187-9, 196-7, 204, 227, 247, 283-4, 341, 354, 356, 367, 450
Poropoditz, 159
Port Said, 349
Port Victoria, 102
Posen, 155, 167-8, 316
Praga, 31
Pripyat, 372
Prüm, 365
Przemy l, 436

Radom, 188, 219
Rechlin, 234
Remagen, 435
Renânia, 71, 216, 313
Reno, 312
Rheinberg, 264
Riga, 138, 157, 204, 218, 285
Robert-Espagne, 130
Roma, 332, 421
Romênia, 150
Rosin, 172
Rotterdam, 344
Ruanda, 395, 464
Rússia, 16, 31, 45, 116, 121, 124, 134-7, 143, 145, 159, 180, 190, 194, 196-7, 205, 208, 213, 225, 235, 248-52, 263, 266, 269, 273-4, 277, 281, 283, 313, 315-6, 333, 341, 366, 368, 373, 462

Sabroschi, 366
Saint-Lô, 307
Saint-Malo, 313, 316, 453
Saint-Omer, 96
Saipan, 28
Schlüsselburg, 122, 434
Sebastopol, 329
Sedan, 428
Sena, 321, 454

Sérvia, 39, 371, 462
Sicília, 350, 456, 458
Simferopol, 329
Smolensk, 140, 234
Stalingrado, 61, 79, 208, 238, 251, 253-4, 260, 262, 264, 269, 272-3, 277, 281, 304, 310, 315, 334, 366, 453
Steyr Land, 435
Sudetos, 71, 331
Suíça, 198

Taganrog, 16
Tâmisa, 102
Tchecoslováquia, 172
Termópilas, 69, 362
Ternopil, 315
Tetiev, 134
Thames Haven, 102
Thilay, 125
Tobruk, 303
Tóquio, 191-2, 234
Toulon, 319
Tours, 374
Trent Park, 42, 196, 295, 303, 310-2, 327, 342, 343, 359, 362, 414, 416, 418, 460
Trípoli, 234
Trondheim, 220
Tschenstochau, 203
Tulle, 375
Tunísia, 254, 303-4, 315, 326, 328, 330, 342, 348, 358, 458

Ucrânia, 80, 166, 185, 248, 328, 366, 439
Uman, 328
União Soviética, 31, 134, 178, 215, 217, 247, 272, 399

Varsóvia, 36, 178, 205, 219
Vercors, 100, 432
Verdun, 129, 260
Viazma, 140, 435
Viena, 170, 253, 422

487

Vietnã, 38, 118, 131-2, 217, 390, 392-3, 395, 396, 399-401, 403-5, 464
Villacoublay, 223
Vilna, 160
Vinnytsia, 80, 134
Vístula, 341, 430
Vitebsk, 315
Volchanka, 359-60
Volga, 267

Washington, 13, 415
Wiener Neustadt, 195
Wilton Park, 347, 414, 447
Woolbridge, 443

Xanten, 264

Zurique, 198

Índice remissivo

"Ação 1005" ("ação de exumação"), 147, 173, 202
ações de extermínio, 154-5; *ver também* campos de extermínio
ações de resistência, 121, 197
"ações judaicas", 37, 39, 42, 125, 155, 157-8, 163, 183, 199, 290, 353; *ver também* judeus
aeronaves: arado "Ar 196", 229; Bristol Blenheim, 96; de reconhecimento, 233, 234; Dornier Do 17, 88; Dornier Do 217, 159, 210, 244, 252; Douglas DC 3, 108; FW 190 (Focke-Wulf), 96, 231-2, 321, 323; Halifax, 107; Heinkel He 111, 86; Heinkel He 177, 233-4, 443; Junkers Ju 87, 234; Junkers Ju 88, 108, 165, 204, 230, 232, 236, 244, 367, 443; Liberator, 107; Lockheed Hudson, 107; Messerschmitt Me 109, 104; Messerschmitt Me 163, 236, 443; Messerschmitt Me 210, 443; Messerschmitt Me 262, 235-7; Messerschmitt Me 264, 234; Mosquito, 231; Mustang, 231; Spitfire, 96, 104, 230; Stirling, 107; Stuka (Sturzkampfbomber — bombardeiro de mergulho), 77, 101, 432; Sunderland, 107, 320; Whitley, 107
Aliados, 114, 131, 143, 231, 237, 240-1, 243, 251, 253-5, 260, 262-3, 274, 299, 301, 305, 307, 312-3, 318, 327, 337, 349-51, 363-4, 366, 414-5, 417-20, 460
Alto-Comando da Wehrmacht/OKW, 238, 341
americanos, 25, 28, 47, 49, 106, 118, 129, 175, 191-2, 202, 222, 228, 230-1, 244, 251, 255, 257-8, 261, 269, 301, 311, 313-4, 321, 323-4, 328, 330, 332, 346-7, 351, 362, 365, 369, 378-9, 386, 389-91, 393, 396, 398-400, 402-3, 405-6, 410, 414-5, 417-8, 420, 422, 432-3, 466
amigos, 43, 52, 55-6, 79, 263, 359, 426
antissemitismo, 18, 32, 47, 55-7, 59, 65, 166-7, 169, 175-7, 183, 250, 284-91, 294, 380, 384, 426, 438, 461
aríetes, 323-4
armas: AK-47, 388; antitanques *Panzerfauste*, 337-8; armas de represália (armas V), 241-2, 420, 445; armas de represália V 1, 239-42; armas de represália V 2, 239, 241-3,

261, 444; canhões antitanques, 360; metralhadoras, 35, 84-5, 87-8, 96, 100-1, 117, 122, 125-6, 128, 131, 159, 161, 194, 222, 227, 229, 235, 299, 310, 314, 330-1, 359-60, 368, 370, 373, 436; metralhadoras MG 15, 235; metralhadoras MG 42, 125, 373; submetralhadoras, 156-7, 161, 174, 186, 188, 226-7

assassinatos, 57, 92, 124, 126, 130-1, 133, 151, 154-5, 164, 167, 171, 195, 198, 203-4, 370, 383, 395, 400, 404, 461; assassinatos em massa, 57, 400; *ver também* genocídio; Holocausto

ataque terrorista *ver* terrorismo/ terroristas

ataques aéreos, 99-100, 191-2, 239, 249, 316, 432, 445

atentado contra Hitler (20 de julho de 1944), 304

austríacos, 170, 331, 383, 422

automóveis, 18, 63, 99, 229, 237, 391

aviões *ver* aeronaves

bases aéreas, 101, 159, 170, 172, 177

Batalha do Atlântico, 11, 253

batalha final, 238, 303-4, 312, 315, 350

BdU (comandante em chefe dos submarinos), 109, 114

bebês/ recém-nascidos, 42, 63, 132, 168, 392, 434

biologia, 55, 58

blindados, 42, 73, 77-8, 80, 119, 125, 129, 143, 180, 226-8, 235, 262, 270, 294, 298, 303, 326, 328, 334, 336-8, 350, 353, 356, 359-1, 363, 366, 370, 379, 460-2

BMW 801 (motor), 230

boatos, 145, 447

bolcheviques, 142, 175, 194, 383, 402, 405, 460

bolsões, 260, 309, 328

bondes, 54, 98, 177, 201

bordéis/ puteiros, 27, 216, 218-22, 224-5

Bundeswehr, 407, 466

bunkers/casamatas, 103, 132, 256, 268, 296, 305-6, 308, 311, 315, 325, 331, 335, 364-5, 397

caças, 25, 103, 108-9, 208, 230-1, 233, 235-6, 241, 262, 320-1, 323-4, 328, 339, 409, 432, 439, 443

cadáveres, 134, 148, 156, 173-4, 180

camaradagem, 35, 37, 43-5, 72, 155, 214-5, 375, 403-4, 424

camicases, 318, 321, 324

caminhões, 42, 125, 142, 147, 159, 180, 219, 335, 347

campanhas, 100, 356, 406

campos de concentração, 41, 47, 152, 173, 178, 198, 286, 375, 423, 437

campos de escutas, 379

campos de extermínio, 36, 64, 181, 439

campos de trabalho forçado, 54, 178, 437; *ver também* trabalho forçado

campos especiais, 242, 254, 415, 418

canibalismo, 139

capitulação, 120, 272, 281, 299, 305, 307, 310-1, 315-6, 350-2, 363

cartas, 13, 27, 40, 130, 202, 221, 257, 269, 327, 406, 427, 464-5; cartas de guerra, 13, 401, 464

casernas, 162-3, 172, 188, 216

chefes de companhia, 42, 298, 335, 365, 378

ciganos, 39, 439

civis, 17, 28, 35, 48, 85, 88, 100, 108-9, 117-8, 121, 128-30, 180, 184, 191-3, 223, 348, 370, 372, 378, 380, 383, 385-6, 389, 393-4, 400, 407

"comando especial", 182

comando local, 181

Comando-Maior da Marinha/OKM, 318, 341

Comando-Maior do Exército/OKH, 133, 136, 342, 444

comboios, 18, 107, 109-10, 112-3, 122, 139-40, 149, 159, 161, 180, 205, 250, 340, 398, 418, 433

comendas/ condecorações/ medalhas: Cruz Alemã, 78, 80; Cruz de Cavaleiro, 76-8, 80, 101, 207, 249, 338-9, 342, 345-6, 430, 434; Cruz de Ferro, 76, 78-9, 101, 340, 430; Cruz de Mamute, 346; Folhas de Carvalho, 77, 80, 187, 271, 279, 314, 342, 345; insígnia de

luta corpo a corpo, 78; Pour le Mérite, 76-7; Victoria Cross, 77
compaixão, 26, 62, 289
compostura/ dignidade, 116, 162, 195, 198-200, 215, 300, 304, 308, 316
comunidade popular nazista, 57, 60, 383
comunistas, 59, 408
Convenção de Genebra, 116, 191, 397
Convenção de Haia, 120, 136, 191
Corpo de oficiais, 72, 196, 254, 298, 347
cotidiano, 16, 31, 52, 55, 59, 62, 84, 123, 216, 221, 246, 286, 399
covas, 15, 146, 153, 156-7, 166, 184, 186
crianças, 17-8, 27, 42, 52, 83, 87, 91, 109-10, 122, 124, 126-8, 132, 138, 140, 145-6, 148, 153-4, 158-9, 168, 170, 174, 177, 180, 184, 188-9, 192, 194-6, 283, 286, 289, 291-2, 355, 370, 381, 387, 390-2, 396, 434, 462
crimes de guerra, 15, 37, 111, 115-6, 118-9, 122, 124, 128, 132, 144, 353, 367-8, 370-1, 373, 375, 384, 394, 400, 419-20, 461-2
CSDIC (Combined Services Detailed Interrogation Centre), 414-5, 446, 458, 468

Daimler-Benz, 230
DDP (Partido Democrático Alemão), 371
defesa antiaérea, 78
deportações, 42, 58, 64-5, 204-5, 436
deserção, 298, 330-3, 364, 456
detentos, 417, 419
"Discurso de Posen" (Himmler), 155, 167-8
disparos, 18, 87, 95, 97, 99, 101, 103, 109, 146, 213, 365, 387
dissonância cognitiva, 252, 274, 448-9
DNVP (Partido Popular Nacional Alemão), 69
doenças venéreas, 218, 223, 224; gonorreia, 219, 223

empatia, 115, 139, 142, 177, 199, 211, 291, 293, 397-8, 465
espectadores, 25, 65, 153, 158, 183-5, 389
espiões, 98, 127-8, 196, 204, 270, 418-9
esposas, 130, 383

estereótipos, 38, 177, 201, 268, 292-3, 392, 402
estrangeiros, 53-4, 60, 64, 71, 175, 205
estupros, 16, 18, 33, 91, 118, 164, 198, 213, 215, 221, 226, 385
eugenia, 55, 58, 440
eutanásia, 58, 440
execuções, 16, 18, 33, 36, 42, 118, 121, 123-5, 141, 147-8, 155, 157, 169, 172, 180-1, 184, 191, 193, 213, 221, 290, 333, 371, 378
executores, 17, 56, 144
Exército dos Estados Unidos, 393, 396, 403, 433, 466
Exército Vermelho, 32, 133-7, 140, 193, 215, 273, 297, 315, 324, 328-9, 372, 398, 402
explosões, 25, 102, 200, 424, 445
extermínio dos judeus ver Holocausto

família, 40, 43, 45, 55, 79, 119, 135, 138, 226, 342, 351, 437
fanatismo, 15, 74-5, 77, 320, 359, 362, 364, 366-7
fascismo, 326, 347, 350, 407, 458
feridos, 122, 134-5, 213, 241, 286, 292, 297, 341, 360-1, 368, 378, 391, 402, 445, 454
foguetes/mísseis, 103, 236, 238-40, 388, 390, 397, 443
franceses, 119, 127, 130, 143, 175, 223, 225, 362, 367-70, 372, 461
franco-atiradores, 123, 440
front, 42-3, 45, 69-71, 75, 78-9, 133-5, 141, 150, 172, 183, 189-92, 194-5, 210, 232, 240, 252, 258-60, 262, 295, 298, 302, 312, 315-6, 329-30, 333, 335, 338, 341-2, 344, 352-3, 359, 363, 365-6, 370-3, 383, 398, 401, 415, 417-8, 432, 439, 452, 460-2
Führer, 18-9, 50, 62-3, 75, 144, 190, 202, 238, 240-1, 243, 256-9, 264-83, 295, 304, 315, 319, 324, 377, 379, 382, 423, 430, 442, 448-51, 458, 460, 463, 467-8; bunker/ casamata do Führer, 268; quartel-general do, 80, 278, 342
fuzilamentos, 15-7, 42, 47, 88, 121, 130-2, 137, 142, 144-8, 151, 155, 157-61, 163, 165-6,

491

168-9, 172, 174-5, 180-4, 186-7, 189, 191, 193, 195, 197-8, 211, 214-7, 286, 291, 333, 368-9, 378, 385, 399, 435, 439, 461-2

gás, 25, 155, 170, 173-4, 180-2, 203-5, 273, 438, 445
genocídio, 118, 169, 395; *ver também* Holocausto
Gestapo, 123, 161, 221, 226, 425
gonorreia *ver* doenças venéreas
"Goodwood" (ofensiva britânica), 379
granadas, 124, 134, 136, 225, 238, 303, 314, 319, 331, 359, 388, 392
guarda pretoriana, 365
"guerra de extermínio", 17, 31-2, 51, 83, 144, 182, 215, 293, 398
"guerra racial", 293
guerras-relâmpago, 382
guerrilhas/guerrilheiros, 99-100, 111, 117, 119-22, 124, 126-7, 144, 188-9, 191, 193-4, 200, 202, 226, 291, 333, 359, 363, 374-5, 383, 390, 392-5, 437, 462
guetos, 155, 181, 291

HIAG (Associação de ajuda mútua de ex-membros da Waffen-SS), 353
Holocausto, 47, 51, 57, 144, 150, 154, 165-7, 169, 175, 182, 186, 189-90, 203, 283-4, 293, 410, 438-9

ideologias, 18, 22, 45, 51, 65, 70-1, 116, 283-4, 290, 293-4, 376, 381, 384, 405-6, 466
Império Alemão, 76, 407, 440-1
ingleses, 12, 49, 112-3, 128, 175, 192, 213, 231-2, 234, 238-9, 241, 249-50, 270, 275, 293, 309-11, 313, 319, 327-8, 347, 349-50, 362, 369, 379, 418, 461
International Security Assistance Force, 466
interrogatórios, 13, 130, 245, 250, 261, 351, 413-5, 417-9, 468
invasões, 25, 71, 127, 131, 227, 247, 251, 254-7, 259, 272, 282, 318-9, 332, 334, 462

italianos, 12, 128, 292, 299, 310, 326-8, 347-52, 381, 406, 414-5, 421, 465

japoneses, 28, 191-2, 285, 313, 347, 350-2, 361, 381, 396, 398, 402, 415
Joint Interrogation Centers, 415
judeus, 17-8, 27, 30, 32, 38-9, 42, 47, 51, 53, 55, 57-60, 63-6, 88, 92-3, 139, 142, 144-56, 158-62, 165-75, 177-8, 180-4, 187-9, 195, 201-5, 214, 265-6, 275, 280-1, 283-92, 383-4, 395, 410; *ver também* Holocausto
Julgamento de Nuremberg, 353, 437
Juventude Hitlerista, 193, 289, 362, 366, 369, 373-4, 377, 450, 461-2

Kapos, 178-9
Kraft durch Freude [Força pela Alegria], 64

lazer/diversão/prazer, 54, 104, 106, 110, 119, 189, 211
Legacy Project, 406
letões, 146, 148, 160
liberdade, 35, 40-1, 47, 49-50, 56, 90, 259, 404-5, 409
lituanos, 27, 424
Lufthansa, 37, 400
Luftwaffe, 39, 72-3, 77-8, 83-4, 93, 96, 99, 102, 104, 114, 117, 142, 158, 186, 188, 192-3, 203, 206-8, 210-1, 228-9, 231-2, 234-7, 240, 245, 247-8, 253, 255, 257, 262, 269, 275, 277, 281-2, 284, 296, 300, 320-1, 323-6, 328, 335, 344-6, 358-60, 363, 366-7, 369-70, 380, 417, 430, 432, 441, 446, 454, 457, 467

massacres, 17, 42, 116, 133, 142, 155, 157-8, 164-8, 173, 175, 179, 183-4, 189, 202, 213, 290-1, 370, 378, 385, 404, 434, 461-2
metralhadoras *ver* armas
"milagre econômico", 63, 66
minas, 78, 105-6, 244, 249, 314, 373, 380
mulheres, 16-7, 19, 33, 42, 83, 92-3, 104, 109, 118, 122, 124, 127-8, 132, 136, 146, 157-8, 159, 163, 168, 170, 172, 174, 180-1, 184,

188-9, 192, 194-5, 202, 216-7, 221-7, 283, 286, 288-9, 370, 381, 383, 390, 396, 409, 434, 462
música, 14-5, 424
mutilação, 134, 410

nadadores de combate, 418, 435
navios: cargueiros, 345, 445; couraçados, 301, 321, 324, 346; couraçado *Admiral Graf Spee*, 316; couraçado *Scharnhorst*, 254, 340-1; cruzador auxiliar, 212; de desembarque, 318; de munição, 445; destróieres, 78, 301, 340, 457; furador de bloqueio *Alstertor*, 300; furador de bloqueio *Regensburg*, 238; mercantes, 18, 111, 114, 117; navio de passageiros *City of Benares*, 110; navios-tanques, 102, 112; petroleiros, 102, 445; porta--aviões, 324, 345; *S-Boot* S-56, 186; *S-Boot/ lancha rápida*, 78, 111, 186, 319, 348, 454; vapor de passageiros, 113; *ver também* submarinos; *U-Boots*
nazismo/ nazistas, 17-8, 30, 32, 44-5, 48, 50-4, 56-9, 61-2, 64-7, 73-7, 80-1, 92, 119, 165, 167, 169, 194, 198, 202, 238, 240-2, 250, 255, 259, 264, 266-9, 273, 275, 281, 283-90, 292-4, 298-9, 301, 315, 333, 339, 345-6, 353, 359, 363, 375-7, 379-81, 383-5, 398-9, 403, 407-8, 410, 419-20, 426, 435, 437, 439, 463-4, 466
negócios, 65, 177, 179, 215, 249, 349
NSDAP (Partido Nazista), 61, 67, 247, 255, 265, 352, 430

obediência, 43, 68, 71-2, 295-9, 351-2, 380, 401, 407, 425-6
ódio, 71, 76, 133, 151, 171, 283-4, 396, 438, 460
Organisation Todt, 335, 366

Partido Nazista *ver* NSDAP
paz, 27, 33, 35, 64, 68-9, 90, 118, 128, 238, 248-9, 259, 264, 265, 311, 350, 362, 400-1, 403-4, 408
perseguição aos judeus, 152, 155, 188; *ver também* judeus; Holocausto
Pervitin, 210

polícia, 36, 39, 42, 92, 152, 158, 183-4, 197, 205, 449; Batalhão 101 da Polícia de Reserva, 42, 183; Polícia Auxiliar Prussiana, 92; Polícia de Ordem, 36; Polícia de Segurança, 36
poloneses, 36, 173, 187-8, 200, 203, 367, 439, 450
população civil, 93, 99-100, 120, 123, 142, 153, 194, 261, 368, 462
Presidente do Reich, 71
Primeira Guerra Mundial, 68, 70-1, 76-7, 80-1, 116, 121, 133-4, 228, 317, 327, 338, 341-2, 398, 405, 407, 413, 428, 430
prisioneiros, 12, 14, 17-8, 28, 41, 99, 116, 118-9, 127, 133-43, 152, 173, 179, 182, 190-3, 198, 205, 211, 227, 243, 247, 248, 254, 260, 294, 296, 299, 307, 309, 314, 333, 335-6, 339, 343, 347, 351-2, 367-9, 371-4, 378, 380, 383, 385, 397-9, 402, 410, 413-20, 435, 445-7, 462, 465, 468
propaganda, 42, 55-6, 61, 65, 67, 74-5, 78, 80, 86, 142, 238, 240-2, 255, 266, 293, 296, 315, 339, 359, 363, 370, 395, 402, 419, 443
putas/ prostitutas, 219-20, 223

"questão judaica", 51, 58, 144, 285, 287, 290, 426; *ver também* judeus

raças, 51, 58, 61, 188-9, 267, 290, 293, 376
rádio, 25, 45, 62, 80, 108-9, 122, 165, 204, 208, 232, 236, 238, 239, 244, 246, 248-9, 255, 263, 290, 303, 307-8, 319, 334, 339, 367, 372, 377, 413, 434, 436, 444, 452, 457
recém-nascidos *ver* bebês
reféns, 120-1, 195, 462
Regimento de Informações Aéreas 7, 305
Reichsbanner Schwarz-Rot-Gold, 70
Reichswehr, 121, 429
religião, 29, 63, 375
represália/ vingança, 120, 135, 151, 167, 175, 238-40, 242-3, 257-8, 286, 375, 379, 395-8, 403, 446, 464
República de Weimar, 50, 52, 64, 69-70, 92, 407, 440
resgate, 111-2, 319, 320, 445

résistance, 375
risadas, 129, 204
roubos, 16, 93, 213, 385
Royal Air Force, 232, 241, 442
Royal Navy, 248, 433
russos, 14-5, 18, 118, 135, 137-44, 149, 159, 167, 205, 235, 250, 257, 269, 292, 326-8, 349, 360, 366, 368, 371, 373, 398, 402, 406, 435, 452

SA (Sturmabteilung), 55, 59, 67, 92, 286, 354
sangue, 75, 125, 128, 132, 151, 158, 190, 197, 287-9, 304, 327, 354, 362, 378, 404
SD (Sicherheitsdienst), 146-9, 151-3, 437, 442, 462
Serviço de Segurança *ver* SD
sexo, 90, 214-6, 222, 227
social-democratas, 56, 59, 299
soldados rasos, 330
soldados vermelhos, 136-7, 139, 142, 398, 402
solidariedade, 57, 62, 66
Sonder-Dienst (Serviço Especial), 148
SS (Schutzstaffel): Divisão "Caveira", 364, 368; Divisão "Frundsberg", 331, 364; Divisão "Götz von Berlichingen", 378, 399; Divisão "Leibstandarte Adolf Hitler", 364, 373, 435, 460, 461; Divisão "O Reich", 364, 369-70, 372, 374-5, 462; Divisão "Prinz Eugen", 356; Divisão "Wiking", 369; Divisão ss de Polícia, 434; Regimento "Adolf Hitler", 355; Regimento "Alemanha", 355; Regimento "Germania", 355; Waffen-SS, 81, 188, 299, 313, 331, 345, 352-4, 356-61, 363-4, 366-81, 400, 415, 417, 435, 445, 459, 462
Stahlhelm, 69
Stürmer, Der, 289
submarinos, 112-5, 117, 190, 229, 238, 249-51, 253-4, 301, 318-20, 324, 334, 339-40, 344-6, 349-50, 409, 417, 419, 432, 458; *Glauco*, 458; *ver também* U-Boots
suicídio, 208, 253, 312, 314, 351

tanques, 102, 125, 227, 234, 338, 350, 361
tchecos, 172
"teoria racial", 292-3
Terceiro Reich, 14, 18-9, 24, 48, 50-2, 54-8, 61-2, 64-6, 119, 176, 202, 240-1, 265-6, 270, 272, 289, 293, 407, 433, 437, 449
terrorismo/terroristas, 99, 111, 117, 125, 129-32, 200, 378, 390-2, 395
tommies, 125
Topf & Söhne, companhia, 35
torpedos, 115, 318, 341
trabalho forçado, 163, 216
Tratado de Versalhes, 69, 71
TRB (tonelagem de registro bruto), 433, 457
trens, 65, 98, 101-2, 104-5, 119, 145, 198, 203-5, 257
trialeno, 244
tribunal de guerra, 180-1
trincheiras, 111, 140, 405

U-Boots/ submarinos, 78; U 110: 112; U 111: 250; U 175: 450; U 187: 292; U 210: 446; U 224: 107; U 26: 112; U 264: 239; U 32: 249, 300; U 432: 238, 443; U 433: 190; U 473: 340; U 55: 114, 344, 433; U 593: 239; U 732: 254; U 93: 446; U 95: 190, 249; U 99: 367
unidades e companhias militares: 126ª Divisão de Infantaria, 434; 12ª Divisão de Blindados da SS, 462; 15ª Divisão Panzergrenadier, 333; 1ª Divisão de Montanha, 122; 253ª Divisão de Infantaria, 79; 266ª Divisão de Infantaria, 307; 26ª Divisão de Blindados, 239; 299ª Divisão de Infantaria, 136; 2ª Divisão de Blindados, 380; 2ª Divisão de Infantaria Naval, 312; 2ª Regimento de Infantaria Motorizada "O Führer" da SS, 378; 362ª Divisão de Infantaria, 256; 3ª Divisão de Blindados, 368; 45ª Divisão de Infantaria, 465; 5º Exército de Blindados, 304; 61ª Divisão de Infantaria, 135; 707ª Divisão de Infantaria, 380; 709ª Divisão de Infantaria, 330; 716ª Divisão de Infantaria, 306, 452; 77ª Divisão de Infantaria, 447; 91ª

Divisão Aerotransportada, 447; 9ª Divisão de Blindados da SS, 460; 9ª Divisão de Infantaria dos EUA, 393; Batalhão de Paraquedistas 373, 406; Comando Administrativo 748, 197; Comando de Assalto da Marinha 40, 129; Comando Operacional Sk 10, 217; Deutsches Afrika-Korps (DAK), 303; Divisão de Blindados "Hermann Göring", 358; Divisão de Infantaria Motorizada "Götz von Berlichingen", 378, 399; Divisão de Infantaria Motorizada "Grossdeutschland", 358, 380, 459; Divisão de Infantaria Motorizada "Reichsführer-SS", 377-8; Esquadrão de Caças 26, 109, 231, 261, 346; Esquadrão de Caças 27, 262; Esquadrão de Caças 3, 236; Esquadrão de Combate 100, 159, 191, 210, 233; Esquadrão de Combate 2, 191, 210, 240, 248, 253, 446; Esquadrão de Combate 40, 219; Esquadrão de Combate 76, 245; Esquadrão de Combate Rápido 10, 236, 443; Grupo de Blindados 2, 372; Grupo de Blindados Oeste, 461; Grupo de Exércitos B, 259; Grupo de Exércitos Centro, 302; Grupo de Exércitos Norte, 146; Grupo de Exércitos Sul, 452; Oitavo Exército, 303; Regimento de Artilharia 272, 142; Regimento de Granadeiros 1057, 447; Regimento de Granadeiros 529, 75; Regimento de Granadeiros 726, 73; Regimento de Infantaria 186, 80; Regimento de Infantaria 404, 242; Regimento de Infantaria 424, 434; Sexto Exército, 264, 267, 281, 304; *ver também* SS

uniformes, 14, 34, 53, 55, 79-80, 120, 135, 148, 184, 195, 214, 310, 327, 343, 353, 356-8, 380, 418, 466

universidades, 71

vietcongues, 131, 132, 390, 392-3, 396, 434
vingança *ver* represália
visão de mundo, 176, 189, 193, 275, 293, 345, 377
vitória final, 251, 256, 261, 269, 281, 381-2
voo no front, 99

Waffen-SS *ver* SS
WikiLeaks, 386, 390-1

1ª EDIÇÃO [2014] 1 reimpressão

ESTA OBRA FOI COMPOSTA PELA SPRESS EM MINION E IMPRESSA EM OFSETE
PELA GRÁFICA BARTIRA SOBRE PAPEL PÓLEN SOFT DA SUZANO PAPEL E CELULOSE
PARA A EDITORA SCHWARCZ EM NOVEMBRO DE 2016

A marca FSC® é a garantia de que a madeira utilizada na fabricação do papel deste livro provém de florestas que foram gerenciadas de maneira ambientalmente correta, socialmente justa e economicamente viável, além de outras fontes de origem controlada.